中国专题史系列丛书

中国服饰史

黄能馥 陈娟娟 著

上海人民出版社

出版说明

在浩如烟海的史学著作中，专题史著作是专门性强而主题面广的一类学术研究专著。这类著作，以政治、经济、军事、文化、艺术、宗教、科学技术等领域的某一专题为研究对象，在广征博引文献典籍和考古发现及前人研究成果的基础上，钩沉稽玄、探幽发微、考镜源流、传承文明，力求翔实而又清晰地展现这些领域滥觞、形成、发展的历史轨迹；在加深对“通史”和“断代史”等相关领域的阐述方面，起着其他论著无可替代的独特作用。

上海人民出版社致力于专题史著作的出版。自20世纪50年代迄今，先后出版了长期从事专题史研究的专家、学者撰著的《中国货币史》、《中国古代冶铁技术发展史》、《中国印刷史》、《中国天文学史》、《中华文化史》、《中国民间宗教史》、《中国舞蹈发展史》、《中国杂技史》、《中国小学史》等一大批专题著作，受到海内外学界和广大史学爱好者的欢迎和好评。

为了满足学术界和广大读者的需要，我社决定组织出版“中国专题史系列丛书”，并从历年已出版的数百种专题史著作中遴选出一批学术价值较高、出版时间较长的图书，汇入“中国专题史系列丛书”，分批出版，以飨读者。

本丛书出版前，在编辑工作中，或由作者对原书作了必要的校订，或由编者对原书插图作了相应的技术处理。特予以说明。

作者简介

黄能馥　男，浙江义乌人，汉族。1927年出生。自1955年8月起一直在中央美术学院及清华大学美术学院（原中央工艺美术学院）染织、服装专业任教，教授。1989年11月受文化部聘请为全国艺术学科第四批硕士学位授权单位资格评审委员，并兼任中央工艺美术学院学术委员。《工艺美术论丛》主编。主要学术著作有：《中国印染史话》1960年由中华书局出版；《丝绸史话》（与陈娟娟合著），1963年由中华书局出版，1984年获优秀爱国主义通俗历史读物奖；《中国美术全集·工艺美术编·印染织绣》，分上、下册，先后于1985年、1987年由文物出版社出版，于1991年获首届中国优秀美术图书特别奖金奖及1993年首届国家图书奖最高荣誉奖。论文《继承的目的在于发展》，1987年在全国服装基础理论研讨会获论文二等奖；《中国服装史》（与陈娟娟合著），1995年由中国旅游出版社出版，1997年获第二届全国服装书刊展评会最佳书刊奖；《中华文化通志·服饰志》（与陈娟娟合著），1998年由上海人民出版社出版，于1999年获全国第四届国家图书奖荣誉奖；《中华服饰艺术源流》

(与陈娟娟合著),1994年由高等教育出版社出版;《中华历代服饰艺术》(与陈娟娟合著),1999年10月由中国旅游出版社出版,于2000年11月获中国图书奖;《中国历代装饰纹样大典》(与陈娟娟合编),1995年由中国旅游出版社出版,于2001年获清华大学优秀教材二等奖。

陈娟娟　女,北京人,汉族。1936年出生。现任北京故宫博物院研究员,中国国家文物鉴定委员会委员,中国古代丝绸文物复制中心副主任。1956年进入北京故宫博物院,师从沈从文先生研究中国古代织绣文物,迄今四十余年,一直从事古代织绣文物的研究、分析、鉴定工作,亲手为故宫及兄弟博物馆分析鉴定了数以万计的织绣文物。主要学术著作见黄能馥简介中的合著部分;与他人合著《国宝》(1983年商务印书馆香港分馆出版)、《故宫博物院藏宝录》(1985年上海文艺出版社与三联书店香港分店联合出版)等,并在《文物》、《文物报》、《故宫博物院院刊》、《紫禁城》等学术报刊发表专业论文40余篇。

目　录

绪　言……………………………………………………………… 1

第一章　中华服饰探源……………………………………………… 9

第一节　服装是人类演化一定阶段的产物…………………… 9

第二节　人类远祖演化的历程 ……………………………… 10

第三节　中国人及其服饰的由来 …………………………… 13

第四节　丰富多彩的中华原始服饰 ………………………… 28

第二章　夏、商、周时期的服饰文化 ………………………………… 50

第一节　夏、商、周服饰文化的背景 ………………………… 50

第二节　服饰资料之阶级垄断 ……………………………… 51

第三节　奴隶社会的服饰制度 ……………………………… 52

第四节　王权的标志——“十二章”服饰纹样 ……………… 60

第五节　中国奴隶社会服饰文化的考古发现 ……………… 68

第三章　春秋战国时期的服饰文化 ………………………………… 90

第一节　中华服饰文化变革的第一个浪潮 ………………… 90

第二节　春秋战国时期服饰文化的考古发现 ……………… 94

第四章　秦汉时期的服饰文化……………………………………… 132

第一节　秦汉服饰文化发展的背景……………………… 132
第二节　秦始皇时代的坚甲利兵………………………… 133
第三节　中国丝绸对西方世界的重大影响……………… 142
第四节　汉王朝的服饰制度……………………………… 144
第五节　考古发现的汉代服饰资料……………………… 169
第六节　秦汉时期的首饰和佩饰………………………… 185

第五章　魏晋南北朝时期的服饰文化…………………… 196
第一节　魏晋南北朝时期服饰文化的背景……………… 196
第二节　汉、胡服饰文化的传移 ………………………… 196
第三节　裤褶、裲裆、半袖衫的流行……………………… 200
第四节　筒袖铠、两裆铠、明光铠………………………… 202
第五节　冠帽形制的变迁………………………………… 205
第六节　文士的服饰风尚………………………………… 205
第七节　妇女服装的演变………………………………… 206
第八节　魏晋南北朝时期的服饰纹样…………………… 211
第九节　魏晋南北朝时期的首饰实物…………………… 216

第六章　隋唐五代的服饰文化…………………………… 222
第一节　隋朝的服饰制度………………………………… 222
第二节　唐代服饰文化的背景…………………………… 228
第三节　唐代的官服制度………………………………… 229
第四节　唐代的冠帽制度………………………………… 232
第五节　唐代男子的一般服装…………………………… 250
第六节　唐代女装的演变………………………………… 251
第七节　五代服饰………………………………………… 275
第八节　隋唐五代妇女的发型和面妆…………………… 280

第九节　隋唐五代时期的甲衣……………………………… 283
第十节　隋唐五代时期的服饰纹样…………………………… 285
第十一节　隋唐五代的首饰、佩饰 ………………………… 294

第七章　宋代的服饰文化……………………………………… 304
第一节　封建衰败期封闭保守的文化背景……………………… 304
第二节　宋代的官服制度……………………………………… 304
第三节　宋代男子的一般服饰………………………………… 313
第四节　宋代妇女的一般服饰………………………………… 321
第五节　宋代妇女的头饰……………………………………… 328
第六节　宋代流行的服饰纹样………………………………… 332
第七节　福州南宋黄昇墓出土的服饰………………………… 343
第八节　江苏金坛南宋周瑀墓出土的服饰……………………… 356
第九节　宋代首饰……………………………………………… 362

第八章　辽、金、西夏与元代的服饰文化……………………… 364
第一节　辽国服饰……………………………………………… 364
第二节　金代服饰……………………………………………… 371
第三节　西夏服饰……………………………………………… 378
第四节　元代服饰……………………………………………… 384
第五节　辽、金、西夏、元时期的服饰纹样 …………………… 401
第六节　辽、金、西夏、元时期的首饰佩饰 …………………… 409

第九章　明代的服饰文化……………………………………… 414
第一节　明代服饰文化发展的背景…………………………… 414
第二节　明代的官服制度……………………………………… 415
第三节　明代的丝绸衣料……………………………………… 470

第四节　明代的服饰纹样 …………………………………… 484
第五节　明墓出土的首饰佩饰 ………………………………… 508

第十章　清代的服饰文化 …………………………………… 515
第一节　清代服饰文化发展的背景 …………………………… 515
第二节　满洲族入关以前的服装 ……………………………… 516
第三节　清朝入关初期强制推行的服制改革 ………………… 522
第四节　清代的冠服 …………………………………………… 524
第五节　清代一般服饰 ………………………………………… 586
第六节　清代铠甲 ……………………………………………… 605

第十一章　十九世纪后期至二十世纪前半叶的服饰文化 ……… 608
第一节　太平天国的服饰 ……………………………………… 609
第二节　孙中山倡导的中山服 ………………………………… 611
第三节　民国时期的服饰 ……………………………………… 612
第四节　新中国建立以来的服饰 ……………………………… 618
第五节　少数民族服饰 ………………………………………… 620

绪　言

服饰文化是民族文化的重要组成部分。人类为了更好地适应自然环境和社会环境的变化，随着对于客观世界的认识能力和改造能力的提高，逐渐创造了服装和服饰文化。服饰包括服装和首饰、佩饰及配饰。它们既是人类为了生存而创造的物质条件，又是人们在社会性活动中的重要精神表现。人们对服装的要求有生理方面的物质性和心理方面的精神性。物质性表现为衣物实用性和科学性，即衣服保暖、透气、散热、防护肌体、便于活动等物理、化学性能；精神性表现为审美的艺术性和象征性。服装的精神性是流动的，在发展过程中常因环境和社会的变化而出现流行性变化，产生空间性位置移动和传播，以及时间性的传承和革新。而人的审美意念和象征意念不仅受时代意念的制约，而且受民族意念的制约，这是服饰文化具有时代特色和民族特色的原因。服装的品种款式的变化是服饰的外形，受民族审美意念和象征意念主导的文化气质和艺术气质，才是服饰内在的神采。

本书以中国服饰文化的起源、形成、繁荣、发展、演变全过程的物质性特点和精神性特点为对象，记述各个历史时期服饰文化的发展演变，其中涉及服饰门类、穿着方式、服饰制度、服饰材料、服饰纹样、发式打扮诸方面。服饰是多源的文化，各民族的服饰文化在发展的道路上互相交融，都以本民族传统文化为主体。从中华服饰文化发展的长河，找出演变的客观规律，对于弘扬中国优秀的服饰文化传统,发展具有中国特色的社会主义服饰文化,具有十分重要的意义。

西方人类学家认为,人类大约在40万年以前知道利用兽皮来抵御冬天的寒冷。到距今10万年至5万年的尼安德特人时期,人类已经能够缝制毛皮。在距今4万年至1万年的克罗马农人时期,皮衣已进入发达阶段。这一演进的历史过程大体和中国服饰的起源演进过程相近。中国旧石器时代中期,北京人已经具备利用兽皮保暖的能力。至更新世晚期智人阶段,辽宁营口金牛山人已能制造磨尖了的骨锥在兽皮上钻孔,以皮条皮筋穿过兽皮的孔眼制成原始的兽皮衣服;金牛山人还用钻孔的骨板制作佩饰品,以美化生活。当历史进入旧石器时代的晚期,人类发展到现代人阶段,中国人就已制造出骨针来缝制皮衣和串联原始装饰品,在辽宁海城小孤山距今4.5万年的遗址就出土了几枚相当精致的骨针和穿孔的兽牙蚌骨等。河北阳原虎头梁出土的穿孔贝壳、钻孔石珠、鸵鸟蛋壳和鸟骨制作的扁珠,是生活在这一地区的人们所使用的原始佩饰品,有些扁珠的内孔和外缘相当光滑,说明曾长期佩戴过。北京房山山顶洞人遗址距今2.5万年,这里发现了穿孔的兽牙125枚,有5枚穿孔的兽牙是排列成半圆形的,显然是原来的串饰;还有7颗散布在头骨附近的小石珠的穿孔曾用赤铁矿研磨的红色粉末涂染过。虽然这里出土的骨针比辽宁海城小孤山旧石器遗址发现的骨针粗糙一些,但考古学家发现这里埋葬的尸体周围撒有赤铁矿的红色粉末,表明当时曾举行某种葬礼,从用红色粉末施撒尸体周围等现象分析,可知我国早在旧石器时代的晚期,即已有与原始巫术观念相融合的原始服饰文化。至新石器时期丝、麻、葛、毛等手工纺织和绘绣工艺的出现,衣冠鞋靴已与玉石首饰佩饰、发型配套。在辛店文化的装饰陶器中,还出现了以龙纹为装饰主题的服饰的陶塑人形,把中国龙袍的历史推前到距今5000多年。这些都是古代典籍所从未提到的。中国服饰文化的历史,从发明手工纺织品制作成套的服装起算,上下7000年,史料记载的丰富与完整，世所罕见。然而在新中国建立之前，对中国服饰文化这一领域的学术研究一直举足不前，这是由于服饰文化不能单以史书为研究的依据，而必须广泛研究考古发掘的实物，并与历代遗存的雕塑、绘画等形象资料相佐证，才能窥见古代服饰文化的真实面貌。

中华人民共和国成立以后，中国考古发掘工作在全国普遍展开，湖北江陵马山砖厂一号战国楚墓，湖南长沙马王堆一号西汉墓，福建福州北郊浮仓山南宋黄昇墓，江苏金坛南宋周瑀墓，山东邹县元代李裕庵墓，北京定陵明万历皇帝及孝端、孝靖皇后墓，以及新疆民丰北大沙漠、吐鲁番阿斯塔那、楼兰等古代“丝绸之路”沿线，都先后出土了保存完整、品类众多、纹彩鲜丽的服装、丝绸、刺绣实物；陕西临潼秦始皇陵秦俑坑、陕西乾县唐永泰公主墓、西安唐懿德太子李贤墓等一批古代王族墓葬的壁画、雕塑和敦煌莫高窟等古代佛教洞窟的壁画供养人像等，展示了当时人着装形象的风采，使我们能通过这些考古发掘资料，结合文字史料了解古人衣着生活的文化内涵，为深入开展中华服饰文化的科学研究提供了条件。

中国共产党和中央人民政府对中国服饰文化的科学研究极为重视，1954 年周恩来总理就提出建立中国丝绸博物馆和中国服装博物馆的设想。现中国丝绸博物馆已在杭州建成。1983 年在制订中国服装设计研究中心方案时，服饰博物馆就纳入了规划，馆址设在北京大北窑服装大楼内。1964 年，周恩来总理嘱托沈从文编撰《中国古代服饰研究》学术巨著。沈从文为此投入了全部精力，用了十余年的时间写成这部力作。沈从文以广博的学问和坚强的毅力，将浩瀚的文史材料及历代绘画雕塑作品和考古发现的有关服饰资料进行全面的排比鉴定，归纳分析，从而得出符合历史真实的科学结论，开拓了中国服饰文化史研究的正确道路。二十世纪八十年代有一大批反映中国考古工作重大收获和文物科研重大成果的大型图书陆续出版，如“中国博物馆丛书”、《中国美术全集》、《良渚文化玉器》、《殷墟玉器》、《秦始皇兵马俑》、《敦煌莫高窟》、《新疆古代民族文物》、《定陵掇英》、《西夏文物》、《国宝》、《故宫赏宝录》、《清代宫廷生活》等等。此一时期台湾省也有《故宫服饰展览图录》、《中国古代玉器图释》、《中华服饰图录》、《中华袍服织绣选粹》等。这些都为中国服饰史的研究提供了资料可靠、印刷精良的图像。同时周锡保、那志良、孙机、周汛、高春明、王宇清、张道一等则从服饰文化的不同层面，发表了各自的重要学术著作，把中华服饰史的研究推向新阶段。

基于我国考古及文物、历史研究的巨大成就，二十世纪九十年代本书作者编著出版了《中华服饰艺术源流》和《中国服装史》两部著作，前者汇集从原始社会至二十世纪初有关服饰艺术的彩色图版880余幅，后者以考古学、文化人类学、服饰史学的研究成果为依据，以服装学的一般原理为基点，系统介绍中华服饰文化的起源及历代的发展演变。从而弥补了前一阶段缺乏原始社会服饰研究的空白，并进一步使服饰文化的研究普及化。

服装是人类社会发展到一定阶段的产物，其起源远远早于阶级产生之前，因此服装不是阶级斗争的产物。但自人类进入阶级社会之后，服饰资源为统治阶级所占有，服饰文化也就打上了阶级的烙印。史传夏代中国最高统治者就用“十二章”服饰纹样作为最高权威的象征。儒家学派对“十二章”作了很多解说，有的不免牵强附会，如说“十二章”中的宗彝为“虎彝”、“蜼彝”的说法，显然与夏代青铜器铸造的实际不符。但先秦时期统治阶级的礼服以龙纹为饰，则已被出土文物所证实。龙纹在原始社会作为一种超自然力的象征而受到原始人的崇拜，在中国是比较普遍的现象，辽宁黄海县发现一条8000年前用鹅卵石摆塑的长龙，横亘于原始聚落的住房与墓群之间，这条巨龙显然不是某一首领个人权势的标志，而是聚落成员共同的保护神。甘肃宁定出土的一件穿着蛇纹衣服、文面、头上盘着一条长蛇的半山型人形陶器盖，中外学者认为这件人形陶器盖与龙图腾的崇拜有关,它所反映的可能是一位巫师的形象。郭沫若认为古代蛇的数量很多,对人常常构成威胁,所以人们见面问好时常常问:“无蛇乎?”龙的造型在古代常常是人面蛇身,神话传说中也把古代的氏族领袖如伏羲、女娲、黄帝等描写成人面蛇身。我们以为这件半山型人形彩陶器盖所反映的巫师,应该是一位能够驯蛇的巫师。而他所穿着的衣服,是目前所发现的最早龙衣形象,当是后来龙袍的前身;这件龙衣陶塑,则反映了原始服装与原始宗教观念之间的关系。目前能够见到的真正能够称为龙袍的形象是河南安阳出土的几件商代玉雕人形和著名的乳虎卣中的人形,这些人形的服饰纹样,都是在两袖饰降龙纹,两腿饰升龙纹,前胸饰龙头形铺首纹,后背及领缘饰黻纹,花纹的整体布局大体与后代的龙袍相当。四川广汉三星堆出土的商代巨型铜人立像,头戴王冠,身穿龙袍,龙纹作对称式适合于矩形框架之内,共为两组,排列于衣襟左侧,左肩后侧有一变体凤纹为饰,整件衣袍镶饰极为华丽,似为蜀王的形象。如果半山时期的巫师所穿的龙衣是原始宗教观念在服饰文化上的反映,那么到了商代奴隶社会,商王族和蜀王所穿的龙袍,就已经转化为神权与王权的综合象征,成为国王和王族政治身份和特权的标志。因此,《虞书》关于“十二章”服饰纹样的记载,还是有一定根据的。

服装有物质的实用功能和精神的装身功能。在原始社会,服装的装身功能主要体现为表现原始的宗教意念。到奴隶社会,由于阶级的分化和对立,奴隶主阶级为了强化精神统治,把服装作为“分贵贱、别等威”的工具,根据阶级等级规定了相应的章服制度,从而强化了服装的上层建筑性质,我国夏、商两代奴隶主贵族即已穿冕服举行政治性的活动祭礼。根据《周礼·春官》记载,周代国王“祀昊天上帝则服大裘而冕,王之吉服则衮冕,享先公飨射则鷩冕,祀四望山川则毳冕,祭社稷五祀则絺冕,祭群小则玄冕,合称六冕”。周代王后则有袆衣、揄翟、阙翟、鞠衣、展衣、褖衣等六种礼服与国王的六冕相配衬,以此为主体形成了奴隶社会象征政治等级体制的冠服制度。中国儒学的创始人孔子对于周礼是十分赞赏的,儒家经典对周代的礼治精神和冠服制度又不断进行了理论上的发挥,把服装的审美意念和象征意念与儒家的政治伦理观念及神学观念混成一体,形成了以维护统治阶级政治秩序为核心的服饰理论体系。从奴隶社会时期形成体系的冠服制度,一直为封建帝王所传承,封建社会的冠服,用材高贵,工艺精细,艺术风格雍容华贵。它们虽为封建贵族所专用,却出自劳动工匠之手,是中国劳动工匠艺术智慧的结晶。

服装的款式造型设计,与服装的材料有着直接的联系。中国古代以褒博衣冠为特色,与中国自古就是“丝绸之国”有关,以光艳柔软的丝绸制作衣裳,采用宽松脱体的款式造型,便可创造豪华高贵的艺术气氛。当中国丝绸通过“丝绸之路”运销到罗马帝国时,罗马帝国的贵族便把它爱如珍宝,不惜以与黄金等价的高昂价格购买中国丝绸。凯撒大帝不顾大臣们的非议,穿着中国丝绸的袍子去看戏。随着中国丝绸的出现,罗马王公贵族,无不争穿宽松长大的绸袍,妇女则争穿拖地丝绸长裙,习为风尚。为了支付购买丝绸的巨额用款,罗马帝国甚至国库空虚。中国式的褒博衣冠也风靡东亚诸国。以中华传统服饰为代表的东方服饰文化,在世界服饰文化的宝库中独树一帜。中国古代的妇女服装通过丝绸的质感和装饰配件如巾的帔挂、带的飘忽、袖的舒展、裙的松放所展现的柔丽风姿,与中国传统的音乐、舞蹈、文学、诗歌及中华儿女外柔内刚的天赋性格相谐和,构成中国传统服饰文化的显明格调。

中国丝绸服装拥有数千年技艺传统的积累,拥有举世无比的技艺优势。湖北江陵马山砖厂 1 号战国楚墓和湖南长沙马王堆 1 号西汉墓出土的丝绸衣物,丝绸品种丰富,织绣印染技艺多样,纹彩绚丽夺目,展现了我国两千年前服饰艺术的风采。以上两座墓葬的墓主人在当时爵位不高,随葬衣物大概还不能代表当时服饰技艺的最高成就,因此袍服所用面料,除印花敷彩及刺绣为单独加工外,纹饰多与被褥、囊、垫等的用料相同。马王堆1号西汉墓出土的素纱禅衣,重不到一市两,足以反映当时缫丝、织造技术的精湛。据南北朝文献记载,当时的高级服装已根据衣物的款式规格,按裁片对位设计花纹,织为匹料,文献上称为“织成”,《北史·吐谷浑传》记有织成裙被、锦大袍;《南史·东昏侯纪》记有织成袴褶;《晋书·石季龙传》记有金线织成合欢裤等名称,以及唐代文献所记的番客袍锦等,都是古时的“织成”。这类“织成”在内蒙古辽代耶律羽墓已有实物出土,衣料为独幅唐草瑞鸟瑞兽纹,花回长达1.6米以上,气魄宏大。元代宗室所穿织成缠身大龙袍,当时民间也能织造,并在市上出卖,元世祖发现后下令禁止民间织造和买卖。明清时期,宫廷所用袍服除刺绣、缂丝者外,凡木机织造的均为织成料。北京定陵出土明万历皇帝大红妆花纱织金孔雀羽过肩龙通袖龙襕袍及大红妆花缎孔雀羽柿蒂龙袍等珍贵文物,以及北京故宫博物院保藏的大量明清时期皇帝及皇后们所穿的朝服、吉服,都是工艺技术无比高超、材料极其珍贵的“织成”服装。

利用鸟羽捻线织绣衣袍,其色泽鲜丽而有闪光的变化,与金银线及各色丝线组合,其富丽豪华无与伦比。但鸟羽的拉力不强,以鸟羽捻线需以丝线作线芯,再将鸟羽一根接一根地用另一根丝线捆绑到线芯上而成,工艺细致而繁复。我国南北朝时已利用各种鸟羽作成的羽线织为衣料,如《世说新语·任诞》篇所记,山简戴白鹭长翰毛制成的帽子,名“白接篱”。《晋书·武帝纪》所说的雉头裘、鹤氅、白鹭缞等服装及《南齐书·东昏侯纪》所说南齐文惠太子萧长懋“织孔雀毛为裘,光彩金翠,过于雉头矣”。北京故宫博物院保藏的一件清乾隆时期的孔雀羽缉米珠刺绣吉服袍,袍身全部用孔雀羽线钉绣,上用各色彩绒线及金线绣吉祥和云纹,主装饰龙纹用缉米珠、红珊瑚珠及青色龙抱柱线绣成,金翠夺目,极尽豪华富丽。《红楼梦》中所记的孔雀金裘及凫靥裘，是中国传统服饰技艺在文学作品中的反映。羽毛也用来作冠饰及羽扇。周代有“钟氏”这种官吏，专门管理羽毛染色的工艺。

裘皮服装的加工是我国古老的传统工艺，先秦时期统治阶级对裘皮服装的搭配就很讲究，要根据不同的礼仪场合选配不同颜色和质地的裘服。以后，封建贵族选用紫貂、熏貂、银鼠、海龙、白狐、玄狐、猞猁等珍贵裘皮为冬季服装，平民百姓则穿用羔皮、羊皮等过冬。

自从元代棉花在中国普遍种植，棉布就成为汉族和各少数民族人民的主要服装用料。劳动者服饰简朴，纹饰以手工印染、十字挑花、贴补花及刺绣编织等民间传统工艺加工为主，文化气质纯厚，与统治阶级的冠服形成对照。明清时期民间流行的吉祥图案，也常常渗透到宫廷生活中，增加了宫廷服饰的情趣。

中国社会历经 4500 余年的阶级统治，服饰文化向两极化发展，统治者的服饰制度越来越强调统治者精神意念的功利性，从而破坏了服装的基本功能的平衡。1911 年辛亥革命推翻中国最后一个封建王朝，数千年以来的封建冠服制度从此被送进了历史博物馆；中国服饰从此发生了划时代的变化，以中山服为代表的短装成为时代服装款式的主流。

新中国建立之后，特别是改革开放以来，城乡人民生活发生了根本性的变化，随着国家不断富强，具有悠久历史和中国特色的社会主义服饰文化，一定会在人类历史上放出更加灿烂的光芒！

第一章　中华服饰探源

第一节　服装是人类演化一定阶段的产物

服装是人类文明生活的重要支柱，从现代人的生活来讲，如果没有衣服就无法生活下去，这不仅是赤身裸体难以适应气候寒暑的变化，而且更是精神上难以承受的羞耻。然而人对衣服的这种物质需求和精神需求，并不是在地球上最初出现人类的时候就有的，而是人类祖先在生存斗争的漫长历史过程中逐渐改善生存条件、发明纺织和缝纫技术、并且懂得用美的标准来设计和创造时，才逐渐地产生并朝着越来越高的标准发展。

对于文明生活的演化，我国古代文献《礼记·礼运》篇说："昔者先王未有宫室，冬则居营窟，夏则居橧（zēng 音增）巢。未有火化，食草木之实，鸟兽之肉，饮其血，茹其毛。未有麻丝，衣其羽皮。后圣有作，然后修火之利，范金、合土，以为台榭宫室牖（yǒu 音有）户。"《庄子·盗跖》篇说："古者禽兽多而人民少，于是民皆巢居以避之，昼拾橡栗，暮栖木上，故曰有巢氏之民。古者民不知衣服，夏多积薪，冬则炀之，故命曰知生之民。神农之世，卧则居居，起则于于，民知其母，不知其父，与麋鹿共处，耕而食，织而衣。"《礼记·礼运》篇和《庄子·盗跖》篇关于衣服演化的记载表明：在麻、丝织物没有出现之前，先民或者用动物的毛皮来护身保暖，或者在冬季以火取暖；至以神农氏为代表进入农牧经济的母系氏族社会，才开始有了用纺织物作衣服。这一说法，证以考古科学的发现，是符合历史发展的实际的。神农氏时代的原始农业，还处于刀耕火种的状态，故神农氏又称为炎帝或烈山氏，他的后代榆罔昏庸无道，被黄帝败于阪泉。黄帝生于轩辕之丘，都于有熊，故又称为轩辕氏或有熊氏，他打败炎帝族之后，又擒杀蚩尤于涿鹿之野，同时北逐匈奴族的祖先荤粥，统一了中原，诸侯就尊奉黄帝为“天子”。他创造了文字、历法、算学、宫室、器用、衣服、货币之制。《淮南子·氾论训》说：“伯余（黄帝臣）之作衣也，緂麻索缕，手经指挂，其成如网罗。”说明上古时代的麻纺技术是比较粗糙的。黄帝的正妃西陵氏之女嫘祖教民养蚕，治丝以供衣服。从此以后，中华服饰文化进入了以丝帛为基础的发展阶段。《易·系辞》说：“黄帝尧舜垂衣裳而天下治。”说明自黄帝以后，服装不仅作为物质产品起着护体实用的功能，而且还作为文化产品起着表现礼仪的章身功能，对维系社会政治伦理发挥着作用，这也许正是中国号称“冠带之伦”的原因。而中华服饰文化光辉灿烂的艺术特色，则与中国特有的柔美光艳的丝绸衣料密切相关，所以黄帝正妃嫘祖被后世尊奉为蚕神是理所当然的。

第二节　人类远祖演化的历程

人类一直都在关心自己发展的历史。在科学没有发达之前，关于人类远祖的历史，只能停留在神话传说阶段。只有在现代科学的基础上，了解人类远祖演化的历程才有了科学的根据。

地球的形成大约已有 50 亿年了，但地球上出现人类的历史，大约只有 300 万年。在 15 至 32 亿年以前，原始大气层的简单化合物，如甲烷（CH_4）和氨（NH_3）、硫化氢、水蒸气等受紫外线及放电作用形成了各种各样的有机化合物，它们在不断变化的环境中发生许多化学反应，形成了糖类、核酸、氨基酸和它们的聚合体肽和核苷酸等，经过曲折而缓慢的发展道路，才出现有生命的原生质，接着出现了细菌、蓝藻类原核生物。由于蓝藻的光合作用，使大气中氧的浓度不断增加，随之产生了需氧生命，大约在 13 亿年前，具细胞核、叶绿体和线粒体的真核生物开始出现，从此生物进化的长河越来越快地滚滚向前。大约在 5 亿年前出现了脊椎动物，这是生命史上的重大的事件。脊椎动物由无颌到有颌，由水生到陆生，产生羊膜卵，从冷血到热血，由卵生到胎生，每次飞跃，都伴随着新的门类崛起。5 亿年前的古生代，可以称作脊椎和无脊椎动物的古生物时代，1.5 亿至 1 亿年前的中生代叫做鱼类和两栖类的时代，又称作爬虫类时代。鱼龙、翼龙、恐龙遍及海陆空，到 7500 万年前的中生代末期，绝大部分爬行动物绝灭。地球生物的历史进入了哺乳动物和鸟类的时代，即新生代的第三纪。新生代分为第三纪和第四纪，现发现的最早的人类的遗迹，是距今 300 万年前第四纪，但其根必然生在第三纪。所以人类是几十亿年生命赓续发展的最伟大的一环，人是由地球上所生长的原始的单细胞生物慢慢进化而来的特殊动物，进化的动力是遗传与适应交互的产物。

地球生物经过五六千万年的演化，由原始灵长类产生了形形色色的现代猴和猿类，猿类身披毛发，中耳有三块听骨，母体用乳汁哺育幼仔，上下颌各有两叶门齿，指端有扁甲，大拇指能与其他四指相对，后胛骨位于背侧，没有外尾，且下臼齿上沟纹呈 Y 型，人也是这样的。但人是一种特殊的动物，是具有自觉能动性和高度社会化的动物，人类能制作工具，与猿类本能性地使用工具有本质的区别，人类制作工具使用中介体，能运用多种原料和制作方法制作多种多样满足生存和生活需要的器物，人类制造工具是一种社会性的实践活动，由此产生和发展着人类的各种社会职能——语言、思维活动和复杂的社会关系，服装就是在这样的基础上产生的。

有关人类远祖演化谱系的一种假说，认为人的远祖是古猿类。旧的从猿到人的演化观念是基于古猿化石的地层记录，认为人类一支分化出的时间在距今1000万到2000万年前的中新世。新的观念则是根据分子人类学研究，认为只有400万到500万年。二十世纪七十年代初研究者根据种群概念绘制了人类谱系图：

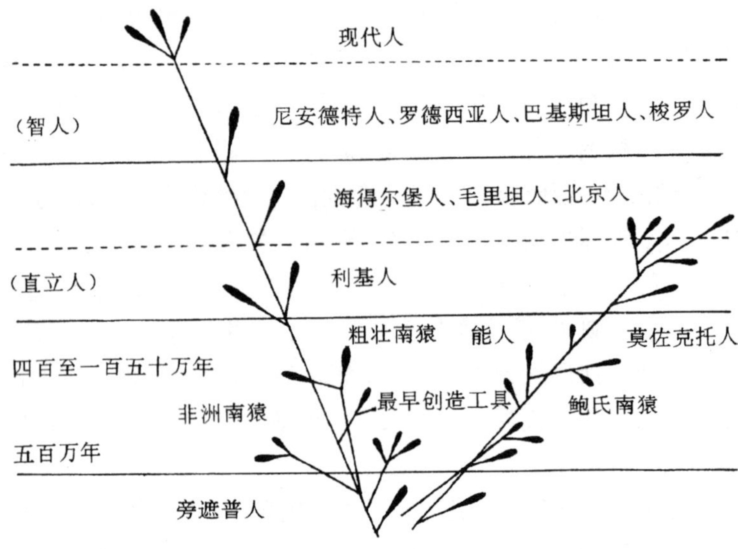

在距今10多万年前，原始人进入最后一个发展阶段，现代类型的人开始出现，足迹遍及新大陆，化石智人处于氏族形成与确立阶段，这是由内婚制转变为外婚制而获得的。此阶段产生了埋葬活动，对死者的关怀反映了人群内部的关系和原始宗教观念，在随后的阶段中，服装和服饰的审美观念也就产生了。

第三节　中国人及其服饰的由来

一、中国人起源的神话

中国人是在什么时候从何而来的？这是海内外炎黄子孙都十分关心的问题。关于中国人的由来，曾经流传过不少有趣的神话。三国时期的徐整将古代西南地区少数民族流传的人类起源的神话著录于《三五历记》和《五运历年纪》，说：在远古时代，天地还未分开，像一个混混沌沌的鸡蛋，这鸡蛋中央生长了一个名叫盘古的人，在鸡蛋里生长了1.8万年。这期间，天每日升高1丈，地每日增厚1丈，盘古每日长高1丈，直到1.8万年，天升得极高了，地变得极厚了，盘古也长得极高大了，但他突然死去，他的气化成风云，他的声化成雷霆，他的右眼化成太阳，他的左眼化成月亮，他的四肢五体化成四海五岳，血液化为江河，肌肉化为田土，发须化为星辰，皮毛化为草木，齿骨化为金石，精髓化为珠宝……，自此之后才出现了三皇。东汉时应劭在《风俗通》里记载女娲氏抟黄土作人的故事，说天地初开的时候，未有人民，女娲氏乃抟黄土作人，她忙得不可开交，后来就把草绳放入泥中，粘上一些泥土就作成人了，结果用黄土作成的变成富贵的人，用草绳作成的变成贫贱的人。另外也有伏羲和女娲结为夫妻生出人类的传说。在汉代石刻造像和唐代图画中，都有伏羲女娲的造像。据《淮南子·览冥训》记载，女娲时代天崩地塌，“火爁炎而不灭，水浩洋而不息”，猛兽鸷(zhì 音至)鸟攫(jué 音觉)食人民，女娲炼五色石补了苍天，断鳌四足以立四极，杀黑龙以济冀州，使人民得以安居乐业。这些神话虽然具有原始的荒唐性，但却反映了中华祖先战天斗地征服自然的大无畏精神和民族气魄。

二、中国的拉玛古猿

大约在1000多万年前,猿的一支——拉玛古猿已向人类的演化历程发展。这种可能为人类直接祖先的拉玛古猿的化石,在中国、肯尼亚、希腊、土耳其、匈牙利、巴基斯坦、印度都曾发现。中国云南省开远小龙潭煤系(地层为1000万年前第三纪之上新世早期)和云南省禄丰石灰坝(地层为上新世早期)先后发现了拉玛古猿的牙齿、下颌骨、头骨等化石。从拉玛古猿到现代人的演化过程是:拉玛古猿—南猿—直立原人—智人(尼安德特人、河套人)—现代人,这一阶段的化石在中国都有出土,而且材料越来越丰富(尼安德特人化石,指1856年在德国北部的尼安德特溪谷发现的头盖骨化石,尼安德特人非常接近于现代人,所以列为人类的一种,其生存年代距今7万至15万年)。

三、中国的南猿

南猿分为细小型和粗壮型两种,粗壮型已在发展过程中绝灭,细小型是人类的直接祖先。中国的湖北省建始县和东巴县都发现过南猿属的牙齿化石,年代为距今300万年更新世的早期,这些牙齿与非洲细小型南猿很相像。1989年5月,又在湖北省郧县曲远河口发现了距今100万至200万年的南猿头骨化石(见《中国文物报》1989年12月8日第48期第一版)。南猿已经能制造石器,属于早期旧石器。旧石器时代大约始于300万年前新生代第四纪更新世早期。新生代第四纪有更新世和全新世两个世,更新世大约从300万年前至1万年前,属旧石器时代,全新世从1万年前至今,新石器时代是从全新世初期开始的。

四、旧石器时代早期的直立原人和护体要求的产生

在旧石器时代早期的中段,人类已经演化到直立原人阶段,我国境内目前所发现的最早直立原人是 1965 年发现于云南省元谋县上那蚌村的元谋人(距今已有 170 万年)及 1986 年发现于四川巫山的巫山人(距今 180 万年)。元谋人已能用石英制造刮削器之类的工具,已经知道用火,时代比北京人用火要早 100 万年。旧石器时代早期历时 200 余万年,文化发展缓慢,人类服饰文化的起源与这一时期人的直立行走和火的使用密切相关。

当人类发明用火烧烤食物,用火取暖,改变长期生活条件之后,人的体质也逐渐发生变化,原先的体毛逐渐退化,皮肤逐渐细腻,这就需要制造衣物来护体御寒。为了保护性部不使受伤,所以最先的衣物就是围护腰部和性部。

现在我们还无法判断人类究竟是在旧石器时代的哪一个阶段最早使用衣物的,西方人类学家认为在旧石器时代的中晚期,大约在尼安德特人阶段已经使用兽皮作为衣服,尼安德特人距今 7 万至 15 万年,他们利用刮削器将兽皮上的肌肉刮去,用手揉搓或用牙齿将兽皮咬软,然后毛朝里皮朝外披在身上,用皮筋、皮条捆住,这就是最原始的衣服。这种兽皮衣服没有经过裁剪缝纫,而是兽皮的原形,它只是在寒冷的气候条件下用来御寒。

根据地球环境的考古,得知旧石器时代所处的更新世,全球发生了五次以上的冰期,中国的五次冰期由早到晚为龙川冰期、鄱阳冰期、大姑冰期、庐山冰期、大理冰期。冰期时气候寒冷,两个冰期之间为间冰期,气候暖和。我国元谋人和西侯度人处于寒冷的龙川冰期(元谋人和西侯度人均用火来取暖),其他都处于温暖的间冰期。50

万年前北京人处于温暖的大姑—庐山间冰期,已使用数以万计的石器,包括砍斫(zhúo 音浊)器、刮削器、盘状器、锥状器等。他们采用朴树籽及狩获肿骨鹿、野鸡、古仓鼠、剑齿虎、葛氏斑鹿、沙鸡等为食。用火烧烤食物、照明、取暖、驱兽。他们还利用兽骨作成水瓢、棍棒、枪矛、骨锤等。既然他们已经懂得利用兽骨制作各种工具,在隆冬腊月,食其肉而寝其皮,自然也有可能利用兽皮来护身御寒。

五、旧石器时代中期的智人和最早的绳索使用

我国山西阳高县许家窑村东南的梨益沟发现距今 10 万年旧石器中期(为庐山—大理间冰期)的许家窑文化,人骨具有北京人及早期尼安德特人的特征,同层石器和石片有 2 万多件,原料有石英、石英岩、燧石、蛋白石、水晶等。蛋白石(opal)属于珍贵宝石,水晶(rock crystal)属于半珍贵宝石,都是后世制作高贵首饰品的材料。许家窑石器一般细小,多为石片打制的刮削器、尖状器、雕刻器、小石钻、石球等。他们还将细石器镶嵌在木柄或骨柄上制成“复合工具”。有一种形如拇指的刮削器,在后来细石器中常见。许家窑石器的大小、器形与华北旧石器晚期以及冰后期细石器很相似,故为细石器的祖型。其后有山西朔县峙峪(距今 2.8 万年)、山西下川(距今 3.6 万年)等旧石器时代晚期的细石器文化相承接,否定了细石器文化源于欧洲说、西伯利亚说、蒙古说等等。

许家窑文化中石球不下 1500 个,有的地方被成堆发现,可能为狩猎用的“投石索”,即将两三个石球用绳索系连在绳端,用手旋转绳索,朝野兽打去,将兽腿缠住。南美人、爱斯基摩人都曾使用这种方法。这种方法可以提高狩获量,许家窑地层发现的至少 91 匹野马及 11 匹披毛犀得以证明。“投石索”又关系到人类对于野生纤维的利用

问题,因为作为衣料的编织物,是从利用野生纤维搓制绳索开始的。

在更新世晚期的旧石器中期,人类早已遍布我国大江南北,除许家窑文化外,山西南部汾河东岸襄汾县的丁村人(距今约 12 万年),陕西大荔县的大荔人(距今 4.1 万至 7.1 万年),广东韶关县马坝乡狮子山的马坝人(距今 12 万年),湖北长阳县赵家堰山洞的长阳人(距今 12 万年)等遗存,早已广为人知。

七十年代以来又有许多新发现,如 1975 年发现的湖北郧县梅铺人,1977 年发现的湖北郧西县安家人,1978 年发现的河南南召县吉花山人及辽宁本溪市庙后山人,1980 年发现的安徽和县陶店镇人,1982 年发现的安徽巢县银山村人及山东沂源县骑子鞍山人,1984 年发现的辽宁营口金牛山人,均处于旧石器时代中期直立原人和智人之间。金牛山人已能制造磨尖的骨锥,用骨锥将兽皮钻孔,再以皮筋等穿过钻孔,制作原始的皮衣。金牛山还有钻孔骨板装饰品出土。

六、旧石器时代晚期的现代人和中华服饰文化的黎明

大约在距今 5 万至 6 万年前,即大理冰期之际,我国旧石器文化发展到最后一个阶段,人的本身已从直立原人经过尼安德特人(智人)阶段演进到现代人阶段。

这时期以及稍后的人类化石和文化遗址我国发现很多,例如广西柳江市南面通天岩洞穴发现的柳江人,山西朔县峙峪村发现的峙峪文化与峙峪人,内蒙古银川市水洞沟和萨拉乌苏河流域小桥畔及大沟湾发现的河套文化与河套人,山西南部垣曲、沁水、阳城等县的下川文化,北京房山县周口店山顶洞(上洞)发现的山顶洞文化与山顶洞人。此外还有辽宁海城县小孤山遗址、河北阳原县虎头梁遗址、河南安阳市西南小南海遗址、四川汉源富林遗址、云南昆明东方宜良

遗址、贵州黔西遗址、广东阳春独石子遗址，以及台湾台东八仙洞遗址及广西来宾人、四川资阳人（黄鳝溪大桥）、云南丽江人（木家桥）、山西阳高和河北原阳交界处的许家屯人、贵州桐梓人、台湾左镇人等人类化石。

旧石器时代晚期，石器工具已有极大的发展，这时人们对石质材料的选择，已从石英石、燧石、砾石等扩大到更加精美的墨石、玛瑙、水晶石、玉髓、黑曜石等。石器造型已根据不同用途来加工，不像早期石器不讲使用效率而随便使用，例如宽背薄刃的石刀，有短铤的石箭镞（zú 音足），以及石铲、石钻、石锯、石锉及与木、骨、角等材料合成的复合工具等的制造，促进了渔猎、采集的进步，使获取食物更为容易，因此他们能够在闲暇时间，以兽骨、兽牙及贝壳、石珠等制成各种装饰品来妆扮自己，如在辽宁海城小孤山遗址（距今约 4.5 万年）曾出土穿孔的兽牙和穿孔的蚌饰及几枚骨针，长 6 至 8 厘米。河北阳原虎头梁遗址曾出土有钻孔的贝壳、石珠、鸵鸟蛋壳和鸟骨制作的扁珠，若干扁珠的内孔和外缘相当光滑，说明曾长期佩戴。山西朔县峙峪曾出土用墨石制成的椭圆形扁平光滑有孔的装饰品、用水晶石制成斧形的小石刀。山西下川文化则有玛瑙、玉髓、黑曜石等矽质石料的石器。山顶洞人文化距今为 2.5 万年，这里曾发现穿孔的兽牙 125 枚，以獾的犬齿为多，狐狸的犬齿次之，并有鹿狸、艾鼬的牙齿和一枚虎牙，均在牙根一端用尖状器刮挖成孔。出土时，发现有五枚穿孔的兽牙是排列成半圆形的，显然是原来穿在一起的串饰。另外还有骨管、带孔蚌壳、青鱼上眼骨、砾石、石珠等十余枚，小孔是从两面对钻的，是工艺发展到一定水平的表现。并且继辽宁海城小孤山的骨针之后，又发现了一枚磨得很细很长的骨针，骨针一端尖锐，另一端有针孔，针长 82 毫米，直径 3.1 至 3.3 毫米，针孔（残）直径 1 毫米。由此可以说明我国在旧石器时代的晚期已经利用兽皮等来缝制衣服，用以抵御大理冰期的严寒。缝制衣服的线可能是用动物韧带劈

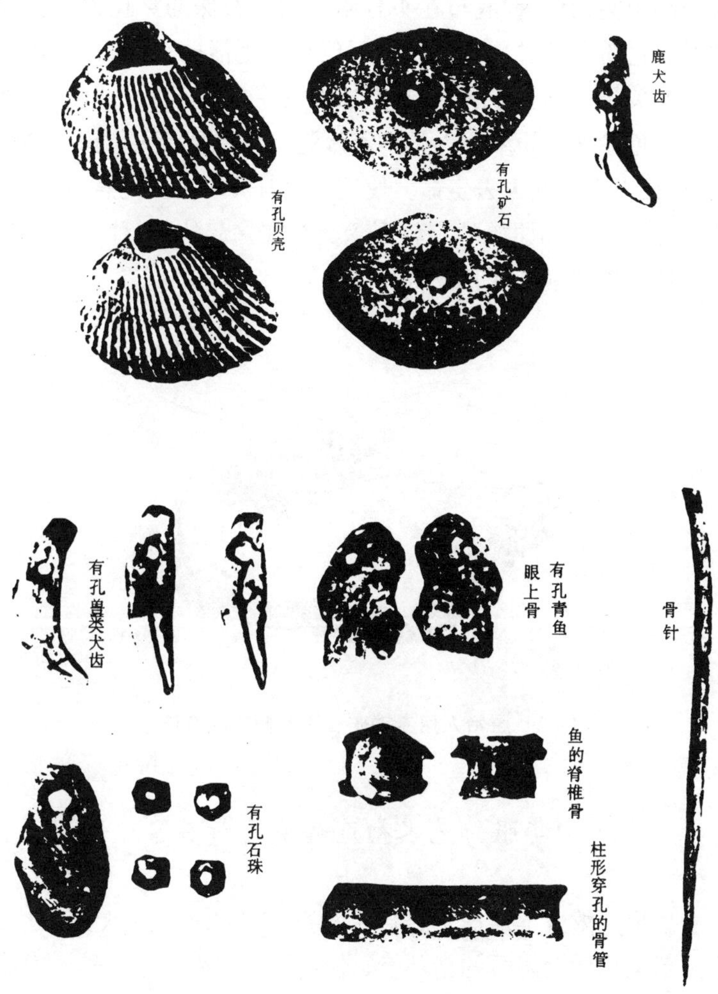

1-1　山顶洞人的骨针和装饰品。

开的丝筋,我国鄂伦春族人就习惯用此种方法来缝制皮衣,也有可能是用野生植物纤维搓成线绳缝制的。考古学家还发现山顶洞人佩戴的装饰品中间,有7颗散布在头骨附近的小石珠的穿孔曾用赤铁矿研磨的红色粉末染过。山顶洞人不仅注意生活的美,而且也表现了对死者的关怀,他们把死去的亲人加以埋葬并举行仪式,还在死者身边撒下红色赤铁矿粉末。人类学家认为红色在原始人意识中是血液的象征,失去血液便失去生命。使用红色有冀求再生之意,说明了原始的色彩观念是和原始的宗教观念交织在一起的,这种习俗到新石器时代就更加普遍了(图1-1、1-2)。

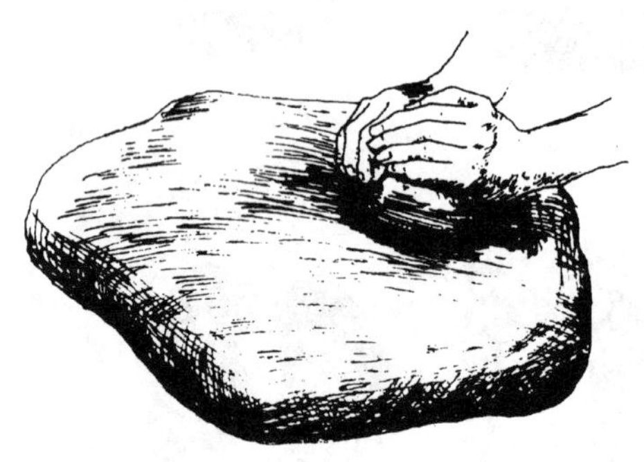

1-2 原始人用赤铁矿石研磨粉末的方法。

七、中华服饰艺术初度辉映的新石器时代

中华祖先熬过了地球上最后一次严寒的冰期——大理冰期,迎来了全新世冰后期温暖的新环境。他们积累了祖先在漫长的旧石器时代的生产和生活经验,改进了生产工具和生存方式,开始农耕、畜牧,变靠由大自然觅取食物为主动生产繁殖食物资源,并从穴居野处发展到营造房屋定居下来,男子出外狩猎,女子从事采集、制造陶器,

发明了纺麻、养蚕缫丝、纺织毛布及缝纫等技术，使原始的裸态生活进步为着衣蔽体、峨冠佩饰的文明生活。中华上古神话中神农、黄帝、伏羲、女娲、嫘祖等人的事迹，都是先民从旧石器时代过渡到新石器母系氏族社会丰功伟绩的缩影。中国新石器文化遗存遍布全国各地，目前已发现和公布的约有7000多处，根据考古资料可区分为不同的文化类型和发展系列，如黄河中游地区有磁山·裴李岗文化—仰韶文化—河南（陕西）龙山文化—二里头文化；黄河上游地区有马家窑文化—半山马厂文化—齐家文化；黄河下游有北辛文化—大汶口文化—龙山文化；长江中游地区有大溪文化—屈家岭文化—龙山文化；长江下游地区有河姆渡文化—马家浜文化—良渚文化，东北、华南、西南、新疆、西藏、台湾等地也都有新石器文化遗址。全国各省市近千处较大规模新石器文化遗址出土的实物中，几乎都有石纺轮、陶纺轮的发现（图1-3），河姆渡遗址第一次发掘出土纺轮74件，庙底沟仰韶文化遗址出土纺轮85件，福建福清东张新石器遗址出土纺轮336件，湖北天门县石家河屈家岭文化遗址发现大量陶纺锤，形式不下10种，多有彩绘花纹。在纺轮上插上捻竿，就是最早使用的纺纱

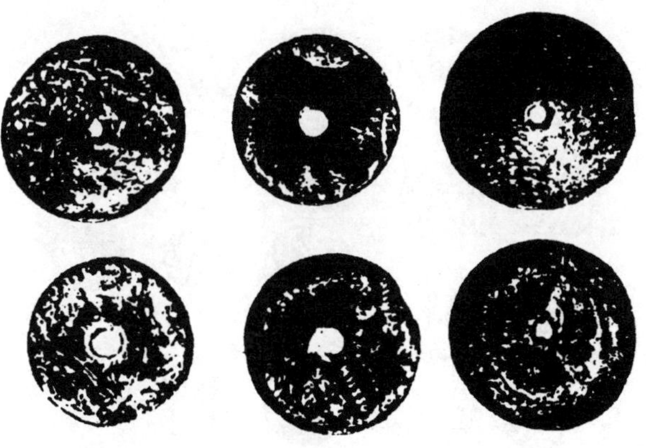

1-3　河南省渑池县仰韶村出土新石器时代的石纺轮。

工具纺坠。在西安半坡、山东泰安宁阳间的大汶口、江苏吴江梅堰和河姆渡遗址曾发现织布的工具和机具,如骨梭、木机刀、卷布木轴等等(图1-4、1-5),足见当时各地都已有了原始纺织手工业。在西安半坡、辽宁锦西县沙锅屯、甘肃临洮马家窑和洮沙县灰咀、河南龙山及庙底沟、山东大汶口、台湾长滨文化观音洞等遗址均发现过缝纫用的骨针。当时已经有葛布、麻布、丝帛等衣料,在北方草原及西北高原地区则用毛织品作为衣料,此外还有可能掌握了制裘和制毡等技术。在河南三门峡庙底沟和陕西华县泉护村的仰韶文化遗址中,发现了每平方厘米经纬线各10根的布痕。在甘肃大何庄和秦魏家墓葬发现的麻布纹痕迹,每平方厘米有经纬线各11根。秦魏家墓葬少

1-4　浙江余姚河姆渡新石器遗址出土的刻花对鸟纹骨梭。

1-5　湖北天门石家河遗址出土彩绘纺轮(属屈家岭文化)。

数人骨架上附有布纹和红色颜料的痕迹，埋葬前大约是穿着红色布衣入葬的。西安半坡仰韶文化遗址发现100余件带有编织物印痕的陶器，其编织方法已多种多样，例如平纹编织法、斜纹编织法、一绞一的纱罗绞扭编织法、绞扭与绕环混合的手编法等等，而在经与纬的配置上使用了纬粗于经的方法，使织纹突出，功效提高又增加美感。1972年，在江苏吴县草鞋山新石器第十层马家浜文化堆积中发现了三块约公元前3400年的葛布残片，内有一块经密每厘米约10根，纬密每厘米约26至28根，用绞扭加缠绕织法织出回纹和条纹暗花的葛布残片，现藏于南京博物院。《韩非子·五蠹》篇说尧时“夏日葛衣”。后来葛布到周代很受重视，周朝官府设有“掌葛”，专门管理葛布生产。

中国麻纤维有枲（xǐ 音洗）即大麻、苘（qǐng 音请）麻、苎麻等。河南大河村新石器遗址曾出土不少麻种籽，浙江余姚河姆渡曾出土苘麻绳子。苎麻纤维细长、坚韧、质轻，散热性好，洁白而有光泽，单纤维强力可达52克，主要分布于中国南方及黄河中下游，有“中国草（China-grass）”之称。浙江河姆渡文化遗址与吴兴钱山漾良渚文化遗址都发现过苎麻织物残片和绳子，钱山漾出土的苎麻布残片细密度已和现代的细麻布相近。1981年在郑州青台遗址出土粘附在红陶片上的苎麻和大麻布纹，距今约5500年。1978年在福建崇安武夷山岩墓船棺发现约公元前1400年的苎麻布（图1－6至1－9）。

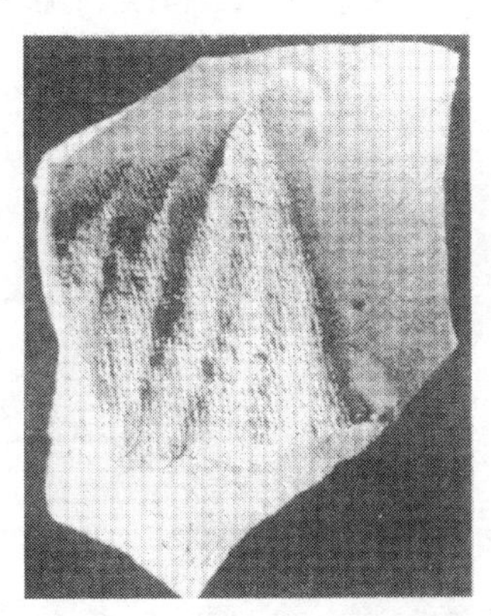

1－6　河南陕县庙底沟出土带有平纹麻布印痕的陶器把手。

中国是蚕桑技术的发源地，远

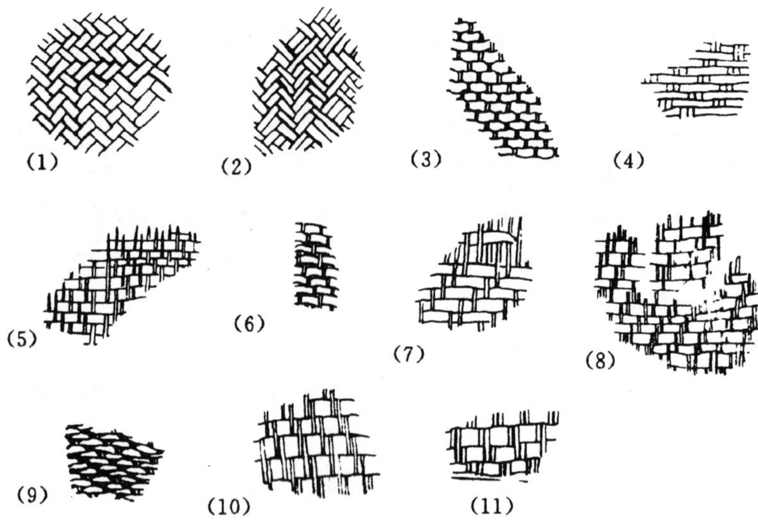

1-7　西安半坡新石器遗址出土陶器上的各种编纺织物印痕；(1)(2)异向斜纹；(3)平纹；(4)至(8)各式斜纹；(9)经向缠绕纠织斜纹；(10)(11)绞扭罗纹。

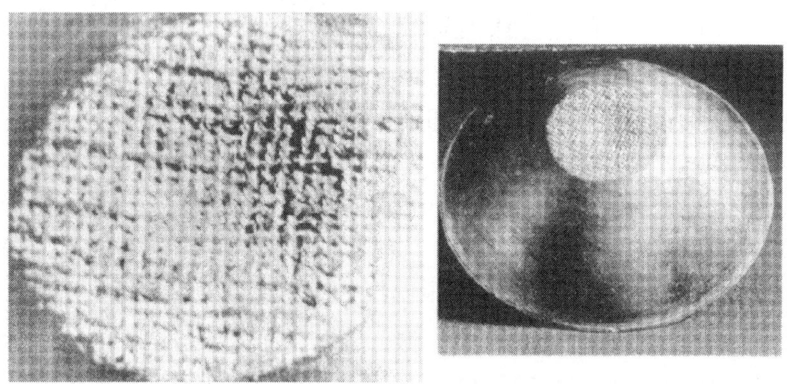

1-8　西安半坡新石器遗址出土带有一绞一麻织物印痕的陶碗及碗底麻织物印痕。

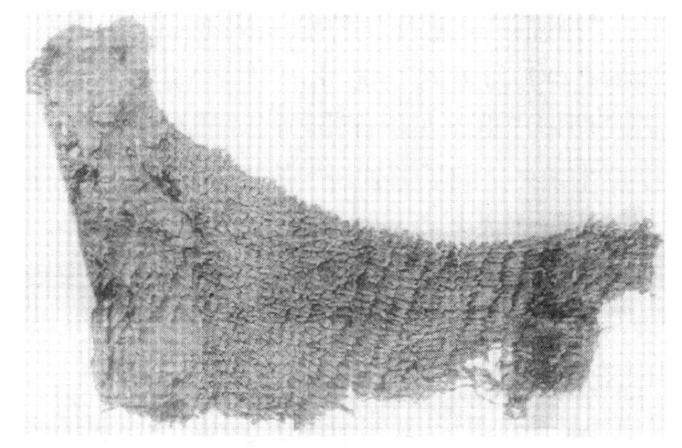

(1)

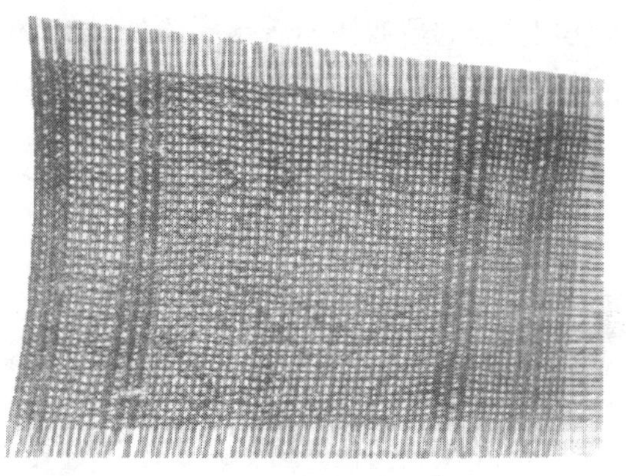

(2)

1-9　(1)江苏吴县草鞋山距今5至6千年青莲岗文化遗址出土的绞织加缠绕织法的回纹条纹葛布(南京博物院藏);(2)用绞织加缠绕织法仿造的织物组织。

在六七千年以前,中华祖先就已开始养蚕制丝。1921年在辽宁沙锅屯仰韶文化遗址发现蚕形石饰;1927年在山西夏县西阴村灰土岭一处4000多年前的新石器遗址中发现一个半割切的蚕茧,1960年在山西芮城县西王村仰韶文化遗址晚期地层发现陶蚕蛹;1978 年在浙江余姚河姆渡新石器遗址发现 6900 年前刻有 4 条蚕纹的象牙盅。这些考古发现证明中华祖先在新石器时代对蚕不仅有了充分的认识,并且产生了巫术崇拜。到了商代,便演变为奴隶主阶级尊奉蚕神的风俗。在河南荥阳广武乡青台村一座仰韶文化秦王寨类型的墓葬中,曾发现粘在尸骨上的丝帛残片。1958 年在浙江吴兴钱山漾新石器遗址发现一批 4700 年前放在竹筐中的丝织品,包括未碳化而呈黄褐色的绢片,已碳化但仍有一定韧性的丝带、丝线等。经测定,原料是家蚕丝,绢片是平纹组织,经密每厘米 52 根,纬密每厘米 48 根,和现在生产的 H11153 电力纺的精密度相近(图 1-10 至1-12)。

中国古老的毛织物以羊毛为主,骆驼毛、马毛、牦牛毛、兔毛、羽毛等也使用。新疆罗布淖尔曾出土约公元前 1800 年的棕色羊毛布和黄色羊毛毯。新疆五堡墓地则发现新石器时期用彩色羊毛

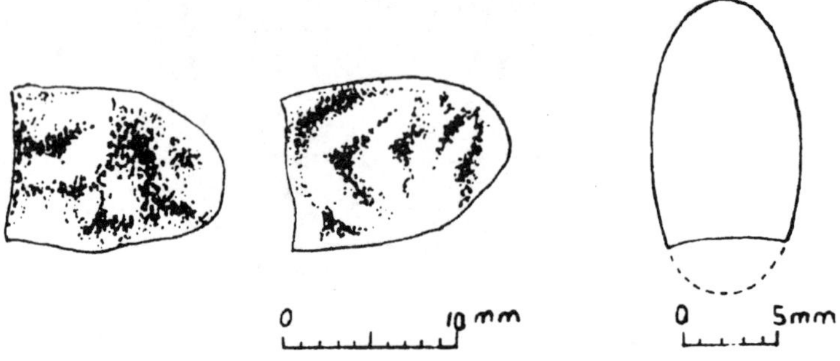

1-10 1927 年山西夏县西阴村灰土岭新石器遗址发现的一个人工半割切的蚕茧。

1-11 1960 年山西芮城县西王村仰韶文化晚期地层发现的陶蚕蛹。

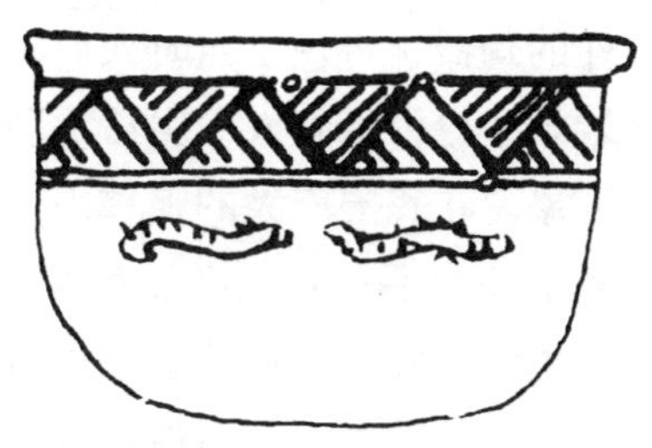

1－12　1987 年浙江余姚河姆渡遗址发现一个刻有蚕纹的象牙盅。

线织成的方格彩罽(jì 音计)袍残片，有平纹和斜纹两种。另在青海柴达木盆地南部的诺木洪塔里他里哈新石器时代遗址发现 5 块黄褐或红褐相间的条纹罽及一批平纹毛布，颜色有红、蓝、黄、褐等(图 1－13)。

由于纺织品很容易霉烂腐蚀，新石器时代的纺织品很难幸存到今天，我国迄今还没有发现新石器时代留存到今的完整的衣服，但

1－13　青海诺木洪塔里他里哈新石器遗址发现的毛布及黄、褐两色相间条纹罽。

在新石器时代的彩陶遗物中，却有几件写实的人形雕塑和绘有人们放牧和舞蹈活动纹样的陶器，再现了当时人们的着装形象。另外在一些新石器时期的岩画里也可见到人们生活活动的形象，但有不少岩画反映的是裸态形象。在我国广大的疆域内，社会发展的阶段有先有后，各地的气候条件也不一致，必然产生衣文化的不同内容。原始人从远古的裸态生活过渡到上古的着衣生活，人们不一定在任何时间任何场合都穿戴完整的衣冠，但他们身上佩挂的装饰品却是永不离身的。这种习惯，在现今非洲、南亚及南美洲的一些土著人的着衣生活中也可以得到证明。中华祖先在旧石器时代的晚期已流行佩带玉石骨质的佩饰品，到新石器时代，各种材质和各种形式的佩饰品极为丰富精美。服装与佩饰互相辉映，同时还与纹绘装饰相结合，形成了时代特色。中华服饰文化，从此开创了光辉的篇章。

第四节　丰富多彩的中华原始服饰

一、成型服装的出现

人类大约在旧石器时代的中段开始利用兽皮来裹身御寒，那时候的兽皮未经人工裁剪缝拼，只是原状的兽皮。到旧石器时代的晚期，人类从智人阶段演进到现代人阶段，才创造出骨针来缝制兽皮的衣服，使之能较好地符合人体穿着的需要，这时人类已经利用植物纤维捻制绳索。直到新石器时代创造了纺纱织布的工具，利用植物纤维编织成衣料，才为制作成型的服装创造了条件。如前述，由于纺织品很难保存下来，对于最早的中华成型服装的形式，只能从原始的彩陶雕塑和彩绘纹样以及地画和岩画人物形象中去搜寻。

图 1－14 是在陕西临潼邓家庄遗址出土的陶塑。前胸后背各有

两个突出的小孔，头戴一顶厚实的圆帽，有齐耳的鬓发，属仰韶文化庙底沟类型陶塑，这件陶塑为我们提供了6000至5000年前帽子的形貌。

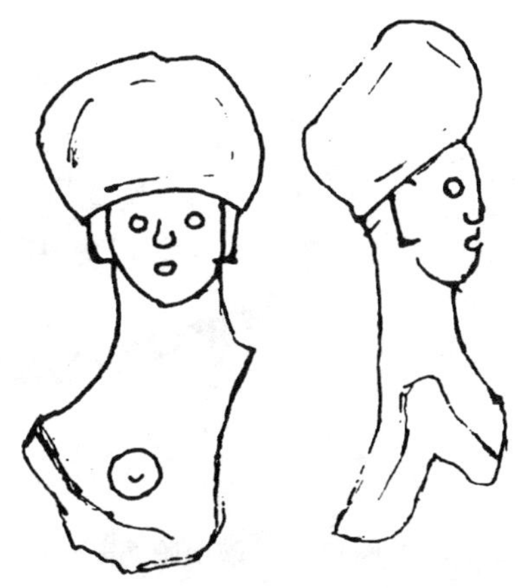

1－14　陕西临潼邓家庄出土庙底沟类型戴帽人物陶塑。

图1－15至1－17是西安半坡和陕西临潼县姜寨新石器文化遗址出土的彩陶人面鱼纹钵。人面均绘有纹饰，说明当时流行文面的风俗。头上戴的尖顶高冠，于左右两额间附有角形装饰，使高冠造型更加富丽。据人类学家研究，有些民族的部落酋长头上往往用牛角装饰作为权威的象征，与三图所示情形未必相同。图中嘴角画的两条鱼纹，可能是祈求生活富裕和子孙繁衍的一种意象标志，不一定是服饰的反映。图1－15人面鱼纹束发至顶，并用骨笄(jī音击)贯住发髻，是当时流行的

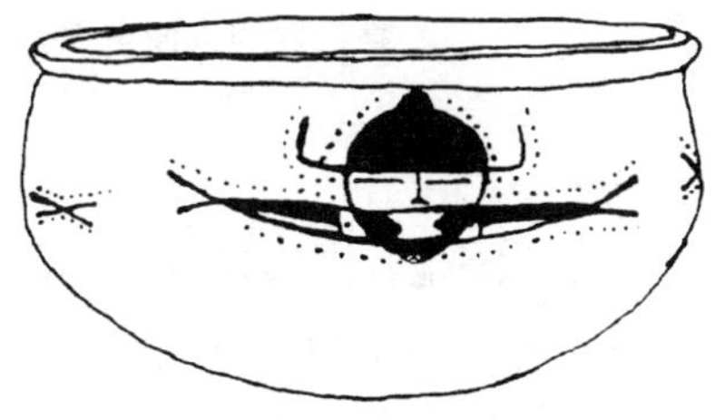

1－15　西安半坡新石器遗址出土人面鱼纹陶钵。

1－16　陕西临潼姜寨新石器遗址出土人面鱼纹陶钵。

1－17　西安半坡新石器遗址出土陶钵上头顶束髻，以骨笄束发的人面鱼纹。

发式之一。

图 1－18 是青海大通县上孙家寨出土马家窑类型的彩绘舞蹈纹彩陶盆。盆内壁画着 3 组由 5 人手拉手起舞的人纹，舞者头上似裹巾布，身穿襦衣，臀后悬有饰巾，有人认为是悬挂一条兽尾，模仿被猎获的兽类形象庆祝丰收。

图 1－19 是甘肃辛店出土的放牧纹彩陶盆。牧者穿着齐膝无袖的衣服，腰间束带。此种衣服只要用一块布对叠，在对叠处正中开一裁口，穿时头部从这个裁口钻出，腰间用带束住就行，称为贯头衣。古代埃及和古代罗马也有这种贯头衣。图中还有一人头戴大檐遮阳帽，可能是编织品。

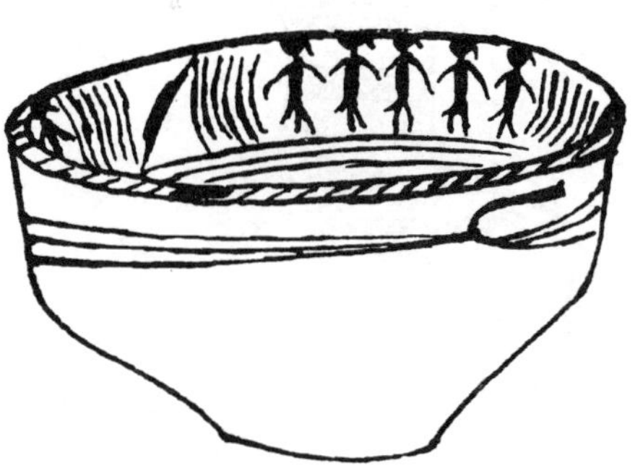

1－18　青海大通县上孙家寨新石器遗址出土马家窑型舞蹈纹彩陶盆。

图 1－20 是美国檀香山艺术学院收藏的我国辛店式彩绘放牧纹彩陶罐。服式与上图相同。

图 1－21 是甘肃秦安县五营乡邵店村东清水河旁山坡上大地湾遗址出土的人头形彩陶瓶，属于仰韶文化。这个彩陶瓶瓶口只钻出一个小孔，并非实用之物。人头脸庞端丽，双耳耳垂有悬挂耳饰的穿孔，头上梳整齐的披发（留海），身上画横条三角弧纹与斜线纹结合的图案，与同地出土的其他彩陶器纹饰相似。大地湾遗址年代距今约 7800 至 7300 年，比西安半坡遗址早 1000 年。大地湾遗址面积达 30 万平方米，经发掘的面

1－19　甘肃辛店出土放牧纹彩陶盆。

1－20　美国檀香山艺术学院收藏的中国新石器时期辛店式放牧纹彩陶罐。

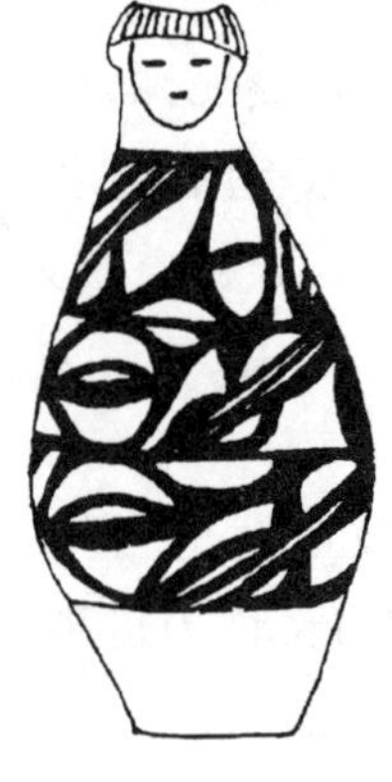

1－21　1973年甘肃秦安大地湾新石器遗址出土人形陶瓶，高31.8厘米，口径4.5厘米，罐口中间仅有一个小孔，故非实用之器，额前留整齐的披发，身穿花衣。

1－22　甘肃宁定出土半山型人形彩陶器盖(瑞典远东古物博物馆藏)。

积13700平方米，在地层中发现了我国最早的房址地画和陶片上的刻画符号，这些距今约5000年的刻画符号是文字的先驱。房址地画是在白灰地面用黑炭画出两个人物，可能是为纪念祖先而画的，身上所穿为短衣。

图1－22是瑞典远东古物博物馆收藏的我国半山型彩绘人头形陶器盖。人头下巴部位所画的直线可能是胡须，眼睑皮肤松弛，大概是老者形象。颈部似佩有串饰，身穿彩绘花衣。

图1－23是瑞典远东古物博物馆收藏的我国半山型彩绘人头形

陶器盖，甘肃临洮出土。人头作文面盛装，两额梳叉角髻，头顶正中挂着一条长蛇往后背蜿蜒下垂，衣服上也画着S形蛇纹。这种装饰非常特殊，人类学家认为与中华祖先的龙图腾崇拜有关。龙是人首蛇身的人文动物，辽宁省黄海县曾发现距今8000余年的鹅卵石堆塑巨龙，在河南省濮阳西水坡第45号新石器时代墓曾发现用蚌壳堆塑的龙纹和虎纹，在内蒙古赤峰翁牛特旗红山文化遗址发现过玉雕的大龙；甘肃武山县传家门和湖北天门县石家河曾发现彩绘龙纹陶罐，山西襄汾陶寺曾出土彩绘蟠龙纹陶盘，这些都说明中华祖先在新石器时代对龙的崇拜已经由祖先崇拜、祖神崇拜发展到图腾崇拜的阶段，反映出当时人崇拜超自然力、神化那些部族领袖征服自然的思想心态。当时人把伏羲、女娲、黄帝、大禹等都描写成人首蛇身的龙和神。

1－23　甘肃宁定出土半山型人形陶器盖（瑞典远东古物博物馆藏）。

图1－24、1－25是青海柳湾乐都新石器遗址出土的两件半山型人形彩陶罐，身上均有彩绘纹饰。纹饰与同时代其他彩陶器纹饰的形式一致。其中一件画有两撇尖翘胡子的老者，颈部佩着用海贝串连的项链。海贝在古代可作流通的货币，串连起来又可作为佩饰品。

1－24　1974年青海柳湾乐都新石器遗址出土人头形陶罐。高22.4厘米，口径13厘米。

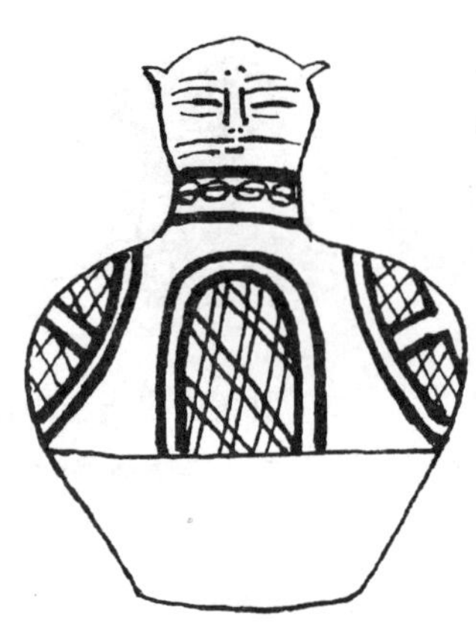

1－25 青海柳湾乐都新石器遗址出土人形彩陶罐。颈部戴着用海贝制作的串饰。

图1－26是甘肃玉门烧沟新石器遗址出土的模拟下身人体的彩陶罐。为我们提供了原始的蔽膝裙、胫衣、圆头鞋的形象。

图1－27是甘肃玉门烧沟出土四坝文化下半身人形彩陶罐。下裳绘三角菱格纹，脚穿尖头鞋，可窥见当时服装配套的情形。

图1－28是1988年在甘肃省玉门市出土的新石器时代人形彩陶。高20厘米。此陶人上身赤裸，肩部至胸口所绘或为佩饰或文身纹样；下身穿裤，脚踏尖翘头皮靴。

图1－29是甘肃玉门新石器时代遗址出土的一只彩陶圆头皮靴模型。

1－26 甘肃玉门烧沟新石器遗址出土下半身人形罐。

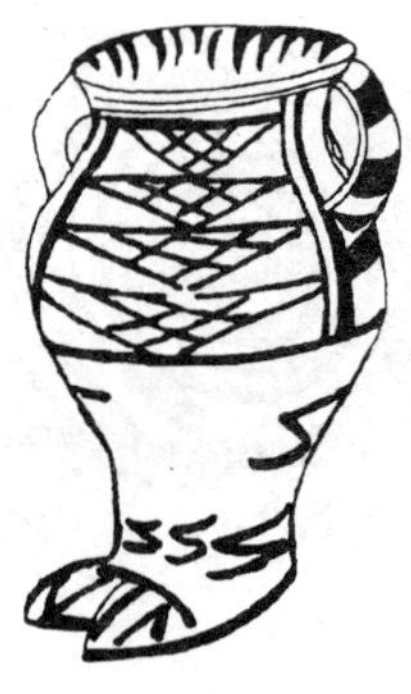

1－27 甘肃玉门烧沟新石器遗址出土下半身人形罐。

1-28　1988年甘肃玉门出土新石器时期人形彩陶。高20厘米，头顶中空，侈口，双眼镂空，胸部饰网纹饰件，穿不连裆的裤子及翘头靴。

1-29　甘肃玉门出土新石器时期彩陶靴模型。

我国南北各地保存着许多原始岩画，如内蒙古阴山山脉；江苏连云港将军崖；甘肃北部的祁连山和黑山；新疆的天山、阿尔泰山、昆仑山；云南沧源；广西花山及青海、台湾等地，都发现了原始崖画，题材以动物及人物活动为多。中国原始崖画的画风，装饰性重于写实性，手法粗犷简练，不像西方克罗马农人(克罗马农人指在法国的克罗马农石窟所发现的白人祖先，他们没有原始人所特有的重浊眉脊，容貌类似今天的欧洲人)洞穴壁画那样细致写实。中国原始岩画人物多数为剪影式造型，有的人物腰间佩刀，但看不清是裸体束腰佩刀还是着衣束腰佩刀。云南沧源县留存下来的朱绘五人舞岩画，五舞

1-30　甘肃嘉峪关市西北黑山岩画操练图。人物均穿齐膝衣袍，束腰带，头戴羽饰，可能为月氏或乌孙人的形象。

1－31　1987年浙江瑶山良渚文化遗址出土戴羽冠人纹玉饰牌。高3.4厘米，宽7.1厘米，厚0.6—1.1厘米。

人双臂挥动，甩手顿足作舞，充满动感和活力，但究竟是身着短装还是裸身起舞，很难判定。

图1－30是甘肃嘉峪关市西北的黑山岩画中的操练图。人物都穿过膝长襦，腰间束带，头顶有高冠或饰羽。由于黑山岩画时间接近春秋至西汉初，可能是月氏或乌孙族的人物形象。广西花山岩画人物多作侧身剪影式，最大者约3米高，头上立小狗，或说是狗冠，人物空隙有铜锣铜鼓等物，故知时代较晚。身上是裸体或短装，不易看清。

1－32　1987年浙江余杭县瑶山良渚文化遗址出土的冠形玉饰牌（瑶山M10:20）。戴羽冠人物形象，高5.8厘米，上宽7.7厘米。

图1－31、1－32是1987年在浙江省余杭县瑶山良渚文化遗址出土的玉饰牌（瑶山

M10:20)上的戴羽冠人物纹,头上所戴的羽冠丰盛威严,与南美印地安人的羽冠形状极为相似。

二、丰富华美的服用装饰品

至旧石器时代晚期,人的认识能力和智慧日益提高,手的动作日益完善与灵巧,就在制造石器的基础上,进一步利用石英、碧玉、玛瑙、黑曜石等半透明有颜色的矿石加以精细加工,创造出美化生活的装饰品。这种装饰品除实用的目的外,还渗透着特定的观念意义,即与审美和原始的巫术图腾活动相关联,展示了人类精神领域的扩大与审美能力的发展。至新石器时代,各种不同材质的装饰工艺的品类和艺术形式有了极大的发展,它们在社会生活中取得了新的显著的地位。新石器时期纺织手工业还处于初级阶段,人们在炎热的夏季也还习惯于裸态生活,此时衣服或可不穿,但佩戴骨、角、玉、石、陶、贝装饰品则不可少,此种情形,正可用现今在非洲、南美及南亚地区的一些民族的衣文化习俗来说明。我国晋代袁康在《越绝书·越绝外传宝剑记》中记述了风胡子对楚庄王的一段话:“轩辕神农赫胥之时,以石为兵,断树木为宫室,死而龙藏,……至黄帝之时,以玉为兵,以伐树木为宫室。……禹穴之时,以铜为兵,以凿伊阙,通龙门决江导河、东注于东海,天下通平。……当此之时,作铁兵,威服三军,天下闻之,莫敢不服。”他把我国古代文化的演进,划分为以石为兵、以玉为兵、以铜为兵、以铁为兵四个阶段。现在历史学界按照丹麦皇家博物院院长汤姆生在1836年提出的见解,把古文化的演进分为石器时代、铜器时代和铁器时代。但在考古学界根据田野考古的收获,注意到我国在全新纪初期确实存在一个玉石并存的时代,证明胡风子的说法是确有科学根据的。我国新石器时代的玉器主要为礼器和服饰品,而不属于生产工具。当时服饰品当然也包括角、骨器和石器等在内。

(一) 发饰

1. 笄

原始人从披头散发演进到梳理头发,把头发挽成发髻,这发髻若没有一个东西把它绾住,是会散开的,起初可能用一根树枝、一根细骨,后来把树枝兽骨刮磨雕刻,便制造了笄来固定发髻。仰韶文化已发现锥形、丁字形、圆柱形的骨笄。西安半坡出土骨笄有七百多件,在彩陶盆上还有发髻插笄的人面鱼纹。江苏吴江梅堰曾发现新石器时代刻花的骨笄。1978 年在山西襄汾新石器墓葬发现过头插骨笄的女性骨架。大汶口遗址出土骨笄 16 件,石笄 12 件,玉笄 2 件。广东清远浥江河支流发现过新石器时代的石笄。浙江余杭反山出土锥形器 70 余件,不少可能是笄,最长的达 18.4 厘米,刻有纹饰。1972 年在江苏常州圩墩村新石器遗址女性墓中出土 5 根骨笄,全都依附在头骨附近。1972 年在江苏省吴县张陵山出土两根长 14.9 厘米、直径 0.8 厘米、顶端有对钻小孔的淡青色有褐斑的玉笄,一件为圆形截面,另一件为扁形截面。在河南商丘龙山文化遗址发现过蚌笄。甘肃永昌鸳鸯池新石器遗址出土的骨笄,顶部用黑色粘胶物镶粘 36 枚乳白色骨珠,制作更为精美。在河北武安磁山、山东曹县莘家集、四川巫山大溪新石器遗址出土了一端呈椭圆尖角、另一端呈菱形尖角的骨笄,实际上就是后来玉簪的造型(图 1 - 33)。江苏常州圩墩马家浜文化遗址发现有在头上戴 5 枚笄的。大汶口 10 号墓的人头骨上有象牙梳一把,绿玉笄一枚,说明笄也作装饰之用。

1 - 33 广东清远县浥江河支流新石器遗址出土的石笄。

2. 栉

栉下面有齿,上面有背,齿有疏密之不同,栉是梳篦的总称。梳的齿疏,用以梳理头发,篦的齿密,用以篦除发垢。考古工作者在江苏邳县刘林新石器遗址发现的骨梳,高 8.8 厘米,只有 5 个齿。山西襄汾陶寺新石器墓葬曾出土石梳和玉梳,石梳呈白色,钺(yuè 音越)形,有齿 12 个,上端钻一圆孔,通高 9.4 厘米,齿端宽 7.9 厘米。玉梳长方形,呈灰白色,上有绿色斑痕,有齿 11 个,通高 10.2 厘米,宽 6.5 厘米。这些梳出土时放在人骨头部,有的紧贴头顶。甘肃永昌新石器遗址也有同类物品出土。大约当时除梳理头发之外,并插于发际作装饰之用。山东宁阳大汶口出土新石器时代的牙梳,长 16.7 厘米,用象牙皮作成,有齿 17 个,在梳背上雕镂着 S 纹,中间有两个 T 字纹,界框也由条孔组成(图 1－34)。

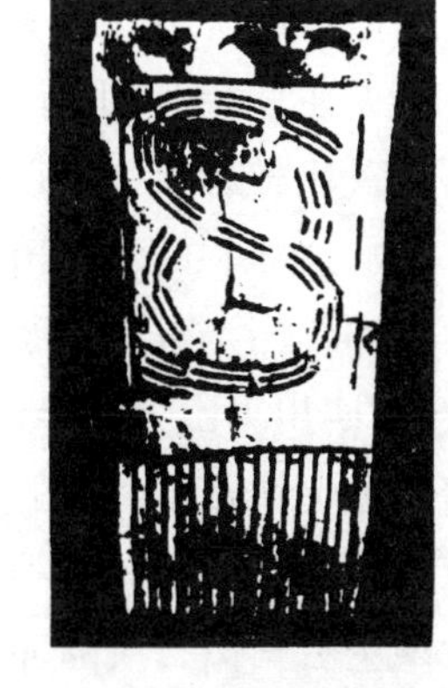

1－34　山东大汶口新石器遗址出土17齿镂花象牙皮梳。长 16.7 厘米。

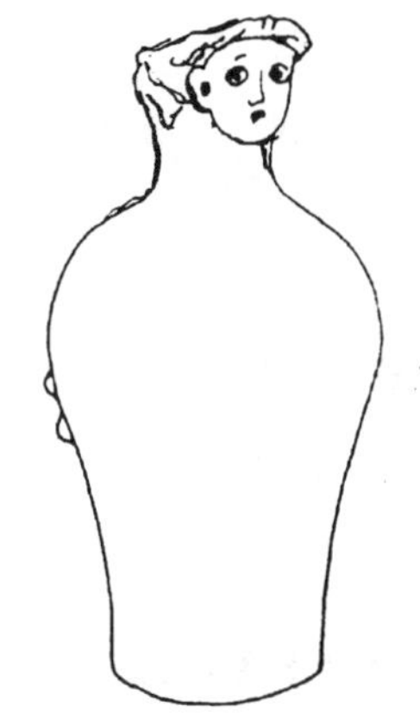

1－35　甘肃秦安寺咀新石器遗址出土人头形器口陶瓶。高 26 厘米,口径 6.5 厘米,底径 8.8 厘米,梳辫、辫子绕于额上。

(二) 耳饰

世界上许多民族都有在耳朵上垂挂装饰品的习惯,我国新石器时期的耳饰主要是耳环和玉玦。耳环有骨、石、玉等材料制作的,用绳穿系垂挂于耳穿上。1964 年甘肃礼县高寺头村出土了新石器时代的陶人头,1973 年在甘肃秦安县邵店村大地湾出土了新石器时代的人头形器口彩陶瓶,1975 年在甘肃秦安县寺咀村出土了新石器时代的人头形器口陶瓶(图1－35),两耳耳垂上都有穿孔,就是穿挂耳饰所用的。玉玦是一种有缺口的玉环,有人说戴时将缺口直接夹在耳朵上,也有人认为需用绳子系挂在耳眼上。新石器时期的玉玦比较朴素,如江苏南京城北阴阳营新石器时代遗址出土的玉玦,缺口中间窄、两端稍宽,素面无纹。到商周以后就华丽起来,在表面施加纹饰。玉玦在浙江余姚河姆渡、江苏吴县草鞋山、广东曲江马坝镇、四川巫山大溪等地新石器时代遗址都曾发现。四川巫山大溪遗址出土新石器时期的耳饰很丰富,共清理出各种耳饰 64 件,质料有象牙、绿松石、白玉等(图 1－36)。在 128 号墓发现在 50 岁左右的女墓主右耳佩石质圆环、左耳佩玉玦,说明两耳可以佩戴不同形状质料的耳饰。四川巫山大溪新石器时期的耳饰已出现圆形、梯形、长方形等变化。还有认为古代人生前戴环、死后才戴玦的说法,恐不一定那么绝对。辽宁沈阳新乐下层文化 2 号房址出土的煤精耳珰,造型已与战国和汉代耳珰相同。

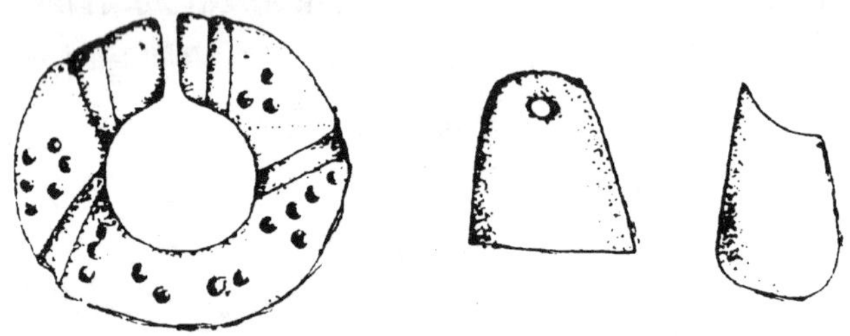

1－36　四川巫山大溪新石器遗址第 128 号墓出土的玉玦和耳坠。

(三) 颈饰

颈部是人体装饰最醒目的部位,无论在未开化民族、半开化民族、已开化民族或现代时装中均有颈饰。我国在旧石器时代晚期山顶洞人就已注意了这一装饰。在旧石器时代,人们一般利用天然的物品如兽骨骨管、兽牙、贝壳、砾石珠等串制成颈饰，每串颈饰所串的饰物少则几件，多则十几件。到新石器时期，中华祖先除了继续采用海贝、螺介等具有自然色泽美的材料作为颈饰之外，还人工精心加工制作各种玉、石、骨、牙等颈饰，制作出了艺术水平极高的工艺美术品。1966年4月，考古工作者在北京门头沟东胡林村西侧一个新石器时代初期16岁左右的少女墓，发现一组由50余颗大小匀称、经过磨制出小孔的海螺颈饰，距今已有1万年。这位少女腕部带有用7节骨管串成的手镯，胸部佩有用穿孔河蚌制成的佩饰。马家窑文化墓葬发现一个人架颈部有成圈骨珠1830粒。甘肃皋兰糜地岘遗址的人骨颈上有5串骨珠，计1000多颗。陕西华君庙420号墓女性骨架头顶有骨笄，颈部有1147颗骨珠串成的项链。1972年在陕西临潼姜寨新石器时期一少女墓中发现用8577颗骨珠制作的串饰，骨珠用兽骨磨制穿孔分切而成，大的外径7毫米，小的外径3毫米，按一定规则大小相间串连，估计可串成16米左右长。用这样长的串饰不仅可反复围绕颈部，而且可以连绕上臂，再下垂到胸部，围绕腰部。同墓还有绿松石饰品和石球出土。用那么长的串饰装扮起来，其形式几乎可和敦煌莫高窟唐代盛挂珠宝缨络的菩萨像媲美了。1982年在上海青浦县福泉山良渚文化墓出土由72粒玉管、玉珠、玉坠串组的项链，色泽富丽柔和，其侧面两粒玉珠，还琢有变体兽面纹，最下面的一颗玉坠，形如小钟，使这条项链成为具有重心和方向的完美组合（图1－37）。

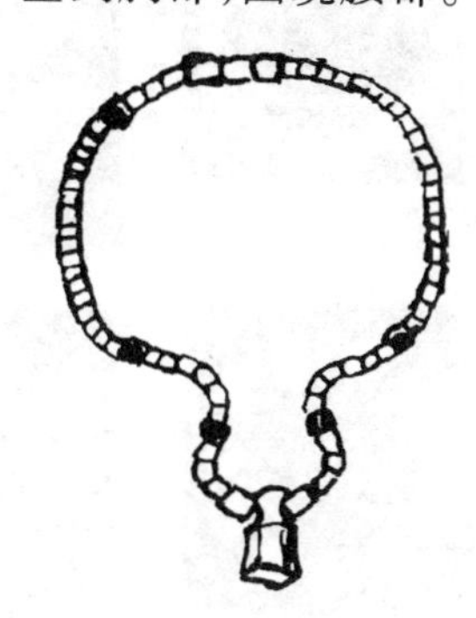

1－37　1982年上海青浦县良渚文化遗址出土玉项链，白玉珠间有5颗绿松石珠，周长72厘米。

在大汶口新石器遗址出土的颈饰中，以第10、第47、第3、第105号墓所出土的 4 件最有特色。第 10 号女墓人架颈部有由 19 件不同的绿松石组成的颈饰。第 47 号墓有由 6 件白大理石岩短管状石珠组成的颈饰。第 3 号墓有由白色大理岩与白色石英质 11 件管状小珠组成的颈饰。第 105 号女墓有由 14 颗白色大理石组成的颈饰(图 1 - 38)。八十年代在良渚文化遗址出土的颈饰,其精美程度是过去不敢想象的,良渚文化集中分布于浙江、江苏一带,其下限距今 4200 年(前后 145 年),上限距今 5260 年(前后 135 年)。除前述上海青浦县福泉山良渚文化墓所出项链外,1978 年在江苏武进县寺墩出土由玉牛鼻孔珠、大中小玉珠、玉管、玉锥形坠等 18 件串联的串饰;1983 年在浙江省余杭县瑶山出土的 1 件由 39 颗玉管分成内、外两串组合的串饰;1984 年在上海市青浦县福泉山出土的一串大小形状不同的 47 颗玉珠、2 件玉管、6 件玉锥形器串组的串饰;1986 年在浙江余杭反山出土 2 件玉串饰,一件由 12 颗玉管连着一件小玉璜组成(图 1 - 39); 另

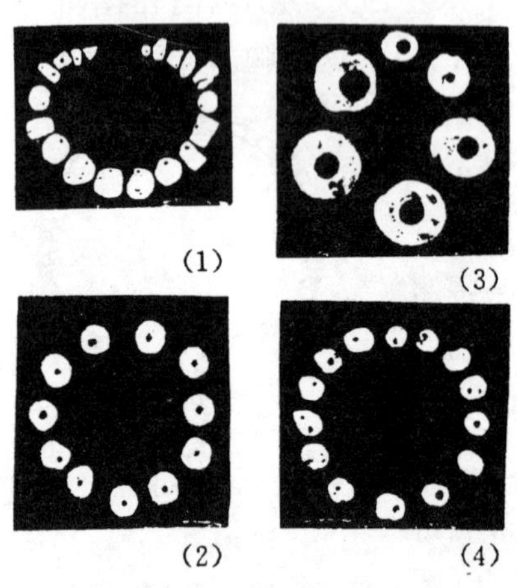

1 - 38　山东宁阳大汶口新石器时期墓葬出土颈饰。(1)第 10 号墓出土;(2)第 3 号墓出土;(3)第 47 号墓出土;(4)第 105 号墓出土。

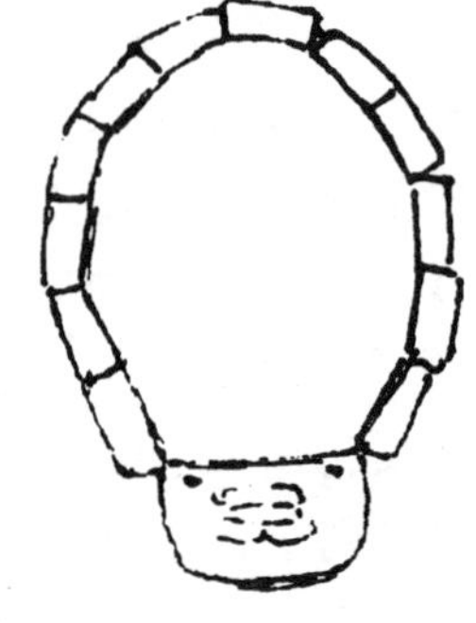

1 - 39　1986 年浙江余杭反山良渚文化遗址出土玉项链,玉管长 2.7—3 厘米,直径 1—1.1 厘米,小玉璜高 4.2 厘米,宽 6.3 厘米。

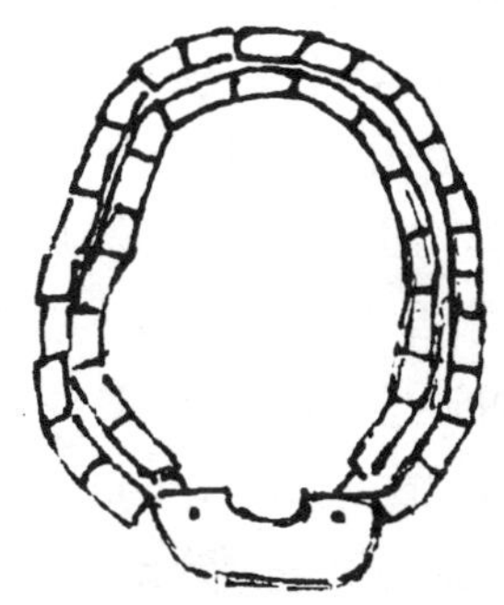

1－40　1987年浙江余杭瑶山良渚文化遗址出土玉项链，内圈玉管长24—29厘米，外圈玉管长2.2—2.5厘米。

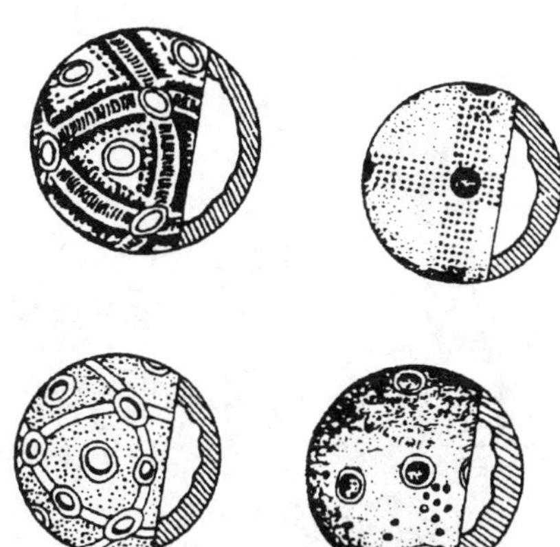

1－41　安徽潜山薛家岗新石器遗址出土中空、内装小陶丸，外刺花纹，摇动可以发声的陶珠串饰。

一件由26颗玉管与一件小玉坠组成；1987年在浙江余杭县瑶山出土的3件玉串饰，一件由39颗玉管分内外两圈串联，内圈16颗，外圈23颗，下面与玉璜相接（此器围径较窄，可能为某种手串或偶像上的串饰）（图1－40）；另一件由170颗大小玉珠串接；第三件是由14颗断面呈凹形的半管与2颗整管串接而成。上述8件串饰，有的取圆珠形的重复调和，有的取圆珠形与管形的对比，有的于串饰下端垂玉璜或玉坠形成大小、形状、方向的对比，反映了

1－42　新疆和田、沙雅等地出土，经过人工蚀花处理的石珠。

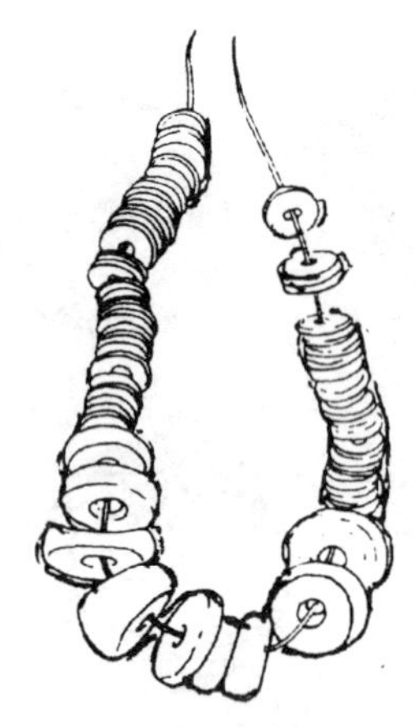

1－43 青海布哈河古墓出土石珠串饰。

完美的艺术构思。安徽潜山薛家岗新石器时代遗址出土陶珠69枚,球状中空,内装小陶丸,外刺花纹,有的镂一个至数个圆孔,制成串饰,摇动时还能发声(图1－41)。云南晋宁石寨山和新疆和田、沙雅及西藏等地古遗址,还发现一种经人工蚀花处理的石珠(图1－42、1－43),西藏昌都卡若文化遗址也有玉项饰出土。

(四) 佩饰

佩饰一般指可以用绳子穿过其孔作为身上挂佩的装饰品,其中包括圆形带孔的璧、瑗、环,由圆形器分解而来的璜,由圆形演化而来的双联璧、三联璧,以及寓有原始宗教意识内涵或赏玩意味的象生型工艺雕刻品等。圆形带孔器有瑗、璧、环,三者的区别,《尔雅·释器》中说:“肉倍好谓之璧,好倍肉谓之瑗,肉好若一谓之环。”,其中的“肉”指玉质部分,“好”指孔部,意思就是边宽孔小者为璧,孔大于边者为瑗,边与孔径相等的为环(现代概念大孔细边为环,与古代不同)。璧到东周时期成为祭天的礼器(苍璧祭天,黄琮礼地),象征身份地位的“六瑞”(《周礼·大宗伯》:“子执谷璧,男执蒲璧。”)和诸侯聘享馈赠的礼物。原始社会的璧多素面无纹。环在甲骨文写作[illegible]、[illegible]、[illegible],即上面是人眼睛,下面是衣字中间有一个圆瑗器饰,含义是一种佩饰。新石器时期的瑗,有石瑗、牙瑗、陶瑗、玉瑗等。考古发现的瑗,如山东诸城呈子遗址M20墓和M59墓都有两个石环位于人架前胸,当属佩饰。在其他新石器文化遗址,另有一些石瑗、玉瑗套于人架手臂上,则属于臂饰。双联璧、三联璧及鸟、兽、蛙、鳖、龟、龙等等象生型玉佩饰,近年在红山文化和良渚文化遗址出土的数量甚多。此外,浙江余杭反山和瑶山良渚文化遗址出土的镂花与浮雕及阴线纹玉璜,也是一种佩饰,新石器时代佩饰制作之精巧,实在令人惊叹。

(五) 臂饰

臂饰指套在腕间或臂上的饰物,主要指瑗、臂环、镯一类饰物。它们一开始可能与原始人佩带狩猎工具环形石斧的习惯有关。古代圆形器孔径大于边的为瑗,原名应叫作瑗,镯字从金,是掌握了金属冶炼术之后的名称。瑗有石、牙、陶、玉种种质料,出土物以玉瑗最多。在北京、河南、陕西、山东、甘肃、青海、四川、云南、江苏、浙江以及广东等地新石器遗址均有发现。出土时,有套在人骨双手或右手腕部的,可见瑗也作为臂饰。瑗的造型,多作扁形圆环状,器身呈方形断面或长方形、梯形断面,这种造型戴在手臂上并不舒服,故后来发展为管形圆环状,器身断面呈圆形、椭圆形或半圆形,戴在手臂上就舒服了。在江浙一带出土距今4000年前良渚文化的玉瑗,多数内壁光滑而平直,外壁呈圆弧形,孔大而边小,出土报告称之为镯。这些臂饰制作得非常精美,有的把器身雕琢成筒状,有的在外壁雕琢绞丝状纹饰,有的在外壁表面雕琢出4组兽面纹(图1-44至1-48)。过去有人把这种类型的臂环称作"蚩尤环",说是黄帝战败蚩尤,把蚩尤人首像琢在镯子上作为纪念,看来不过是一种传说罢了。新石器时代的臂饰,还有一种由两个半圆形拼合,两端各有一个或两个钻透的小孔可以系结,以便根据手腕粗细去调整镯子的大小。也有把镯

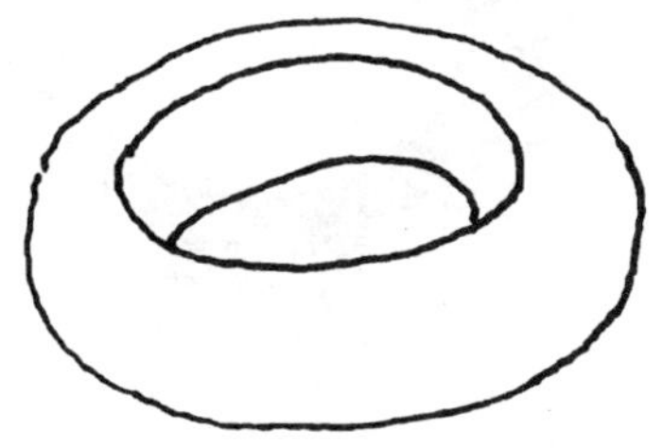

1-44　1987年浙江余杭瑶山良渚文化遗址出土玉镯,孔径5.9厘米,直径8.1厘米。

1－45 1987年浙江余杭瑶山良渚文化遗址出土玉镯，直径7.4厘米，孔径6厘米，高2.6厘米。

子锯出一个小裂口，使之在佩戴时具有一些伸缩性的，则是出于实用方便的考虑（图1－49）。新石器时期有的地区的臂饰，往往是佩饰者从小戴上，终身不取下的，如青海乐都柳湾马家窑文化墓葬，常出一种大理石制成的臂饰、呈环状或筒状，直径仅在6至11厘米之间，出土时都套在死者臂部或腕部。黄河中游多以陶环为臂饰，西安半坡等地出土红、黑、灰陶及白陶环，有圆

1－46 江苏邳县大墩子新石器时期墓出土玉镯。

1－47 1987年浙江余杭瑶山良渚文化遗址出土斜向突棱纹玉镯，高2.3厘米，直径6.5厘米，孔径5.7厘米。

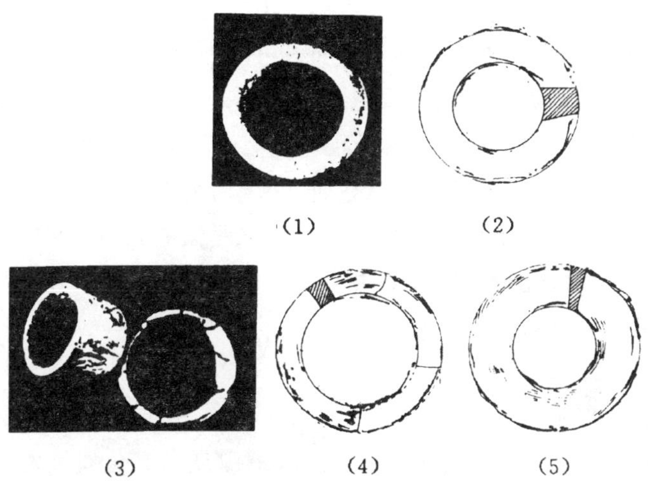

1－48　四川巫山大溪新石器遗址出土的手镯：(1)玉镯 3 件；(2)石镯 13 件；(3)象牙镯 5 件；(4)骨镯 6 件；(5)蚌镯 11 件。

形、多角环形，齿轮形等。黄河下游的大汶口、龙山文化遗址，陶环、石环、骨环、玉环都有，男女都戴，山东邹县野店 88 号男性墓主，右臂戴 6 枚陶环，左臂戴 3 枚，同地 47 号墓男性墓主右臂戴 9 枚玉环，左臂戴 6 枚。

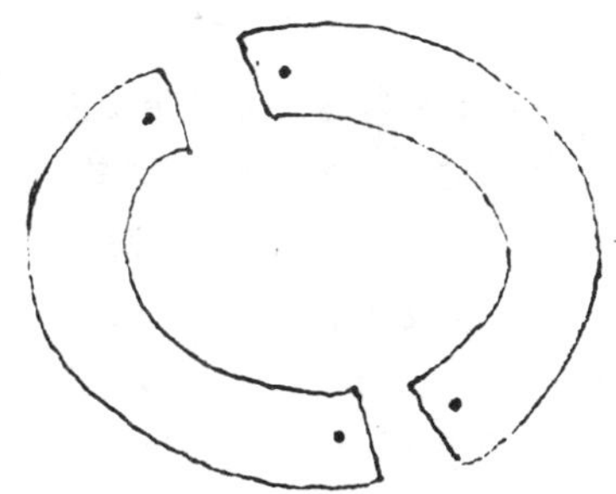

1－49　1982 年上海青浦县福泉山良渚文化遗址出土可调整孔径大小的玉镯，合紧时的孔径 8 厘米。

（六）手饰

新石器时代的手饰主要是指环。江苏邳县四户镇大墩子新石器遗址第 44 号墓，墓主右手手指上套有骨管，同地 4 号墓也发现了两个，青莲岗呈子 20 号墓墓主右手中指套着一个厚壁环形的玉指环。山东诸城M20墓墓主左手手指套有玉指环。良渚文化寺墩遗址出土一圆筒形指环。大汶口A墓22,墓主手指处有一镶嵌绿松石的骨指环。B墓25,一件淡绿色玉指环套在已断散的指骨上,骨指环四。C墓131,骨指环一。D墓26,骨指环二。山东曲阜西夏侯遗址,一乳白色大理石指环套在墓主左手中指上,石指环上有漏斗形小孔,原来是镶嵌其他饰物的。河南渑池县仰韶村则出土过骨制的指环。甘肃永靖秦魏家齐家文化遗址中,曾出土两枚铜指环。

(七)带钩

1986至1987年在浙江余杭反山和瑶山良渚文化遗址发现一种玉带钩(图1－50),长度从5厘米至7.7厘米,宽度从2.75厘米至4.5厘米,厚度从2.2厘米至2.5厘米。为正面弧凸、背面平整的长方体,在侧面一端有穿孔可穿系绳子,另一端是用线割切法切成的变钩,可勾挂物件。此种带钩出土时常在墓室中部,相当于人架下肢部位,和春秋战国时的带钩功用不同。

1－50 1987年浙江余杭瑶山良渚文化遗址出土玉带钩,长5厘米,宽2.75厘米,厚2.2厘米。

(八)额箍

额箍是戴在头上从前额绕过后脑的一种串饰件,1964年甘肃省礼县高寺头村出土的仰韶文化晚期陶塑人头额前至脑后有半圈凸起的装饰带,就是额箍的形象资料。大汶口新石器遗址第10号墓有头饰两件:一件是由25件上窄下宽、上端有穿孔的长方白大理岩片与两件牙形石片串成的;另一件是由31件大理岩管珠组成;又第47号墓有大理岩块制成的头饰 4 件，一件是由 22 件大理岩方块组成(图 1－51)。

1－51 山东宁阳大汶口新石器时期墓葬出土大理石岩片额箍。

(九) 冠饰

在良渚文化遗址出土的玉冠状器，高 2.6 至 6 厘米，宽 5 至 10.4 厘米，厚 0.2 至 0.5 厘米不等。形状略呈倒梯形，上端中部刻作弧凸形冠顶，下端锯出扁短的榫头，榫上有 3 至 5 个等距的小透孔。有的冠状器有透雕与阴线刻结合的纹饰，上刻戴羽冠的人头兽肢神像；出土时常在人架头部一侧，附近常有串饰或与玉管相连的玉璜，有的在其四周散落不少半瓣状玉粒，似为某种已朽实体的镶嵌物。冠形器就是这已朽物的冠冕。

1－52 1966 年浙江余杭反山出土良渚文化玉冠形器，通高 5.2 厘米，上宽 10.4 厘米，下宽 6.4 厘米，厚 0.3 厘米。

在反山和瑶山良渚文化墓还发现一种三叉形器，大体置于人架头部，3 个叉均有孔上下贯通，且常和一枚长玉管相接，三叉形器背面有 3 个钻有竖孔的方突，可以插饰羽毛，或在两侧叉上各钻横穿，此器据推测为用于穿插组装的某种头饰(图 1－52)。

第二章　夏、商、周时期的服饰文化

第一节　夏、商、周服饰文化的背景

中国约在距今五千年前进入父系氏族公社，农业成为主要的社会劳动，手工业逐渐与农业分离而出现剩余商品的交换，形成了私有制。父系氏族公社后期出现阶级分化，到公元前二十一世纪进入奴隶社会，出现了我国历史上第一个王位世袭的夏王朝。

史传夏朝第一位国王夏禹，曾领导人民战胜洪水灾害。在治水过程中，他三次经过家门而不入，他提倡节俭，崇尚黑色，但到他的子孙后代，就变得十分侈靡残暴了。公元前十六世纪商汤领兵消灭了夏桀，建立了商王朝，强化了奴隶主阶级的统治。由公元前十六世纪的商初到公元前八世纪的西周末，是奴隶制社会的鼎盛阶段，奴隶主最高首领自称“天子”，表示他是代表天的意志来统治人民的。奴隶主用残酷的刑罚镇压人民，他们可以任意将奴隶进行交换、杀祭或活埋殉葬，认为这些都是天帝的安排。在奴隶主内部也有森严的等级制度，以“礼”的形式固定下来，借以稳定内部秩序，维护奴隶制度的统治。服饰文化作为社会的物质和精神文化，是“礼”的重要内容，从而赋予了服饰以强烈的阶级内容。

第二节　服饰资料之阶级垄断

奴隶主阶级把服饰作为“礼”的内容，把装身功能提高到突出的地位。服饰的职能除蔽体之外，被当作“分贵贱、别等威”的工具，所以对服饰资料的生产、管理、分配、使用都极为重视。从夏朝起，王宫里就设有从事蚕事劳动的女奴；商代王室设有典管蚕事的女官——女蚕；西周，开始设有庞大的官工作坊，从事服饰生活资料的生产，主管纺织的“典妇功”与王公、士大夫、百工、商旅、农夫合称“国之六职”。周朝设有专门管理王室服饰生活资料的官吏，如“天官冢宰”下设有：

玉府：管理王室燕居之服（常服）和玉器。

司裘：管理国王在各种祭礼、射礼所穿的皮裘服装。

掌皮：管理裘皮、毛毡的加工。

典丝：管理丝绸的生产。

典枲：管理麻类纺织生产。

内司服：管理王后的六种礼服。

追师：管理王后的首服（头饰）等。

缝人：管理王宫缝纫加工。

屦人：管理国王、王后所穿的鞋靴。

染人：管理染练丝帛。

宫人、幂人和幕人：管理宫寝帷幕及陈设用布和装饰用布。

“地官司徒”下设有：

闾师：管理征收布帛。

羽人：管理征收羽毛。当时盔帽、车、旗等均用染色的羽毛为饰。

掌葛：管理征收麻布葛布。

掌染草:管理征收染草染料。

“春官宗伯”下设有:

典瑞:管理王宫服饰玉器。

司服:管理国王各种吉、凶礼服。

巾车:管理国王、王后各种公车的装饰。

司常:管理国王、诸侯、公卿的旗帜。

家宗人:管理家祭礼节及衣服、宫室、车旗的禁令。

“夏官司马”下设有:

弁师:管理国王在不同场合所戴的冕冠,弁帽。

“秋官司寇”下设有:

大行人:管理公、侯、伯、子、男在各种场合的服饰制度。

小行人:管理接待国家宾客的礼籍。

凡是比较高级的染织品、刺绣品及装饰用品,从原料、成品的征收、加工制作及分配使用,都受奴隶主统治阶级严格的控制。

第三节　奴隶社会的服饰制度

我国原始氏族公社时期分布在各地的原始氏族部落,由于地理环境、生活劳动条件等方面的差异,形成了不同的服饰文化,这种差异不是人为的制度形成的。到了奴隶制社会,由于奴隶主与奴隶之间的根本对立,奴隶主阶级不仅垄断了服饰资料,而且为了稳定奴隶主阶级内部的秩序,规定了等级制度和相应的服饰制度。

奴隶社会把国王称作“天子”,他是奴隶制国家最高的统帅,奴隶社会的服饰制度,也以国王的冕服为中心,这种服饰制度的形成,也是逐步发展和逐渐完备的。

(一) 礼服

《论语》有:"子曰,禹,吾无间然矣,恶衣服而致美黼(fǔ 音府)冕。"就是说夏禹平时生活节俭,但在祭祀时,则穿华美的礼服——黼冕,以表示对神的崇敬。

《商书》有"王曰:格尔众庶,悉听朕言"的告诫,表示国王有至高的权力。殷墟甲骨文中有王、臣、牧、奴、夷、王令等文字,表明阶级等级制度已经形成。《商书·太甲》有"伊尹以冕服奉嗣王归于亳",表明奴隶主贵族穿了冕服举行祭礼。

以上两例史料,说明夏、商两代已有冕服。孔子说:"殷因于夏礼,所损益可知也;周因于殷礼,所损益可知也。"又说:"周监乎二代,郁郁乎文哉,吾从周。"说明夏、商、周三代服制在继承前代的基础上各有变革和发展。夏代称冕冠为"收",殷代名为冔,周代名为"爵弁",夏代的冕冠纯黑而赤,前小后大,商代的冕冠黑而微白,前大后小,周代黑而赤,如爵头之色,前小后大,这是后汉蔡邕在《独断》中的说法。在孔子看来,周代的服饰制度是理想完美的。《周礼·春官》有:"司服,掌王之吉凶衣服,辨其名物,与其用事。""祀昊天上帝则服大裘而冕。""王之吉服则衮冕,享先公飨射则鷩(bì 音蔽)冕,祀四望山川则毳(cuì 音翠)冕,祭社稷五祀则絺冕,祭群小则玄冕。"说明国王在举行各种祭祀时,要根据典礼的轻重,分别穿不同格式的冕服。所谓冕服,就是由冕冠和礼服配成的服装。

大裘冕(王祀昊天上帝的礼服):为冕与中单、大裘、玄衣、纁裳配套。纁即黄赤色,玄即青黑色,玄与纁象征天与地的色彩,上衣绘日、月、星辰、山、龙、华虫六章花纹,下裳绣藻、火、粉米、宗彝、黼、黻六章花纹,共十二章。

衮冕(王之吉服):为冕与中单、玄衣、纁裳配套,上衣绘龙、山、华虫、火、宗彝五章花纹,下裳绣藻、粉米、黼、黻四章花纹,共九章。

鷩冕(王祭先公与飨射的礼服):与中单、玄衣、纁裳配套,上衣绘华虫、火、宗彝三章花纹，裳绣藻、粉米、黼、黻四章花纹，共七章。

毳冕（王祀四望山川的礼服）：与中单、玄衣、纁裳配套，衣绘宗彝、藻、粉米三章花纹，裳绣黼、黻二章花纹，共五章。

絺冕（王祭社稷先王的礼服）：与中单、玄衣、纁裳配套，衣绣粉米一章花纹，裳绣黼、黻二章花纹，絺是绣的意思，故上下均用绣。

玄冕（王祭群小即祀林泽坟衍四方百物的礼服）：与中单、玄衣、纁裳配套，衣不加章饰，裳绣黻一章花纹。

此外，六冕还与大带、革带、韨、佩绶、赤舄（xì 音戏）等相配，并因服用者身份地位高低，在花纹等方面加以区别。

冕冠的形式，商周时期的缺少直接资料，儒家经典《礼记·玉藻》记载："天子玉藻十有二旒（Liú 音刘），前后邃延，龙卷以祭。"说明天子的冕冠有玉藻12旒，悬于延板前后，衣服上有卷龙纹为饰。进一步具体的描述，见于汉唐儒学著述，至唐代更有帝王图的形象留传至今，就更加明白了。大体上说，冕冠的基本款式是在一个圆筒式的帽卷上面，覆盖一块冕板（称为"延"或"綖"），冕板的尺寸有说广8寸、长1尺6寸的，也有说广7寸、长1尺2寸或长6寸、广8寸的，以前一说法较多。冕板装在帽卷上，后面比前面应高出1寸，使呈向前倾斜之势，即有俛俯之状，象征国王应勤政爱民的含意，冕的名称即由此而来。冕板以木为体，上涂玄色以象征天，下涂纁色以象征地。冕板前圆后方，也是天地的象征。前后各悬12旒，每旒贯12颗五彩玉，按朱、白、苍、黄、玄的顺次排列，每块玉相间距离各1寸，每旒长12寸。用五彩丝绳为藻，以藻穿玉，以玉饰藻，故称"玉藻"，象征着五行生克及岁月运转。后来玉藻也有用白珠来做的。帽卷以木作中干，即胎架，后来改用竹丝、玉草（夏）或皮革（冬）作成筒状胎架，外裱黑纱，里衬红绢，左右两侧各开一个孔纽，用来穿插玉笄，使冕冠能与发髻相插结。帽卷底部有帽圈，叫作"武"。从玉笄两端垂黈纩（tǒu kuàng，黄色丝绵做成的球状装饰）于两耳旁边，也有称它为"瑱"或

“充耳”的，总之是表示国王不能轻信谗言。这就是《汉书·东方朔传》所讲的“冕而前旒，所以蔽明；黈纩充耳，所以塞聪”。及《大戴礼·子张问入官》篇所讲的“黈纩塞耳，所以弇听也”。天子玉瑱，诸侯以石。从武上横贯左右而下的，是一条纮，即长长的天河带。冕冠的形制，世代相传承，历代皇帝不过是在承袭古制的前提下，加一些更改罢了。

冕冠的旒数按典礼轻重和服用者的身份而有区别，按典礼轻重来分，天子祀上帝的大裘冕和天子吉服的衮冕用 12 旒；天子享先公服鷩冕用 9 旒，每旒贯玉 9 颗；天子祀四望山川服毳冕用 7 旒，每旒贯玉 7 颗；天子祭社稷五祀服绨冕，用 5 旒，每旒贯玉 5 颗；天子祭群小服玄冕，用 3 旒，每旒贯玉 3 颗。按服用者的身份地位分，只有天子的衮冕用 12 旒，每旒贯玉 12 颗；公之服只能低于天子的衮冕用 9 旒，每旒贯玉 9 颗；侯伯只能服鷩冕，用 7 旒，每旒贯玉 7 颗；子男只能服毳冕，用 5 旒，每旒贯玉 5 颗；卿、大夫服玄冕，按官位高低玄冕又有 6 旒、4 旒、2 旒的区别；三公以下只用前旒，没有后旒。凡是地位高的人可以穿低于规定的礼服，而地位低的人不允许越位穿高于规定的礼服，否则要受到惩罚。

周代国王的礼服除以上 6 种冕服之外，还有 4 种弁服，即用于视朝时的皮弁、兵事的韦弁、田猎的冠弁和士助君祭的爵弁。皮弁形如覆杯，系白鹿皮所做的尖顶瓜皮帽，天子以五彩玉 12 饰其缝中，白衣素裳，在一般政事活动时所戴。韦弁赤色，配赤衣赤裳，晋代韦弁如皮弁，为尖顶式。冠弁就是委貌冠，也称“皮冠”，配缁布衣素裳。爵弁为无旒、无前低之势的冕冠，较冕冠次一等。配玄衣纁裳，不加章采。

周代王后的礼服与国王的礼服相配衬，也和国王冕服那样分成 6 种规格。《周礼·天官》有：“内司服掌王后之六服，袆衣、揄翟（一作狄）、阙翟、鞠衣、展衣、褖衣、素纱。”其中前 3 种为祭服，袆衣是玄色加彩绘的衣服，揄翟青色，阙翟赤色，鞠衣桑黄色，展衣白色，禒衣黑色。揄翟和阙翟是用彩绢刻成雉鸡之形，加以彩绘，缝于衣上作装饰。6种衣服都用素纱内衣为配。女性的礼服采用上衣与下裳不分的袍式，表示妇女贵情感专一。这六种礼服的头饰也是不同的。《周礼·天官》有："追师：掌王后之首服。为副、编、次、追、衡、笄。"其中以"副"最盛饰，"编"和"次"次之，所谓"副"是在头上加戴假发和全副华丽的首饰，编是在加戴假发的基础上加一些首饰，"次"是把原有的头发梳编打扮使之美化。追是动词，衡和笄是约发用的饰品，追衡笄是指在头发上插上约发用的衡和笄。也有人把追释为玉石饰物，衡悬于两旁当耳之处，笄贯于发髻之中。

（二）一般服装

1. 玄端

自天子至士皆可穿，为国家的法服，天子平时燕居之服。诸侯祭宗庙也穿玄端，大夫、士早上入庙，叩见父母也穿这种衣服。玄端衣袂和衣长都是2.2尺，正幅正裁，玄色，无纹饰，以其端正，故名为玄端。诸侯的玄端与玄冠（委貌冠）素裳相配，上士亦配素裳，中士配黄裳，下士配前玄后黄的杂裳，并用缁（黑）带佩系如裳之色的韠（bì音毕）。

2. 深衣

一般用白布制作，深衣是上衣与下裳连成一起的长衣服，但儒家学者为了继承上代传统观念，按规矩在裁剪时仍把上衣与下裳分开来裁，然后又缝接成长衣，以表示尊重祖宗的法度。下裳用6幅，每幅又交解为二，共裁成12幅，以应每年有12个月的含义。这12幅有的是斜角对裁的，裁片一头宽、一头窄，窄的一头叫做"有杀"。在裳的右后衽上，用斜裁的裁片缝接，接出一个斜三角形，穿的时候围绕于后腰上，称为"续衽钩边"。这种款式就像湖南长沙马王堆一号西汉墓出土的那种“曲裾”袍的样子，但具体的裁法，书上的说法也不一致。据《礼记·深衣》篇记载，深衣是君王、诸侯、文臣、武将、士大夫都能穿的，诸侯在参加夕祭时就不穿朝服而穿深衣。在儒家理论中，深衣的袖圆似规，领方似矩，背后垂直如绳，下摆平衡似权，符合规、矩、绳、权、衡五种原理，所以深衣是比朝服次一等的服装。庶人则用它当作“吉服”来穿。深衣盛行于春秋战国时期(图 2－1)。

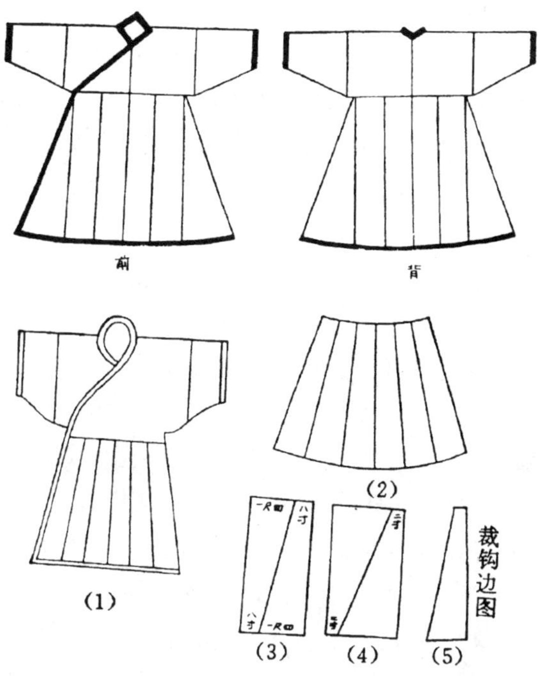

2－1 江永《深衣考误》中深衣形制。前后各四幅，都用二幅正裁破后再缝合，这点是不合理之处。其右衽内有曲裾是掩在襟内，与汉代的曲裾掩在外不同。(1)陈祥道《礼书》中的深衣形制，用一幅斜裁，如(2)为斜裁后所成的下裳，(3)尖端向上则可合至腰际，此其合理的裁制法，但未言曲裾的掩法(4)。《深衣考误》中的两衽裁法，尖端向上，去边缝则等于一尖角，宽头 2 尺在下，去边缝 2 寸，为 1 尺 8 寸，即图中(4)，这样两衽附在正幅两旁则成下裳，内角附钩边，即图中(5)的裁钩边图。

3．袍

袍也是上衣和下裳连成一体的长衣服，但有夹层，夹层里装有御寒的绵絮。如果夹层所装的是新绵絮，则称为“茧”；若装的是旧劣质的絮头或细碎枲麻充数的，称之为“缊”。在周代，袍是作为一种生活便装，而不作为礼服穿。军队战士也穿袍，《诗·秦风·无衣》有：“岂曰无衣，与子同袍。”这是描写秦国军队在供应困难的冬天，共同合披袍服克服寒冷的诗篇。

4．襦

襦是袍式之短者，即比袍短一些的绵衣。如果是质料很粗陋的襦衣，则称为“褐”，褐是劳动人民的服装，《诗·豳风·七月》有：“无衣无褐，何以卒岁。”

5．裘

甲骨文的裘字写作[illegible]，古籀（zhòu 音宙）文写作[illegible]。《说文解字》说：“裘之制毛在外，故象毛。”中华祖先最早用来御寒的衣服就是兽皮，使用兽皮作衣已有几十万年的历史。原始的兽皮未经硝化处理，皮质发硬而且有臭味，商周时不仅早已掌握熟皮的方法，而且懂得各种兽皮的性质，例如天子的大裘采用黑羔皮来做，大人贵族穿锦衣狐裘，《诗·秦风》有：“君子至止，锦衣狐裘。”狐裘中又以白狐裘为珍贵，其次为黄狐裘、青狐裘、麛麑（mí　ní）裘、虎裘、貉裘，再次为狼皮、狗皮、老羊皮等。狐裘除本身柔软温暖之外，还有“狐死守丘”的说法，说狐死后头朝洞穴一方，有不忘其本的象征意义。天子、诸侯的裘用全裘不加袖饰，下卿、大夫则以豹皮饰作袖端。此类裘衣毛朝外穿，天子、诸侯、卿大夫在裘外披罩衣（裼衣），天子白狐裘的裼衣用锦，诸侯、卿大夫上朝时要再穿朝服。士以下庶人无裼衣。

（三）舄　履

商周时代男女穿的鞋子是一样的，周王朝设“屦人”来管理王和后的鞋子,它们有赤舄、黑舄,赤繶(yì 音意)、黄繶、青句、素屦、葛屦种种形式。屦是单底的,舄是双底的。繶是牙底相接处所镶的赤色或黄色缝条。句(绚)是屦和舄头部的鞋鼻子。国王的双底鞋——舄可分三等,赤舄为上,白舄、黑舄次之。王后的双底鞋以玄舄为上,青舄、赤舄次之。王后穿鞠衣、展衣、褖衣时则穿单底的屦。素屦用白丝绸制作,葛屦用葛布制作,是夏天穿的鞋子。

(四) 军戎服

商周时期的军队已用铜盔和革甲等作为防身的装备,来武装指挥官和执行攻坚战术的部队。目前考古发现的有商代铜盔、周代青铜盔和青铜胸甲。周代有"司甲"的官员,掌管甲衣的生产。由"函人"来监管制造。分为犀甲、兕甲、合甲三种,犀甲用犀革制造,将犀革分割成长方块横排,以带绦穿连分别串接成与胸、背、肩部宽度相适应的甲片单元,每一单元称为"一属"。然后将甲片单元一属接一属的排叠,以带绦穿连成甲衣,犀甲用七属即够甲衣的长度。兕(野牛)甲比犀甲坚固,切块较犀甲大,用六属即够甲衣的长度。合甲是连皮带肉的厚革,特别坚固,割切更困难,故切块又比兕甲更大,用五属即够甲衣的长度。《考工记》说:犀甲寿 100 年,兕甲寿 200 年,合甲寿 300 年。盔帽最先以皮革缝制。铜器冶炼技术兴起以后,出现了铜盔和由铜片串接或铜环扣接的铜铠甲。用铜片串接的叫"片甲",用铜环扣锁的叫"锁甲"。甲衣也可加漆,用黑漆或红漆以及其他颜色。在甲里再垫一层丝绵的称为"练甲",穿甲的战士称甲士。甲衣外面还可再披裹各种颜色的外衣,称为"衷甲"。由各种鲜明的颜色的衣甲和旗帜,组成威严的军阵。色彩不但可以助振军威,激励斗志,而且也便于识别兵种及官兵的身份,有利于军事指挥。此外,商周时期的铜盔顶端往往留有插羽毛的孔管,古时往往插鹖鸟的羽毛来象征勇猛,因鹖鸟凶猛好斗,至死不怯

(图 2－2、2－3)。

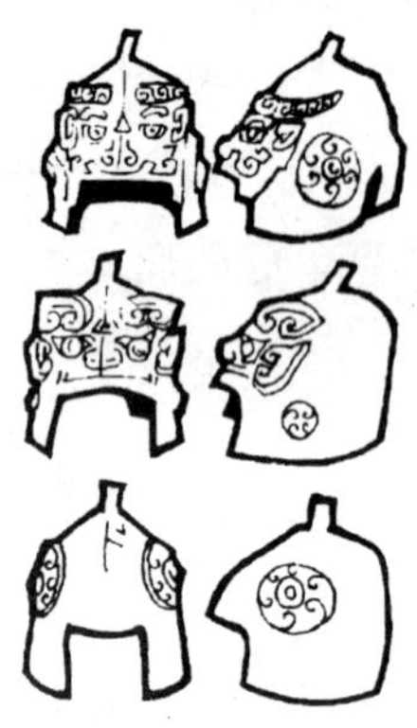

2－2　商代铜胄，河南安阳侯家庄 1004 号商代大墓出土。

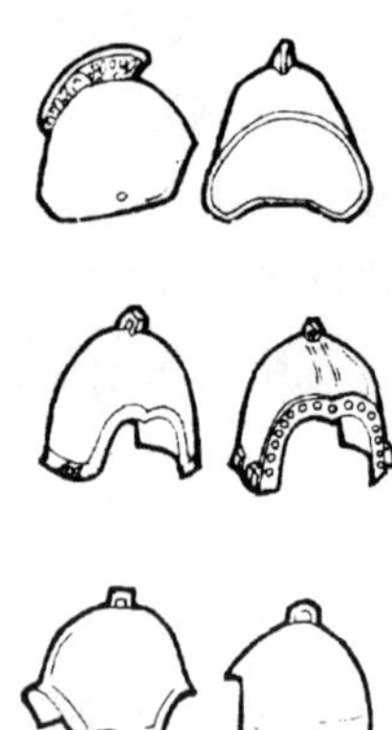

2－3　周代铜胄。北京昌平白浮 2 号墓、宁城、赤峰、锦西等地出土。

第四节　王权的标志——“十二章”服饰纹样

服装有实用和装身两大功能。在原始社会未有服装以前，原始人就用红色矿石粉末文身文面，用骨管、兽牙、贝壳、砾石、石珠等穿孔做成装饰品来美化自己，可以说美化装身的要求早已存在。原始人使用红色文身文面，具有祈求永生的原始宗教意义。当服饰文明进步到穿衣戴帽的阶段之后，原始人身上文绘的花纹被衣服所掩盖，于是文身的花纹逐渐转移到服装上面，从而产生了服饰纹样。

奴隶社会的服饰纹样是奴隶制社会精神文化的一个方面，纹样内容的政治意义大于审美的欣赏意义。最重要的纹样为国王衮服上面的“十二章”，“十二章”最早的记载见于《尚书·益稷》：“帝曰：予欲观古人之象,日月星辰山龙华虫作会宗彝藻火粉米黼黻絺绣,以五采彰施于五色作服汝明。”这段话原来没有标点,如果断句不同,就可引出不同的解析。前汉时按孔安国的解析是:日、月、星辰为三辰,与山、龙、华(草华)、虫(雉)以五彩画于衣服旌旗,藻,水草有纹者,火为火字,粉若粟冰,米若聚米,黼若斧形,黻为两己相背。综合起来“天子服日月而下,诸侯自龙衮而下至黼黻,士服藻火,大夫加粉米,上得兼下,下不得兼上”。他把“粉”和“米”分列为二章,不列入宗彝,如再把“华”与“虫”分为二章,合起来就成为“十三章”而不是“十二章”了,这是他说得不明确的地方。

后汉马融把华、虫合为一章,其余说法与孔安国相同,明确以日、月、星辰、山、龙、华虫、藻、火、粉、米、黼、黻为“十二章”。这个说法被《续汉书·舆服志》所采纳,后来《晋书·舆服》、《宋书·礼志》、《南齐书·舆服志》也都相同,但这种做法又与《周官》五冕中毳冕衣服画虎彝蜼(wěi 音伟,长尾猴)彝的制度相矛盾。

后汉郑玄诠《周官》“司服”条提出另一种说法:“予欲观古人之象,日、月、星辰、山、龙、华虫、作缋、宗彝、藻、火、粉米、黼黻、(絺)绣,此古天子冕服十二章,舜欲观焉,华虫五色之虫,缋人职曰:鸟兽蛇,杂四时五色以章之谓是也,希读为絺,或作黹,字之误也,王者相变,至周而以日、月、星辰画于旌旗,所谓三辰旌旗,昭其明也。而冕服九章,登龙于山,登火于宗彝,尊其神明也,九章初一曰龙,次二曰山,次三曰华虫,次四曰火,次五曰宗彝,皆画以为缋,次六曰藻,次七曰粉米,次八曰黼,次九曰黻,皆希以为绣。则衮之衣五章,裳四章,凡九也。鷩画以雉,谓华虫也。其衣三章,裳四章,凡七也。毳画虎蜼,谓宗彝也,其衣三章,裳二章,凡五也。絺则粉米无画,其衣一章,裳二章,凡三也。玄衣无文,裳刺黻而已。”这样,郑玄把作缋宗彝解析为宗彝里面缋画,同时《周官》毳冕中的虎彝蜼彝合在上面,即于宗彝上画上虎蜼之形,从而把《尚书》十二章与《周官》五冕内容相结合。虽然有的学者批评郑玄解析得勉强，但自梁朝起采用了郑玄的学说，《隋书·礼仪六》追记梁朝服制，皇帝“衣则日、月、星辰、山、龙、华虫、火、宗彝，画以为绘。裳则藻、粉米、黼、黻以为绣，凡十二章”。到隋唐成为定式，一直流行到清代。

隋顾彪在《尚书疏》中说：“日月星辰取其照临，山取其能兴雷雨，龙取其变化无方，华取文章，雉取耿介，藻取有文，火取炎上，粉取洁白，米取能养，黼取能断，黻取善恶向背。”

宋聂崇义在他的《三礼图》“衮冕”条中说：“以日月星辰画于旌旗，所谓三辰旌旗，昭其明也，……。龙能变化，取其神，山取其人所仰也，火取其明也，宗彝古宗庙彝尊，名以虎、蜼，画于宗彝，因号虎蜼为宗彝，虎取其严猛，蜼取其智，遇雨以尾塞鼻，是其智也。”又同书“毳冕”条说：“藻水草也，取其文，如华虫之义，粉米取其洁，又取其养人也……黼诸文亦作斧，案绘人职据其色而言，白与黑谓之黼，若据绣于物上，即为金斧之文，近刃白，近銎(qióng 音穷)黑，则曰斧，取金斧断割之义也。青与黑为黻，形则两已相背，取臣民背恶向善，亦取君臣离合之义。”

“十二章”纹样的题材，不是奴隶社会才有的。人类在原始社会生存斗争的漫长岁月里，观察到日、月、星辰预示气象的变化，山能提供原始人以生活资源，弓和斧是劳动生产的工具，火改变了人类的生活方式，粉米是农业耕作的果实，虎、蜼(长尾猴)、华虫(雉鸡)是原始人狩猎活动接触的对象，龙是中国许多原始氏族崇拜的图腾对象，黻纹是原始人对于宇宙对立统一规律认识的抽象。所以在中国原始彩陶文化中，日纹、星纹、日月山组合纹、火纹、粮食纹、鸟纹、蟠龙纹、弓形纹、斧纹、水藻纹等早已出现。到了奴隶社会，由于奴隶主阶级支配着物质生产的资料，同时也就支配着精神生产的资料。日、月、星辰、山、龙、华虫、虎、蜼、藻、粉米、黼(斧)、黻(亞)等题材被统治阶级用作象征统治权威的标志，是不足为奇的现象(图 2－4 至 2－13)。

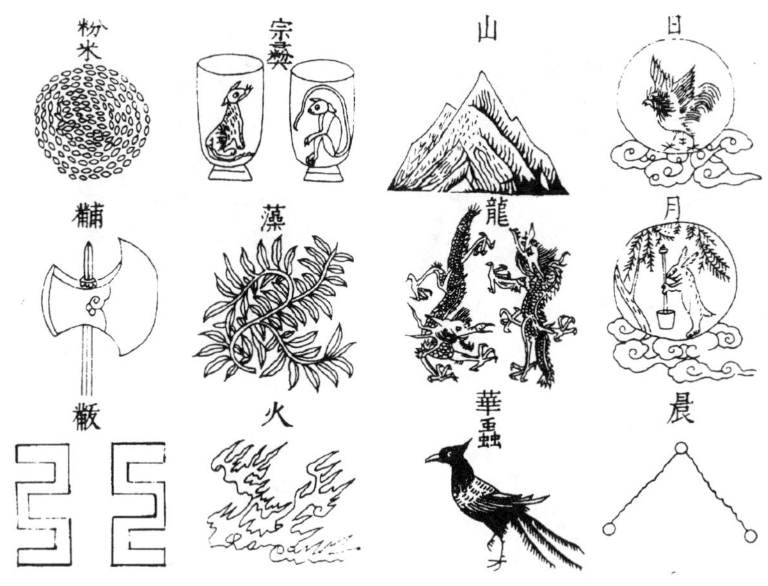

2－4　明《三才图会》所绘的十二章纹样。

2－5　山东莒县陵阳河新石器时代遗址出土的陶器刻纹，日、月、山纹。

关于“十二章”的起源，中外学者都引用《虞书·益稷》篇所记帝舜的一段话为根据。《虞书》是周代史官追记的，但“十二章”中除宗彝在夏代以前尚未出现，可以存疑，其他纹样，早已分见于各地彩陶纹样中，直接见于衣服上的龙纹和黻纹，则在商代玉、石、青铜奴隶主人

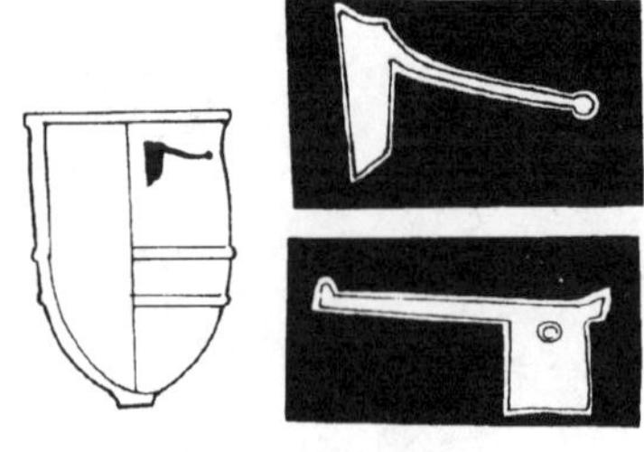

2－6 山东莒县陵阳河新石器时代遗址出土的陶器刻纹、斧纹。

2－7 青海乐都出土新石器时代黻纹彩陶双耳罐。

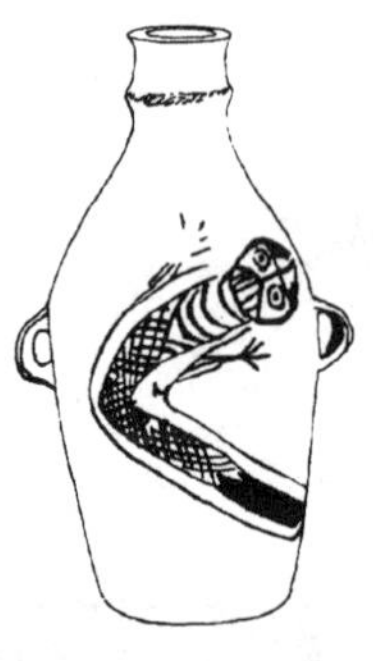

2－8 甘肃武山西坪出土庙底沟型龙纹彩陶罐。

2－9 甘肃武岭山下出土新石器时代彩陶鸟纹。

物造像衣服纹饰中已经存在。这些商代奴隶主服装双臂多饰降龙纹,双腿多饰升龙纹,胸前饰正面龙头形兽面纹。领部及后背部位饰黻纹。衣服纹饰的大布局和后世皇帝所穿龙袍及王公大臣所穿蟒袍形式相近。只是商代龙纹的造型和后世的龙纹有很大差别罢了(图2－14)。

另外《考工记·辀人》有"龙旂九斿"的记载,也是说画龙于衣,以祭宗庙。四川广汉三星堆曾出土蜀王大型铜像,头戴王冠,身穿龙袍,龙纹作双龙对称式列于上衣右侧,右肩背部有变体凤纹,装饰十分华丽。以上所举,均为商代的"龙袍"式样,也就是中国最早的"龙

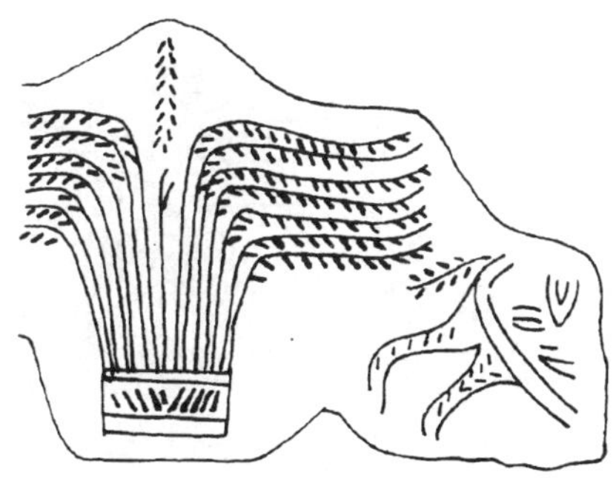

2－10　浙江余姚河姆渡新石器时代遗址出土刻线纹陶钵上的稻谷纹。

2－11　甘肃省出土庙底沟型仰韶文化流星纹彩陶钵。

2－12　甘肃省出土庙底沟型仰韶文化火焰纹彩陶瓶。

2－13　浙江余姚河姆渡新石器遗址出土刻纹陶钵上的水草双鱼纹。

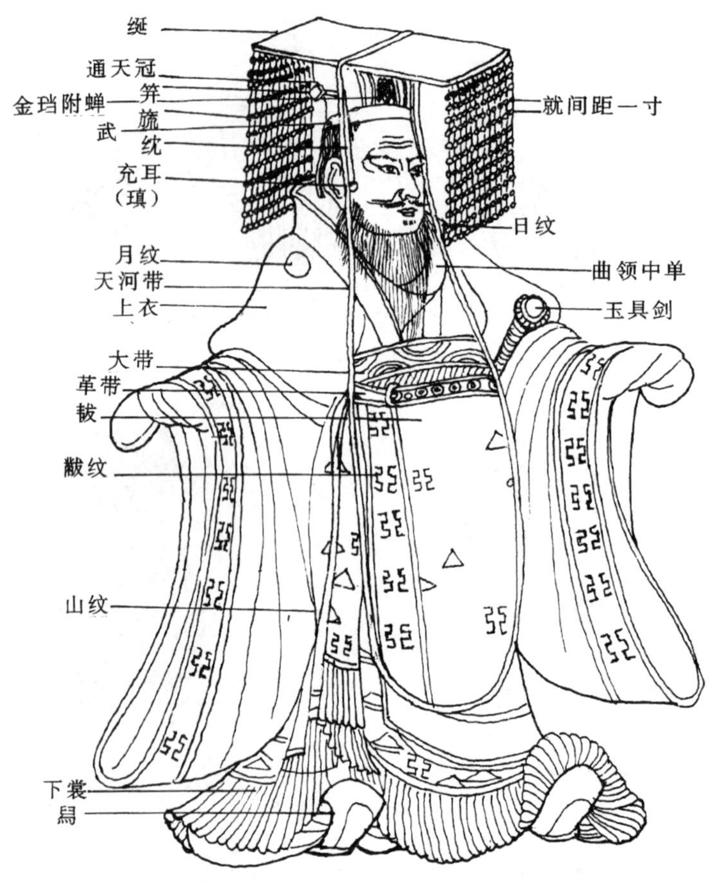

2-14 帝王冕服各部位名称说明图(以唐代阎立本《历代帝王图》中的晋武帝司马炎冕服为依据)。

袍"了(图 2-15)。

中国奴隶制社会到战国时期解体,但"十二章"纹样由于在思想意识上具有巩固统治阶级皇权的功能,一直为历代封建皇帝所传承。

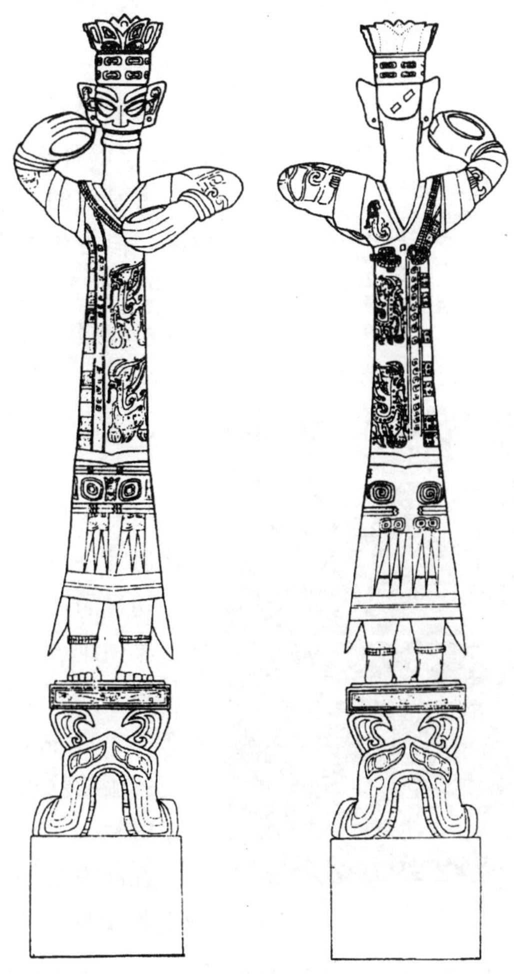

2－15 四川广汉三星堆遗址出土大型穿龙衣青铜立人(时代相当于晚商)。

第五节 中国奴隶社会服饰文化的考古发现

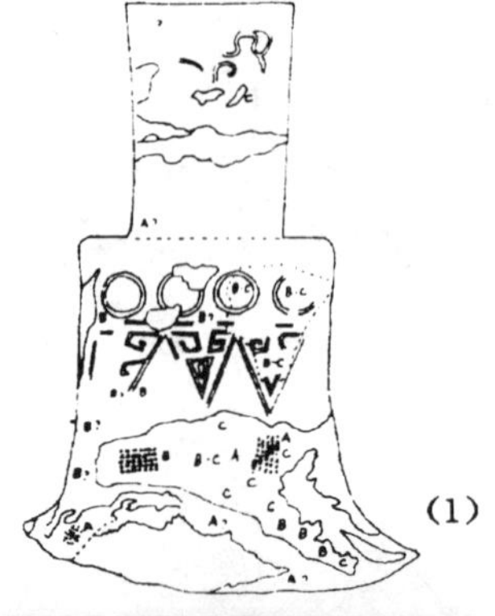

(1)

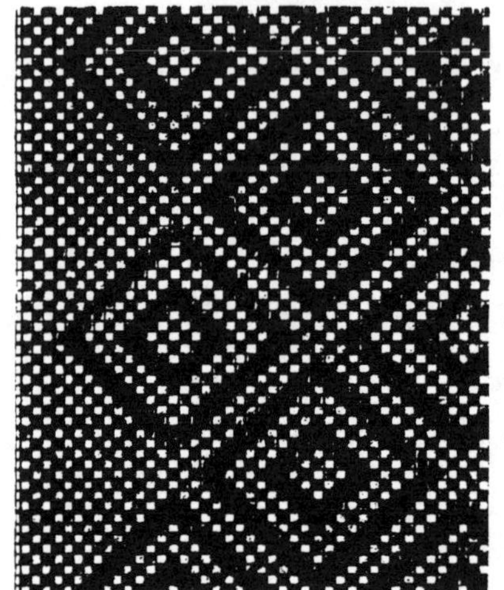

(2)

2-16 (1)河南安阳出土带有回纹绮印痕的商代铜钺;(2)铜钺的丝织物印痕部位图及回纹绮组织图(原件藏瑞典远东古物博物馆)。

服装材料如丝绸、麻布、葛布、裘皮等都不能长期保存,因此考古发现的直接材料是极稀有的。但古代的人物雕刻或绘画,也可作为间接材料,以帮助了解古代服装的款式及纹样。

一、夏、商代的纺织遗迹

在山西夏县西阴村新石器晚期遗址中发现过一个被人工半割切过的蚕茧,之后又在另一新石器遗址发现一块染成朱红色的麻布,可知夏代已用丝绸、麻布作衣料,并用朱砂染色。至于夏代服装款式,目前尚未发现形象资料。

在河南安阳出土的一把铜钺上曾发现麻布、绢、缣和雷纹绮的印痕(此铜钺现藏瑞典远东古物博物馆,图2-16),回纹绮为四枚菱形斜纹织花,平纹织地。北京故宫博物院藏有一把商代附有雷纹条花绮残痕的青玉曲内戈，该雷纹条花绮系四枚异向纬斜纹显花，平纹织地，纹样是由平排连续的雷纹与三根平行线组合的横条图案，布局匀称(图 2－17)。这两件商代纹绮残痕，是现存世界上最古老的织花丝绸文物标本。丝绸织花技术是我们祖先对人类物质文明的一项杰出贡献。

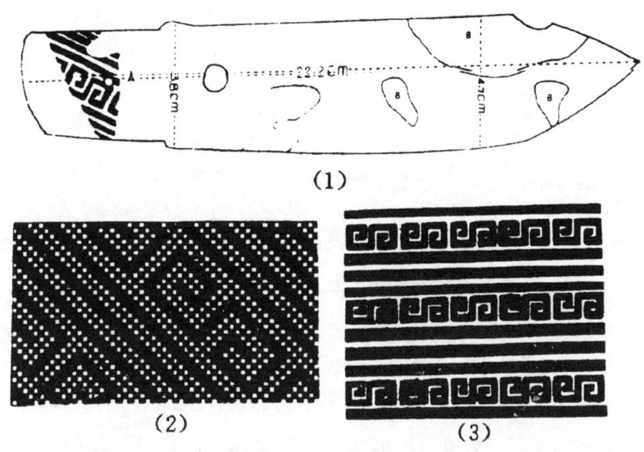

2－17　北京故宫博物院藏商代带有雷纹条花绮印痕的青玉曲内戈，(1)印痕位置图；(2)雷纹条花绮组织图；(3)纹样复原图。

二、商代的着装人物资料

从河南安阳等地出土的人物造像中，也能得到一些直观的着装参考资料。

图 2－18 是河南安阳出土的商代玉人，头戴高巾帽，穿右衽交领窄袖衣，腰束绅带，前身腰间系有一条象征权力的韠，自然下垂，韠的下端呈斧口形，寓有斧能断割之意，又称为韍或芾(fú 音扶)。后世将韠的款式加阔，就变为蔽膝裙。此玉人现藏于美国哈佛大学弗格美术馆。

2－18 河南安阳殷墟出土头戴高巾帽，穿右衽交领衣，腰束绅带、前系韨的商代玉人正面、背面、侧面图。

图2－19 是河南安阳侯家庄西北岗商墓出土的商代贵族石雕残像和由中国历史博物馆据此复原的商代奴隶主贵族石雕造像。衣为右衽、交领、窄袖，衣长齐膝；腰束宽带，前身有韨自腰带间下垂，韨的下端呈钝角形，韨和腰带均有叠胜纹作装饰，交领及袖

2－19 河南安阳侯家庄西北岗商墓出土商代贵族石雕残像（左）和复原图（右），此图头部原已残缺。

口，衣裳下边均饰有勾连雷纹；足胫间刻有缠绕纹，似为古代的“偪”，即为胫衣或行縢。头部原像已缺，复原像头戴帽箍。此像服饰极华丽。

图 2－20 是河南安阳殷墟 5 号墓出土的玉人。头戴帽箍，帽箍前装饰有横置卷箍形頍(kuí 音葵)，頍上有几何纹。身穿交领、窄袖、衣长至膝的花衣，肩部、袖身饰有黻纹，腿部饰有升龙纹，右臂夹盾牌。

2－20　河南安阳殷墟出土玉人，头戴卷箍形頍，腰束大带，身穿交领过膝绣衣，下裳饰有升龙纹。

图 2－21 是河南安阳殷墟 5 号墓出土的石人，头部将发束于头顶，总成小辫往后垂至后脑。身穿紧袖圆领龙衣，领部及后背装饰着黻纹，前胸饰龙头形兽面纹。跣足，似乎是商代奴隶主大贵族青年的

2－21 河南安阳殷墟出土玉人，头顶总发后垂，身穿龙袍，领圈饰云雷纹，后背饰黻纹，前胸饰龙头纹，两臂饰降龙纹各一，两腿饰升龙纹各一。

形象。

图2－22是著名的商代乳虎卣，虎母搂抱的童子两腿部也饰升龙纹，服装华丽。

2－22 商代著名的乳虎卣，传湖南安化出土，虎母搂抱的童子，衣装华美，两腿部各饰升龙纹一条。

图2－23是河南安阳四盘磨村出土商代奴隶主贵族白石雕像，头戴帽箍，穿大翻领窄袖上衣，如《淮南子》所说"有冒而绻领者"，下身穿裤。上衣前面饰牛角形兽面纹，肩及背饰有目纹，其他部位饰有变体雷纹。上衣与裤子如何分界，雕像交待不清楚。

通过以上五图，可以看到商代奴隶主贵族的男式服装领型，至少有交领、圆领、大翻领等多种款式。袖子一般均为窄袖型。衣长一般齐膝上下。下身有裤子或胫衣。脚履多圆头式。商代奴隶主贵族戴的帽子，有帽箍和加卷箍形装饰的帽箍，此外还有一种羽状高冠

2-23　河南安阳四盘磨村出土商代贵族白石雕像。

(图 2-24)。在战争场面则戴青铜胄,胄顶有铜管可以插饰羽毛(图 2-25)。

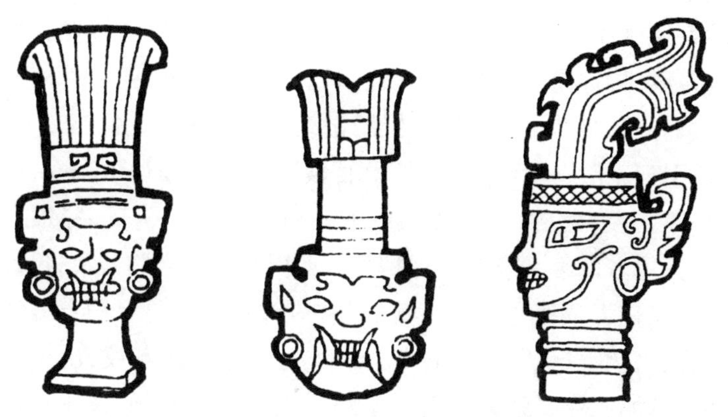

2-24　商代戴羽冠的玉人,戴羽冠是原始社会生活习俗的遗风。

商代妇女服装资料不多。北京故宫博物院藏有一件商代透雕玉人佩,玉人身部已经作变形处理,所以不能了解衣服款式。但头部非常写实,头上戴帽箍,头发往后梳,并在头顶两侧梳发髻,其余鬓发自然向后下垂,两鬓发尾微向上卷成蝥尾形。在发髻上插对称的丱

2－25　北京故宫博物院藏商代透雕玉人佩之女人头饰部分。

(guàn 音惯)形发笄。《诗经·齐风·甫田》有:“婉兮娈兮,总角丱兮。”后来的角丱就是梳两个叉角髻。《诗经·小雅·鱼藻之什》有:“彼君子女,卷发如虿(chài)。”虿即螯虫。可见上述那种发型自商周以后,一直都是未成年男女的发式。

三、周代的纺织遗迹

西周的高级服装材料已用织锦和刺绣。西周的织锦残片在辽宁朝阳早期西周墓、山东临淄郎家庄1号东周墓都曾发现。后者经密已达每厘米112根,纬密每厘米32根。经线是多种彩色的,由经线显现花纹,故称为“经锦”。据《释名·释采帛》解析,锦的价格贵重如金,故锦字从帛从金。《范子计然》记载齐国锦绣,“上价匹二万(钱),中万,下五千”,一般绢帛“匹值七百钱”,价格相差达15倍。《诗经·郑风·丰》有:“裳锦䌹裳,衣锦䌹衣。”就是说锦的价贵,穿锦裳锦衣时,外面罩着麻裳和麻衣以保护之。西周刺绣的实物残痕,已在陕西宝鸡茹家庄西周強伯墓中发现,是在染过色的丝帛上用黄线绣出花纹轮廓,再用毛笔蘸朱砂、石黄、褐色、棕色涂绘成花纹,出土时色彩仍非常鲜明。在新疆地区则长于纺织毛布,哈密五堡曾发现色彩鲜丽的方格彩罽,并有用毛布缝制的长袍出土,此袍通长135厘米,无领、窄袖、袖口和襟边镶毛带,出土时穿于死者身上,腰间束带,年代均与西周时期相当(图2－26)。

西周时期的服饰资料,至今出土甚少。从这一时期的玉人来看,西周的冠帽已较商代复杂多样,造型华丽(图2－27至2－33)。至于服装款式,因形象资料见得不多,难以作概括性的论述。

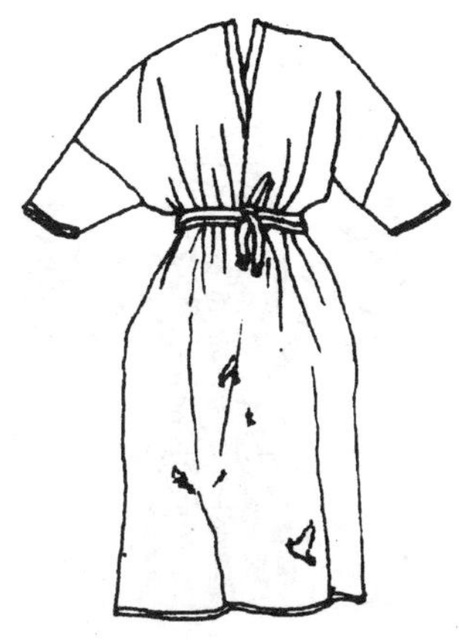

2－26　新疆哈密五堡出土西周时期的毛布长袍，通长 1.35 米，无领，窄袖，袖口和底边饰毛带。

2－27　周代戴冠、穿宽领托窄袖袍，佩韨玉人。

2－28　周代戴冠，穿窄袖袍，佩韨玉人。

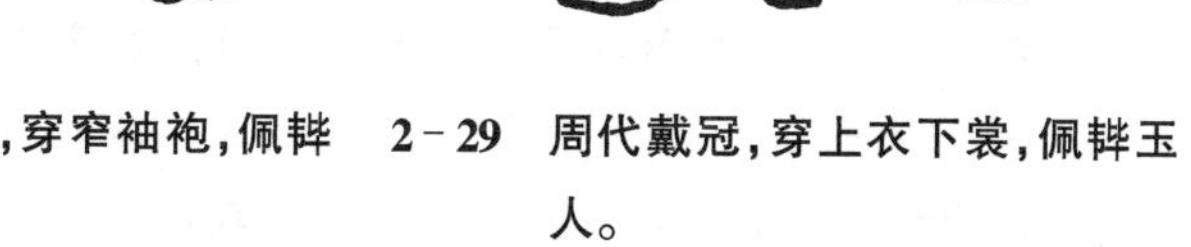

2－29　周代戴冠，穿上衣下裳，佩韨玉人。

2-30　甘肃灵台白草坡西周墓出土戴冠玉人。

2-31　山西侯马出土东周戴牛角冠，挂颈串，穿对角雷纹条花长袍，束绅带人物陶范。

2-32　山西侯马出土东周戴平顶帽，穿雷纹上衣，腰束绅带人物陶范。

2-33　西周戴冠，穿宽袖袍，腰束大带，佩韠玉人（天津市博物馆藏）。

四、商周时期的首饰佩饰

首饰佩饰是商周服饰艺术的精华,我国在原始社会就有材质高贵、形式华美的首饰佩饰,除实用美化的目的外,已渗透着特定的精神内涵。商周时期随着阶级的分化,首饰佩饰除赋予宗教性的内涵之外,更赋予了阶级的内涵。奴隶主阶级对首饰佩饰极为重视,设立了专门的手工作坊来生产。当时的首饰佩饰,有骨、角、玉、蚌、金、铜等各种制品,玉制品最为突出,二十世纪五十年代以来在河南安阳殷墟出土玉器约有 1200 件以上,1975 年在殷墟妇好墓出土玉器约 300 件,玉材绝大部分为新疆软玉,以青玉为主,白玉较少,青白玉、黄玉、墨玉、糖玉更少。色彩有墨绿、淡绿、茶绿、黄绿、黄褐、棕褐、灰色、白色、乳白,黄色较少,黑色更少。品种多为装饰品,如头饰的笄、腕饰的钏、衣上的坠饰、佩戴的串珠等。周代奴隶主以玉衡量人的品格,所谓“君子比德于玉”,“君子无故玉不去身”,玉就成为周代奴隶主阶级道德人格的象征。

(一) 发饰

1. 笄

我国在新石器时期就用骨笄、蚌笄、玉笄固定发髻。商代除骨笄、蚌笄、玉笄外,在山西忻县连寺沟商墓出土长 16.7 厘米,身扁平,首端刻有蛙形的铜笄。北京平谷县刘家河出土器身一面平滑,一面有脊,长 27.7 厘米,头宽 2.9 厘米、尾宽 0.9 厘米,尖端有 0.4 厘米的榫可镶其他装饰品的金笄。河南安阳小屯、侯家庄商墓许多人头骨顶部有骨笄,髻有单个和双个的,用笄数也不一样。小屯商墓主人用玉笄,殉葬者用骨笄。殷墟妇好墓发现骨笄 499 件,内夔头形的 35 件,鸟头形的 334 件,圆盖形头的 49 件,方牌形头的 74 件,鸡首形头的2件,笄帽圆形薄片下有矮座的2件,屋顶式头形的3件;玉笄28件,绿松石笄2件,骨制贴绿松石薄片1件。西周时期的笄在陕西长安沣河东西两岸周代都城丰、镐遗址,张家坡西周居住遗址均有出土,有骨笄700余件,有的在笄顶雕刻鸟纹,有的在顶端加圆锥形或平顶笄帽,有的再加饰骨环,有的加嵌绿松石装饰。

周代男女都用笄,笄的用途除固定发髻外,也用来固定冠帽。古时的帽大可以戴住头部,但冠小只能戴住发髻,所以戴冠必须用双笄从左右两侧插进发髻加以固定。固定冠帽的笄称为"衡笄",周代设"追师"的官来进行管理。衡笄插进冠帽固定于发髻之后,还要从左右两笄端用丝带拉到颔下拴住,丝带的颜色,天子玉笄朱组纮,诸侯玉笄青组纮,大夫、士象(象骨)笄缁组纮。用来固定发髻的笄叫"鬓笄"。从周代起,女子年满15岁便算成人,可以许嫁,谓之及笄。如果没有许嫁,到20岁时也要举行笄礼,由一个妇人给及龄女子梳一个发髻,插上一支笄,礼后再取下。"笄"字从竹,但竹笄不易长期保存到今天,只有在湖北襄阳擂鼓台的古墓中发现过。

商周时期的笄大体可分四种形式:(1)圆柱体笄身套接圆锥形笄帽,套接后于笄帽基部横穿一孔穿过笄身,从这个孔插入骨榫予以固定。(2)用整块肢骨磨成笄首呈梯形或正方形,侧面呈扁形,笄首外围有阴线刻纹的骨笄,多出于殷墟。(3)用整块肢骨制作在笄首刻高冠长尾的凤鸟纹,有的还在凤鸟眼、胸部位镶嵌小宝石的骨笄,西安沣西出土西周的骨笄还有在大鸟背上又立小鸟的骨笄。(4)笄首作夔龙纹,周围透雕着锯齿形缺口,此笄全长20厘米,笄首长约7厘米,突出了装饰的作用。郑州北郊商遗址、河南安阳晚商宫殿遗址及西安沣河西周遗址均有笄发现(图2-34至2-36)。笄后来改用金、银、铜等金属制作,尾细头粗,强调装饰美化的作用,就演化为簪了。1977年8月在北京平谷县刘家河商中期墓出土一件金簪,长27.7厘

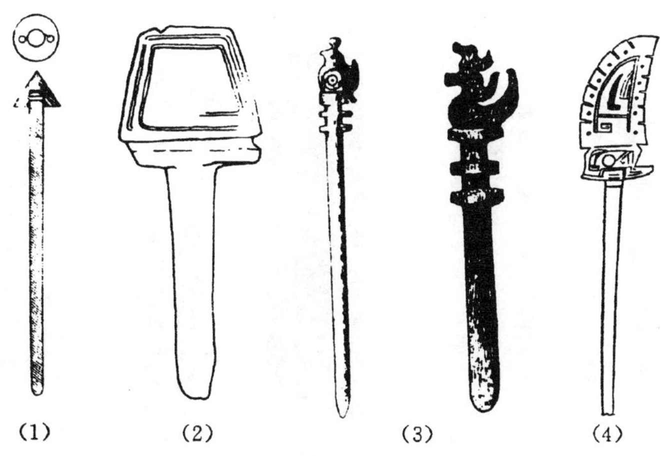

2-34　商周时期笄的基本形式：(1)式，圆锥形笄帽与圆柱形笄身套接(西安沣西出土骨笄)；(2)式，笄首呈梯形或正方形(河南安阳殷墟出土骨笄)；(3)式，笄骨刻鸟纹或凤鸟纹(西安沣西出土骨笄)；(4)式，笄首刻夔龙纹，周围镂透雕锯齿形缺口(河南安阳殷墟出土骨笄)。

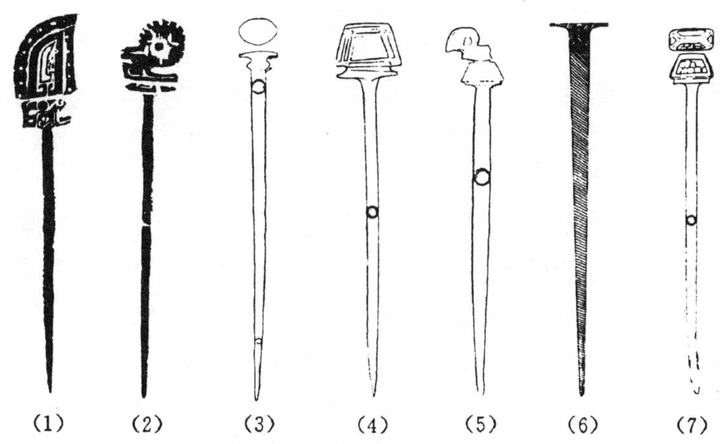

2-35　河南殷墟妇好墓出土骨笄类型：(1)夔形头；(2)鸟形头；(3)圆盖形头；(4)方牌形头；(5)鸡首形；(6)笄帽下有矮座；(7)屋顶形头。

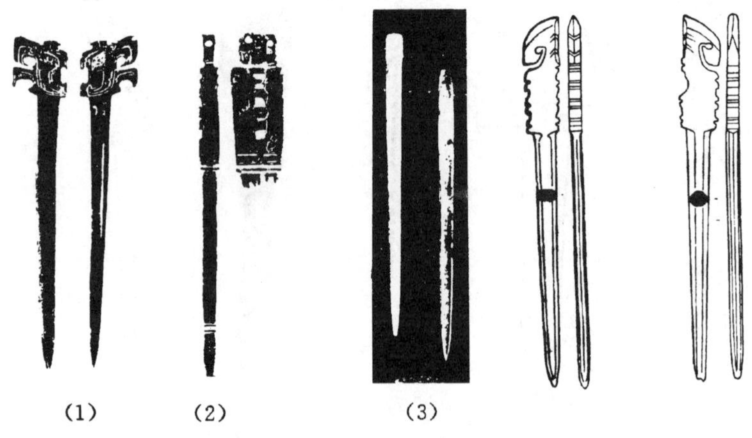

2-36 河南殷墟妇好墓出土玉笄。(1)龙头形;(2)顶有柱形接榫;(3)平顶圆杆或半圆杆。

2-37 河南安阳小屯出土商代玉笄。

米,头宽 2.9 厘米,重 108.7 克,截面为钝三角形,尾部有长约 4 毫米的榫状小钉。

2. 梳

梳的形式到商周时期已很注意美观,商代的梳有骨梳和玉梳,河南安阳妇好墓出土的骨梳,背面平直,背正中刻有一只小鸟,身呈扁正形,有线刻兽面纹为饰,其左右两侧镂出棱脊戚齿纹,下面用一条曲折纹边与梳齿相隔,梳齿已残断。妇好墓出土的玉梳,一式在梳背雕两只相向而立鹦鹉,有齿 15 枚(3 枚已断去);另一式顶上有长方形突出,两面雕兽面纹,8 齿。美国明尼苏达美术馆藏两件我国商代玉梳,顶端均有一个突出。一件 8 齿,梳身雕两只对称鸟纹;另一件素面加四道横线纹,11 齿。黄浚《衡斋藏见古玉图》收录商代玉梳一件，顶端有一突出，梳身呈梯形，有阴线对鸟纹。日本梅原末治在《殷墟》一书收集的商代玉梳，顶上雕一玉虎，梳身刻兽面纹及窃曲纹，下端为 8 个短齿；背部平直、中央有突起，梳身为长方形，是商代梳的基本特点(图 2－37)。至周代梳背向弧形变化。

(1)

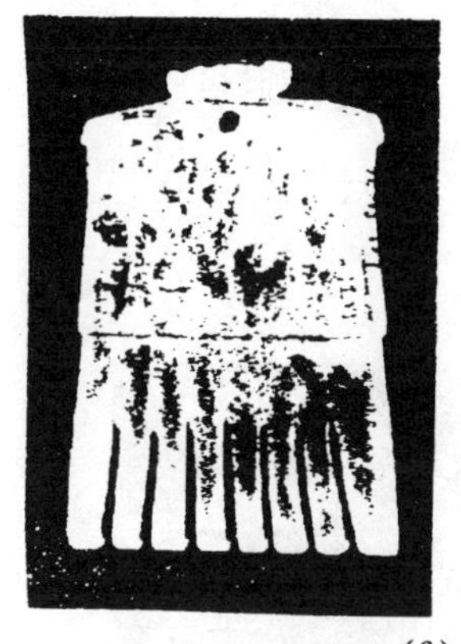

(2)

(3)

(4)

(5)

(6)

(7)

2-37　商代的玉梳和骨梳。(1)(2)(3)河南安阳殷墟妇好墓出土玉梳和骨梳;(4)(5)美国明尼苏达美术馆藏商代玉梳;(6)《衡斋藏见古玉图》收录的商代玉梳(黄濬编著);(7)[日]梅原末治《殷墟》收集的商代玉梳。

(二) 冠饰

在安阳小屯M86号商代墓的一具俯置人骨头上(该墓为六人合葬),正当额中有一蚌花,两旁当鬓旁有两个蚌泡为饰。小屯M177和183号等墓也有蚌泡出土,数量有四、六、十个不等。小屯M242号墓(该墓为七人合葬)一具人骨头顶插骨笄,笄下近额处有镶绿松石的薄圆骨片为饰。安阳侯家庄西北岗 HPM209 号墓为六人俯身葬，北向第一具人骨头与肩之间有一长 20 厘米，内缘由小块绿松石镶成线边的玉冠饰件，其内周呈上弯曲的圆弧形，与发边的弧度相合。美国洛弗尔著《巴尔在中国收集之古玉图》收集了一件与此玉冠饰形状相同、长 15 厘米之玉冠饰，上有 15 个穿孔。这种玉冠饰据推测是垂挂于帽子后面的一种护颈饰品(图 2－38)。

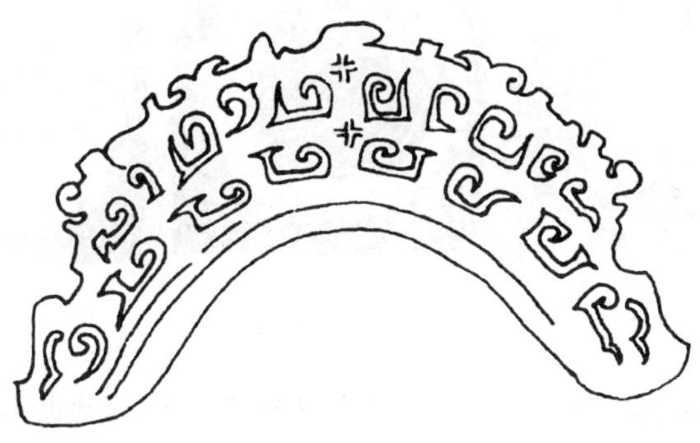

2－38　河南安阳侯家庄西北岗 HPM209 号墓出土用小块绿松石镶成线边的玉冠饰。

(三) 耳饰

商周时期的耳饰有玦、瑱、珰、环等。玦在安阳妇好墓出土。除圆环形带缺缝外，有将环形演化成兽纹的美国芝加哥美术馆收藏的玉玦，也有将圆形转化成椭圆形或柱形的。陕西宝鸡市福临东周墓出土 4 件石玦，都在死者耳旁，河南洛阳中州路东周墓死者两耳各有一片状或柱状石玦。

瑱是一种垂饰，活人有两种佩戴方法，一种是从祭服冠帽左右两方的衡笄用纨(dǎn 音胆,丝绳)垂挂于两旁正当耳孔之处,另一种是直接垂于耳上。此外还有在死者耳里塞一紫丝绵,再把瑱塞于死者的耳孔上,则是丧葬时的用法。

珰是直接穿挂于耳上的耳饰。天津蓟县围坊商代遗址出土的铜耳珰，尾端锥形，一端呈喇叭口状。北京平谷县刘家河商代墓出土的金耳珰，重 0.8 克，喇叭口宽 2.2 厘米，坠部呈喇叭状，底部周边有一沟槽，原来可能有镶嵌物，珰上部成半圆形弯曲，末梢锤细。商代晚期耳珰，上部用金丝弯成钩状，下部以金片锤压成卷曲的装饰，钩与装饰的连接处串有 1 至 2 颗绿松石圆珠，山西石楼县后兰家沟及永和县下辛角村商墓均有此种耳珰发现。耳珰原是美化的装饰品，但儒家说它是为了“闭奸声，弃

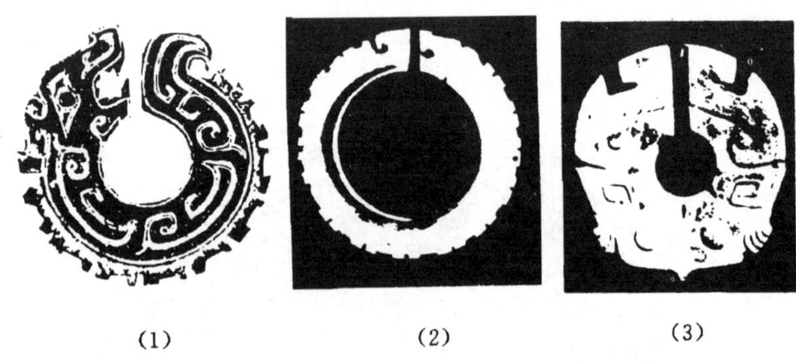
(1) (2) (3)

2－39 商代的兽纹玉玦。(1)(2)为河南安阳殷墟妇好墓出土;(3)为美国斯密斯大学博物馆收藏。

2－40 商代的椭圆形玉玦,美国芝加哥美术馆藏。

乱色”的一种警戒(图 2－39 至 2－43)。

(1)

2－41 周代的圆柱形玉玦。

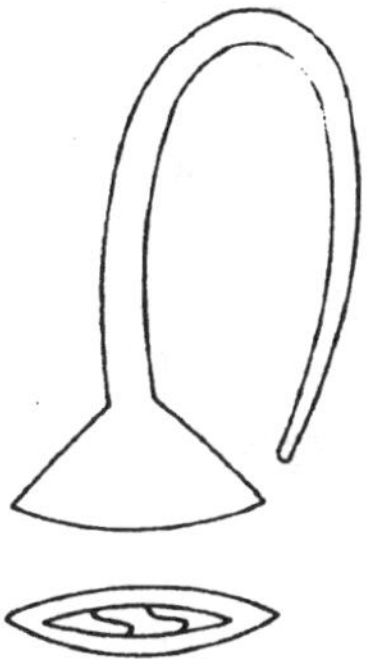

(2)

2－42 天津蓟县围坊遗址出土铜耳珰。

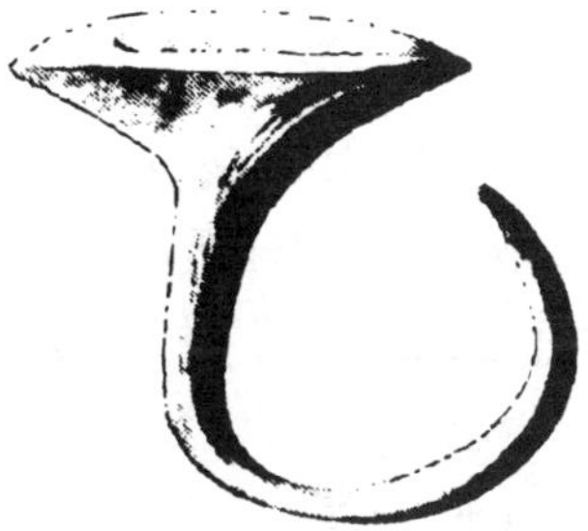

(3)

2－43 北京平谷县刘家河商代墓出土金耳珰。

(四) 颈饰

商代颈饰,在安徽辉县琉璃阁第 140 号殷墓发现过由类似瑚形的灰色玉管珠(长 1.5 厘米,直径 1.15 厘米,孔径 0.6 厘米)串成的颈饰。同区第 32 号殷墓出土以 2110 颗白色扁平圆珠(直径 0.8 厘米,孔径 0.3 厘米,厚 0.1 至 0.3 厘米)串成的颈饰。河南郑州铭功路 2 号商墓发现 1000 余枚蚌珠,并列为 6 串,可能佩于颈后,再盘绕于胸前和腰部。河南安阳大司空村 265 号殷墓,在人架颈部发现 20 个蚌饰。山东益都苏家屯商墓出土 3790 个蚌饰,可能串起作颈饰用,贝之大者名“车渠”,次之者名“魧”,小的名“鲼”,“鲼”可作颈饰,《说文》释“贝”和“婴”都是颈饰。贝和玉在商代也作货币使用。山西保德县林遮峪发现了 18 枚由珠状、梅花状、圆盘状的琥珀、绿松石、玉、骨制成的串饰,置于人架颈部及胸部。湖南宁乡黄村商代遗址出土一提梁卣,内存很短的圜瑚 1172 颗,也可能作颈饰用。

山东济阳刘台子西周早期墓出土一件长110厘米的珠串，其中有白玉龟饰13件，白玉棍饰1件，红玛瑙串珠5粒，其余是绿松石及黑白串珠，最小的仅有芝麻粒大，但中间穿孔正规。陕西西安沣西张家坡188号西周墓，人架颈部有11件小玉片、4件贝、1件小玉饰连成的串饰，同区406号墓出土小玉块86块，内11块含于口内，其余均在胸前，也可能是串饰。洛阳中州路西周墓发现淡绿色圆球状料珠甚多，都在头部附近，可见也用料珠作颈饰。

（五）臂饰

商代臂饰在河南安阳妇好墓出土的主要为各种形式的玉瑗：第

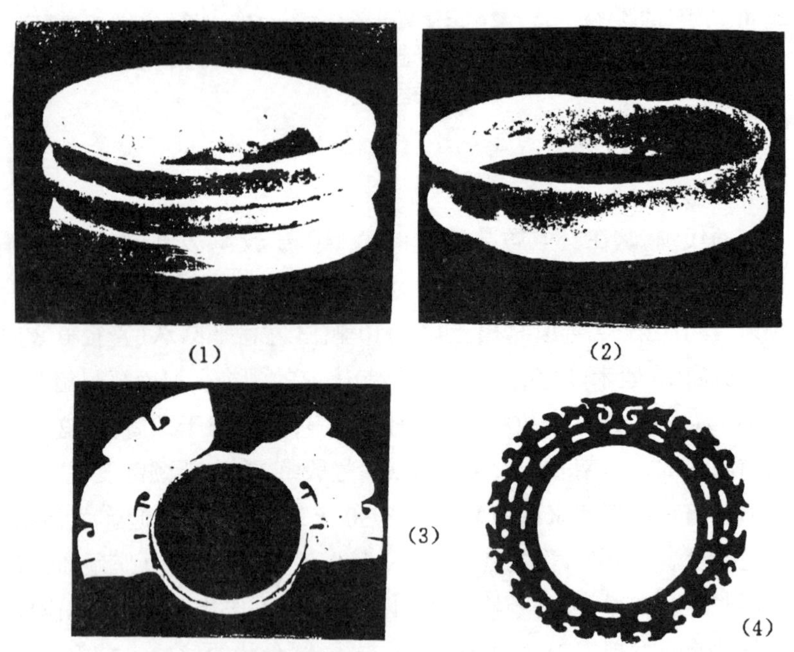

2-44 河南安阳出土的商代臂饰——玉瑗。(1)器形较长宽，外廓中间部位有一凸棱；(2)器形外廓中间凹下；(3)内缘凸起的有唇瑗，形似碗托；(4)将有唇瑗外缘板块体雕镂成花纹。

一种器形较长宽，外廓中间部位有一凸棱；第二种是外廓中间凹下，两边凸起成凹弧形；第三种是内缘凸起的有唇瑗，形似碗托，清朝乾隆皇帝做了几件玉碗托，就是这种形式的；第四种是将有唇瑗外缘板块体雕镂成花纹(图 2－44)。

商代已有金臂钏。1977 年 8 月在北京平谷县刘家河商代中期墓曾出土一双金臂钏，截面直径 0.3 厘米，钏直径 12.5 厘米，其中一只重 93.7 克，另一只重 79.8 克。两件含金量均为 85%，余为少量的银及微量的铜，各用一金条将两端锤扁呈扇状，变成环形。

（六）佩璜

佩璜是一种玩赏性的佩玉，与礼器上的璜无关。商代佩璜已由素面无纹演变为人纹璜、鸟纹璜、鱼纹璜、兽纹璜等等，一直流传到西周后期。殷周古文中的黄字，原本是挂佩的象形字，如(《殷虚书契前编》二卷第 18 页)、(《殷虚书契前编》二卷第 13 页)、(尊文)。但在西周以前出土的玉器还见不到全佩，浚县西周墓出土玉器 42 件，多有穿可佩，但不见互相组合的形迹，到战国才发现全佩的迹象。商代佩璜大体有两大类，一类是在璜的基本形的规范下，或素面无纹，或略施纹饰，保持礼器以“不琢为贵”的传统，可以郑州市铭功路商墓置于人架腰部附近的一件佩璜为例；另一类是把动物、器物的轮廓变化成璜形，以纹饰的装饰美为主的，这类佩璜为数甚多，有人形璜、龙纹璜、兽纹璜、鸟纹璜、鱼纹璜等等。安阳侯家庄西北岗、小屯、殷墟妇好墓等处出土的商代人形璜，都作跪坐形，跪坐姿式易于与璜形适合，跪坐也是商民族的生活习惯，故人字、女字、母字都作跪坐状。龙纹长条弯曲很易作成璜形，兽纹璜多取虎纹，鸟纹将冠羽及尾羽拉长弯曲也极易变成璜形，鱼纹璜为数不多（图 2－45、2－46）。

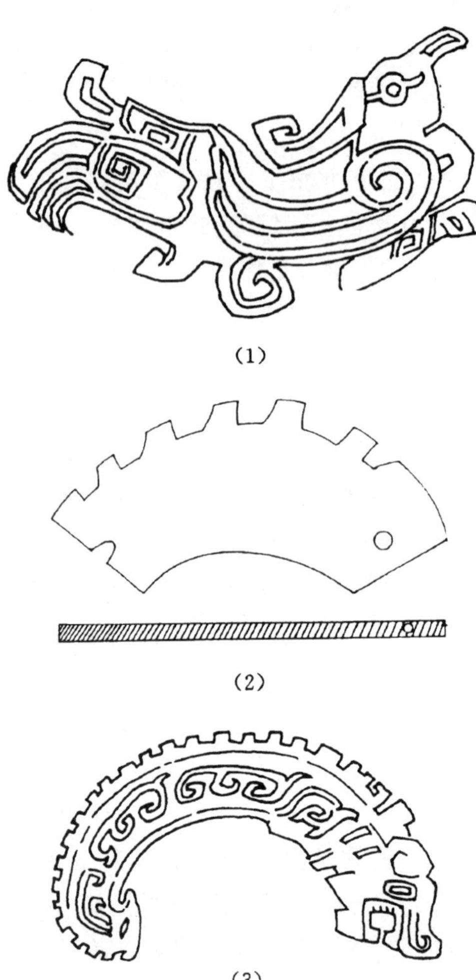
(1)
(2)
(3)

2－45 (1)郑州铭功路商代墓出土佩璜；
(2)瑞典国王收藏中国周代龙纹玉佩璜；
(3)陕西西安沣西西周墓出土凤纹佩璜。

(七) 其他玉佩

如象纹佩、牛纹佩、兔纹佩、龟纹佩、鹿纹佩、凤纹佩等等，形式变化较自由。

总之，商周时期奴隶主阶级使用的玉石装饰品数量是很大的，《逸周书·世俘解》说：武王灭商，商纣王用玉环身自焚，焚玉四千。武王俘商旧玉亿有百万(清代王念孙《读书杂志上》19页校正为得旧宝玉万四千)。当时在统治阶级内部，用繁复的“礼”去维系等级秩序，《礼记·玉藻》有：“进则揖之，退则扬之，然后玉锵鸣也。故君子在车则闻鸾和之声，行则鸣佩玉，是以非辟之心，无自入也。”又说：“天子佩白玉，公侯佩山玄玉，大夫佩水苍玉，子佩瑜玉，士佩瓀玟。”《诗·秦风·渭

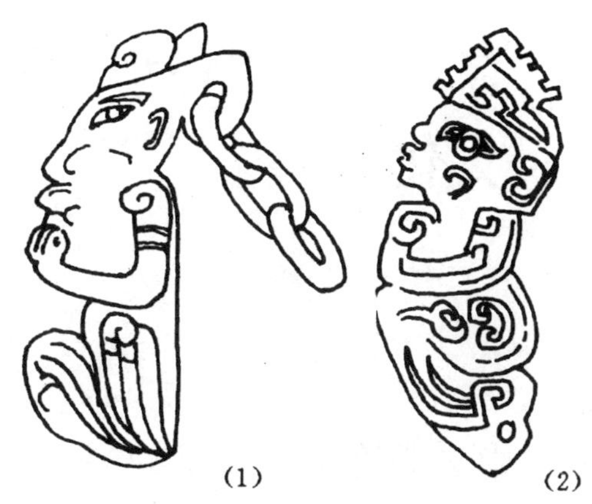

2-46　(1)1989年秋在江西新干商代大墓出土的玛瑙套环有翼人形佩璜，高9厘米；(2)河南安阳妇好墓出土的人形佩璜。

阳》有："何以赠之，琼瑰玉佩。"《诗·郑风·女曰鸡鸣》有："知子之来之，杂佩以赠之。""子之顺之，杂佩以问之。""知子之好之，杂佩以报之。"《诗·大雅·公刘》："何以舟之，维玉及瑶。"以上所引文献，说明当时使用玉石佩饰的普遍程度。玉石佩饰的品类还有不少，限于篇幅，就不一一详述了。

(八) 韘

是射箭时戴在右手大拇指上拉弦的工具，早先为了在拉弦时保护大拇指，只在拇指上裹一块皮，故"韘"字从韦。后来改用角骨及玉作成圆筒形，并把上口做成一边偏高，一边偏低，下口钻两个小孔，以便穿带缚住，固定在手上，又称为"决"，俗称为"扳指"。

第三章　春秋战国时期的服饰文化

第一节　中华服饰文化变革的第一个浪潮

公元前771年，西周幽王暴虐无道，又逢地震与旱灾，使得人民流离失所。申侯联络泾渭流域的游牧民族犬戎杀死周幽王，由周平王即王位。周平王即位后，受犬戎军事威胁，被迫由镐京（今西安西南沣水东岸）迁都洛邑（今河南洛阳），中国历史进入春秋时期。当时由于铁工具的使用，原本依靠周王朝封地维持经济的小国，纷纷开荒拓地，发展粮食和桑、麻生产，国力骤然强盛，脱离了对周王朝的依赖，周王朝因此而衰微，以周天子为中心的"礼治"走向崩溃。奴隶社会政治体制的解体，改变了社会的传统观念。这一切很快就在服饰文化中反映出来，主要表现在如下各个方面。

一、服饰用料之发展

商周时期，高级的服装用料如丝帛、绢、缣、绮、锦、绣和精细的麻织物都由大奴隶主贵族所专用，周王朝设有专门的官吏，掌管生产、保管和供应，商人是不许穿用的。春秋战国时期，齐鲁等地由于农业和纺织原料、染料及纺织手工业迅速发展，纺织原料、染料和纺织品的流通领域不断扩大，这些地区有些经营丝帛或染料贸易的大商人，手中掌握大量物资，财富可与“千户侯”相比，人们称他们为“素封”。他们和大贵族、大官僚交往，有些人甚至能左右诸侯的政治，例如春秋末年孔子的弟子子贡“结驷连骑，束帛之币以聘享诸侯，所至国君，无不与之分庭抗礼”。大商人和诸侯贵族一样“食必粱肉，衣必文绣”，打破了“工商食官”的格局，大大促进了纺织生产的发展。《禹贡》一书记载的“九州”中，除生产麻、葛等纺织品外，丝织品生产已遍及兖、青、徐、扬、荆、豫等州。兖州（指今山东兖州、济南、青州之西北境及旧东昌府）产“织文”，是彩色织花的丝织品。青州（指今山东胶东济南境兼有辽河以东之地）产檿（yǎn 音掩）丝，即野蚕丝，青州目前仍盛产柞蚕丝。徐州（指今江苏旧徐州府及邳县、山东旧兖州府及安徽之宿迁、泗县）产玄纤（黑色薄绸）、缟（极薄的绸类）。扬州（今江苏、浙江、安徽、江西、福建境内）产织贝（据注解为锦类织物）。荆州（今湖南，湖北，四川重庆，贵州遵义、思南、铜仁、思州、石阡及广西全境）产玄（黑色）纁（红色）玑组（串绣珠子的丝带）。豫州（今河南省）产纤（细绸子）、纩（丝绵）。春秋战国时期，土地肥沃，生产技术领先的齐、鲁一带，迅速发展成为当时我国丝绸生产的中心地区，这一带桑麻遍野，妇女们手艺精巧，她们能织善绣，产品行销各地，故齐国有“冠带衣履天下”之称。陈留襄邑出产的锦，有美锦、文锦、重锦、纯锦的名称；质薄精细的丝绸，则有“齐纨鲁缟”的美名，这些都是春秋以来著名的产品。它们的大量出现，既改变了服装用料的成分，也改变了衣服用料社会分配的格局。

二、服装色彩观念的改变

按周代奴隶主贵族的传统，色彩也有尊卑的区别，青、赤、黄、白、黑是正色，象征高贵，正色是礼服的色彩；绀（红青色）、红（赤之浅者)、缥(淡青色)、紫、流黄(骝 liú 音留)是间色,象征卑贱,只能作为便服、内衣、衣服衬里及妇女和平民的服色。统治阶级则要按照礼制规定,根据级位高低和政事活动的内容,选配相称的服装色彩。公元前六世纪,春秋时期第一位霸主齐桓公(姜小白,前 685 至前 643 年)却欢喜穿紫袍。《韩非子·外储说左上》:"齐桓公好衣紫,国人皆好服之,致五素不得一紫。"《史记·苏代遗燕王书》:"齐紫,败素也,而价十倍。"齐桓公这样一位名声显赫的政治领袖竟然穿间色的紫袍,这在当时是对传统色彩观念的逆反行为,对社会的影响又那么重大,自然是对传统礼教的沉重打击。大约 100 年后,维护旧礼教的孔子(前 551 年至前 479 年)还重申他对紫色抱有恶感,是因为紫色夺走了朱色的地位(《论语》:"恶紫之夺朱也。")但色彩作用于人的生理和心理美感是基于色彩具有美的自然属性为前提,由于紫色具有稳重、华贵的性格特征,在色彩心理学上紫色被视作权威的象征,后来紫色一直上升为富贵的色彩,唐代韩愈(768 至 824 年)《送区弘南归》"佩服上色紫与绯"的诗句,也说明了这一点。

三、服装配套结构的变革

商周以来的传统服装,一般为襦、裤、深衣、下裳配套,或与上衣下裳配套;裳穿于襦、裤、深衣之外。裤为不加连裆的套裤,只有两条裤管,穿时套在胫上,也称胫衣。《说文·糸部》:"绔、胫衣也。"段玉裁注:"今所谓套裤也,左右各一,分衣两胫。"这种服装配套极为繁复,在表现穿衣人身份地位的装身功能方面,具有特定的审美意义。但穿着费时,对人体运动也极不方便,尤其不能适应战争骑射的强度运动。春秋时期,位于西北的赵国,经常与东胡(今内蒙古南部、热河北部及辽宁一带)、楼烦(今山西北部)两个相邻的民族发生军事冲突。这两个民族都善于骑马矢射,能在崎岖的山谷地带出没,而汉族习于车战，即便像齐桓公、晋文公那样善于用兵，也只能在平地采用防御阻挡，而无法驾战车进入山谷地带进行对敌清剿。公元前302年，赵武灵王决定进行军事改革，训练骑兵制敌取胜。而要发展骑兵，就须进行服装改革，具体的做法是学习胡服，吸收东胡族及楼烦人的军人服式，废弃传统的上衣下裳，将传统的套裤改成有前后裆将裤管连为一体的裤子，古时称为“穷绔”或“绲裆袴”，这种裤子为便于私溺，裆不缝缀，用带系缚。将两裆缝合的满裆裤，古代称为裈（kūn 音坤）或幝（kūn 音坤）。用3尺布（约合现在70厘米）裁成的短裤，称为犊鼻裈。这种合裆裤能够保护大腿和臀部肌肉皮肤在骑马时少受摩擦，而且不用再在裤外加裳，即可外出，在功能上是极大的改进。赵武灵王进行服装改革，在中华服饰史上是一件巨大的功绩，但这在当时也遭到一些保守派的反对，理由是“不合先王礼法”。赵武灵王以“先王不同俗，何古之法？帝王不相袭，何礼之循”对保守派进行了批驳，并得到赵国族人中的长者肥义的支持，坚持“法度制令各顺其宜，衣服器械各便其用”的观点，毅然决定服装改革，从而建立骑兵，强化了赵国军队的战斗力，陆续攻灭中山国，攻破林胡、楼烦，国势大盛。这便是中国历史上有名的“赵武灵王胡服骑射”的故事。春秋战国直至汉代，社会上层人物囿于传统审美观念，仍然保持宽襦大裳的服式，只有军人及劳动人民下身单着裈而不加裳。西汉司马相如与四川临邛卓王孙的女儿卓文君相恋，遭到卓王孙反对，并断绝对文君的供养，司马相如和文君逃到成都，不久回到临邛，在卓王孙家门对面酤酒，让文君当垆，相如脱去外衣，在大庭广众面前只穿了一条犊鼻裈洗涤酒具，弄得卓王孙尴尬不堪。

四、工艺技术的发展

在周代服饰制度中，头冠是重要的组成部分。

周代规定凡吉礼应穿 15 升以上的细纺织品所制的吉服，遇丧礼只穿 15 升以下的粗纺织品所制的凶服，而做帽子得用 30 升的细麻布。因为用麻布作头冠是纪念老传统的古礼。

这里的“升”，是指纺织品经线的密度，古代布帛通幅宽度是有规定标准的，按《汉书·食货志》记载，布帛的标准规格为宽 2.2 尺为幅，长 4 丈为匹。在幅宽 2.2 尺之内的经线数如果是 80 根，即为 1 升。如果是 80 根的 x 倍，即为 x 升。中国历史博物馆藏战国铜尺 1 尺长合 0.23 米，则战国纺织品的标准幅宽 2.2 尺，合 50.6 厘米，此数据与出土战国至汉、唐的一般织物幅宽相近。30 升布的总经线数为 30 升×80，以 2400 根÷50.6 厘米（幅宽）=47.5（根/厘米），得知 30 升布的经线密度为每厘米 47.35 根，这个密度比现今市场出卖的白细布要细密一倍，而与现代丝绸的细密度相当。把麻纤维精纺到这样精细的程度，其手工难度是很大的。春秋时期由于桑蚕丝织生产发展，用 80 升的丝织品做帽子不但价廉，而且物美，所以人们都采用丝织品代替细麻布。以维护旧礼教为理想的孔子也在《论语·子罕》中讲道：“麻冕，礼也，今也纯俭，吾从众。”意为：用细麻布做帽子，是礼所规定的。眼下丝绸比细麻布更便宜，我也跟大家一样改用丝绸来做。

这一时期服装色彩观念的变化，也和当时染色技术的发展，利用植物染料紫草根染紫有关。

第二节　春秋战国时期服饰文化的考古发现

一、春秋战国时期的服装材料

春秋战国时期由于周室衰微，各诸侯国纷纷变法争雄，提倡耕织，富商大贾的城市手工业作坊与官营作坊并存，农村男耕女织，已初步形成封建经济的模式。当时齐、鲁地区先进的织绣技艺，逐渐以和平迁徙的方式，或以战争掠夺为中介，向其他地区流转、传播。刘向《说苑》："鲁人善织履，妻善织缟，而徙于越。"《左传·成公二年》，记楚人伐齐，侵入鲁之阳桥，鲁人赂以执斫（匠人）、执针（刺绣缝纫工）、织纴（织缯帛工）各百人请盟。今湖南、湖北、河南各省战国时期楚墓先后出土许多织绣文物和服装，技艺水平极为高超。1982 年在湖北江陵马山 1 号楚墓出土战国中期的衣物 35 件和一批纺织品，保存极为完好，出土时色彩如新，为研究战国服饰艺术提供了宝贵的直接资料。其中服装用料有：

（一）绢

为平纹素织物。一般经纬不加捻，有的织后经过煮炼，有的经过捶砑处理，光泽较好，细绢作面料用，粗绢作里子用。幅宽在 49 至 50.5 厘米之间，经纬密度每厘米 60 至 100 根的 29 件。100 至 120 根的 12 件。120 根以上的 6 件，最细的达每厘米经 164 根、纬 64 根。

（二）绨

为平纹素织物。经纬双股合成，加每米约五百次的 S 捻。经纬密度每厘米为经 80 根、纬 10 根。织物厚度 0.7 至 0.8 毫米，作鞋面用。

（三）方孔纱

为假纱组织织物。经纬密度有每厘米经 25 根、纬 16 根，及经 17 根、纬 16 根两种。幅宽 32.2 厘米，幅边宽 0.25 厘米。

（四）素罗

为绞纱组织织物。经纬丝均加强捻，捻度约每米 3000 至 3500

次，S 捻。经纬密度每厘米经40根、纬42根，以四根经丝为一组，互相纠绞成芝麻形纱孔。幅宽43.5厘米—46.5厘米，两边各有0.35厘米的平纹边。边经每厘米142根（图3－1）。

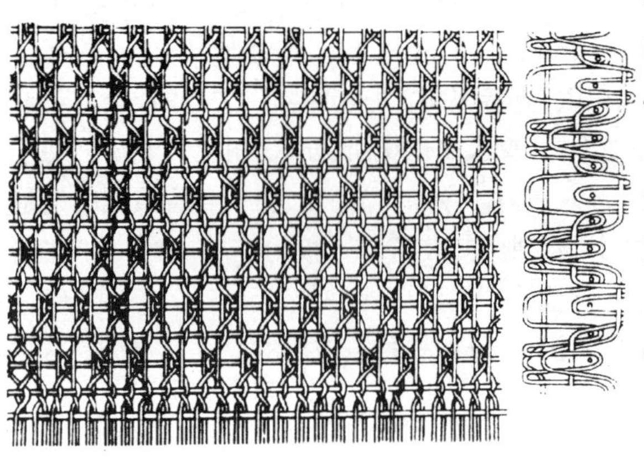

3－1　湖北江陵战国楚墓出土四经绞织罗组织分析图。

（五）彩条纹绮

以深红、黑、土黄三种经丝相间排成宽1.3厘米至1.5厘米的彩条，其中深红、土黄色经丝在彩条区内又分粗细两种，一隔一相间排列。细经平织，粗经在起花时按三上一下的织法织出浮长线，相邻的两根粗经浮长点相同。其余不起花部分平织，纬丝棕色。这种彩条纹绮经刺绣加工后作衣服镶边料之用。战国纹绮在河南信阳长台关出土的，为杯纹绮和复合菱纹绮（图3－2）。

3－2　河南信阳长台关战国楚墓出土复合菱纹绮。

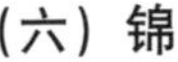

（六）锦

分二色锦和三色锦，均系经丝

起花的经锦。组织为经二重组织，经密一般高于纬密三倍或更多。每厘米经密 84 至 150 根，纬密 24 至 54 根。经丝一般比纬丝粗。有些锦的经丝加弱捻，个别加强捻。幅宽在 45 厘米至 50.5 厘米之间。边宽 0.7 厘米 ×2。三色锦质地比二色锦厚实。作衣服面料、衣物镶边料及衾面之用(图 3-3)。

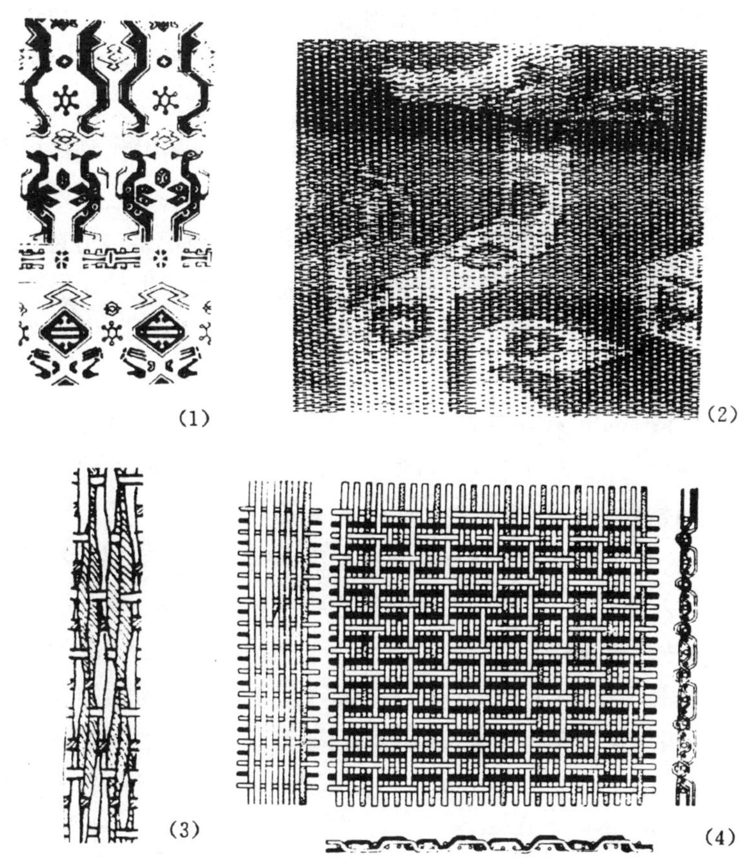

3-3　湖南长沙左家塘战国楚墓出土对龙对凤纹经锦，花纹单位长 13.5 厘米，宽 3.5 厘米。(1)纹样复原图；(2)纹样组织意匠图；(3)织物表层结构；(4)织物组织分析图。

二、春秋战国时期的服装纹样

春秋战国时期的服饰纹样是从商周时期的装饰纹样传统基础上演化而来,商周时期的装饰纹样造型强调夸张和变形,结构以几何框架为依据作中轴对称,将图像严紧地适合在几何框架之内,特别夸张动物的头、角、眼、鼻、口、爪等部位,以直线为主,弧线为辅的轮廓线表现出一种整体划一、严峻犷厉的美学风貌,象征着奴隶主阶级政权的威严和神秘,这是奴隶社会特定历史条件下形成的时代风格。春秋战国时期随着奴隶制的崩溃和社会思潮的活跃,装饰艺术风格也由传统的封闭转向开放式,造型由变形走向写实,轮廓结构由直线主调走向自由曲线主调,艺术格调由静止凝重走向活泼生动。但商周时期的矩形、三角形几何骨骼和对称手法,春秋战国时期仍继续运用,不过不受几何骨骼的拘束,往往把这些几何骨骼作为统一布局的依据,但并不作为“作用性骨骼”,即图案纹样可以根据创作意图超越几何框架的边界,灵活处理。以湖北江陵马山砖厂和长沙烈士公园战国时期楚墓出土的刺绣纹样为例,题材除龙凤、动物、几何纹等传统题材外,写实与变体相结合的穿枝花草、藤蔓纹是具有时代特征的新题材。穿枝花草、藤蔓和活泼而富于浪漫色彩的鸟兽动物纹穿插结合,穿枝花草、藤蔓就顺着图案骨骼——矩形格架、菱形格架、对角线格架铺开生长,起着“非作用性格架”(即不是死板显露的几何格架)的作用。它们穿插自由,有的顺着格架线反复连续,有的将图案中转隔断(图 3 - 4),有的作左右对称连续(图 3 - 5),有的作上下对称连续,有的按上下、左右错开二分之一的位置作移位对称连续(图 3 - 6)。穿枝花草、藤蔓既起装饰作用,又起骨骼作用。在枝蔓交错的大小空位,则以鸟兽动物纹填补装饰。动物纹样往往头部写实,而身部经过简化,有的直接与藤蔓结为一体(图 3 - 7),有的彼

3-4　湖北江陵马山砖厂1号战国楚墓出土花冠凤纹刺绣纹样,凤的尾羽与翅按对角斜线骨骼生长,花冠按垂直、水平线骨骼生长,而在中间转移隔断。

3-5　湖北江陵马山砖厂1号战国楚墓出土鹤鹿花草纹刺绣纹样,为左右对称式。

3-6　湖北江陵马山砖厂1号战国楚墓出土雁衔花草刺绣纹样,为左右对称布局,二分之一错位。

3-7　湖北江陵马山砖厂1号战国楚墓出土龙凤虎纹刺绣纹样,龙凤头部写实,身体直接与花草合为一体。

3－8 湖北江陵马山砖厂 1 号战国楚墓出土蟠龙飞凤纹刺绣纹样，龙凤彼此蟠叠。

此蟠叠（图 3－8），有的写实形与变体形共存，有的数种或数个动物合成一体，有的动物体与植物体共生，以丰富优美和多样的形式，把动植物变体与几何格架结合，反映了春秋战国时期服饰纹样设计思想的高度活跃和成熟。由于按几何格架对位布局，灵活运用同位对称与移位对称结合等方法，又打破几何骨骼的框架界限，因而纹样既有严整的数序条例，又有灵巧的穿插变化，虽然结构十分繁复，层层穿插重叠，仍然繁而不乱。此外，几何纹也很流行（图 3－9 至 3－13）。

战国时期服饰纹样的题材，具有

3－9 湖北江陵马山砖厂 1 号战国楚墓出土两龙一凤组合型共体纹刺绣纹样。

3－10 湖南长沙左家塘战国楚墓出土复合菱纹绮纹样。

3－11　前苏联南西伯利亚阿尔泰地区巴泽雷克公元前五世纪游牧民族贵族墓出土中国丝绸刺绣中的复合几何纹绮纹样。

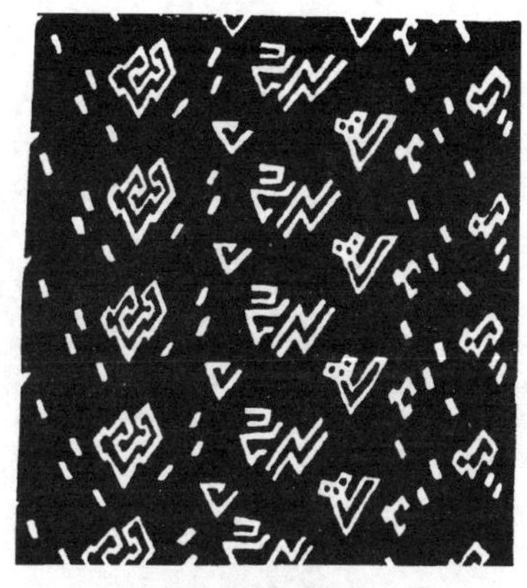

3－12　湖南长沙左家塘战国楚墓出土织锦几何纹样。

3－13　湖南长沙左家塘战国楚墓出土织锦纹样。

一定的象征含意，当时最为流行的龙凤既寓意宫廷昌隆，又象征婚姻美满。鹤与鹿都与长寿神话有关，翟鸟是后妃身份的标志（图3－14），鸱鸺（猫头鹰）象征胜利之神（图3－15），以上题材多用于刺绣中。丝织纹样因受提花工艺的限制，战国时多限于菱形纹、方棋

3-14　湖北江陵马山砖厂1号战国楚墓出土翟鸟几何条花绦纹样，为上下对称式。

3-15　湖北江陵马山砖厂战国楚墓出土鸱鸺（猫头鹰）花草纹刺绣纹样。

3-16　湖北江陵马山砖厂1号战国楚墓出土凤鼍（tuó音驼）麒麟舞人纹经锦纹样，纹样严格按几何骨骼布置占位，顺次反复连续。

纹、复合菱形纹及在这类几何纹内填充人物、车马、动物等的变体纹样(图 3－16)。

三、春秋战国时期的服装款式

考古发现的服装实物是最直接的材料,但服装是很难长期保存到今天的,因此研究春秋战国时期的服装款式,除出土服装实物外,还要依靠出土的人物雕塑、绘画等间接资料作为补充。

(一) 湖北江陵马山砖厂战国楚墓出土的服装实物

1. 袍类　裁法有正裁、斜裁两种

正裁法:袍分上衣下裳两部分,上衣正裁共 8 片,正身 2 片宽各 32 厘米,双袖各 3 片,宽 42、43、45 厘米。以上 8 片拼合之后,再从下边缝合。在双袖与正身相接的腋下,另拼一块长 37 厘米、宽 24 厘米的长方形,便于手臂上下活动。领缘用纬线起花的绦带做成,正裁,至大襟部分向下延伸 44 厘米。下裳正裁共 5 片,大、小襟正面两片各宽 45 厘米,其他 3 片各宽 41 厘米。裾缘下摆缘直裁另拼缝(图 3－17)。

斜裁法:上衣部分正身和双袖均斜裁,共 8 片,宽度 23、26、17 厘米,袖缘、领缘也斜裁。下裳正裁共 8 片,每片宽 20 至 37 厘米不等(图 3－18)。

袍的款式有三种类型:

第一型　后领下凹,前领为三角形交领,两袖下斜向外收杀,袖筒最宽处在腋下,小袖口。此型尺寸较小,比较实用〔图 3－18(1)〕。

第二型　两袖平直,宽袖口,短袖筒,后领直起,前领为交领(三角形)。衣身较宽松,为罩于表面的袍服〔图 3－18(2)〕。

第三型　长袖,袖下部呈弧状(袖下面的弧线称为“胡”,据《后汉

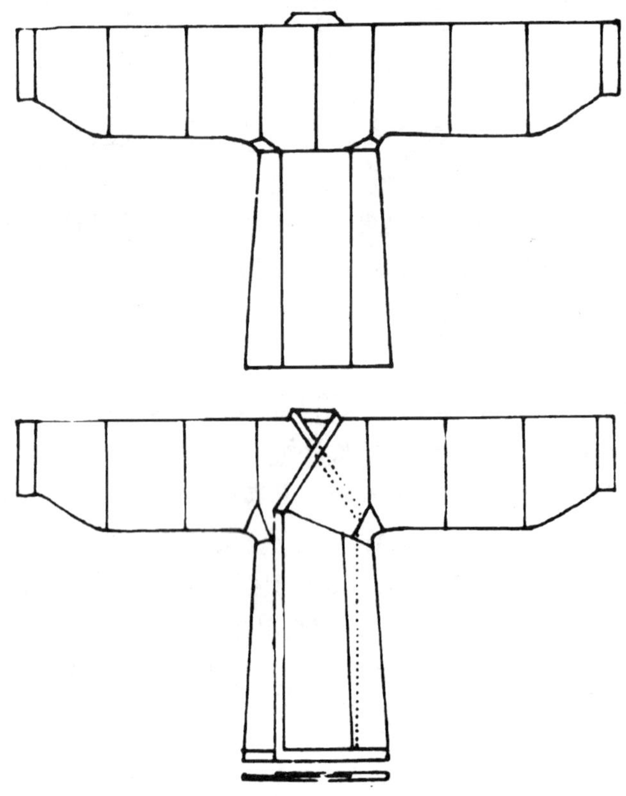

3-17　湖北江陵马山砖厂战国楚墓出土棉袍正裁法示意图。

书·舆服志》说它是仿效牛的颈项下有垂胡之形而设计的)。衣身宽松,有华贵的风度。此种款式至西汉仍继续流行。

以上三种类型,均为交领、右衽、直裾式,上衣与下裳连为一体。另外观察长沙战国楚墓出土帛画人物与木俑,尚有衣襟右侧向后身呈三角形延伸的曲裾袍式,实物于湖南长沙马王堆一号西汉墓有所发现。

2. *禅衣*　造型与C型袍相同,交领、右衽、直裾,上衣与下裳相

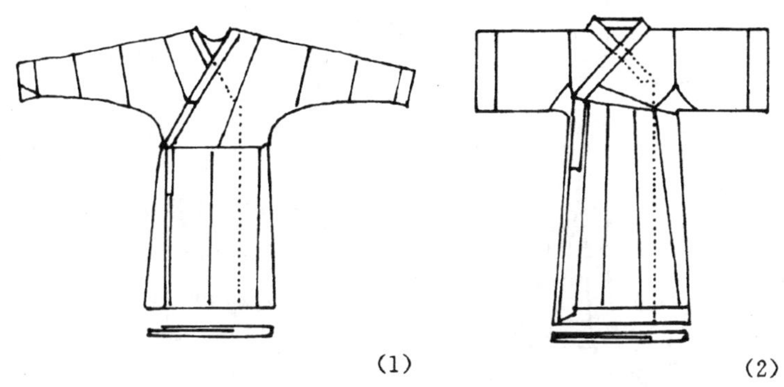

3－18 **湖北江陵马山砖厂战国楚墓出土棉袍斜裁法示意图。(1)斜裁法之一;(2)斜裁法之二。**

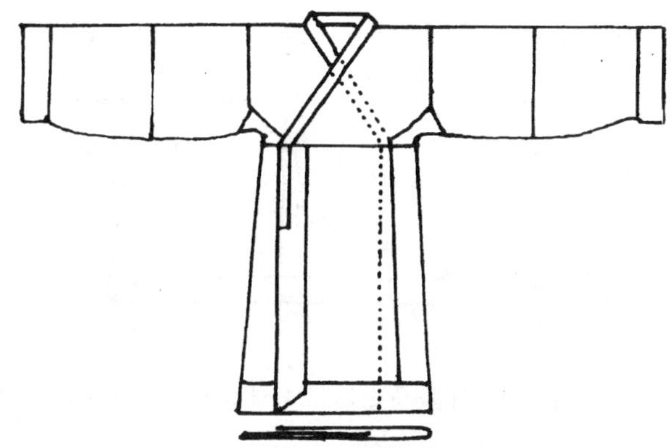

3－19 **湖北江陵马山砖厂1号战国楚墓出土禅衣裁法示意图。**

连,双袖呈胡状(图3－19)。

3．夹衣　衣长及膝,交领、右衽、直裾,上衣与下裳相连。

4．緅(qiū秋)衣　为洗澡时所披的浴衣。用整块衣料上部左右剪开,叠成双袖,下部左右内折成两襟,再用绣绢镶领、两襟、下摆、袖口等缘而成。两襟对中(对襟式),腰与下摆等宽,凹后领。此式已基本与现代浴衣模式相近。但原件尺寸很小,是为殉葬所特制,置于小竹笥中,外系竹签牌自名綝衣。按礼制规定,殉葬浴衣应以竹笥贮放,故知綝衣为浴衣(图 3－20)。

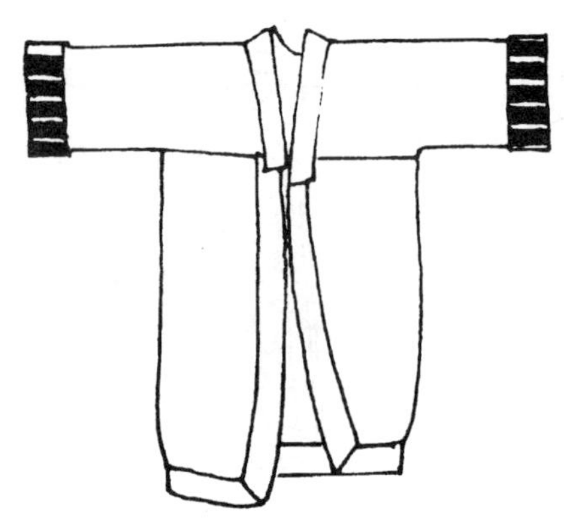

3－20 湖北江陵马山砖厂 1 号战国楚墓出土綝衣。

5. 单裙 下摆稍大于裙腰,裙面用 8 片缝拼,宽分别为 27、27、27.5、26、27、24、27、26 厘米,下摆缘宽 12.5 厘米(图 3－21)。

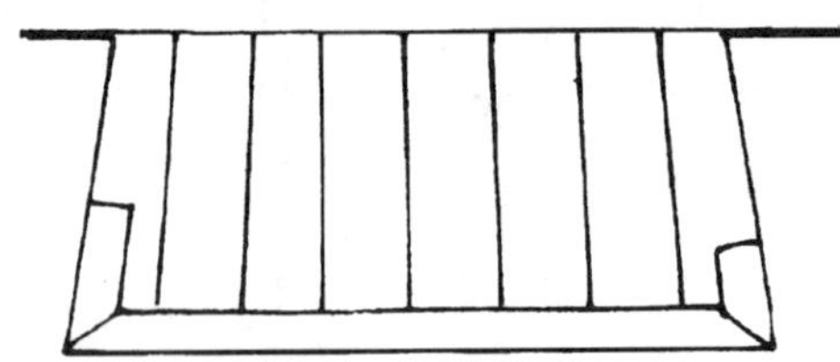

3－21 湖北江陵马山砖厂 1 号战国楚墓出土单裙裁法示意图。

6. 绵袴 由袴腰和袴脚两部分组成,袴腰 4 片,每只袴脚连上 2 片,每片宽 30.5 厘米、长 45 厘米。袴脚左右脚各 2 片,其中一片用整幅绢,宽 50 厘米、长 61 厘米。另一片用半幅绢,宽 25 厘米,长 59 厘米;袴脚上部一侧拼入一块长 12 厘米,宽 20 厘米的长方形袴裆,一条宽边与袴腰相接,一条边缝在袴脚上,折叠成三角形,展开呈漏斗状;袴脚下部拼有一块长 32 厘米、宽 9 厘米的条纹袴边,做成小袴口，袴脚的各拼缝处均镶嵌丝绦。绣绢作面料，深黄绢里。袴脚上部与袴腰相连，但两裆不相连，后腰敞开形成开裆。袴腰宽 0.5 厘米，袴长 116 厘米(图 3－22)。

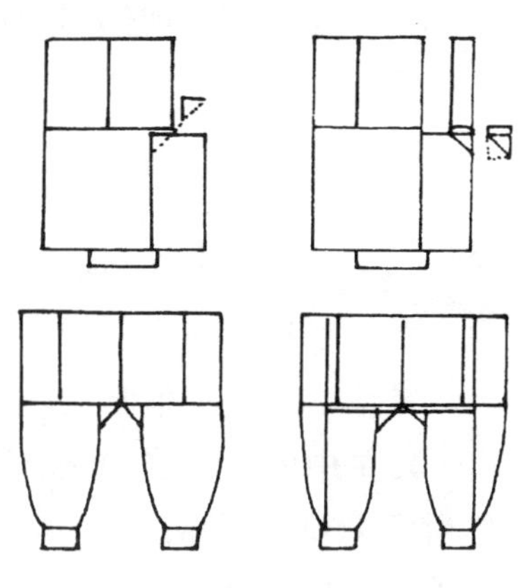

3－22　湖北江陵马山砖厂 1 号战国楚墓出土绵袴裁剪法示意图。

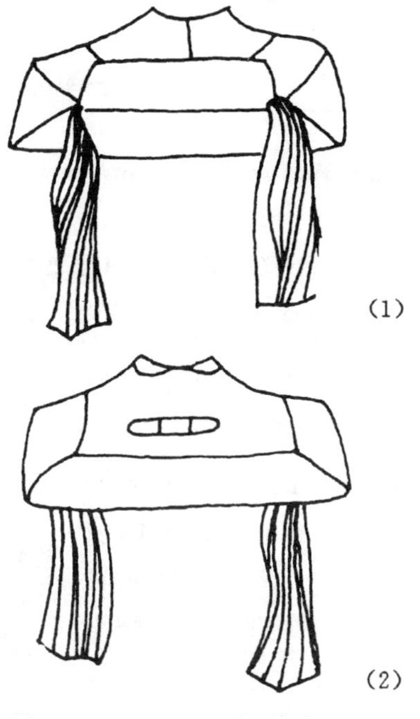

3－23　湖北江陵马山砖厂 1 号战国楚墓出土帽结构示意图。(1)正面；(2)后面。

7. 帽　展开呈不规则圆台形，折叠时呈前高后低顶部外凸，上有圆孔。帽后里侧装有组带两束，应是帽系。帽高 18.5 厘米，前边长 25 厘米，后边长 40 厘米。面料红棕色绢，里料深黄色绢；大菱形纹锦镶边(图 3－23)。

8. 麻鞋　前端尖头半圆形，侧视呈缓坡状，里层用草编，表层用麻布髹黑漆；再在外包锦面。鞋底用麻线编结，从中向外逐圈编绕 27 圈。底下编成许多乳钉状线结。长 23 厘米，高 5 厘米(图 3－24)。

(二) 各地出土有关春秋战国时期服饰的间接材料

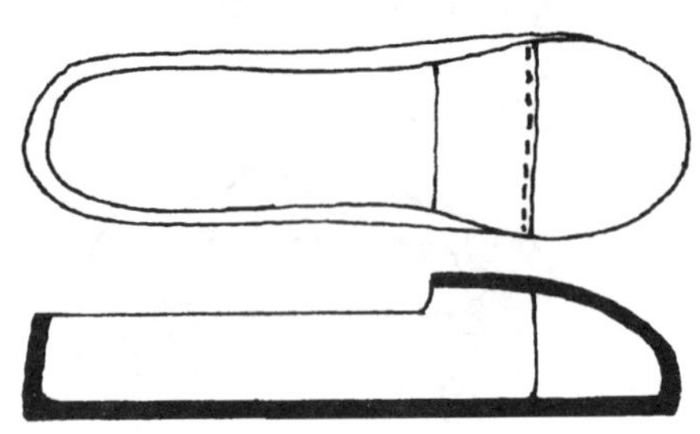

3－24 湖北江陵马山砖厂1号战国楚墓出土麻鞋结构示意图。

有关春秋战国时期服饰的间接资料很多,现选择一些服装结构比较清晰的人物雕刻、绘画形象,供参考。

图3－25 是湖南长沙战国楚墓出土的漆奁装饰人物纹,所绘人物虽极简练,但作风非常写实。其在中间坐者在室内,为观舞的主人。立者在室外作舞蹈表现,所穿大袖、宽下摆、V字形交领长袍,腰间紧束腰带,体态秀美。《尸子》:“楚灵王好细腰,而国中多饿人。”此漆奁人物画所表现的,也正是细腰的装束。此外,所有人物衣着领口、袖口、下摆及腰带均为白色,可能是在深色袍子之内衬穿白色衬衣。头冠虽不清楚,但都有缨带下垂,系于颔下。

3－25 湖南长沙战国楚墓出土漆奁舞人纹。

图3－26 是北京故宫博物院所藏战国红铜镶嵌采桑习射纹壶上的装饰,图中垂着长辫、提着竹筐、爬在桑树上采桑的都是女子。而那些对着侯(箭靶)习射的则是男子,图中男女所穿的袍式是相同的。

图3－27 是湖南长沙子弹库战国楚墓出土驭龙升天图帛画,画

3－26　北京故宫博物院藏红铜镶嵌采桑习射纹壶上人物形象。

着一个男子驾一条龙，龙前是鱼，龙后是鹭鸶鸟，表示能入海或升天。男子头戴纱冠，长缨结于颔下，腰束大带，袍式宽松，广袖，曲裾，长可掩足。

图3－28　是湖南长沙陈家大山战国楚墓出土少女龙凤帛画，画一女子合手祈祷，身穿广袖宽松曳地曲裾长袍，袖身肥大，袖口缩敛，

3－27　湖南长沙子弹库战国楚墓出土驭龙升天图帛画。

3－28　湖南长沙陈家大山战国楚墓出土少女龙凤帛画。

3－29 河南洛阳金村韩墓出土长袖曲裾袍舞女玉佩。

3－30 河南洛阳金村韩墓出土长袖曲裾袍舞女玉佩。

下侧弧线成垂胡状，腰束大带，与子弹库战国楚墓所出土帛画中驾龙男子的袍式基本相同。

《尔雅·释衣》谓袖身扩大部分为“袪”，袖口缩敛部分为“袂”，这种袖式后来称为“琵琶袖”。袍与衫的区别，在于有没有袖口，有袖口的为袍，无袖口的为衫。

3－31 湖南长沙仰天湖战国楚墓出土彩绘女木俑，高37.1厘米。

图3－29、3－30 是河南洛阳金村韩墓出土的两件战国长袖曲裾袍舞女玉佩，式样均为交领、右衽，袍长曳地，腰束大带。

图3－31 是湖南长沙仰天湖战国楚墓出土彩绘女木俑，穿绘绣交领右衽宽沿曲裾袍，领及衽边均饰以较宽的锦缘。

图3－32 均为湖南长沙战国

3－32　湖南长沙战国楚墓出土彩绘木俑高约50厘米。

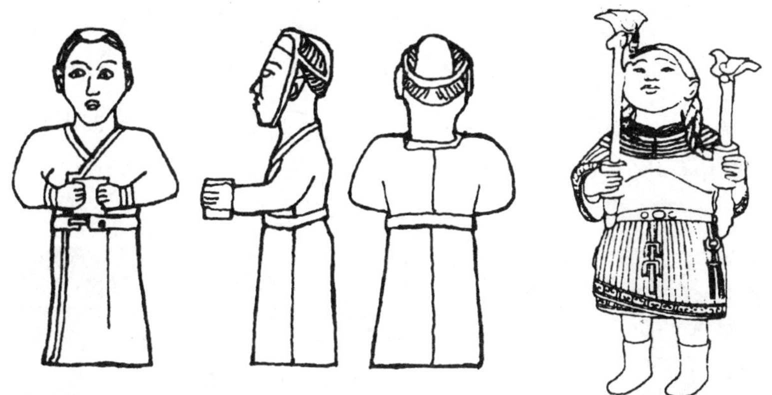

3－33　河北易县武阳台乡高阳村战国燕下都遗址出土革带用带钩扣接的铜人形象。

3－34　传洛阳金村韩墓出土战国青铜女孩，柱上的小鸟为后人所加。

楚墓出土的彩绘木俑，多数穿直裾袍，只有一个穿曲裾袍。袍式长者曳地，短者及踝，袍裾沿边均镶锦缘。袍身纹饰为雷纹和重菱纹，重菱纹又称为“杯纹”，因它形似双耳漆杯，或称为“长命纹”，取长寿吉利的含意。

图 3 - 33　是河北易县武阳台乡高阳村战国燕下都遗址出土铜人，穿右衽矩形交领窄袖长袍，腰束革带，用带钩扣接。

图 3 - 34　是传河南洛阳金村韩墓出土战国青铜女孩，上衣为立领式，立领是在领窝加领座才能制成的。裙裳长仅及膝，为中短裙；腰间束有珰的革带，革带上挂着悬有组玉佩的组带；足穿革靴；发分左右梳两条长辫。用现代人的审美眼光来看，也是颇为时髦的。图中柱上的小雀是后人加上去的。

图 3 - 35　是河北平山三汲战国中山王墓出土的玉人，均穿左衽、矩形交领、窄袖上衣，大方格纹面料长裙，裙长及踝；发式或总发于顶，在顶上梳髻，或作披发式，头发后垂于背。有的在头上戴高高的牛角形冠为饰，颇与今苗族姑娘的角形银冠相似，为古代鲜虞族人服饰。

图 3 - 36　是湖北随县战国曾侯乙墓出土编钟虡（jù 音据）中层的铜人，上衣是矩形交领、紧身、窄袖，衣襟下摆左长右短呈曲波形弯曲，领缘有几何纹花边为饰；下穿褶裥裙裳，裙裳左右两侧各有一条

3 - 35　河北平山三汲战国中山王墓出土穿方格花裙的玉人，为古代鲜虞族人服饰。

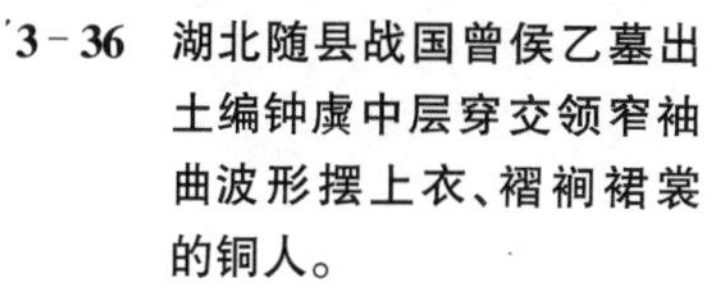

3－36　湖北随县战国曾侯乙墓出土编钟虡中层穿交领窄袖曲波形摆上衣、褶裥裙裳的铜人。

3－37　北京故宫博物院藏战国白玉玉人，穿曲裾衣，裙裳。

几何纹直条图案为饰；裙的长度短者及膝，长者及地，均穿于上衣之内；腰间束革带，挂有垂缨及心形鞶囊。腰右侧佩短剑；头戴上宽下紧的平顶帽，为仪仗乐队的装束。

图3－37　是北京故宫博物院收藏的战国白玉人像，头戴冠帽，冠缨束于颔下。脑后辫发上挽，包入冠内，上身穿右衽、交领、窄袖，衣长过膝，下摆左长右短的曲裾式上衣；下穿齐地裙裳，裙裳穿于上衣之内，腰间束绅带，带绅垂于前身。这种绅带名曰绸缪。

图3－38　为山西长治分水岭出土战国青铜佩剑武士，头戴帽，上身穿右衽矩形领紧身窄袖半长花衣，下身穿袴，腰间束带，佩剑，脚穿鞋。

图3－39　为洛阳金村出土(传)战国错金银刺虎镜上的骑士纹。武士身穿战甲，戴鹖尾冠，手执短剑，骑着战马刺虎。

图3－40　湖北随县战国早期曾侯乙墓曾出土一套皮盔甲，头盔

和甲领都是用皮革压塑成型,分块串结而成;身部用长方形革块串结,袖部用弧形革块串结,便于活动,形制壮美。

3－38　山西长治分水岭出土战国青铜佩剑武士。

3－39　传洛阳金村出土战国错金银刺虎镜上的骑士纹。

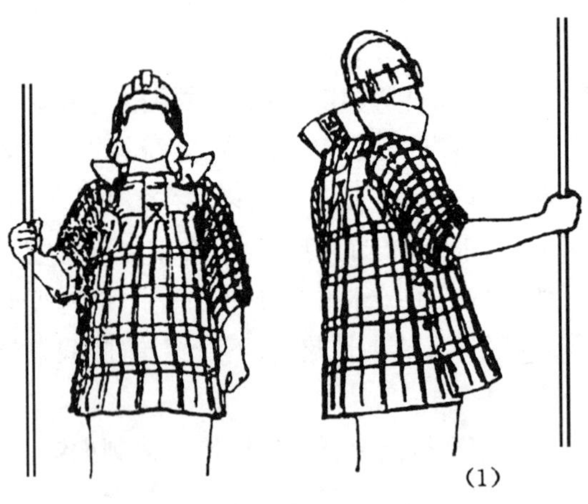

(1)

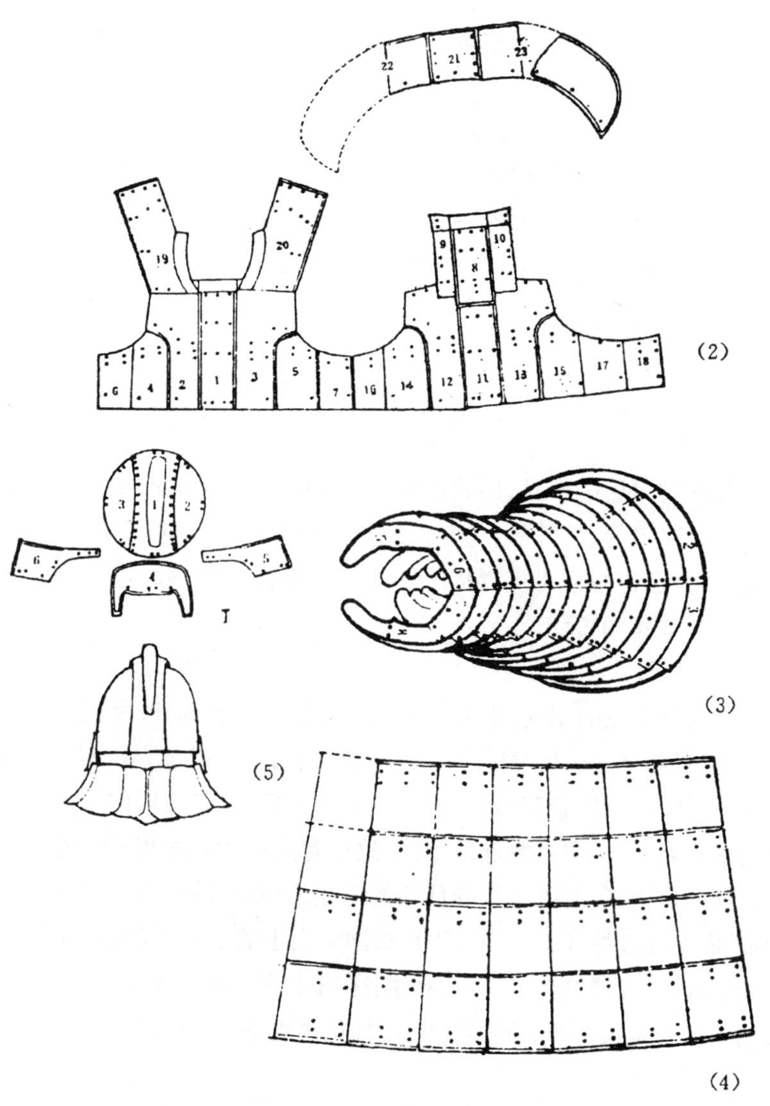

3-40　湖北随县曾侯乙墓出土的三号盔甲分解图。(1)复原图;(2)胸甲、背甲、领甲;(3)臂甲(左侧);(4)裙甲(右侧);(5)Ⅰ号胄。

四、春秋战国时期的首饰佩饰

首饰和佩饰是服装艺术中最具光采的组成部分。从服饰艺术的历史来看,首饰和佩饰比衣服渊源更早,春秋战国时期继承商周社会的传统,首饰和佩饰除形式的装饰美和材质的珍贵之外,也带有礼教表征德操和社会等级地位的内涵,至于工艺技巧则发展到更加精美的程度。

(一) 发饰

1. 笄

是固定发髻的用具,原始社会普遍使用,春秋战国时期出土的实物,有木笄、玉笄、竹笄等。据《仪礼》等书记载,女子年满 15 岁便视为成人,如已许嫁便可梳髻插笄。如未许嫁,到 20 岁时也要举行笄礼。女子成年叫“及笄”。

2. 梳篦

是梳理头发的用具,也把梳篦插在头发上作装饰,春秋战国梳篦的形状,背部呈圆弧形,身部有对称纹饰,山西侯马出土春秋时人纹陶范中女子的头上插着双角形篦,其背部作弯角形,与商周的梳篦背上缘近乎平直,背正中有突起物不同,故也有人认为是角形冠。春秋战国时期的实物,有河南淅川春秋墓的玉梳、山西长治分水岭春秋墓的竹梳、湖北江陵拍马山和四川青川战国墓出土的木梳等(图3－41)。庐芹斋《中国古玉展览目录》所载两件战国玉梳的形状也如此。再往后,梳的形状就向扁长而低的形状变化,梳齿也更多了,更便于使用。

(二) 耳饰

小型的玦是古代从新石器时代流传下来的一种耳饰。春秋战国

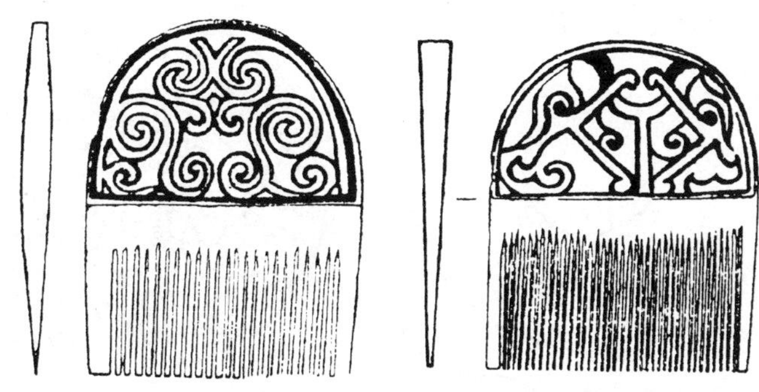

3-41　湖北江陵拍马山出土战国彩绘漆木梳。

的玉玦，有圆形缺口素面无纹的，有雕琢成纹饰的，有呈柱状加缺口的。中山国战国墓出土有夔龙首黄玉玦1件，广东曲江石峡墓出土有圆廓外4个半月形突饰的玉块。玦的外形有呈柱形的，有呈椭圆形孔不居中的，有上宽下窄椭圆的。湖南耒阳县一处距耒水600米的山坡上的春秋时越人墓出土水晶玦一件。台北故宫博物院藏有1件径19.5厘米的大玦，是一种佩玦而非耳饰，象征决断，如《白虎通》所说："君子能决断则佩玦。"(图3-42)《史记》记叙楚汉相争，在鸿门宴上，范增要楚霸王杀刘邦，几次用眼睛盯着项羽，并三次举所佩玉玦向项羽示意，项羽没有理会。说明秦汉时期仍有在腰间佩玦的习惯。1983年在河南光山县宝相寺黄君孟墓出土春秋早期龙纹玉玦一双。又，战国时期的耳坠，制作已很精美。

（三）颈饰

颈饰是原始社会就很普遍的装饰。春秋战国时代的颈饰出土不少，河南三门峡上村岭虢国墓地出土颈饰，其中一件系由许多不同形状的瑯(《说文解字》写作䩐，管状玉珠)组成，其余为ᗜ形器及一小系璧(图3-43)。安徽寿县蔡侯墓出土绿松石1518粒，均有穿孔，大

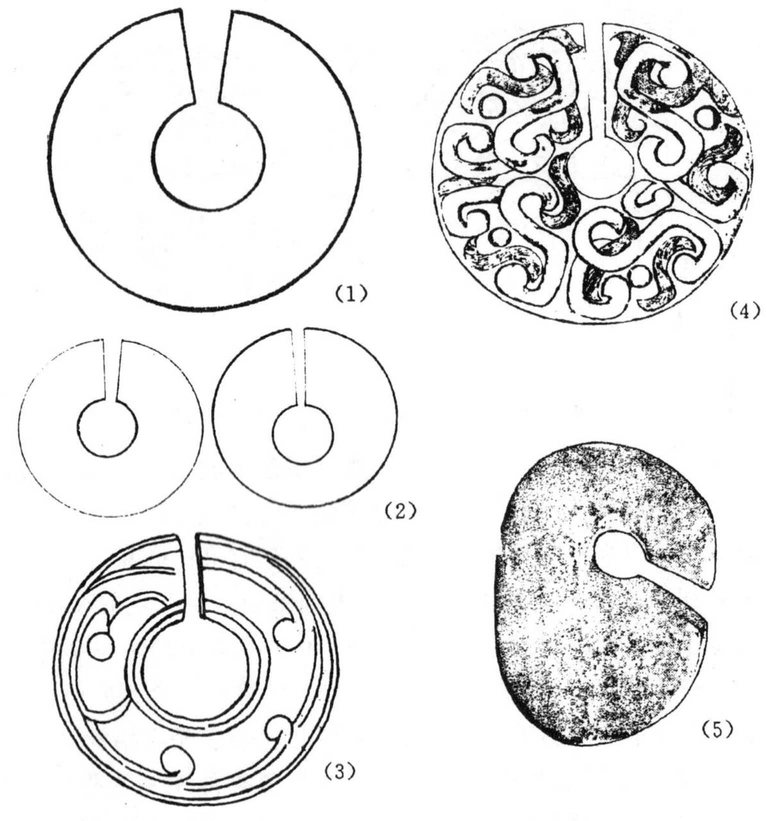

3－42 春秋战国时期的玉玦。(1)山彪镇出土玉玦;(2)洛阳中州路出土周代玉玦;(3)战国玉玦,直径 6 厘米(美国芝加哥美术馆藏);**(4)春秋玉玦,直径 4.1 厘米**(美国明尼苏达州博物馆藏);**(5)战国玉玦,《郑家古器考》著录。**

小不一,装一盒中,又有穿孔骨珠 139 粒;排作两圈,每隔两排四颗小的,用一颗大的将两排连在一起,串成大小相间,单双相连的形状。山西侯马上马村春秋墓出土两玉串,大的一串由玛瑙珠、骨珠、玉珠、玉环、玉兽等 20 枚组成,珠的形状有枣形的、管状的、珠形的、六棱形的、长方形的，都有穿孔；小的由 11 枚组成，形式质料相同，出土时置于人架胸部。河北怀来北辛堡两座燕国墓，一座出土绿松石串饰 260 枚，另一座出土 1975 枚。前墓所出除少数较大外，多数都很小，有的如绿豆，有的如粟粒，且都有穿孔，出于人架颈部。后墓所出除绿松石外，还有白石制成。战国中山国王墓出土玛瑙项链两串，一串 222 粒，一串 74 粒，管形。1951 年以来，先后在山东曲阜鲁故城、河南辉县固围村、湖北随县曾侯乙墓出土战国玻璃珠颈饰。

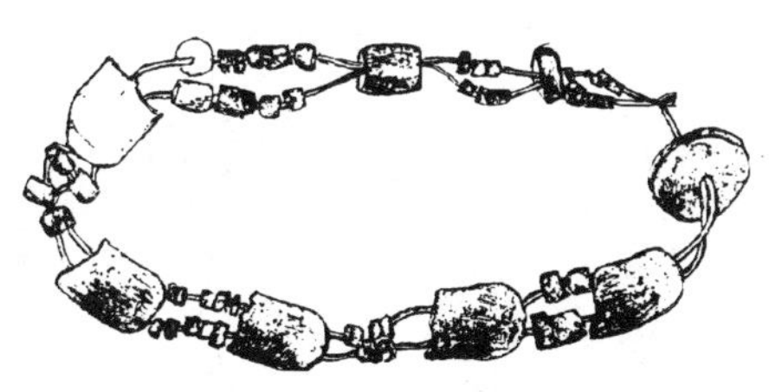

3-43 河南三门峡上村岭虢国墓地出土颈饰。

（四）臂饰

玉瑗是我国从新石器时期流传下来的一种臂饰，圆扁而有大孔，即扁圆环形。瑗同援义，其孔大，便于两人抓握相援。形状与新石器时代的瑗的区别是战国玉瑗纹饰渐多，有些作纽丝纹的玉瑗，瑗体中央加厚，两边变薄，剖面如枣核形，纹饰以縠纹和云雷纹为多，也有变化成一条首尾相接的龙形或变化成筒形的。

在河南洛阳中州路春秋第三期墓出土 1 件由 13 颗大小、形状不同的小玉珠和一颗小玉璥串连而成的腕饰，出土时置于人架腕部（图 3-44）。

（五）指环

山西侯马上马村春秋墓出土 2 件血红色的玛瑙指环，断面呈六角形。玛瑙古称“琼”，又称“赤玉”，《说文》：“琼，赤玉也。”《后汉书·

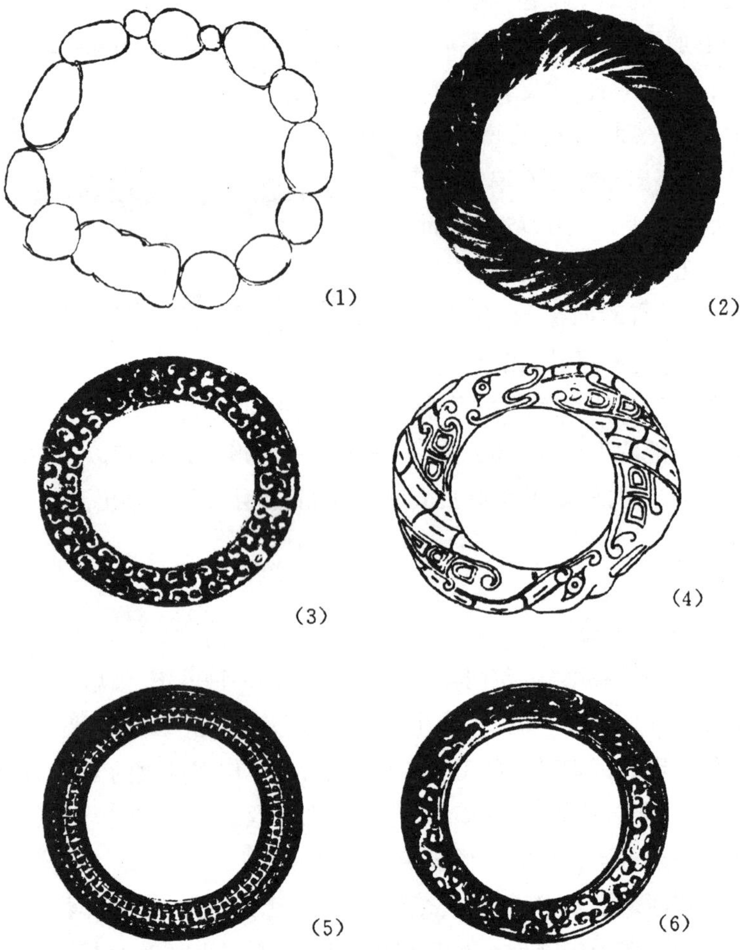

3-44 春秋战国时期的臂饰。(1)洛阳中州路东周第三期墓出土,位于人架腕部由小玉珠小玉璥串连而成;(2)美国 Ernest Erickson New York 氏藏战国臂饰,直径 7.9 厘米;(3)美国芝加哥美术馆藏战国臂饰,直径 6.9 厘米;(4)美国芝加哥美术馆藏战国臂饰,直径 8.5 厘米;(5)美国 Mr. sackler 氏藏战国臂饰,直径 7.9 厘米;(6)《衡斋藏见古玉图》著录战国臂饰。

东夷传》谓扶余、挹娄出赤玉，扶余、挹娄在东北，产玛瑙，有“玛瑙无红一世穷”的说法。

（六）腰饰带钩

在新石器时代的良渚文化遗址曾多次出土玉带钩，大多出于人架下肢部位。商周时期的腰带多为丝帛所制的宽带，《诗·曹风·鸤鸠》：“淑人君子，其带伊丝。”郑笺：“谓素丝大带，有杂色饰者。”大带又名绅带，《礼记·玉藻》说绅带的长度“士三尺，有司二尺有五”。绅即丝带束紧腰部后下垂的部分。女子的腰带也用丝质，下垂部分名“襳褵”（xiān 音先，lí 音离）。女子的长腰带名“绸缪”，打成环状结易于解开的叫“纽”，打紧死结不好解开的叫“缔”。因在绅带上不好钩挂佩饰，所以又束革带。起初革带两头是用短丝绳和环系结，并不美观，只有贫贱的人才把革带束在外面，有身份地位的人都把革带束在里面，再在外面束绅带。西周晚期至春秋早期，华夏民族采用铜带钩固定在革带的一端上，只要把带钩钩住革带另一端的环或孔眼，就能把革带钩住。使用非常方便，而且美观。所以就把革带直接束在外面了。古文献记载春秋时齐国管仲追赶齐公子小白，拔箭射去，正好射中公子小白的带钩，公子小白装死躲过了这场灾难。《淮南子·说林训》所记“满堂之坐，视钩各异”，都说明革带已经露在外面。在这种情况下，革带的制作也越来越精美华丽，后来不但把带鞓（tīng 音厅）漆上颜色，还镶嵌金玉装饰。证以考古发现的材料，早在西周晚至春秋早期（山东蓬莱村里集墓）就有方形素面铜带钩出土。春秋中期的铜带钩在河南洛阳中州路西工段、淅川下寺、湖南湘乡韶山灌区、陕西宝鸡茹家庄、北京怀柔等地墓葬均有出土。山东临淄郎家庄1号春秋墓和陕西凤翔高庄10号春秋墓曾出土金带钩，河南固始侯古堆春秋大墓有玉带钩、铜环与玉瑗、玉璜和回形玉饰组成的佩饰同出。到战国时期，也有带钩与环同出的情形。如河南汲县5号战国墓铁带钩与骨环同出,6 号战国墓青铜嵌绿松石的带钩与羊脂玉环同出,安阳大司空村 131 号战国墓人架腹部有铜带钩与玉髓环套合在一起。因此腰带带钩的功用就有数种,一种是横装于带端用来搭接革带两端的,一种是与环相配直挂在革带上钩挂佩饰的。另有一种较长的衣钩可装于衣服肩部钩挂衣领或装于衣领钩挂衣服肩部,这种衣钩至今仍在和尚的袈裟上使用。

战国时期的带钩,材质高贵,工艺精美,制作十分考究。形式有种种变化,但钩体都作 S 形,下面有柱。其形制有八种类型:

第一种:体像螳螂之腹,钩短,作龙首或鸟首形,下有圆柱,近于一端,柱顶圆形。

第二种:腹作方形,钩短作兽首形,下方有方柱,近于一端,柱顶较粗大。

第三种:身短钩长。

第四种:身长方形,钩短,柱方,柱在中央。

第五种:腹宽有一短钩,背有柱。

第六种:体作圆形、细长颈、短钩,下有圆柱。

第七种:体作动物形。

第八种:体作琵琶形。

带钩的材料有玉质的、金银的、青铜的、铁的;工艺制作除雕镂花纹外,有的在青铜上镶嵌绿松石,有的在铜或银上鎏金,有的在铜、铁上错金嵌银,即金银错工艺。1951 年在河南辉县固围村 5 号战国墓出土的包金嵌琉璃银带钩,长 18.4 厘米、宽 4.9 厘米,呈琵琶形底,银托面包金组成浮雕兽首,两侧缠绕着两龙,至钩端合为龙首,口衔状若鸭首的白玉带钩,两侧有两鹦鹉,钩背嵌三縠纹白玉玦,两端的玦中嵌琉璃珠,玲珑剔透,包金镶玉,纹饰繁华,雍容华贵,现由中国历史博物馆收藏(图3-45)。1965 年在江苏涟水三里墩战国墓出土的交龙金带钩,端为兽头,柄阴刻两夔龙,钩身透雕成兽形,原嵌有黑色料珠，系用铸造、透雕、剔刻法制成的。此件长12厘米，重275克，现由南京博物院收藏；另一件长7厘米，重56克。在山东曲阜鲁故城出土的猿形银带钩，通长16.7厘米，猿作振臂回首跨进状，身微拱，极为生动；目嵌蓝色料珠，通体贴金，背面有一圆钮。1978年在湖北随县战国曾侯乙墓出土的4个金带钩，各长10厘米，是用铸造法制作，钩似鸭首，鼓腹，光素无纹，腹下为一圆钮。现由湖北省博物馆收藏。河北邯郸百家村战国墓的两次发掘中，就出土铜带钩60件，形制多样。四川昭化出土1件战国金银错犀牛带钩，全体布满花纹（图3-46）。1957年河南信阳长台关战国楚墓发现5件金银错铁带钩，2个圆柱形，3个扁条形，满身嵌错金银三角云纹和斜条卷云纹。扁条形带钩中有两个镶有黄金和青玉，每条镶三角形与方形黄金4块，方形玉3块，金与玉相间排列于带钩背部，金块表面浮雕几条互相缠绕的蛟龙，铁表面呈青黑色，很少锈蚀。1978年在河北平山中山国王陪葬墓曾出土玉带钩。以上所介绍的，都是华夏地区所使用的带钩的情况。我国自古就是多民族聚居的地方，过去研究中国服饰史的学者，常说我国古代的带钩是赵武灵王推行胡服骑射时从胡服中吸收过来的，此说从时间上推

3-45 河南辉县固围村出土战国琵琶形包金镶玉银带钩（右为侧视）。

3-46 四川昭化出土战国金银错犀牛带钩。

算是讲不通的，因为赵武灵王比齐桓公晚300年，是战国中期的人，而带钩在春秋中期已普遍应用了。但在我国北方居住的匈奴、东胡等族也在革带上使用一种类似带钩的金属装置，即在鞓上装一种斗兽纹铜饰牌而用铜鐍扣结。鐍是有舌或有喙状突起的环状物，可用来固定带子。匈奴带鐍在相当于春秋晚期的墓中已有发现，内蒙古杭锦旗桃红巴拉和毛庆沟匈奴墓中都出土过圆形带鐍，当中有供穿带用的孔，前部有喙状突起，尾部有钮孔。这种鐍每条带上只出一枚，其作用相当于带扣。国内外出土很多匈奴、东胡式铜器(也称鄂尔多斯式铜器)中的透雕带扣，很多都铸有喙状突起和穿带子的孔，这种突起物常因使用损耗而不十分明显，加上透雕的斗兽纹极为繁复生动，因而往往被人忽略，而把它们当作单纯的饰牌，年代可从春秋晚期延续到东汉。这类革带在用鐍扣结和鞓的装饰牌等方面都与中原革带的带钩不同，因而是另一系统的带饰。在古代文献中称它们为鲜卑、师比、胥纰、犀毗、私纰头等。《汉书·匈奴传》颜师古注："犀毗，

3-47　辽宁西丰西岔沟出土战国时期铜带鐍。

3-48　前苏联南西伯利亚出土金带镉。

胡带之钩也。亦曰鲜卑,亦谓师比,总一物也,语有轻重耳。”又引张宴说:“鲜卑,郭落带瑞兽名也,东胡好服之。”郭落带即突厥的革带,鲜卑相当蒙古语的 Šobar,意为貂,即五爪虎,因鲜卑人崇拜它,把它用作本部族的名称,并铸其形于革带上作为装饰(图3-47至3-49)。

3-49　辽宁西丰西岔沟出土战国时期铜带镉。

(七)佩玉

《礼记·玉藻》讲:“古之君子必佩玉。”“凡带,必有佩玉,唯丧否。”人问子贡,人们为何重玉而轻石,是否玉少而石多?子贡去问孔子,孔子答道:“玉之美,有如君子之德。温润而泽,仁也;缜密以栗,知也;廉而不刿(guì 音贵),义也;垂之如坠,礼也;叩之其声清越以长,其终诎然,乐也;瑕不掩瑜,瑜不掩瑕,忠也;孚尹旁达,信也;气如白虹,天也;精神见于山川,地也;……圭璋特达,德也;天下莫不贵者,道也。”许慎《说文》:“玉石之美有五德者,润泽以温,仁之方也;鰓

(sāi 音腮)理自外,可以知中,义之方也;其声舒扬,专以远闻,智之方也;不挠而折,勇之方也;锐廉而不忮,洁之方也。"所以统治阶级都有佩玉,佩有全佩(大佩,也称杂佩)、组佩及礼制以外的装饰性玉佩。全佩由珩、璜、琚、瑀、冲牙等组合。其组合方式,宋以来有很多学者进行了考证和推测,由于佩制失传已2000余年,至今仍难以定论,郭沫若考证了一件藏于美国弗利尔美术馆、出土于洛阳金村、全长约42厘米的战国金链舞女玉佩,它以金链贯穿玉质舞女及璜、管、冲牙等组成佩饰。两舞女短发覆额、两鬓有盛鬋,衣长曳地,博带,各扬一袂于头上作舞。冲牙为双首龙 形,佩末端悬龙形双璜,此佩可挂于颈部垂于胸前。郭沫若认为:"古人制器偏重保守,而玉佩尤关于礼仪,举凡奇风异俗必不易采入。此玉佩以蜺龙为冲牙双璜,足征其保守;而以长袖盛鬋之舞姬为双珩之饰,尤足征此种习俗必已成为礼节而失其奇异者也(《金文丛考》"释亢黄")。战国全佩在河南辉县也出土过两件,于玉瑗上悬挂左右两个珩,左右珩下各挂一个璜,中央从瑗上直接悬挂一个冲牙,垂于珩和璜之间。以上出土的全佩,与《三礼图》等书所画全佩形制并不完全相符。

3-50 河南信阳长台关2号战国楚墓出土彩绘组佩木俑。

组佩是将数件佩玉用彩组串连悬挂于革带上,春秋战国时期佩是如何挂法,文献记载也不具体。1958年考古工作者在河南信阳长台关2号战国墓出土10件组佩彩绘俑,给我们提供了直接的形象资料(图3-50)。这组佩彩绘俑中的4件,其中一件高64厘米,身穿交领右衽直裾袍,宽袖,袖口呈胡状,饰菱纹缘,腰悬穿珠、玉璜、玉璧、彩结、彩环组佩,后背腰束黄、红相间的三角纹锦带，衣襟内露鲜艳的内衣，气度不凡。这组彩绘俑不过是执事人员身份，组佩形制简单，通过它们可以想象配挂全佩的墓主人该是何等风光！图 3－51 是湖北江陵纪南城战国楚墓出土身穿偏衣佩两组组佩的彩绘木俑，在胸部左右各垂挂一组玉佩，于玉璜间有方形圆形玉相隔组合，属于组佩之类。

3－51　湖北江陵纪南城武昌义地 6 号战国楚墓出土身穿偏衣佩两组组佩的彩绘木俑。

装饰性玉佩包括肖生形玉佩，如人纹佩、龙纹佩、鸟纹佩、兽纹佩等，这类玉佩比商周时期细腻精美，逐渐演变为佩璜和系璧。更为精巧绝伦的则是透空活环套扣的玉佩，例如：1978 年湖北随县擂鼓墩战国早期曾侯乙墓出土的青玉四节佩，长 9.5 厘米，宽 7.2 厘米，厚 0.4 厘米，系由 3 个透空的活环套扣连，可开可合；3 个活环上饰有首尾相连的蛇纹，四节佩皆镂空，饰有不同姿态的龙和两头龙，最上面一节有穿孔可系佩挂。同墓出土的玉多节佩，通长 48.5 厘米，最宽 8.5 厘米，全器可分解成五组，插榫接合后可成一器，接合后可展可合，共二十六节，均由活环套接。其中有 4 个活环套由金属材料的接榫插接而成，可以拆卸；有 8 个环套是镂空的，不能拆卸。通体饰有龙纹和勾连纹，精巧无比。这两件玉佩均由湖北省博物馆收藏。1978 年湖北随县曾侯乙墓出土一件玉四节环套佩，作群龙相蟠。1978 年河北平山战国中期中山国国王陪葬墓出土三龙环形玉佩，径 6.4 厘米，三龙透空雕镂，作侧身回顾状，极为玲珑活泼，由河北省文研所收藏。1977 年安徽省长丰县杨公乡战国晚期墓出土两件玉佩，一件为玉镂空龙凤合体纹佩，高 11.5 厘米、长 21.4 厘米、厚 0.9 厘米，身躯作∽形回转，两端一为龙头，一为凤首。身上

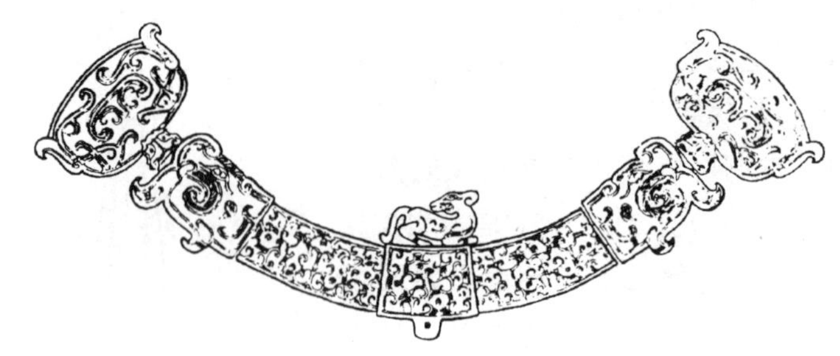

3-52 河南辉县固围村出土战国兽纹、云纹大玉璜。

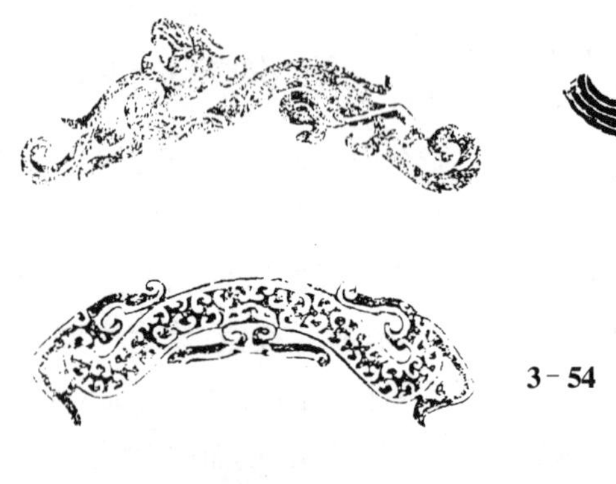

3-54 安徽寿县出土战国变体龙纹玉佩。

3-53 战国变体龙纹玉佩三种。

饰有凸起的穀纹,腹部有穿系用的圆穿;另一件为青玉镂空两头龙凤纹佩,横宽 15.4 厘米、高 6.8 厘米、厚 0.3 厘米,在卧弓形双头龙腹下空间,填饰柔美的双凤,粗细对照,更具韵味,这两件玉佩现由安徽省博物馆收藏。战国时期的各种玉璜玉佩,现举图 20 例以供读者欣赏(图3-52至3-59)。

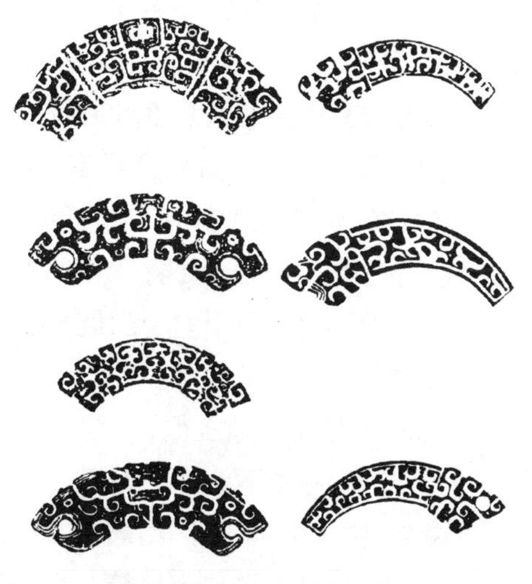

3－55　河南辉县琉璃阁出土战国兽纹玉璜四种(左),兽纹玉牙冲三种(右)。

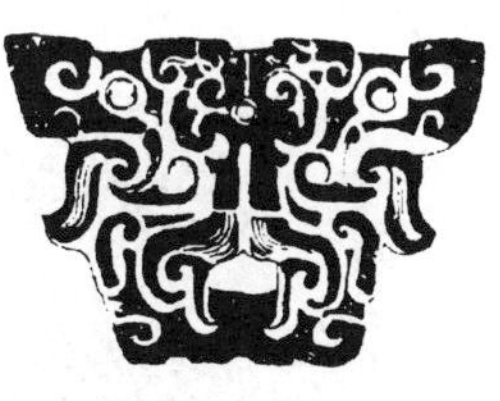

3－56　上、战国变体龙凤纹玉佩。
下、战国变体龙夔纹玉佩。

3－57　战国变体两头龙纹玉玦。

3－58　河南辉县出土战国变体龙凤纹玉佩。

3－59　上、战国变体龙凤相交纹玉佩。
下、战国龙纹玉佩。

(八) 佩璜和纽座系璧

佩璜和纽座系璧都是礼器以外的、更具有审美的赏玩性和装饰性的佩玉,风格优美。商代已经有人纹、鸟纹、鱼纹、兽纹的佩璜,这种形式一直流传到春秋战国时期。春秋战国时期的佩璜纹饰日趋繁复,题材多龙凤蟠螭云纹,周身施饰。同时,玉珩、玉觿、玉璧及其他玉佩、玉饰的纹饰也日趋繁缛华丽,工技美巧。系璧《说文》称之为玭,是小型的璧、环、瑗的总称,最早系璧作为连接几个器物的媒介,大多无纹饰。春秋时随着青铜器物轻型化的趋向,系璧也成为单独的佩饰而多施纹饰。但作为璧的圆形是保留着的,一般在圆形周围附加装饰。北京故宫博物院收藏的一件战国双凤纽座白玉系璧,是极其瑰丽的艺术珍品。在洛阳中州路春秋墓、山彪镇与琉璃阁战国墓也有系璧出土。

(九) 金属工艺装饰

我国春秋战国时期,金属工艺加工已经掌握了焊接、榫卯、刻划、镶嵌、鎏金、镂空、失蜡浇铸、金银错嵌等技术,制作各种精美的器物。金属工艺加工技艺,不仅在华夏地区发展,在北方匈奴族地区也很先进。1972 年在伊克昭盟杭锦旗阿鲁柴登出土一件战国鹰鸟顶金冠(可能是匈奴王冠),由冠顶和冠带两部分组合而成,鹰鸟冠顶高 7.1 厘米,重 192 克,雄鹰展翅立于半球形冠顶中央,其下为厚金片锤打的半球面体,饰有四狼与盘角羊咬斗的纹饰;鹰的头部、颈部镶有两块绿松石,头与尾可以左右摇动。冠带径 16.5 厘米,重 1022.4 克,由三条半圆形金条组合,从前面看,冠带上下是两条绳纹饰边,这两条金条饰边的中间有榫卯相互接合,从后面看,另有一条金条围过来与前面两条金条榫卯连接成圆环形帽圈,再在圆环左右分别装饰虎、盘角羊、马等动物浮雕,与冠顶组合成金冠,两者可以拆卸组装。与此同时还出土两件战国四虎咬牛纹装饰金牌,各长 12.7 厘米、宽 7.4 厘米,一件重 238 克,另一件重 204 克;牛四肢平展居中卧地,四虎成对,正在咬牛的颈部和腹部,牛则用角刺穿虎耳。

第四章　秦汉时期的服饰文化

第一节　秦汉服饰文化发展的背景

在春秋战国时期，五霸独立，七国争雄，田畴异亩，车涂异轨，律令异法、衣冠异制，言语异声，文字异形；在思想文化领域，存在百家争鸣的局面。儒家主张衣冠服饰应以西周的礼制为准绳，墨家主张衣冠服饰和生活器具应以尚用为目的；其后荀卿提倡“冠弁衣裳，黼黻文章，雕琢刻镂，皆有等差”；韩非主张崇尚自然，反对修饰。而在实际生活中，诸侯各国因地理条件和风俗习惯的不同，在衣冠服饰的崇尚方面，一向存在很大的差异。《墨子·公孟》篇曾谈到齐桓公高冠博带，金剑木盾；晋文公着大布之衣，牂(zāng 音脏)羊之裘，韦以带剑；楚庄王鲜冠组缨，缝衣博袍；越王勾践剪发文身。由于战争引起的动乱和各诸侯国之间交往活动的频繁，各国服饰文化也都在交互影响和生活的优选过程中进行改革，以适应时代生活的节奏。例如赵武灵王的术士冠，形式与楚庄王的仇冠相近；楚国的通梁组缨为秦国采用，名为远游冠；楚国的洁冠被秦国拿来赐近臣御史所戴；秦灭赵，把赵国国君的高山冠拿来为秦王所戴；赵国的惠文冠则被秦国拿来赐近臣。同时，秦国也继承周代的冕服。战乱的局面促进了诸侯各国间的接触，促使民族服饰文化的融合与发展。公元前 221 年秦始皇统一中国，建立了中国历史上第一个封建帝国，他相信阴阳五行学说，认为黄帝时以土气胜，崇尚黄色；夏朝是木德，崇尚青色；殷朝是金德，崇尚白色；周文王以火胜金，色尚赤；秦以水德统一天下，色尚黑。并以六为各种制度的基数，如冠高 6 寸，轨宽 6 尺，240 步为 1 亩，全国分为 36 郡等等。但因秦始皇当政不久，没有来得及制定官服制度，公元前 210 年在出巡路上病死。由于秦朝实行苛政，公元前 207 年秦军主力被项羽率领的义军打败。次年，刘邦攻占咸阳，秦朝灭亡。至公元前 202 年刘邦称帝建立汉朝，历史进入西汉时期。

第二节 秦始皇时代的坚甲利兵

秦朝自公元前 221 年到前 207 年。秦始皇采纳李斯、尉缭等的建议，制定统一六国的战略部署，拥有战车千辆、骑兵万余、步兵百余万，一面利用外交攻势粉碎六国诸侯的“合纵”，一面推行远交近攻的战略方针，以秋风扫落叶的兵势先取韩国，接着破赵燕、灭魏楚，最后灭齐，十年之间海内为一；又乘胜北却匈奴，南平百越，完成了统一中国的大业。

秦兵马俑坑，位于陕西临潼秦始皇陵东侧 1.5 公里处，1974 年发掘后轰动了全球，被誉为“世界的奇迹”、“二十世纪最壮观的考古发现”。俑的出现始于春秋战国奴隶社会末期。在商周时期，奴隶主生前过着钟鸣鼎食的豪侈生活，死后也想在幽冥世界保持和生前同样的享受，于是就以大批奴隶殉葬，“天子杀殉，众者数百，寡者数十，将军大夫杀殉，众者数十，寡者数人”（《墨子·节葬》）。春秋战国时期奴隶制度瓦解，封建制在各国相继建立，杀殉丧葬的残酷习俗也发生了变化，开始以俑代替活人殉葬，《礼记·檀弓》：“为刍灵者善，为俑者不仁。”“刍灵”是草扎的人，俑是用木刻、泥塑或金属浇铸的偶像。汉唐时期的俑在一定程度上反映了社会生活，包括侍从、杂役、乐舞、杂技、兵马等,不少是现实主义的杰作。秦俑的制作尤其如此。秦始皇兵马俑的一号坑,面积 1.126 万平方米,埋藏高大的陶俑陶马 6000 余件;二号兵马俑坑面积 6000 平方米,埋有大型武士俑 900 余件,拉车的陶马和骑兵的鞍马 470 余匹,木质战车 89 乘;三号俑坑面积 520 平方米,埋有木质战车一乘,陶马 4 匹,武士俑 68 件。三处俑坑总面积 1.778 万平方米,计有陶俑陶马 7000 余件,战车 100 余乘。陶俑高度一般为 1.8 米左右,高者达 2 米,最矮者 1.75 米。古代称身高八尺(1.81 米)为彪形大汉,秦俑多数达到彪形大汉的标准。陶马身长 2 米,通首高 1.72 米,与真马大小相当。这批兵马俑塑造精巧,神情面容栩栩如生,呼之欲出。以秦军为模特儿塑造的秦俑,形象逼真,其服饰、冠履和发式刻画十分细致真实,而且腰间的佩剑,手提的弓弩,背负的矢箙和手持的戈、矛、戟等兵器都是实用的金属武器,靷(yǐn 音引)辔等驾具也是实用器物,这就为研究秦代武士服饰,提供了最具体的形象资料。从这些武士俑的服装得知,有等级和兵种的区别,不同官阶有不同的冠饰和甲衣,军官戴冠,战士不戴冠,骑兵和车兵的装束不同,车兵中御手和战士的装束又不同,步兵中前锋和后卫战士的装束亦各异。在秦俑坑没有发现盾和盔等防御性装具。秦士兵主要来自关中地区的秦人及少数巴蜀人和西北少数民族。秦国男子 16 岁开始服兵役,到 56 岁免役。

骑兵俑身着胡服,头戴小帽,一手牵拉马缰,一手握着弓弩。《六韬》:“选骑士之法,取年四十已下,长七尺五寸(1.73 米)已上,壮健捷疾超绝伦等,能驰骑彀(gòu 音构)射,前后左右周旋进退,越沟堑,登丘陵,冒险阻,绝大泽,驰强敌,乱大众者,名曰武骑之士,不可不厚也。”

步兵有隶属步兵、独立步兵、弩兵,隶属步兵身穿铠甲,手持弓弩或戈、矛。有的排列于车前成为战车的前拒队。有的尾随于车后,成为后续队。独立步兵、弩兵,有的是不穿铠甲的轻装步兵,有的是身着铠甲的重装兵，轻装者多位于前锋，重装者位于后阵。弩兵有立姿和跪姿两种。

一号坑为步兵战车混合编组的长方形军阵，前锋武士俑，轻装不穿铠甲，免盔束发，腿扎行縢(即裹腿)，手持弓弩。前锋之后，是战车和步兵相间排列的38路纵队，这些武士俑都身穿铠甲。胫缚护腿，手持矛戈或弓弩。二号坑呈曲形阵，第一小方阵军阵前角由174件立式弩兵组成，都不穿铠甲，阵心由160件蹲式弩兵组成，都穿铠甲，手控弓弩，为重装备。第二小方阵由8列战车组成，每辆车前驾4马，车上有甲士3人，其中1人为御手。第三小方阵为战车、步兵、骑兵结合的纵阵，有战车19辆，每车尾随步兵8人，分成三路纵队，一、三路各有战车6辆，第三路最后一辆战车上有将军俑1件，是本车队的指挥官，二路有战车7辆，末尾殿军由骑兵和步兵组成。第四个小阵由6辆战车和100多匹马和骑兵组成长方纵阵。三号俑坑是指挥部，有战车1辆。武士俑68件，车前驾4马，车后立武士俑4件，其中一为御手，两名甲士，一名军吏。北侧厢房有武士俑22件，南侧走廊8件，过道6件，前厅24件，后室4件，手中执殳(shū音书，护身仪卫的兵器)。

秦军队中服装大体可分军官和战士两大类：

(一) 军官的服装

军官分高、中、低三级。将军是秦昭王时设，秦爵位二十等，第九等为五大夫，可为将帅，再升七级为大良造，再升三级可封侯，关内侯为十九爵，二十爵为列侯，即最高爵位。将军俑，身穿双重长襦，外披彩色鳞甲，下着长裤，足登方口齐头翘尖履，头戴顶部列双鹖的深紫色鹖冠，橘色冠带系于颔下，打八字结，胁下佩剑。中级军官俑的服装有两种：一种是身穿长襦，外披彩色花边的前胸甲，腿上裹着护腿，足穿方口齐头翘尖履，头戴双版长冠，腰际佩剑；第二种是身穿交领右衽褶服，外披带彩色花边的齐边甲，腿缚护腿，足穿方口齐头翘尖履，头戴双版长冠。下级军吏俑，身穿长襦，外披铠甲，头戴长冠，腿扎行縢或护腿，足穿浅履，一手按剑，一手持长兵器，另也有少数下级军吏俑不穿铠甲，属于轻装(图 4-1 至 4-5)。

4-1 陕西临潼秦始皇陵 1 号俑坑出土的将军俑。

4-2 陕西临潼秦始皇陵 1 号俑坑出土的将军俑。

4-3 陕西临潼秦始皇陵 1 号俑坑出土的武官俑。

4-4 陕西临潼秦始皇陵 1 号俑坑出土的武官俑。

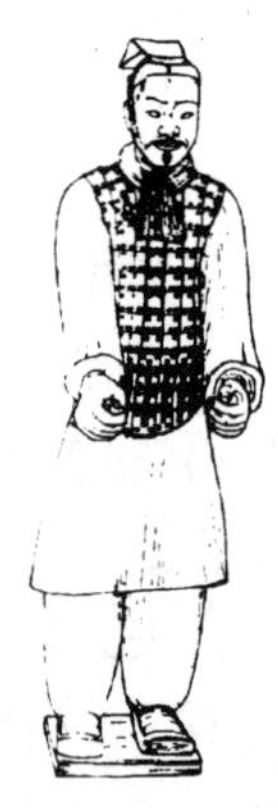

4-5 陕西临潼秦始皇陵 1 号俑坑出土的军吏俑。

（二）士兵的服装

轻装步兵俑，身穿长襦，腰束革带，下着短裤，腿扎行縢，足登浅履，头顶右侧绾圆形发髻，手持弓弩、戈、矛等兵器(图4－6至4－9)。重装步兵俑服装有三种：一种是身穿长襦，外披铠甲，下穿短裤，腿扎行縢，足穿浅履或短靴，头顶右侧绾圆形发髻；第二种的服装与第一种略同，但头戴赤钵头(即头顶有突起尖角的赤色圆帽)，腿缚护腿，足穿浅履；第三种服装与第二种相同，但在脑后束板状扁形发髻，不戴赤钵头(图4－10至4－12)。战车上甲士服装与重装步兵俑的第二种服装相同。骑兵战士身穿胡服，外披齐腰短甲，下着围裳、长裤，足穿高口平头履，头戴赤钵头，一手提弓弩，一手牵拉马缰(图4－13至4－15)。战车上御手的服装有两种：一种是身穿长襦，外披双肩无披膊(即臂甲)的铠甲，腿缚护腿，足登浅履，头戴长冠；第二种的服装是甲衣为特别制作，脖子上有方形颈甲，双臂臂甲长至腕部，与手上的护手甲相连，对身体的防护极严(图4－16、4－17)。

总之，秦军服装甲衣是依兵种作战时运动的实用性能而配备的，并用冠饰形式和甲衣色彩区分官兵地位，官吏戴冠，士兵不戴冠。高级官吏戴鹖冠，穿彩色金属制作的鱼鳞甲；中级官吏戴双版长冠，穿带彩色花边的前胸甲或齐边甲；低级官吏戴单版长冠，其甲衣不绘彩，甲片较战士甲衣的甲片小而数量多；一般战士的甲衣甲片大，数量少。《战国策·韩策》说秦军打仗时不戴头盔，非常骁勇。六国军队打仗要披甲戴盔，但不能与秦军匹敌。

将军鱼鳞甲，周缘镶用矩纹锦制作的宽边，甲片赭色，甲钉朱红色，连甲带红色，甲衣肩顶部分以米黄色作衬底，周围绣有花纹，两朵蓝色小花烘托着彩带扎的花结。

古代铠甲经过了从单片到多片，从皮革到金属的发展过程，秦始皇时代还大量使用皮甲，以一排排长方形皮甲片编缀而成，《考工记》："函人为甲，犀甲七属，兕(sì音寺)甲六属，合甲五属。"合甲即

4－6　陕西临潼秦始皇陵1号俑坑出土的轻装步兵袍俑。

4－7　陕西临潼秦始皇陵2号俑坑出土的轻装步兵俑服式。

4－8　陕西临潼秦始皇陵2号俑坑出土的引弓轻装袍俑。

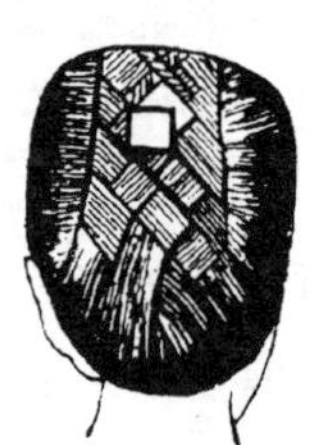

4－9　秦军编发发式图,可能用编带与头发同编。

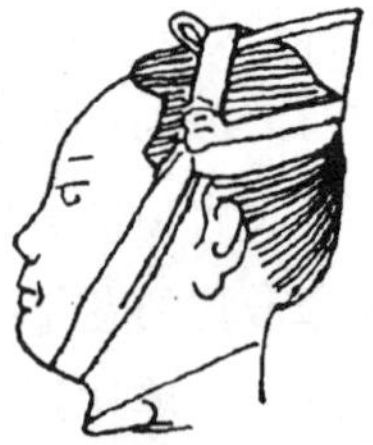

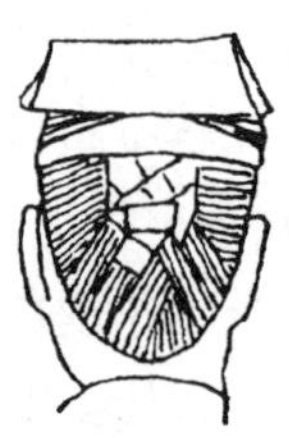

4－10　秦军冠颊的戴法图。

4－11　陕西临潼秦始皇陵 1 号俑坑出土的重装步兵俑。

4－12　陕西临潼秦始皇陵 1 号俑坑出土的重装步兵俑。

4－13　陕西临潼秦始皇陵 1 号俑坑出土的重装骑兵俑。

4－14　陕西临潼秦始皇陵 2 号俑坑出土的重装射手俑。

4－15 陕西临潼秦始皇陵 2 号俑坑出土的重装战车甲士俑。

4－16 陕西临潼秦始皇陵 2 号俑坑出土的重装战车御手俑上身特写。

4－17 陕西临潼秦始皇陵 2 号俑坑出土铜车马驭者俑。

用两种兽皮作成的双层铠甲,古书记载:“犀甲百年,兕甲寿二百年,合甲寿三百年。”“犀兕鲛,韐(合)如金石。”秦俑甲均为革甲,有三种类型:一型甲衣,衣长 64 厘米,由披膊和身甲组成,甲片较大,四周不镶金属边缘,颈下、肩部、腰部的甲片由连甲带连接,便于抬头,弯腰,举臂各动作。

4－18　陕西临潼秦始皇陵 1 号俑坑出土的武士俑胸甲披挂方式。

甲片赭色,连甲带朱红色。二型甲衣长 64 厘米,胸、背、肩部无甲片,周边以革带镶边,甲片赭色,连甲带朱红色。三型甲衣只在胸、腹有甲片,甲片周围用革作一宽边,肩、背无甲片,背后用斜十字带固定束身,腹部有连甲带,甲片赭色,连甲带朱红色(图 4－18)。这些甲衣的前后下襟,形状有半圆、齐边、尖圆三种。甲衣上下开合位置,有的在胸前右上角用绦系结,有的在胸前左、右两上角用绦系结,甲片上均有甲钉,多者 6 枚,少者 2 枚。甲片编缀法有纵编、横编。纵编:胸部的甲片都是上片压下片,腹部的甲片则是下片压上片,以适应躯体弯曲时的动作规律。横编:自中间向两边编排,前片压后片,臂甲多用此法。

战国时燕地人们都会制甲，燕国铁甲制造精良，各国竞相仿效。但秦军带甲百万，注重进取，采用急疾捷先的战术，而革甲重量轻，制造易，消耗体力小，穿着携带方便，符合进攻实战需要，故大量采用皮甲而不用铁甲；同时为了壮观军威，秦军所穿衣甲色彩十分鲜明，秦俑出土时，色彩原很鲜艳，尤以三号秦俑坑陶俑的色彩保持较好，褐色铠甲，配朱红络组和甲扣，下露朱红、玫红、粉红、紫红或石绿、宝蓝等色战袍袍面、袍里、行縢等；软领色彩也有石绿、紫红、朱红、粉紫、宝蓝、玫红、粉白等，领的色彩大多与袖口的色彩相对应，袖口是用这些颜色的丝绦镶边的，这就是“偏诸缘”。《后汉书·舆服志》记载，战国时，各诸侯国竞修奇丽之服以相夸上，“秦并天下，揽其舆服，上选以供御，其次以锡百官”。《二仪实录》说秦始皇制五彩夹缬罗裙以赐宫僚百官母妻，秦时只是朝贺和祭祀时穿黑色礼服，祭泰山封禅穿白。所以不能简单化地把“秦尚黑”理解为什么服装都是黑的。

第三节　中国丝绸对西方世界的重大影响

秦统一中国建立了专制的中央集权的封建统治国家，为发展汉民族的经济文化创造了条件。西汉初年，中国北方强大的匈奴民族严重地威胁汉民族的安全，汉武帝派大将军卫青、霍去病击破匈奴，并与之订立友好盟约。西汉建元三年（前 138 年）和元狩四年（前 119 年），汉武帝两次派张骞出使西域，沟通了与大宛（今费尔干纳一带）、康居（今哈萨克一带）、大夏（今阿富汗）、安息（又称波斯，今伊朗）、条支（今伊拉克），犁靬（又称大秦，古东罗马帝国）、身毒（今印度）等国的联系。西域诸国的使节和商旅不断来长安访问，并进行贸易往来，中国丝绸由长安通过河西走廊和新疆南、北路，源源不断运到西方各国，备受西方各国的赞扬。

中国是丝绸的发源地，早在先秦时期，秦国就常以丝绸和西戎交换战马，并经过西北游牧民族运往西方。原德意志联邦共和国考古学家乔格·彼尔曾鉴定斯图加特西北二十公里地方一座凯尔特时期（公元前五世纪）的坟墓，墓主人衣服碎片上嵌满了厚实鲜艳的中国丝绸(注:见《西德古墓中的中国丝绸》,《北京晚报》1981 年 4 月 22 日第二版)。前苏联 C.M.鲁金科博士在《论中国与阿尔泰部落的古代关系》一文中介绍,在南西伯利亚巴泽雷克公元前五世纪畜牧部落首领的石室巨墓中也发现精美的中国刺绣丝绸鞍褥面(见《考古学报》1957 年第 2 期,第 37 页),花纹风格与湖北江陵及湖南长沙战国时期楚墓出土的刺绣纹样一致。据公元前五世纪希腊历史学家希罗多德(被后世称为希腊历史之父)说,希腊商人曾在公元前七世纪到过"绢国之都",希腊文称丝为"塞尔"(Ser),称中国为塞里斯(Seres),意即丝国。公元前五世纪的另一位希腊史学家克泰西亚斯,在他的《史地书》中则称"塞里斯人身高近 20 英尺,寿命超过 200 岁"。还说在塞里斯国中没有乞丐,没有小偷,没有妓女,对中国充满着美好的向往。

在中国通往西域的大路开通以前,中国丝绸在罗马与黄金等价,只有少数贵族妇女才穿它以相互炫耀。公元前一世纪罗马共和国末期凯撒大帝穿中国丝绸的袍子看戏,议论的人还说他过分奢华,随后不久罗马贵族男人穿绸的就渐渐多了起来。到罗马帝国初期,梯皮留斯皇帝曾禁止男子穿用中国丝绸。可是不但没能禁止,贵族之家锦衣绣服反而习成风尚。当时中国丝绸运往罗马要路经波斯,波斯就操纵着中国与罗马间的丝绸贸易,从中牟取暴利。到东罗马拜占庭帝国查士丁尼皇帝时,东罗马为想摆脱波斯的贸易控制,双方经常发生战争。公元 528 年(梁武帝大通二年),拜占庭和波斯又发生战争。拜占庭乃与埃塞俄比亚国王联盟,希望埃塞俄比亚代替波斯进行丝绸贸易。公元 540 年拜占庭又用提高商税,控制丝绸定价等办法去抵制波斯,结果丝价飞涨,最后拜占庭只得每年补贴波斯现金 1.1 万镑和波斯言和;另一方面则努力寻求自己生产蚕丝的办法,于公元 552 年派遣几个僧侣到中国边境,将蚕种藏于竹杖中带回拜占庭育养。中国丝绸在汉、唐时期的千余年间一直源源不断从中国西北两条陆路经过中亚运往欧洲,这两条陆路通道后来被德国地理学家李希霍芬(1833—1905年)称之为“丝绸之路”。

中国丝绸自秦始皇修筑“栈道”、“略通五尺道”和开凿灵渠之后,也由巴蜀商人贩运到夜郎(今贵州)、滇国(今云南昆明一带)、邛都(今四川西昌东南)、南越(今两广),并经缅甸转道身毒国(今印度)、大夏(今阿富汗一带)、大秦(罗马);南方经过海道至南洋、苏门答腊、爪哇、加里曼丹诸岛,从那些地方换回琉璃珠宝等服饰品。东方中国丝绸还运销到朝鲜、日本等地。

随着丝绸贸易的发展,其他国家及国内少数民族的服饰文化,也与中国发生了密切的交往,并且对中国服饰文化的进一步丰富和发展产生了积极的影响。

第四节　汉王朝的服饰制度

汉高祖初期，找不到4匹纯色的马来拉车，将相只能坐牛车，刘邦本人对服装的上层建筑作用起初也认识不足，曾将儒生的高冠用来当溲器，后来经叔孙通的说服，才叫叔孙通去制定礼仪。汉初，采用秦朝的黑衣大冠为祭服，对一般服装，除刘邦当亭长时用竹皮自制的刘氏冠不许一般人戴之外，没有什么禁例。此后，经过70年左右的经济恢复，到汉文帝时，国力已经充裕起来，但汉文帝只穿“弋绨、革舄、赤带”，皇后的裙裾长不及地，提倡节俭。汉文帝在位23年，经济进一步繁荣，出现了“文景之治”。由于经济的发展繁荣，服饰也逐渐由俭转奢，当时纺织品产量的不断增长，和由丝绸出口交换进来的珠玉犀象、琥珀玳瑁等高贵的装饰品，刺激着衣生活水平的上升。京师贵戚的穿着打扮，逐渐超过了王制，高贵的服装面料如锦、绣、绮、縠、冰纨等，原来属于后妃们专用，此时，富商大贾也都穿以为常，在他们嘉会宾客的时候，还拿这些高贵的丝织品披挂墙壁。贵族之家，僮婢亦穿绣衣丝履，这在儒家看来，是一种尊卑混乱的现象，所以儒家学者贾谊就给汉文帝上书，建议按照儒学传统思想建立服饰制度，但汉文帝未能实行。到汉武帝元封七年（前104年）决定改正朔，易服色，表示受命于天，把元封七年改为太初元年，以正月为岁首，服色尚黄，数用五，但也没有规定详细的官服制度。直到东汉明帝永平二年（公元59年），下诏采用《周官》、《礼记》、《尚书·皋陶篇》，乘舆服从欧阳氏说，公卿以下从大小夏侯氏说，才制定了官服制度。永平二年正月祀光武帝明堂位时，汉明帝和公卿诸侯首次穿着冕冠衣裳举行祭礼，这是儒家学说衣冠制度在中国得以全面贯彻执行的开端。汉明帝的祭服、朝服制度包括冠冕、衣裳、鞋履、佩绶等，各有等序，它的重点在冠冕，朝服采用深衣制。

汉代冠帽和古制不同之处，是古时男子直接用冠约发(图4-19)，汉代则先以巾帻包头，而后加冠，这在秦代是地位较高的人才能如此装束的。“巾”本是古时表示青年人成年的标

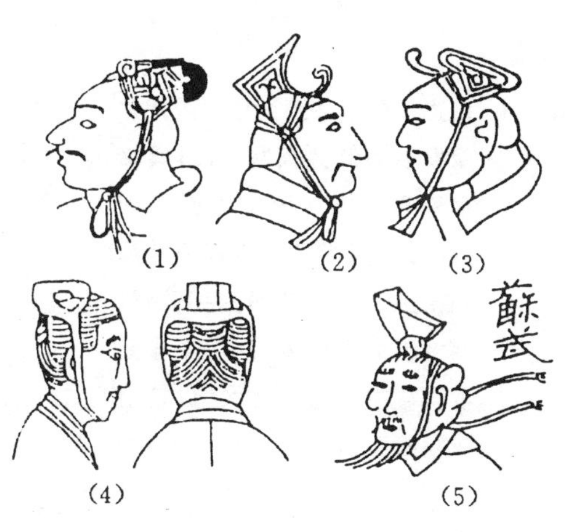

4-19　直接用冠压发的形象。(1)—(3)洛阳出土西汉空心砖上之戴冠者。(1)、(2)据《河南汉代画像砖》;(3)据 W. C. White, Tomb tile pictures of am cient chian;(4)满城西汉墓出土玉人，据《满城汉墓发掘报告》;(5)沂南东汉画像石墓所刻历史故事中之“苏武”(转引孙机插图)。

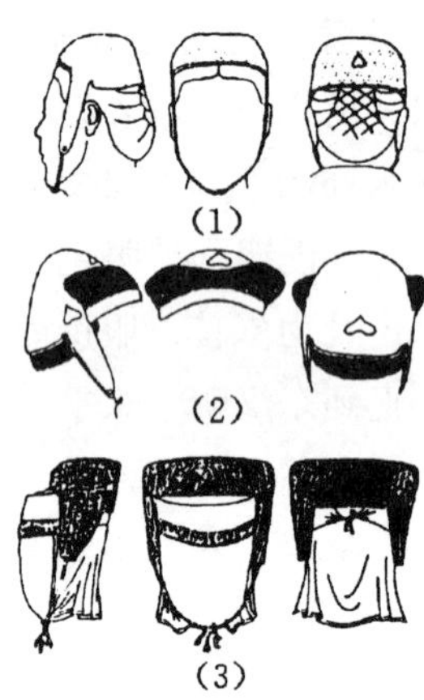

4-20 由直接戴武弁到用帻衬戴武弁及发展为武弁大冠。(1)秦始皇陵兵马俑坑出土之戴弁陶俑;(2)咸阳杨家湾西汉墓从葬坑出土之戴弁陶俑,弁下已衬有帻;(3)武威磨嘴子62号新莽墓墓主所戴武弁大冠(转引孙机插图)。

志,男人到20岁,有身份的士加冠,没有身份的庶人裹巾。巾是"谨"的意思。战国时韩国人以青巾裹头,故称"苍头"。秦国以黑巾裹头,称为"黔首"。东汉末,如袁绍、孔融等都以幅巾裹头。"帻"是战国时由秦国兴起的(图 4-20),用绛袙(赤钵头)颁赐武将,陕西咸阳秦俑坑出土的武士就有戴赤钵头的。帻类似帕首的样子,开始只把鬓发包裹,不使下垂,汉代在额前加立一个帽圈,其名称为"颜题",与后脑三角状耳相接。巾是覆在顶上,使原来的空顶变成"屋",后来高起部分呈介字形屋顶状的称为"介帻",呈平顶状的称"平上帻",身份高贵的再在帻上加冠。进贤冠与长耳的介帻相配,惠文冠与短耳的平上帻相配。平上帻也有无耳的。帻的两旁下垂于两耳的缯帛名为"收"。蔡邕在《独断》中讲:帻是古代卑贱执事不能戴冠者所用,孝武帝到馆陶公主家见到董偃穿着无袖青襟单衣,戴着绿帻,乃赐之衣冠。汉元帝额上有壮发,以帻遮掩,群臣仿效,然而无巾。王莽无发,把帻加上巾屋,将头盖住,有"王莽秃,帻施屋"的说法。汉代未成年人的帻是空顶的,即未冠童子,帻无屋者(图 4-21)。

汉代的冠帽是区分等级地位的基本标志之一,主要有冕冠、长

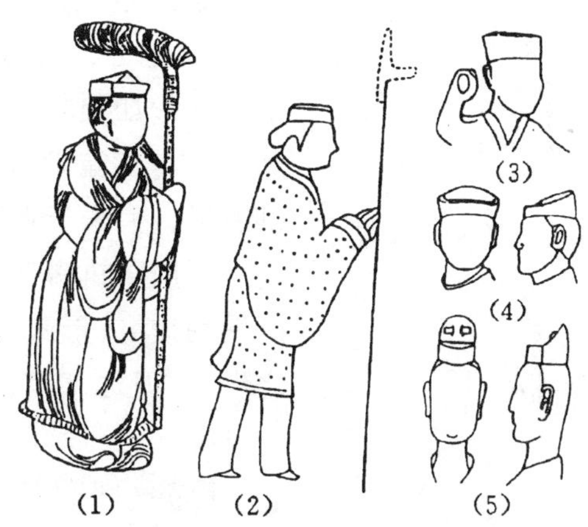

4－21　左，介帻；中，平上帻；右，平巾帻。(1)沂南东汉画像石中之介帻；(2)山东汶山孙家村东汉画像石中之平上帻，据《汉代画像全集》二编；(3)东汉灰陶刀盾俑，传世品；(4)望都2号东汉墓出土石雕骑俑；(3)(4)二例代表从平上帻向平巾帻之过渡形态；(5)南京石子岗东晋(南朝)墓出土戴平巾帻之陶俑(中国历史博物馆藏品，转引孙机插图)。

冠、委貌冠、爵弁、通天冠，远游冠、高山冠、进贤冠、法冠、武冠、建华冠、方山冠、术士冠、却非冠、却敌冠、樊哙冠等16种以上。这些冠的形式，只能从汉代美术遗作中去探寻。

冕冠，是皇帝、公侯、卿大夫的祭服。冕綖长一尺二寸(合27.96厘米，汉尺一尺合0.233米)，宽七寸(合16.31厘米)，前圆后方，冕冠外面涂黑色，内用红绿二色。皇帝冕冠十二旒，系白玉珠，三公诸侯七旒，系青玉珠，卿大夫五旒，黑玉为珠。各以绶彩色为组缨，旁垂黈纩。戴冕冠时穿冕服，与蔽膝、佩绶各按等级配套。用织成料制作，由陈留襄邑的服官监管生产。

长冠，汉高祖刘邦先前戴之，用竹皮编制，故称“刘氏冠”，后定为公乘以上官员的祭服，又称斋冠。配黑色绛绿领袖的衣服，绛色裤袜。

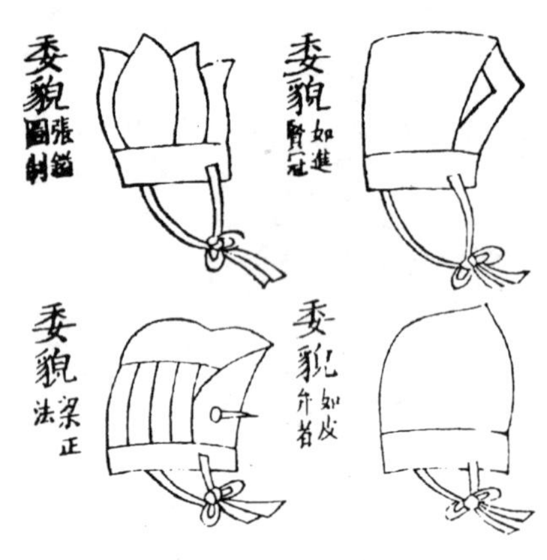

4－22 宋聂崇义《三礼图》所绘委貌冠。

委貌冠(图 4－22、4－23)，长七寸，高四寸，上小下大，形如覆杯，以皂色绢制之，与玄端素裳相配。公卿诸侯、大夫于辟雍行大射礼时所服。执事者戴白鹿皮所做的皮弁,形式相同,是夏之毋追、殷之章甫、周之委貌的发展。

爵弁(图 4－24),广八寸,长一尺六寸,前小后大,上用雀头色之缯为之。与玄端素裳相配。祠天地五郊,明堂云翘乐舞人所服。爵弁也是周代爵弁的发展。

通天冠(图 4－25、4－26),高九寸,正竖顶少邪,直下为铁卷,梁前有“山”,展筒为“述”。百官月正朝贺时,天子戴之(“山”、“述”是在

4－23 委貌冠,讲学画像砖。成都站东乡出土(重庆博物馆藏)。

梁和展筒之前高起的装饰)。

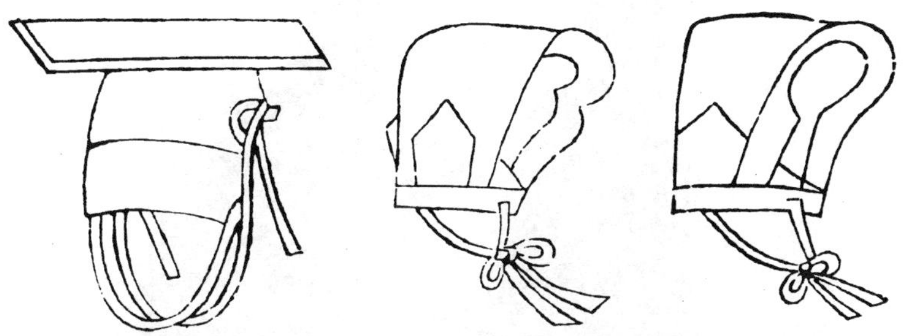

4－24　宋聂崇义《三礼图》所绘爵弁。　**4－25　宋聂崇义《三礼图》所绘通天冠。**

远游冠(图 4－27),制如通天冠,有展筒横于前而无山述。诸王所戴。有五时服备为常用,即春青、夏朱、季夏黄、秋白、冬黑。西汉时为四时服,春青、夏赤、秋黄、冬皂。

4－26　汉代石刻《荆轲刺秦王》中戴通天冠的秦王。

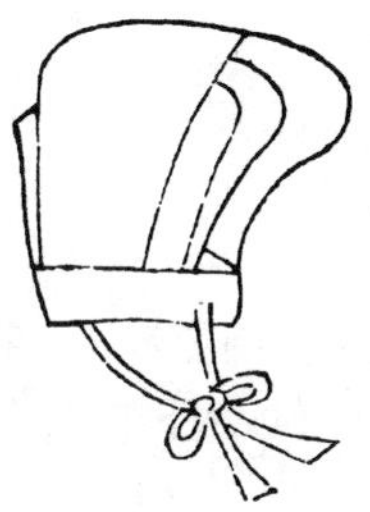

4－27　宋聂崇义《三礼图》所绘远游冠。

高山冠(图 4－28、4－29),又称“侧注冠”,直竖无山述,中外官谒者仆射所服,原为“齐王冠”,秦灭齐,以之赐近臣谒者。

(1) (2)

(3) (4)

4-28 汉画像石刻中的戴高山冠的人物:(1)公孙杵臼;(2)孔子;(3)孔子;(4)孔子弟子。

进贤冠 (图 4-30、4-31),前高七寸,后高三寸,长八寸。公侯三“梁”(梁即冠上的竖脊),中二千石以下至博士两梁,博士以下一梁。为文儒之冠。

法冠(图 4-32), 又称獬(xiè 音械)豸(zhì 音质)冠,獬豸一角,能别曲直,故以其形为冠,执法者所戴。楚王曾获此兽,制成此冠,秦

4－29　宋聂崇义《三礼图》中所绘的高山冠及孝堂山汉石祠画像石上戴高山冠者。

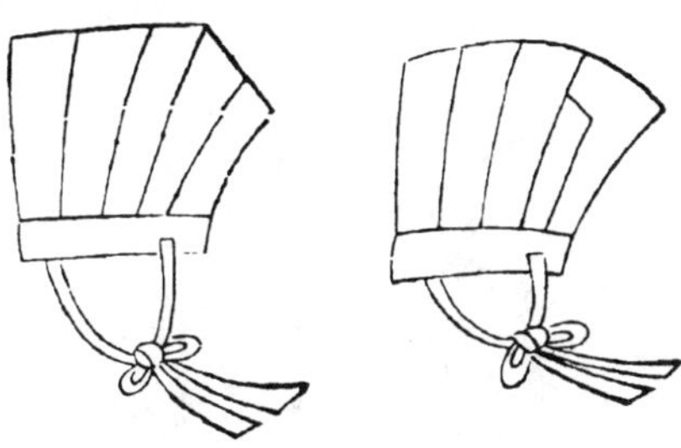

4－30　宋聂崇义《三礼图》中所绘的进贤冠。

4－31　山东沂南东汉墓前室东壁上横额画像砖上戴进贤冠、穿褒衣大袑(裤)的文人。中、右两人左额插笔,即簪笔的形象。

4-32 宋聂崇义《三礼图》中所绘的法冠及敦煌莫高窟 285 窟南壁西魏壁画戴獬豸冠(即法冠)者。

灭楚后赐执法近臣,汉沿用为御史常服。

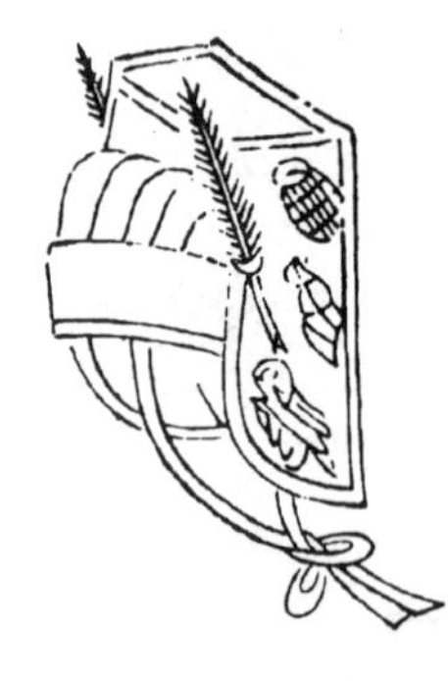

4-33 宋聂崇义《三礼图》所绘武弁大冠。

武冠(图 4-33),又称武弁大冠,诸武官所戴,中常侍加黄金珰附蝉为纹,后饰貂尾,谓之"赵惠文冠",秦灭赵以之赐近臣。金取刚强,百炼不耗;蝉居高饮清,口在腋下;貂内劲悍而外柔缛。汉貂用赤黑色,王莽用黄貂。

鹖冠(图 4-34),《续汉书·舆服志》武官在外及近卫武官戴,在冠上加双鹖尾竖左右,"鹖者勇雉也,其斗对一,死乃止"。亚细亚北方"斯克泰人"帽以及"高句丽人"的折风冠,形状像弁,均插羽为饰。

建华冠(图 4-35),以铁为柱卷,贯大铜珠 9 枚,形似缕簏,下轮大,上轮小,好像汉代盛丝的缕簏。又名"鹬冠",可能以鹬羽为饰。祀天地五郊,明堂乐舞人所戴。

方山冠(图 4-36),亦称"巧士冠",近似进贤冠和高山冠,用五彩縠为之,不常服,惟郊天时从人及卤簿(仪仗)中用之。概为御用舞

(1)

4－34　(1)战国刺虎镜骑士的鹖冠；(2)河南洛阳汉空心砖画鹖冠骑射人物；(3)宁万寿石棺鹖冠门卫；(4)山东沂南东汉画像石刻戴武冠、宽衣大袑、系绶、佩鞶囊、执长剑武士。

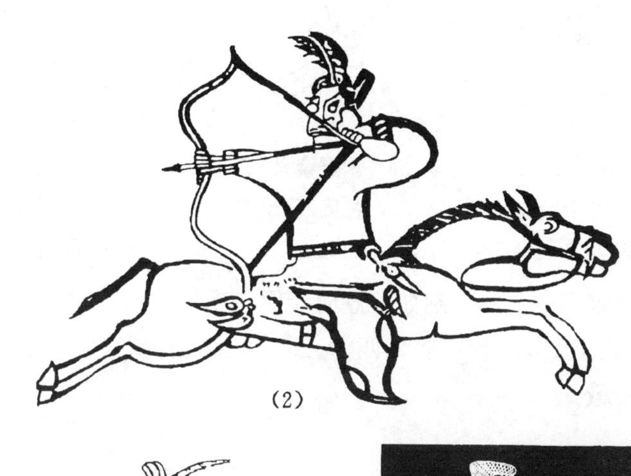
(2)

(3)

(4)

乐人所戴。

术氏冠(图 4－37),汉制前圆,吴制差池四重,与《三礼图》所载相合。是司天官所戴,但东汉已不施用。

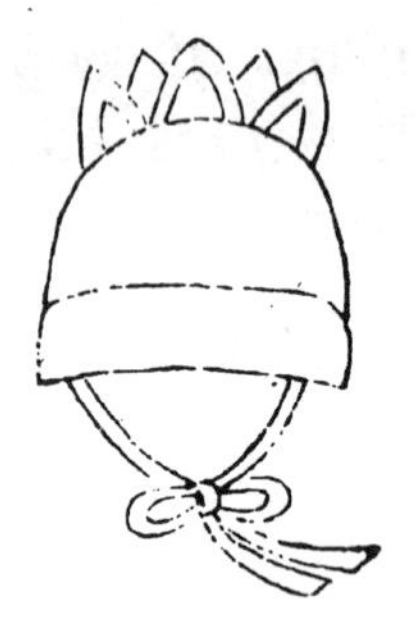

4－35 宋聂崇义《三礼图》所绘建华冠。

4－36 宋聂崇义《三礼图》所绘方山冠。

4－37 宋聂崇义《三礼图》所绘术氏冠。

却非冠(图 4－38),制如长冠而下促,宫殿门吏,仆射所冠。

却敌冠(图 4－39),前高四寸,通长四寸,后高三寸,制如进贤冠,卫士所戴。

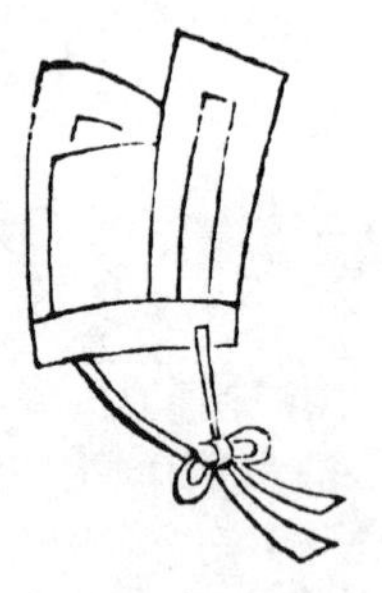

4－38 宋聂崇义《三礼图》所绘却非冠。

4－39 宋聂崇义《三礼图》所绘却敌冠。

樊哙冠(图 4－40),广九寸,高七寸,前后出各四寸,制似冕。司马殿门卫所戴。此冠取义鸿门宴时,樊哙闻项羽欲杀刘邦,忙扯破衣裳裹住手中的盾牌戴于头上,闯入军门立于刘邦身旁以保护刘邦,后创制此种冠式以名之。赐殿门卫士所戴。

4－40　(1)宋聂崇义《三礼图》所绘樊哙冠;(2)湖南长沙马王堆一号西汉墓出土帛画上的戴樊哙冠者;(3)江苏洪楼汉画像石中的戴樊哙冠者。

汉代的朝服为袍,即深衣制。式样无差别,衣料精粗及颜色有差别,红为上,青绿次之,汉代袍服多大袖,所谓“褒衣大袑”,内穿肥裆大裤,衣袖由宽大的袖身袂(mèi 音媚)和往上收的袖口袪(qū 音驱)组成,由袖身下垂逐渐上收连接袖口,成一条弓弧线,即所谓“胡状”,袍服里面衬以单衣。春秋战国时期的曲裾袍,西汉仍流行,到东汉时就只流行直裾袍了。

在袍服外要佩挂组绶,“组”是官印上的绦带,“绶”是用彩丝织成的长条形饰物,盖住装印的鞶(pán 盘)囊,故称“印绶”。以绶的颜色标示身份的高低:帝皇黄赤绶四采,黄赤绀缥,长一丈九尺九寸,五百首;太皇太后,皇太后,皇后同;诸侯王赤绶四采,赤黄绀缥,长二丈一尺,三百首;长公主、天子贵人同;公侯将军金印紫绶二采,紫白,长一丈七尺,一百八十首;九卿银印青绶三采,青白红,长一丈七尺,一百二十首;千、六百石铜印墨绶三采;四百、三百、二百石铜印黄绶。自青绶以上有三尺二寸长的縌(nì 逆)与绶同采,而首半之,用以佩璲(suí 音遂,即美玉)。紫绶以上可加玉环和鐍(jué 决)(鐍是有舌的固定带子用的环状物)。这里的"首"是经丝密度的单位,单根丝为一系,四系为一扶,五扶为一首,绶广六寸,首多者丝细密,首少者粗。佩璲就是结绶于縌,意即在佩玉的带纽上结采组,与绶相连。平时官员随身携带官印,装于系挂在腰间的鞶囊中,将绶带垂于外边,绶带一端打双结,一端垂于身后。商周绶带的前面挂下广二尺、上广一尺、长三尺、其颈五寸的韨。春秋战国时废去韨佩,改为系璲,以方便行动(图 4-41)。

4-41 山东沂南东汉画像石墓出土的佩绶武士像。

汉代妇女礼服也采用深衣制,《续汉书·舆服志》:"太皇太后,皇太后入庙服绀上皂下,蚕青上缥下,皆深衣制。"所以深衣是男女通用的服装。《礼记》的《玉藻》、《深衣》二篇对深衣制有很多记载,内容所谓"应规、矩、绳、权、衡"之类,重点在于"明礼",而对形制和尺度则说得不清楚,也不太符合实际。1972 年在湖南长沙马王堆对西汉楚长沙王利苍夫人墓进行了系统的发掘整理,出土袍 12 件(绵袍 11 件,夹袍 1 件)均为交领右衽,外襟形式有曲裾直裾两种,除上衣下裳相连、祛广(大袖口)、袂胡下(袖宽大下垂至袖口呈弓弧线)等项与《礼记》所记相符外,其余如裳的腰围"三祛"(三倍于祛围)、缝齐倍要(下摆为腰围的一倍)、裳前后各六幅等,文献与实物形制相差很远。所以对文献的繁琐考证,应当掌握分寸。

深衣中一种无衬里的单衣,称为"禅衣"。《说文》:"禅,衣不重也。”《释名·释衣服》:“禅衣,言无里也。”《说文》说,直裾式的禅衣谓之“襜褕”。颜师古注《前汉书·何并传》则说,“襜褕”为曲裾单衣。《释名》说:袖式无“胡”的禅衣谓之“袧”(kōu 音抠)。

《礼记·深衣》和《玉藻》的注解中讲到深衣的“续衽钩边”,“续衽”就是把衽加以连续延长,“钩边”据朱熹讲是布边向外向左,如燕尾状。四川广汉三星堆曾出土一件商代青铜人立像,穿的衣服左右两衽都是直裾,而下角垂成斜尖角状,两衽都比一般直裾加宽,可从前身掩到后侧身处,并割正幅使下端成斜尖角形,两裾的斜尖角正好在身后形成燕尾形装饰,谓之“交输”。这种服装在秦汉时期的战士俑身上经常可以见到,这是深衣中的另一种形式(图 4－42),到汉代发展为新妇穿的服式。

4－42　江苏徐州北洞山出土西汉穿深衣女俑。

除深衣作朝服之外,男子一般穿襦裤,妇女穿襦裙和类似半臂的绣镼(jué 音掘),都穿短上衣,上衣和下衣分开。汉成帝时(前 32—公元 7 年)规定青绿为民间常服,蓝色偏暖的青紫为贵族燕居的服色。古时用蓝靛染色,经多次套染而成的深青会泛红光,故怕深青乱紫,连县官也不许穿。而青、绿色在视觉上有平和后退之感,后世一直被定作平民的服色。

裤子在先前多为无裆的管裤,将士骑马打仗穿全裆裤,西汉士儒妇女仍穿无裆裤。汉昭帝时(前 87—前 75 年),大将军霍光专权,上官皇后是霍光的外孙女,为了阻挠其他宫女与皇帝亲近,就买通医官以爱护汉昭帝身体为名,命宫中妇女都穿有裆并在前后用带系住的

"穷裤",穷裤也称"绲裆裤",以后有裆的裤子就流行开来。汉代男子所穿裤子,有的裤裆极浅,穿在身上露出脐子,但没有裤腰,裤管很肥大。

汉代妇女的发型,通常以挽髻为主,一般是从头顶中央分清头路,再将两股头发编成一束,由下朝上反搭,挽成各种式样。有侧在一边的堕马髻、倭堕髻;有盘髻如旋螺的;还有瑶台髻、垂云髻、盘桓髻、百合髻、分髾髻、同心髻、椎髻等名称。髻上一般不加包饰,大都作露髻式。皇后首饰还有金步摇、笄、珈等等(图 4-43 至 4-53)。

4-43 山东沂南画像石墓出土执奁妇女,梳花钗大髻,插十二笄,旁有一镊横簪,穿右衽交领袍,托领为翻折式,腰束绅带,前有蔽膝,裾两旁用缯帛裁成圭形连缀,汉代称为"圭衣"。手执镜台。

4-44 山东金乡朱鲔墓出土汉画像石人物(局部)。北宋沈括在《梦溪笔谈》卷十九中记载:"济州金乡县,发一古冢,乃汉大司徒朱鲔墓"。画中左下角一人戴樊哙冠,其余男子都戴介帻,女子都梳花钗大髻。

4-45　汉跪坐女俑，梳反绾髻(北京故宫博物院藏)。

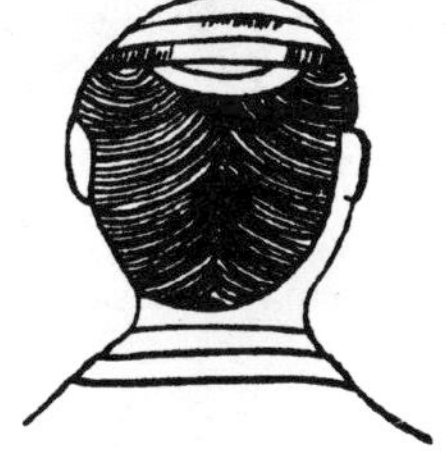

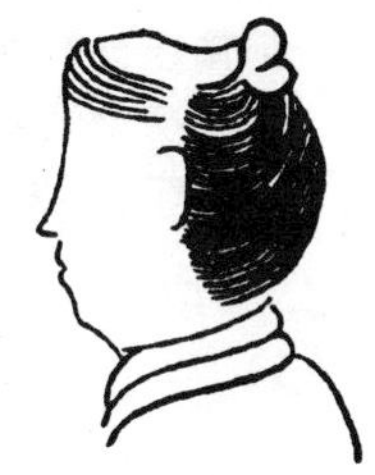

4-46　汉代梳反绾髻的银跪坐女俑，北京故宫博物院藏。

4-47　河南洛阳西八清里出土绘画。见波士顿藏《支那画贴》。画中女子穿喇叭摆式长裙，额顶发间插步摇簪，两鬓间有珠宝花饰。

4－48 河南洛阳西汉卜千秋墓壁画中梳单环垂髾、领托缀皮毛翻领女子及高髻垂髾女孩像。

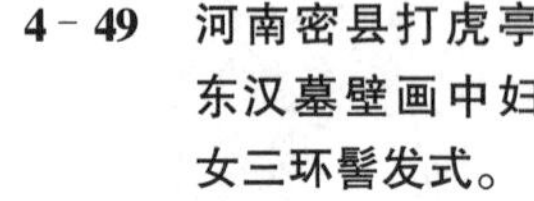

4－49 河南密县打虎亭东汉墓壁画中妇女三环髻发式。

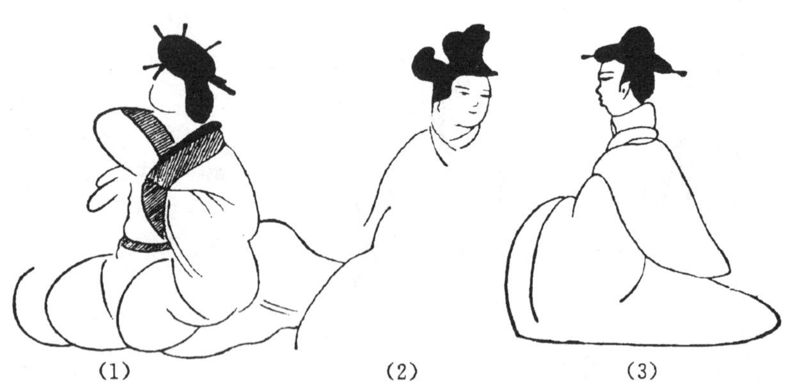

(1)　　(2)　　(3)

4－50 河南密县打虎亭东汉墓壁画中妇女发式。
(1)花钗大髻；**(2)**三角髻；**(3)**四起大髻。

4-51　云南晋宁出土西汉铜鼓鼓面所绘铜鼓舞图。舞者垂发于背部，梳元宝形髻，穿对襟大袖条纹襦，耳上戴玦，手臂戴臂钏或条脱。

4-52　云南晋宁石寨山出土西汉铜鼓上的“上仓”纹。女子垂发颈后作髻，耳戴玦，穿条纹襦衣，背粮筐或粮袋送粮上仓。

舞蹈服装则流行长袖和飞带，并在衣上加燕尾形的飞髾（shāo 音梢）为饰，以助长舞者的动势（图 4-54 至 4-66）。

秦汉时期的鞋子，单底的叫履，复底的叫舄，面涂黑漆或红漆，形式有方头、圆头、双尖头等。古乐浪汉墓出土的有男女革履，面涂黑

4－53　云南晋宁石寨山出土铜贮贝器盖面雕塑“播种”人物。(1)为梳双辫穿襦女子；(2)为戴皮帽穿襦佩剑男子。

4－54　四川出土槃鼓舞画像。

4－55　河南郑州新通桥西汉晚期空心砖上长袖舞像。

4－56　甘肃武威磨嘴子汉墓出土漆樽舞蹈纹。

4－57　浙江绍兴出土汉代铜镜上的舞蹈纹。

4－58　河南洛阳出土汉代象牙片雕舞女。

4－59　铜山西汉崖墓玉片舞人。

4－60　江西南昌东郊西汉墓出土汉代象牙饰舞人，穿长袖直裾袍，腰束绅带，挂佩玉。

4－61　北京大葆台西汉墓出土玉舞人。

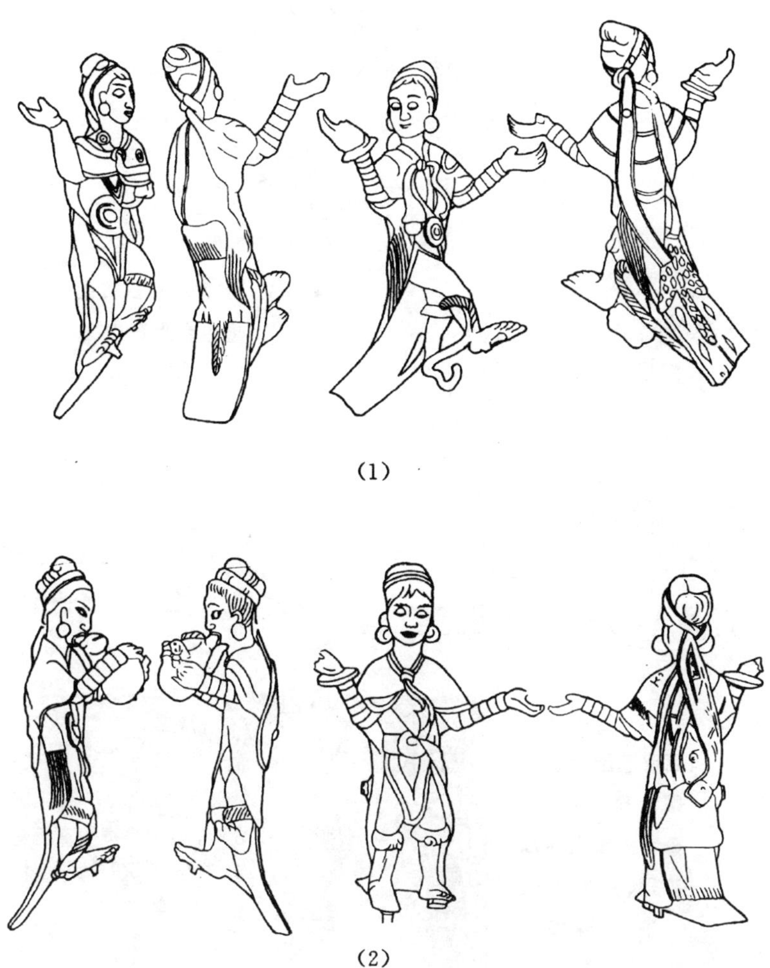

（1）

（2）

4－62　**(1)、(2)**云南晋宁石寨山西汉墓出土鎏金铜舞人。

4－63　云南晋宁石寨山出土西汉鎏金铜盘舞扣饰。

4－64　广州市郊东汉墓出土戴花钗高冠的舞女俑。

4－65　云南晋宁石寨山西汉墓出土滇人秉铎舞铜饰件。舞者头戴尖顶高花冠，冠有两长缨下垂，穿短袖衫，短褶裙，左肩斜挂饰带，悬铜圆饰件于腰侧。

4-66　云南晋宁石寨山西汉墓出土铜锣锣面23人舞纹。一人穿绣袍佩剑，其余22人均戴羽冠，围兽皮裙，裸上身，一手举蕉叶形物体作舞，可能为祭神舞仪式。

漆，底部有木底嵌入。新疆也有革履发现，靴子是穿裤褶时所穿，有半筒和高筒两种（图4-67至4-73）。

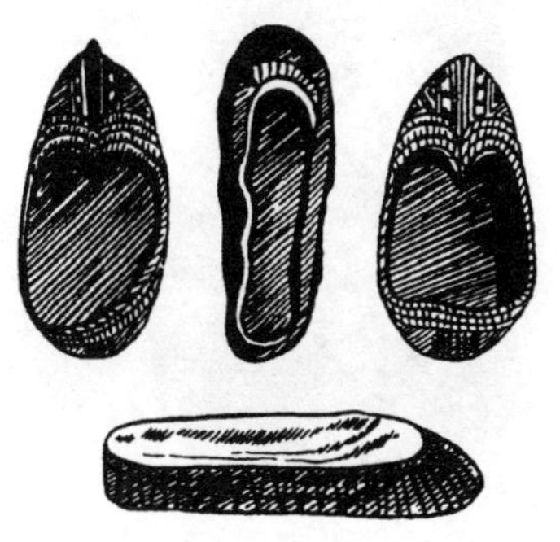

4-67　新疆罗布泊楼兰遗址出土汉代丝履。

4-68　湖南长沙马王堆一号西汉墓出土汉代丝履。

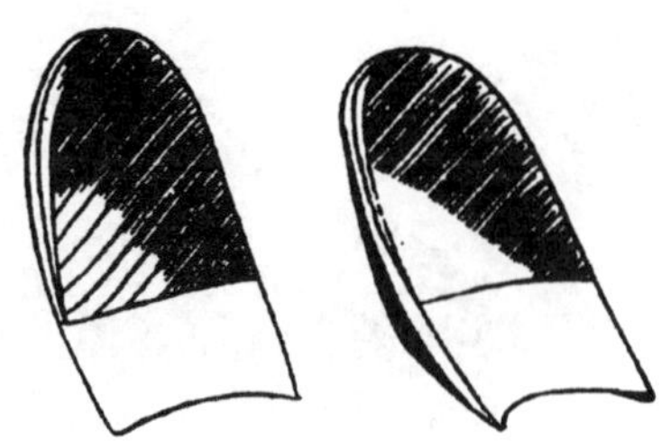

4－69 湖北凤凰山汉墓出土麻履。

4－70 新疆罗布泊楼兰遗址出土汉代牛皮履。

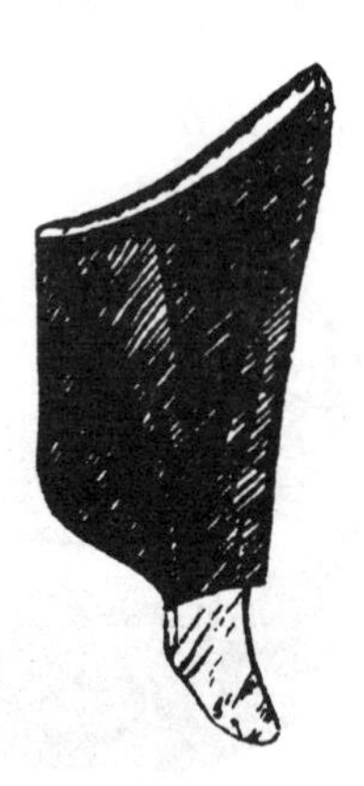

4－71 新疆罗布泊楼兰遗址出土汉代丝绸袜裤。

4－72 蒙古人民共和国诺音乌拉山汉代匈奴王族墓出土变体云纹刺绣靴底。

4-73　蒙古人民共和国诺音乌拉山汉代匈奴王族墓出土刺绣靴面，靴身绣变体凤纹，靴面绣变体云纹。

第五节　考古发现的汉代服饰资料

一、服装、服饰用料及着装木俑

西汉时期的服饰实物，以湖南长沙马王堆一号西汉墓出土者最为集中和完整，出土的纺织品除少数麻布外，绝大多数为丝织品，品种有平纹丝织的绢、纱，素色提花的绮和罗，彩色提花的经锦，起绒提花的绒圈锦以及经过印花彩绘和刺绣加工的丝织品和装饰衣物用的窄带绦等。绢的颜色有绛紫、烟色、金黄色、酱色、香色、红青色、驼色、深棕色、棕色、藕色、褐色、深红、绛色、朱红色、墨绿、白色等10余种。印花方法有印花敷彩和金银粉印花。汉代根据绢的粗细不同，而有缟、素、缣、纨等名称。纨、缟指细薄的绢而言,缣是并丝致密的绢。经纬稀疏得可以看出方孔的,称之为纱。有一件素纱禅衣,衣长128厘米,袖长190厘米,包括领和两袖镶边在内,重仅49克,可见织工的精细程度。大体经密每厘米100根以上的细绢多用来作绵袍、夹袍、几巾、枕巾、夹袱等的缘,并用以制作香囊、手套等;经密每厘米60根以下的粗绢用来作绵袍、夹袱、几巾、枕巾的里及裙、袜等。

素纱用来作禅衣,印花敷彩纱用来作绵袍面料。

绮是平纹地起斜纹花的丝织品,一般织有复合菱纹及填花复合菱纹,花纹连续排列。

罗是四经相绞的绞纱组织,多数织有复合菱纹,或为杯纹。罗和绮常用来绣花,绣纹多为变体云纹,排列密集紧凑,色彩浓艳,广泛用作袍服面料、香囊、竽律袋、手套、枕巾等。

经锦和绒圈锦质地厚实,纹样多为几何纹及变体动物纹,一般作绵袍镶缘、几巾、枕巾缘、镜衣、香囊底等之用。

马王堆出土的袍分曲裾交领右衽和直裾交领右衽两种款式,曲裾袍上衣部分正裁共六片,身部两片宽各一幅,两袖各二片,内一片宽一幅,一片宽半幅,六片拼合后,将腋下缝起,即所谓"袼(gè 音各)。领口挖成琵琶形。袖口宽28厘米,袖筒较肥大,下垂呈胡状。下裳部分斜裁共四片,各宽一幅,按背缝计(即所谓裻,dū 音督),斜度为25°,底边略作弧形,里襟底角为85°,穿时掩入左侧身后。外襟底角115°,上端衽长出60°,穿时裹于胸前,将衽角折往右侧腋后。袍领、襟、袖均用绒圈锦斜裁拼接镶缘,再在外沿镶绢条窄边。

直裾袍上衣部分正裁共四片,身部两片,两袖各一片,宽均一幅。四片拼合后,将腋下缝起。领口挖成琵琶形,领缘斜裁两片拼成,袖口宽25厘米,袖筒较肥大,下垂呈胡状。袖缘宽与袖口略等,用半幅白纱直条,斜卷成筒状,往里折为里面两层,因而袖口无缝。下裳部分正裁,后身和里外襟均用一片,宽各一幅,长与宽相仿。下部和外襟侧面镶白纱缘，斜裁，后襟底缘向外放宽成梯形，底角成 85°，前襟底缘右侧偏宽。

禅衣有曲裾、直裾两种，曲裾禅衣与曲裾袍裁法相同，直裾禅衣上衣部分正裁四片，下裳部分斜裁三片，两袖无胡，底边无缘。

单裙用宽一幅的绢四片缝制而成，四片均上窄下宽，居中两片稍窄，两侧两片稍宽，上部加裙腰，两端延长成裙带，或另配裙带。

手套为直筒露指式。

夹袜为齐头，靿（yào 音要，袜筒）后开口，开口处附袜带，缝在脚面和后侧，袜底无缝。

鞋为双尖翘头方履。

长沙马王堆一号西汉墓出土 162 件木俑，可从其衣着看到当时的着衣形式，木俑有数种类型：

1．戴冠男俑

头戴长冠，与同墓出土帛画中 9 个男子的冠式相同。于头顶后部向上斜冠一板，冠两侧有带直达颔下。前额头发中分，再由脑后挽至冠下梳成髻。身着深蓝色菱纹罗绮袍，长可掩足，广袖，领、袖、衣襟皆有锦缘，脚穿圆头鞋，其中一人鞋底有“冠人”二字，是有一定身份者的服式。

2．着衣女侍俑

着信期绣绢或手绘银彩云纹纱面料的长袍，菱纹锦缘，脚穿丱（guàn 音惯）头履，发式前额中分，后脑形式不同，有的长发垂至项背，于收尾处挽成垂髻，垂髻下再挽青丝假发直至臀部。另一种为盘髻，头发自脑后挽回，总成一束，平展盘旋于头顶。

3．着衣歌舞俑

舞俑着短褂，长裙，梳垂髻。歌俑梳盘髻，穿菱纹罗绮长袍。

4．彩绘立俑

穿交领、右衽、广袖、曲裾长袍，用朱带拦腰系住，花纹少数作菱纹,多数作云纹。多数于头顶作髻。

5. 乐俑

穿交领、右衽、广袖、曲裾长袍,于头顶将头发盘绕两道,发尾露在外边,近似盘髻。

东汉时期的服装实物出土不多,1959 年在新疆民丰北大沙漠发现一座东汉时夫妻合葬墓,男墓主所穿锦袍为对襟窄袖束腰斜摆式,属于西域精绝国的民族式样。但面料是汉族产品,有变体卷云纹和“万世如意”铭文为饰。在衣襟右下缘镶缝一块“延年益寿大宜子孙”铭文锦。另有一双男袜及鸡鸣枕也用这种锦缝制而成。男墓主所穿绿色绸裤,在裤脚管底部绣有茱萸纹。女墓主所穿的袜子,则用菱格阳字纹锦制成。

新疆民丰东汉墓出土的服饰文物,反映了东汉时期中原和西域文化密切交融的历史盛况。服装面料全部产自中原,而服装款式的实用功能,则较西汉的直裾袍和曲裾袍都更优越。战国到西汉时期,曲裾袍曾成为上层社会最盛行的流行款式,尽管做一件曲裾绵袍用料需帛 32 米(汉制十四丈),而做一件直裾绵袍只需用帛 23 米(汉制十丈),但在当时上层社会仍以曲裾袍视为最佳的审美形式。到了东汉,经过时代的优选,曲裾袍的形式已被淘汰。东汉光武帝在起兵光复汉室时,就穿戴胡服,汉灵帝在宫中引进胡床、胡帐,作胡乐、胡舞,东汉末年,西域服装的款式也慢慢对汉族人民生活发生影响,人们追求一种更适应时代生活风貌的服饰文化。到南北朝,由于战争和迁徙,使胡汉之间的接触更为频繁,汉式服饰对于胡人贵族和胡人服饰对于汉族人民之间,都发生了更深刻的影响和交流。

二、由西汉到东汉、三国服饰纹样的演变

服饰作为特定的审美对象，是和时代的思想意识联系的，当社

会观念产生变化之后，服装样式及纹饰内容都会随之而变化。旧的服饰纹样将在历史发展的过程中衰败并走向消失。据出土的服饰实物所见，西汉时期的服饰纹样，题材以变体云纹、变体云中龙、变体云中凤、豹纹、鸟纹、菱纹、花叶纹、藤蔓纹等为主。新疆精绝遗址、楼兰遗址、蒙古共和国诺音乌拉山遗址、朝鲜民主主义人民共和国平壤古乐浪遗址、南西伯利亚叶尼塞河左岸奥格纳哈特公元前后古墓等处出土的汉代织锦纹样，都以充满神话色彩的动物云气山岳为主题，画面用流动起伏的波弧线作成云气山岳状的构成骨骼，贯通整个横向幅面，在波弧空槽位置分布主题纹样如龙、虎、辟邪、獬豸、麒麟、仙鹿，有时也有仙人骑马等形象。再在纹样空隙处加饰汉字铭文如“登高明望四海”、“万寿如意”、“长乐明光”、“昌乐”、“鹄群下”、“新神灵广成寿万年”、“韩仁绣纹衣右子孙无极”、“延年益寿大宜子孙”等等。这类铭文均为秦汉时期流行的吉祥语，在秦汉瓦当、彩绘漆器及铜镜上也经常刻有类似的吉祥语铭文。东汉织锦图案在形式上打破现实生活的局限，将人物与轻禽猛兽共处于云气山脉之间，奔腾活跃，展现出气魄宏伟的画面，寄托着封建统治阶级祈望长生不老、子孙众多、皇权永固、分享神仙欢乐等种种荒诞不经的思想。这是儒家“天人感应”的封建神学观和燕齐方士神仙思想的反映。汉锦纹样的形象表现，善于抓住对象的大结构，强调动势和力度的夸张，朴质生动。

三国时期，织锦的中心产地由齐鲁转移到四川成都，织锦纹样出现了像“如意虎头连壁锦”，“绛地交龙锦”、“绀地句文锦”等新的花式。在装饰风格上由动势的平衡结构过渡到稳定的对称结构。后来吸收西域文化和佛教文化，促使中国服饰文化进入发展的新阶段(图4－74至4－97)。

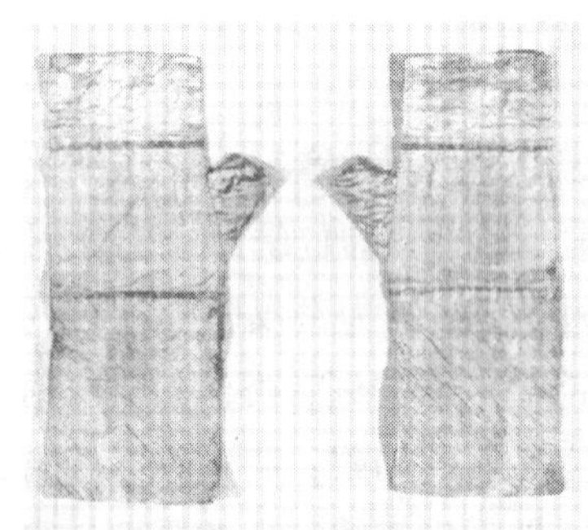

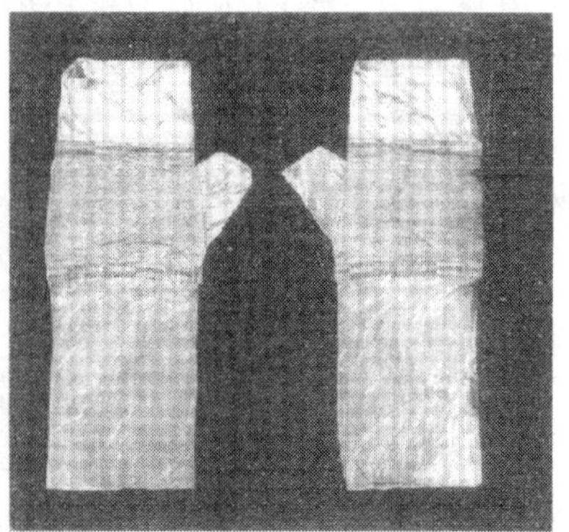

4－74　湖南长沙马王堆一号西汉墓出土千金绦手套，上为千金绦的组织结构。

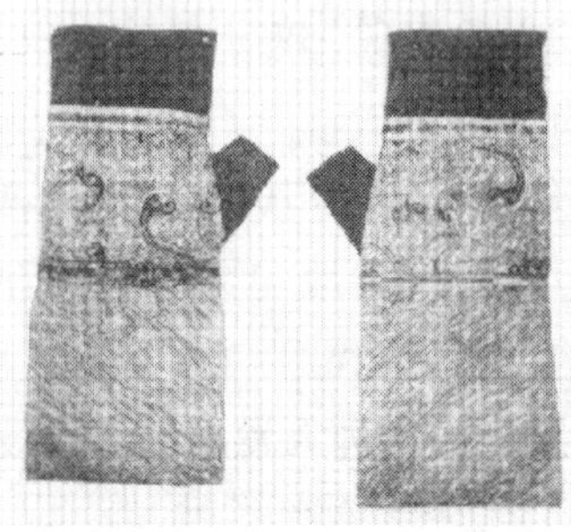

4－75　湖南长沙马王堆一号西汉墓出土信期绣手套。右为信期绣纹样单位。

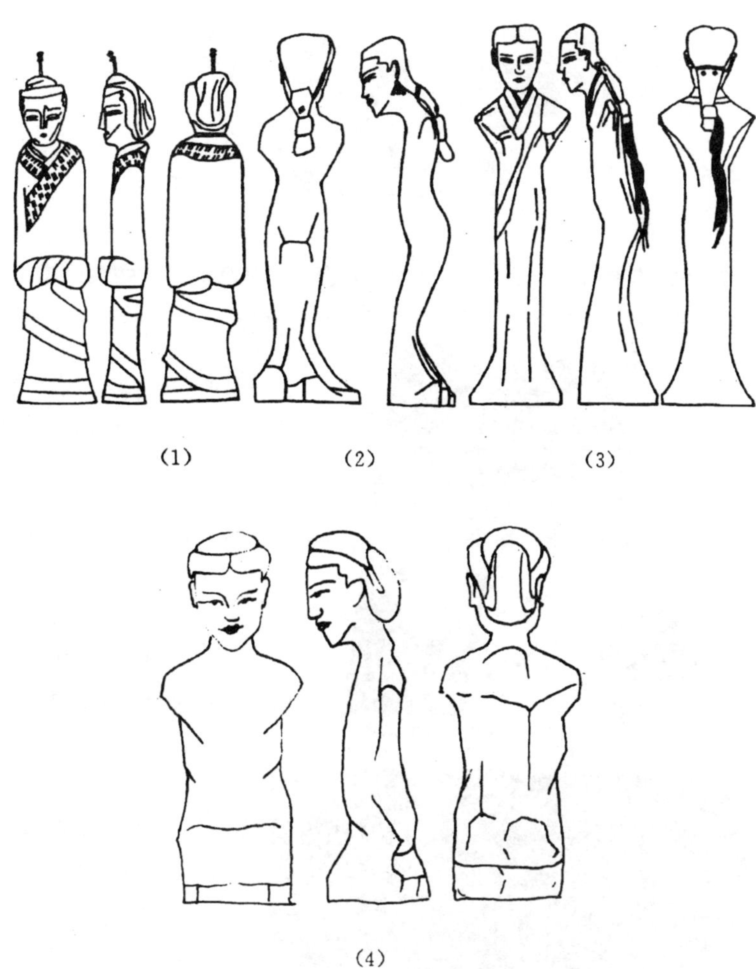

4-76　湖南长沙马王堆一号西汉墓出土木俑。

(1)彩绘立俑;(2)舞俑;(3)着衣女侍俑;(4)歌俑(湖南省博物馆藏)。

4－77 1959年新疆民丰北大沙漠1号东汉墓出土鸡鸣枕，长45厘米，高12厘米，宽16厘米（新疆维吾尔自治区博物馆藏）。

4－78 1959年新疆民丰北大沙漠东汉墓出土男裤，白粗布面，裤脚绿地茱萸纹绣，长31.5厘米，宽33厘米，裤全长115厘米，宽66厘米，裆长13.5厘米。

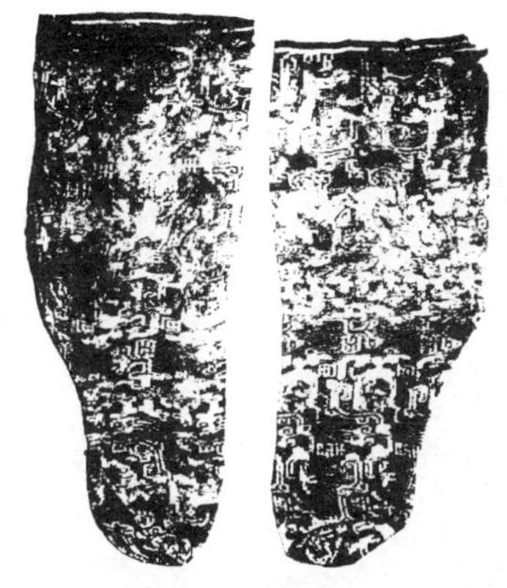

4－79　1959 年新疆民丰北大沙漠第 1 号墓出土东汉“延年益寿大宜子孙”锦男袜，长 43.5 厘米，宽 17.5 厘米，脚部宽 11 厘米。

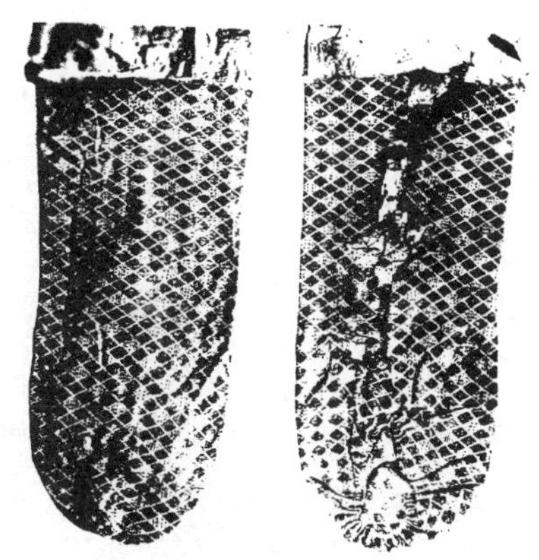

4－80　1959年新疆民丰北大沙漠第1号墓出土菱格阳字纹锦女袜，长 37 厘米，宽 14 厘米。

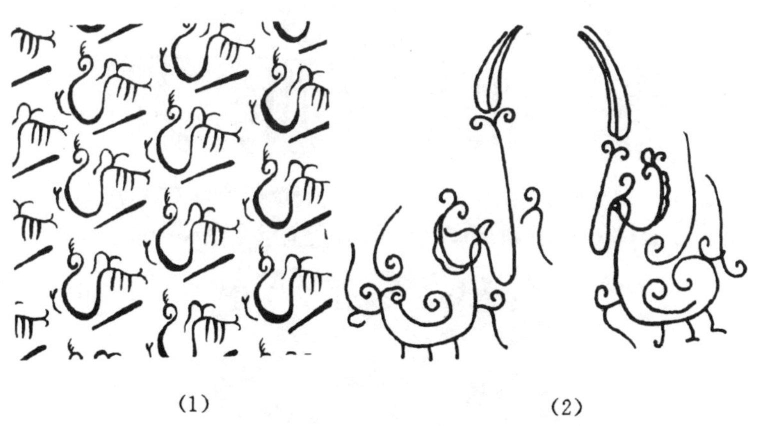

（1）　　（2）

4－81　（1）北京大堡台西汉燕王刘旦墓出土绛地变体凤纹绣，花纹原大约 12×13 厘米；（2）蒙古共和国诺音乌拉山出土刺绣变体凤纹。

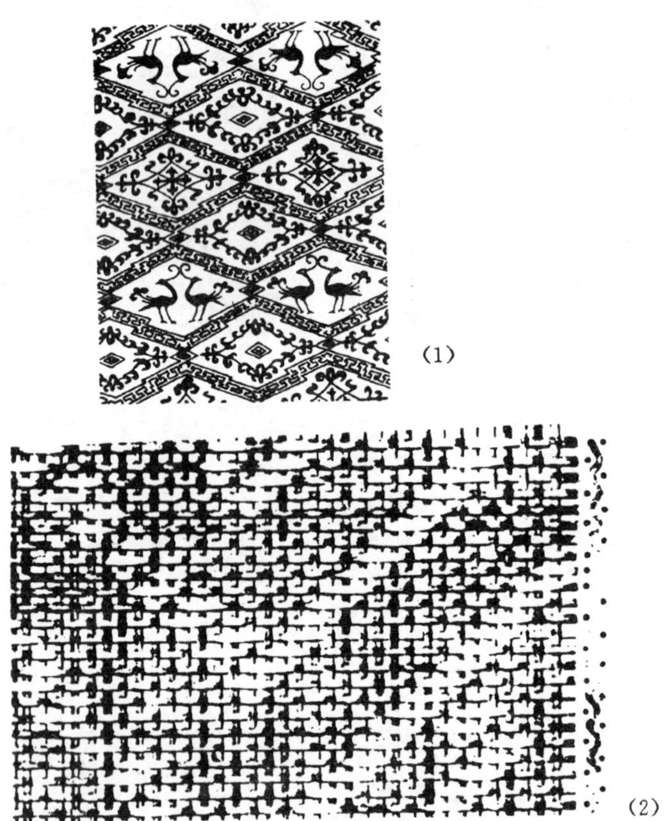

4-82　湖南长沙马王堆一号西汉墓出土黄地几何填花对鸟纹绮。(1)纹样;(2)绮的组织结构,花纹单位15.5×11.7厘米。

4-83　湖南长沙马王堆一号西汉墓出土复合菱纹罗纹样。

4－84　新疆罗布泊楼兰遗址出土东汉“大宜子孙”锦纹样及织物组织图。

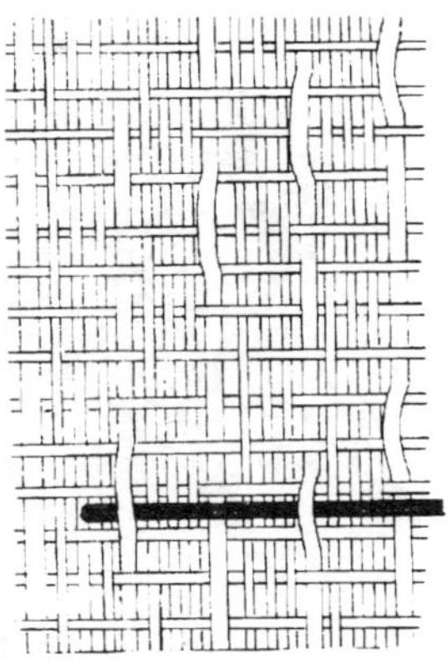

4－85　湖南长沙马王堆一号西汉墓出土绒圈锦，右为绒圈锦组织示意图。

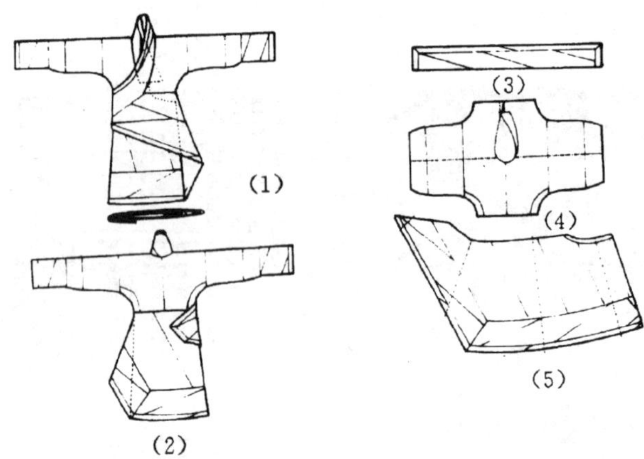

4-86 湖南长沙马王堆一号西汉墓出土曲裾袍裁缝方法示意图。以幅宽 **50** 厘米的汉帛裁制，每件需用帛 **32** 米，约合汉尺 **14** 丈，包括衣里。**(1)**前视；**(2)**后视；**(3)**衣领；**(4)**上衣分片；**(5)**下裳分片。

4-87 湖南长沙马王堆一号西汉墓出土帛画中段。表现轪侯利苍夫人生前情景，夫人脑后束髻，额旁插步摇簪钗，穿云纹刺绣曲裾长袍，翘岐履，夫人前面跪的二人，头戴鹊尾冠，穿直裾袍，夫人后面跟随三女子均穿曲裾袍，头饰相同。

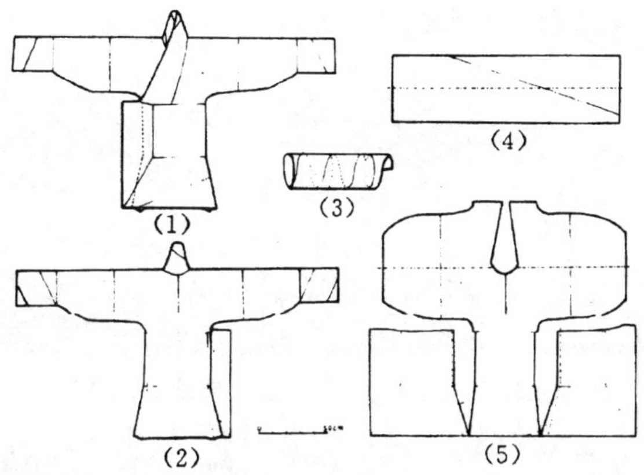

4-88 湖南长沙马王堆一号西汉墓出土直裾袍裁缝方法示意图。以幅宽 50 厘米的汉帛裁制，每件需 23 米，约合汉尺 10 丈，包括衣里。(1)前视；(2)后视；(3)袖缘；(4)衣领；(5)袍身分片。

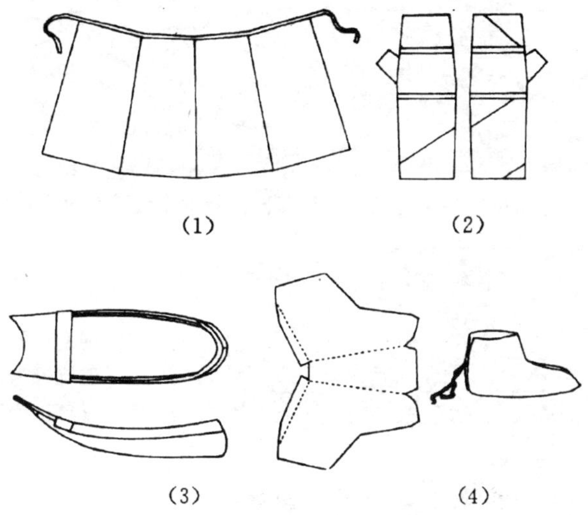

4-89 湖南长沙马王堆一号西汉墓轪侯利苍夫人所穿：(1)单裙；(2)手套(左掌右背)；(3)双尖翘方头履；(4)夹袜。

4-90　湖南长沙马王堆一号西汉墓出土青地红花鹿纹锦纹样。

4-91　湖南长沙马王堆三号西汉墓出土褐地朱红花豹纹锦纹样。

4-92　湖南长沙马王堆一号西汉墓出土孔雀坡纹锦纹样。

4－93　新疆罗布泊楼兰故城遗址出土东汉“长乐明光”锦纹样。

4－94　新疆罗布泊楼兰故城遗址出土东汉韩仁锦纹样(局部)。

4－95　新疆出土东汉豹首龙虎连枝灯纹锦纹样。

4－96　新疆出土东汉熊首麒麟纹锦纹样。

4－97　甘肃武威磨嘴子出土深绛地涡云纹彩色涂料印花绢，花纹单位 **8.9** × **17.5** 厘米。

第六节　秦汉时期的首饰和佩饰

一、发　　饰

(一) 笄、簪、钗、华胜、擿(zhì 音志)

古代妇女一向用笄固定发髻。簪是笄的发展,在头部盛加纹饰,可用金、玉、牙、玳瑁等制作,常常作成凤凰、孔雀的形状。湖南长沙左家圹曾出土秦代一件有 7 叉的骨簪。“华胜”是制成花草之状插于髻上或缀于额前的装饰。汉时在华胜上贴金叶或贴上翡翠鸟毛,使之呈现闪光的翠绿色,这种工艺称为“贴翠”。明清时皇后所戴凤冠仍使用贴翠工艺,又用蓝玻璃料点上加热,使玻璃料熔解附着于首饰上,称为点翠,这两种工艺方法,都可与镶嵌宝石翡翠的工艺媲美。“擿”是将头部做成可搔头的簪子。《西京杂记》记:汉武帝过李夫人,就取玉簪搔头,自此后宫人搔头皆用玉簪。唐人诗云:“婵娟人堕玉搔头。”也指这种簪子。《续汉书·舆服志》:“耳珰垂珠,簪以玳瑁为擿,长一尺,端以华胜。”玳瑁产于我国黄海、东海、南海,热带、亚热带沿海,海龟属,其甲质板呈黄赭色半透明状,可作首饰。古代贵妇发型以高大为美,《后汉书·马廖传》上太后疏中说:“闻长安语云:城中好高髻,四方高一尺;城中好广眉,四方且半额。”当时妇女常于真发中掺接假发梳成高大的发髻,插入数枝笄簪将它固定,也有用假发做成假髻直接戴在头上,再以笄簪固定的,称为“副贰”。还有一种以假发和帛巾做成帽子般的假髻,白天往头上一戴,晚上可以取下来,称为“帼”。《释名·释首饰》谓:“恢廓覆髻上也,鲁人曰頍……齐人曰幌。”把帼戴在头上,两旁用镊横簪以固定之,再插上华胜及篦子。这类假髻的形制,文献资料讲得不具体,可能有很多变化。湖南长沙马王堆一号西汉墓轪侯利苍夫人的发髻(图 4－98),作髻时于真发末端加接假发,梳成盘髻式样,上插 3 支梳形笄,分别为长 19.5 厘米、宽 2 厘米;有 11 个梳齿的玳瑁笄,长 24 厘米、宽 2.5 厘米;有 15 个梳齿的角笄和用 20 支竹签分三束,再在距顶端 1.7 厘米处用丝线缠扎而成的竹笄,笄头有朱绘花纹。前额及两鬓有长宽约 1 厘米、厚 0.2 厘米,涂朱或朱地涂黑、镶金或侧面贴金叶的木花饰品,当时采用金属丝编连起来作额前装饰的华胜。另外还有一个用黑色蚕丝做成的假髻,盛放在一个小盒子里。

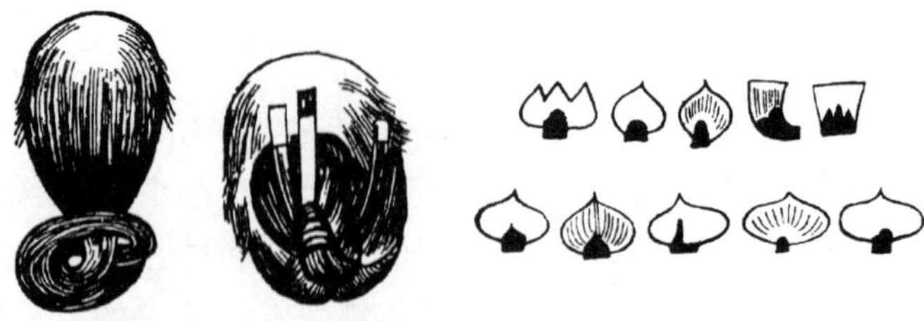

4－98　湖南长沙马王堆一号西汉墓轪侯利苍夫人发髻。上插三支梳形笄,前额及两鬓有长宽约 1 厘米、厚 0.2 厘米、涂朱或朱地涂黑、镶金、侧面贴金叶的木花饰品。

古代梳妆高大的假髻,必有支撑假髻的工具,在四川宝兴瓦西沟东汉墓人架头部出土一件长 12.5 厘米、宽 10.4 厘米呈独脚钗状的铁饰件,上端以两股细铁条横弯成弧形,外有细铁丝缠绕,可能就是一件假髻支撑器。另在湖南衡阳东汉墓发现了双股的银钗,长 19 厘米。

(二) 梳篦

湖北江陵出土几件秦木质彩绘角抵图木篦,马蹄形,上绘三人作角抵戏。在湖南长沙马王堆一号西汉墓出土的梳篦是象牙制成,均作马蹄形,长均 8.8 厘米,宽均 5.9 厘米,梳 20 齿,篦 47 齿,细密均匀。在山东临沂银雀山和湖北江陵纪南城出土的西汉木梳，背平直，上面有4个装饰纽。

（三）步摇冠与步摇簪

《续汉书·舆服志》记皇后服制："假结步摇簪珥，步摇以黄金为山题，贯白珠为桂枝，相缪一爵（孔雀），九华，熊、虎、赤罴、天鹿、辟邪（有翼的狮）、南山丰大特（牛）六兽，所谓副笄六珈者。爵兽皆翡翠为毛羽，金题白珠珰，绕以翡翠为华云。"文中所说的山题，就是额上正面的装饰版，所谓副笄六珈的副，就是覆的意思，珈是加的意思，全文的解析就是覆在头上的假髻用笄固定之外，还要另加熊、虎、赤罴、天鹿、辟邪、牛等六种动物的饰片为饰。再与孔雀、黄金山题、九种华胜及用白珠穿成桂枝般的装饰和白珠做成的耳珰配套，绕以翡翠华云，金碧辉煌。当走动的时候，那白珠桂枝和耳珰随着脚步摇动，能够化静为动，扩大视觉空间，达到更加引人注目，其进一步的发展，就演变为后世的凤冠。《晋书·慕容廆传》记载：魏初燕、代多冠步摇冠，鲜卑族也仿着使用，辽宁北票、朝阳等地发现过北朝花蔓状和花树状的冠顶金饰，走动时就能摇动。

步摇簪是在簪顶挂珠玉垂饰的簪子，《释名》："步摇，上有垂珠，步则摇也。"又《后汉书·舆服志》集解："汉之步摇以金为凤，下有邸，前有笄，缀五采玉以垂下，行则动摇。"

在上古时期，首饰所用的珠，多为玉珠、骨珠。河南郑州铭功路商墓曾出土1000多颗蚌珠，到战国、秦、汉时期，已经大量开采蚌珠。《尚书·禹贡》就有"淮夷蠙珠"的记载。广西合浦县位于南海北部海湾，据汉杨孚《异物志》说："合浦民善游，采珠，儿年十余岁，使教入水，官禁民采珠，巧盗者蹲水底刮蚌，得好珠，吞而出。"（《艺文类聚》卷八四）《后汉书·孟尝传》说到合浦的宰守多贪秽，残苛剥削珠民，珠民逐渐把珠蚌转移到相邻的南越边境去，合浦就不产珍珠了，变得十分贫困。孟尝到合浦采取了许多便民措施,珠民们又慢慢地把珠玤带回合浦养殖,合浦又重新富裕起来。这就是有名的“合浦珠还”的故事。《史记·春申君列传》说春申君有食客三千,上客都穿珠履,这说明珍珠的使用已很普遍。由于珍珠出自海底,所以古人认为它能防御火灾。有些文献中说到有辟尘珠、辟寒珠、夜光珠、记事珠等等,则是一种神秘夸张的说法。

二、耳　　饰

(一) 瑱

《说文》:“瑱、以玉充耳者。”又说:“珥,瑱也。”《长沙发掘报告》记录西汉后期的玉瑱,白色、无光泽,蕈形,一端较大,一端较小,中腰内凹。洛阳浇沟汉墓出土琉璃瑱和骨瑱 19 件,有 12 件是上小下大腰细如喇叭形,中间穿一孔的。色有深蓝、浅蓝、绿等,半透明。另有 7 件中部如喇叭形而上端成锥状,下端成珠状,身上无孔,无色透明像玻璃。

(二) 珰

《释名·释首饰》:“穿耳施珠曰珰。”汉末建安时代的《孔雀东南飞》描写女主人鸡叫起身,“著我绣裌裙,事事四五通,足下蹑丝履,头上玳瑁光。腰若流纨素,耳著明月珰”。明月珰从字义可知是圆形发光的饰物。贵州黔西东汉墓出土两件以银片制成的圆球状耳铃,下端开口,上端背上焊有直径 1.2 厘米的小圆

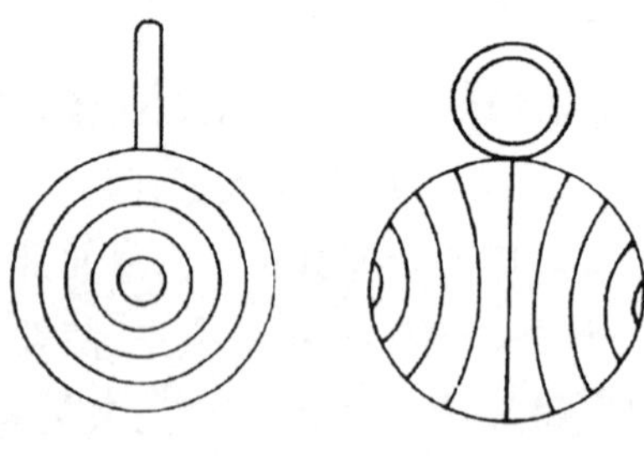

4-99　贵州黔西林泉东汉墓出土小银铃。

环,称它为明月珰未尝不可。河南洛阳浇沟汉墓曾出土喇叭形玻璃耳珰,故宫博物院也有收藏。日本原田淑人在《汉六朝的服饰》中收有耳珰照片,为凹腰圆筒形,下面带有小铃(图 4 - 99、4 - 100)。

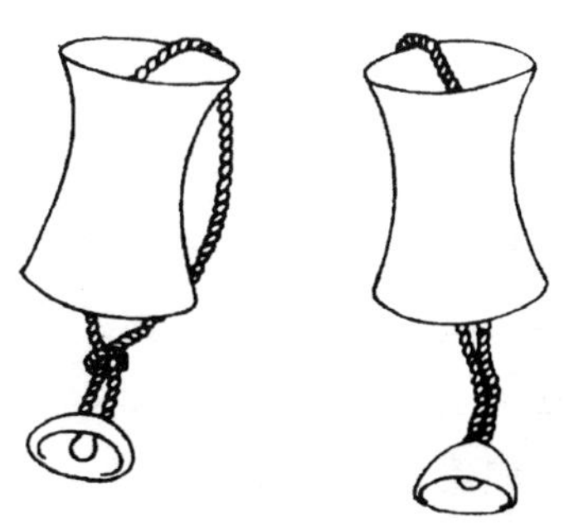

4 - 100　选自[日]原田淑人《汉六朝の服饰》插图,缀有小铃的耳珰。

(三) 耳环(玦)

我国穿耳戴环的风俗古已有之。秦汉时期汉族地区耳环出土不多。《南史·林邑国传》:“穿耳贯小环,自林邑、扶南诸国皆然。”考古发现古代西南少数民族戴耳环,1972 年在云南江川李家山古墓出土 16 副玉耳环,每副玉片数不等,有的多达 20 余片。云南晋宁石寨山第三次发掘,在一座墓中发现石耳环 14 片,7 片相叠为一组,14 片正好是一副耳环。该地出土青铜装饰人物中,戴大耳环的形象也常发现。

(四) 耳坠

辽宁西丰乐善乡西岔沟西汉匈奴墓出土不少耳坠，但每墓只出一件，通常以两根金丝拧成双股绳状，至尽端分开，一股弯曲成钩，以便挂在耳上，另一股则锤成为扁叶状，用以遮蔽耳孔。内蒙古自治区准格尔旗西沟畔西汉匈奴墓出土金玉耳坠，金珰上饰兽纹，玉饰镂雕变体龙虎纹，黄金与白玉交辉，极其精美。

三、颈　　饰

在广西合浦西汉墓曾出土玛瑙珠的项链。云南晋宁石寨山13号西汉滇王王族墓及广西汉墓曾出土玛瑙璥珠，串起来也都是颈饰。石寨山13号西汉墓出土的玛瑙串饰由16件腰圆形璥管串成，其中有一颗璥管上有10道白色平行线，是用蚀花法加工而成，方法是用一种植物嫩叶与石碱捣成浆液，画于已磨光的璥管上加热处理而成。石寨山西汉滇王王族墓还出土由绿玉璥和绿玉珠串成的颈饰，以及由形状不规则的绿松石及孔雀石制成的串饰。云南江川李家山滇王族墓有的用玉石串饰覆盖尸体，覆盖面长达1米多，宽为60至70厘米。广东徐闻东汉墓出土的玉串饰，由83颗大小长短不一的玉璥管串成。

4-101　湖南长沙五里牌出土，东汉金珠佩饰。

加工精美的金质项链在湖南长沙五里牌东汉墓出土，由三种不同形状的193颗金珠串成（图4-101）。第一种50颗是由细小如苋菜籽的金粒分3圈粘聚而成，靠近中圈的金粒稍大；第二种23颗是用小金管连结而成的连管珠；第三种119颗是八角形的珠，此外还有一个花穗形金坠。与此同时还出土11个球形饰件，内有4件是以12个小金丝环相拉，在环与环之间又附着3粒小圆珠，有6件系在小金球上再以金丝缀饰，并镶有圆珠，再有一件为镂空的多角形。

湖南衡阳苗圃出土的椭圆形金珠，珠外用金丝组成精美的花纹，同时还出土水晶、琥珀、玛瑙的小珠和用水晶、琥珀、玛瑙制作的狮、兔、鸟等，当初很可能是串在一起的。

1954年在合肥西郊乌龟墩出土一件高2.3厘米，最宽处1.5厘米的小金牌，中心以金丝盘出“宜子孙”三字，周边焊有小金粒联珠线纹，当为一件金坠饰。

四、臂　饰

西汉时的手镯，从云南省晋宁石寨山滇王族墓出土的有玉环及金、银、铜镯，从云南江川李家山出土的有铜嵌绿松石手镯。湖南长沙五里牌东汉墓出土的4个金手镯中，有一个用多根细金丝交织而成的绹绳形手镯，已近似现代“鳝鱼骨”式手镯。

五、指　环

两汉时以金、银制作指环，在湖南长沙、零陵，广东广州、增城等地出土。湖南长沙杨家岭出土西汉银指环3只，圆圈表面作棱角突出，两边密饰斜线纹。长沙五里牌出土东汉前期金指环10只，内有4只嵌有绿松石（图4－102）。湖南省零陵出土3只东汉鎏金指环，俗称“镀环”。广东出土东汉指环，有的嵌有宝石。吉林榆树大坡老河汉墓还发现了金护指，系保护指甲之用。

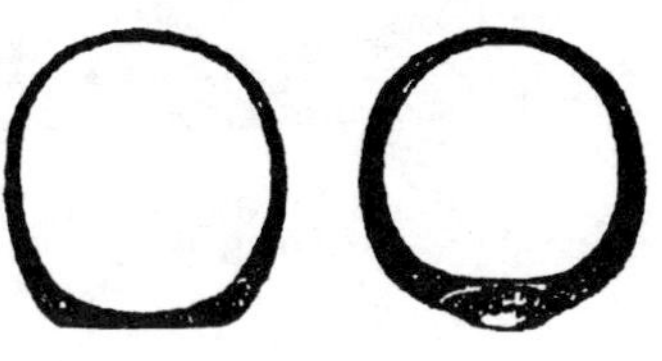

4－102　湖南长沙五里牌汉墓出土金指环。

六、带钩、带扣、带镭

有关带钩的功用和形式，本志已在第三章中叙述。两汉时期，汉式带钩多为封建贵族所专用，材质珍贵，工艺更趋精巧，例如1954年在广州市出土的西汉玻璃料带钩，长7.8厘米，螳螂型，晶莹透明。1984年广州市南越王赵昧墓（西汉早期）出土玉龙虎带钩，长19.5厘米，宽4.1厘米，通体琢浮雕变体龙虎纹。同墓出土玉龙附金带钩，玉龙作∽形变体，龙尾嵌套金质带钩，通长14.4厘米，制作极为精美。1968年在河北满城汉中山靖王刘胜墓出土的玉带钩，长短不一，最长者仅6厘米。

在内蒙古等地出土的古代匈奴、东胡铜带扣和带镭，多作斗兽纹浮雕为饰，猛兽相噬，气氛极为紧张凶猛，具有极大的力度和动感，而艺术风格粗犷质朴（图4－103至4－108）。

4－103　1956年内蒙古准格尔旗出土3人奏乐带钩。

4－104　云南晋宁石寨山出土汉代银错金带扣。

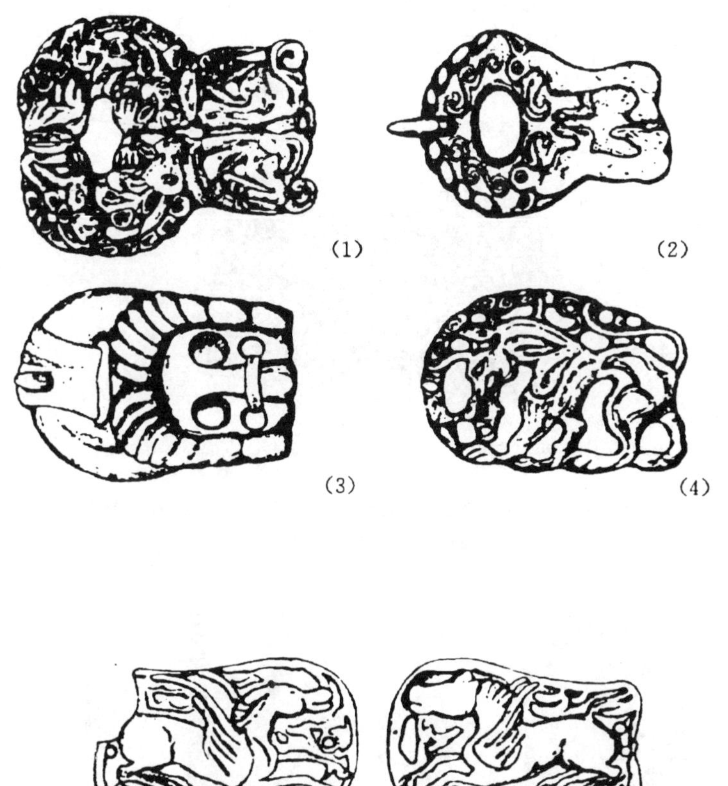

(1)　(2)　(3)　(4)　(5)

4-105　古代北方游牧民族带镭。(1)纽约大都会艺术博物馆藏蒙古出土金带镭;(2)内蒙古准格尔旗西沟畔出土铜带镭;(3)内蒙古陈尔虎旗出土铜带镭;(4)辽宁西丰西岔沟出土铜带镭;(5)满洲里市扎赉诺尔鲜卑墓出土鎏金铜带镭。

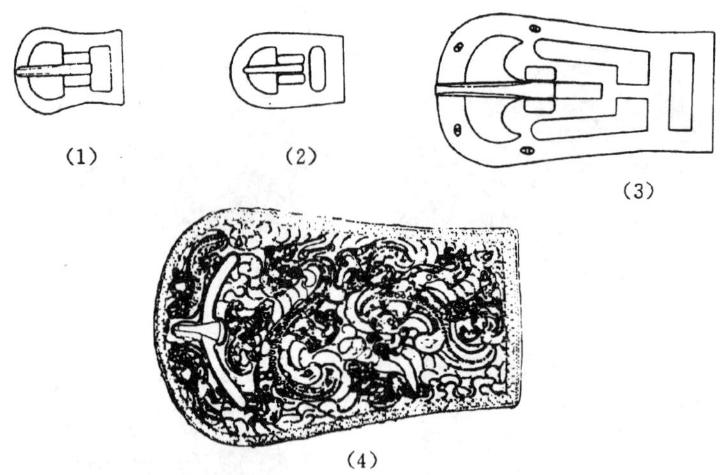

4-106 汉代带扣。(1)满城2号墓出土；(2)广西西林普驮铜鼓墓出土；(3)满城1号墓出土；(4)乐浪9号墓出土。

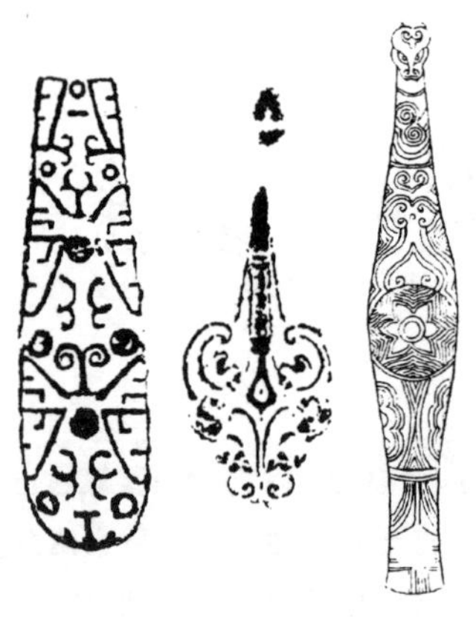

4-107 汉代铜带拓片。

4-108 (1)汉代变形兽涡纹嵌石金错带钩；(2)汉代禽虺纹金银错带钩。

七、佩　　玉

汉代出土的佩玉，以观赏性佩玉为多，制作极其精美，本书收入的有广州出土的西汉早期镂空龙纹玉环、龙凤纹玉套环、镂空玉佩、兽首衔璧玉饰。河北定县西汉晚期墓出土双凤玉系璧、玉龙形环。河北满城西汉早期中山靖王刘胜墓出土镂雕双螭龙纹玉縠璧、鸡心空心玉佩。陕西兴平西汉茂陵出土玻璃璧。江苏铜山小龟山西汉中期墓出土龙形玉觿(xī音希)。江苏扬州西汉晚期妾莫书木椁墓出土的舞人玉佩等代表性文物。

第五章　魏晋南北朝时期的服饰文化

第一节　魏晋南北朝时期服饰文化的背景

秦、汉帝国曾经以政治上强大的向心力使服饰文化在传承商、周服制的基础上，吸收融合春秋战国时期各诸侯国服饰文明之所长，至东汉明帝厘定了适应封建政治理想的封建服饰制度，对后世封建服饰文化产生了重大的影响。

汉朝立国 400 年后，皇室衰微。经过三国鼎立，两晋王族之争，内部分崩离析，徙居华北边境的游牧民族匈奴、羯、鲜卑、羌、氐先后入主中原，建立了 10 多个小王朝，即历史上所称的“十六国”（包括 13 个少数民族小王朝和 3 个汉族小王朝）。

公元四世纪至六世纪，中国处于混乱的南北朝时期，战争和民族大迁徙促使胡、汉杂居，南北交流，来自北方游牧民族和西域的少数民族文化与汉族文化相互碰撞、相互影响，促使中国服饰文化进入了一个发展的新时期。

第二节　汉、胡服饰文化的传移

南北朝时期的胡、汉服饰文化，是按两种不同的性质和方向互相转移的。其一是属于统治阶级的封建服饰文化,魏晋时基本遵循秦、汉旧制;至南北朝,一些少数民族首领初建政权之后,鉴于他们的本族习俗穿着不足以炫耀其身份地位的显贵,便改穿汉族统治者所制定的华贵的服装。尤其是帝王百官,更醉心于高冠博带式的汉族章服制度,最有代表性的便是北魏孝文帝的改制。北魏孝文帝太和十年(486年)帝始服衮冕;太和十八年(494年)改革其本族(鲜卑族)的衣冠制度。公元495年接见群臣时他就班赐百官冠服,用以更换胡服。其二是在实用功能方面比汉族统治者所穿高冠博带式的传统章服优越的胡服向汉族劳动人民转移,魏孝文帝曾命令国人都穿汉服,但鲜卑族的劳动百姓不习惯于汉族的衣着,有许多人都不遵诏令,依旧穿着他们的传统民族服装。官员们“帽上着笼冠,袴上着朱衣”,连魏孝文帝的太子也私着胡服,从洛阳逃回平城,后被废为庶人。这是由于服装是民族传统文化的象征,有民族的习惯性,尤其关键的是他们原来的服装样式比汉族服装紧身短小,且下身穿连裆裤,便于劳动,这种服装是鲜卑族人民在长期劳动中形成的,魏孝文帝在推行汉化中不但未能使鲜卑服断其流行,鲜卑服反而在汉族劳动人民中间得到推广,最后连汉族上层人士也穿起了鲜卑装。其根本原因,就是北方胡族服装便于活动,有较好的劳动实用功能,因而对汉族民间传统服装产生了自然传移的作用。在同一时期,西域各国商民来到中国经商,在中国归附定居的也不少。北魏杨衒之在《洛阳伽蓝记》曾谈到当时“自葱岭(帕米尔高原)以西,至于大秦(罗马),百国于城,莫不欢附。胡商贩客,日趋塞下”。“乐中国土风,因而宅者,不可胜数,是以附化之民,万有余家”。南北朝时期这种胡汉杂居,来自北方游牧民族和西域的异质服饰文化与汉族传统服饰文化并存和互相影响的情形,构成了中国南北朝时期服饰文化的新篇章(图5-1至5-3)。

(1)

(2)

5-1　(1)河南邓县北朝墓模印彩画像砖中的平肩舆,舆夫穿裤褶,为胡服;(2)大同北魏司马金龙墓朱漆彩绘屏风中的平肩舆,乘坐者穿冕服,舆夫戴漆纱冠,大袖襦,大口缚裤,皂靴,为汉化前的服装。

5-2　北魏宁懋暨妻郑氏墓窟画像。男戴笼冠，曲领大袖衣，裙裳，笏头履，大带，笼冠旁插簪导，并有饰物自冠顶弯曲至额前；侍女梳双鬟髻，穿大袖襦裙，外套裲裆，腰束绅带，穿笏头履，反映了魏孝文帝提倡汉化后的服装风格。

5-3　列帝图中的陈文帝。戴高顶帽，又名白纱帽，披皮裘，背后侍女梳双鬟髻，交领大袖衫，高齿履。

第三节　裤褶、裲裆、半袖衫的流行

(一) 裤褶

裤褶原是北方游牧民族的传统服装,其基本款式为上身穿齐膝大袖衣,下身穿肥管裤。这种服装的面料,常用较粗厚的毛布来制作。西汉每年赐匈奴酋长大量丝织品缯帛,但匈奴人在游骑中易于被草棘刮破,不如毛布结实,《史记·匈奴列传》讲到“其得汉缯絮,以驰草棘中,衣袴皆裂敝,以视不如旃裘完善也”。骑马奔驰穿较短的上衣自然也更方便。秦汉时期,汉族人也穿裤和短上襦,合称“襦裤”,但封建贵族必于襦裤之外加穿袍裳,只有骑者、厮徒等从事劳动的人为了行动方便,才直接把裤露在外面,上身甚至不穿上衣。封建贵族是不得穿短上衣和裤外出的。到了晋代,这种习惯起了变化,据《晋书·舆服志》记载,把袴褶定为“车驾亲戎中外戒严之服,无定色。冠黑帽,缀紫标,以缯为之,长四寸,广一寸”。腰用络带(即以丝线编织的较厚的带,于带头装有带扣)以代鞶带。《急就篇》颜师古注褶字说:“褶,重衣之最在上者也。其形若袍,短身而广袖。一曰左衽之袍也。”左衽是北方少数民族和西域胡人的衣服款式,与汉族传统以右衽为习尚不同。南北朝的裤有小口裤和大口裤,以大口裤为时髦,穿大口裤行动不方便,故用三尺长的锦带将裤管缚住,称为“缚裤”。《三国志·崔琰传》记载魏孝文帝为世子时,穿了裤褶出去打猎,有人谏劝他不要穿这种贱服。而到晋朝裤褶就规定为戒严之服,天子和百官都可以穿。《宋书·帝纪》说宋后废帝(刘昱,473—476年)就常穿裤褶而不穿衣冠。《南史·帝纪》则说齐东昏侯把戎服裤褶当常服穿。在后魏朝服都穿裤褶,《梁书·陈伯之传》中记载着一首当时人讽刺后魏服式的诗曰:“帽上着笼冠,袴上着朱衣;不知是今是,不知非昔非。”反映了当时的衣着情况。此时,汉族上层社会男女也都穿裤褶,用锦绣织成料、毛罽等来制作,脚踏长靿靴或短靿靴。南朝的裤褶,衣袖和裤管都更宽大,即广袖褶衣、大口裤,这种形式,又反过来影响了北方的服装款式。

(二) 裲裆

裲裆也是北方少数民族的服装,其初是由军戎服中的裲裆甲演变而来。这种衣服不用衣袖,只有两片衣襟,其一当胸,其一当背,后来称为“背心”或“坎肩”。裲裆可保身躯温度,而不使衣袖增加厚度,以使手臂行动方便。也是男女都用的服式。《玉台新咏·吴歌》讲到“新衫绣裲裆,连置罗裙里”。妇女裲裆,往往加彩绣装饰。起初妇女都在里面穿裲裆,《晋书·舆服志》曰:“元康末,妇人衣裲裆,加于交领之上。”就是把裲裆穿在交领衣衫之外(图 5－4)。

5－4　河南邓县南北朝画像砖墓墓门壁画。小冠(平巾帻)、两裆铠、执仪剑门官。

(三) 半袖衫

半袖衫是一种短袖式的衣衫,《晋书·五行志》记载魏明帝(227—253 年)曾着绣帽,披缥纨半袖衫与臣属相见。由于半袖衫多用缥(浅青色),与汉族传统章服制度中的礼服相违,曾被斥之为“服妖”。后来风俗变化,到隋朝时,内官多服半臂。南朝文吏也穿窄袖直襟衫或连衣衫。

裤褶、裲裆、半袖衫都是从北方游牧民族传入中原地区的服饰,经过群众生活实践的优选，由于它们具有功能的优越性而为汉族人民所吸收，从而使汉族传统的服饰文化更加丰富(图 5－5)。

5－5 美国波士顿美术馆藏北齐校书图。男士裹巾，有的穿半袖衫，有的插笔于髻，穿裲裆，或戴肚兜，女梳双丫髻，小衫长裙，肩上披有帔巾。

第四节 筒袖铠、两裆铠、明光铠

《太平御览》卷三五三引诸葛亮《作刚铠教》："敕作部皆五折刚铠"(甲片经五次叠锻而成)。曹植《先帝赐臣铠表》，列举了黑光铠、明光铠、两裆铠、环锁铠、马铠等名目(《北堂书钞》卷二一引)。

西晋军队的甲胄主要为筒袖铠，把胸背甲片连缀在一起，肩部有不长的筩袖，护头的兜鍪两侧有护耳，前额正当眉心处稍有下突，顶部中心竖有长缨，此式传为诸葛亮时创制，实则东汉时已有之。

南北朝流行两裆和明光铠，两裆只在前胸后背有两片甲在肩部用带系连，腰上束带。明光铠在胸背部由左右两片近椭圆形的护组成，这种护很像镜子，于阳光下有闪烁的反光，故名。马铠(具装、具装铠)用以周密地防护马头及马身,当时骑兵着两裆甲,马披具装,步兵很少穿甲。南北朝末年明光铠渐盛,至隋代明光铠取代了两裆甲(图5-6至5-10)。

5-6 北朝陶俑 河北景县封氏墓出土。(1)戴小冠(平巾帻),穿裤褶,披两裆铠武士;(2)戴胄,执盾,披明光铠,穿裤褶武士;(3)束巾子,穿裤褶仆从;(4)穿风衣风帽的文吏;(5)戴平巾帻,穿裤褶的文吏。

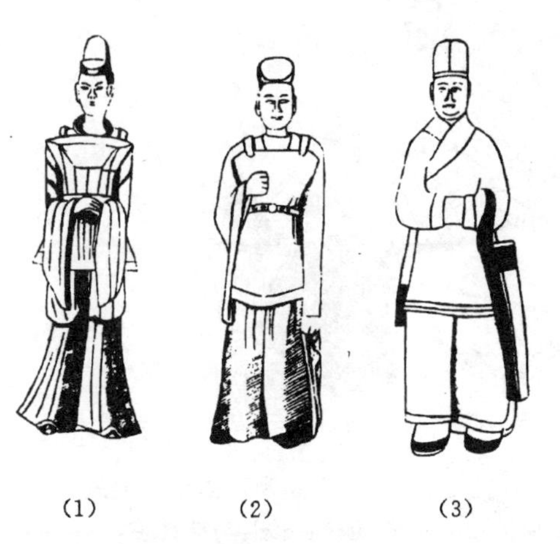

5-7 (1)中国历史博物馆藏南北朝文侍俑,穿大袖褶衣,舒散式大口裤(裙裤),披裲裆衫、戴平巾帻;(2)上海博物馆藏南北朝文侍俑,穿红色裲裆衫,白大口裤,戴平巾帻;(3)西安草厂坡出土持弓武士俑,戴合欢帽,穿裤褶。

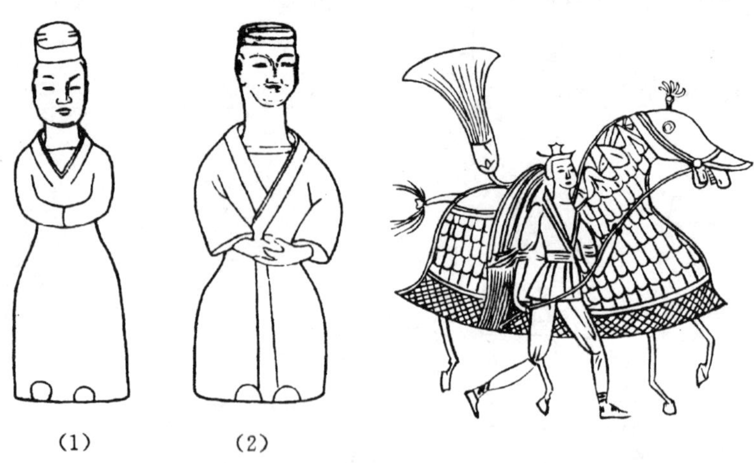

5-8 (1)南京石子岗出土东晋戴平巾帻，穿连衣裙的文吏；(2)南京小洪山出土南朝戴平上帻，穿直襟袍的文吏。

5-9 河南邓县彩画砖，牵马士卒穿紧身衫，小口缚裤，披两裆，马披具装。

5-10 敦煌莫高窟西魏洞窟壁画。战士穿圆领对襟半长袖战袍，小口裤，头戴有护颈的盔帽，顶插飞缨，马披具装。

第五节　冠帽形制的变迁

魏晋南北朝时期统治阶级的冠冕制度，虽然承袭汉代遗制，但形制却有一些演变。

首先是巾帻的后部逐渐加高，中呈平型，体积缩小至顶，称为平巾帻或小冠，小冠非常流行。在小冠上加笼巾，称为笼冠，用黑漆细纱制成，故也称漆纱笼冠。

当时还有叫作高顶帽的，《隋书·礼仪志》记梁代"帽自天子，下及士人通冠之，以白纱者名高顶帽，皇太子在上者则乌纱，在永福省则白纱，又有缯皂杂纱为之，高屋下裙，盖无定准"。《晋书·舆服志》说："江左时野人已著帽，人士往往而然，但其顶圆耳，后乃高其屋云。"

实际有好几种形式，有的带有卷荷边，有的挂有下裙，有的带纱高屋，有的带有乌纱长耳。

公元七世纪后周流行一种突骑帽，垂裙复带，可能就是胡人所戴的风帽。

第六节　文士的服饰风尚

魏晋以来，社会上盛传的玄学和道、释两教相结合，酝酿出文士的清谈之风，他们崇尚虚无，蔑视礼法，放浪形骸，任情不羁。在服饰方面，他们穿宽松的衫子，衫领敞开，袒露胸怀，南京西善桥出土的竹林七贤砖刻，便是当时文士服饰的写照，反映了社会意识和服装形式的内在的关系（图 5－11、5－12）。

5－11 南京西善桥出土的南朝砖刻画《竹林七贤》中的嵇康和阮籍。

5－12 孙位高逸图，用带子结扣的帔子，戴乌纱卷裙帽，靠坐于稳囊憩息。

第七节　妇女服装的演变

魏晋时期妇女服装承继汉代遗俗并吸收少数民族服式，在传统基础上有所发展。一般上身穿衫、襦，下身穿裙子，款式多上敛下舒，衣身部分紧身合体，袖筒肥大。裙多褶裥裙，裙长曳地，下摆宽松，从而达到俊俏潇洒的效果。并且加丰盛的首饰，反映出炫华靡丽之风，《续汉书·舆服志》记叙妃嫔的助蚕服，“纯缥上下深衣制，大手结(髻)、黑玳瑁，又加簪珥”。大手髻就是在自己头发的基础上，接上一些假发为髻。黑玳瑁的形制，《续汉书·舆服志》里没有明说，《晋书·舆服志》叙三夫人九嫔妃的首饰时，说到“大手髻、七镆(钿)蔽髻、黑玳瑁，又加簪珥”。钿是掩饰头髻的短腿簪子，用黑玳瑁制作。公卿、列侯、中二千石、二千石夫人的衣服相同，头戴绀色丝帛装饰的帽状假髻“帼”，插一尺(33厘米)长的簪珥，簪珥的头部饰黄金龙首口衔白珠，或鱼须形的擿(耳挖簪)为饰。郊庙祭服穿黑色深衣，蚕祭穿缥(浅青)色深衣。一般妇女也使用假发作各种发式，如灵蛇髻、飞天髻(均系在头顶梳出一些发环使作凌空摇曳之状)，盘桓髻(以头发反复盘桓然后作髻)、十字髻(头顶作十字形髻，余发下垂过耳)等等。有的更将假发装在头上以增加其高度，有的使之自然危、邪、偏、侧，以表现妩媚的风姿。乐府诗《日出东南隅行》：“秦氏有好女，自名为罗敷，……头上倭堕髻，耳中明月珠。”南朝徐陵《玉台新咏·序》：“妆鸣蝉之薄鬓，照堕马之垂鬟。”就是这类髻型的写照。发髻上再饰以步摇簪、花钿(用金、银、珠、玉等作成的花朵形，用以掩饰头髻的短腿簪子)、钗、镊子，或插以鲜花。少女则梳双髻或以发覆额。女子还戴巾子，即晋陆翙《邺中记》所说石季龙常以女骑千人为卤簿，皆著紫纶巾，熟锦袴，金银缕带、五纹织成靴。

传统的深衣，在魏晋时男子已少有服用的，女子深衣在下摆部位加襳髾。在衣服下摆施加一些相连接的尖角形装饰，就称为髾。在深衣腰部加围裳，从围裳伸出长长的飘带，称为襳。这种装饰始于东汉，走动时可以起助长动姿的作用。这种形式的出现，也和中国丝绸原料轻柔的质感有关。南朝宋、齐皇后谒庙穿袿(guī 音圭)襡(shǔ

音蜀)大衣,用刺绣加金银为饰,《释名·释衣服》:“妇人上服曰袿,其下垂者,上广下狭,如刀圭。”这种形式在传统绘画中可以看到。《隋书·礼仪志》六说:“袿襴大衣,盖嫁衣也。”可见已更普及。袿衣前面结带,长长下垂(图 5－13 至 5－16)。

(1)

(2)

(3)

(4)

(5)　(6)　(7)

5－13　南北朝时期流行的衣裙。(1)西安草厂坡出土北魏女俑;(2)西安草厂坡出土北魏弹唱女俑;(3)南京石子岗出土东晋女俑;(4)南京幕府山出土南朝女俑;(5)河北景县北朝封氏墓出土女俑;(6)南京西善桥六朝墓出土陶俑;(7)敦煌莫高窟西魏285窟女供养人。(1)(2)梳十字大髻、肩上戴帔(为唐之晕帔,宋之霞帔的先声);(3)发上加巾子,穿长方领窄袖束腰连衣裙;(4)梳十字大髻加巾子,穿窄袖长方领紧身短衫,长裙;(5)戴笼冠,交领窄袖衫,高腰长裙;(6)作鸦鬟高髻,交领宽袖连衣裙;(7)鬟发垂髾,大袖衫,腰裙内衬长裙。

(1)

(2)

5-14 (1)高句丽双楹冢羡道东壁行列图及美人图，穿对襟镶宽缘上衣、百褶裙的女子；(2)辽宁辑安舞俑冢（公元三至五世纪）壁画，左第一人戴折风帽、插雉羽，穿曲襟上衣、长裤；第二人穿对襟袍。

(1) (2)

5-15 东晋顾恺之《女史箴图》中的汉族贵妇服装。(1)梳高髻，头上戴金枝花钗，穿广袖襦，拖地长裙，腰间有腰袱，绅带长垂；(2)梳双堕髻，顶插金枝花钗，穿襦衫，下着红双裙，系于衣外，绅带下垂。

5－16　山西大同北魏司马金龙墓彩漆屏风画中穿汉化衣裙的贵妇。

第八节　魏晋南北朝时期的服饰纹样

魏晋南北朝时期的服饰纹样，见于文献记载的有大登高、小登高、大博山、小博山、大明光、小明光、大茱萸、小茱萸、大交龙、小交龙、蒲桃文锦、斑文锦、凤凰锦、朱雀锦、韬文锦、核桃文锦（见陆翙：《邺中记》）、云昆锦、列堞锦、杂珠锦、篆文锦、列明锦（见王子年：《拾遗记》）、如意虎头连璧锦（见《太平御览》卷八一五）、绛地交龙锦、绀地句文锦（见《三国志·魏书·东夷传》）、联珠孔雀罗（见《北齐书·祖珽传》）等。从这些锦名可知有一部分纹样是承袭了东汉的传统，有一部分则是吸收了外来文化的结果，如联珠孔雀罗等。

再据各地出土南北朝时期的纺织品实物和敦煌莫高窟壁画的纹样来看，大凡东汉式的传统纹样，此时画工和工艺技巧都已不及东汉精美，意味着东汉式动物云气纹已经衰退过时，代之而起的服饰纹样可归纳为如下各种类型：

1．利用圆形、方格、菱形及对称的波状线组成几何骨骼，在几何骨骼内填充动物纹或花叶纹此类纹样在汉代虽已有之，但未成为最主要的装饰形式。且汉代填充的动物纹造型气势生动，南北朝填充的动物纹多作对称排列，动势不大，多为装饰性姿式。汉代填充的花叶多为正面的放射对称型，南北朝填充的花叶纹则有忍冬纹等外来的装饰题材(图 5－17)。

2．圣树纹

是将树形简化成接近一张叶子正视状的形状，具有古代阿拉伯国家装饰纹样的特征，后至公元七世纪初伊斯兰教创立以后，圣树成为真主神圣品格的象征(图 5－18)。

5－17　北朝—隋，方格狮象牛纹锦。原大长 18 厘米，宽 13.5 厘米，新疆吐鲁番阿斯塔那北区 99 号墓出土，同墓出土高昌延寿八年(631 年)文书(新疆维吾尔自治区博物馆藏)。

5－18　新疆吐鲁番阿斯塔那北区 303 号墓出土(同墓出土高昌和平元年，551 年墓志)树纹锦(新疆维吾尔自治区博物馆藏)。

3．天王化生纹

纹样由莲花、半身佛像及“天王”字样组成，按佛教说法，在欲界六天之最下天有四天王，凡人如能苦心修养，死后能化生成佛。

4. 小几何纹及几何填龙凤动物纹

圆圈与点子组合的中、小型几何纹样及忍冬纹和几何填动物纹，此类花纹对日常服用有极良好的适应性，对后世服饰纹样影响很深。从形式上看，也是秦汉时期所未见过的，它的流行当和西域"胡服"的影响有关(图 5－19 至 5－26)。

5－19　新疆吐鲁番出土北凉(401—439 年)几何鸟兽纹锦，花纹单位 12×25 厘米(新疆维吾尔自治区博物馆藏)。

5－20　斯坦因在敦煌莫高窟发现北朝几何填花龙虎朱雀纹绮。

5－21　新疆吐鲁番阿斯塔那北区 303 号墓出土(同墓出土高昌和平元年，551 年墓志)对龙对凤纹绮(新疆维吾尔自治区博物馆藏)。

5－22 新疆吐鲁番阿斯塔那307号北朝墓出土菱格忍冬纹绮，花纹单位长5厘米，宽2.2厘米(新疆维吾尔自治区博物馆藏)。

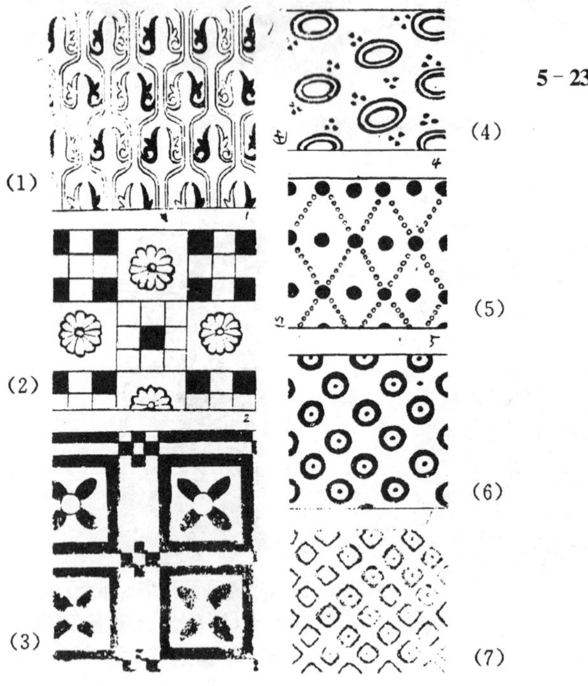

5－23 敦煌莫高窟北朝时期的服饰纹样。(1)254窟北朝壁画人物帔巾纹样；(2)285窟西魏壁画人物帔巾纹样；(3)275窟北魏菩萨靠背方巾纹样；(4)—(7)北魏及西魏壁画服饰中的几何形纹4幅。

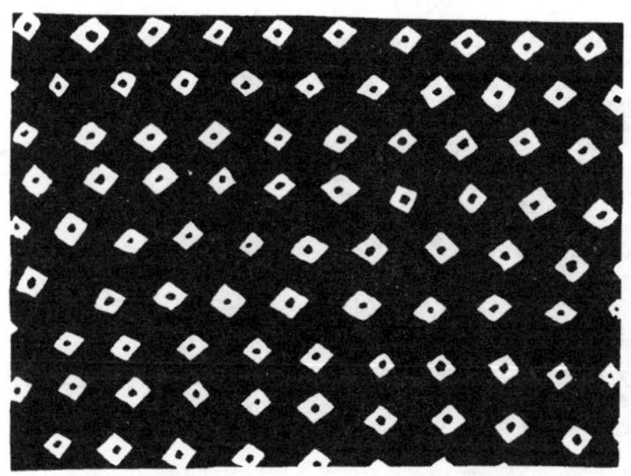

5-24　新疆和田屋于来克古城遗址出土红地方纹绞缬绢，原大8×10.5厘米（新疆维吾尔自治区博物馆藏）。

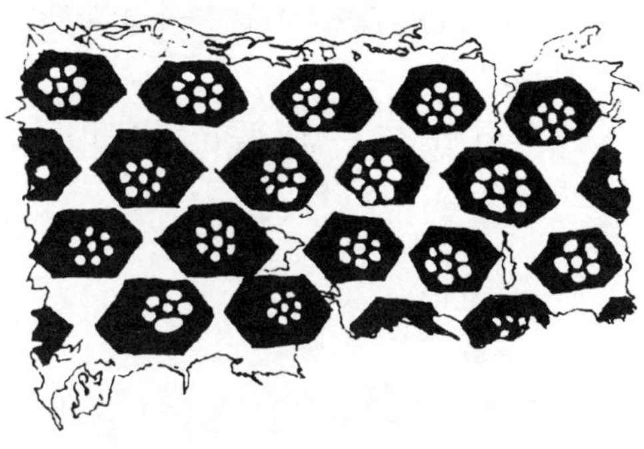

5-25　新疆和田屋于来克北朝墓出土白地蓝花龟背纹印花棉布。原大11×7厘米（新疆维吾尔自治区博物馆藏）。

（1）

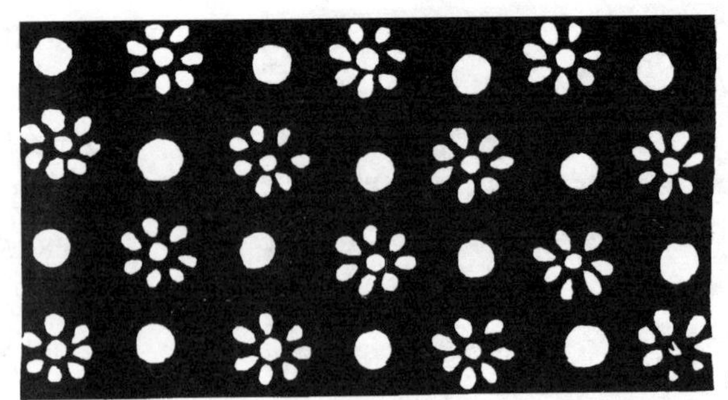

5－26　新疆和田屋于来克古城遗址出土北朝蓝地纺染毛织品。(1)斜纹地,原大 7.5×11.5 厘米;(2)平纹地,原大 5.8×10.4 厘米(新疆维吾尔自治区博物馆藏)。

第九节　魏晋南北朝时期的首饰实物

(一) 发饰

1. 簪钗

魏晋南北朝时期,妇女发髻形式高大,发饰除一般形式的簪钗以外,流行一种专供支承假发的钗子,如贵州平坝南朝墓出土的顶端分叉式银簪银钗,承重的意义大于装饰的意义。在江西抚州晋墓出土的金双股发钗,长 7.5 厘米,一股锥形,一股带钩。湖南资兴南朝墓出土铜双股发钗,双股均作锥形,质朴无华,是作固发用的。

2. 步摇

与高大的发髻相称的金步摇,在内蒙古达茂族西河子北朝墓有实物发现,佩戴方式可与东晋顾恺之《女史箴图》所画形象参照。

3. 梳篦

魏晋南北朝的梳篦出土不多,目前只发现马蹄形素面无纹的梳子。

（二）指环

指环在魏晋南北朝时期流行已较普遍，江苏宜兴晋墓和辽宁北票房晋墓出土的金指环，有环面一头狭一头宽，在宽的环面上凿出点纹的，既可装饰，又可在缝衣时作顶针之用，在江苏宜兴周处墓和广州西郊也曾出土顶针。贵州平坝马场南朝墓出土的银指环，外廓作刻齿状装饰。辽宁北票房晋墓出土的另一件金指环，一端戒面有意扩大成长方形，上凿三个相连的矩形托座，托座上镶嵌着三颗宝石，出土时一颗蓝宝石仍附于托座上，另两颗宝石已残缺。宝石周围也凿有花纹，精美华贵。南京象山东晋早期豪族王氏墓出土一只金刚石戒指，金刚石直径1毫米多，嵌在指环方形戒面上。当时称金刚石为“削玉刀”，认为它“削玉如铁刀削木”。据《宋书·夷蛮传》记载，元嘉五年(428年)和元嘉七年(430年)，天竺迦毗黎国和呵罗单国治阇婆州都曾派使进献金刚指环，则金刚指环是外国入贡的礼品。

在内蒙古凉城县小坝子滩发现了一只戒面雕成兽头形的嵌宝石戒指，呼和浩特美岱村出土一件北魏时戒面铸立狮的戒指，周身用细小的金珠粒镶出花纹，并嵌有绿松石的装饰(图5－27、5－28)。

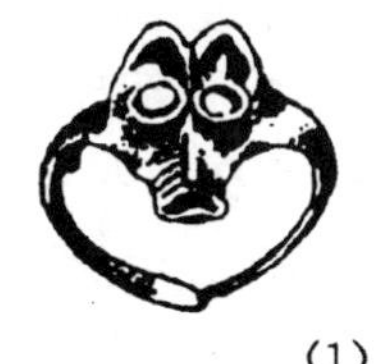

(1)

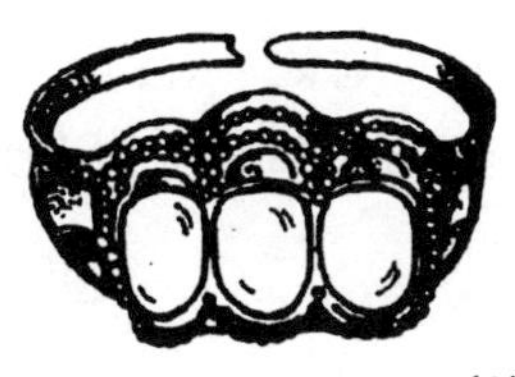

(2)

5－27　晋代金戒指。(1)西晋，兽形金戒指，内蒙古凉城县小坝子滩发现；(2)嵌宝石金戒指，辽宁北票房出土。

（三）耳坠

河北定县华塔废址北魏石函中发现了一对金耳坠，在耳环上挂着5个用细金丝编成的圆柱，圆柱上挂着5个小金球及5片贴石的圆金片，下部为6根链索垂有6个尖锤体，长9厘米多。

5－28 北魏的狮形金戒指，呼和浩特市美岱村出土。

（四）玉双螭鸡心佩

江苏省南京市中央门外郭家山东晋早期墓出土一件长7.1厘米、宽4.6厘米、厚0.4厘米的玉雕双螭鸡心佩，可能是一种颈饰的玉佩。玲珑剔透，设计新巧。

（五）金奔马饰件

1984年6月在内蒙古自治区科尔沁左翼中旗希伯花鲜卑墓出土一件金奔马饰件，高4厘米，长8厘米，链已断，残长13.5厘米，也可能是一种颈饰。

（六）金花饰片和金博山

1981年在山西太原北齐娄叡墓出土一件用金片、金丝、金珠等焊成的金花饰片，繁缛富丽，残长15厘米，可能是一种头饰。金博山是帽饰，为身份和权力的标志之一，辽宁北票县北燕冯素弗墓有实物出土（图5－29）。

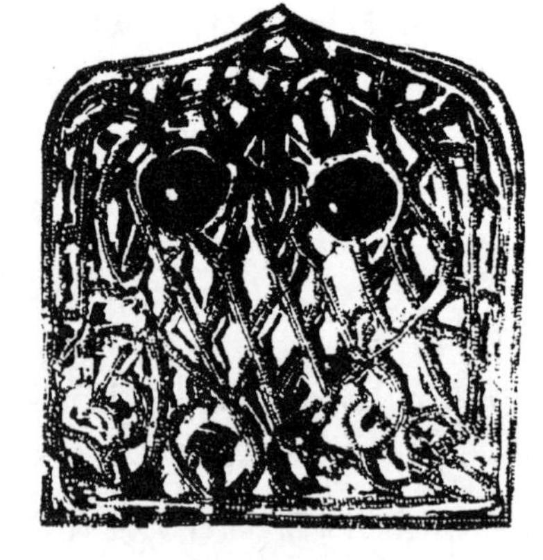

5－29 辽宁北票县北燕时代冯素弗墓出土金博山。

（七）带具

东汉晚期，腰上所束的革带为了佩挂随身实用小器具的方便，在带鞓上再装上銙（kuǎ 音垮）和环，銙环上再挂几根附有小带钩的小带子，这种小带子叫做“鞢䩞”，附有鞢䩞的腰带称为“鞢䩞带”。魏晋南北朝时期的鞢䩞带，头端装有金属带扣，带扣一般镂有动物纹和穿带尾用的穿孔，穿孔上装有可以活动的短扣针。带的尾端装有金属带铊（chá 音茶），带铊较窄，而且是尖头的，可以穿过带扣上的穿孔，再让带扣上的扣针将腰带扣紧。鞢䩞带的形式也是从西北少数民族流传过来的。自南北朝流行开来之后，在中国衣生活中产生了很大的影响，唐代通用之，并且流传到东方邻国。

河北定县北魏太和五年（481 年）石函中发现了银制马蹄形有活动扣针的带扣，方形有鼻钩住小环的银銙，舌形长条银铊尾，均素面无纹，是已知最早的南北朝带具。另在洛阳 24 号西晋墓发现了附有扣针的动物纹镂雕带扣和具有纹饰的带銙。江苏宜兴周处墓发现了一对对称的镂雕动物纹带扣（其中一个附有扣针）、长方悬蹄形带銙、悬心形带銙、悬圆角方牌形带銙及铊尾，带銙和铊尾均镂雕纹饰，是一套完整而华贵的晋代带具，与 1965 年日本《考古学杂志》第五十卷四号刊载京都某氏收藏的一套带具形式基本相同。类似的带扣在广州大刀山东晋太宁二年（324 年）墓、辽宁朝阳袁台子东晋墓、日本新山古坟也有出土。上海博物馆藏有一块镂雕行龙纹白玉残带具，是带扣对面与带扣花纹对称的饰牌，背面有“白玉衮带鲜卑头”字样铭文，和《楚辞·大招》王逸注：“鲜卑，衮带头也”的说法相合，应是战国秦汉带鐍的发展（图 5－30、5－31、5－32）。

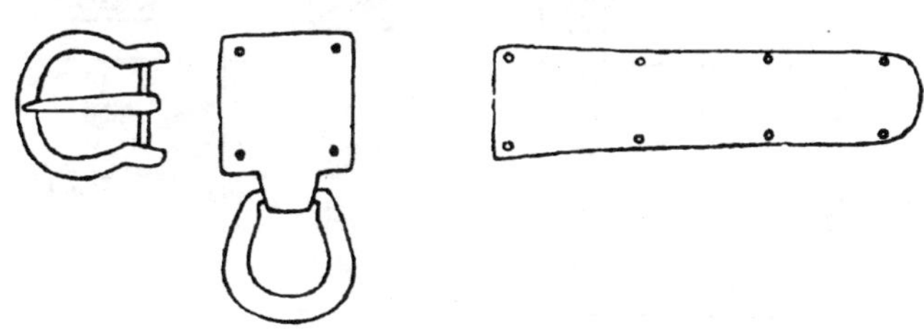

5－30　河北定县北魏石函中出土带具。

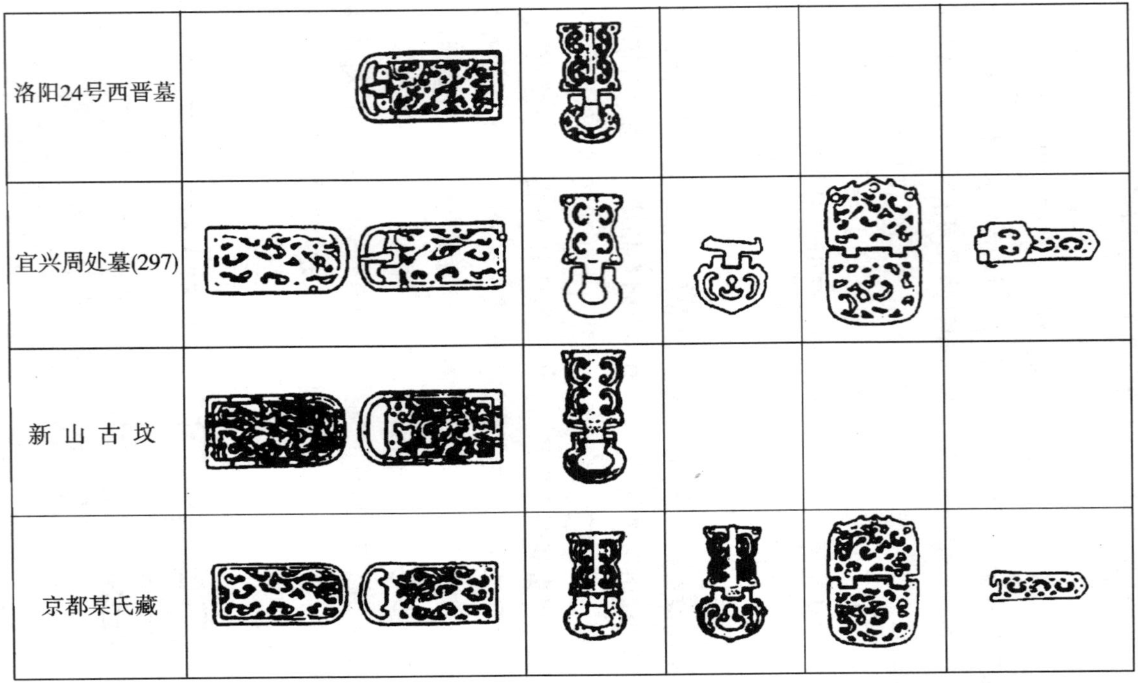

出土地点
洛阳24号西晋墓
宜兴周处墓(297)
新 山 古 坟
京都某氏藏

5－31 河南洛阳24号西晋墓、江苏宜兴周处墓出土带具与日本新山古坟出土和某氏收藏物带具
（转引孙机插图）。

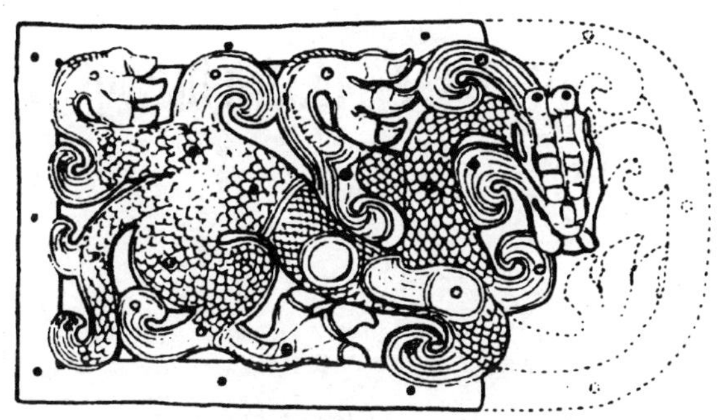

5－32　上海博物馆藏晋式白玉带具(转引孙机插图)。

第六章　隋唐五代的服饰文化

第一节　隋朝的服饰制度

公元 589 年，隋文帝杨坚统一中国，结束了自汉末以来 360 多年分裂的政治局面。隋文帝厉行节俭，衣着简朴，不注重服装的等级尊卑，经过 20 多年的休养生息，经济有了很大的恢复。到公元 605 年隋炀帝即位，崇尚侈华铺张，为了宣扬皇帝的威严，恢复了秦汉章服制度。南北朝时按周制将冕服十二章纹饰中的日、月、星辰三章放到旗帜上，改成九章。隋炀帝又将它们放回到冕服上，将日、月分列两肩，星辰列于后背，从此"肩挑日月，背负星辰"成为历代帝皇冕服的既定款式。隋文帝在位时平时只戴乌纱帽，隋炀帝则根据不同场合戴通天冠、远游冠、武冠、皮弁等。汉代的通天冠样子和进贤冠相近，隋炀帝戴的通天冠，上有金博山等装饰。他戴的皮弁也用 12 颗珠子(琪)装饰(古时用玉琪，隋炀帝改用珠)，并根据珠子的多少表示级位高下，天子皮弁十二琪，太子和一品官九琪，下至五品官每品各减一琪，六品以下无琪。文武官朝服绛纱单衣，白纱中单，绛纱蔽膝，白袜乌靴，所戴进贤冠，以冠梁分级位高低，三品以上三梁、五品以上二梁、五品以下一梁。谒者大夫戴高山冠，御史大夫、司隶等戴獬豸冠。祭服玄衣纁裳，冕用青珠，皇帝十二旒十二章，亲王九旒九章，侯八旒八章，伯七旒七章，三品七旒三章，四品六旒三章，五品五旒三章，六品以下无章。男子官服，在单衣内襟领上衬半圆形的硬衬“雍领”。戎服五品以上紫色，六品以下绯与绿色，小吏青色，士卒黄色，商贩皂色。隋文帝赐大臣束九环金带，官员称“以腰保领”表示对皇帝的拥戴。隋炀帝所定皇后服制有祎衣、朝衣、青服、朱服。大业间（605 至 617 年）宫人流行穿半臂（即短袖衣套在长袖衣的外面），下着十二帔裙，又名“仙裙”（为一种大下摆的长裙）。民间妇女穿青裙。妇女外出戴幂罗，把面部罩住。这类打扮，都吸收融合了南北朝时期的胡服的特色，对唐代女服有很大影响。隋代官员穿北朝裤褶服可以从驾，唐初也可穿朱衣、大口裤入朝，但到贞元十五年（674 年）因裤褶非古礼而被禁止。

隋朝居住在北方西北地区的少数民族多穿小袖袍、小口裤，如《南史》、《北史》、《隋书》等记载：“武兴，本仇池……著乌皂突骑帽、长身小袖袍、小口袴、皮靴。”“高昌……著长身小袖袍、缦裆袴。”“滑国……人皆善骑射，著小袖长身袍。”“渴盘陀国，于阗西小国也……风俗与于阗相类，衣古贝布，著长身小袖袍、小口袴。”“末国，汉世且末国也……土人剪发著氈帽，小袖衣，为衫则开颈而缝前。”“蠕蠕……辫发，衣锦小袖袍、小口袴、深雍鞾……齐建元三年……献师子皮袴褶。”“匈奴宇文莫槐，出辽东塞外……妇女被长襦及足，而无裳焉。”

隋俑多小袖高腰长裙，裙系到胸部以上。发式上平而较阔，如戴帽子，或作三饼平云重叠额部鬓发剃齐，承北周以来“开额”旧制，洛阳出土隋俑和敦煌壁画所见大体如此。如敦煌 390 窟隋代妇女进香图贵妇着大袖衣外披披风或小袖衣，这种衣式早见于敦煌北魏以来佛传故事画中男子衣着，但那是内衣小袖而外衣大袖。衣袖大小正与隋代贵妇服装相反。隋贵妇所披小袖外衣多翻领式。侍从婢女及乐伎则穿小袖衫、高腰长裙，腰带下垂，肩披帔帛，头梳双丱髻。

西安玉祥门外隋大业四年李静训墓，墓主为 4 岁女孩，随葬群俑围立青石棺旁，女俑穿大袖衣、长袍，垂带，发作三叠平云，上部略宽。武卫俑戴胄，着明光铠、大口裤，一手扶步盾。文吏穿裤褶服，外披小袖齐膝衣。

6-1 北京故宫博物院藏隋代文官青瓷俑。戴平巾帻，穿大袖齐膝衫，下穿裙裳。胡须上作菱角翘式，下作尖锐式，与唐代流行垂须，宋代流行五绺须的习尚各异。

武昌周家大湾出土武官俑，穿大袖襦、大口缚袴，虎皮裲裆铠、靴子，头戴介帻，右手执双环刀，胡须一个打成单辫下垂，一个分左右打成两辫分列两旁，这种缠须的风气，源于北方少数民族，至晋朝影响中原，如《晋书》说张华多须，“制好帛缠须”。《南史》说崔文伸献给齐高帝缠须绳一枚。上嘴唇的胡子，则把两端捻成菱角形略微上翘。唐阎立本《步辇图》中唐太宗的胡子，就是这种式样（图 6－1 至 6－13）。

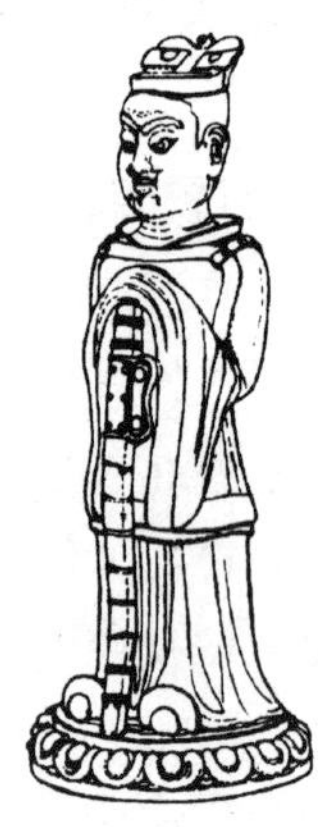

6－2 河南安阳隋张盛墓出土彩绘武官俑。戴平巾帻，穿曲领襦，肥管裤，披两裆甲，执长剑。

6－3 湖北武昌周家大湾出土隋武官俑。戴平巾帻，缠须，穿裤褶、虎皮裲裆、革靴，执环刀。

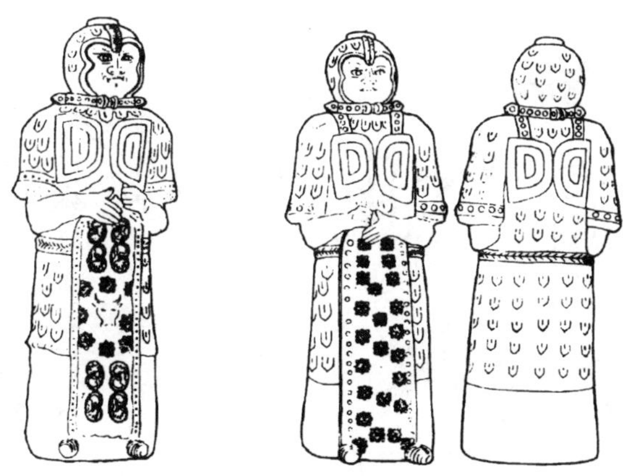

6－4　湖北武昌周家大湾出土执步盾甲士俑。

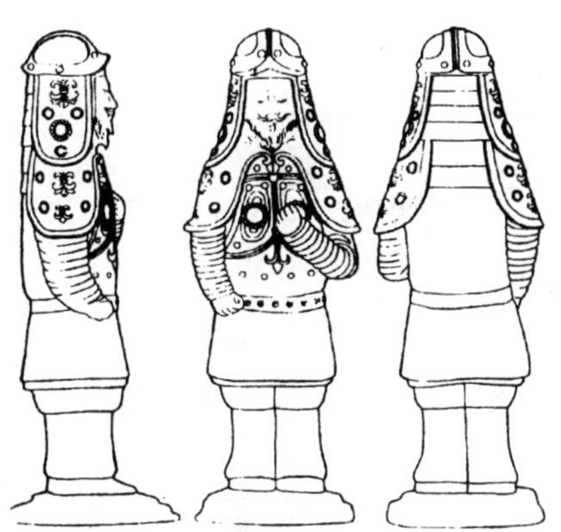

6－5　北京故宫博物院藏隋朝穿裤褶服，戴胄、护颈甲、护肩甲、胸甲、护臂甲的武士青釉陶俑，胡子作上翘式。

6－6　敦煌莫高窟 390 窟壁画隋朝女供养人。主人梳平髻。(左)内穿大袖衫、高胸统裙，外披翻领直襟长袖帔（通袖大襦）;(右)穿翻领窄袖直襟帔，内衬扣肩式统身裙。侍女梳双丫髻，窄袖小衫、衫外穿高胸长裙，肩披帔帛。

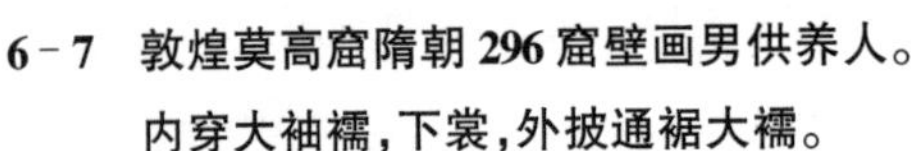

6－7　敦煌莫高窟隋朝 296 窟壁画男供养人。内穿大袖襦，下裳，外披通裾大襦。

6－8　湖北武昌周家大湾隋墓出土女陶俑。穿窄袖衫、裲裆、高胸长裙、笏头履，胸束绅带。

6-9　湖北武昌周家大湾隋墓出土女陶俑。穿广袖交领衫，衫内穿长裙，胸部束绅带，足穿笏头履。

6-10　北京故宫博物院藏隋朝青釉陶舞乐俑。头梳三饼平云髻，额部鬓发剃齐，这是北周以来的风尚，又称朝云近香髻。

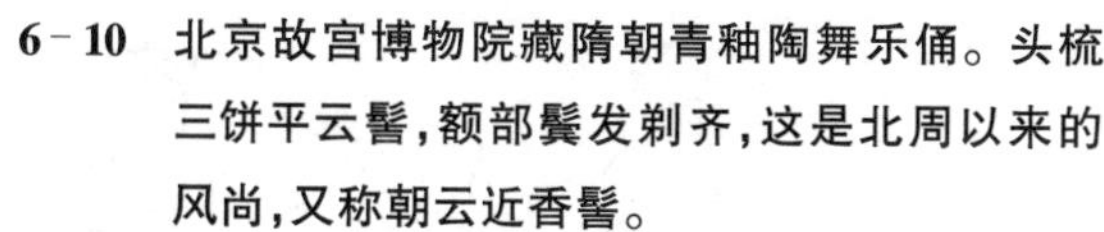

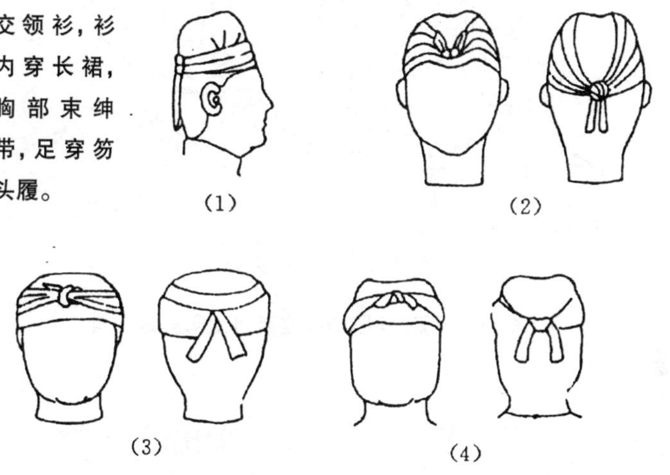

(1)　(2)　(3)　(4)

6-11　隋代的幞头。(1)武汉周家大湾隋墓出土陶俑；(2)陕西三原隋李和墓出土陶俑；(3)湖南湘阴隋墓出土陶俑；(4)武汉东湖隋墓出土陶俑。

6－12 河南安阳隋张盛墓出土白瓷捧罐女立俑。

6－13 河南安阳隋张盛墓出土陶彩绘女俑。

第二节 唐代服饰文化的背景

隋代统一中国不久，由于隋炀帝荒淫无道，前后只有三十多年，就被推翻。唐初推行“均田制”的土地分配和“租庸调”的租赋劳役制度，经贞观(627—648年)、开元(713至741年)两个阶段，经济得到极大的发展，出现了空前繁荣的景象。唐代著名诗人杜甫在《忆昔》诗中写道：“忆昔开元全盛日，小邑犹藏万家室；稻米流脂粟米白，公私仓廪皆丰实；九州道路无豺虎，远行不劳吉日出；齐纨鲁缟车班班，男耕女桑不相失。”唐代的文化空前繁荣，唐诗、书法、洞窟艺术、工艺美术、服饰文化都在华夏传统的基础上吸收融合，推陈出新。唐代疆域广大，政令统一，物质丰富，和西北突厥、回鹘，西南吐蕃、南诏，东北渤海诸少数民族都有密切交往。长安当时是最发达的国际性城市，由长安经新疆西通印度、波斯、地中海，商旅络绎不断。海路以广州为海口经南洋西通印度洋，直到非洲东岸和地中海南岸诸国，和朝鲜、日本交往更为频繁。当时长安和广州等城市住有大量外国人。唐代国家强大，人民充满着民族自信心，对于外来文化采取开放政策，由于强大的民族自信和凝聚力的作用，使外来异质文化，一经被大唐文化所吸收，便自然成为大唐文化的补充和滋养，这是唐代服饰雍容大度、百美竞呈的缘由。

第三节　唐代的官服制度

冠服制度是封建社会权力等级的象征，作为封建社会统治阶级精神支柱的儒学，则把恪守祖先成法作为忠孝之本，强调衣冠制度必须遵循古法，特别是作为大礼服的祭服和朝服，不能背弃先王遗制，故称法服，它具有很大的保守性和封闭性。宫廷日常服装称为常服，常服具有时代的特征。唐高祖(李渊，618—626年在位)于武德七年(624年)颁布新律令，即著名的“武德令”，其中包括服装的律令，计有天子之服十四、皇后之服三、皇太子之服六、太子妃之服三、群臣之服二十二,命妇之服六。内容基本因袭隋朝旧制,天子的14种服装为大裘冕、衮冕、鷩冕、毳冕、絺冕、玄冕、通天冠、缁布冠、武弁、弁服、黑介帻、白纱帽、平巾帻、白帢;皇太子的6种服装有衮冕、远游冠、公服、乌纱帽、弁服,平巾帻;群臣的22种服装有衮冕、鷩冕、毳冕、絺冕、玄冕、平冕、爵弁、武弁、弁服、进贤冠、远游冠、法冠(獬豸冠)、高山冠(侧注冠)、委貌冠(与皮弁同制)、却非冠、平巾帻、黑介帻、介帻、平巾绿帻、具服(朝服)、从省服(公服)、婚服;皇后的3种服装有袆衣、鞠衣、钿钗禮衣;皇太子妃的3种服装有褕翟、鞠衣、钿钗礼衣;命妇的6种服装有翟衣、钿钗礼衣、礼衣、公服、半袖裙襦、花钗礼衣。以上各类服装的配套方式和服用者对象及服用场合,详见《新唐书·车服志》。凡是从祭的祭服和参加重大的政事活动的朝服(又称具服),制度与隋朝基本相同,而形式上比隋朝更富丽华美。一般场合所穿的公服(又称从省服)和平时燕居的生活服装常服(又称燕服),则合理吸收了南北朝以来在华夏地区已经流行的胡服,特别是西北鲜卑民族服装以及中亚地区国家的服装的某些成分,使之与华夏传统服装相结合,创制了具有唐代特色的服装新形式。其中像缺胯袍、裲裆、半臂、衲衣、大口裤等都是例子。缺胯袍就是直裾,左右开衩式的长袍,又称四褛(衣衩)衫,它可以和幞头、革带、长靿靴配套,成为唐代男子的主要服装形式。唐代官服发展了古代深衣制的传统形式,于领座、袖口、衣裾边缘施加贴边,衣服前后身都是直裁的,在前后襟下缘各用一整幅布横接成横襕,腰部用革带紧束,衣袖分直袖式和宽袖式两种,窄紧直袖的称为衲衣,《释名》说它“言袖夹直,形如沟也”。这种款式便于活动。宽袖大裾的款式则可表现潇洒华贵的风度,称圆领衫、袍,上自帝皇,下至厮役都可以穿。幞头、圆领、革带、长靿靴配套的服式,一直流传到明代。

唐代冠服制度在武德令推行之后,也在不断修改完善,它上承周汉传统,从服装配套、服装质料、纹饰色彩等方面形成了完整的系列,同时对后世冠服也产生了深远的影响。

在唐以前,黄色上下可以通服,例如隋朝士卒服黄。唐代认为赤黄近似日头之色,日是帝皇尊位的象征,“天无二日,国无二君”。故赤黄(赭黄)除帝皇外,臣民不得僭用。把赭黄规定为皇帝常服专用的色彩。唐高宗(李治,650—683年在位)初时,流外官和庶人可以穿一般的黄(如色光偏冷的柠檬黄等),至唐高宗中期总章元年(668年)恐黄色与赭黄相混,禁止官民一律不许穿黄。从此黄色就一直成为帝皇的象征。

唐高祖曾规定大臣们的常服,亲王至三品用紫色大科(大团花)绫罗制作,腰带用玉带钩。五品以上用朱色小科(小团花)绫罗制作,腰带用草金钩。六品用黄色(柠檬黄)双钏(几何纹)绫制作,腰带用犀钩。七品用绿色龟甲、双巨、十花(均为几何纹)绫制作,带为银銙(扣环)。九品用青色丝布杂绫制作,腰带用鍮石带钩。唐太宗(李世民,627—649年在位)时期,四方平定,国家昌盛,他提出偃武修文,提倡文治,赐大臣们进德冠,对百官常服的色彩又作了更细的规定,据《新唐书·车服志》所记:三品以上袍衫紫色,束金玉带,十三銙(装于带上的悬挂鞢韄带的带具,兼装饰作用);四品袍深绯,金带十一銙;五品袍浅绯,金带十銙;六品袍深绿,银带九銙;七品袍浅绿,银带九銙;八品袍深青,九品袍浅青,鍮石带八銙。流外官及庶人之服黄色,铜铁带七銙(总章元年又禁止流外官及庶人服黄,已见上述)。唐高宗龙朔二年(662年),因怕八品袍服深青乱紫(古代用蓝靛多次浸染所得深青泛红色光,故怕与紫色相混)改成碧绿。自从春秋时期齐桓公(前685—前643年在位)穿紫袍至此,才确定了以紫为上品的服装色彩格局,至宋元一直不变。到明朝才被大红色所取代。《新唐书·车服志》记载文官官服花式有鸾衔长绶、鹤衔灵芝、鹊衔瑞草、雁衔威仪、俊鹘衔花、地黄交枝等名目。

唐代官府规定的服装色彩制度,在实际生活中其实是无法彻底执行的。唐高宗咸亨五年(即上元元年,674 年)五月,因在外官员、百姓于袍衫之内穿朱、紫、青、绿等色短衫袄,或在乡间公开穿这些颜色的袍衫,故又颁布过禁令。

唐代武官的服制花色,规定武三品以上,左右武威卫饰对虎,左右豹韬卫饰豹,左右鹰扬卫饰鹰,左右玉钤卫饰对鹘,左右金吾卫饰对豸。又诸王饰盘龙及鹿,宰相饰凤池,尚书饰对雁。后又规定千牛卫饰瑞牛,左右卫饰瑞马,骁卫饰虎,武卫饰鹰,威卫饰豹,领军卫饰白泽,金吾卫饰辟邪,监门卫饰狮子。唐太和六年又许三品以上服鹘衔瑞草、雁衔绶带及对孔雀绫袄。这类纹饰均以刺绣,按唐代服装款式,一般应绣于胸背或肩袖部位。

唐代在战场上驰骋的都是人披马甲不具装的轻骑,步兵甲占步兵人数 60%,《唐六典》记唐甲有 13 种,即明光甲、光要甲、细鳞甲、山文甲、乌锤甲、白布甲、皂绢甲、布背甲、步兵甲、皮甲、木甲、锁子甲、马甲。

锁子甲即曹植表中所说的环锁铠,《晋书·吕光传》记载前秦吕光在进攻龟兹城时见西域诸军甲如连锁,射不可入,隋唐时西域康国向中原朝廷进贡过此种铠甲。唐代将此种铠甲分成大中小三种型号(《旧唐书·马燧传》),按体形高矮分给战士使用。《唐六典》“武库令”中记载着弓、刀、甲的种类,盾则改名彭排,计 6 种,即籐排、团排、漆排、木排、联木排、皮排。据注明,籐、团、漆、木都是古制。

第四节　唐代的冠帽制度

(一) 幞头

秦汉时期华夏地区身份高贵的人男子二十而冠,戴的是冠帽,身份卑贱的人戴帻,帻本是一种包头布,用以束发。在关西秦晋一带称为络头,南楚江湘一带称为“帞头”,河北赵魏之间称为“幧头”,《释名·释首饰》说或称之陌头。开始就是用一块巾布从后脑向前把发髻捆住,在前额打结,使巾布两角翘在前额作自然的装饰,这在当时青年男子中间,认为是一种美的打扮,所以乐府诗《日出东南隅行》有“少年见罗敷,脱帽着帩头”之句。东汉以来有些有身份的人士以较完整的幅巾包头。北周武帝宣政元年,将幅巾的戴法加以规范化,并以皂纱为之,作为常服。《北周书·武帝纪》说“其制若今之折角巾也”。折角巾就是将幅巾叠起一角从前额向后包覆,将两角置于脑后打结,所余一角自然垂于脑后,就像现在有些女子包头巾的包法。但在陕西三原隋李和墓、湖南湘阴隋墓、河南安阳马家坟 201 号隋墓出土的陶俑头上所裹幅巾,有两角于脑后打结自然下垂如带状,另两角则回到顶上打成结子作装饰,这种形式就成为初期的幞头。宋代俞琰《席上腐谈》卷上,说“周武帝所制(幞头)不过如今之结巾,就垂两角,初无带”,正与以上情况相符。更进一步的幞头是宋代沈括《梦溪笔谈》所说:“幞头一谓之四脚,及四带也,二带系脑后垂之,二带反系头上,令曲折附顶。”幞头为什么要在四角接上带子呢,原因是先前的幞头戴在头上,顶是平而起褶的,四角接上带子,两角在脑后打成结后自然飘垂可成为装饰,另两角反到前面攀住发髻,可以使之隆起而增加美观,在武汉东湖岳家嘴隋墓出土陶俑的幞头,已可见到发髻隆起的外观。到了唐代,社会上流行高冠峨髻的风尚,所以又在幞头内衬以巾子(即一种薄而硬的帽子胚架)。唐封演《封氏闻见记》卷五:“幞头之下别施巾,象古冠下之帻也。”宋郭若虚《图画见闻志》卷一:“巾子裹于幞头之内。”这种巾子,1964 年已在新疆吐鲁番阿斯塔那唐墓中发现,就是一种帽胚架,它可以决定幞头的造型,开始是平头小样,《旧唐书·舆服志》谈到唐高祖武德时期流行“平头小样巾”。以后幞头造型不断变化,武则天赐朝贵臣内高头巾子,又称为“武家诸王样”。唐中宗赐给百官英王踣(bó 箔)样巾,式样高踣而前倾,这种式样与唐太宗第四子魏王所用巾子“魏王踣”相似。唐玄宗开元十九年(731 年)赐供奉官及诸司长官罗头巾及官样巾子,又称官样圆头巾子,这些幞头式样,在出土的唐代陶俑和人物画中都可找到。如西安李寿墓壁画、咸阳底张湾独孤开远墓出土陶俑的幞头,顶部较低矮,里面衬的可能就是平头小样巾。礼泉马寨村郑仁泰墓及西安羊头镇李爽墓出土陶俑,幞头顶部增高,似衬高头巾子。高而前踣的式样,可从戴令言墓出土陶俑中见到。天宝年间幞头顶部像两个圆球,该式样在豆卢建墓出土陶俑身上也能见到。到晚唐时期,巾子造型变直变尖。至于包裹巾子的幞头,唐以前用缯绢,唐代改用黑色薄质罗、纱,并且有专门生产做幞头用的薄质幞头罗、幞头纱。

幞头系在脑后的两根带子,称为幞头脚,开始称为“垂脚”或“软脚”。后来两根垂在脑后的带子加长,打结后可作装饰,称为“长脚罗幞头”,章怀太子李贤墓石椁线雕人物中有这种形象。唐神龙年间(705—706 年)幞头所垂两脚形状变成或圆或阔,并在周边用丝弦或铜丝、铁丝作骨,衬以纸绢,这种幞头脚就是能够翘起的硬脚,称为翘脚幞头。到五代时,翘脚幞头广泛流行,《云麓漫钞》说:“五代帝王多裹朝天幞头,二脚上翘,四方僭位之主,各创新样,或翘上而反折于下,或如团扇、焦叶之状,合把于前。伪孟蜀(934—960 年,后蜀)始以采漆纱为之,湖南马希范二角左右长尺余,谓之龙角。至刘汉祖(917—974 年,南汉)始仕晋为并州衙役,裹幞头左右长尺余,横直之,不复上翘,迄今不改。”文中开始把幞头脚改称幞头角,这种两只长角横直平展的幞头,叫作展角幞头,展角并不固定在幞头上,可以随时装卸。

幞头起初由一块民间的包头布逐步演变成衬有固定的帽身骨架和展角的完美造型,前后经历了上千年的历史,最后形成帽身端庄丰满,展角于动势中扩大视觉空间,使虚实动静结合,于平衡中求变化,脱戴方便,华贵而又活泼的华夏民族冠帽,因此,它能历久不变,一直流行到十七世纪的明末清初，以后才被满式冠帽所取代，明丘浚《大学衍义补》胡寅注指出："古者宾、祭、丧、燕、戎事，冠各有宜。纱幞既行，诸冠尽废。稽之法象，果何所则？求之意义，果何所据？"幞头从民间实用的包头布起步，它的流行，没有法象作什么根据，也没有什么牵强的寓意，而它在中华服饰史中存在的时间竟那么悠长，这对于发掘民族服饰文化演进的规律，是能够从中获得启发的（图 6－14 至 6－22）。

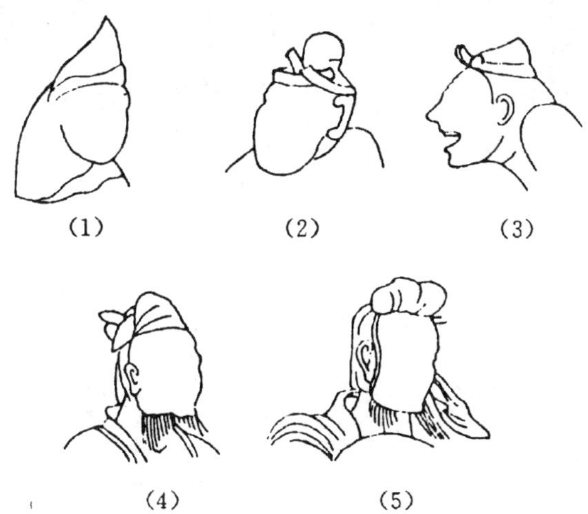

6－14　(1)汉代的帽，山西平陆汉墓壁画；(2)汉代的帩头，河南邓县长家店汉墓画像石；(3)汉代的帩头，四川成都天回山汉墓陶俑；(4)(5)晋代的幅巾，南京西善桥南朝墓画像砖。

（二）进贤冠

进贤冠也是中华服饰艺术史上极为重要的冠式，在汉代已颇流行，上自公侯、下至小吏都戴进贤冠，魏晋南北朝继之，在唐宋法服中仍保有重要地位，但其形式也在变化之中，到明朝演变为梁冠。古代

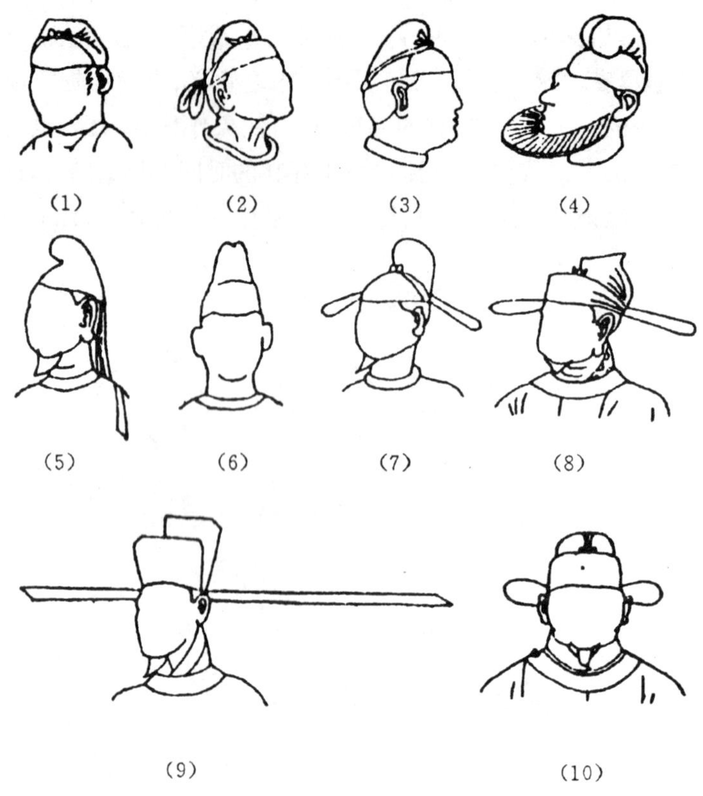

6－15 **(1)平头幞头，唐独孤开远墓出土俑；(2)硬脚幞头，唐李贤墓石椁线雕；(3)前踣式幞头，唐戴令言墓出土俑；(4)圆头幞头，唐豆卢建墓出土俑；(5)长脚幞头，莫高窟130窟盛唐壁画；(6)衬尖巾子的幞头，唐曹景林墓出土；(7)翘脚幞头，敦煌石室所出唐咸通五年绢本佛画上的供养人；(8)翘脚幞头，莫高窟144窟五代壁画上的供养人；(9)宋式展脚幞头，宋哲宗像；(10)明式乌纱帽，于谦像。**

礼制讲进贤冠，前高七寸，后高三寸，长八寸。这里的长是指帽梁的长，与前高七寸，后高三寸的帽缘相接，成前高后低的斜势，形成前方突出一个锐角的斜俎形，称为“展筩”。展筩的两侧和中间是透空的。

6－16　西安南郊唐杨思勖墓出土，着软幞头、戴牛角簪、圆领开衩衣、乌皮六缝靴、执弓刀箭囊武弁加金彩白石立雕像。

6－17　韦顼墓线刻画。戴幞头，穿圆领衫，束鞢韄带，靴子。

6－18　敦煌壁画，戴幞头巾，着团领加下襕袍或衫。

6－19 唐人《执扇仕女图》中的宦者。裹幞头巾子，着红袍，手执镜，袍背后有二黄地浅蓝灰色纹样的团花。

6－20 李重润墓壁画。幞头，襕袍，文官的服饰则不将豹尾佩之于腰间。

6－21 唐李贤墓壁画。东壁仪卫，裹抹额，佩箭袋，并佩虎、豹尾。

6－22 唐李贤墓壁画。此像戴幞头巾子与一般无异，但其领式为反折于外，或认为乃翻领式，但观其所着的袍又是加下襕，与一般襕袍无异。又观其领之反折与其他的翻领又不同。

在西汉，这种冠帽只罩套在头顶的发髻上，用帽𫖯系于颔下以固定之，戴上之后并不牢固。东汉时期在冠帽下面加平上帻，等于在冠下加了帽座。帻，在古时本是劳动人民用来扎裹头发不使散乱所用，两端有带子可以从头上系于颔下。秦时武士用赤帕裹头，从前额向后脑包裹时叠出一条装饰边，称为“颜题”。西汉时戴帻并不把头顶全包住，因为帻也常是空顶的。据《续汉书·舆服志》记载，公元前 48 年刘奭当皇帝（即汉元帝），因他的额上有壮发，常戴帻以为掩护，群臣仿之。这时的帻质料和做工当然就讲究起来。到公元 9 年王莽篡汉，他头顶秃发，故把软帻衬裱使之硬挺，将顶部升高作成介字形的帽“屋”，这样可以把秃顶掩住，这种有介字形帽屋的帻就是“介帻”。《续汉书·五行志》说延熹年间（158—166 年），“京师帻颜短耳长”，就是前低后高的式样。《续汉书·舆服志》又说汉孝文帝时，又把颜题增高，颜题延长到后脑部位时再升高立起，使两边缝接处竖立成三角形尖耳状，称之为“耳”。在耳的下方即帽圈的后面缝上披幅，名为“收”。东汉的进贤冠可说是展筒与介帻结合的冠式。从出土人物雕塑和绘画资料来看，晋代的进贤冠，冠耳已急剧升高，其高度与展筒的最高点相齐，展筒外廓由原来的⊓形变化成∖形，及至唐代，冠耳逐渐扩大，并由尖角形变成圆弧形，而展筒则逐渐降低缩小，把介帻的屋与进贤冠的展筒融成一体，形成一种由颜题、帽屋及帽耳组合的新冠帽（图 6－23、6－24）。

(1)

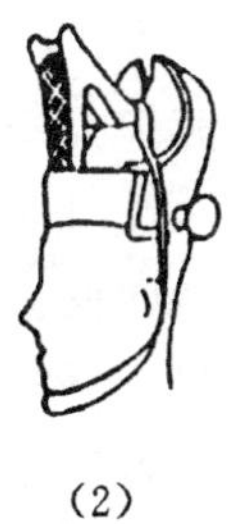
(2)

(3)

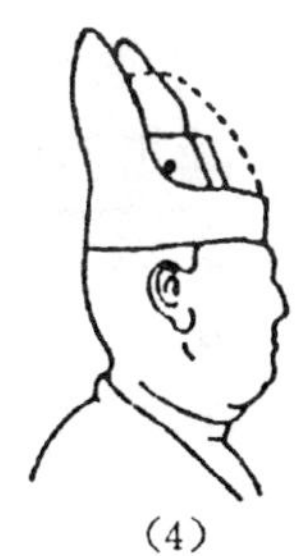
(4)

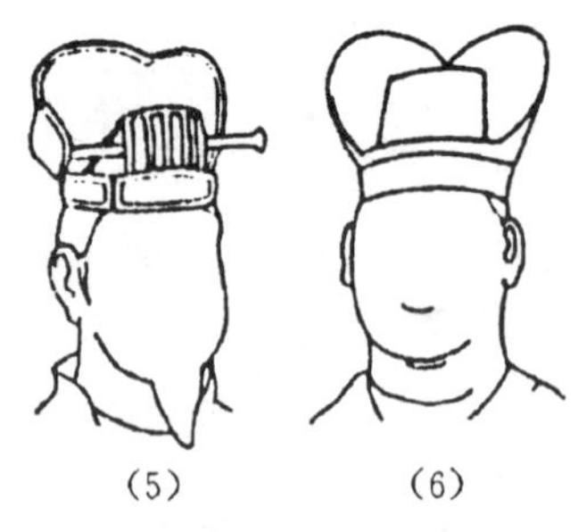

6-23 进贤冠的演变。(1)晋当利里社碑线刻,据《居贞草堂汉晋石影》;(2)长沙晋永宁二年墓出土陶俑,据《考古学报》1959年第3期;(3)洛阳出土唐代陶俑,据秦廷棫《中国古代陶塑艺术》;(4)咸阳唐天宝三载豆卢建墓出土陶俑,据《陕西省出土唐俑选集》;(5)传唐梁令瓒《五星二十八宿真形图》中之"亢宿",据《爽籁馆欣赏》;(6)西安唐天宝七载吴守忠墓出土陶俑,文献根据同(4)。

6-24 湖南长沙金盆岭16号西晋墓出土戴进贤冠的文吏俑。

(三)平巾帻和武弁

平巾帻是和介帻、平上帻一个系统的首服。帻本是古时一般人裹在额头上的布。王莽时做成有硬挺的顶部可以覆罩整个头部,接着出现了顶部呈介字形屋顶的帻,是为介帻。此外,东汉时用一种平顶的帻作戴冠时的衬垫物,称为平上帻。西晋末年,出现了一种前面呈半圆形平顶,后面升起呈斜坡形尖突,戴时不能覆盖整个头顶,只能罩住发髻的小冠,就是平巾帻(也称小冠)。《宋书·五行志》讲到晋末舆台所戴的平巾帻很小,而衣裳博大,成为风流时尚。《隋书·炀帝纪》说大业二年规定,隋朝武官戴平巾帻、穿裤褶。《隋书·礼仪志》说平巾帻就是把武弁施以笄导。湖北武昌周家大湾隋张盛墓出土瓷俑手按仪刀,着裲裆甲,头戴平巾帻,是宝贵的形象资料,可知这时武弁和平巾帻是同一种冠式。唐代的平巾帻，帻身加大，帻后部的耳升高向外扩大，从正面角度看外廓像一个元宝的剖面，它与大袖襦、大口裤、裲裆铠配套，脚踏高头履，仪态威严。陕西礼泉唐李贞墓、陕西咸阳唐豆卢建墓出土陶俑，均有这种冠式和服饰打扮。其后更进一步增加纹饰，同时帻身中间的方形屋消失，变为弧状，如西安唐苏思勋墓门线雕武士所戴，形式渐与进德冠相近(图 6－25 至 6－34)。

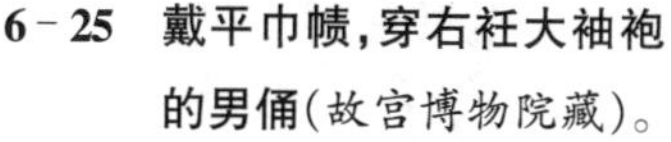

6－25　戴平巾帻，穿右衽大袖袍的男俑(故宫博物院藏)。

(四) 笼冠与貂、蝉

汉代的武弁大冠，是形如覆杯，前高后锐，用白鹿皮所做的弁和帻的

6－26　陕西咸阳底张湾豆卢建墓出土唐戴平巾帻、穿裤褶武士俑。

6－27　陕西咸阳底张湾豆卢建墓出土唐戴武弁、穿裤褶武士俑。

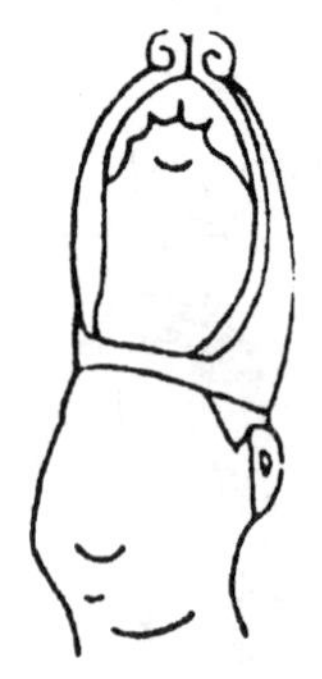

6－28　西安唐天宝七载吴守忠墓出土戴武弁俑，《陕西省出土唐俑选集》。

6－29　戴武弁，穿交领大袖袍。方帛填胸，名曰“假裲”。

6－30　西安唐天宝四载苏思勋墓石门线雕戴武弁武士，据《考古》1960年第1期。

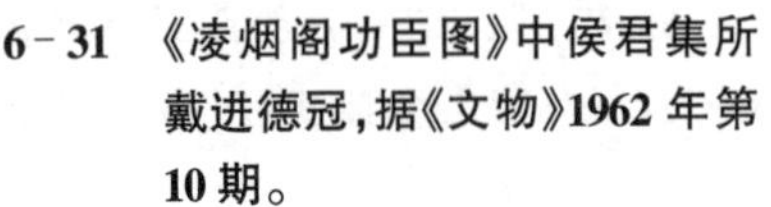

6－31　《凌烟阁功臣图》中侯君集所戴进德冠，据《文物》1962年第10期。

6－32　戴武弁，穿翻领袍，束鞢韄带，穿小口裤、鞋的唐俑。

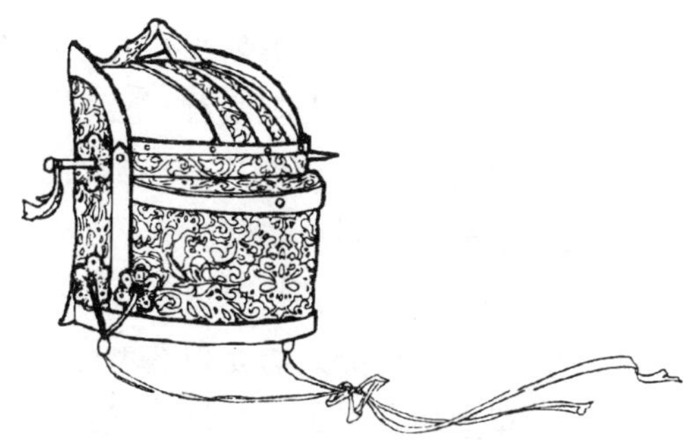

6-33 唐李勣墓出土三梁进德冠,见《昭陵唐人服饰》。

6-34 唐冕服帝王,朝服从臣和平巾帻,裲裆袴褶服掌扇人(敦煌220窟贞观时壁画维摩变下部)。

复合体。但汉代武弁大冠不用鹿皮制作,而用很细的缌(细纱)制作,作好后再涂以漆,内衬赤帻。湖南长沙马王堆3号西汉墓与甘肃武威磨嘴子62号新莽墓均曾出土漆缅纱弁,这种冠式在沂南东汉画像石墓门横额上也可见到。咸阳杨家湾西汉墓从葬坑出土的戴弁陶俑，弁下有帻，也就是武弁大冠。西汉时武官一般不戴金属的胄，而戴武弁大冠，东汉时，武士多穿甲胄而不戴武弁大冠，但出现了笼冠，就是以一个笼状的硬壳套在帻上，从造型看，是汉代武弁大冠的发展。南北朝戴笼冠的人物，在《女史箴图》、《洛神赋图》、北朝各石窟礼佛图、供养人像、陶俑中都可见到。隋代的笼冠，外廓上下平齐，左右为略带外展的弧线，接近一个长方形，唐贞观(627—649 年)到景云(710—711 年)间的笼冠，外罩呈梯形，唐笼冠造型吸收进贤冠的特点而趋华丽，渐与通天冠、梁冠中的某些装饰靠拢，最后演变为笼巾。

汉代中常侍所戴武弁大冠有黄金珰附蝉及貂尾的装饰，晋与十六国时期的金珰附蝉，据南京大学北园东晋墓及甘肃敦煌前凉汜心容墓，辽宁北票北燕冯素弗墓等处出土实物，都是在金片上镂出蝉形，再焊上金粟珠。北燕冯素弗墓出土的金蝉，蝉形与几何纹组合镂雕成一个装饰牌，蝉目用灰石珠镶嵌，背面再焊上一片大小形状相等的金片，这金片就是所谓“金珰”吧。《隋书·礼仪志》引董巴《舆服志》说：“内常侍右貂、金珰、银附蝉。”则隋代蝉纹应该是用银制作的。簪貂尾的图像，在敦煌莫高窟 235 窟唐垂拱二年壁画、湖北郧县李欣墓壁画中均有发现，但都是将貂尾直接插在平巾帻上的，平巾帻外未罩笼冠。在笼冠上插貂尾的形象在北魏孝昌三年宁氏石室线雕人物中也有发现。到了宋代，不再簪貂尾而用雉尾代替，元明时期改插鹏羽(图 6－35、6－36)。

（五）鹖冠

鹖冠在战国秦汉时期已经作为武官的冠帽，在洛阳金村出土战国金银错铜镜上已有骑马执剑身披甲衣，头上戴弁，弁上插双鹖尾的人物形象，西汉砖刻骑射人物也有于武弁上插双鹖尾的。山东嘉祥武氏祠东汉画像石《孔子弟子图》中的子路，于平上帻上戴一种雄鸡冠，为勇士冠。与《史记·仲尼弟子列传》“子路性鄙，好勇力，志伉直，

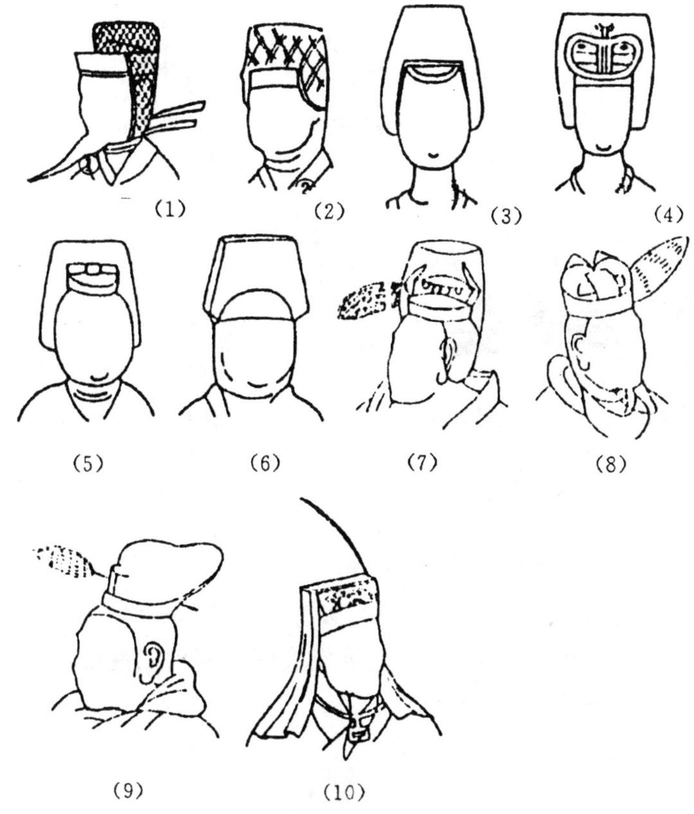

6-35　笼冠的渊源和演变。(1)沂南东汉画像石之武弁大冠;(2)长沙晋永宁二年墓出土陶笼冠俑;(3)中国历史博物馆藏北魏笼冠俑;(4)武汉周家大湾241号隋墓出土笼冠陶俑;(5)咸阳唐贞观十六年独孤开远墓出土笼冠陶俑;(6)咸阳唐景云元年薛氏墓出土陶乐俑;(7)北魏孝昌三年宁氏石室线雕簪貂尾者;(8)敦煌莫高窟唐垂拱二年壁画中簪貂尾之侍臣;(9)湖北郧县唐李欣墓壁画中之簪貂者;(10)北宋绘本《丞相周益公像》在笼冠上簪雉尾(引孙机插图)。

冠雄鸡,佩猳豚"的记载相符。敦煌莫高窟257窟北魏的武士头戴鹖冠,鹖鸟栖于冠顶,而唐代的鹖冠陶俑,把冠耳变作两只鸟翅形,而鹖

6－36 (1)唐漆纱笼冠，方心曲领朝服大臣石刻线画(西安石刻《凌烟阁功臣图》中之王珪)；(2)唐幞头，圆领，六缝靴，腰系帛鱼，官服大臣石刻线画(西安石刻《凌烟阁功臣图》中之李勣)；(3)唐进德冠，圆领，六缝靴，腰系帛鱼，官服大臣石刻线画(西安石刻《凌烟阁功臣图》中之君王)。

鸟自冠前顶部作展翅俯冲的姿势，极为生动，鹖的造型似雀。冠顶饰鹰的金冠，1972 年在内蒙古杭锦旗战国时期匈奴墓已有出土(图 6－37 至 6－42)。

6－37 东汉画像石武氏祠孔子弟子图子路所戴的鸡冠。

6－38 唐代陶鹖冠俑，据 C. Hentze, Chinese tomb figures, pl. 70。

6－39 敦煌莫高窟 257 窟北魏壁画中力士所戴的雄鹖冠。

6－40　敦煌莫高窟 338 窟初唐壁画北方天王所戴的鹖冠。

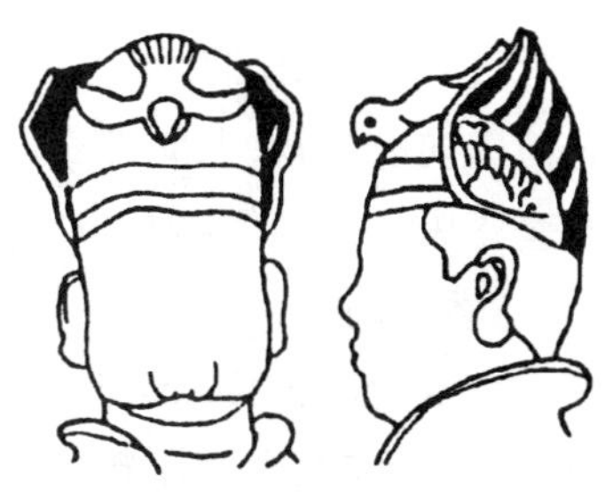

6－41　唐代陶鹖冠俑，据 H. F. E. Visser, The Exhibition of chinese art of the Society of friends of Asiatie art. pl.49。

6－42　唐李贞墓出土开元六年戴鹖冠陶俑。

（六）通天冠

通天冠是级位最高的冠帽，在山东嘉祥东汉武氏祠画像石刻有身份榜题的王庆忌、吴王、韩王、夏桀等人物，头上所戴都应是通天冠，其形状与汉画中的进贤冠结构相同，不同的只是展筒的前壁。进贤冠是前壁与帽梁接合，构成尖角，通天冠的前壁比帽梁顶端更高出一截，显得巍峨突出。学术界认为通天冠正前方高出的这块前壁就是金博山，《隋书·礼仪志》称它为“前有高山”，故通天冠又叫作高山冠。金博山向前倾斜，上面饰有蝉纹。唐代的通天冠，据新疆伯兹克里克石窟盛唐壁画和敦煌石室发现的唐咸通九年刊本《金刚般若波罗蜜多经》卷首画所画，其特点之一是颜题成为很规范的帽圈形。其二是整个帽身向后旋转倾斜而不是向前倾斜。其三是冠前的金博山缩小成圭形，上饰王字或附蝉。其四是在冠上饰有珠玉装饰。其五是帽身饰有等距离的直线纹，就是通天冠的梁数。《旧唐书·舆服志》说通天冠有十二首，唐王泾《大唐郊祀录》卷三说十二首是天的大数，大概是应 12 个月份的数字，也就是通天冠有 12 根梁。《新唐书·车服志》说通天冠有 24 梁，这大概是晚唐时的制度。拿唐代的通天冠与汉代的通天冠相比，则汉时古朴简陋，而唐代则变成十分华丽了。唐代通天冠的基本造型，与宋明一脉相承(图 6－43 至 6－46)。

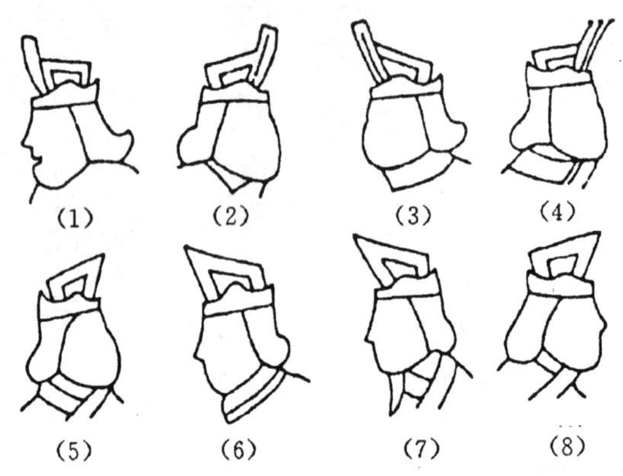

6－43 武氏祠画像石中的通天冠(上列)与进贤冠(下列)。(1)王庆忌；(2)吴王；(3)韩王；(4)夏桀；(5)县功曹；(6)孔子；(7)公孙杵臼；(8)魏汤(转引孙机插图)。

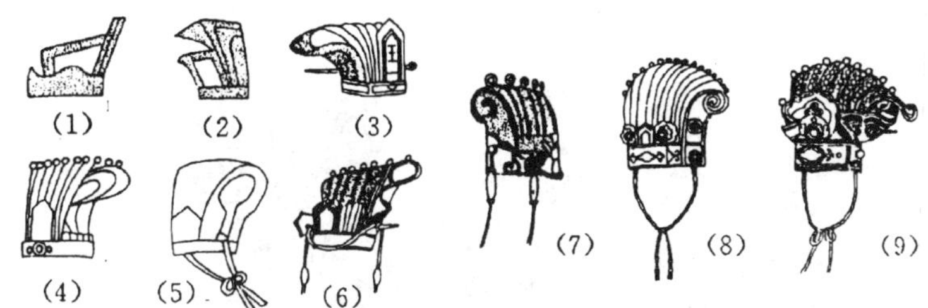

6－44　通天冠的演变。(1)武氏祠画像石；(2)龙门宾阳洞北魏《皇帝礼佛图》(未破坏前)，据 E. Chavannes, Mission Archeologique dans La Chine Septentrionale. 11、171；(3)新疆伯兹克里克石窟盛唐壁画，据 Le Coq; Die buddhistische spatantike in Mittelasian. V. 4, Tafell 7；(4)敦煌石室发现之唐咸通九年刊本《金刚般若波罗蜜多经》卷首画；(5)北宋聂崇义《三礼图集注》中之通天冠；(6)北宋武宗元《朝元仙仗图》中东华天帝君之通天冠；(7)元永乐宫三清殿西壁壁画；(8)《三才图会·衣服图会》中之通天冠；(9)北京法海寺大殿后壁壁画中天帝之通天冠(转引孙机插图)。

6－45　《送子天王图》传吴道子作。天王戴通天冠，曲领大袖袍，前佩蔽膝，后佩绶，两侧佩组佩，脚穿高齿履，天后戴凤冠，左右各有二博鬓，帔肩，大袖衣裙，如意笏头履，绅带飞垂，袖及蔽膝裙，侧有三角尖圭装饰，两侧身有绶而不挂佩玉。

6－46　宋或五代，戴等肩冠袍服皇后，卷梁通天冠，宋式方心曲领帝王和裹幞头、圆领衣侍从（宋人绘《女孝经图》部分）。

第五节　唐代男子的一般服装

唐代新进士未做官时穿白袍，举子称乡贡，穿麻衣，也称“白衣”。这种习惯沿自隋朝，隋初规定胥吏穿青色，庶人穿白，屠商穿皂色。唐代士庶的服装款式有：

（一）冯翼衣

是晋处士冯翼所穿的一种大袖衣下加襕，前系二带，隋唐时朝野咸服之。

（二）襕衫

为衣襟底下接一幅横襕的长衫，形式与襕袍相似。《新唐书·车服志》:“士服短褐,庶人以白,中书令马周上议,礼无服衫之文,三代之制有深衣,请加襕、袖、褾、襈为士人上服。开骻者名曰缺骻衫,庶人服之。”

(三) 褐

为一般平民所服的粗布衣,以麻布或粗毛布制作,款式长短均有。

(四) 衫

唐时未经科举考试由岁贡进入仕途者,称为一品白衫或白布公卿。《礼仪典·引卢陵记》:“成茅隐麦林山,剥苎织布为短襕宽袖之衣,著以酤酒,自称隐士衫。”

(五) 半臂

是一种半长袖的衣服,《事物纪原》说隋大业年间宫中多服半臂,唐高祖减去其袖,称作半臂。在江淮间称为绰子,士人竞服。到后来称这种衣服为搭护。

(六) 袄

袄有长袄与短袄两种,唐规定袍袄长不得曳地二寸,袖宽不得超过一尺三寸。短袄是穿在袍衫之内的,唐文宗大和六年(832 年),因在外官人百姓乱穿各种颜色的短袄,对花色也下令加以限制。

第六节　唐代女装的演变

唐代妇女冠服是男子冠服的陪衬,其形制受制度的限定,不在这里叙述。唐代妇女的生活服装在传承本民族服饰传统的基础上,吸取西域异质文化的优良成分而创新发展,它们是唐代服饰文化的主流。唐代女装有一定的流行变化,被当时诗人称之为"时世妆"。它格调华美,生气勃勃,品类丰富,其中最有代表性的有如下几种:

(一) 襦(或袄、衫)、裙装

这是由女上衣和女裙配套的服装样式。唐代的襦是一种衣身狭窄短小的夹衣或棉衣。袄长于襦而短于袍,衣身较宽松,也有夹衣或棉衣。襦、袄有窄袖与长袖两类。衫是无袖单衣,功用吸汗,有对襟及右衽大襟两种。衫在春秋天也可穿在外面,但和穿在外面有短袖的衫不同,后者称为褙子或半臂。隋唐时襦和袄的领型受外来服装的影响,除交领、方领、圆领之外,还有各种形状的翻领。翻领以对称翻折的庄重造型,把人的视线导向穿衣人的首脑部位,收到传神的效果。当时还把领、袖口等衣服结构部位当作纹饰的重点,加施镶拼绫锦或金彩纹绘及刺绣工艺,加强装饰美的风采,使着装效果更加华美富丽。

裙子的造型向来都是一种长方形的方片直裙,方片裙的结构和人体的立体结构不是一种有机的适应,所以方片裙穿起来下摆不齐整,不是最完美的裙形结构。唐代初期流行紧身窄小的服装款式,裙子的形式流行高腰或束胸、贴臀、宽摆齐地的样式,既能显露人体结构的曲线美,又能表现一种富丽潇洒的优美风度,这种裙子的结构必须和人体的主体结构有机适应,所以是一种下摆呈圆弧形的多褶斜裙(图 6-47 至 6-56)。

唐代衣裙的款式,从初唐到盛唐在美学风貌上有一个从窄小到宽松肥大的演变过程。《文献通考》卷一二九引祖莹语,说唐初衣裙"尚危侧","笑宽缓"。当时大概和北周、北齐及隋代相近。《安禄山事迹》下卷也说到天宝初年,"妇女则簪步摇,衣服之制,襟袖狭小"。

6－47　敦煌66窟“十六观”中的妇女，初唐，梳高髻，穿臂间带有装饰褶裥假袖的大袖襦裙。

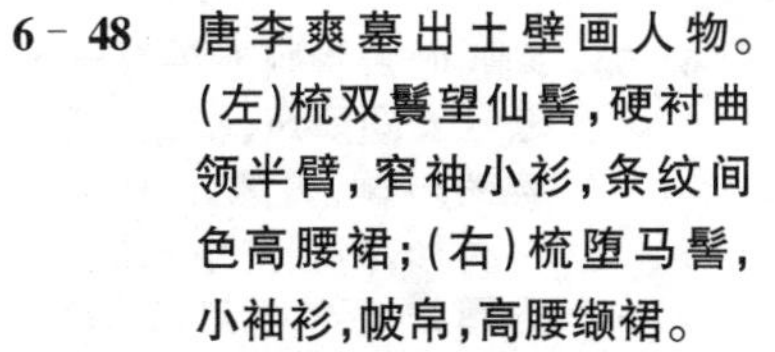

6－48　唐李爽墓出土壁画人物。(左)梳双鬟望仙髻，硬衬曲领半臂，窄袖小衫，条纹间色高腰裙；(右)梳堕马髻，小袖衫，帔帛，高腰缬裙。

6－49　敦煌329窟唐供养人。梳椎髻，穿桃形领半臂，薄纱小衫，窄袖紧袖，露胸，下系间色条纹高腰裙。

6－50　(左)唐高髻,着 U 字领锦半臂,小袖衣,柿蒂绫长裙,坐薰笼妇女三彩釉陶俑;(右)唐高髻,着 U 字领半臂,小袖衣,戴项链,帔帛,穿十二破长锦裙妇女三彩釉陶坐俑。

6－51　新疆阿斯塔那唐墓出土穿衣女俑,梳双髻,窄长袖小衫,圆领联珠团窠纹锦裲裆(短者为裲裆,长者为褴裆),红黄二色条纹高腰裙,束绛丝腰带,肩披帔帛。

6－52　新疆吐鲁番阿斯塔那出土唐仕女画屏风,梳朝天髻,穿锦半臂,直领小袖带袖头衬衫,高腰拖地长裙,重台履,一手执半月形纨扇。

6－53　陕西乾县永泰公主墓出土，高髻、帔帛、着半臂、长裙、重台履妇女石刻线画。

6－54　高髻、帔帛、着半臂、长裙、重台履贵族妇女和捧持生活用具侍女(陕西乾县永泰公主墓壁画)。

6-55 **1972年新疆吐鲁番阿斯塔那出土，唐宝相花印花绢褶裙模型，长26厘米，褶裙油绿地，白色宝相花，宽摆窄腰，为唐代斜褶裙的基本式样**(新疆维吾尔自治区博物馆藏)。

6-56 **1972年新疆吐鲁番阿斯塔那出土，唐瑞花印花绢褶裙模型，长25.5厘米，棕黄色地，印黄色瑞花，斜褶裙**(新疆维吾尔自治区博物馆藏)。

元和时，白居易在《新乐府·上阳人》中写着“平头鞋履窄衣裳，青黛点眉眉细长，世人不见见应笑，天宝末年时世妆”。这类打扮，和敦煌莫高窟初唐壁画人物及唐永泰公主墓壁画人物服饰形象相合。元和以后这种风尚变化较大，到盛唐以绘画风格演变为起点，“风姿以健美丰硕为尚”。这种新趋势反映到服装样式方面，也流行大髻宽衣。中唐以后，华夷意识加强，服装中加强了华夏的传统审美观念，服式越来越肥，敦煌莫高窟 103 窟壁画乐廷瑰夫人行香图中盛装贵妇和此时三彩俑（后人称胖姑娘）常服妇女服式都是如此，乐廷瑰夫人所穿即为“钿钗礼衣”，为朝参、辞见、昏会之礼服。元稹《寄乐天书》说：“近世妇人，衣服修广之度及匹配色泽，尤剧怪艳。”白居易《和梦游春诗一百韵》描写元和服装流行时，就写成“风流薄梳洗，时世宽妆束”。《旧唐书·文宗纪》还记载这样一个故事，太和二年（828 年），唐文宗传旨诸公主“不得广插钗梳，不须着短衣服”。当时他似乎在鼓励穿较宽松的衣服。以后不过 10 年功夫，服装样式就很快向丰腴型发展，至开成四年（839 年）正月，唐文宗在咸泰殿观灯，因延安公主穿了十分肥大的衣裙走来，唐文宗见了大怒，立时将她斥退，并下诏对驸马窦澣罚俸两月。当时的宽体长裙，普通用五幅丝帛缝制。也有用六幅、七幅、八幅，甚至十二幅的，按唐代布帛幅宽制度是一尺八寸，唐大尺的长度约合 0.29 米，十二幅裙的宽度就达 3.48 米。穿起那么肥大的宽松裙走路很不方便，所以又穿高头丝履，丝履前面装有一个很高的履头，让履头钩住长裙的下摆才能迈步走路。与之相配称，头上还要戴假发，梳高大的发髻，插很多金钗银篦金步摇之类的头饰，才能协调，反映出一股豪华侈靡的社会风尚。服装对于社会风气可以起到推波助澜的作用，因此就引起了一些有远见的政治家的担忧。同年二月，淮南节度使李德裕向朝廷提出了裙长和袖宽尺度标准的建议，规定原袖阔四尺（合 1.18 米），改为一尺五寸（0.4425 米）；裾曳地四尺，令改曳地五寸（0.1415 米）。唐代裙裾的纹饰加工

6-57 唐花冠、椎髻、帔帛，元和时装贵族妇女(《宫乐图》郭慕熙摹)。

6-58 唐高髻、帔帛、小袖上襦、长裙，熨帛宫廷妇女(传宋徽宗摹张萱绘《捣练图》)。

也非常讲究，唐代小说《许老翁传》，讲天宝年间益州（四川成都）士曹柳姓者之妻李氏，穿“黄罗银泥裙，五晕罗银泥衫子，单丝罗红地银泥帔子，盖益都之盛服也”。白乐天《戏代内子作诗贺兄嫂》诗：“金花银碗饶兄用，罨画罗裙任嫂裁。”“银泥”是用银粉绘画的纹饰。“罨画”是五彩的手绘花纹。此外裙子用金缕刺绣、印花、织花、彩色相间等工艺加工的，更为多见。唐代的裙装，有的还作半露胸的款式，周渍《逢邻女》诗：“慢束裙腰半露胸。”李群玉《赠歌姬诗》：“胸前瑞雪灯斜照。”方干《赠美人》诗：“粉胸半掩凝晴雪。”欧阳询《南乡子》：“二八花钿，胸前如雪，脸如花。”都是半露胸式衫裙装的写照（图6－57至6－60）。

6－59　敦煌莫高窟103窟盛唐壁画乐廷瑰夫人行香图。

6－60　唐·周昉《簪花仕女图》中广袖衣裙、帔帛、执拂尘的女子。

（二）帔帛

在唐代的绘画或陶俑中，都可以见到妇女穿着窄袖的衣服，袒着胸口，露出半只臂膊，系着束到乳房以上的长裙。在她们的肩背上还披着一条长长的围巾。这围巾两端垂在臂旁，有时一头垂得长些，一头垂得短些。有时用手把围巾两头用手捧在胸前，下面垂至膝下。有时把右边一头固定束在裙子系带上，左边一头由前胸绕过肩背，搭着左臂下垂。有时把披在两肩旁的垂端凑在胸前，好像穿着一件马甲，形式很多，都很合乎审美的要求。这种长围巾就是“帔帛”。帔帛的来历，据后唐马缟《中华古今注》“女人帔帛”条：“古无其制。开元中诏令二十七世妇及宝林御女良人寻常宴参侍令披画帔帛，至今然矣。至端午日，宫人相传谓之奉圣巾，亦曰续寿巾。续寿巾盖非常参从见之服。”宋高承《事物纪原》说：“秦有帔帛，以缣帛为之，……开元中令三妃以下通服之。”实际上帔帛在东晋时尚未出现，敦煌莫高窟 288 窟北魏壁画女供养人及 285 窟西魏女供养人已有帔帛。但南朝陶俑身上仍未见。中古时鲜卑、契丹、回纥、吐蕃服装均无帔帛。《大唐西域记》卷二说印度有“横腰络腋，横巾右袒”的服式，莫高窟隋唐时期的菩萨塑像中常能见到，似现代“纱丽”一端搭于肩上，任其下垂部分散拂于腰际者，与帔帛形式也不相同。《旧唐书·波斯传》：“其丈夫……衣不开襟，并有巾帔。多用苏方青白色为之，两边缘以织成锦。妇人亦巾披裙衫，辫发垂后。”从波斯萨珊王朝银瓶人物画人物上所见女装也有帔巾与唐代帔帛形式略同。又新疆丹丹乌里克出土的早期木板佛画也有帔帛，可知帔帛是通过丝绸之路传入中国的西亚文化，与中国当时服装发展的内因相结合而流行开来的一种“时世妆”的形式。所以唐姚汝能《安禄山事迹》中说：“天宝初贵游士女好衣胡服、胡帽，妇人则簪步摇，衩衣之制度，袖窄小，识者窃怪之，知其戎矣。”敦煌莫高窟 390 窟许多隋代女供养人都有帔帛。

唐代除莫高窟壁画之外，从陕西乾县唐中宗神龙二年（706 年）入葬的永泰公主墓壁画及石椁线刻画宫女图、周昉《簪花仕女图》、张萱《虢国夫人游春图》、唐人《宫乐图》,到莫高窟98窟五代于阗王后曹氏像等,都有帔帛,画出了帔帛的各种花色和披戴的方式。唐代诗文中关于帔帛的描写也很多。中国衣料向来以丝绸见长,从战国秦汉到东晋,妇女服装常常作成长袖或飞动的带饰来美化妇女柔美轻盈的身姿,帔帛正是发展了传统服饰艺术以虚代实,以动育静的艺术法则,吸入西域服饰的特点为我所用,使我民族服饰更加丰富。

《步辇图》表现贞观十四年吐蕃赞普派丞相禄东赞到长安向唐太宗求娶文成公主的故事。图中,唐太宗坐步辇又称腰舆或舁床,行时用攀索挂杠头,高只齐腰不像晋代平肩舆那样抬在肩上。宫女头上平起作云皱,衣小袖长,朱绿绸裙,与西安底张湾唐初壁画相同,裙腰上至乳房以上,加帔帛,穿小口条纹裤透空软锦靴,带金条脱,吐蕃使者穿小袖花锦袍,即《唐六典》说的川蜀造蕃客锦袍,扬州广陵也罗织250件,大历以前有的还织有羌样文字。

(三)褴裆、半臂和褙子(背子)

褴裆是一种套穿于大袖衣的外面而不遮掩大袖的短袖外套,《旧唐书·舆服志》记载武舞的服装就是绯色丝布大袖衣套白练褴裆的形式,唐陆龟蒙《陌上桑》有"邻娃尽著绣裆襦,独自提筐采蚕桑"之句,则知民间女子也穿长襦和绣花褴裆。半臂和背(褙)子也是短袖式的罩衣,《事物纪原·衣裘带服部·背子》引《实录》记载,说隋大业年间内官多服半臂,唐高祖减其袖,称为"半臂",后称"背子"。其式样为袖短于衫,身与衫齐而大袖。《中华古今注》说隋大业末,炀帝宫人、百官母妻等,穿绯罗蹙金飞凤背子为朝服。唐天宝年中,西川向朝廷进贡五色织成的褙子。李德裕《李文饶集·别集》卷五《奏缭绫状》说唐玄宗命皇甫询在益州织造半臂子。《新唐书·地理志》记载扬州贡物中有半臂锦。

在新疆阿斯塔那地区206号唐墓曾出土身穿团窠对禽纹锦半臂的女木俑，衣身紧小，下配直条纹长裙，颇具今人背心审美风度。另据新疆拜城克孜尔石窟龟兹壁画供养人所穿半臂有两种形式，一种半臂的袖口平齐，还有一种半臂在袖口加饰褶裥边，在西安出土的唐舞女俑也可见到此种加褶裥袖边的半臂。半臂的造型特点，是抓住衣袖的长短和宽窄处理作审美形式变化的关键，在功能上又能减少多层衣袖厚度带给穿衣人动作上的累赘，它既合乎美学的要求，又合乎功能科学的要求。直到今天，半袖式衣衫仍然是现代服装造型的主要形式。唐代也有将半臂穿在外衣里面的穿法，唐永泰公主墓石椁线雕人物及韦洞石椁线雕人物衣服肩部都有一种隐约呈现半臂轮廓的装束，就是这种穿法的写照。另外唐代常有在肥大的礼服袖子中部加缀一道褶裥边的装饰袖，使服装上臂得到强调，这种手法，也仍在现代女装设计中得到广泛的运用。盛唐以后，因社会习尚以丰腴为美，穿半臂的人逐渐减少(图6-61至6-66)。

6-61 阎立本《步辇图》，圆领小袖花蕃客锦袍吐蕃使者，幞头、圆领衫、佩帛鱼、执笏赞礼官和幞头、圆领便服、坐腰舆帝王。

6-62　唐郑仁泰墓及新疆阿斯塔那出土戴帷帽的女俑。

6-63　唐麟德元年郑仁泰墓出土戴黑白条纹帷帽，穿白色窄袖袒胸衫、锦半臂、红白金三色条纹长裙骑马女俑。

6-64　唐显庆二年张士贵墓出土骑马女陶俑，戴青黑笠帽，帽上有纱帷，穿紧身衫，对襟U字领半臂，红、白、金三色条纹高腰长裙，尖头履。

6－65 唐麟德元年郑仁泰墓出土戴帷帽，穿袒胸窄袖衫、半臂、条纹高腰长裙骑马女陶俑，附帷帽正面、背面图。

6－66 唐麟德元年郑仁泰墓出土骑马女陶俑，辫发结顶、束红锦带，穿U字领窄袖衫、半臂、高腰长裙、尖翘履。

（四）羃䍦与帷帽

羃䍦和帷帽都是妇女出行时，为了遮蔽脸容，不让路人窥视而设计的帽子。这种帽子多用藤席或毡笠做成帽形的骨架，糊裱缯帛，有的为了防雨，再刷以桐油，然后用皂纱全幅缀于帽檐上，使之下垂以障蔽面部或全身。缀于帽檐上的皂纱称为帽裙，羃䍦的帽裙长可障身，到永徽（650—655年）以后，帽裙缩短至颈部，称为帷帽。帷帽四缘改为垂挂一圈网子，可以不妨碍视线，考究一些的还在网帘上加饰珠翠，显得十分高贵华丽了。羃䍦本是胡羌民族的服式,因西北多风沙,故用羃䍦来遮蔽风沙侵袭,原是实用性的,但传到内地,与儒家经典《礼记·内则》"女子出门必拥蔽其面"的封建意识相结合,羃䍦的功用就变成防范路人窥视妇人的面容为主了。遮蔽风沙的实用功能转化为体现封建意念的障身功能,羃䍦的形式也就渐渐演变成帷帽。到唐中宗神龙年间(705—707 年),羃䍦就彻底被帷帽所取代。宋代著名的绘画《清明上河图》和元代永乐宫壁画及明代《三才图会·衣服图会》中,都能看到帷帽的形象,说明帷帽和封建社会封闭女性的意识相符合,就能一直保留下来。

(五) 女着男装

女装男性化是唐代社会开放的又一种反映。《旧唐书·舆服志》曾说:"开元初,从驾宫人骑马者,皆着胡帽靓妆露面无复障蔽,士庶之家又相仿效,帷帽之制绝不行用。俄又露髻驰骋,或有著丈夫衣服靴衫,而尊卑内外斯一贯矣。"《新唐书·车服志》也说:"中宗后……宫人从驾皆胡冒(帽)乘马,海内效之,至露髻驰骋,而帷帽亦废,有衣男子衣而靴如奚契丹之服。"这种女装男性化的风尚是受外来影响所致。《洛阳伽蓝记》五讲于阗国"其俗妇人袴衫束带乘马驰走,与丈夫无异"。《文献通考·四裔考》九讲占城风俗"妇人亦脑后摄髻,无笄梳,其服与拜揖与男子同"。这种异族服饰风情,首先在唐宫廷中仿效,《新唐书·五行志》说唐高宗有一次在宫中宴饮,太平公主穿着紫衫、玉带、皂罗折上巾,腰带上挂着纷、砺七事(即算袋、刀子、砺石、契苾真、哕厥、针筒、火石袋等七件物品,俗称鞢𩋉七事),歌舞于帝前。帝与武后笑道,女子不能做武官,为何这般装束?《永乐大典》卷二九七二引《唐语林》记载说,唐武宗的王才人身材高大,与武宗身材相近,一次在苑中射猎,两人穿着同样的衣装南北走马,左右有奏事的,往往误奏于王才人前,帝以之为乐。又《新唐书·李石传》说到禁中有两件金乌锦袍，是唐玄宗和杨贵妃两人游幸温泉时穿的。这种女穿男装的装束，在唐永泰公主石椁线画、唐韦洞墓石椁线画、唐李贤墓壁画、唐张萱《虢国夫人游春图》、敦煌莫高窟晚唐 17 号窟〔即清光绪二十六年(1900 年)发现藏经洞的洞窟〕高僧洪巩身后左壁所绘持杖供养女子身上，都有具体的形象(图 6 - 67 至 6 - 71)。

6 - 67(甲) 唐开元天宝时期骑闹装鞍马贵族妇女和婢仆(传宋徽宗摹张萱绘《虢国夫人游春图》)。

6 - 67(乙) 唐开元天宝时期骑闹装鞍马贵族妇女和婢仆(传宋徽宗摹张萱绘《虢国夫人游春图》)。

6－68　(左)唐高髻、圆领小袖长衣侍女(西安开元四年墓出土石刻墓门装饰画);(中)唐高髻、圆领小袖长衣、佩鞢韄带侍女石刻线画(陕西乾县永泰公主墓出土);(右)唐高髻、翻领小袖上衣、佩鞢韄带侍女石刻线画(陕西乾县永泰公主墓出土)。

6－69　(左、中左)唐高髻、圆领小袖长衣、佩承露囊侍女石刻线画(西安南里王村韦泂墓出土);(中右)唐裹巾子、圆领小袖长衣、佩承露囊侍女石刻线画(西安南里王村韦泂墓出土);(右)唐高髻、翻领小袖长衣、佩承露囊侍女石刻线画(西安南里王村韦泂墓出土)。

6－70　唐永泰公主墓出土壁画中的女官，穿窄袖圆领衫，小口裤，尖头履，腰佩鞢韄带，悬承露囊，手执如意。

6－71　陕西乾县永泰公主墓出土彩绘女陶俑，梳高髻，穿番锦袍，腰束鞢韄带，下穿小口裤。

6－72　莫高窟第409窟（西夏）女供养人，身穿回鹘装，鸡心形花边大翻领长袖连衣裙。

（六）回鹘装

回鹘是唐代西北地区的少数民族，原称回纥，唐贞元四年（788年）回纥可汗请唐改称回鹘，唐代回鹘族人民与汉族人民经济文化交流频繁，回鹘妇女服装及回鹘舞蹈，对唐代宫廷及贵族妇女产生较大的影响。回鹘装的特点是翻折领连衣窄袖长裙，衣身宽大，下长曳地，腰际束带。翻领及袖口均加纹绣，纹样多凤衔折枝花纹。头梳椎状的回鹘髻，戴珠玉镶嵌的桃形金凤冠，簪钗双插，耳旁及颈部佩戴金玉首饰，脚穿笏头履。甘肃安西榆林窟第10窟甬道壁画供养人五代曹议金夫人李氏像，甘肃敦煌莫高窟第205窟入口处壁画曹议金夫人供养像，莫高窟第61窟北宋女供养人像都有这种回鹘装的具体形象。回鹘装的造型，与现代西方某些大翻领宽松式连衣裙款式相似，是古代综合希腊、波斯文化与中国文化的产物（图6－72至6－74）。

6－73　莫高窟第61窟（北宋）身穿回鹘装，青果领型大翻领的女供养人。

6－74　五代，曹议金夫人供养像，回鹘装的衣领凤衔花枝及袖口莲台立凤纹样，内衣散朵梅花纹样，敦煌莫高窟205窟。

（七）唐代的舞蹈服装

舞蹈服装是生活服装的升华，同时又是生活服装的审美先导。汉代舞女打扮一般为高髻大袖，《后汉书·马廖传》记载着一段当时长安的谚语："城中好高髻，四方高一尺；城中好广眉，四方且半额；城中好大袖，四方全匹帛。"可见城市舞蹈服装对社会的巨大影响。

中国舞蹈有两种不同的功能，一种是从属于政治礼仪性质的舞蹈，它是中国原始舞蹈的延续，一开始就与原始巫术相结合而带有神话的色彩。后来与阶级社会的政治伦理观念相结合，成为统治阶级礼仪不可缺少的组成部分。另一种较多的属于娱乐性质，其低级形式就是民间的各种舞蹈;高级形式则属于上层社会精神文化的享受。随着社会对外经济文化交往的增多,舞蹈艺术的交流也日益频繁,后汉辛延年《羽林郎》诗:"胡姬年十五,春日独当垆;长裾连理带,广袖合欢襦。"说明西域舞蹈已伴随丝绸之路的畅通而流入中原,为中国上层社会所赞扬。南朝梁简文帝《小垂手》诗:"舞女出西秦,蹀影舞阳春;且复小垂手,广袖拂红尘;折腰应两袖,顿足转双巾……"说明南北朝时南方舞蹈也以接近西陲的河西舞女为尚。唐代舞乐空前繁盛,据《唐六典》和《文献通考》等书记载,唐代舞蹈就达数十种之多。唐太宗时宏文馆直学士谢复所写的《观舞赋》,描述舞女"曳绢裙兮拖瑶珮,簪羽钗兮珥明珰,弦无差袖,声必应足,香散飞巾,光流转玉"。可见,在当时十分注重歌舞声容音乐与服装的综合效果。唐代各种舞蹈,多有定式的舞衣,如《七德舞》披甲执戟;《九功舞》戴进德冠(进德冠是形式介于进贤冠与通天冠之间的一种非常华贵的冠式)、紫裤襦;《上元舞》衣画云五色衣;《大定舞》披五彩纹甲、持槊;《圣寿舞》金铜冠、五色画衣;《光圣舞》乌冠,五彩画衣。《宴乐舞》绯绫为袍,丝布为衣;《长寿舞》衣冠皆画;《万岁舞》绯大袖,并画鹦鹆,冠作鸟像;《龙池舞》服五色纱云衣、芙蓉冠、无忧履;《师子舞》二人持绳秉拂,服饰作昆崙状;《景云舞》花锦为袍、五绫(五枚斜纹地组织的绫)为袴,绿云冠、黑衣皮靴;《倾杯舞》乐工淡黄衫、文玉带;《文舞》服委貌冠,玄丝布大袖、白练领、褾白纱中单,绛领青丝布大口袴,革带乌皮履,白布袜;《武舞》服弁平巾帽,金支绯丝布大袖,绯丝布裲裆甲,金饰白练榼裆,锦腾蛇(腾蛇以锦为表,长八尺,中实以锦,像蛇形)起梁带,豹文大口布袴,乌布靴;《坐舞》舞童五人衣绣衣,各执金莲花;《八佾舞》着画绩,文衣长大,武衣短小;《霓裳舞》虹裳霞帔步摇冠,钿璎累累珮珊珊。上面这些舞蹈大体属于传统礼仪场面的中国式舞蹈。另外一类属于西域传入的流行舞蹈,所穿舞蹈服装也带有强烈的西域民族风貌。如广为唐代诗人吟咏讴歌的《柘枝舞》和《胡旋舞》、《胡腾舞》

均是。白居易《柘枝妓》:“紫罗衫动柘枝来,带垂钿胯花腰重。”又《柘枝词》:“绣帽珠稠缀,香衫袖窄裁。”张祜《周员外席上视柘枝》:“金丝蹙雾红衫薄,银蔓垂花紫带长。”又《观杨瑗柘枝》:“卷檐虚帽带文垂,紫罗衫宛蹲地处,红锦靴柔踏节时。”又《观杭州柘枝》:“红罨画衫缠腕出,碧排方胯背腰来;旁收拍拍金铃摆,却踏声声锦靿催。”又《李家柘枝》:“红铅拂脸细腰人,金绣罗衫软著身。”又《感王将军柘枝妓殁》:“鸳鸯钿带抛何处,孔雀罗衫付阿谁?”红色或紫色刺绣或手绘的窄袖罗衫,珠玉刺绣卷檐虚帽,红锦靴,装饰飘带,是柘枝舞的基本服装。

《胡旋舞》和《胡腾舞》以配合弦鼓节拍作旋转舞蹈为特色,有时站在一个小圆毬上转蓬腾踏,两足终不离于毬上。舞蹈服装也是尖顶番帽、小袖胡衫、宝带、锦靴。

唐代舞蹈服装的设计,追求新奇,思考是很细致的,《教坊记》记载《圣寿乐》的服装,衣襟上都绣着一个大团花,再在这件绣衣的外面

6-75　高昌壁画,唐末五代。金花冠,辫发,圆领,小袖花番锦袍,佩鞢韄带回鹘贵族进香人。

罩上一件与绣衣颜色相同的短短的缦衫。舞者出现时，观众看见她们穿的只是一种单色的衣服。舞到第二叠时，“舞者相聚到场中，当即从领上抽去笼衫，各入怀中。观众忽见众女文绣炳焕，莫不惊异”。服装设计者把服装与舞蹈进程结合起来考虑时空效果，使观众获得幻觉一般的新鲜感受，这种设计构思是非常出色的。

唐代舞蹈服装形式众多，在唐代洞窟壁画、雕塑、陶俑和绘画中保存着丰富的形象资料(图 6－75 至 6－78)。

6－76 头戴假髻，穿臂间缀有打褶裥装饰假袖的大袖衫，下穿高胸裙和两侧带有斜尖角形装饰的蔽膝，脚穿高头履，肩上戴有起翘的硬帔肩，颈有项链，日本学者定名为“霓裳羽衣”。沈从文先生据白居易“虹裳霞帔步摇冠，钿璎累累珮珊珊”诗句，及郑嵎《津阳门诗序》中所说“衣孔雀翠衣，佩七宝璎珞，为霓裳羽衣之类，曲终，珠翠可扫”，认为此种舞衣与霓裳羽衣无关。

(八) 唐代女鞋

唐宫廷女鞋，官服一般穿“高墙履”，前头高出一长方形鞋头，系南北朝笏头履演化而来，如高出方片有分段花纹的，称重台履。其次穿软底透空锦鞠靴，与翻领小袖齐膝袄及条纹小口袴配套，可称女装男性化的胡服式样，唐永泰公主墓、章怀太子墓、懿德太子墓、韦项墓、韦泂墓石刻女侍常有此种打扮。第三种为尖头而略上弯的鞋，似从汉之勾履演变而来。武德间妇女穿履及线靴，开元初有线鞋，大历时有五朵草履子，建中元年进百合草履子，文宗时吴越织高头草履，内加绫縠，此外还有金薄重台履、平头小花履等，《新唐书·车服志》说

6－77 唐李寿墓线刻坐部乐伎，梳平云髻，穿小袖衫，帔帛，高胸裙。

6－78 唐懿德太子墓石椁线雕，头戴步摇冠，两旁有金凤步摇钗为饰，穿U字领大袖襦衫，香胸舒露，下着高腰双裙，两侧挂组珮，当为礼服。

民间妇女，衣青碧缬，平头小花履、彩帛缦成履及吴越高头履。线鞋在辽宁博物馆有实物，系用麻线编成。新疆也有实物出土(图6－79、6－80)。

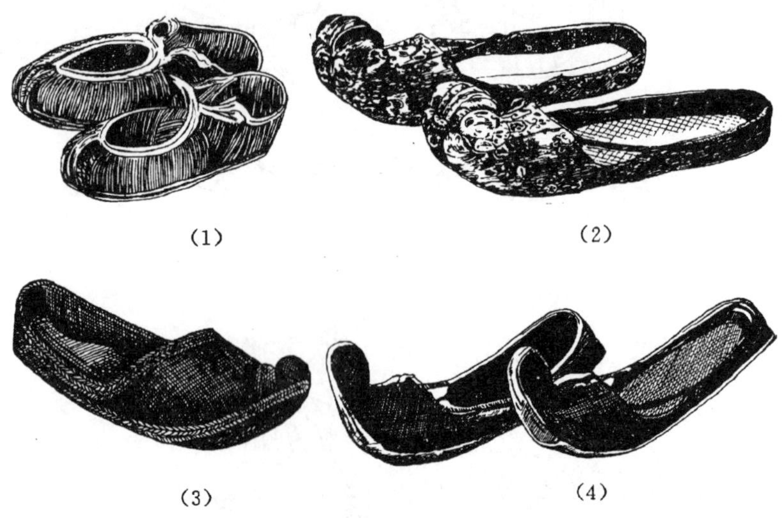

6－79　(1)新疆吐鲁番唐墓出土的麻鞋，鞋头不作上翘式；(2)新疆吐鲁番阿斯塔那唐墓出土；(3)草鞋，新疆吐鲁番阿斯塔那唐墓出土，长24.5厘米；(4)唐麻布鞋。

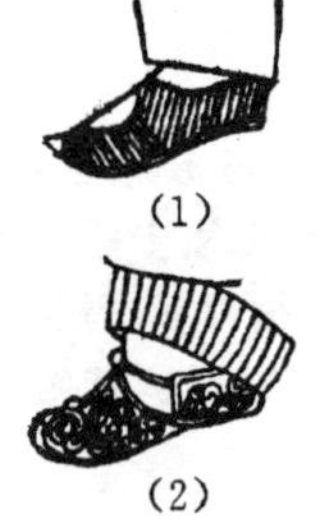

6－80　(1)莫高窟147窟壁画中的线鞋；(2)韦顼墓石椁线雕中接近线鞋式样的锦鞋。

第七节　五 代 服 饰

五代自后梁开平元年(907 年)至南唐交泰元年(958 年)约 50 年,虽处于五代十国分裂时期,但服饰上官服仍大体沿袭唐制,一般服饰,如幞头巾子头脚都用硬脚,形式也出现不少变化,如团扇形、蕉叶形、平展伸直形、翘上形、反折形等,并用珠络为饰或金线棱盘。五代的裹巾,后唐李存勗当皇帝时,有圣逍遥、安乐巾、珠龙便巾、清凉巾、宝山巾、交龙巾、太守巾、六合巾、舍人巾等种种名称。南汉刘氏作平顶帽,名“安丰顶”。南唐韩熙载在江南造轻纱帽,称“韩君轻格”。他所戴巾子,比宋代的东坡巾还要高。西蜀 王建喜戴大帽,出行时恐人认出,故令百姓也戴大帽,王衍戴形如锥状的尖巾, 晚年又

6-81　四川成都抚琴台前蜀王建墓出土王建造像,穿圆领衫,腰束玉锜带,头戴幞头。

6-82 传南唐周文矩《唐重屏会棋图》，戴轻纱高巾、穿便服的南唐皇帝李煜和戴幞头、穿便服的文臣们会棋的情景。

6-83 敦煌莫高窟五代壁画曹议金进香图。戴幞头，穿圆领袍，腰带挂帛鱼。

6-84 五代麦积山壁画中几个青年妇女。

6-85　宋或五代，高髻，满头插小梳，上襦，帔帛，长裙，坐绣墩贵族妇女（宋人绘《女孝经图》部分）。

6-86　敦煌莫高窟第**9**窟晚唐女供养人，（与五代**98**窟于阗国王后、曹议金家属服装款式相同，唯不戴金凤冠）此窟为归义军节度使索勋开凿，原图高**67**厘米，头梳大髻，广插梳篦及金叶簪钗，穿直领大袖衫，高胸大摆长裙，颈部有丰盛的珠宝项链，肩披帔帛，穿笏头高头履，手捧供养花，当为礼服。

推出小帽,叫作“危脑帽”。其嫔妃衣道服,戴莲花冠,作髽髻。后蜀孟昶末年,妇人竞治高髻,名“朝天髻”。南唐昭惠后周氏梳高髻,饰首翘鬓朵之妆,着纤裳(细腰裙)。

后唐同光年间,帝见晚霞云彩可爱,命染坊作霞样纱做千褶裙,分赐宫嫔。后民间竞作彩裙,名“拂拂娇”。五代妇女有一种披于颈间领下的帔,名为“诃梨子”。衣服式样渐趋俏丽(图 6－81 至 6－88)。

6－87　五代着半臂或云肩,大袖衣,帔帛,盛装坐部乐伎(成都抚琴台前蜀王建墓石棺座四周浮雕舞乐)。

6-88　(1)李昇墓出土的穿舞衣的男俑;(2)李昇墓出土的穿舞衣的男俑;(3)李昇墓出土的穿战袍的男俑;(4)李昇墓出土的穿圆领长袍的男俑;(5)李昇墓出土的梳高髻穿舞衣的女俑;(6)李昇墓出土的梳高髻穿带有帔肩和华袂的外衣的女俑。

第八节　隋唐五代妇女的发型和面妆

隋唐时期(尤其在唐代)妇女十分重视头部的化妆,发式和发髻式样的变化多式多样,头上插戴簪钗金叶银篦珠玉宝石及鲜花,既承袭前代遗风,又有刻意创新,可谓丰富多彩。

唐代妇女面部化妆,一般是敷铅粉、抹胭脂、涂鹅黄、画黛眉、点口脂、描面靥、贴花钿。铅粉古称"粉锡"或"铅华",夏商时已经出现,为我国古老的化妆品。汉以前胭脂主要产于河西走廊焉支山,主要原料为红蓝花,汉武帝击败匈奴,红蓝花大量在内地种植。唐代妇女用青黑色颜料将眉毛画浓,叫做黛眉,描成细而长的叫蛾眉,粗而宽的叫广眉。面靥原是用来掩饰面颊上的斑痕的,后和贴花钿都作为妇女面部的装饰。

中国妇女自古以来就讲究发髻的变化,考古学家曾把商代头饰归纳为椎髻饰、额箍饰、髻箍饰、双髻饰、多笄饰、玉冠饰、编玉饰、雀屏饰、编珠鹰鱼饰、织贝鱼尾饰等10类。周文王时有凤髻和云髻,并运用假发,以衡笄加以固定。秦始皇好神仙之术,宫中头饰有神仙髻、望仙髻、参鸾髻、凌云髻等发式。汉承秦制,并发展出迎春髻、垂云髻、飞仙髻、九鬟髻、百合分髾髻、同心髻、大手髻、四起大髻、堕马髻、盘髻、双鬟分髾髻等发式,大体可归纳为低垂型和高耸型两类,据汉代形象资料分析,仍以低式发髻为多,将发中缝分开,垂发挽髻于背后,或于脑后挽髻。高髻大袖只是舞女所穿的时装,但对社会影响很大,故有"城中好高髻,四方高一尺"的谚语。南北朝时各民族间频繁接触交往,魏之涵烟髻、反绾髻、百花髻、灵蛇髻;晋之芙蓉髻、缬子髻、流苏髻;南朝梁之罗光髻、回心髻、郁葱髻、归真髻;陈之凌云髻、随云髻等,这些发髻的具体形状虽不能一一查考,但从河南邓县画像砖、北魏司马金龙墓出土屏风漆画人物、西安草厂坡出土女俑发式来看，贵族妇女多作十字大髻，一般侍女作丫髻或双鬟髻，总的趋势已向高髻发展。

隋代有九贞髻、翻荷髻、坐愁髻、近唐八环髻等名称，据敦煌莫高窟 390 窟壁画伎乐人及西安隋大业四年(608 年)李静训墓女俑均为三叠平云式髻形。

唐代发髻名称众多，有倭堕髻、螺髻、反绾髻、半翻髻、惊鹄髻、双鬟望仙髻、抛家髻、乌蛮髻、盘桓髻、同心髻、交心髻、拔丛髻、回鹘髻、归顺髻、闹扫妆髻、反绾乐游髻、丛梳百叶髻、高髻、低髻、凤髻、小髻、侧髻、囚髻、偏髻、花髻、云髻、双髻、宝髻、飞髻等。西安开元六年(718 年)韦顼墓和永泰公主墓石椁线刻画，西安武氏圣历元年(698 年)独孤思贞墓女俑、咸阳唐景龙四年(709 年)薛氏墓壁画、西安唐开元二十八年(740 年)杨思勗墓女俑、敦煌 130 窟唐开元五至十四年(717—726 年)壁画都督夫人太原王氏供养像、西安唐开元十一年(723 年)鲜于庭诲墓女俑及唐代绘画如《簪花仕女图》、《捣练图》、《虢国夫人游春图》、《宫乐图》等，都保留了大量唐代妇女发型的形象资料。唐代妇女的发型，直接影响到五代和北宋末年，其特点是竞尚高大，即利用自己收集或别人剪下的头发加添在头发中(即髲髢)，或以之作成各式假髻来装戴。这类高髻，在五代时更与银钗牙梳相配，据《入蜀记》记载，蜀中未嫁少女，都梳同心髻，高二尺，插银钗至 6 支，后插大象牙梳如手大。《宋史·五行志》记载后蜀孟昶广政末年“妇女竞治发为高髻，号朝天髻”。山西晋祠北宋彩塑还可见到这种梳髻于当顶的朝天髻发型。至于广插金玉珠翠花枝、鸾凤步摇、簪钗篦梳的情况，亦可在敦煌晚唐第 9 和 10 窟、五代第 98 窟、北宋第 61 窟壁画供养人像中见到(图 6 - 89)。

以上所述大多为隋唐五代贵族的服饰，劳动者百姓长年胼手胝足从事生产，不可能满头珠翠、衣裾拖地。只有在婚嫁大典时允许穿最低等的命妇服装，平时以青碧色调适合劳动的服装为主。此外，当

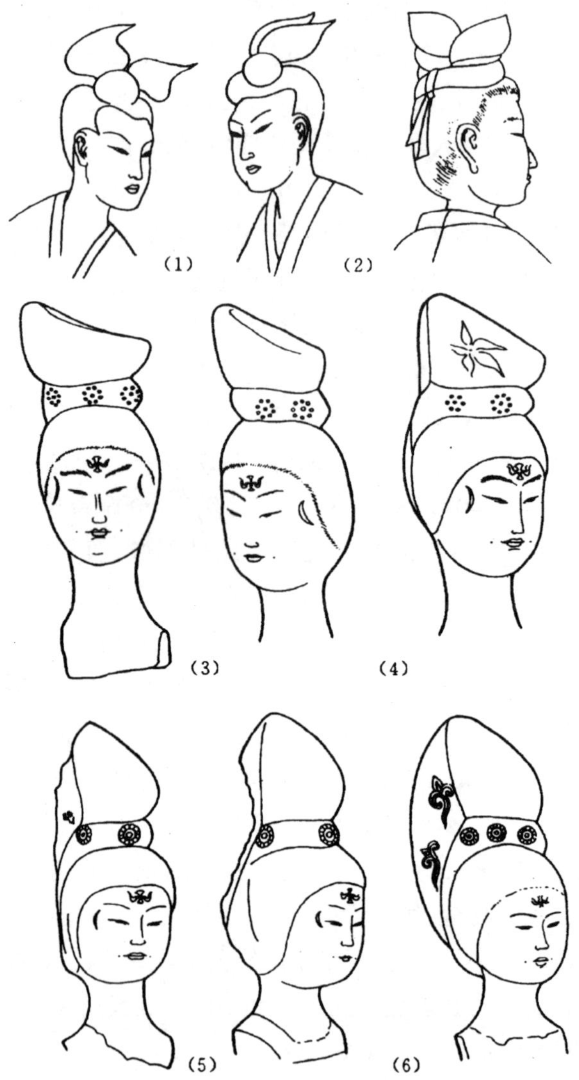

6-89 回鹘髻。(1)麦积山北魏壁画伎乐天头部;(2)唐永泰公主墓线刻妇女头部;(3)(4)(5)(6)喀喇和卓高昌出土泥俑头部。

时的少数民族服装也各具民族特色，限于资料和篇幅，不能详述。

第九节　隋唐五代时期的甲衣

据《唐六典》卷十六记述唐代甲制有明光甲、光要甲、细鳞甲、山文甲、乌锤甲、白布甲、皂绢甲、布背甲、步兵甲、皮甲、水甲、锁子甲、马甲等 13 种名称，这 13 种甲的形式，由于缺乏实物资料，目前还难以一一区分。据原注“今明光、光要、细鳞、山文、乌锤、锁子皆铁甲也。皮甲以犀兕为主。其余皆因所用物以名焉”。可知除铁甲外，还有用布、绢等缝制的甲衣，这类甲衣并非战地实用，但在仪仗、阅兵礼仪中则用之。在帝王仪卫于大朝会时，还有披金甲、银甲的。五代十国时，吴越两国金银器甲最为华丽，这两国投降赵宋时，有金银装器

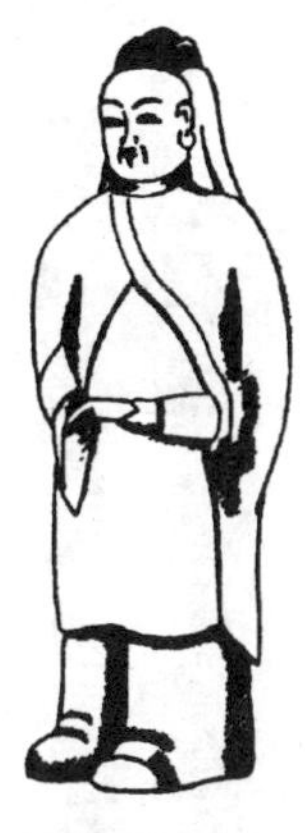

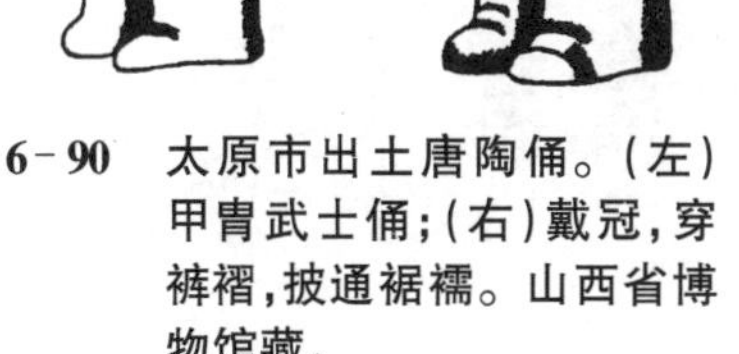

6-90　太原市出土唐陶俑。（左）甲胄武士俑；（右）戴冠，穿裤褶，披通裾襦。山西省博物馆藏。

6-91　（左）五代着鱼鳞甲，系帔肩，执剑武士（南京牛首山南唐李昪墓彩绘门卫）；（右）五代甲士（成都抚琴台前蜀王建墓出土朱漆哀册匣子上锤银镶嵌画）。

甲 70 余万件。宋朝把它们收藏于南方兵库中。明光甲在隋朝取代了古之裲裆铠。锁子甲在三国曹植时称环锁铠。《晋书·吕光传》记前秦吕光在进攻龟兹城时，见西域诸军甲如连锁，射不可入。隋唐时，西域向中原朝廷进贡此种铠甲。《旧唐书·马燧传》说，唐代将它分大中小三种型号，按甲卒体形分发使用（图 6－90 至 6－92）。

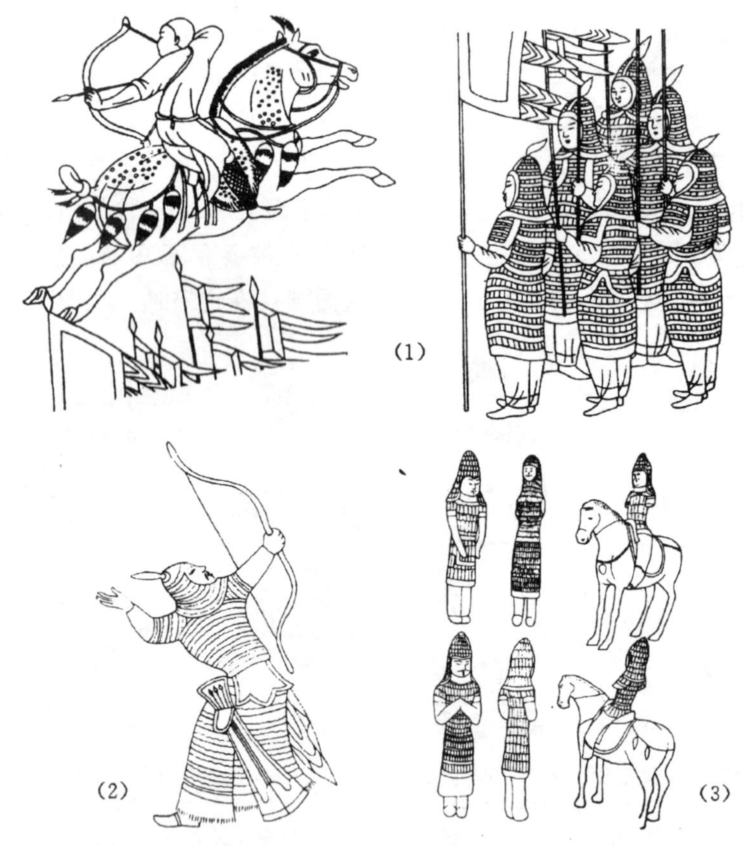

6－92 （1）唐甲士与骑士（敦煌 130 窟唐壁画）；（2）唐着甲引弓射手（敦煌唐壁画）；（3）唐步骑甲士彩绘泥俑（哈喇和卓出土）。

第十节　隋唐五代时期的服饰纹样

隋唐五代时期除政府官员按制度穿用规定花色的官服之外，一般生活服装流行图案花式极为丰富多彩，概括起来，大体有如下各大类：

（一）联珠团窠纹

纹样基本骨骼为平排连续的圆形组成作用性骨骼，圆周饰联珠作边饰，圆心饰鸟或兽纹，圆外的空间饰四向放射的宝相纹。这种形式受波斯萨珊王朝(226 至 640 年)的影响。也可能是当时出口贸易适销的花样。盛行于北朝至唐代中期(图 6-93 至 6-96)。

6-93　1969 年新疆吐鲁番哈喇和卓 48 号墓出土唐联珠对孔雀纹锦纹样，花纹单位约 8×8 厘米。

6-94　1959 年新疆吐鲁番阿斯塔那 332 号墓出土，唐联珠华冠鸟纹锦，长 23.5 厘米，宽 18.8 厘米(新疆维吾尔自治区博物馆藏)。

6－95　日本收藏唐黄地牛头纹锦。

6－96　1969年新疆吐鲁番阿斯塔那北区138号墓出土唐红地猪头纹锦，原为复面，花纹原大15×7.5厘米。

（二）宝相花纹

是由盛开的花朵、花的瓣片、含苞欲放的花、花的蓓蕾和叶子等自然素材，按放射对称的规律重新组合而成的装饰花纹。灵感来自金属珠宝镶嵌的工艺美及多种花的自然美（图6－97）。

6－97　新疆吐鲁番阿斯塔那20号墓出土，唐红地宝相花纹锦，原大8×24.6厘米。

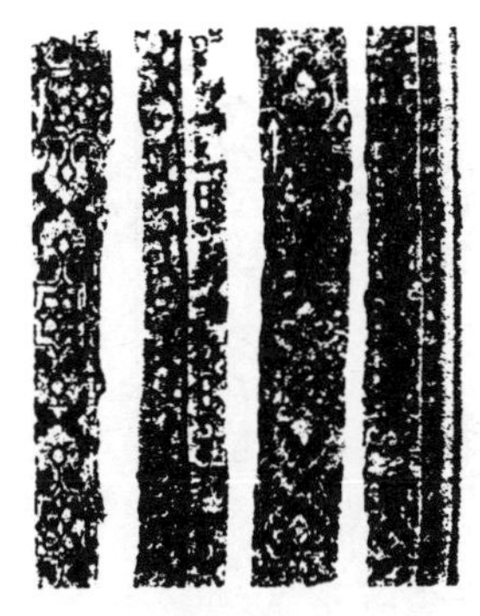

6-98　新疆吐鲁番阿斯塔那117号墓出土唐永淳二年(682年)瑞锦纹经锦(新疆维吾尔自治区博物馆藏)。

(三) 瑞锦纹

由雪花的自然形态加工成多面放射对称的装饰形态,寓“瑞雪兆丰年”的吉祥含意。(图6-98)。

(四) 散点小簇花、小朵花

取花叶的自然形作成对称形小簇花,作散点排立。流行于盛唐(图6-99)。

(五) 穿枝花

以波状线结构为基础,将花、花苞、枝叶、藤蔓组合成富丽缠绵的装饰纹

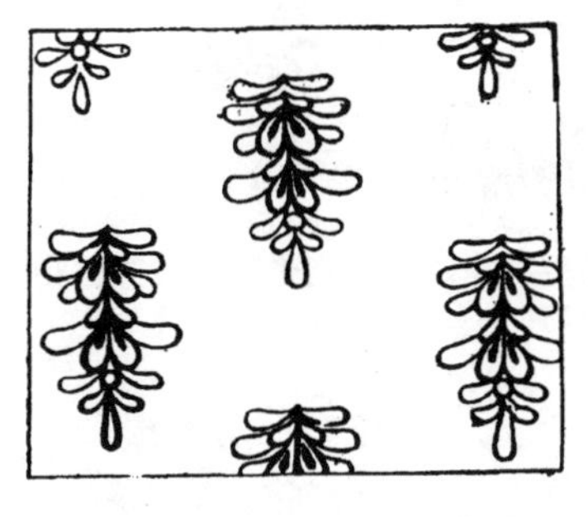

6－99　对称形小簇花纹样摹绘

6－100(甲)　英国 A.斯坦因从敦煌莫高窟藏经洞盗走的唐代穿枝花鸟纹刺绣。

6－100(乙)　英国 A.斯坦因从敦煌莫高窟藏经洞盗走的唐代穿枝花鸟纹刺绣的纹样摹绘。

样。流行于唐、宋、明、清。也称唐草纹(图 6－100、6－101)。

6－101　敦煌莫高窟 334 窟，唐代初期彩塑佛弟子袍服葡萄穿枝纹样。

(六) 鸟衔花草纹

多为鸾凤、孔雀、大雁、鹦鹉等禽鸟嘴中含着瑞草、缨络、同心百结、花枝等，有的作飞翔式，有的作栖立式(图 6－102、6－103)。

6－102　敦煌莫高窟 138 窟，唐代晚期女供养人裙子纹样。

6－103　敦煌莫高窟 138 窟，唐代晚期女供养人上衣袖口鸾凤衔花纹样。

(七) 狩猎纹

作自由散列式或联珠团窠式(图 6－104、6－105)。

6－104 新疆吐鲁番阿斯塔那北区 105 号墓出土,绿色印花纱的狩猎纹,长 56 厘米。

6－105 日本奈良正仓院藏唐联珠狩猎纹绫纹样。

(八) 几何纹

有龟甲、双距、方棋、双胜、盘绦、如意等形式。

隋唐时期纹样造型丰腴、主纹突出、地部疏朗,常用对称构图,色彩鲜丽明快。至五代纹样渐趋写实细腻,如孟蜀时成都蜀锦有长安竹、天下乐、雕团、宜男、宝界地、方胜、狮团、象眼、八搭韵、铁梗襄荷

6－106 敦煌莫高窟晚唐 18 窟壁画帝王服饰花纹,帝王服饰用龟背纹,象征神龟献图。

等，这些花式名称，宋代继续流行，并对明清时期织锦产生了深刻的影响（图 6－106 至 6－108）。

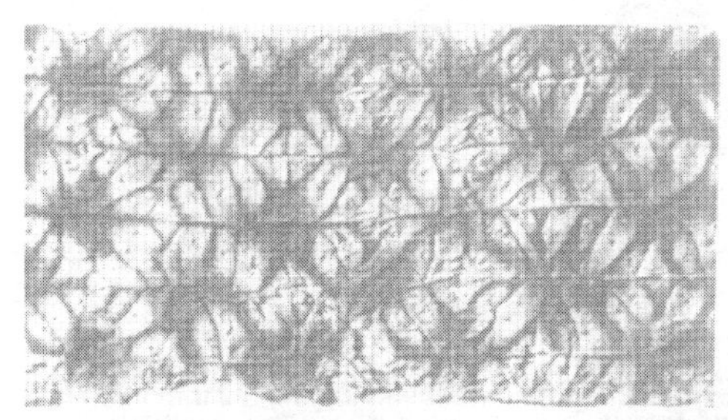

6－107　新疆吐鲁番阿斯塔那北区 117 号墓（同墓出土唐永淳二年，682 年墓志）纹缬。

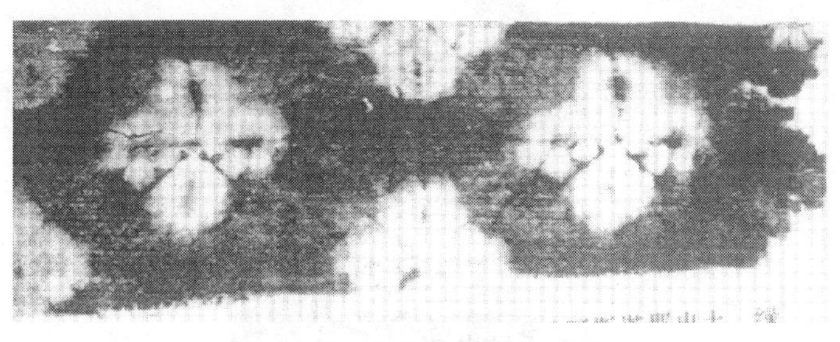

6－108　新疆吐鲁番阿斯塔那出土，绿色绞缬罗纹样。

（九）其他类型的纹样（图 6－109 至 6－118）。

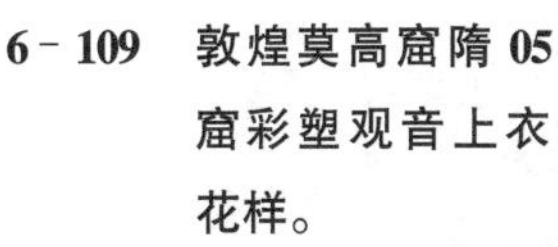

6－109　敦煌莫高窟隋 05 窟彩塑观音上衣花样。

6-110 日本奈良市正仓院藏唐花树对鹿纹绫纹样。

6-111 五代06窟入口前室壁画天子裤子宝相花纹。

6-112 1972年新疆吐鲁番阿斯塔那出土唐宝相花水鸟纹印花绢，长32厘米，宽14厘米(新疆维吾尔自治区博物馆藏)。

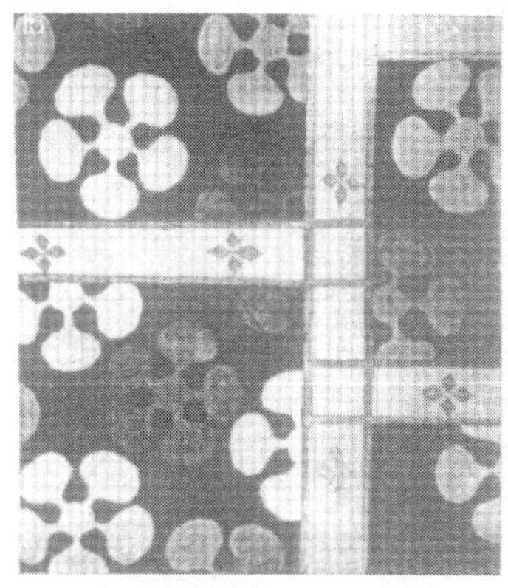

6-113　敦煌莫高窟盛唐 15 窟彩塑佛弟子袈裟花纹。

6-114　敦煌莫高窟盛唐 21 窟彩塑佛弟子袈裟花纹,佛弟子袈裟花纹以山云为主题,象征四山五岳。

6-115　敦煌莫高窟 334 窟,初唐彩塑观音裙子唐草禽兽纹。

6-116　敦煌莫高窟 334 窟,唐代初期,观音裙子唐草禽兽纹。

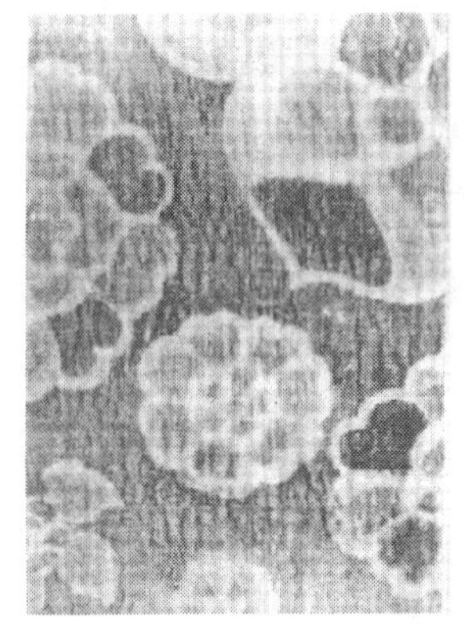

6－117 日本奈良市正仓院藏唐印花罗纹样。

6－118 苏州瑞光塔出土，五代黄地孔雀纹纬锦，花纹单位 14.5×13.5 厘米。

第十一节　隋唐五代的首饰、佩饰

（一）发饰

1. 假髻

隋唐五代妇女盛行高髻，不仅以假发补充，而且还像汉代巾帼那样做成脱戴很方便的假髻，称为“义髻”。《新唐书·五行志》：“天宝初，贵族及士民好为胡服胡帽，妇人则簪步摇钗，衿袖窄小，杨贵妃常以假髻为首饰，而好服黄裙，时人为之语曰：义髻拖河里，黄裙逐水流。”在新疆吐鲁番阿斯塔那唐张雄夫妇墓出土一件木胎外涂黑漆的义髻，其底部小孔留有金属簪的锈迹，此墓出土女俑头上髻式与此相同，上绘精致花纹。该地唐墓出土一件纸胎涂漆描花的头饰，与峨髻相近，南京南唐二陵俑也戴此种头饰，唯没有繁缛的花纹，出土时称为纸冠，也可能为义髻之一种(图 6-119)。此外回鹘髻也是假髻，巾子则是衬垫头发所用。

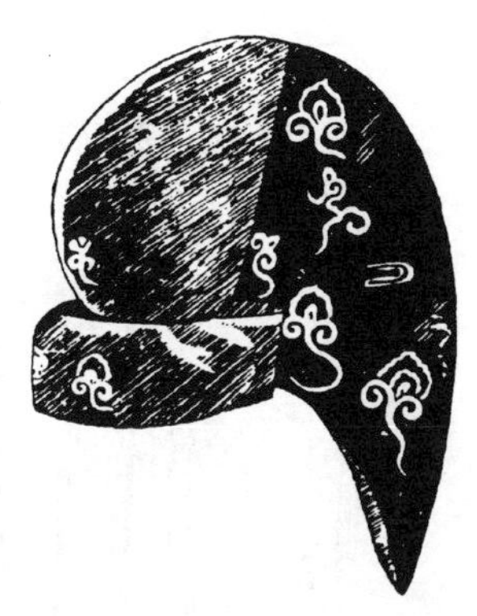

6-119　新疆吐鲁番阿斯塔那墓出土之鬠，罩在发髻上，并用铜钗固定，其底部有洞，鬠亦作鬠，木鬠即假髻，是一种加于发髻上的假髻。

2．发钗

隋代发钗作双股形，有的一股长一股短，以利方便插戴，湖南长沙隋墓曾出土银质镶玉的发钗，钗首作花朵形，名为钗朵。中晚唐以后，安插发髻的发钗钗首花饰简单，另有专供装饰用的发钗，钗首花饰近于鬓花。晚唐适应高髻的实用出现长达 30 至 40 厘米的长钗，仅江苏丹徒就出土 700 多件，陕西西安、浙江长兴等地也有发现。西安南郊惠家村唐大中二年(848 年)墓出土双凤纹鎏金银钗长 37 厘米，钗头有镂空的双凤及卷草纹。另有镂空穿枝菊花纹钗，形象丰美。广州皇帝岗唐代木椁墓出土金银首饰中有花鸟钗、花穗钗、缠枝钗、圆锥钗等，用模压、雕刻、剪凿等工艺做成，每式钗朵都是一式两件，花纹相同而方向相反，可知是左右分插的(图 6-120)。

3．簪

五代时用细金丝盘花。1956 年安徽合肥西郊出土一批南唐保大年间的金首饰中，有一件双蝶花钿簪，用金丝盘成两只相向飞舞的蝴蝶，两翅满镶黄色琥珀。

4．步摇簪

唐代贵妇簪步摇，陕西西安韦洞墓壁画，陕西乾县李重润墓石刻都有插步摇簪人物形象。《新唐书·五行志》说：“天宝初，贵族及士民

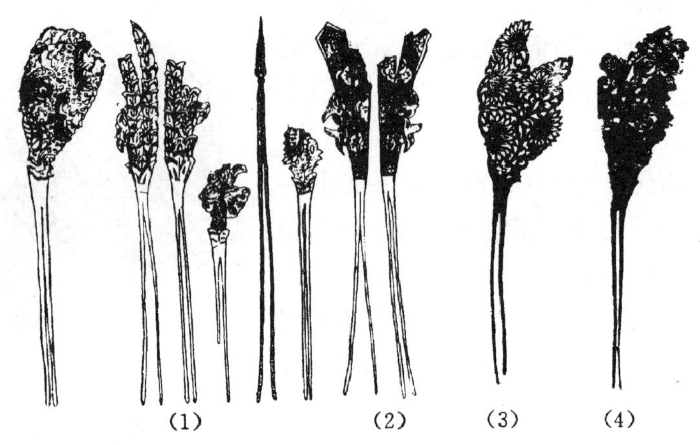

6－120 唐代的花钗。(1)斯德哥尔摩 Kempe 氏藏；(2)广州皇帝岗唐墓出土；(3)唐代菊花纹钗(西安出土)；(4)唐代双凤纹钗(西安出土)。

6－121 安徽合肥出土南唐金镶玉步摇（右下为步摇上所镶玉片的纹饰）。

好为胡服胡冠，妇人则簪步摇钗，衿袖窄小。”《杨妃外传》说唐玄宗叫人从丽水取最上等的镇库紫磨金，琢成步摇亲自给杨贵妃插于鬓上。“云鬓花颜金步摇”，是唐诗人对杨贵妃的描写。安徽合肥西郊南唐保大年间墓出土一件金镶玉长 28 厘米的步摇，上端像双翅展开，镶着精琢玉片花饰，其下分垂珠玉串饰。另一件长 18 厘米，顶端有四蝶纷飞，下垂珠玉串饰的银步摇，制作都极精致(图 6－121、6－122)。

5．梳篦和宝钿

自魏晋在妇女头上流行插梳之

风，至唐更盛，这种梳篦常用金、银、玉、犀等高贵材料制作，插戴方法在唐代绘画如张萱《捣练图》、周昉《纨扇仕女图》及敦煌莫高窟唐代供养人壁画中均能看到，《捣练图》所画插梳方法，有单插于前额、单插于髻后、分插左右顶侧等形式。《纨扇仕女图》仕女插梳方法有单插于额顶、在额顶上下对插两梳及对插三梳等形式，敦煌莫高窟第 103 窟盛唐供养人乐廷瑰夫人花梳插于右前额，旁插凤步摇簪，头顶步摇凤冠。至晚唐、五代，头上插的梳篦越来越多，有多到十来把的。榆林窟五代女供养人壁画曹议金眷属头上都插有 6 把梳篦，金银花钗，金钿花，及珠玉项链。元稹《恨妆成》："满头行小梳，当面施圆靥。"王建《宫词》"归来别施一头梳"正说明这种插梳风尚。汉代梳多为马蹄形，唐代把造型拉长成月牙形。五代以后，梳背变成压扁的梯形，宋仁宗时，髻高有至三尺，白角梳长一尺二寸的。隋唐五代作为头饰的梳篦常用金、银、铜制作，上饰精细的花纹，湖南长沙南门纸圆冲唐墓出土铜梳已残，背上有清晰的纹饰，作双鸟徘徊旋飞。江苏扬州三元路唐墓出土金錾花栉，高 12.5 厘米，背部半圆形，中央刻镂卷草花叶和一对飞天，其中一个吹笙，一个持拍板，四周绕以联珠纹，镂空鱼鳞纹及缠枝梅花与蝴蝶相间，极为华丽（图 6－123 至 6－126）。

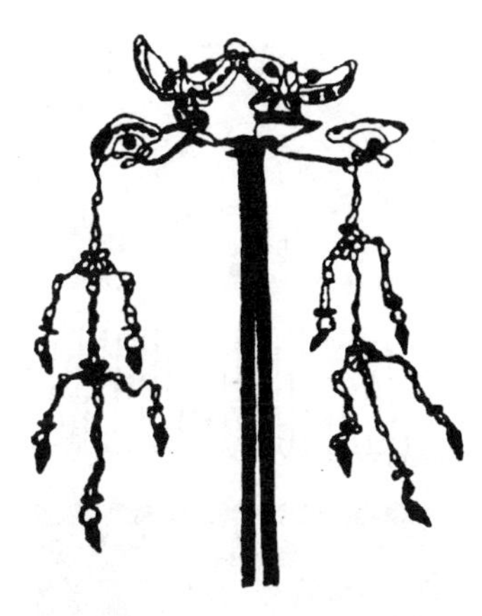

6－122　安徽合肥出土南唐四蝶银步摇。

（二）颈饰

隋唐五代时期由于细金工技术的进步，金银首饰制作空前精致。

6－124　琉璃质宝钿(江苏新海连市海州东门外五代墓出土实物拓片)。

6－123　唐代铜梳(上为铜梳,湖南长沙纸园冲出土,据残物复原;下为骨梳,河南陕县庙底沟出土)。

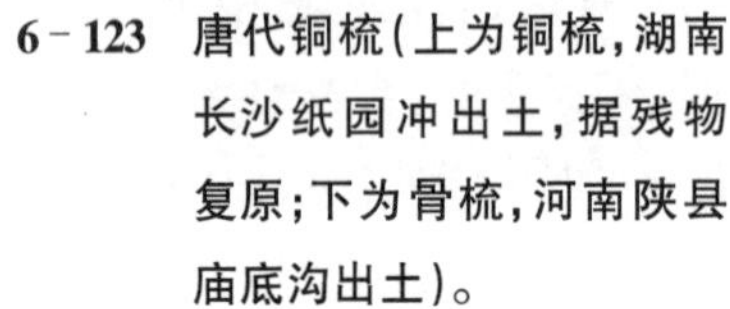

6－125　团花金钿(传世实物,现藏日本大和文华馆)。

6－126　折枝花形金钿(广东广州皇帝岗唐墓出土)。

隋大业四年(608年)周皇太后的外孙女李静训9岁夭亡,葬于西安玉祥门外,随墓器物中有一条金项链,链条系用28颗镶各色宝石的金珠串成,项链上部有金搭扣,扣上镶有刻鹿纹的蓝色宝石,下部为项坠,项坠分为两层,上层由两个镶蓝宝石的四角形饰片紧靠圆形金镶蚌珠环绕红宝石的宝花作坠座,下层就是坠座下面悬挂的滴露形蓝宝石。

唐代的颈饰从敦煌莫高窟绘画和彩塑佛像上所见,多系项圈与缨络组合而成,更为豪华富丽。敦煌莫高窟第61窟五代壁画供养人霍丹王公主身上所戴多条玉石项链,与高大的义髻金凤冠及金步摇相配,十分雍容华贵。

(三) 臂饰

1. 手镯

隋唐五代时手镯制作华贵精美,陕西西安何家皂唐代窖藏出土白玉镶金玉镯,玉分作3段,每段两头都以金花铰链相连,可以开启,华贵无比。与沈括《梦溪笔谈》所记从六朝陵墓出土"两头施转关,可以屈伸,合之令圆,为九龙绕之"的玉臂钗异曲同工。隋唐时一般的手镯,镯面多为中间宽,两头狭,宽面压有花纹,两头收细如丝,朝外缠绕数道,留出开口可于戴时根据手腕粗细进行调节,戴脱方便。这类手镯有金制的,也有以金银丝嵌宝石的。安徽合肥西郊南唐墓出土的银嵌料珠手镯,以两股银条为镯身外缘,宽面留出空缝,空缝间夹有一根银丝,串着一排不同色彩的料珠,式样极为新巧。在内蒙古和林格尔土城子相当五代的辽墓中出土凿花金手镯,镯身装饰两道宽度相等的花纹,看似两副手镯合于一体。

1944年在四川成都锦江江岸不远的前四川大学原址一座晚唐墓中发现一件银镯,镯环空心,断面呈半圆形,里面装有一张极薄的佛教经咒印本(见《文物参考资料》1957年第5期),印有坐于莲座上的六臂菩萨、梵文的咒文及汉字印卖咒本者的姓名住址。斯坦因在敦煌莫高窟藏经洞曾盗走一张与此类似的宋代经咒印本，刊着“若有人持此神咒者，所在得胜，若有能书写带在头者，若在臂者，是人能成一切善事，最胜清净，为诸天龙王之拥护，又为诸佛菩萨之所忆念……”。由此得知，唐宋时期还有在手镯内藏带经咒护身的风俗，后世认为戴手镯能辟邪、长寿，正是古代宗教思想留下来的传统观念。

民间所戴的手镯，质料较普通，工艺加工也不那么精细，但格调质朴大方，样式新颖。例如云南大理崇圣寺出土的铜手镯，加工虽较粗犷，但镯身处理成环形、辫形、绞丝形、竹节形等不同样式，也是很别致的。

2. 臂钏

臂钏又名跳脱、条脱，是由锤扁的金银条盘绕旋转而成的弹簧状套镯，少则 3 圈，多则 5 圈、8 圈、十几圈不等。根据手臂至手腕的粗细，环圈由大到小相连，两端以金银丝缠绕固定，并调节松紧。隋唐时的臂钏，在陶俑和人物绘画中可见到佩戴的形象，如 1956 年湖北武昌周家大湾隋墓出土陶俑，唐阎立本《步辇图》抬步辇的 9 名宫女及周昉《簪花仕女图》中贵妇，就带有自臂至腕的金臂钏。

（四）指环

戴指环是原始社会流传下来的风习，汉魏以来，又成为男女青年寄情定信的纪念品，后汉繁钦《定情诗》：“我既媚君姿，君亦悦我颜；何以致拳拳，绾臂双金環；何以致殷勤，约指一双银。”隋代丁六娘《十索诗》：“二八好容颜，非意得相关；逢桑欲采折，夺枝倒懒攀；欲呈纤纤手，从郎索指环。”《全唐诗·与李章武赠答诗》题解中说，中山李章武到华州旅游，与一美貌女郎相爱，同居月余，临别时女郎以玉指环相送，并写词曰：“捻指环，相思见环重相忆，愿君永持玩，循环无终极。”所以自古以来，指环不仅是一种形式美的装饰，而且也是爱情的象征。1958 年在湖南省长沙市隋墓曾出土一颗用蓝色玻璃料制成的指环，直径 2.2 厘米，作小圆环状，一侧稍扁宽，色泽光亮，小巧别致。

（五）腰带带具

隋唐时期，鞢韄带已是男子常服通用的东西，鞢韄是革带上以备挂物的小带子，已于前章叙述。因鞢韄带是从西北少数民族传入中原，至隋唐而盛行，故在隋唐初期，革带上所系鞢韄较多，盛唐以后减少，少数民族和东西邻国所系鞢韄较多，汉族所系较少，这是生活方式不同的缘故。过着游牧流动生活的少数民族，居无定处，需要随身携带弓、剑、砺石（磨刀石）、火镰、帉（音芬，大巾为帉）帨（手巾）、针筒、算囊之类的生活器具，带得越齐全，使用时越方便。汉族过着定居的生活，腰间东西挂得太多，反而感到累赘。北朝末期和隋唐初期，以鞢韄带上銙的质料和数目多少表示服用者身份高低，最高级的革带装十三銙，为皇帝及高级大臣所用。銙的形状有变化，唐太宗赐给功臣李靖的十三环玉带，銙形七方六圆。唐韦端符在《卫公故物记》讲他见到的十三环带，銙形方者七、挫者二、隅者六。十三銙各附环，佩笔一，火镜二，大觿小觿各一，笇囊二，椰盂一，还有五种东西已亡失。《唐会要》卷三十一载景云二年(711 年)令内外官依上元元年(674 年)敕，文武官带七事，即算袋、刀子、砺石、契苾真、哕厥、针筒、火石袋等鞢韄七事。后唐马缟《中华古今注》卷上说唐朝后来规定天子用九环带。在西安何家村出土的 10 副玉带中有一副白玉九环带，九环外有三个三角尖拱形并在底部琢有扁穿孔可系鞢韄的銙。另外像陕西西安郭家滩隋姬威墓的玉带只七环，是不完全的带具。日本美鹤美术馆也保存了同样的一套。唐五品以上武官有佩鞢韄七事的制度，但初唐绘画如《凌烟阁功臣像》和《步辇图》中的官员只佩香囊和鱼袋，西安唐韦洞墓石椁线刻人物有在革带上佩刀的。可带上悬挂的鞢韄数目不多。而在西安唐永泰公主墓墓石椁线刻男装宫女身上所束钿镂带上悬挂的鞢韄反而较多,男装宫女中有一个头梳双髻、身穿窄袖圆领衫、小口袴、平头花履、双手捧方盒的,画面只看到她身体的正面和左侧面,已看见她腰带上悬有8根鞢韄带,如加上看不见的右侧面所悬数目,应达13根,除腰间有时挂香囊、小银铃外,一般不在鞢韄上挂东西,只是一种时髦的装饰打扮。而敦煌壁画中进香贵族,却具有佩鞢韄七事的形象,可见胡汉习俗的不同。盛唐以后,汉族革带鞢韄渐少,至晚唐几乎不在革带上系鞢韄,只把带銙保留下来作为装饰了。

带銙有玉、金、银、铜、铁等不同质地,以玉銙最贵,唐代玉銙有素面的,有雕琢人物动物纹样的。西安何家村出土的白玉銙分方圆二式,上雕狮子纹,銙下附环。辽宁辽阳曾出土浮雕抱瓶童子纹玉銙,銙下面开出可直接挂鞢韄带的扁孔,称为古眼。这是后期的形式,这种形式由盛唐流行到辽代前期。张祜诗:"红罨画衫缠腕出,碧排方胯背腰来",说明玉銙露于背后,玉銙紧密排在革带上的称"排方",排得稀疏不紧的,称为"稀方"。

革带尾端所装铊尾(又名挞尾、獭尾、鱼尾),带尾端原来由上向下反插,唐高宗诏令铊尾向下插垂头,《新唐书·车服志》说:"腰带者,搢垂头于下,名曰铊尾,取顺下之义。"唐代金带铭文都刻在铊尾上,前蜀王建墓出土玉带具,铊尾也刻有铭文。从中唐时期起,革带除单

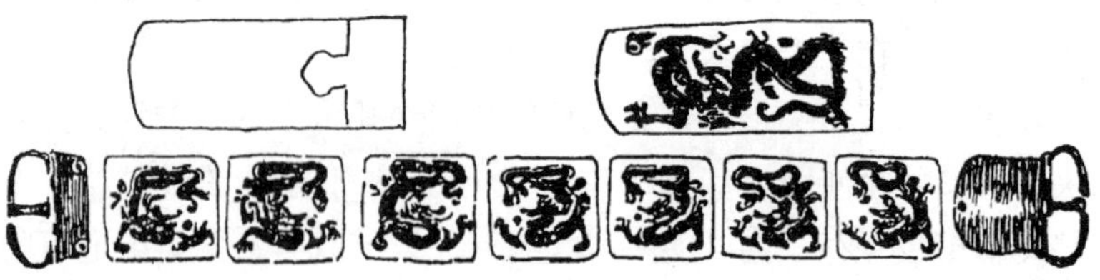

6-127 王建墓出土的实物,革带。

带扣、单铊尾的款式以外，又出现了一种左、右腰部两侧各系一带扣和铊尾的双带扣双铊尾款式，系紧之后，双铊尾分垂一旁，起对称装饰效果，五代顾闳中《韩熙载夜宴图》中之执扇者是背侧身的姿势，正好能看清楚它的装身效果。这种革带，前腹和后背部分都可装銙，不像单铊尾带那样穿过扣眼后有一段会被铊带遮住，故到宋金时期就渐渐流行开来(图 6－127)。

第七章　宋代的服饰文化

第一节　封建衰败期封闭保守的文化背景

宋代中国封建社会已经走上衰败的历史阶段。当辽、金、西夏等游牧民族武力进攻的时刻,宋王朝无力与之抗衡,只得大量攫取民间财物称臣纳贡,换取暂时和平,最后被蒙古统治者所灭亡。在这样的危机时刻,宋朝统治阶级不是采取修明政治变革图强的政策,而是强化思想控制,从各方面灌输封建伦理纲常的旧观念,进一步从精神上奴化人民。在这种背景下,出现了程朱理学和以"恢尧舜之典,总夏商之礼","仿虞周汉唐之旧",即维护封建道德传统为目的的聂崇义《三礼图》。

《三礼图》经皇帝钦定,便成为后来朝廷官府礼服制度的蓝本。我国五代时出现妇女缠足,到宋代进一步压迫妇女的缠足陋习在汉族统治地区普遍推广,使中国的封建服饰文化更加趋于守旧和封闭。而民间服饰则在自给自足的经济基础上,运用刺绣及手工印染技艺来美化生活,质朴明朗的蓝印花布服装(药斑布)和民间刺绣服装,形成中国民间服饰艺术的主要格调。

第二节　宋代的官服制度

宋代冠服分祭服、朝服、公服、时服、戎服、丧服等。

（一）祭服

有大裘冕、衮冕、鷩冕、毳冕、絺冕、玄冕，其形制大体承袭唐代并参酌汉以后的沿革而定。

（二）通天冠、远游冠服

通天冠服仅次于冕服，冠用北珠卷结于冠上，有二十四梁，冠前有金博山加蝉为饰，与织成云龙纹绛色纱袍、白纱中单、方心曲领（宋代的方心曲领是一个上圆下方，形似锁片的装饰，套在项间起压贴作用，防止衣领壅起，寓天圆地方之意）、绛纱裙（裳）相配，腰束金玉带，前系蔽膝，旁系佩绶，白袜黑舄。通天冠的形式，《三礼图》所画极简陋，与实际相差甚远，北宋武宗元所作《朝元仙仗图》中的东华天帝君戴的通天冠，比较接近实际，和敦煌石室唐咸通九年刊本《金刚般若波罗蜜多经》卷首画王者所戴通天冠形制相似，但宋代加了簪导和瑱纩充耳。远游冠形状与通天冠相同，只是在前面的金博山装饰牌上没有蝉纹罢了。

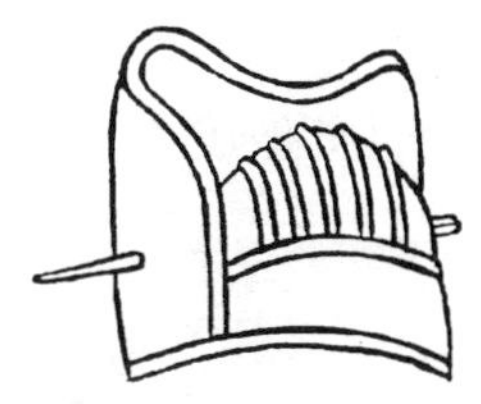

7－1　《历代帝王像》中戴通天冠的宋宣宗。

远游冠十八梁，金博山不附蝉纹，余同通天冠，为皇太子所用（图7－1至7－3）。

（三）朝服

由绯色罗袍裙衬以白花罗中单，束以大带，再以革带系绯罗蔽膝，方心曲领，白绫袜黑皮履。六品以上官员挂玉剑、玉佩。另在腰

7-2　宋武宗元《朝元仙仗图卷》中戴通天冠的“东华天帝君”。

7-3　宋武宗元《朝元仙仗图》中的通天冠。

旁挂锦绶，用不同的花纹作官品的区别。着朝服时戴进贤冠、貂蝉冠（即笼巾，宋代笼巾已演变成方顶形，后垂帔幅至肩，冠顶一侧插有鹏羽）或獬豸冠，并在冠后簪白笔，手执笏板。北朝至唐的方心曲领是在中单上衬起一半圆形的硬衬，使领部凸起，宋代是以白罗做成上圆下方（即做成一个圆形领圈下面连属一个方形）的饰件压在领部（图7-4、7-5）。

7-4　南京博物院藏宋代范仲淹像的貂蝉冠（笼巾）和方心曲领。

7-5　宋李公麟《九歌图》中戴进贤冠，上有立笔的形象。

(四) 公服(即常服)

基本承袭唐代的款式曲领(圆领)大袖,下裾加横襕,腰间束以革带,头上戴幞头,脚登靴或革履。公服三品以上用紫、五品以上用朱、七品以上用绿色、九品以上用青色。北宋神宗元丰年间(1078—1085年)改为四品以上紫色,六品以上绯色,九品以上绿色。凡绯紫服色者都加佩鱼袋(图 7-6)。

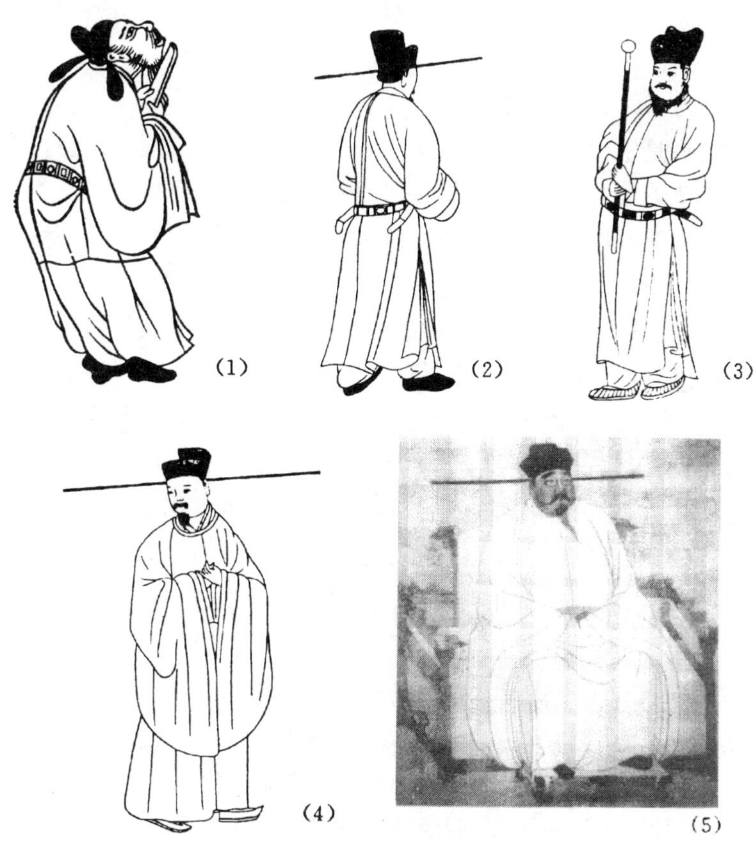

7-6　宋代戴幞头,穿曲领(圆领)袍的人物。(1)波士顿美术馆藏画;(2)(3)宋代人物图卷;(4)宋人《中兴祯应图》;(5)《南薰殿旧藏》宋太祖常朝服像。

（五）时服

在每年年节或皇帝万圣节，按前代制度赏赐文武群臣及将校的袍、袄、衫、袍肚（抱肚）、勒帛、裤等，用天下乐晕锦（灯笼纹锦）、簇四盘雕（将圆形作十字中分，填充对称式盘旋飞翔的雕纹的团花）细锦、黄狮子大锦、翠毛细锦（用孔雀羽线织出花纹）、云雁细锦、狮子、练雀、宝照大锦（以团花为基础填充其他几何纹的大中型几何填花纹）、宝照中锦、御仙花（荔枝）锦等作面料，其中以天下乐晕锦最高贵。

（六）幞头形制的变化

幞头是宋代常服的首服，戴用非常广泛，宋代的幞头内衬木骨，或以藤草编成巾子为里，外罩漆纱，做成可以随意脱戴的幞头帽子，不像唐初那种以巾帕系裹的软脚幞头，后来索性废叶藤草，专衬木骨，平整美观。《梦溪笔谈》卷一说："本朝幞头有直脚、局脚、交脚、朝天、顺风凡五等，唯直脚贵贱通服之。"直脚又名平脚或展脚，即两脚平直向外伸展的幞头。局脚是两脚弯曲的，《东京梦华录》卷九称为"卷脚幞头"，幞头角向上卷起，白沙宋墓壁画上有这种幞头的样式。交脚是两脚翘起于帽后相交成为交叉形的幞头，河北宣化辽墓壁画有此样式。朝天是两脚自帽后两旁直接翘起而不相交，在山西高平开化寺宋代壁画有此样式。顺风幞头的两脚顺向一侧倾斜，呈平衡动势，西安唐韦洞墓有此种式样。此外，在萧照《中兴祯应图》中差役头上戴一种近似介帻与宋式巾子的幞头，名为曲翅幞头。另有幞头脚呈卷云状和凤翅状及不带翅的幞头。南宋时，太上两宫寿礼赐宴及新进士喜宴，则在幞头上赐插红、黄、银红三色或二色的插戴，以示恩宠。江苏金坛南宋周瑀墓出土一件圆顶硬脚幞头，脚用竹条为骨，表面两层纱，表纱涂黑漆，后缘开口施带。山东曲阜孔府有宋式漆纱帽传世，两脚平施，以铁为骨，固定于帽上不能脱卸，藏于仿照纱帽式样藤织的帽盒内，帽的尺寸较小，为幼年所戴（图 7－7）。

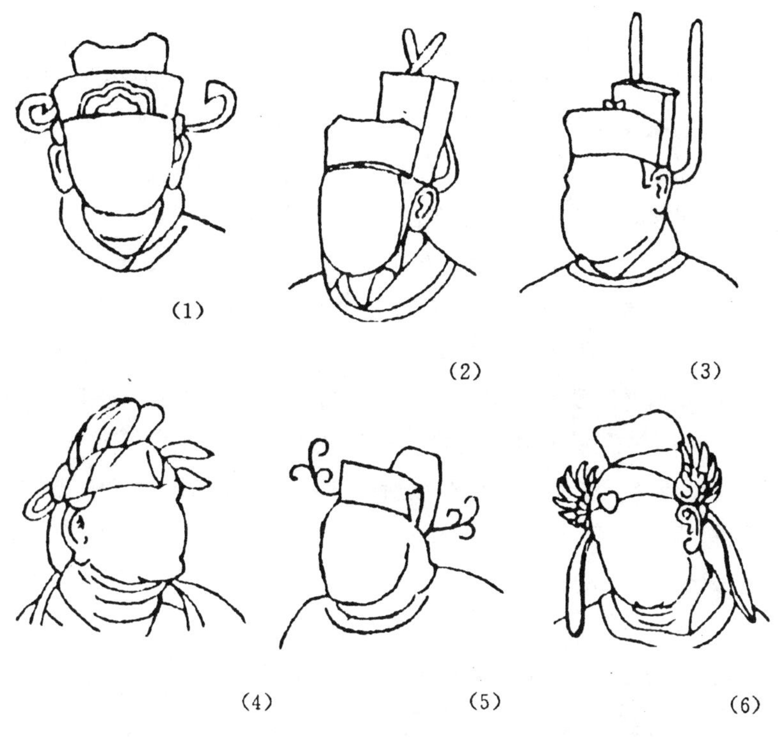

7－7　(1)白沙宋墓壁画上的局脚幞头；(2)宣化辽墓壁画上的交脚幞头；(3)开化寺宋代壁画上的朝天幞头；(4)唐韦洞墓壁画上的顺风幞头；(5)焦作金邹峀墓画像石上的幞头；脚呈卷云状；(6)焦作老万庄元墓壁画上的凤翅幞头；(7)巩县宋永熙陵石雕控马人所戴幞头。

(七) 宋代文人的巾帽

宋代文人平时喜爱戴造型高而方正的巾帽，身穿宽博的衣衫，以为高雅。宋人称为“高装巾子”，并且常以著名的文人名字命名，如“东坡巾”、“程子巾”、“山谷巾”等。也有以含意命名的，如“逍遥巾”、“高士巾”等。米芾《画史》曾说到文士先用紫罗作无顶的头巾，叫作“额子”，后来中了举人的，用紫纱罗作长顶头巾，以区别于庶人。庶人则由花顶头巾，幅巾发展到逍遥巾。其与东坡巾相似的高装巾子在五代《韩熙载夜宴图》中已经出现，故宫博物院所藏宋人《会昌九老图》，描绘唐会昌年间李元爽、僧如满、胡杲、吉顼、刘爽、郑璩、卢真、张浑、白居易等9位老人在东都履道场相聚的情形，9位老人中，李元爽已136岁，白居易最小，也已74岁。衣服装束为宋人野老闲居服式，与故宫博物院藏元赵孟頫所画苏轼像册中的巾子衣着相同，巾子为高耸的长方形，戴时棱角对着前额正中，外加一层前面开叉的帽墙，天冷时可以翻下来保暖。苏东坡所穿的就是直裰、领、褾、襈、裾均有宽边，极为宽博，腰束丝绦，系宋人拟仿古代深衣及相传“逢腋之衣”而成的服装（图7－8）。

7－8 故宫博物院藏南宋刘松年作《会昌九老图》。描绘唐会昌五年三月二十四日白居易（74岁，是9人中最年轻的）与李元爽（136岁）、僧如满、胡杲、吉顼、刘爽、郑璩、张浑、卢真等9人聚会，戴高装巾子，穿右衽广袖袍，实为宋人野老闲居时的服式（局部）。

(八) 宋代的甲胄

我国甲胄在五代时形式已规范化，北宋曾公亮著《武经总要》，甲胄形成定制，以甲身掩护胸背，用带子从肩上系连。腰部用带子从后向前束，腰下垂有左右两片膝裙，甲上身缀披膊(掩膊)。兜鍪呈圆形复钵缀，后缀防护颈部的顿项。顶部突起，缀一丛长缨以壮威严。《梦溪笔谈》卷十九"器用"记宋代铁甲，用冷锻法制甲片连缀而成，在50步外用强弩射之不能射穿(图7－9、7－10)。

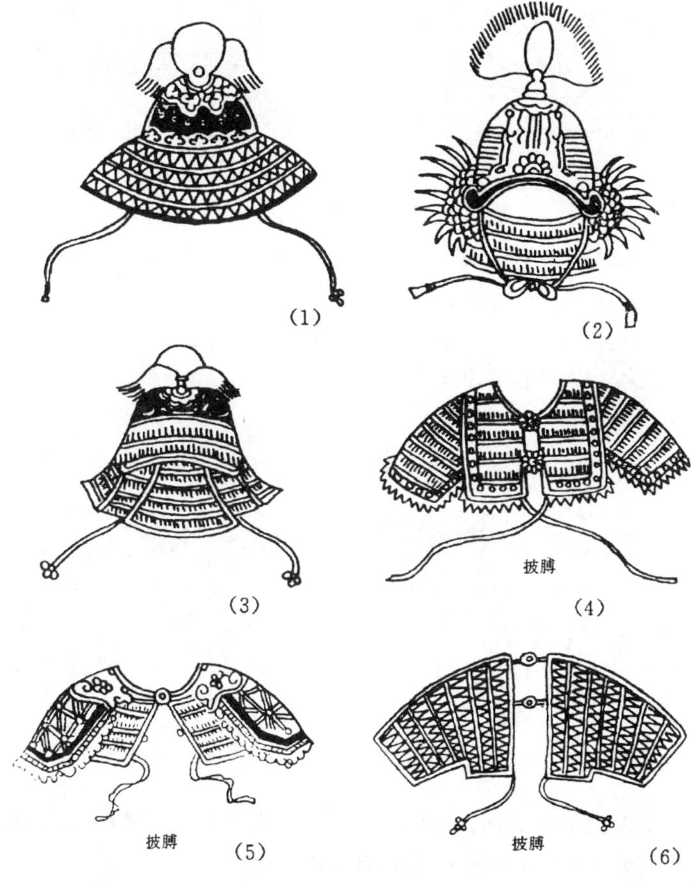

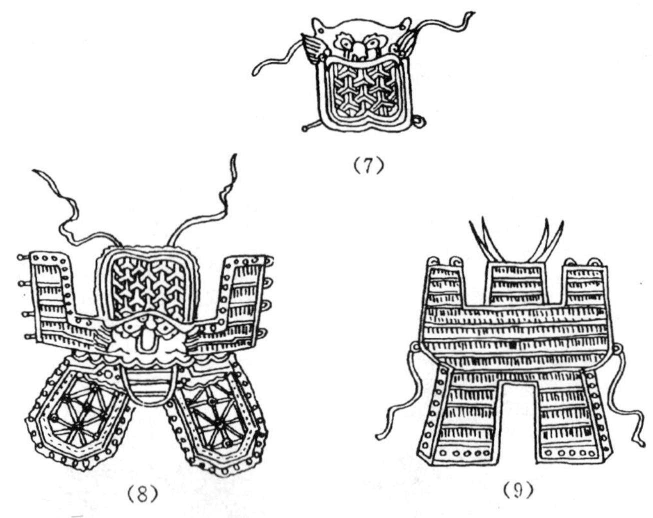

7-9　宋代曾公亮著《武经总要》中之甲胄分件图。(1)(2)(3)头鍪顿项;(4)(5)(6)披膊;(7)胸甲;(8)(9)甲身。

7-10　南宋《中兴四将图》中的岳飞、韩世忠,戴四带巾,圆领袍,腰束銙带。两旁为佩剑、弓箭武官,腰部有捍腰。

（九）宋代命妇的服装

宋代命妇随男子官服而厘分等级，各内外命妇有袆衣、褕翟、鞠衣、朱衣、钿钗礼衣和常服。皇后受册，朝谒景灵宫，朝会及诸大事服袆衣；妃及皇太子妃受册，朝会服褕翟；皇后亲蚕服鞠衣；命妇朝谒皇帝及垂辇服朱衣；宴见宾客服钗钿礼衣。命妇服除皇后袆衣戴九龙四凤冠，冠有大小花枝各12枝，并加左右各两博鬓（即冠旁左右如两叶状的饰物，后世谓之掩鬓）、青罗绣翟（文雉）12等（即12重行）。宋徽宗政和年间（1111—1117年）规定命妇首饰以花钗冠，冠有两博鬓加宝钿饰，服翟衣，青罗绣为翟，编次之于衣裳。一品花钗九株，宝钿数同花数，绣翟九等；二品花钗八株，绣翟八等；三品花钗七株，绣翟七等；四品花钗六株，绣翟六等；五品花钗五株，绣翟五等。翟衣内衬素纱中单、黼领，朱褾（袖端）、襈（衣缘），通用罗縠，蔽膝同裳色，以緅（深红光青色）为缘加绣纹重翟。大带、革带、青袜舄、加佩绶。受册、从蚕典礼时服之。

内外命妇的常服均为真红大袖衣，以红生色花（即写生形的花）罗为领。红罗长裙，红霞帔以药玉（即玻璃料器）为坠子。红罗背子，黄、红纱衫，白纱裆裤，服黄色裙，粉红色纱短衫。

第三节　宋代男子的一般服饰

宋代男子的一般服饰包括官员在平时或私下场所，或致仕还家及平民百姓一般穿用的服装。

（一）袍

长至足上，有表有里，有广身宽袖和紧身窄袖两种形式。

(二) 襦、袄

长至膝盖间有袖头的夹衣或棉衣,襦和袄没有多大区别(图7-11、7-12)。

7-11 宋《赵匡胤蹴鞠图》。裹巾、穿襦裤及衫子或戴无脚幞头。

7-12 南宋萧照《中兴祯应图》中戴幞头或裹巾子、穿襦衫长裤的市民。

（三）短褐

用粗布或麻布做的袖小身狭的短衣，为贫苦百姓所穿（图7－13、7－14）。

7－13　《重修政和证类备用本草》中裹巾子、穿圆领或交领襦衫或短褐的工人。

7－14　中国历史博物馆藏南宋耕织图中裹巾子、穿衫、半长裤的农民。

(四) 褐衣

麻布或毛布制作,比短褐长而宽大,为文人隐士及道家所服(图7－15)。

7－15 苏州市博物馆藏明代李士达《西园雅集图》中穿褐衣的文人。(1)戴黑巾、穿褐衣的米芾;(2)戴东坡巾、穿褐衣的苏东坡;(3)戴仙桃巾、穿褐衣的秦少游。

(五) 衫

没有袖头的上衣,分衬在里面所穿的短小的衫及穿在外面较宽而长的衫,后者如凉衫、紫衫。凉衫男女均穿,紫衫原为军戎服,比凉衫短小而袖窄。另有一种皂衫,属于袍衫一类(图7－16)。

7－16 北宋张择端《清明上河图》中戴笠帽、穿圆领衫、腰束组带、骑驴的文人。

(六) 直掇

背部中缝线直通到底的无襕长衣,宋代文人、隐士、僧道行者所穿

(图 7－17、7－18)。

7－17　元赵孟頫《西园雅集图》中戴软脚幞头、穿直裰的米芾。

7－18　长清灵岩山宋代塑像穿直裰的和尚。

(七) 襕衫

用白细布做的圆领大袖长衫,下施横襕,腰间有襞(bì 音壁)积(装饰裥)。为进士、国子生、州县生所穿(图 7－19)。

7－19　传赵佶《风雨山水图》中戴风帽、穿襕衫的人物。

(八) 道衣

斜领交裾,衣身宽大,四周用黑布为缘。有的以茶褐色布作成袍则称道袍,为文人或道士所穿(图 7－20、7－21)。

(九) 鹤氅

传为用鹤羽捻线织成面料,制成衣身

7－20　美国波士顿美术馆藏画道教人物，戴道冠、穿道衣。

7－21　宋代李公麟画《维摩演教图》，戴巾（东坡巾），巾下戴小冠，所着为道衣，腰束以绦。

7－22　《清宫珍宝皕美图》中的明代道士。（左）穿直掇；（右）穿白鹤法氅、戴道冠。

7－23 宋赵佶《听琴图》中戴玉冠、穿鹤氅的人物。

7－24 宋《苏长公像》穿鹤氅的苏东坡。

7－25 宋《中山出游图》中穿褙子的抬轿夫。

7－26 明《三才图会》中的褙子图。

7－27 明仇英《胡笳十八拍》中穿半臂的人物。

宽长曳地的衣着，披于身上，称为鹤氅或羽衣，宋代文人、诗客、隐士用布制作，披于身上（图 7－22 至 7－24）。

（十）褙子、半臂

都是隋唐时期流传下来的短袖式罩衣。宋代褙子变成长袖、腋下开胯的长衣服。宋代半臂为短袖式的长衣（图 7－25 至 7－27）。

（十一）旋袄与貉袖

同式异名，长不过腰，两袖仅掩肘，厚帛为之，有夹里或用绵，以紫或皂色沿边，便于骑马，宋代男女都穿，袭于衣上（图 7－28）。

7－28 中国历史博物馆藏《射猎图》。描绘回鹘族于五代或宋入关后的官员穿貉袖（即旋袄）。曾三异《同话录》称："近岁衣制，有一种如旋袄，长不过膝，两袖仅掩肘，以最厚之帛为之，仍用夹里，其中用绵者，以紫帛缘之，名曰貉袖，闻之起于御马苑圉人。"后来女子也穿这类对襟式短袖衣服。

第四节　宋代妇女的一般服饰

包括贵族妇女及富商大贾眷属和附属于社会上层的歌舞妓女平时所穿的服装。

（一）襦、袄

宋代妇女的襦、袄，都较短小。颜色以红、紫为主，黄者次之。质地有锦、罗或加刺绣。常与裙子相配套。

（二）衫

宋代妇女的一般上衣，质地常用罗。

（三）袍

宋代妇女一般不穿袍，仅在宫廷歌乐女子中，于宴舞歌乐中穿之。

（四）褙子

又名绰子，宋代男子中皇帝、官吏、士人、商贾、仪卫等都穿，妇女从后、妃、公主到一般妇女都穿。但男子一般把褙子当作便服或衬在礼服里面的衣服来穿，而妇女则可以当作常服（公服）及次于大礼服的常礼服来穿。褙子虽则是隋唐时期就已流行的服装，但隋唐时期的褙子袖子是半节的，衣身不长。宋代的褙子为长袖、长衣身，腋下开胯，即衣服前后襟不缝合，而在腋下和背后缀有带子的样式。这腋下的双带本来可以把前后两片衣襟系住，可是宋代的褙子并不用它系结，而是垂挂着作装饰用，意义是模仿古代中单（内衣）交带的形式，表示"好古存旧"。穿褙子时，却在腰间用勒帛系住，在前开襟装有两粒纽扣。宋代褙子的领型有直领对襟式、斜领交襟式、盘领交襟式三种，以直领式为多。斜领和盘领二式只是男子在公服里面所穿，妇女都穿直领对襟式(图 7－29、7－30)。关于褙子的名称，宋代还有一种说法，认为褙子本是婢妾之服，因为婢妾一般都侍立于主妇的背后，故称褙子。有身份的主妇则穿大袖衣。婢妾穿腋下开胯的衣服，行走也较方便。宋代女子所穿褙子，初期短小，后来加长，发展为袖大于衫、长与裙齐的标准格式。

7－29 1971 年河南省方城出土穿褙子、梳高髻的女子石俑。高 42 厘米。

7－30 仇英《肖照中兴图》中穿褙子的女人。

(五) 半臂

半袖长衣，为隋唐以来的传统服装，宋代男女均穿用(图 7－31)。

(六) 背心、裲裆

半臂缺袖即为背心，宋代杭州人又称背搭。背心短的称为裲裆，男女均穿(图 7－32)。

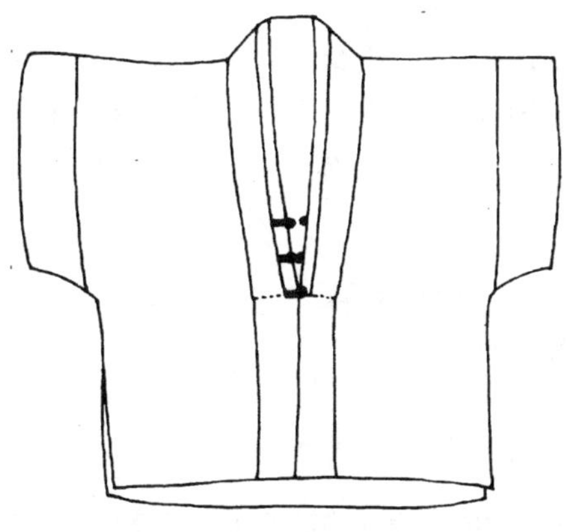

7－31　山西出土南宋彩绘纱短广袖对襟半开领半臂衫，北京故宫博物院藏。

7－32　四川大足石刻，梳高髻，穿背心和衫裙的养鸡农妇。

7－33　中国历史博物馆藏南宋耕织图中裹巾子，穿背心，半长裤，束腰裙的农民。

7－34　山西沁源正中村金墓壁画中腰系围腰的人物。

7－35　宋李公麟《中兴四将图》中腰间系捍腰者。

（七）围腰

宋代妇女常在腰间围一幅围腰，色彩以鹅黄为尚，称“腰上黄”，形式与男武士所着捍腰有相近之处(图 7－33 至 7－35)。

（八）抹胸、裹肚

都是贴身的内衣。

（九）裙

宋代裙子有 6 幅、8 幅、12 幅。多褶裥，福州南宋黄昇墓曾出土一件褶裙，6 幅除两侧两幅不打褶外，其余 4 幅每幅打 15 个褶，共 60 个褶。宋代还有一种前后开胯的裙式，称为旋裙。裙子的纹饰，或作彩

7－36　河北宣化下八里辽金 3 号墓出土壁画中梳三叉髻、左衽衫、百褶长裙，翘尖鞋的女子。

7－37　1971 年河南省方城出土抱包女子石俑。高 35 厘米，穿对襟旋袄及长裙，梳双坠髻。

绘，或作染缬，或作销金刺绣，或缀真珠为饰。色彩以郁金香根染的黄色为贵，红色则为歌舞伎乐所穿，以石榴裙最为鲜丽，多为诗人吟诵。青、绿色裙多为老年妇女或农村妇女所穿（7－36至7－43）。

7－38　《中国历代名画集》北宋戴重楼子花冠、插凤头簪及钗子、穿小袖对襟旋袄、长裙、执纨扇女子。北宋汴梁有花冠铺子，花冠用罗、绢、通草染色作花，讲究的花冠加金玉、玳瑁、珠翠为饰。

7－39　河南偃师酒流沟北宋墓出土厨娘砖刻拓片。梳高髻，戴元宝冠，穿右衽衫，束格子布围裙；下穿长裤，翘尖鞋，双臂戴条脱（臂钏）。北宋民间青年女子自幼习艺，根据各人资质，培养成为身边人、本事人、供过人、针供人、堂前人、杂剧人、拆洗人、琴童、棋童、厨娘等职业，见洪巽《旸谷漫录》。

（十）裤、裈（裩）

宋代由于家具的发展，太师椅、椅子、凳子、梳妆台等的使用，人们从过去坐席、坐榻演变到垂足而坐，出门则由乘马、乘轿发展到乘牛

7－40　河南偃师酒流沟北宋墓出土厨娘砖刻拓片。梳高髻，戴元宝冠，穿对襟旋袄，袄内穿双裙，右侧结环组带下垂，两臂戴臂钏，高35.2厘米，宽16.2厘米。

7－41　河南偃师酒流沟北宋墓出土厨娘砖刻拓片。梳高髻，戴元宝冠，穿对襟旋袄，臂戴臂钏。

7－42　中国历史博物馆藏南宋《耕织图》中披盖头、穿衫裤的农妇。

车、独轮车、串车、太平车、平头车。轿子也由大轿发展到不垂帘幕的小轿。生活的节奏比以往更快了，在服装款式方面的反映便是裤子造型的改变。古代裤子没有裤裆，有裆的是小短裤叫作裈。这两种裤按封建伦理观念女子是不能穿了露在外面的。宋代上层社会妇女穿裤子,外面要用长裙掩盖,福州南宋黄昇墓出土裤脚外侧缝不加缝缀的开片裤,就是穿在长裙里面的裤子。次等的女妓穿衫子,着有裆裤而不系裙,这种裤子在使用功能上是一大进步(图 7-40、7-41)。

7-43 河南偃师酒流沟北宋墓出土杂戏女优丁都赛砖刻拓片。头戴鲜花,穿番缎窄袍,戴项圈,腰束绅带;下穿长裤及吊敦,足穿短统靴。高 28 厘米、宽 9.1 厘米。丁都赛为北宋汴梁 6 名著名杂戏演员之一,《东京梦华录·诸君呈百戏》有记载。

(十一) 足履

宋代有地位的妇女已经实行缠足,使妇女生理形态畸形化,这是封建社会审美心理的异化现象。当时的女鞋小而尖翘,以红帮作鞋面,鞋尖往往作成凤头样子。南方劳动妇女因下地耕作而不缠足,穿平头、圆

7-44 福州南宋黄昇墓出土黄色绢袜。

头鞋或蒲草鞋。又宫中歌舞女子亦有大足穿靴的(图 7－44、7－45)。

7－45 福州南宋黄昇墓出土小足绣花鞋。

第五节 宋代妇女的头饰

(一) 宋代妇女的冠饰

7－46 宋仁宗皇后戴等肩冠。

宋代上层社会妇女,不但沿袭唐、五代以来的高冠、花冠,而且冠的形状越发高大,有至三尺,宽与肩等,垂于肩齐,梳长一尺,饰以金银珠翠、彩色装花。这种冠先前用漆纱制作,宋仁宗时,宫中用白角为冠,加白角梳。皇祐初曾规定冠广不得过一尺,高不得过四寸,梳长不得过四寸。到仁宗以后,白角改用鱼魫(音枕,鱼脑骨),梳子则以象牙、玳瑁来做。《宣和遗事》描述宋徽宗眷恋的妓女李师师有"亸(duǒ 音朵)肩高髻垂云碧"的打扮,冠后屈四角下垂至肩,谓之亸肩,戴这种冠坐轿子须侧着脑袋才能进轿门(图 7-46、7-47)。

7-47　(1)北宋重楼子花冠,《中国历代名画集》;(2)白沙宋墓壁画《梳妆图》中的孝冠;(3)河南偃师酒流沟北宋墓砖刻厨娘的元宝冠;(4)河南偃师酒流沟北宋墓砖刻杂戏艺人丁都赛的花冠;(5)白沙宋墓壁画杂剧人的花冠。

(二) 宋代妇女的发式

宋代妇女流行发髻高大,在头发中加添假发(髲髢 bì dí),或装假髻。髻的形式很多(图 7-48 至 7-64),如朝天髻,梳高髻于当额,又名不走落;芭蕉髻,髻四周环以绿翠,髻形椭圆;龙蕊髻,髻心特大,双根处扎以彩缯;大盘髻,髻式凡五围紧紧扎牢,间以玉钗并用丝网固之,凡三围插金钗,不用网固者为小盘髻;盘福髻,髻式大而偏;懒梳髻,二髻偏而斜坠;包髻,以色绢包裹发髻;三髻丫,梳三髻于顶;螺髻,头发盘成螺形;双鬟髻,头发梳成中空环形垂两耳旁,为少女发式。儿童理发留一小块头发于顶左者称"偏顶",留于顶前以丝绳扎缚者称"鹁

7－48　宋《半闲秋兴图》双蟠髻。

7－49　宋《妃子浴儿图》小盘髻。

7－50　南宋《林下月明图》三鬟髻。

7－51　宋《文会图》双丫髻。

7－52　宋李嵩《观灯图》双丫髻。

7－53　晋祠北宋彩塑包髻。

7－54　宋《宫乐图》宝髻。

7－55　宋《宫乐图》双鬟髻。

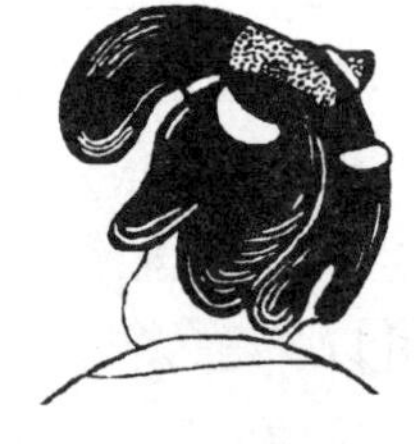

7－56　宋李嵩《观灯图》双髻。

7－57　福州南宋黄昇墓出土的发髻。

7－58　宋《孝经图》盘福髻。

7－59　宋《浴婴图》加珠翠芭蕉髻。

7－60　宋《浴婴图》插白角梳珠翠芭蕉髻。

7－61　山西晋祠宋代彩塑，高髻。

7－62　宋《半闲秋兴图》双螺髻。

7－63　山西晋祠宋代彩塑，朝天髻。

7－64　江西德安县南宋周氏墓发式复原图。

角”。北宋后期，女真族束发垂脑的发式影响到宫中及民间，称“女真妆”。冬天舞女戴覆额狸帽，穿紧身衣衫，也来自北方辽金装束。

（三）花子

宋代上层社会妇女也继承前代遗风，在额上和两颊间贴金箔或彩纸剪成的花子。这种花子背面涂有产于辽水间的呵胶，用口呵嘘就能粘贴。贴花子的妆扮相传始自南朝，宋武帝的寿阳公主在人日(正月初七)醉卧含章殿檐下，一朵梅花落在她的额上粘住，三天后洗了才落去。因而作梅花妆。宋徽宗宫词犹有“宫人思学寿阳妆”之句，写的就是宫中贴花子的情形。

第六节　宋代流行的服饰纹样

宋代的服装面料，讲究的以丝织品为主，品种有织锦、花绫、纱、罗、绢、缂丝等。宋代织锦以成都蜀锦最有名，花纹有组合型几何纹的八搭晕、六搭晕、盘球等，几何填花的有葵花、簇四金雕、大窠马打毬、雪花毬路、双窠云雁等，器物题材的天下乐(灯笼锦，是文彦博在成都为谄媚仁宗张贵妃而创制)，人物题材的宜男百花等，穿枝花鸟题材的真红穿花凤、真红大百花孔雀、青绿瑞草云鹤等，花卉题材的如意牡丹、芙蓉、重莲、真红樱桃、真红水林檎等，动物题材的狮子、云雁、天马、金鱼、鸂鶒、翔鸾等，几何纹的龟纹、曲水、回纹、方胜、波纹、柿蒂、枣花等。纹样造型写实，构图严密。宋代的纹样风格与唐代迥然不同，而对明清时期的影响非常明显，无论从题材到造型手法，几乎都形成了一种程式(图 7－65 至 7－92)。

宋代由于国力衰弱，财才空虚，大量织锦用于向异族纳贡和贸易，国内统治者服装面料大部分以绫纱为主，湖南衡阳何家皂北宋墓、

7-65　1953年新疆与青海交界处阿拉尔北宋墓出土灵鹫纹锦胡服袍纹样复原(北京故宫博物院藏)。**两袖通长186厘米,袖口宽15.5厘米,下摆70厘米,后裾69厘米。**

江苏金坛茅麓南宋周瑀墓、福州北郊浮仓山南宋黄昇墓出土的实物看都是如此。北宋初年,宋朝皇家仪仗队都穿锦绣的服装,后来就改用印花代替,印花工艺禁止民间使用。但宋代官僚地主唐仲友就违禁在家乡婺州开彩帛铺,套用公款雕制印花版印染斑缬。洛阳贤相坊民间也有著名的李姓印花刻版艺人,被称为“李装花”。《图书集成》卷六八一《苏州纺织物名目》讲到南宋宁宗嘉定年间(1208—1224年),嘉定安亭镇有归姓者创始药斑布,“以布挟灰药而染青;候干,去灰药,则青白相间,有人物、花鸟、诗词各色,充衾幔之用”。药斑布又名浇花布,就是现今民间的蓝印花布的前身。这种印花布,是民间妇女重要的服装面料。

宋代刺绣工艺已经高度发展,福州南宋黄昇墓出土的衣服,一般都用刺绣花边沿边,题材以写生花卉为主,并将一年四季的各种花卉组合成“一年景”的花饰,对后世也有很大的影响。

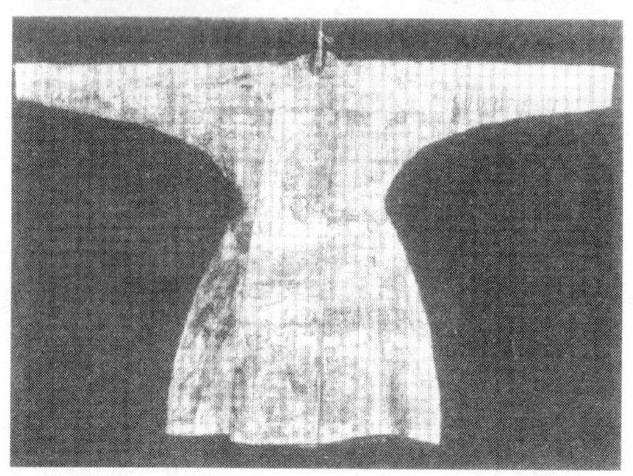

7-66　1957年新疆与青海交界处阿拉尔北宋墓出土双羊毬纹胡服锦袍。公羊是权力的象征(新疆维吾尔自治区博物馆藏)。

7-67　宋淳祐年间皇帝制帖上的黄绫纹样：(1)穿枝步步高纹；(2)穿枝蔓草纹；(3)穿枝大理花纹；(4)穿枝牡丹纹；(5)穿枝大理花纹(北京故宫博物院藏)。

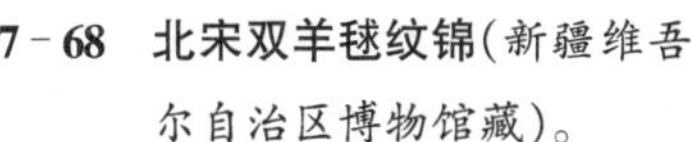

7-68　北宋双羊毯纹锦(新疆维吾尔自治区博物馆藏)。

7－69　湖南省衡阳何家皂出土北宋棕地牡丹纹绫。花纹单位 10×19.5 厘米(湖南省博物馆藏)。

7－70　湖南省衡阳何家皂出土北宋童子攀花纹绫(湖南省博物馆藏)。

7－71　福州黄昇墓出土南宋牡丹纹绫。

7－72　福州黄昇墓出土梅花彩昇纹绫。花纹单位 15.8×13.5 厘米。此件匹首有"宗正坊染金丝绢官记"墨书。

7－73　福州黄昇墓出土松竹梅纹缎。花纹单位 17×10 厘米。

7－74　苏州虎丘塔出土北宋鸟衔花团花纹绫(苏州博物馆藏)。

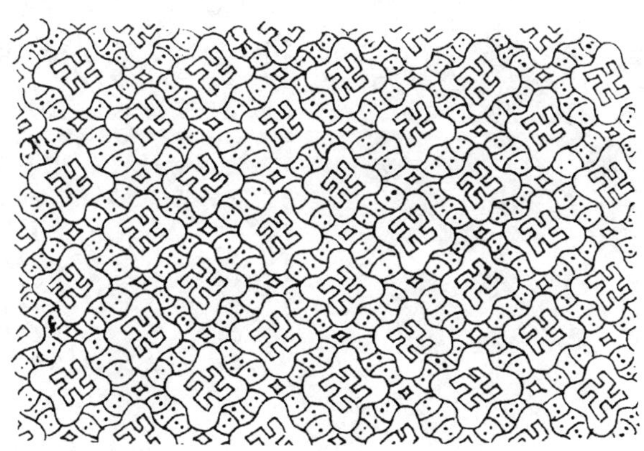

7－75　江苏金坛南宋周瑀墓出土南宋暗花卍字连钱纹绫。花纹原大，长 16.5×宽 12.5 厘米(江苏镇江博物馆藏)。

7－76　福州南宋黄昇墓出土:(1)几何纹绫;(2)几何纹绫组织图;(3)四合如意纹绮;(4)几何条纹绫(匹端原有墨书,字迹不清,并有一方朱印,印文似为“赵记”,长322厘米,幅宽54厘米)。

7－77　江苏金坛南宋周瑀墓出土双距纹绫(江苏镇江博物馆藏)。

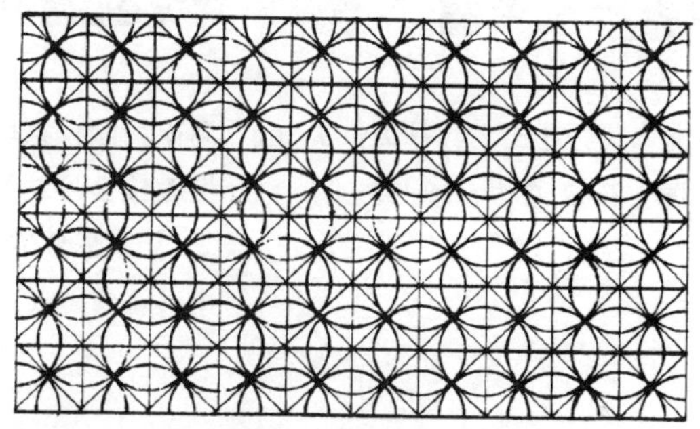

7－78　江苏金坛南宋周瑀墓出土连钱纹绫(江苏镇江博物馆藏)。

7－79　福州南宋黄昇墓出土异向绫组织图。

7-80 福州南宋黄昇墓出土牡丹芙蓉纹罗。花纹原大 22×33 厘米。

7-81 湖南衡阳何家皂出土北宋黑地缠枝牡丹纹罗。花纹单位长 29.5 厘米，宽 16 厘米（湖南省博物馆藏）。

7-82 福州南宋黄昇墓出土茶花牡丹菱霄芙蓉纹罗。花纹单位 12.5×34 厘米。

7－83　福州南宋黄昇墓出土花中套花式穿枝牡丹纹罗。花纹原大 16×34 厘米。

7－84　福州南宋黄昇墓出土蔷薇山茶纹罗。花纹原大 24×33 厘米。

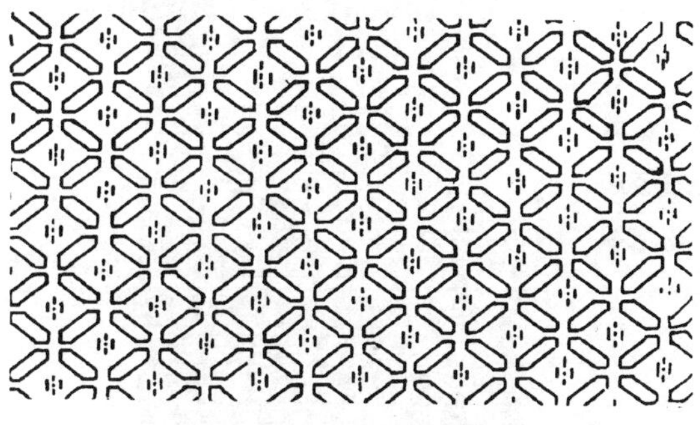

7－85　湖南衡阳何家皂出土北宋几何纹本色罗。格子原大 1.5×2 厘米（湖南省博物馆藏）。

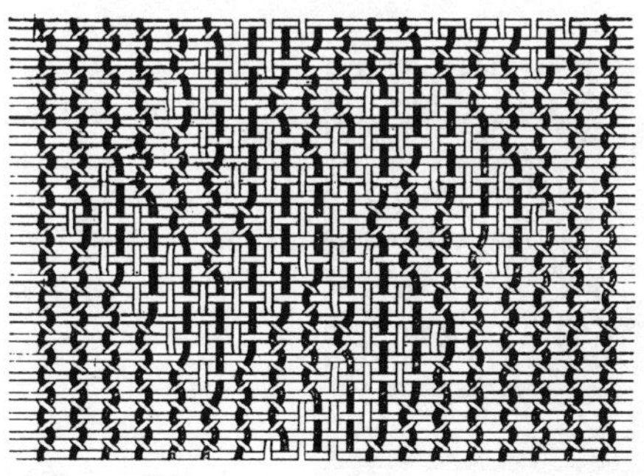

7－86　福州南宋黄昇墓出土二经绞罗平纹花组织图。

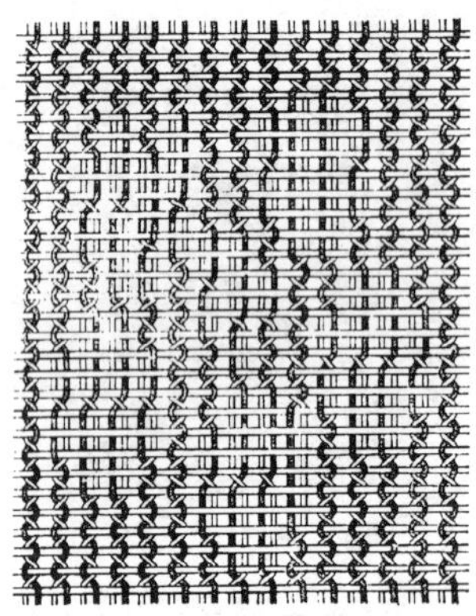

7-87　福州南宋黄昇墓出土二经绞罗纬花组织图。

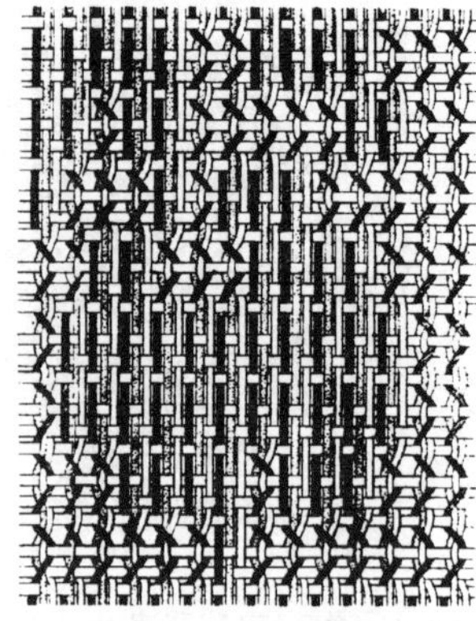

7-88　福州南宋黄昇墓出土三经绞罗斜纹花组织图。

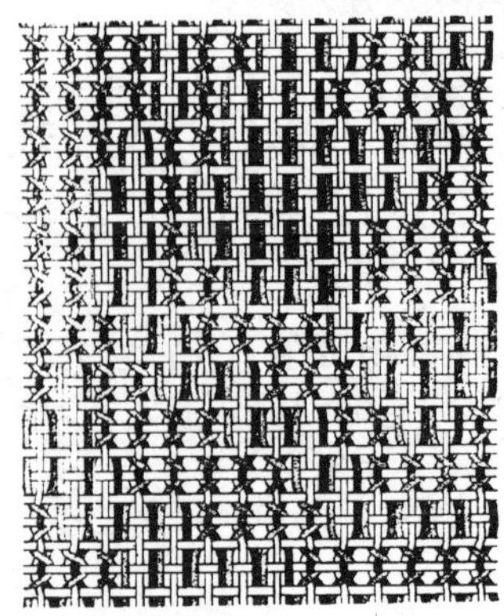

7-89　福州南宋黄昇墓出土三经绞罗平纹花组织图。

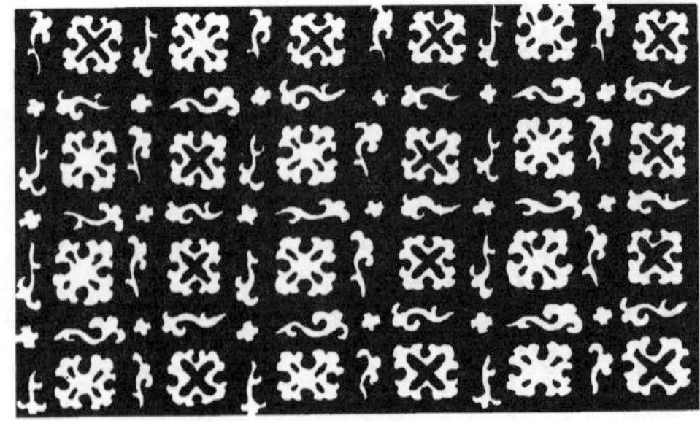

7-90　苏州虎丘塔出土北宋如意云纹小锦。纹样原大约 6 × 6 厘米（苏州博物馆藏）。

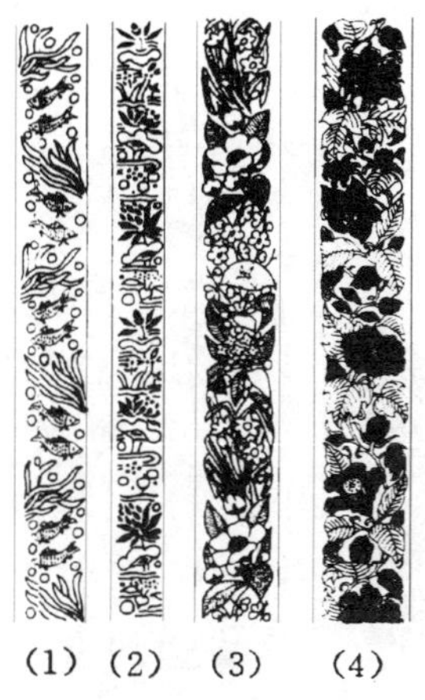

(1) (2) (3) (4)

7－91　福州南宋黄昇墓出土:(1)金粉印花鱼藻纹花边(花回2.4×8厘米);(2)金粉印花荷花出水纹花边(花回1.4×10.4厘米);(3)彩绘杂花花边(花回5.5×38厘米);(4)金箔贴金印花花边(花回37×5.5厘米)(福建省博物馆藏)。

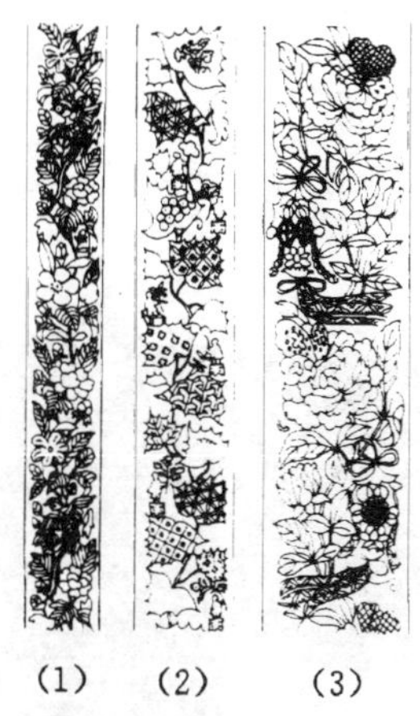

(1) (2) (3)

7－92　福州南宋黄昇墓出土:(1)印花彩绘凤穿牡丹纹花边(花回24.3×3.8厘米);(2)印花彩绘童子摘花纹花边(花回39×5厘米);(3)刺绣春幡蝴蝶芍药纹花边(花回4.5×17.5厘米)(福建省博物馆藏)。

第七节　福州南宋黄昇墓出土的服饰

黄昇是南宋淳祐年间福州一位官家小姐,父亲黄朴进士出身,当过泉州、漳州的地方官。淳祐二年(1242年)黄昇16岁,嫁给宋朝宗室朝议大夫赵师恕的孙子20岁的赵与骏为妻,黄昇17岁结婚不到一年就死去了,葬于今福州市北郊浮仓山,其家属将黄昇生前使用器物436件殉葬,其中有服饰201件,整匹丝织品及零料153件,梳妆用品48件，出土时大部分保存完整，是研究宋代妇女服饰的珍贵资料。其中：

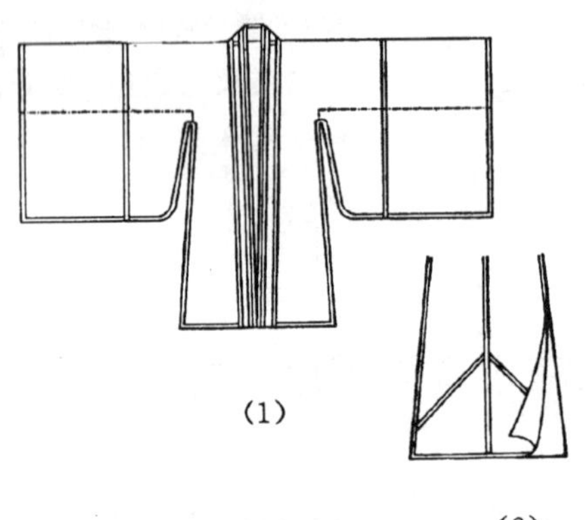

7-93 福州南宋黄昇墓出土褐黄色罗镶花边广袖袍形制图。(1)正视；(2)下摆开衩示意。

(一) 袍

按袖形大小分为广袖袍(5件)、窄袖袍(6件)两种，面料质地以罗为主，绉纱1件。广袖袍领、襟、袖缘、下摆缘边均有一道边。领、袖下摆缘的边饰为素色或印金填彩，襟缘内的边饰大多彩绘，没有素色的。款式均直领对襟开衩，加缝衣领，衣长通膝，襟上无纽袢或系带。裁缝方法，身部前后及两半袖用两幅单料各剪裁成ᒪ形对折，竖直合缝，两半袖端各接缝一块延伸成长袖，衣长前后裾相等(图7-93、7-94)。

(二) 单衣

单衣25件，直领

开襟开衩，加缝领，襟上无纽袢或系带。面料罗21件，绉纱3件，绢1件。领、襟、衬里用纱，个别用绢，领、袖、下摆缘边以素色为主，彩色花纹的少。襟边缘多为印金填彩，素色2件，无边的3件。襟缘内加缘花边一道，彩绘居多，素色的次之，仅有3件是刺绣花边。也有另在腋下、背中脊、袖端的接缝处缀印金填彩花边一道。裁剪方法，身部前后及两半袖用两幅单料各剪成ᒥ形对折，竖直合缝，再将两袖接长，并加缝领及边饰。有22件前后裾长相等，3件后裾短5厘米。下摆平齐或弧形。一件绉纱单衣有印金彩绘鱼藻纹饰带舒垂(图7－95)。

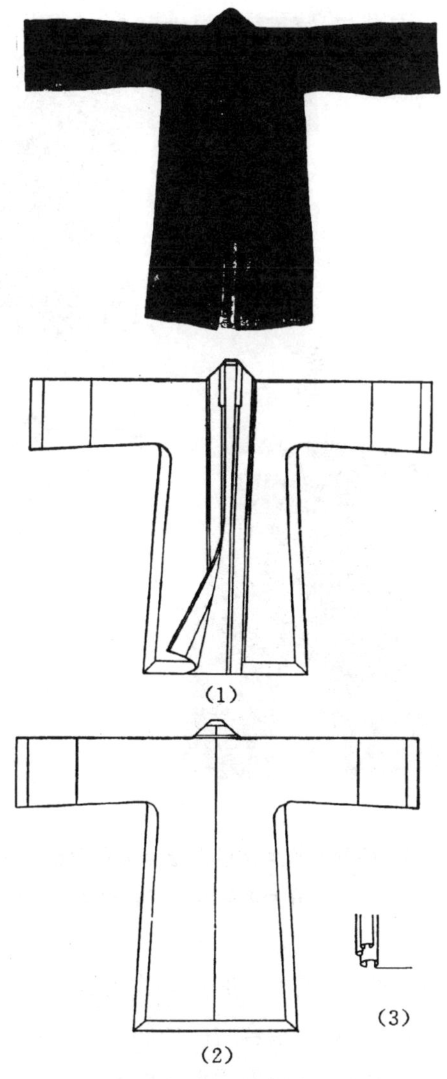

7－94　福州南宋黄昇墓出土紫灰色绉纱镶花边窄袖袍。(1)正视；(2)后视；(3)对襟缝制层次。

(三) 夹衣

夹衣21件(内有夹

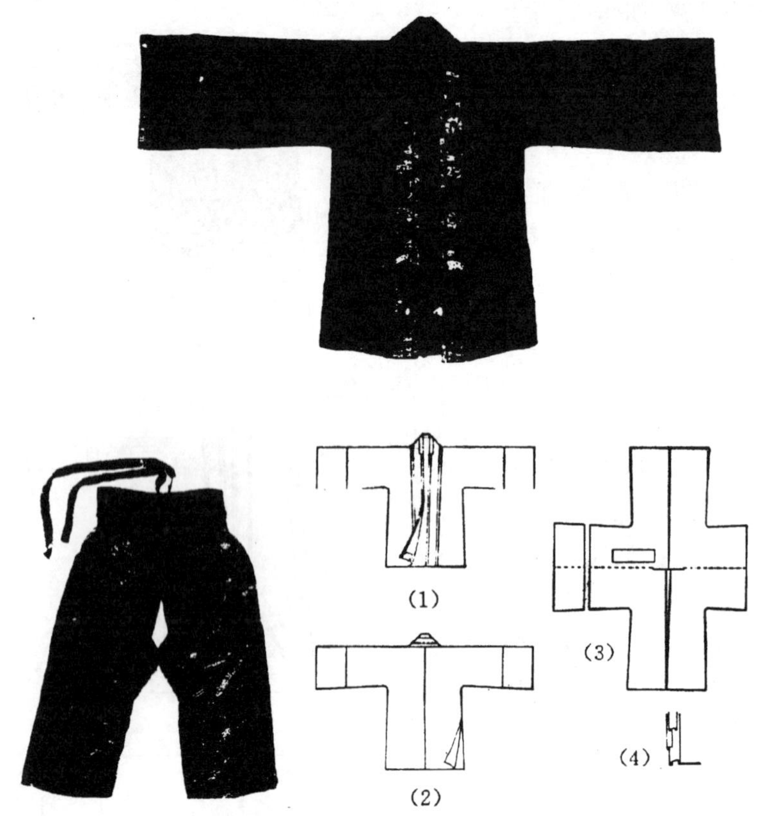

7-95 福州南宋黄昇墓出土深褐色罗镶花边单衣形制图。(1)正视;(2)后视;(3)分片剪裁示意;(4)对襟边缝制层次。

纳衣1件、丝棉衣2件),款式为直领对襟开衩,加缝领,襟上无纽袢或系带,直裾宽窄合身。质料有罗、绫、绢及1件缎的(缎是南宋的新品种,宋以前没有发现缎织物)。衣里多方孔纱,下摆缘边多素,对襟缘边镶一道彩绘、印金、刺绣或素色宽边,宽边两侧再镶贴印金填彩的窄边,风格清新秀丽。

（四）背心

背心 8 件(内夹背心 1 件),直领对襟无袖,襟上无纽袢或系带。质地为花罗、素罗、绉纱。襟缘镶素边或花边(内印金菊花边 2 件,彩绘荷花边 1 件)。前后身用一长方形单料对折竖直缝合,再加缝领及边饰。内有 1 件牡丹花罗背心,重仅 16.7 克,正像陆游所说:"举之若无,裁之为衣,真若烟雾。"

（五）裤

裤 24 件(2 件已残),内合裆裤 8 件,开裆裤 15 件,无腰无裆裤 1 件。质料有绢罗、花绫、花绮(图 7－96 至 7－99)。

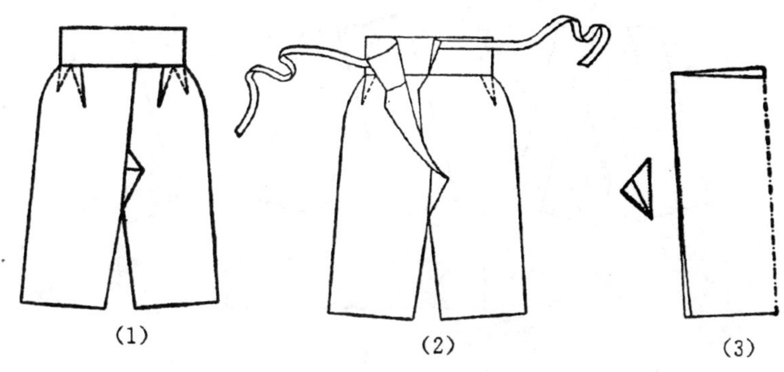

7－96　福州南宋黄昇墓出土烟色牡丹花罗开裆裤形制图。(1)正视;(2)后视;(3)裤腿剪裁示意。

（六）裙

1. *褶裥裙*(2 件)

罗制,质轻薄透明。一件有洒金双凤穿牡丹纹,一件印小点小团花。用 4 片料子竖向缝接,上宽下窄,每片纵直褶裥,褶有疏密,一条有褶裥 21 条,另一条褶更紧密,上端接腰,腰两端系带。

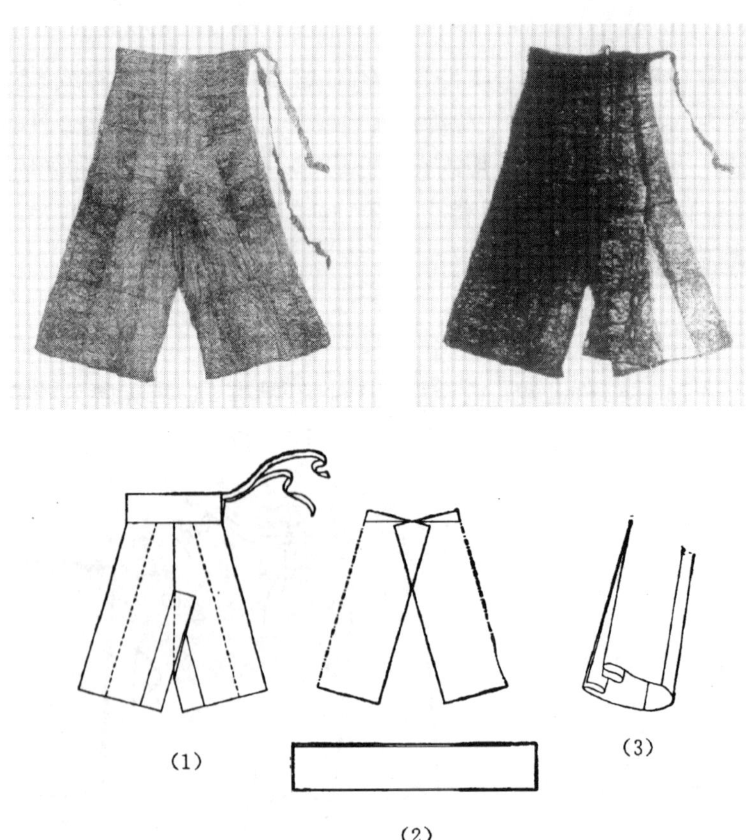

7－97　福州南宋黄昇墓出土黄褐色花罗两外侧开中缝合裆裤形制图。(1)正视;(2)裁剪示意;(3)裤腿开片折叠示意。

2．单裙(17件)

多罗地,上端略窄,4片分缝为两块,然后对错叠接成3片的宽度,居中错叠的宽度大于两侧,顶端合缝,下摆不缝,上部接裙腰,裙腰两端系裙带。裙两侧、下摆及缝脊多数缀有彩绘花边或印金填彩花边一道为饰。

7－98　福州南宋黄昇墓出土烟色绢开裆丝绵裤。

7－99　福州南宋黄昇墓出土浅褐色牡丹花罗无腰无裆夹裤。

3．夹裙(1件)

表里均为平纹绢,形制与单裙相同。单素短裙1件,长120厘米,宽53厘米,3幅竖直缝接，上接裙腰，两端系罗带(图7－100、7－101)。

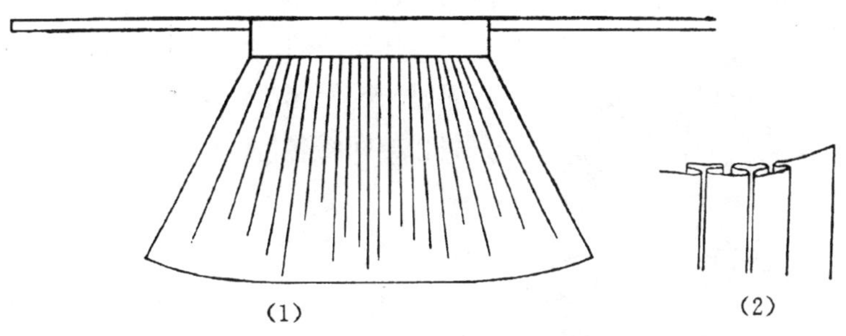

7－100　福州南宋黄昇墓出土褐色罗印花褶裥裙形制图。(1)正视;(2)褶裥示意。

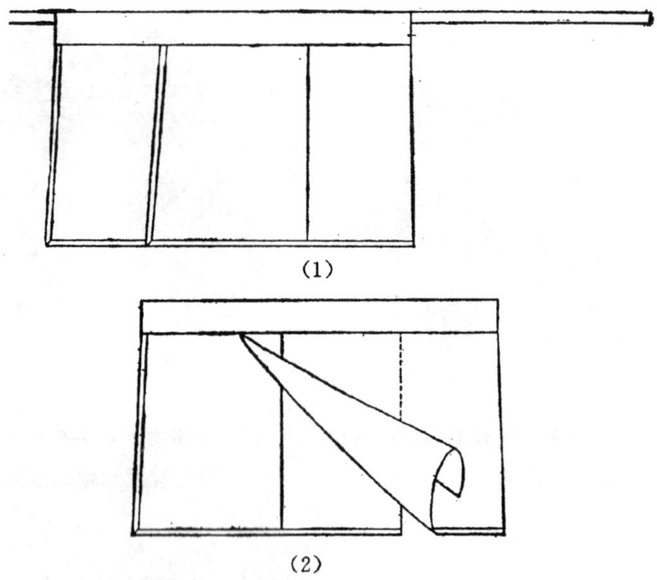

7－101 福州南宋黄昇墓出土黄褐色牡丹花罗镶花边裙形制图。(1)正视；(2)上下片离合示意。

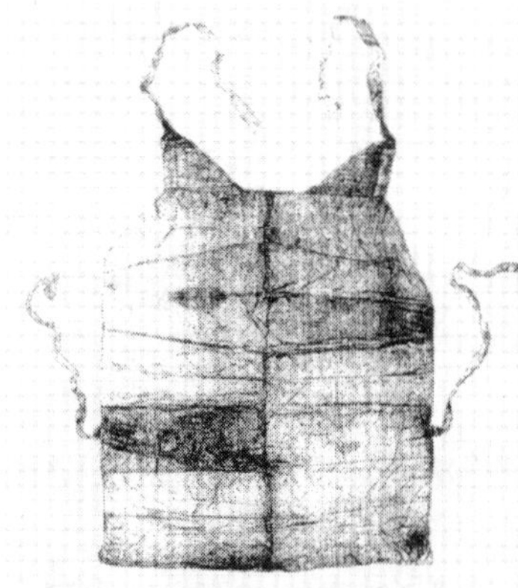

7－102 福州南宋黄昇墓出土褐色绢抹胸。

(七) 抹胸

抹胸1件，表里均素绢，絮以丝绵，长55厘米，宽39至40厘米，上端和腰间缀带(图7－102)。

(八) 佩绶

佩绶2件，素罗地单面绣花，长213厘米，宽6.2厘米。正面绣有写生的玫瑰、马兰、茶花、桃花、梨花、菊花、蔷薇、月季、芙蓉、栀子、秋葵、海棠、芍药、牡丹等 18 种花卉，组合生长如一枝花，长达 102 厘米，宽 6.2厘米。古铜色，土黄色花，深棕色小蕊，褐色茎，灰绿色叶。此佩一端连接成 V 形，上系扁圆形浮雕双凤金纹饰件，挂于墓主颈部。另一条形制相同，长 195 厘米，宽 6.2 厘米，上绣牡丹、蜀葵、芙蓉、海棠、菊、莲、山茶、芍药、石榴、栀子等 13 种花，组合成写生一枝花(图 7－103)。

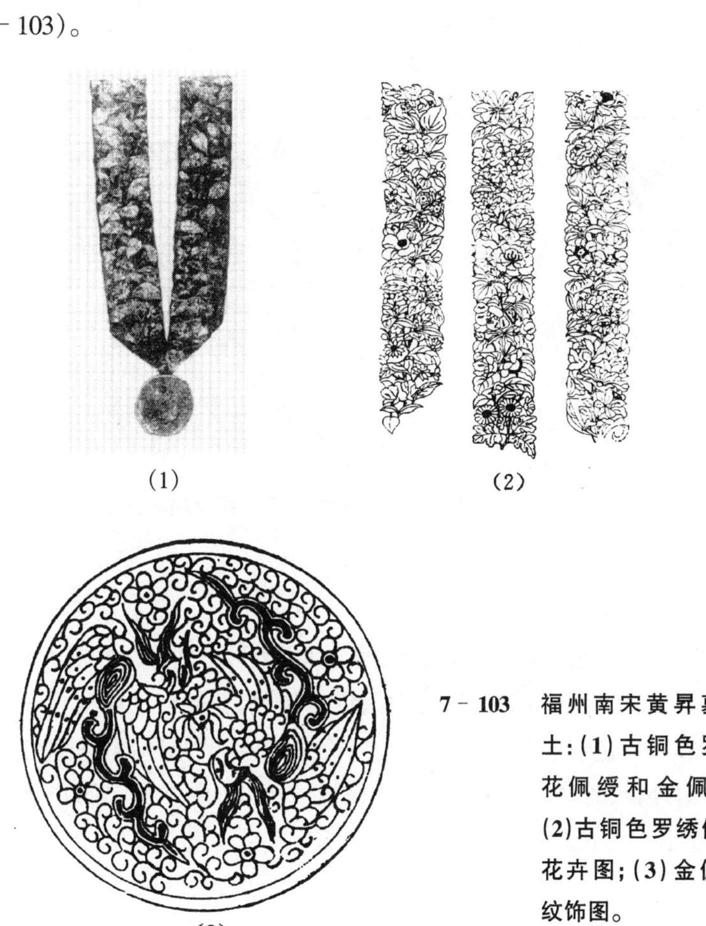

7－103　福州南宋黄昇墓出土：(1)古铜色罗绣花佩绶和金佩饰；(2)古铜色罗绣佩绶花卉图；(3)金佩饰纹饰图。

（九）荷包

荷包1件，系于袍内腰间，形似两个扇状袋相连如银锭式，可折合及展开。长16厘米，底宽12厘米，中腰8.5厘米，有两个眼用印金敷彩卷叶纹罗带穿系。荷包一面绣荷花，一面绣含笑花，绣法用钉线法绣轮廓，以擞和针绣花朵，铺针绣叶面，或以棉纸剪贴叶面，再用针金法绣轮廓，然后在纸上染淡彩（图7－104）。

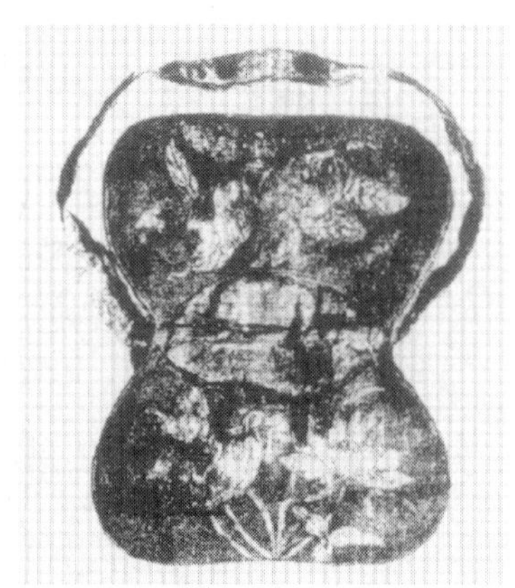

7－104　福州南宋黄昇墓出土黄褐色罗绣花荷包纹饰图。

（十）香囊

香囊1件，近方形，长5厘米，宽4.8厘米，正面中央用罗贴绣鸳鸯一对，上下贴绣莲花荷叶，鸳鸯用钉金包边，花叶钉铁梗线包边，敷彩，口部用褐色双股线编结6.7厘米长的花穗。香囊内附一罗方袋，口沿缀彩凤纹附耳，两面均用罗扎捏成4行16朵浮凸起的花朵，手艺精巧（图7－105）。

（十一）梳妆用品

宋代由于民族矛盾激化，辽、金、女真等族压境，财政困绌，朝廷

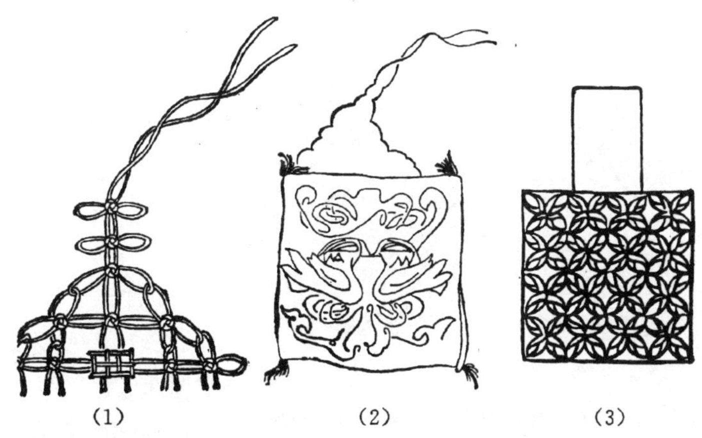

7-105　福州南宋黄昇墓出土褐色罗香囊。(1)带结示意图;(2)绣鸳鸯图;(3)捏花复原图。

屡次下令提倡节俭，如“衮冕缀饰不用珠玉”,“内廷自中宫以下,并不得销金、贴金、织金以装衣服”,“非命妇之家,毋得以金为首饰,毋得以真珠装缀首饰、衣服”等等。黄昇墓随葬物品除衣服及丝绸因其父曾执掌泉州港市舶贸易,积蓄丰富,故数量甚多之外,首饰品为数不多。

1. 鎏金顶部空心雕花银钗(3件)

长9.9至16.8厘米,出土时插于发髻上(图7-106)。

7-106　福州南宋黄昇墓出土鎏金顶部空心雕花银钗。

2. 双凤穿花纹扁圆形金佩饰(1件)

7－107 福州南宋黄昇墓出土心形刻花银丝香熏。

直径6.5厘米，由有子母口的上下两块扣合，正反花纹相同，有小孔穿丝线系于刺绣佩绶上，挂于颈部。

3. 心形刻花银丝香熏(1件)

长7.2厘米，宽5.5厘米，上下两面有子母口扣合，尖端有穿孔可用丝带系结悬挂，出土时置于胸前(图7－107)。

4. 木念珠(2串)

一串110颗，另一串93颗，珠有圆形、椭圆形、瓶式、橄榄形等，棕色，两颗之间夹以小铜片，用褐色丝绳串连，两端各饰丝缌。出土时置于墓主胸口(图7－108)。

7－108 福州南宋黄昇墓出土木念珠。

5. 半月形角梳(1件)

长14.5厘米，置于漆奁第三层(图7－109)。

7 - 109　福州南宋黄昇墓出土半月形角梳。

6. 半月形黑色角篦(4件)

通长9.2至10厘米,出土时均插于发髻前后四周。

7. 木梳(1件)

长10.1厘米,高6厘米。

8. 六边葵瓣形小钮凸边素面铜镜(1面)

径14.4厘米,置于漆奁第一层。六边形小钮穿孔素面铜镜一面,置于棺外。

9. 粉扑(1件)

扑背以罗编织成鳞状花瓣,扑身用丝绵制作,上沾白粉,高3.3厘米,直径6厘米(图7 - 110)。

10. 模印花式粉块(20件)

作圆形、四边形、六角形、葵瓣形,印有梅花、兰花、荷花等花纹,直径约2.8至3.3厘米,主要成分有钙、硅、镁等(图7 - 111)。

此外尚有覆面巾、卫生带、裹脚带、小脚尖翘头弓鞋、袜等。以上衣物,与南宋绘画、雕塑人物印证,可知南宋女子一般服饰的基本风貌。

7 - 110　福州南宋黄昇墓出土粉扑花形示意图。

7-111　福州南宋黄昇墓出土粉块纹饰图。

第八节　江苏金坛南宋周瑀墓出土的服饰

周瑀出生于南宋嘉定十五年(1222年),是南宋淳祐四年(1244年)的太学生,死于景定二年(1261年)。葬于江苏镇江地区金坛县和句容县交界的茅山东麓黑龙岗,东距金坛县城30公里。1975年发掘时,尸体尚未腐烂,随葬衣物基本完好,成件衣物共34件。

(一) 短衣

短衣2件(䌷面绢里夹纳短衫、绢丝绵袄),直领、大阔袖,前襟有一系带。夹纳短衫长90厘米,衣宽67厘米,通袖长197厘米,袖宽46厘米,面里共4层全身竖直缝纳。丝绵袄长78厘米,身宽69厘米,通袖长148厘米,袖宽30厘米(图7-112)。

(二) 裤

裤7件(合裆单裤4件、开裆裤3件),合裆单裤筒为前后两幅缝合，上接裤腰，另加三角形裆。于右侧开腰系带。开裆裤有2件夹的，1件丝绵的。裤筒为前后两幅缝合，上接裤腰，裤筒内侧上有一个三角形小裆分开而不缝合。于背后开腰，两端系带(图7－113)。

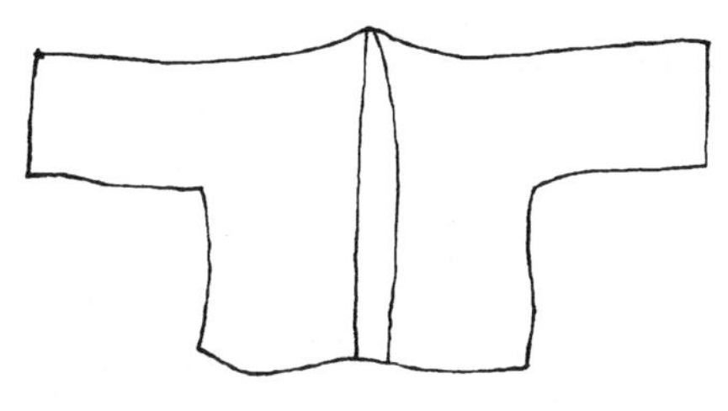

7－112　江苏金坛南宋周瑀墓出土短衣(丝绵袄)。

(三) 衫

衫14件(直领衫7件，2夹5单；单交领衫5件；单圆领衫2件)。直领衫又称合领衫，对襟大阔袖，宽身开胯，身长过膝，前襟有一对系带，两腋下各舒垂一带，面料有绢，缠枝花卉纱，素纱，缠枝牡丹罗，小花纹绮等。这种衣服就是南宋士人常穿的长褙子，《文献通考》卷一三二："长背子古无之，或云近出宣政间。""今世好古而存旧者，缝两带缀褙子腋下垂而不用，盖仿中单之交带也，虽不以束衣而遂舒垂之，欲存古也。"《合璧事类》卷三十五曾讲褙子本是武士所穿，原是短袖式，南宋时演变成长袖。原来士人常服要穿皂衫、戴纱帽、束腰带，非这样不敢外出，到南宋

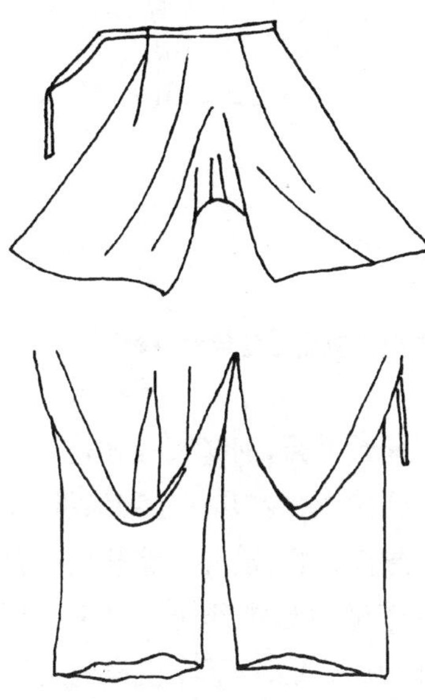

7－113　江苏金坛南宋周瑀墓出土的合裆裤与开裆裤。

流俗变迁，士人都穿长袖开胯、腋下垂着装饰性带子的褙子了(图 7-114 至 7-115)。

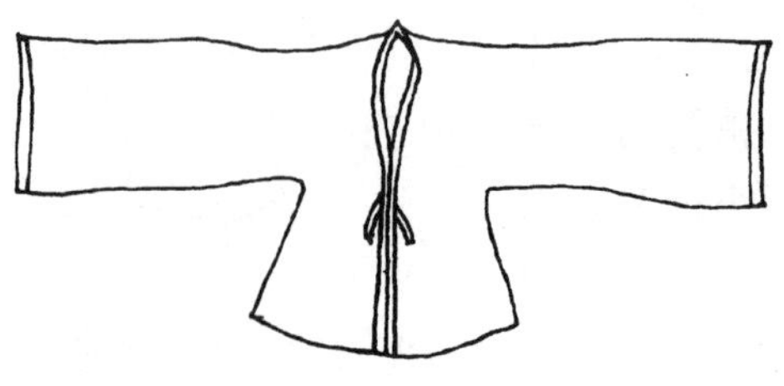

7-114　江苏金坛南宋周瑀墓出土的合领对襟衫(褙子)。

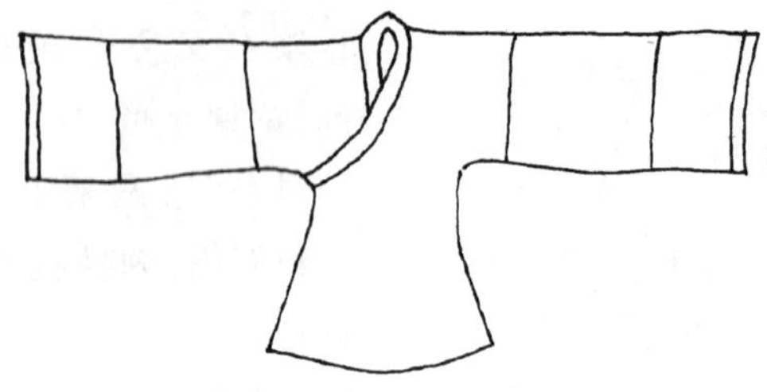

7-115　江苏金坛南宋周瑀墓出土矩纹纱交领单衫。

交领单衫为交领右衽，大阔袖，身长过膝，前襟交错相掩，有二纽袢分别对系于左右腋下。面料有矩纹纱、素纱、几何小花纹罗、素罗。

圆领单衫为圆领右衽，大阔袖，身长过膝，前襟交错相掩，有四纽袢分别对系于左右肩上及腋下。后襟里面自腰部向下另夹一层，这就是《宋史》卷一五三《舆服志》襕衫“圆领大袖，下施横襕为裳”。圆领衫后襟自腰部以下施一夹层，可以使衣服穿起来挺括周正。面料为素纱，有一件圆领衫腰间还系有素纱夹缝的绅带。圆领衫和交领衫应属南宋国子生常服的帽衫，襕衫(图 7-116)。

（四）丝绵袍

丝绵袍2件，直领开胯，大阔袖，表里皆驼黄绢，絮以丝绵。衣长120厘米，腰宽72厘米，下摆宽80厘米，通袖长237厘米，袖宽53厘米，袖口宽61厘米。

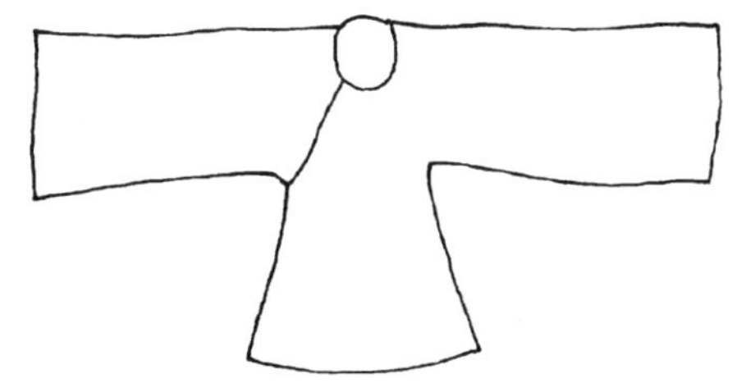

7－116　江苏金坛南宋周瑀墓出土的两种圆领右衽单衫。

（五）抹胸

抹胸1件，为掩胸之衣，系用驼色素绢对角缝制成梯形，上宽15厘米，下宽83厘米，竖直30厘米，下边中间打褶2厘米，上下钉有4根系带（图7－117）。

（六）裳

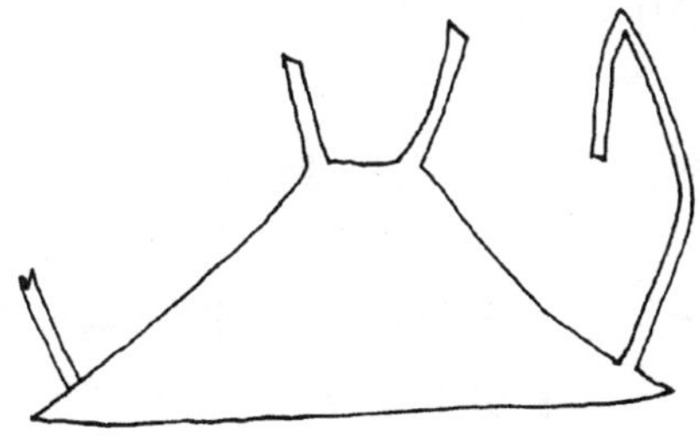

7－117　江苏金坛南宋周瑀墓出土的抹胸。

折枝花绮袷裳1件，棕色折枝花绮面，驼色小花绮里，共两幅，一幅横向缝制，长51厘米，上宽116厘米，下宽132厘米，上边有两处分别缝折6厘米褶裥为削幅，两角钉驼色绢带，

7－118 江苏金坛南宋周瑀墓出土折枝花绮夹裳。

缠枝花卉绫面料，驼黄绢里，薄絮丝绵；另一幅横向缝制，长 55 厘米，上宽 128 厘米，下宽 136 厘米，上边部折 4.5 厘米褶裥为削幅，左右委角，钉有 4 根系带，中部的两根系带根部各钉一对系的纽和袢(图 7－118)。

(七) 丝绵蔽膝

丝绵蔽膝 1 件，面里均驼黄色绢，絮以丝绵。长 38 厘米，宽 63 厘米，上左右角各钉一绢带(图7－119)。

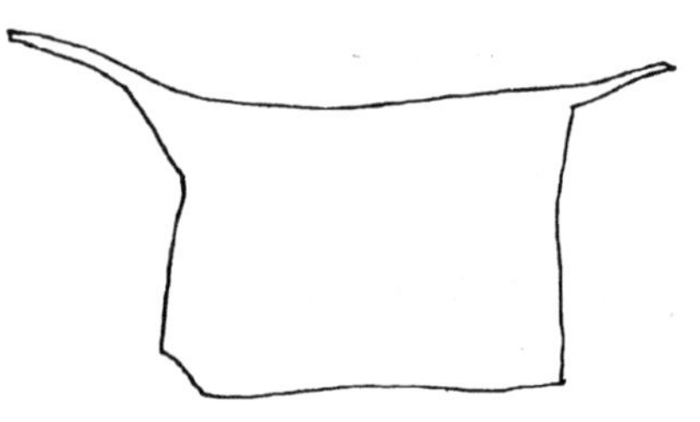

7－119 江苏金坛南宋周瑀墓出土丝绵蔽膝。

(八) 菱纹绮履

菱纹绮履 1 双，棕色菱纹绮面，履头镶深棕色牙边为梁，口沿镶深棕色绢边。口梁上饰烟色绢缨结，驼黄绢里，无底。履长 23.5 厘米，后跟深 5 厘米 (图 7－120)。

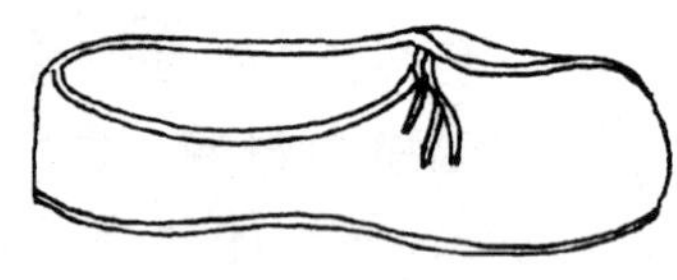

7－120 江苏金坛南宋周瑀墓出土菱纹绮履。

(九) 紬袜裤

紬袜裤 1 双，圆头长靿，靿后上开口 15 厘米，钉两根绢带，袜脚下缘缝有一周环绕的丝线，中间用一根丝线贯穿之为袜底。靿长 35 厘米，宽 9 厘米，袜脚长

24 厘米(图 7－121)。

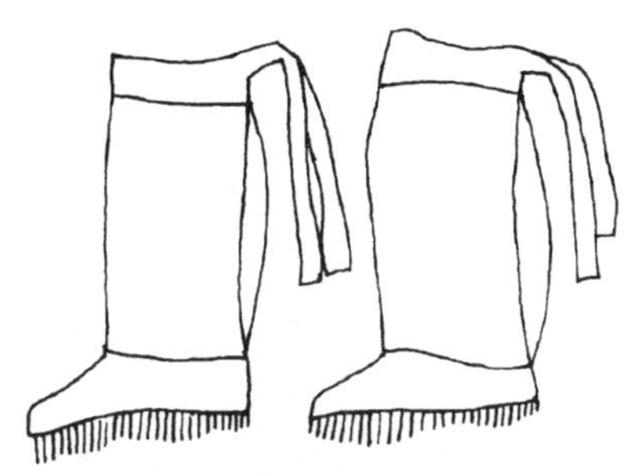

7－121　江苏金坛南宋周瑀墓出土绌袜裤。

7－122　江苏金坛南宋周瑀墓出土的银锭式贴绣褡裢。

(十) 罗面贴绣褡裢

罗面贴绣褡裢 1 件,银锭式,面上用纱、罗、绢剪贴成牡丹花、叶以锁针法锁边。花梗用不同捻向的两股丝线钉成辫股状,边沿用缠针绣法缝合,长 14.5 厘米,宽 21 厘米,中腰 7 厘米(图 7－122)。

(十一) 漆纱幞头

漆纱幞头 1 件,圆顶硬脚,表里两层纱制成,表纱涂黑漆。脚以竹条为骨,长 38 厘米,头高 20 厘米,脑后开口系带(图 7－123)。

此外,尸体 10 指各套一只锡戒指,另有木柄及雕漆镂空转柄团扇两把,竹丝骨,扇面裱纸施柿汁。

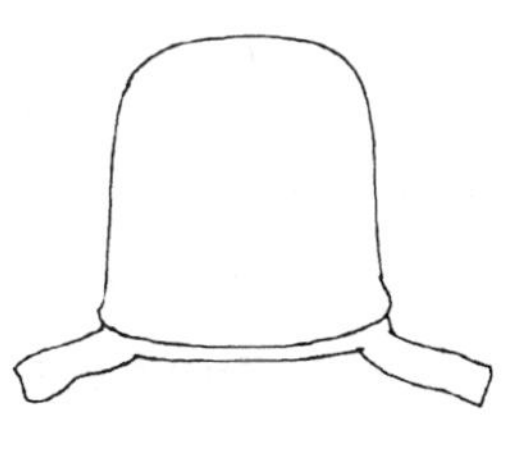

7－123　江苏金坛南宋周瑀墓出土的漆纱幞头。

第九节　宋代首饰

宋代首饰品出土实物，根据目前已掌握的情况来看，不如前代丰富，除福州南宋黄昇墓和江苏金坛周瑀墓出土情况已如前述外，这里再举其他地方出土实物中艺术水平较高的介绍如下。

（一）发饰

1．银梳

江西彭泽北宋易氏墓曾出土半月形卷草狮子纹浮雕花银梳，主花上下另有繁缛的边饰陪衬，下层由花瓣纹连接成花边，与梳齿相连接，精工富丽，依然保持唐代风格。从敦煌莫高窟 98 窟北宋初期壁画供养人的装束来看，河西地区贵族妇女头上盛插花钗梳篦，佩戴珠宝项链的风气，甚至比唐、五代更盛。

2．玉钗

1974 年在北京市房山县长沟峪北宋石椁墓出土玉双股钗 1 件，长 15 厘米，宽 1.7 厘米，从弯钩形的钗头分叉成为两股相并，钗尾逐渐收细，末端圆钝。

3．簪

湖南省长沙市出土一支长 7.9 厘米，簪头呈钉帽形，头径 1.2 厘米的南宋玻璃簪，通体透明。

浙江永嘉北宋遗址出土一支镂雕金簪，簪头呈偏橄榄形，上有高浮雕穿花戏珠龙纹，下衬镂空卷草纹地，簪尾收细呈尖锥形，制作极为精美。

（二）耳饰

1972 年 3 月在江西省彭泽县湖西村北宋易氏墓出土浮雕纹金

耳环一对,环下连接月牙形装饰,上有浮雕菊花纹,以菊花为中心,枝叶向左右两方铺展,工艺精美。

(三) 颈饰

出土宋代项饰中,有两件金项链坠极为精美。

1. 胆形金坠

1980 年 2 月在南京市幕府山北宋墓出土的一件胆形金坠,高 8.5 厘米,宽 5.7 厘米,坠身镂雕繁美的鸂鶒穿花纹,周边有卷草纹边围绕,顶端如意头中央有穿孔可与链条相接,工技精湛。

2. 娃娃形金坠

1974 年 11 月在浙江省衢州市郊瓜园村史绳组墓出土一件俯地爬行的金娃娃,娃娃面容丰满,神情欢快,前伸的右手中紧握一个活动的方环,可与项链相接,设计制作极为精巧。

(四) 腕饰

1972 年 3 月江西省彭泽县湖西村北宋易氏墓出土银镯一对,直径 6.9 厘米,镯身扁宽,向两端收细,镯面正中间以双道突线纹为饰,与两边的突起边线相呼应,简洁大方。两端相接处留有缺口,可以调节松紧。

(五) 腰带

自五代以后,革带已不流行悬挂鞢韄,带铊也演变成双铊式,这样,带鞓(tīng 音厅)束在腰部之后,前后均可加装銙牌,成为衣服的突出装饰。1972 年 8 月在陕西省扶风县柳家村宋代窖藏出土革带银质大銙一副,由 9 块方形浮雕戏婴纹银銙组成。戏婴是宋代工艺装饰中非常流行的题材。

第八章 辽、金、西夏与元代的服饰文化

从公元十一世纪到十四世纪，我国北方游牧民族契丹、女真和蒙古族在历史上处于重要的地位。

第一节 辽 国 服 饰

辽本属契丹族，五代时辽太宗（耶律德光）得后晋的北方十六州而奄有长城内外属地，辽从太祖（耶律阿保机）元年（907 年）到天祚帝（耶律延禧）保大五年（1125 年）先后共 218 年。辽太宗对汉和契丹的统治，官分南、北，南官以汉制治汉人，穿汉服；北官以契丹制治契丹，穿契丹服。后来三品以上北官行大礼也穿汉服。常服则皇帝及南官穿汉服，皇后及北官穿契丹服。

辽国的汉服继承五代后晋的遗制，祭服大祀戴金文金冠，白绫袍，红带悬鱼，错络缝靴。小祀戴硬帽，红刻丝龟文袍。朝服络缝红袍，束犀玉带，后改锦袍金带。以穿新疆獐皮靴为贵。公服紫皂幅巾，紫窄袍，束玉带，或穿红袄。常服盘领（即高圆领）左衽绿衣窄袖袍。贵者紫里貂裘，青者次之。腰带有弓、剑、帉帨、算囊、刀砺等鞢鞢。士兵皆髡发露顶左衽。契丹及其从属部落百姓也只能髡发，有钱人想戴巾子，须向政府缴纳大量钱财。

《辽史》记载东北契丹人男子髡顶，垂发于耳畔。近年东北库伦、河北宣化、张家口等辽墓均出土契丹人壁画，可与传世《卓歇图》对照。库伦1号辽墓和2号辽墓壁画，发现垂发有一些形式变化，有在左右两耳前上侧单留一撮垂发的；有在左右两耳后上侧留一撮垂发，两侧垂发与前额所留短发连成一片的；有在左右两耳前上侧留一撮垂发与前额所留短发连成一片的；有在左右两耳前后上侧各留一撮垂发，顶与前额均不留发的。所垂均为散发。我国东北地区的女真族、西北的回鹘族和吐蕃族男子也都有髡发的风俗，但只有契丹族男子垂散发，回鹘、吐蕃、女真男子都垂辫发。到元代蒙古族男子也髡发，却是在前额留一块桃子式的发结成辫发，并在一只耳朵上戴耳环子(图8-1、8-2)。

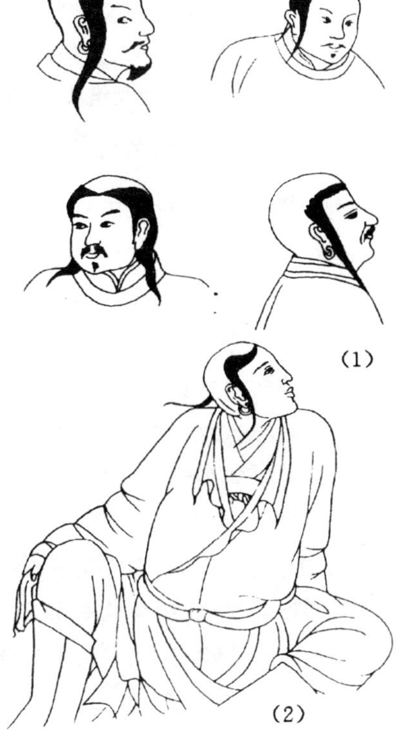

8-1　契丹男人的发式。(1) 库伦1号辽墓壁画人物；(2) 库伦2号辽墓壁画人物。

辽国皇后的契丹服，祭祀戴红帕，穿络缝红袍，悬玉佩和双同心帕。络缝乌靴。妇女上穿黑、紫、绀诸色直领或左衽团衫，前长拂地，后长曳地尺余，双垂红黄带，束高髻，双髻或螺髻，面涂黄妆。未出嫁时髡首。皇后常服有紫金百凤衫，杏黄金缕裙，红凤花靴，梳百宝花髻。辽宁法库叶茂台曾出土辽代棕黄罗绣棉袍，领绣双龙，肩、腹、腰分绣簪花羽人骑凤及桃花鸟蝶纹。女裙多穿于长袍之内。

8-2　蒙古族早期男人的发式。《世界文化史大系》所载蒙古族早期男人发式，与辽、金均为髡发，但将头顶两旁之两绺头发作成环形发辫，是其与辽、金发式的不同处。

辽国契丹服装对汉民族也产生影响，北宋时，京师洛阳士庶，也有许多人穿契丹服，由于辽宋对敌，故宋庆历八年和天圣三年都曾下令禁止穿契丹服，士庶不得穿黑褐地白花衣服及蓝、黄、紫地撮晕花样，妇女不得穿铜绿、兔褐之类，不得将白色、褐色毛段(缎)或淡褐色匹帛作衣服，并禁穿吊敦(袜袴)。北宋末年洪皓出使东北，著《松漠纪闻》记载在东北时的见闻，在补遗中讲到辽金纺织品中，耀段褐色，泾段白色，生丝为经，羊毛为纬，好看而不耐穿。丰段有白有褐，质量最好。驼毛段有褐有白，出河西用秋毛织造的，不蛀。冬间的落毛，选去粗者，取其茸毛，都用关西羊。毛织品中还有褐黑丝、褐里丝、门得丝、帕里呵等名称，从西夏国运输到辽国作为衣料。

契丹人的服装形式，可参看北京故宫博物院藏辽后期清宁年间蓟门人程汲之作的《便桥会盟图》(此图描绘唐太宗单骑会见突厥君长故事)及契丹著名画家胡瓌所作《卓歇图》长卷，描绘契丹君臣出行狩猎、放养猎鹰“海东青”出击白天鹅及在海泺子射猎牛头鱼，归来宿营等情节故事，侍从武卫执哥舒棒卓立守护，故名《卓歇图》。此外库伦、宣化、张家口等地辽墓壁画也提供了具体的契丹族着装形象(图8-3至8-12)。

8-3　《卓歇图》，五代契丹著名画家胡瓌所画，表现契丹君臣出行狩猎、放养猎鹰“海东青”出击白天鹅及在海泺子射猎牛头鱼、归来宿营等情节。武卫执哥舒棒卓立守护，故名《卓歇图》。图中描绘契丹人的发式、服装，都十分具体。原为纵 **33** 厘米，横 **256** 厘米的长卷。北京故宫博物院收藏，这是其中饮食的一部分。

8-4　吉林哲里木盟库仪辽墓出土壁画《出行图》中戴幞头、穿襦裤的人物。

8－5 辽宁昭乌达地区辽墓壁画人物。上穿襦衫,下穿褶裙,褶裙穿于衫内。

8－6 辽宁昭乌达地区辽墓壁画人物。穿交领左衽窄袖长衫,腰束绅带,脚穿皮靴。

8－7 吉林库伦旗辽墓壁画中戴爪拉帽照镜女子。辽主查刺有时也戴此式帽子,故名查刺帽,后转音为爪拉帽或罩刺帽。后面执镜侍女戴貂帽。

8－8 吉林库伦旗辽墓壁画中戴爪拉帽(罩刺帽)、穿衫裙、腰带挂玉组环、手执铜镜的妇女。

（1）　（2）　（3）

（4）

8-9　河北宣化辽墓中带幞头的人物。(**1**)戴局脚幞头；(**2**)戴高脚幞头；(**3**)戴软脚幞头；(**4**)戴花脚幞头及局脚幞头。

8－10　辽宁昭乌达盟辽墓出土壁画人物所戴的几种幞头形式。

8－11　金张瑀《文姬归汉图》，虽然描写汉末故事，却画的全是金代的服装。图中番人，除戴貂帽外，都是髡发的，头发编辫，穿尖头长鞠靴。

8-12 陈居中《文姬归汉图》辞行部分。左贤王戴貂皮帽，穿窄袖花锦袍，腰束銙带，脚穿毡履。蔡文姬及侍女戴风帽，窄交领花锦长袍，腰束绅带，带两端垂于前面。

第二节 金代服饰

金国原为女真族服属于辽，自金太祖（完颜阿骨打）收国元年（1115年，宋徽宗政和五年）建国为金，至末帝（完颜承麟）天兴三年（1234年，南宋理宗端平元年）灭亡，先后共120年。金人死后实行火葬，在北京、辽宁、内蒙古、黑龙江等地出土金代墓葬均有火焚迹象，故金国遗存服饰实物极少。自从女真人进入燕地，开始模仿辽国分南、北官制，注重服饰礼仪制度。后进入黄河流域，就吸收宋代冠服制度。皇帝冕服、通天冠、绛纱袍、皇太子远游冠、百官朝服、冠服，包括貂蝉笼巾、七梁冠、六梁冠、四梁冠、三梁冠、监察御史獬豸冠，大体与宋制相同。公服五品以上服紫，六品七品服绯，八品九品服绿，款式为盘领横襕袍。文官佩金银鱼袋。金之卫士、仪仗戴幞头,形式有双凤幞头,间金花交脚幞头,金花幞头,拳脚幞头,素幞头等。《大金国志》载:"金俗好衣白,栎发(一作辫发)垂肩,与契丹异。垂金环,留颅后发系以色丝,富人用金珠饰。妇人辫发盘髻,亦无冠。自灭辽侵宋,渐有文饰,妇人或裹逍遥巾,或裹头巾,随其所好。至于衣服,尚如旧俗。土产无蚕桑,惟多织布,贵贱以布之粗细为别。又以化外不毛之地,非皮不可御寒,所以无贫富皆服之。富人春夏多以纻丝、纳锦为衫裳。亦间用细皮、布。秋冬以貂鼠、狐貉或羔皮。或作纻丝绸绢。贫者春秋并衣衫裳,秋冬亦衣牛、马、猪、羊、猫、犬、熊、蛇之皮,或獐、鹿、麋皮为衫。裤、袜皆以皮。至妇人衣曰大袄子,不领,如男子道服。裳曰锦裙,裙去左右各阙二尺许,以铁条为圈,裹以绣帛,上以单裙袭之。"

《金史·舆服志》所记略有出入,说:"金人常服为四带巾,盘领衣,乌皮靴。"他们的束带叫作"陶罕"。巾之制,以皂罗和纱为之,上结方顶,折垂于后顶的下面,两角各缀方罗,径二寸许,方罗之下各附带,长六、七寸。在横额之上,或作成一个缩襴裥作装饰。显贵者于方顶部沿着十字缝饰以珠,其中必有大珠,谓之顶珠。带旁各垂络珠结绶。长度为带的二分之一。

官服的款式为窄袖、盘领、缝腋(即腋下不缝合),前后襟连接处作襴裥而不缺袴。在胸臆(膺)肩袖上饰以金绣。金世宗时曾按官职尊卑定花朵大小,三品以上花大五寸、六品以上三寸,小官则穿芝麻罗。花纹内容,春水之服绣鹘捕鹅,杂以花卉。秋山之服以熊鹿山林为内容。衣长至中骭(即小腿胫骨间),便于骑马。腰带镶玉的为上等,金次之,犀角象骨又次之。一品束玉带,二品笏头球文金带,三、四品荔枝或御仙花带,五品乌犀带。武官一、二品玉带,三、四品金带,五、六、七品乌犀带。腰带周围满饰带板,小的间置于前,大的置于后身,左右有双铊尾,带板的装饰多雕琢春水秋山等纹样。带上挂牌子、刀子及杂用品3至5件。

《金史·舆服志》记载，女真女子喜穿遍绣全枝花的黑紫色六裥襜裙，襜裙就是前引《大金国志》所说用铁条圈架为衬使裙摆扩张蓬起的裙子，虽与欧洲中世纪贵妇所穿铁架裙支衬的部位不同，但可以想见是很华丽的。上衣喜穿黑紫、皂色、绀色直领左衽的团衫，前长拂地，后长拖地尺余，腰束红绿色带。许嫁女子穿褙子（称为绰子），对襟彩领，前齐拂地，后拖地五寸，用红、褐等色片金锦制作。头上多辫发盘髻。进入宋地后，有裹逍遥巾的，即以黑纱笼髻，上缀五钿，年老者为多。冬戴羔皮帽。皇后冠服与宋相仿，有九龙四凤冠，袆衣，腰带，蔽膝，大、小绶，玉佩，青罗舄等。贵族命妇披云肩。五品以上母妻许披霞帔。嫔妃导从服云纱帽，紫四褛衫，束带，绿靴。冬季贫富都穿皮毛，衣帽裤袜皆皮。富贵者衣料有纻丝、纳锦、绸、绢等（图8－13至8－26）。

8－13　《李卓吾批评幽闺记》即《拜月亭》中的第5出插图，有“袄子浑腰系玉，弯弓沙塞射双雕”句，浑腰即指捍腰，为金代服饰。

8－14　山西沁源正中村金墓壁画。戴毡笠，穿盘领袍，尖头靴。

8－15 砖雕乐伎。山西省博物馆藏。上衣裲裆，下系双裙，在肩背有一帔，鬟髻作垂式，在额上一帕裹发，与杨廉夫诗中所说的“罗帕垂鬟女直妆”相符。飘带飞舞，当为舞者加饰，不像是帔帛的样子。

8－16 山西省博物馆藏金优婆塞供养像。头上裹帕，穿白衣绿裙，衣肩、袖有云鹤纹，背后一女穿红衣，下穿双裙。

(1)　(2)　(3)

8－17 河南焦作金墓壁画中穿男装的女子。(1)(2)戴金凤花幞头(垂脚幞头两侧装金凤翅)，穿盘领窄袖袍，腰系抱肚，束銙带〔(1)图于抱肚内加束绅带，带头垂于前面〕，脚穿乌皮靴；(3)垂双髻，额间贴花子。

8－18　河南焦作金墓壁画。外穿大袄子，上衬左衽衫，衫内穿下摆蓬起的多褶裥裙。这种裙可能就是《大金国志》中所讲的“用铁条为圈，裹以锦帛，上以单裙袭之”的襜裙。

8－19　1973年河南省焦作市西冯封村金墓前室出土元舞蹈俑。高38厘米，戴瓦楞帽，穿窄袖袍，腰束捍腰，脚穿靴（河南省博物馆藏）。

8－20　1973年河南省焦作市西冯封村金墓前室出土，元扛牌舞蹈俑。高35厘米，梳双髻，穿半袖衫，内穿抱肚和短裙（河南省博物馆藏）。

8－21　1973年河南省焦作市西冯封村金墓前室出土元负瓜舞俑。高34厘米，梳双髻，穿背心裙，腰束带（河南省博物馆藏）。

8－22　1973年河南省焦作市西冯封村金墓前室出土元舞蹈僧俑。高36厘米，光头，穿左衽交领衫，两片褶裙，腰束组带，脚穿鞋袜，肩套念珠（河南省博物馆藏）。

8－23　1973年河南省焦作市西冯封村金墓前室出土元杂剧俑。高33厘米，穿方领左衽短袍，腰束组带，戴毡帽（河南省博物馆藏）。

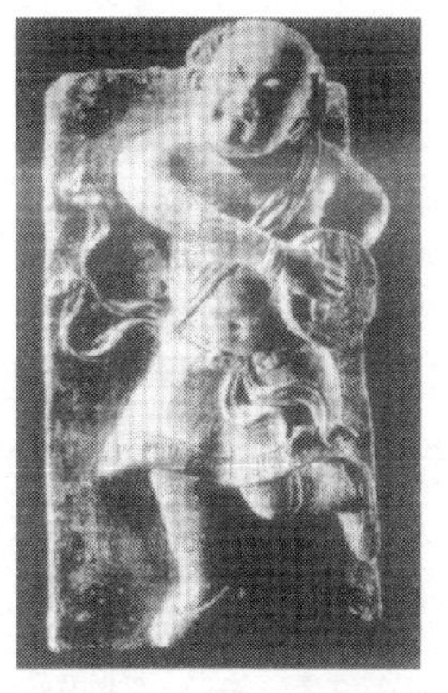

8-24　1973 年河南省焦作市西冯封村金墓前室出土元击鼓舞蹈俑。高 35 厘米，梳双鬟髻，穿短裙，束绥带，足穿圆头鞋、袜（河南省博物馆藏）。

8-25　1973 年河南省焦作市西冯封村金墓前室出土元侍童俑。高 39.3 厘米，头发中分梳辫，穿方领窄袖短袍，长裤，腰束组带（河南省博物馆藏）。

8-26　1973 年河南省焦作市西冯封村金墓前室出土元侍童俑。高 49 厘米，梳螺髻，穿方领窄袖长衫（河南省博物馆藏）。

第三节　西夏服饰

西夏是党项族所建，党项为羌族的一支，称为党项羌，原居今青海省东南部黄河河曲一带，古称析支的地方。后逐渐向周围扩张其势力。公元六世纪后期开始出现于历史记载，隋唐时附属中原王朝，并逐渐向东北迁徙。公元881年（唐僖宗中和元年），西夏先祖党项首领拓跋思恭受唐任命为夏州定难军节度使，夏州党项政权开始。1032年（宋明道元年，辽兴宗重熙元年，夏显道元年），宋授党项首领李元昊为定难军节度使，封西平王。次年李元昊在兴庆府扩建宫城殿宇，建立官制，规定服制。下秃发令。1038年（宋宝元元年，夏天授礼法延祚元年），元昊正式称帝，国号大夏。至1227年为蒙古族所灭，历时190年。大夏王朝地处宋、辽之西，故历史上称为西夏。

党项羌原为游牧民族，一向以武功立国，但在经济生活与文化上逐渐受汉族封建体系的影响，到西夏中期的仁宗仁孝时期，由于崇尚儒学，实行科举取士，失去骑射尚武的传统，逐渐沉湎于安逸侈靡之中，自此西夏走向衰败的道路。蒙古族成吉思汗多次进攻西夏，西夏文物典籍屡遭损失，西夏的服饰文化，也只能从一些历史陈迹中见其一斑。

西夏的服饰实物，在考古发掘中尚无完整的发现，但西夏的洞窟壁画、木版画等人物绘画，却保留了不少党项族的着装人物形象，如莫高窟第409窟东壁西夏王及王妃供养像，西夏王高167厘米，头戴白毡帽弁，穿皂地圆领窄袖团龙纹袍，腰束白革带，上系鞢韄七事，脚登白毡靴，手执香炉。身后侍从打伞撑扇，都戴白色扇形帽，窄袖圆领齐膝绿地黑小撮花衣，束鞢韄带，白大口袴，白毡靴。王妃鬓发蓬松，头戴桃形金凤冠，四面插花钗，耳戴镶珠宝大耳环，身穿宽松式荷叶边大翻领对襟窄袖有袪曳地连衣红长裙，手执供养花。这种衣裙与回鹘族女装完全相同，可见采纳了回鹘女装的样式。西夏与回鹘在军事、经济、宗教、文化方面关系密切，敦煌当丝路要冲，西连回鹘高昌，李元昊于 1036 年攻取瓜、沙、肃三州，尽收河西地后，改革礼乐制度，设番、汉二字院。西夏王穿汉式服装，因为他希望与中原皇帝平起平坐。而王妃则穿回鹘装。敦煌莫高窟第 148 窟男女供养人为西夏高级官员，男戴有檐毡冠或扇形冠，穿圆领窄袖散答花袍，腰束绅带，绅带外再束鞢韄带而不挂鞢韄七事，脚穿皂靴。女戴桃形金凤冠或金花冠，广插簪钗，耳挂耳坠，穿大翻领窄袖宽松式回鹘裙装。女子发式，或宽鬓掩耳，或鬓发垂髻，余发披于后背。

安西榆林窟第 29 窟西壁南侧分上下两列画着女供养人，上方三身有西夏文题记："女金宝一心归依，媳妇赖氏××一心归依"。她们都戴尖圆形金冠，右边插花簪，耳垂耳坠，云鬓广额，穿交领，领口镶宽花边，右衽，窄袖，左右开衩的花锦袍，袍内穿百褶裙，裙两侧和前方垂绶，脚穿翘尖履，合掌捧供养花，她们的服装就是党项羌的民族服装。同窟西壁北侧分上下两列画男供养人，上列三身，前两身高 73.3 厘米，第三身略低。由西夏文题记知是瓜州和沙州监军司官员父子孙三代，头戴毡帽，身穿圆领长袍，前两身帽前有金花为饰，腰有腰袱，腰带前有垂绅及地，脚穿皂靴；后一身腰间无腰袱，帽前无金饰。身后随从三人，其中两人髡发，一人戴巾帻，两人穿圆领齐膝衣，长裤，绑腿，麻线鞋，一人穿圆领长衫，腰带，皂靴。安西榆林窟第 2 窟有一对西夏武官和命妇供养人像，男戴毡帽，穿交领右衽袍，腰有腰袱（捍腰），绅带两端前垂，绅带外加饰有圆铐的鞢韄带，脚踏乌靴。女梳高髻，簪有钿花，左右双插步摇簪，耳垂耳坠，颈挂念珠，穿交领右衽窄袖高开衩长衫，内衬中单，下穿百褶长裙，裙左右两侧佩绶，前方绅带双垂，脚穿翘尖靴。这类男女衣着，与 1977 年在甘肃武威县西郊林场西夏 2 号墓室出土的彩绘木板画五男侍图及五女侍图所穿衣着款式相类似。西夏劳动人民，男子一般穿短襦短衫，小口长裤，有的小腿束绑带，足穿草鞋，女子则穿裙衫，在安西榆林窟第 3 窟内室东壁南端千手千眼观音像法光两侧，画着非常写实的犁耕图、踏碓图、锻铁图、酿酒图，从中可见到西夏劳动者一般的着衣情况。

西夏的衣服面料实物，1975 年在银川西郊西夏陵区 108 号陪葬墓墓室中曾出土一些丝织品残片，其中有正反两面均以经线起花，经密纬疏的闪色织锦，有纬线显花的空心工字形几何花纹的工字绫，现藏宁夏回族自治区博物馆。1976 年在内蒙古自治区黑水城遗址以东 20 公里的老高苏木遗址出土穿枝牡丹纹和小团花纹丝织品残片，以及牡丹纹刺绣残片，作风写实，具有民间气息，与宋代装饰艺术作风一致（图 8－27 至 8－36）。

8－27　敦煌莫高窟第 109 窟西夏王供养像。戴白鹿皮弁，穿团龙纹袍，束鞢韄带，长裤，白毡靴的西夏国王及侍从。

8－28　敦煌莫高窟第148窟南壁西夏男供养人像，头戴有檐小毡冠，有缨带结于颏下。

8－29　敦煌莫高窟第148窟西夏女供养人，梳高髻，戴尖形金冠，插如意头钗、笄，耳垂耳坠。

8－30　敦煌莫高窟第148窟西夏女供养人像。梳平顶宽鬓大髻，戴金花冠，广插簪钗，左穿翻折领短衫，右穿圆领衫。

8－31 安西榆林窟第29窟西壁南侧女供养人像。头戴桃形金冠，插步摇，穿窄袖高开衩花锦袍，尖翘履，有西夏文题记：“女金宝一心归依，媳妇赖氏××一心归依”。

8－32 （左）敦煌418窟壁画，有后披冠子，圆领小袖锦绣衣，佩鞢韄带西夏贵族供养人；（中）安西榆林窟壁画，交领长袍，鞢韄带，加腰袱西夏贵族供养人；（右）安西榆林窟壁画，金花冠，金步摇，交领长衣，百褶裙，佩绶西夏贵族妇女供养人。

8－33 安西榆林窟第3窟内室东壁南端壁画，锻铁图。

8－34　安西榆林窟第3窟内室东壁南端壁画，踏碓图。

8－35　1976年在内蒙古自治区黑水城遗址20公里处老高苏木遗址出土西夏织绣品，同时出土还有西夏文佛经和西夏文辞书（甘肃省博物馆藏）。

8－36　1976年在内蒙古自治区黑水城遗址以东20公里处老高苏木遗址出土西夏织绣品，同时出土还有西夏文佛经和西夏文辞书（甘肃省博物馆藏）。

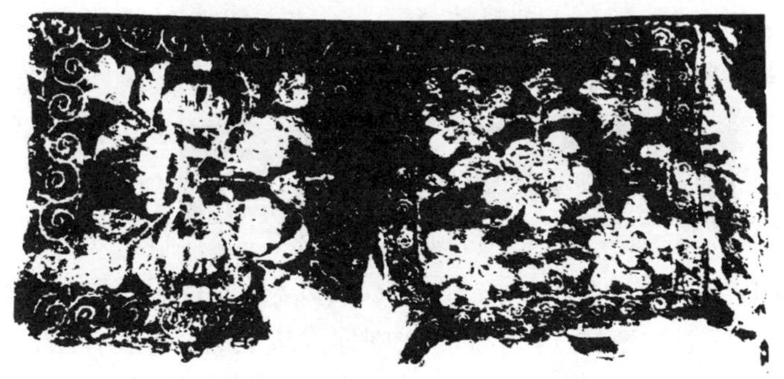

第四节 元代服饰

元代蒙古族太祖成吉思汗于中统元年(即宋开禧二年、金泰和六年,1206年)称帝。当时上自成吉思汗,下至国人均剃“婆焦”,如汉族小孩留三搭头的样子,将头顶正中及后脑头发全部剃去,而在前额正中及两侧留下三搭头发,正中的一搭剪短散垂,两旁的两搭绾成两髻悬于两旁下垂至肩,这就阻挡住向两旁斜视的视线,使人不能狼视,称为“不狼儿”。但也有一部分人保持女真族的发式,在脑后梳辫垂于衣背的。

蒙古族的衣冠以头戴帽笠为主,亲王、功臣贵族侍宴者赐穿质孙服,或称只孙、济逊。汉译作色衣,形制是上衣下裳相连,衣式紧窄,下裳较短,腰间打许多褶裥,称为襞积,肩背间贯有大珠,这本来是便于骑马的戎服,明代皇帝外出乘马时所穿的“曳撒”,就是把质孙服衣身放松加长改制的服装。

元代冠服制度开始于英宗时厘定,但因元代官制三公不常设,丞相人数不定,官员因事而设,事完官职就告结束,所以衣制并不确定。一品服是右衽,戴舒脚幞头,紫罗服,上有大独科花(即大团花),直径五寸束玉带;二品紫罗服,小独科花,径三寸,束花犀带;三品紫罗服,散答花(即写生散排花纹),径二寸,束荔枝金带;四、五品紫罗服,小杂花,径一寸半,束乌犀带;六、七品绯色服,径一寸半,小杂花,束乌犀带;八、九品明绿色无纹罗服,束乌犀带。

元代皇室的帽子镶宝石,《南村辍耕录》卷七,“回回石”条说,大德年间,有商人卖给官府一块重一两三钱的红剌(宝石叫作剌子,又叫回回石头),价值中统钞14万锭。红剌即红宝石,红宝石有四种,即剌、避者达、昔剌泥、古木兰。绿宝石有三种,即助把避、助木剌、撒卜泥。猫睛石有猫睛、走水石两种，绿松石称作甸子，回回甸子称你舍卜的，河西甸子称乞里马泥，襄阳变色的称荆州石。还有一种名叫鸦鹘的宝石，有红亚姑、马思艮底，青亚姑、你兰、屋扑你兰，黄亚姑、白亚姑等7种。元代蒙古族征服欧亚广大地区，宝石来源除购买之外，还来自掠夺和贡献。绿宝石中的祖母绿和猫儿眼、红蓝宝石，一直到明清时期都很贵重，明朝时祖母绿折价四百换，即一两重的祖珻绿可以折换400两黄金，南明一位皇后做一顶珠宝凤冠，需费两万两银子。

8-37　元太祖成吉思汗像，戴白金答子暖帽。

元天子质孙服，冬服十一等，有金锦暖帽、七宝重顶冠、红金答子暖帽、白金答子暖帽、银鼠暖帽等。夏服十五等，有宝顶金凤钹笠、珠子卷云冠、珠缘边钹笠、白藤宝贝帽、金凤顶笠、金凤顶漆纱冠、黄雅库特宝贝带后檐帽、七宝漆纱带后檐帽等。都是镶珠嵌宝的贵重冠帽（图8-37至8-40）。冬服所用紫貂、银鼠、白

8-38　元太宗窝阔台像，戴貂皮暖帽，穿方领袍。

8-39　元世祖忽必烈像，戴有帔的金答子暖帽，穿交领右衽袍。

8-40 元成宗像。戴七宝重顶冠，即钹笠冠，陶宗仪《辍耕录》载：元“成宗大德间，本土巨商中卖一红剌石于官，重一两三钱，估直中统钞十四万锭，用嵌帽顶上，自后累朝皇帝相承，凡正旦及天寿节大朝贺时则服之，耳戴耳环”。

狐、玄狐、猞猁皮毛和金锦等，材料也极珍贵（图 8-41）。金锦，据虞集《道园学古录》所记，系镂皮傅金为织文者。文意指羊皮金，即将金子锤成金箔，胶贴于羊皮上，然后切缕织成金锦。但据实物分析，实际上多数系将金箔贴于纸上镂成细条，用以织锦，这种用法，宋代称为“销金”。金世宗时，因忌讳销字，改称“明金”。也有将金缕捻卷于丝线外层，捻成捻金线织锦的，称为捻金锦。元代统称这类金锦为“纳石失”。纳石失也作衣服或篷帐等用。南薰殿旧藏元世祖忽必烈像，穿白衣，戴银鼠暖帽。照例，这种帽应与银鼠袍、银鼠比肩配套来穿，是帝皇大朝会质孙冬服中最重要的服装。据《马可·波罗游记》记述，元朝每年要举行大朝会 13 次，有爵位的亲信大官贵族约 1.2 万人，参加集会时分节令同穿一色金锦质孙服，按时集中大殿前，按爵位或亲疏辈分饮宴。皇帝身上珠玉装饰，特别华美。元代统治者穿的袍子，为交领窄袖，腰间打成细褶，用红紫线横向缝纳固定，使穿时腰间紧束，便于骑射。这种袍元代称作“辫线袄”（图 8-42 至 8-45）。此种款式到明代称为“曳撒”，仍作为出外骑乘之服。元代官员，常在袍外套一种半袖的裘皮衣服，比马褂略长，称作“比肩”，男女均穿，可能是清代端罩的前身。元代还有一种比甲，是没有领袖、前短后长、前后两片用袢系结的衣服，民间在日常生活中也常穿用。

元代皇帝和皇帝亲属穿缠身大龙纹的龙袍，当时民间街市也有

8-41　台北故宫博物院藏《元世祖出猎图》中穿紫貂缘领银鼠裘的元世祖及其随从。

这种龙袍出卖，元世祖发现后，立即下令禁止民间私自织绣这种龙袍。在《元史》刑法志和舆服志，说龙是指五爪两角，这就使龙和蟒有了区分的标准，蟒是四爪或三爪。据《元典章》记载，凡皇帝戴过的帽子样式，别人就不许再做再戴。否则，制作工人就要处死，大德元年，皇帝做了一个黑羔细花儿斜皮帽，责令监司官承直传话，如果有人再

8－42 元刻《事林广记》续六卷六插图。露顶垂发辫，穿方补袍，络缝靴，束銙带，和穿交领辫线袍，束组带，二人同玩“双陆”的蒙古族官吏（“双陆”是唐代就已盛行的赌具）。此二人所戴小方顶，大方敞口的四方瓦楞帽放于身旁，或拿在童仆的手中，童仆戴钹笠，穿交领衫。

8－43 元人《射雁图》所穿的辫线袄，腰部作辫线细褶，便于把腰部束紧，在骑马时有防身功能，明朝皇帝出行骑马所穿的腰部加细褶的袍裙“曳撒”，就是承袭辫线袄的式样而来。

做就是死罪。大德十一年，皇帝做了一个金翅雕样皮帽顶儿，传令不许再做。至大元年，工匠给驸马做的皮帽样子和皇帝的皮帽相同，也下令不许戴，缝帽子的也要治罪。民间还禁止穿赭黄、柳芳绿、红白闪色、迎霜合（褐色）、鸡头紫、栀子红、胭脂红等颜色。帽笠不许饰金玉，靴不得制花样。因此民间服饰只好向灰褐色系发展，《南村辍耕录》卷十一"写像秘诀"中记述服饰颜色，罗列褐色名目，就有砖褐、荆褐、艾褐、鹰背褐、银褐、珠子褐、藕丝褐、露褐、茶褐、麝香褐、檀褐、山

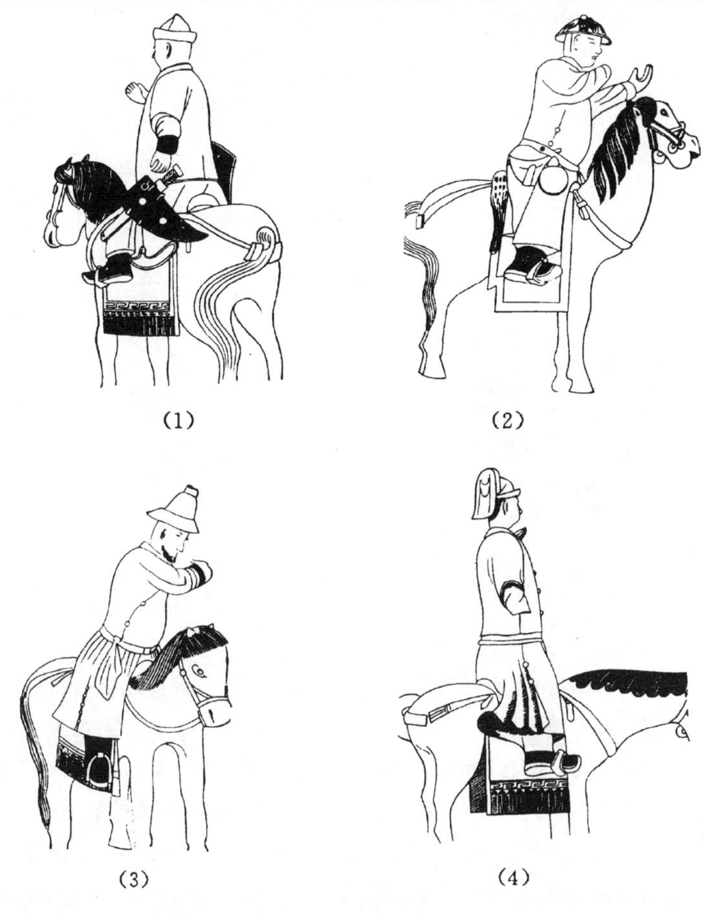

（1）　（2）

（3）　（4）

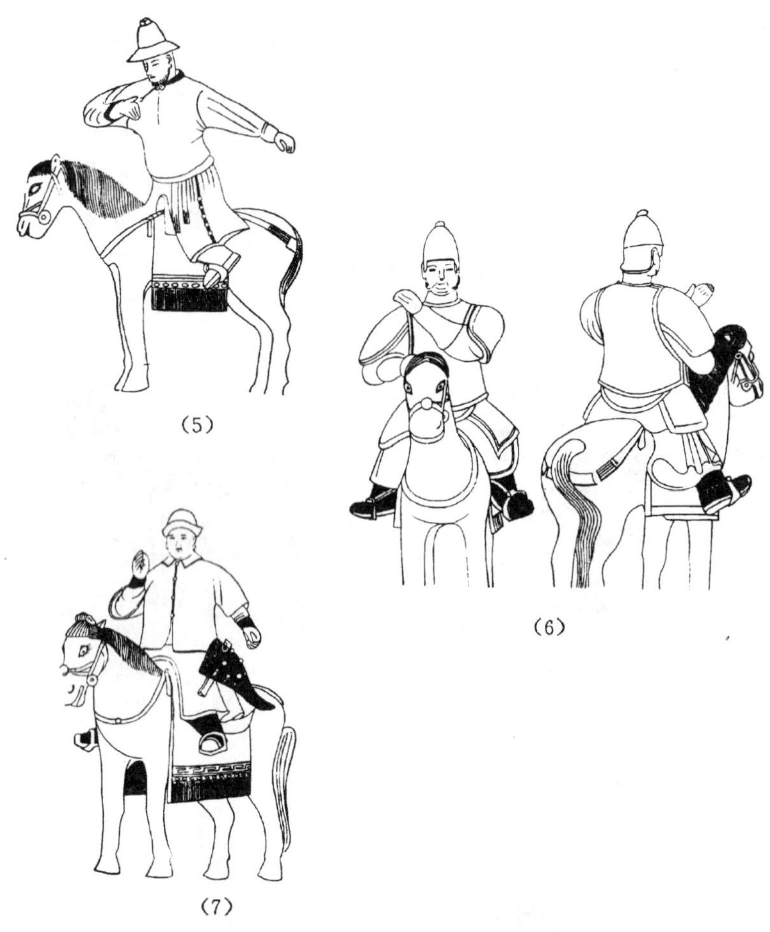

（5）

（6）

（7）

8-44 山西沁水县出土元骑马俑。(**1**)头戴骏笠，身穿辫线袄，腰带上挂巾帕，脚穿络缝靴；(**2**)头戴红缨钹笠，近似清代的红纬帽，身穿窄袖袍，腰挂金牌，脚穿络缝靴；(**3**)头戴折檐毡帽，上身穿貉袖旋袄，下穿裙裳，脚穿络缝靴，腰挂箭袋；(**4**)头戴结巾，身穿半袖及窄袖袍；(**5**)头戴骏笠，身穿右衽窄袖袍，腰束鞢韄带；(**6**)戴胄披甲，脚穿络缝靴；(**7**)穿貉袖(旋袄)，下裳，络缝靴。

8－45　《事林广记》步射总法和马射总法插图。射者戴四方瓦楞帽，穿辫线袄，络缝靴。

谷褐、枯竹褐、湖水褐、葱白褐、棠梨褐、秋茶褐、鼠白褐、丁香褐等等名称，说明褐色在当时是很重要的服装色彩。

元代蒙古贵族妇女袍式宽大，袖身肥大，但袖口收窄，其长曳地，走路时要两个女奴扶拽。常用织金锦，丝绒或毛织品制作，喜欢用红、黄、绿、茶、胭脂红、鸡冠紫、泥金等色。这种宽大的袍式，汉人亦称它为“大衣”或“团衫”。

金代披戴的云肩，到元代制作得更加华美了。舞人宫女的云肩尤为讲究。半臂在元代也很流行，男女都穿。元朝末年，后妃贵族常以高丽妇女为侍女，高丽式的衣服、鞋帽成为一时流行的款式。有爵命的蒙古族妇女，头戴一种很有特色的故故冠，这种冠是用桦木皮或竹子、铁丝之类的材料作为骨架，从头顶伸出一个高约二、三尺的柱子，柱子顶端扩大成平顶帽形，然后再用红绢、金锦，或青毡包裱，上面再加饰翠花、珍珠。地位高的人更在冠顶插野鸡毛，使之飞动。戴这样高的故故冠坐车时须将野鸡毛拔下，交给侍女拿着。后妃们骑大象时也戴插有野鸡毛的故故冠，穿宽长曳地的大袖衣，形如汉族的鹤氅。穷人的故故冠则用黑色粗毛布包裹。故故冠也有罟罟、顾姑、固姑、鹧鸪、罟罛等名称。丘处机《长春真人西游记》说此种帽子"其末如鹅鸭，故名故故"，忌讳别人触摸，出入庐帐时必须侧身低头。除故故冠外，也戴皮帽。并以黄粉涂额作化妆(图 8－46 至 8－49)。

元明之际通俗读物《碎金》记载元代服饰名目繁多，男服有深衣、袄子、褡护、貂鼠皮裘、毷(音模，毛段也)衫、罗衫、布衫、汗衫、锦袄、

8－46 南薰殿旧藏元戴真珠饰罟罟冠，纳石矢金锦衣缘皇世祖后彻伯尔像。

8－47 元戴珠宝饰罟罟冠，纳石矢金锦缘衣元英宗皇帝皇后像。

8-48 甘肃安西榆林窟元代壁画中戴罟罟冠，冠后有帔幅，穿交领袍的行香蒙古贵族妇女。

8-49 《世界文化史大系》收集的元代戴罟罟冠，冠上插羽的拖雷第一夫人(左)和拖雷他夫人，身穿曳地宽松式礼服，汉人称之为团衫，南宋人称为大衣。走路时，需有侍女跟在后面帮助提起袍裾才能行走。

8-50 甘肃安西榆林窟元壁画，戴宽檐钹笠，翻折领小袖袍，脑后垂辫环的行香蒙古贵族。

披袄、团袄、夹袄、毡衫、油衣、遭褶、胯褶、板褶、腰线、辫线、开衩、出袖、曳撒、衲夹、合钵。围腰的有玉带、犀带、金带、角带、系腰、栾带、绒绦。头上戴的有帽子、笠儿、凉巾、暖巾、暖帽。佩服的有昭文袋、钞袋、镜袋、手帕、汗巾、手巾……。脚穿的有朝靴、花靴、旱靴、钉靴、蜡靴、毬头直尖靴、鞥靴、靿靴、綦(菊)柱根拓嘴毡袜、皮袜、布袜、水袜……丝鞋、棕鞋、靸鞋、扎鞥、麻鞋、搭膊、缠带、护膝、腿绷、缴脚等等(图 8-50 至 8-65)。

8-51 敦煌332窟元壁画中戴折檐暖帽，穿窄袖袍，半臂，戴云肩，束玉铐带，络缝靴的行香蒙古贵族，腰带上所挂者为银麟牌，身后为戴钹笠，翻折领袍行香者。

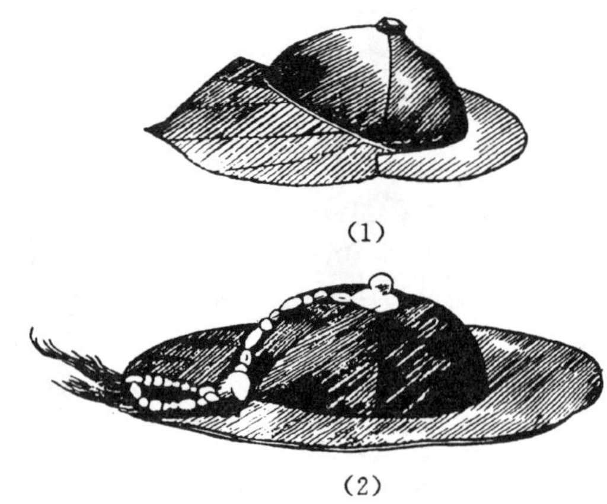

(1)

(2)

8-52 甘肃漳县元汪世显家族墓出土。(1)前加檐笠帽，《元史·世祖昭睿顺皇后传》说世祖因射，日色炫目，皇后给他设计此种帽子，帝大喜，遂命为式，国人效之；(2)钹笠帽，帽顶垂有玉石珠的串饰一串。《大元典章》曾记载有人抢走蔡国祥悬有红玛瑙珠串的棕帽的事。可见帽上垂串饰也是元代贵族的风气。

8-53 西安湖广义园出土元蒙古族戴笠子帽，穿交领小袖袍，腰间束带男仆俑。

8-54　西安湖广义园出土元代蒙古族戴笠子帽，交领小袖长袍，腰间束带牵马俑。

8-55　北京故宫博物院藏元代瓷俑，戴帽檐前圆后方的笠帽，《草木子》说："元代官民皆戴帽，其檐或圆、或方，或前圆后方。"

8-56　山西太原小井峪元墓壁画，戴笠帽，束双根革带，穿低W形领袍的元代官吏。

8-57　山西太原小井峪元墓壁画，戴毡帽，穿长衫的挑担者。

8－58　山西太原小井峪元墓壁画，戴老人巾，穿交领袍，束绅带的汉装人物，为老人燕居之服。

8－59　1982年内蒙古赤峰三眼井元宝山元墓壁画中的墓主人，《夫妇对坐图》局部，戴后檐帽，穿交领右衽袍，腰束铐带，脚穿络缝靴，后立侍者，服饰类似。

8－60　《世界文化大系》所载蒙古时代武装骑士。

8－61 山西右玉宝宁寺藏元水陆画中百工百业人物衣着形象，包括穿襦巾长袍的算命先生、在身上画有眼睛标志的眼科郎中及穿襦衫长裤的工匠等。

8－62 宋人绘《杂剧人物图》中穿大袖长袍，浑身背挂眼睛标志的眼科郎中与头戴混裹、穿圆领小袖长衣、衣襟束于腰带、下穿长裤、布鞋、双臂有刺青文身花纹的市民。

8－63 山西平定东四村元墓壁画穿圆领衫、花围腰、用“攀膊”厨师，头戴混裹。

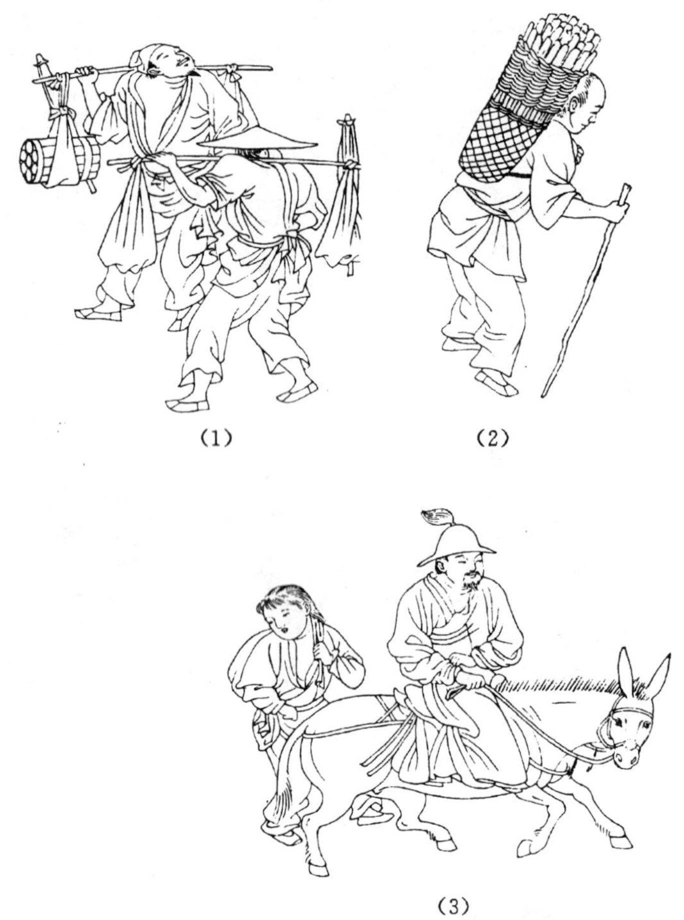

(1) (2)

(3)

8-64 元代芦沟运筏图。(1)出行者;(2)负薪者;(3)戴钹笠,穿交领右衽袍官吏和随从者(中国历史博物馆藏)。

妇女衣服,南有霞帔、坠子、大衣、长裙、褙子、袄子、衫子、背心、褑(音院,佩带)子、膊儿、裙子、裹肚、衬衣。北有项牌、香串、团衫、大系腰、长袄儿、鹤袖袄儿、胸带、襕裙、带系、直抹、吊袴、里衣。首饰南有凤冠、花髻、特髻、鈂冠、包冠、瑞云贴额、牙梳、披梳、帘梳、玳瑁梳、龟简梳、鹤顶梳、顶钗、边钗、顶针、挑针、花筒、掉钍、桥梁鬓钗、叠胜落索、橙梅天笳、七星梭环、镯头、鉔子(戒指);北有包髻、掩根凤钗、面花、螭虎钗、竹节钗、倒插鬓、凤裹金台钑、犀玉坫、头梳、云月、荔枝、如意、茄头、钍(音琵,箭名)牌环、秋蝉菊花琵琶圈珠葫芦、三装五装镙鉔(戒指)儿、连珠镯等等(图8-66至8-72)。

8-65　元至治刻本《全相五种平话》插图,椎髻或戴斗笠、短衣或披蓑衣、赤足或裹足的劳动人民。

8-66　1956年陕西西安市段继荣墓出土元彩绘盘髻女子陶俑,高28.8厘米,穿窄袖衫,外罩半袖衫,衫内穿裙。

元代早期,恐惧知识分子反抗,对读书人采取贬压政策,迫使许多知识分子遁入道教教门,故道教有较大发展,《碎金》记载道服中,有星冠、交泰冠、三山帽、华阳帽、漉酒巾、接篱巾种种名目。

8－67 西安湖广义园出土元代蒙古族梳双髻、穿左衽交领窄袖衫、胸部有束带、长裙穿于衫内、裙带下垂的女仆俑。

8－68 山西太原小井峪元墓壁画梳螺髻、穿左衽交领襦衫、衫内穿裙、裙带下垂的元代贵族妇女。

8－69 江西曲江池西村元墓出土梳包髻、穿窄袖衫裙、外罩半袖的女俑。

8－70 1982年内蒙古赤峰三眼井元宝山元墓壁画《夫妇对坐图》局部，穿对襟直翻领半臂，内穿左衽衫裙的女主人及侍女。

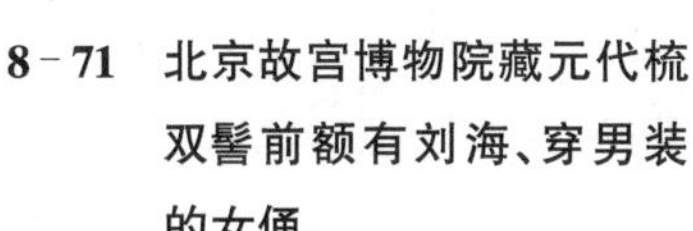

8－71　北京故宫博物院藏元代梳双髻前额有刘海、穿男装的女俑。

8－72　北京故宫博物院藏元代梳包髻、穿左衽襦衫、裙子穿于衫内、裙带外露的女俑。

第五节　辽、金、西夏、元时期的服饰纹样

公元十一至十四世纪由于游牧民族入侵中原，促使中华服饰文化胡汉合流。由于蚕桑基地不能迅速转移，故契丹、女真、党项羌、蒙古等族均仰仗汉族生产供应衣料中最高贵的丝绸。契丹族居住处有一些回纥族移民能织绛丝衣袍，蒙古族曾俘虏一批西域织金绮工人迁徙宏州进行生产，这些手工技艺都很快为汉人所掌握，加之游牧民族统治者进入中原，很快都被汉族传统的礼仪文化所感染，先后承袭汉族儒学衣冠传统厘定舆服制度，故只能在服装款式方面输入一些符合劳动功能的因素，促使中华传统服式逐渐向结构的简化和功能的合理方面改革。而在装饰纹样方面，则因汉族的传统纹样题材内

容往往具有政治伦理的内涵，而这些内涵又恰恰能为巩固封建的政治制度服务，因而为新的统治者所乐于吸收。

契丹族的服饰纹样，从赤峰辽驸马墓出土实物来看，有龙、凤、孔雀、宝相花、缨络等，都与五代时期汉族装饰纹样风格相同。辽宁法库叶茂台相当于北宋时期的辽墓出土的棉袍，上绣双龙，簪花羽人骑凤、桃花、鸟、蝶，则与北宋汉族装饰纹样风格一致。近年在内蒙古耶律羽墓出土一批衣袍，纹样系依袍式作整体布局，有花树狮鸟纹织成绫及云山瑞鹿衔绶绫等保持唐代风格的大型纹样，横向彻幅，竖向纹长 1.6 米以上，气魄宏大。

金代常服春水之服，绣鹘捕鹅，杂以花卉。秋山之服绣以熊鹿山林，题材与女真族生活习俗有关。金朝仪仗服饰，以孔雀、对凤、云鹤、对鹅、双鹿、牡丹、莲荷、宝相花为饰，并以大小不同的宝仙花区别官阶高低，从题材到形式，也与唐宋时期汉族装饰图案相类似。

内蒙古自治区黑水城老高苏木遗址出土的牡丹纹、小团花纹丝织刺绣纹样及银川西夏陵区出土的工字纹绫纹样，与宋代汉族装饰艺术风格一致。

元代的服饰纹样，无论是从山西芮城元永乐宫著名的壁画人物衣着所反映的，或是在《元典章》所具的丝织品名目，或南北各地出土实物所见到的，题材内容和装饰风格，大致都在承袭两宋装饰艺术传统的基础上发展，只有少数织金锦纹样糅入一些西域图案的影响。

元代仪仗仍穿袍服，以各种生色花（写生花）为饰。《元典章》所具丝织品名目，大多用织金，如织金胸背麒麟、织金白泽、织金狮子、织金虎、织金豹、织金海马。另有青、红、绿诸色织金骨朵云缎、八宝骨朵云、八宝青朵云细花五色缎等花样。元代的服装曾在内蒙古集宁路故城、苏州张士诚母曹氏墓、山东邹县李裕庵墓等处先后出土。内蒙古集宁路元代故城出土的绣花夹半臂，衣长 62 厘米，两袖通长 43 厘米、袖宽 34 厘米，领口深 3.5 厘米，腰宽 53 厘米，下摆宽 54 厘米，用棕色四经绞罗作面料，衣领及前襟下部用挖花纱缝拼，米黄色绢作里，两肩所绣花纹极精细，有坐于池旁柳下看鸳鸯戏水的女子，坐于枫林中的男子，扬鞭骑驴的女子及莲荷、灵芝、菊、芦草、鹤、凤、兔、鹿、鲤、龟、鹭鸶等。其余衣身绣散点折枝花，绣法近于苏绣针法。山东邹县元李裕庵墓出土的有男绸袍、女斜裙等。其中，有一件香黄色梅雀方补菱纹暗花绸夹袍，补内织写实的梅树、石榴树、雀鸟、萱草等，雀鸟栖于树枝上对鸣呼应，极为生动。女裙为驼色荷花鸳鸯暗花绫制作，由莲花、鸳鸯、红蓼、茨菇、双鱼、四瓣花、水藻等排成满地散点，下衬曲水纹。香黄色如意连云暗花绸女夹袍，为交领、右衽、窄袖、腋下打裥，后中缝及左边开衩，图案为穿枝灵芝间以古钱、银锭、珠、金锭、火珠、犀角、珊瑚等杂宝，花纹单位为 9×6 厘米。苏州张士诚母曹氏墓出土的绸裙和缎裙，图案为团龙戏珠、祥云八宝、双凤牡丹及穿枝宝仙等，基本上都传承了宋代写实的装饰风格和柔丽之风。但在新疆乌鲁木齐市南郊盐湖 1 号古墓出土的黄色油绢窄袖辫线袄，肩领袖及襟边所镶纳石矢（织金锦），纹样造型粗犷，反映了蒙古游牧民族的审美爱好，与北京故宫博物院所藏元代红地龟背团龙凤纹纳石矢佛衣帔肩的图案风格一致（图 8－73 至 8－89）。

8－73　内蒙古元集宁路故城窖藏大瓮中出土元棕色四经纠织罗绣花女夹衫纹样局部。同出丝织品中有反体墨书“集宁路达鲁花赤总管府”等字迹，达鲁花赤为地方最高军政长官。

8-74 山东邹县李裕庵墓出土元暗花杂宝绫梅雀方补织成半袖袍，交领左衽，宽短袖，前后方补，后襟由两幅拼接，袖通长 11.2 厘米，领高 5 厘米，腰宽 63 厘米，衣长 130 厘米，袖口宽 38 厘米，袖长 30 厘米，下摆宽 113 厘米（山东邹县文物管理委员会藏）。

8-75 山东邹县李裕庵墓出土元暗花杂宝绫女衣纹样，花纹单位高 4.5 厘米，宽 8 厘米（山东邹县文物管理委员会藏）。

8-76 山东邹县李裕庵墓出土元窄袖夹袍袖口绣花纹样（空白处花纹已磨损无法复原），高 18.8 厘米，宽 3.5 厘米（山东省邹县文物管理委员会藏）。

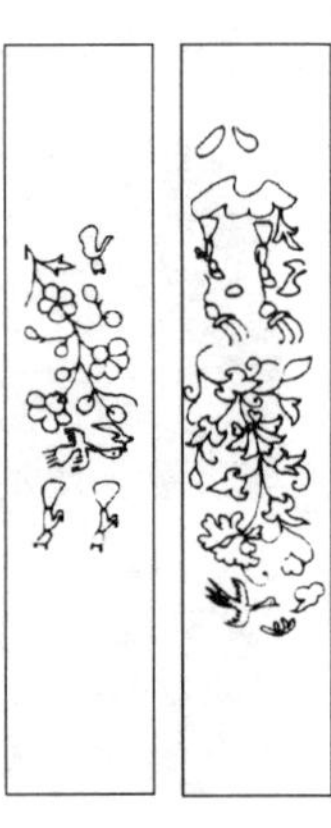

8-77　苏州张士诚母墓出土元黄地凤穿花纹绫，花纹原大 11.5×12.5 厘米（苏州博物馆藏）。

8-78　元灵芝团龙纹金襕。

8-79　元红地金花灵鹫纹纳石失，花纹原大 15×21 厘米（北京故宫博物院藏）。

8-80　元鹦鹉龙纹金襕。

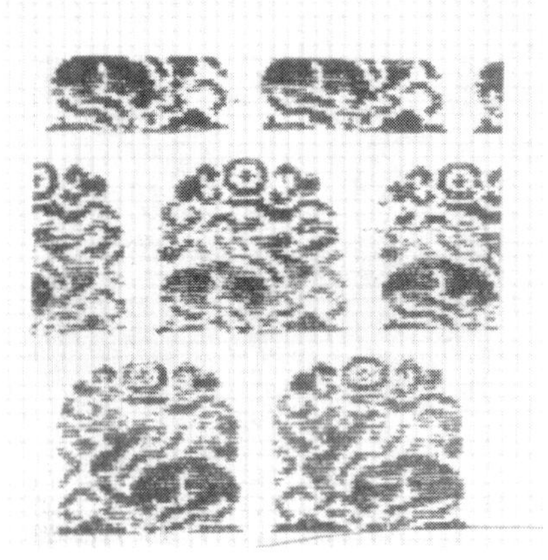

8-81　元卧鹿纹织金锦。

8-82　元花卉兔纹织金锦(《大藏经》封面中发现)。

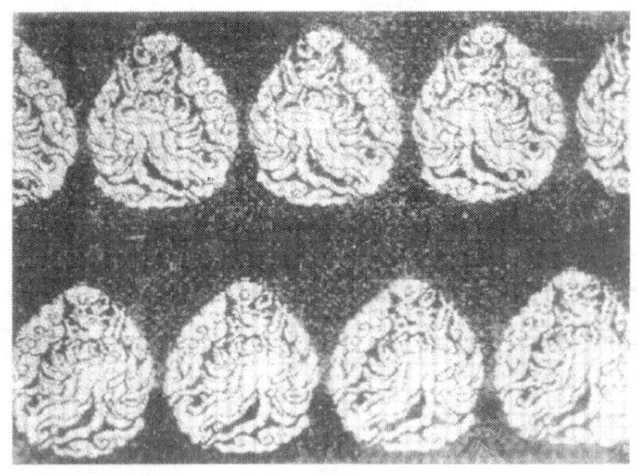

8-83　元织金锦飞鱼纹,其特征为龙头,鱼尾,有翼。

8－84　元花草纹织金锦。

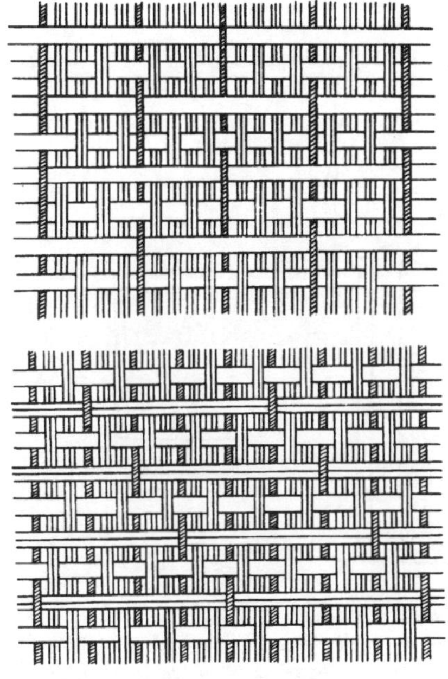

8－85　1970年新疆盐湖一号墓出土的元代织金锦“纳石矢”纹样及组织图。(上)片金锦;(下)捻金线锦。

8－86 内蒙古自治区元集宁路故城窖藏大瓮出土元印金素罗方块花残片，方块宽 2.3 厘米，高 2 厘米。

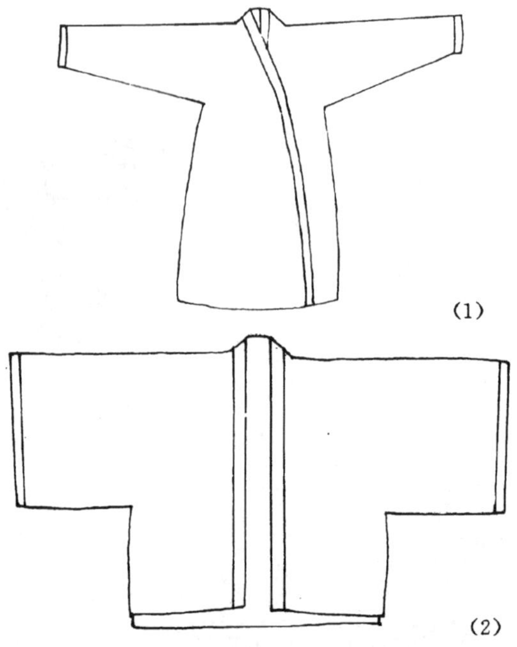

8－87 内蒙古自治区元集宁路故城窖藏大瓮出土元印金服装。(1)印金提花绫长袍，交领左衽，领长 17 厘米，宽 6 厘米，通长 126 厘米，下摆宽 70 厘米，袖口宽 17.5 厘米，腋下至肩宽 35 厘米，袖长 76 厘米，袖口贴边 4 厘米，大襟贴边 2 厘米，挖花卷草花边；(2)印金四经素罗女夹衫，对襟直领，前襟长 59 厘米，后背长 62 厘米，袖长 43 厘米，贴边宽 2.5 厘米，前襟贴边宽 3 厘米。

8－88　山东邹县元李裕庵墓出土元暗花梅雀方补织成袍里子小穿枝花绫，花纹原大 10.7×23 厘米。

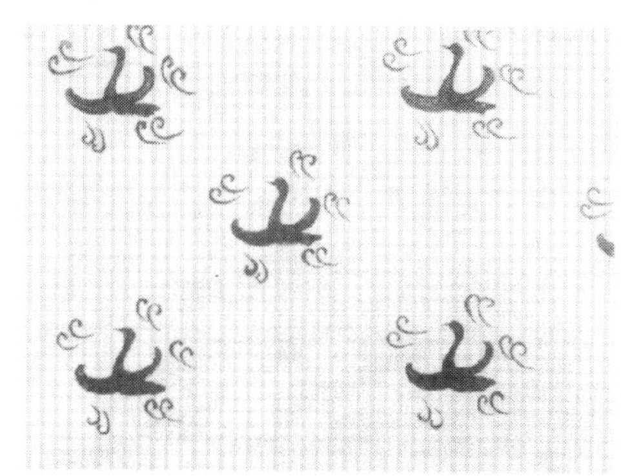

8－89　敦煌莫高窟元 2 窟绿地金花飞鸟纹衣饰。

第六节　辽、金、西夏、元时期的首饰佩饰

(一) 头饰

1. 鎏金银冠

在内蒙古哲里木盟辽代陈国公主墓出土的两顶鎏金银冠，一顶冠身长圆，两侧有高翅举展，冠身与冠翅均布镂空卷草纹，并有两凤对舞。冠顶饰一尊佛像坐于莲花之中，背有由如意云装饰的华美佛光，冠通高 32 厘米。另一顶系用掐丝法以银丝编结，前为如意卷云组合之帽屋，后为高起的卷云状双翼，再以锤鍱法浮雕圆朵花作点缀装饰，极为精美。在辽宁省博物馆也藏有辽代金冠一顶，足见契丹人

是很喜爱金冠的。

2. 金步摇钗

1974 年 12 月在陕西省临潼县北河村金代窖藏出土的金步摇钗，顶端用锤锞(音叶)和掐丝法作成一只口衔绶带的飞凤，下端分为两股，有唐宋装饰风味。山东嘉祥元代曹元用墓出土银耳挖簪，则素面无纹。

(二) 耳饰

1. 耳环

此一时期的耳环多附有精美的装饰，有代表性的耳环，可以辽宁建平县张家营子出土的辽代凤形金耳环和同县碌科出土的辽代鱼形金耳环、西安玉祥门外出土的元代金镶玉人耳环为例。张家营子出土的辽代凤形金耳环，凤嘴衔花作展翅翘尾状，体空，系用两片合成，此类凤形金耳环 1956 年在辽宁建平张家营子辽墓也有出土。碌科出土的辽代鱼形金耳环，鱼尾上卷作跳跃状，西安玉祥门外出土的元代金镶玉人耳环，人物梳椎髻，穿大袖衣衫，神情飘逸，胸口及前襟下摆处有金丝作云纹装饰，背后有金丝曳一长带，弯曲为环。玉质白色，高 3 厘米许(图 8－90、8－91)。

8－90 陕西西安玉祥门外出土元代金镶玉人耳环。

2. 耳坠

1960 年在江苏无锡出土一对元代银叶镶琥珀耳坠，两颗透明的橘黄色琥珀形如葡萄，晶莹可爱。在内蒙古土城子出土一对金架嵌绿松石耳坠，玲珑新巧。内蒙古奈曼旗辽代陈国公主墓出土一对珍

8－91　辽代早期金耳环。（左）凤形，辽宁建平县张家营子出土；（右）鱼形，辽宁建平县碌科出土。

珠琥珀耳坠，自金耳串用细金丝链锁住红色琥珀，间以珍珠两颗，然后再穿过琥珀、珍珠、琥珀、珍珠、琥珀，下面再以两颗大珍珠与八颗小珍珠串挂琥珀，形成四层活动的坠饰。

（三）银项圈、项饰

1974 年 12 月在陕西省临潼县北河村金代窖藏出土一个银项圈，系用宽 0.5 厘米的银片环成三圈，一端另以银丝绕合而成，未加纹饰。1974 年辽宁省法库叶茂台 7 号辽墓出土的水晶琥珀项饰，悬垂长约 40 厘米。

（四）臂饰

陕西临潼县北河村金代窖藏出土一副银手钏，系用宽 0.9 至 1.5 厘米的银片环成两圈，一端另以银丝绕合而成。1960 年 4 月在江苏省无锡市南郊元代钱裕墓出土一件金手钏，以金片环绕九圈，一端另以金片焊合成高 4.3 厘米，直径 6 厘

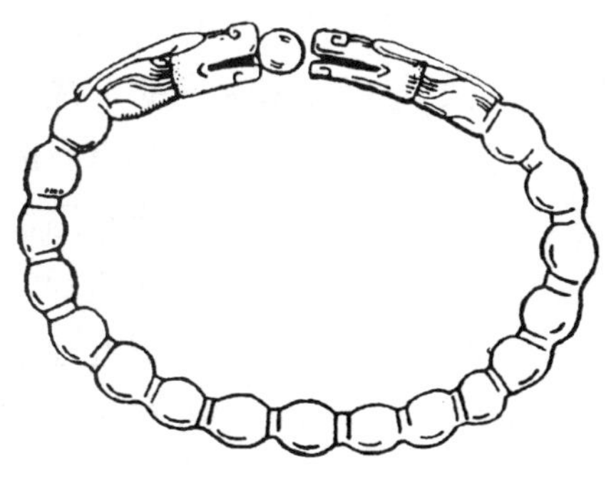

8－92　江苏苏州南郊出土元末双龙珠金镯。

米之金钏。在江苏省苏州市郊元末吴王张士诚母亲墓出土的金素钏,以金片环绕四圈,同墓出土的一对金镯,镯身为联珠形,两头作两个龙头相对,其中一个龙头口中连着一颗金珠,形成双龙夺珠的形状,造型纯朴、和谐而有内涵。金为九五成色,重 690 多克(图 8-92)。

(五)革带

辽、金、西夏、元代革带形式有鞢韄带以及舍去鞢韄带上垂下的那些窄条皮带,仅留带銙的圆环,后来连圆环也去掉仅留带銙的銙带。銙带根据銙的质料是玉是金,而称为玉带和金带。带尾有一个的,有二个的,带尾的装饰为铊,所以又有单铊尾双铊尾之分。

在黑龙江阿城半拉城子金代墓出土金带一副,全部带饰(銙)均以金片模压而成,分圆形、长方形、半月形,上有宝相花纹。在圆形銙下饰有扁环,是鞢韄带向金銙带过渡的形式。而内蒙古赤峰大营子辽墓出土的一件用丝织品包裹皮革而成,上缀七块方形、两块心形、一块椭圆形饰牌,其中有 6 块在模孔中垂有窄条革带,缀有带箍带扣可以装卸,是唐、五代鞢韄带的形式的发展。

安徽安庆市棋盘山元代墓曾出土双铊尾玉带。吉林扶余金代墓、江苏苏州虎丘元代墓曾出土单铊尾玉带。安庆棋盘山元墓出土铊尾长 12.8 厘米,以铜片对折而成,表面鎏金,两面均有模压花纹,一面为菊花,另一面为牡丹,周有缘边。并有便于夹住带鞓的内折毛口。苏州虎丘元代墓出土的金铊尾长 11 厘米、宽 8 厘米,上凿刻"周文王访贤"图,姜子牙坐在树下垂钓,山后停着文王的帷车,山水花木人物,精湛工巧。1972 年 11 月在辽宁省朝阳县前窗户村辽墓出土一副鎏金的银质浮雕戏婴图金带,銙宽 6 厘米,铊尾长 13.7 厘米,上有 7 个戏婴,工艺精湛。1958 年 7 月在吉林省扶余县出土金代金扣玉带一副,由 18 块玉銙和 29 枚金钉固定于用黄绢包裹的革带上,带头装有带舌的金扣，中段挂一镶金海贝为饰，带尾钉玉铊尾，玉质莹白，素面无纹，此玉带保存完好，为单铊尾式玉带的宝贵资料。江苏苏州盘门外吴门桥元墓出土的玉带，制作也极华贵。

（六）佩饰

自宋以来，玉佩的纹饰日趋写实。内蒙古奈曼旗辽代陈国公主墓发现一组青白色透雕玉佩，由金链悬一块上有纽的方形玉版，玉版中心有圆洞，下有5个小孔，每小孔均以金链悬系一件动物玉饰，计有单鱼、双鱼、双龙、双凤、龙鱼等不同形象。同墓出土一对红琥珀鸳鸯，上有金链金环可以悬佩。1980年在北京市丰台区金代乌古沦窝沦墓出土一件径6厘米、厚0.5厘米的海棠绶带鸟透雕玉佩。1983年在黑龙江省哈尔滨市香坊金代墓出土一件径3.8至7厘米、厚0.5至0.7厘米的透雕绶带鸟穿花纹玉佩，作风非常写实，与北京故宫博物院所藏金代荷花鹭鸶纹玉佩饰一致，故宫博物院这件金代玉佩饰高6.5厘米、宽8厘米、厚2厘米，玉料呈青色，体作椭圆形，正面弧凸，通体以镂空加饰阴线纹雕成，饰一大雁躲进荷叶丛中，上有一只鹰鹘海东青俯冲而下，背面有椭圆形环，环两侧有横穿的长方形孔可供系结，通过花鸟反映女真人所熟悉的生活题材。

（七）金花银靴

为内蒙古自治区哲里木盟辽代陈国公主墓所出，通高34厘米，通体饰鎏金卷草纹，靴筒、靴面、靴底用银丝缝制而成。此墓主从鎏金银冠、金面具到鎏金花银靴，通身金银珠宝，一方面反映契丹统治阶级的侈糜之风，同时也反映当时金属手工艺术的技艺水平的高度发展。

第九章　明代的服饰文化

第一节　明代服饰文化发展的背景

明代服饰仪态端庄，气度宏美，是华夏近古服饰艺术的典范，当今中国戏曲服装的款式纹彩，多采自明代服式。明代服饰艺术的高度成就，与以下一些社会因素有关。其一，元代蒙古族入主中原，统治者以不平等的种族政策统治汉人，对南方知识分子和人民尤为严酷。朱元璋举兵推翻元朝统治，在意识形态的服饰制度领域提倡恢复汉族文明传统，把唐宋幞头、圆领袍衫、玉带、皂靴加以承袭，确定了明代官服的基本风貌。其二，宋元以来，棉花在中原及长江流域普遍种植，使中国服装面料结构发生了变化，棉布已成为民间主要的衣料，丝绸则向精加工的高档面料发展。其三，江南湖熟平原蚕桑丝织业迅速发展，太湖沿岸，如盛泽、震泽、王江泾、濮院、双林等偏僻的小乡村，迅速发展成人口集中的丝织业大镇，丝绸织绣技艺空前提高。其四，明朝廷在南京、苏州、杭州设著名的织染局，集中名工巧匠，从事龙衣彩缎等高级衣料的生产，并以"坐派"、"召买"等形式，动用民间机户为其生产。其五，明代丝织工艺科技已发展到空前水平，不但出现《天工开物》等科技巨著，而且缂丝、刺绣、织金、孔雀羽等精细加工技艺，均已达到高超水平，为服饰艺术的精细加工准备了条件。

第二节　明代的官服制度

明代官服是当时材料工技水平最高的服装,就制度而论它承袭唐宋官服制度的传统,指导思想极为保守。但制作更趋精美,整体配套也更趋和谐统一。明太祖洪武元年,朱元璋鉴于局势尚未安定,学士陶安请制定冕服,朱元璋指示礼服不可过繁,祭天地、宗庙只需戴通天冠,穿纱袍。一品至五品官服紫,六、七品服绯。洪武三年(1370年),礼部官员提出,古代服色按五德的学说,夏尚黑、殷尚白、周赤、秦黑、汉赤、唐黄。明取法周汉唐宋,以火德王天下,色应尚赤,朱元璋认可,并规定正旦、冬至、圣节(皇帝生日)、祭社稷和先农、册拜等大典要穿衮服。

一、皇帝冠服

(一) 衮冕

明朝在洪武十六年(1383 年)始定衮冕制度,至洪武二十六年(1393 年)、永乐三年(1405 年)时又分别作过补充修改。

衮冕的形制基本承袭古制,在圆柱形帽卷上端覆盖广一尺二寸、长二尺四寸、用桐板做成的綖,綖板前圆后方,用皂纱裱裹。綖板前后各有十二旒,旒就是用五彩的缫(丝绳)12 根,每根穿五彩玉珠 12 颗,每颗间距一寸。帽卷夏用玉草、冬用皮革作骨架,表裱玄色纱,里裱朱色纱作成。帽卷两侧有纽孔(戴时用玉簪穿过纽孔把冕固定在头顶的发髻上), 下端有武(即帽圈),纽孔和武都用金片镶成。綖板左右悬红丝绳为缨,缨上挂黄玉,垂于两耳之旁,叫作黈纩充耳。此外,綖板上还悬有一根朱纮(图 9－1、9－2)。

9-1　山东邹县九龙山明鲁王朱檀墓出土的冕,高 18 厘米。

与此配套的衮服,据《明史·舆服志》记载,由玄衣、黄裳、白罗大带、黄蔽膝,素纱中单、赤舄等配成。据永乐三年的定制,玄衣肩部织日、月、龙纹,背部织星辰、山纹,袖部织火、华虫、宗彝纹,领、褾(袖口)、襈(衣襟侧边)、裾(衣襟底边)都是本色的。纁裳织藻、粉米、黼、黻纹各二,前三幅、后四幅,腰部有辟积(褶裥),绅(裳的侧边)、褐(裳的底边)都是本色,腰以下前后不缝合。中单以素纱制作,青色领、褾、裾,领上织黻纹十三。蔽膝与裳同色,织藻、粉米、黼、黻各二,本色边。另有黄、白、赤、玄、缥、绿六彩大绶和小绶,玉钩、玉佩,金钩、玉环及赤色袜、舄,但《三才图会》的附图与此略有不同(图 9-3 至9-8)。

9-2　明《中东宫冠服》所绘的 12 旒冕。

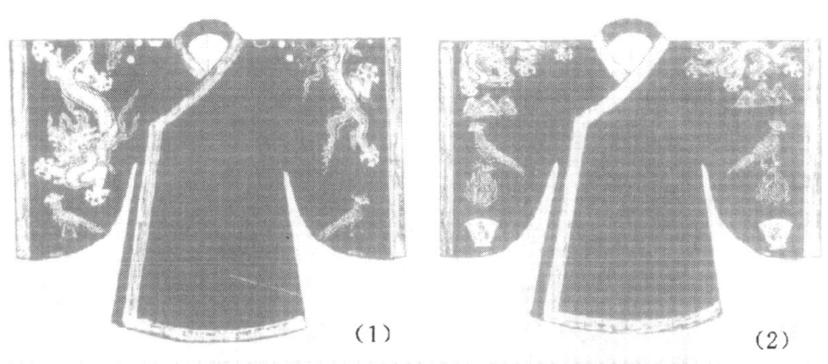

9－3　明《中东宫冠服》所绘：(1)玄衣六章；(2)皇太子东宫衮服玄衣五章。

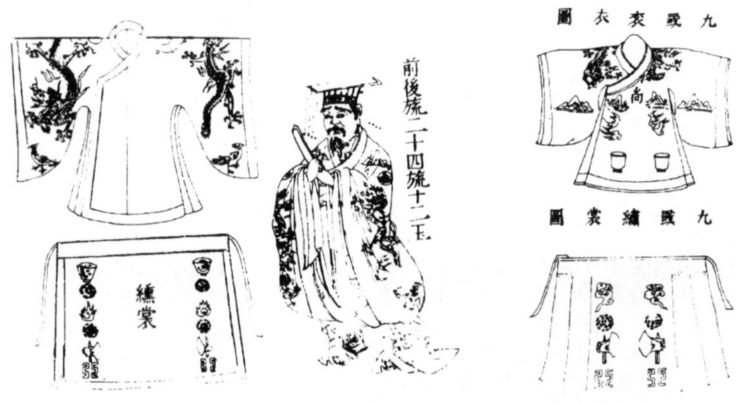

9－4　明《三才图会·衣服图会》所绘的衮冕。　9－5　明《三才图会·衣服图会》所绘的九罭衮衣、绣裳。

(二) 通天冠

据洪武元年定制(1368 年),加金博山附蝉,首施珠翠,黑介帻,组缨、玉簪导。与绛纱袍、皂色领、褾、裾的白纱中单、绛纱蔽膝、白色假带、方心曲领、白袜、赤舄配套。皇帝郊庙、省牲、皇太子冠婚、醮戒时所穿(图 9－9)。

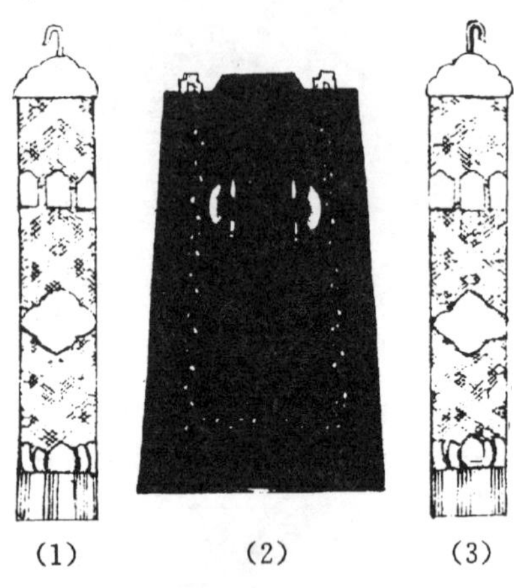

9－6 明《中东宫冠服》所绘的玉佩小绶及蔽膝。(**1**)玉佩小绶;(**2**)蔽膝;(**3**)玉佩小绶。

9－7 《岐阳世家文物图像册》一世陇西恭献王李贞冕服像。

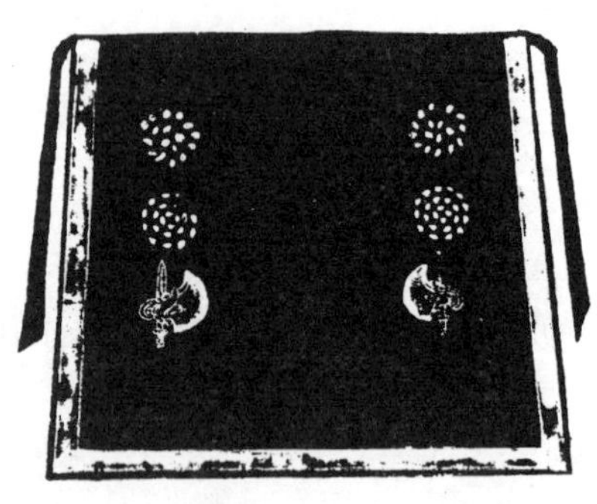

9－8 明《中东宫冠服》所绘的裳图之一种,裳三章。

9－9 明《中东宫冠服》所绘的通天冠。

（三）皮弁服

据嘉靖八年定制，弁上锐，黑色纱冒之，前后十二缝，每缝间饰五彩玉十二，与绛纱衣、蔽膝、革带、大带、白袜黑舄配套。朔望视朝、降诏、降香、进表、四夷朝贡、外官朝觐、策士、传胪、祭太岁山川时服用（图9－10）。

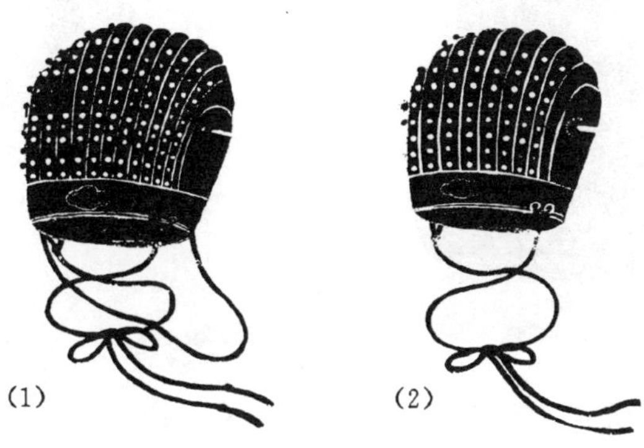

9－10　明《中东宫冠服》所绘：(1)皮弁（十二缝）；(2)皮弁（九缝）。

（四）武弁服

据嘉靖八年定制，弁上锐赤色，上十二缝，中缀五彩玉，落落如星状，赤色衣、裳、韨，赤舄。执刻有"讨罪安民"篆文的玉圭，亲征遣将时用服（图9－11）。

9－11　明《恩荣赐第图册》中戴武弁的官吏画像。

（五）常服

据洪武三年定制为乌纱折角向上巾，盘领窄袖袍，腰带以金、琥珀、透犀（即带有透线纹的上等犀角）相间为饰，永乐三年改为盘领窄袖黄袍、玉带、皮靴。黄袍前后及两肩各织金盘龙一，即一般所称的四团龙袍。乌纱折上巾造型像善字，故称翼善冠(图 9－12 至 9－15)。

9－12 明《中东宫冠服》所绘的翼善冠。

9－13 《历代帝王像》明仁宗像。穿四团龙盘领窄袖袍，腰围玉带，为明代帝皇常服。

9－14 明《中东宫冠服》所绘的盘领窄袖四团龙常服袍。

9－15 明成祖像。戴翼善冠，穿八团龙纹袍。

（六）燕弁服

皇帝平日在宫中燕居时所穿，嘉靖七年定制，冠框如皮弁用黑纱装裱，分成12瓣，各以金线压之，前饰五彩玉云各一，后列四山，朱绦为组缨，双玉簪。衣如古代玄端之制，玄色，镶青色缘，两肩绣日月，前胸绣团龙一，后背绣方龙二。边加小龙纹八十一，领与两袪（袖口）共小龙纹五十九，衽小龙纹四十九。内衬黄色，袂（袖）圆袪（袖口）方，下裳用十二幅的深衣，朱里青表绿边的素带和九龙玉带，白袜玄履。在定陵出土

9－17　明太祖朱元璋像，戴乌纱帽，穿过肩龙襕袍，赤舄。

9－16　《历代帝王像》中的明宣宗像，戴翼善冠，穿十二团龙十二章衮服，腰围玉带，脚穿粉底靴，与北京定陵出土的万历皇帝缂丝衮服形制相同，出土时有黄签记明为衮服，与《明史·舆服志》关于衮服的记载不同，这是明英宗改制后的衮服式样。

9－18　明《中东宫冠服》所绘的深衣。

皇帝龙袍中，有一种过肩通袖龙襕袍，领与袖口用小龙花边为饰，但胸、背龙纹与《明史·舆服志》所记不同(图 9－16 至 9－18)。

二、皇后冠服

(一) 礼服

洪武三年定制，皇后在受册、谒庙、朝会时穿礼服，其冠，圆框冒以翡翠，上饰九龙四凤，大、小花树各十二，两博鬓、十二钿(短头大花的花簪)；穿袆衣，深青地，画红加五色翟(雉鸟)十二等(对行)；配素纱中单，黻领、朱罗、縠(绉纱)褾(袖端)、襈(衣襟侧边)、裾(衣襟底边)，深青色地镶酱红色边绣三对翟鸟纹蔽膝，深青色上镶朱锦边、下镶绿锦边的大带，青丝带作纽约，玉革带，青色加金饰的袜、舄。永乐三年改冠式为饰翠龙九、金凤四，中一龙衔大珠，上有翠盖，下垂珠结；余皆口衔珠滴，珠翠云四十片，大小珠花各十二，翠钿十二，三博鬓，饰以金龙翠云，皆垂珠滴。翠口圈一副，上饰珠宝钿花十二，翠钿十二；托里金口圈一副；珠翠面花五样；珠排环一对；描有金龙纹、缀有二十一颗珠的黑罗额子一件；衣改用翟衣，深青色地，上织十二对行翟鸟纹间以小轮花，红领褾(袖端)襈(衣襟侧边)裾(衣襟底边)，织金色小云龙纹，配玉色(极浅的青绿色)的纱中单，红领褾襈裾，织黻纹十三；深青蔽膝，织翟鸟三行对间以小轮花四对，酱深红色领缘织金小云龙纹。玉革带用青绮包裱，描金云龙，上饰玉饰十件，金饰四件。青红相半的大带下垂部分织金云龙纹。青绮副带一，五彩大绶一，小绶三，玉佩两副；青色描金云龙袜、舄，每舄首饰珠五颗(图 9－19 至 9－23)。

(二) 常服

洪武三年定制，用双凤翊龙冠，首饰钏镯用金玉、珠宝、翡翠。金绣龙纹诸色真红大袖衣、霞帔、红罗长裙、红褙子。冠形如特髻，上加

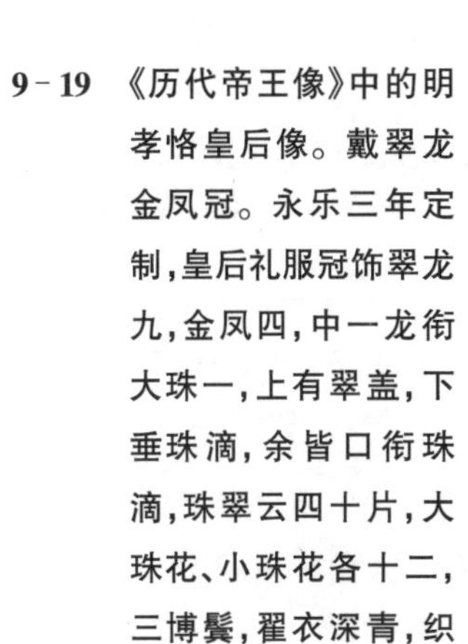

9－19　《历代帝王像》中的明孝恪皇后像。戴翠龙金凤冠。永乐三年定制，皇后礼服冠饰翠龙九，金凤四，中一龙衔大珠一，上有翠盖，下垂珠滴，余皆口衔珠滴，珠翠云四十片，大珠花、小珠花各十二，三博鬓，翟衣深青，织翟文十有二等（凡 148 对），间以小轮花。

9－20　明《中东宫冠服》中所绘的袆衣。

9－21　明《中东宫冠服》中所绘的袆衣。

龙凤饰。衣用织金龙凤纹加绣饰。

永乐三年改为皂縠冠附翠博山（即额前帽花），上饰金龙翊珠一，翠凤衔珠二，前后牡丹二，花八蕊，翠叶三十六。珠翠穰（ráng 音瓤）花鬓二，珠翠云二十一，翠口圈一。饰珠金宝钿花九，口衔珠结金凤二。饰鸾凤博鬓三。金宝钿二十四，边垂珠滴。

9－22 明《中东宫冠服》中所绘太子妃蔽膝。

9－24 《历代帝王像》中的明太宗孝文皇后像。戴双凤翊龙冠，上饰金龙一，翊以金凤二，皆口衔珠滴，前后珠花宝钿，三博鬓，穿大衫霞帔。

9－23 明《中东宫冠服》中所绘的中宫礼服二凤翊龙冠。

金簪二。珊瑚凤冠觜（zī 音资，冠角）一副。黄大衫，深青霞帔，织金云霞龙纹，或绣或铺翠圈金（先用孔雀羽线铺绣花纹再用捻金线圈绣花纹轮廓），饰以瑑（zhuàn 音篆）龙纹，即雕有凸起龙纹的玉坠子。深青金绣团龙四褛袄子（即褙子）。鞠衣红色，前后织金云龙纹，或绣或铺翠圈金，饰以珠。红线罗大带。黄色织金彩色云龙纹带，玉花彩结绶，以红绿线罗为结，玉绶花一，红线罗系带一。白玉云样玎珰二，金如意云盖一，金方心云板一，青袜舄（图9－24至9－27）。

9－25　明《中东宫冠服》所绘中宫燕服团龙四襖袄鞠衣(褙子)。

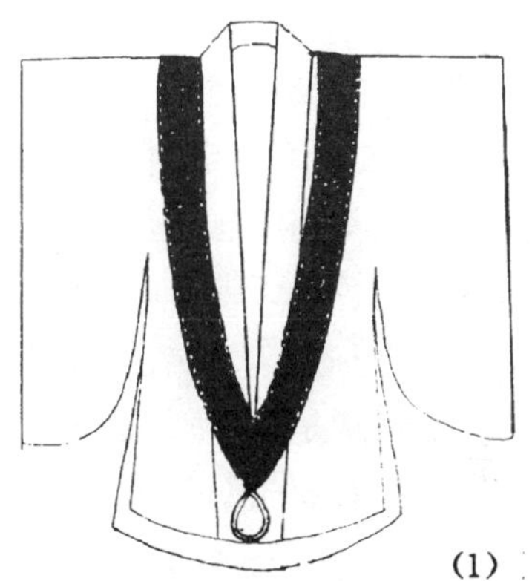

(1)

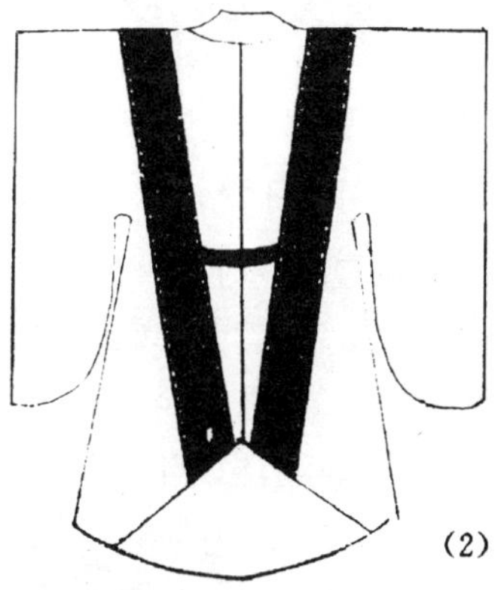

(2)

9－26　明《中东宫冠服》所绘中宫大衫龙纹霞帔。(1)正面；(2)反面。

9－27　明《中东宫冠服》所绘的玉花綵结绶(中)和白玉云样玎珰(中宫燕居服佩饰)。金钩、如意云盖、金方心云板、金长头花四、小金锤一、白玉朵云五。

三、文武官冠服

(一) 文武官朝服

洪武二十六年定制,凡大祀、庆成、正旦、冬至、圣节、颁诏、开读、进表、传制都用梁冠,赤罗衣,青领缘白纱中单,青缘赤罗裳,赤罗蔽膝,赤白二色绢大带,革带,佩绶,白袜黑履。以梁冠上的梁数区别品位高低。公冠八梁,侯、伯七梁,都加笼巾貂蝉(貂原来挂貂尾,后以雉尾代替,蝉是金饰)。驸马七梁不用雉尾。一品七梁,玉带玉佩具。黄、绿、赤、紫织成云凤四色花锦绶,下结青丝网,玉绶环二。二品六梁,革带,绶环犀,余同一品。三品五梁,金带,佩玉,黄、绿、赤、紫织成云鹤花锦绶,下结青丝网,金绶环二。四品金带,佩药玉(即玻璃),余同三品。五品三梁,银带钑(音 sà)花(即银质饰有凸纹金花),佩药玉,黄、绿、赤、紫织成盘雕花锦绶,下结青丝网,银镀金绶环二。一至五品都用象牙笏。六、七品二梁,银带,佩药玉,黄、绿、赤织成练雀三色花锦绶,下结青丝网,银绶环二。御史服獬豸(神羊)。八、九品一梁、乌角(牛角)带,佩药玉,黄、绿织成鸂鶒二色花锦绶,下结青丝网,铜绶环二。六品至九品用槐木笏。

嘉靖八年(1529 年),将朝服上衣改成赤罗青缘,长过腰止七寸,不掩没下裳。中单改成白纱青缘,下裳赤罗青缘,前三幅,后四幅,每幅三襞积(褶裥),革带前缀蔽膝,后佩绶,系而掩之。大带表里用素色。万历五年,令百官正旦朝贺不准穿朱履。冬 11 月,百官可戴暖耳(图 9 - 28 至 9 - 34)。

(二) 文武官祭服

凡皇帝亲祀郊庙、社稷,文武官分献陪祭穿祭服。洪武二十六年定,一至九品,皂领缘青罗衣,皂领缘白纱中单,皂缘赤罗裳,赤罗蔽

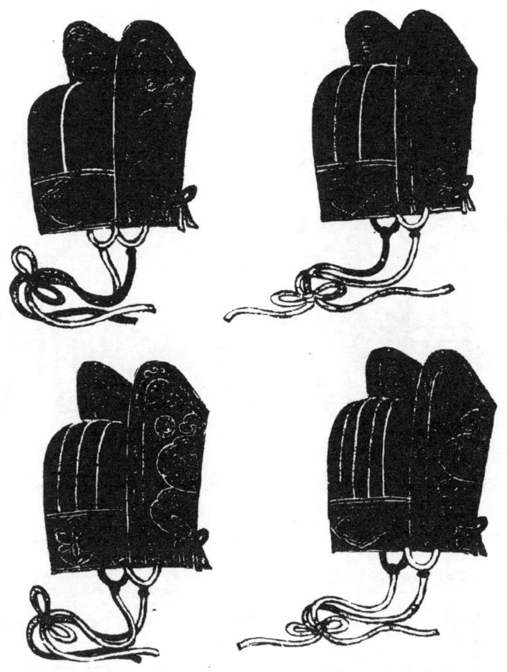

9－28　明《中东宫冠服》所绘的梁冠(一梁至四梁)。

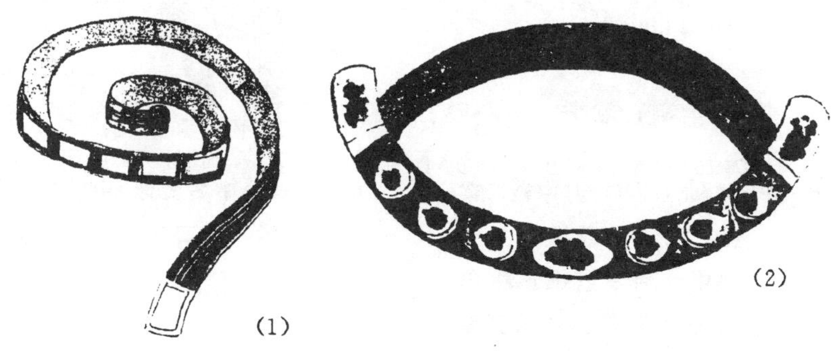

9－29　明《中东宫冠服》所绘:(1)中宫玉革带;(2)内使监角束带。

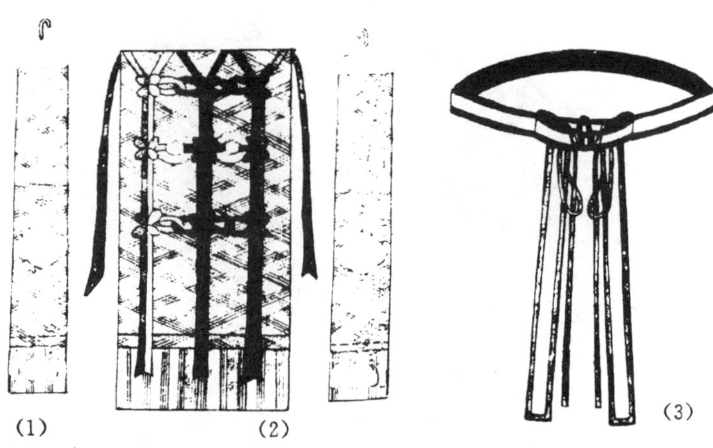

9－30　明《中东宫冠服》所绘：(1)小绶；(2)大绶；(3)大带。

9－31　明《北京宫城图》中戴二梁冠，穿赤罗衣蓝缘领袖，白纱中单，赤罗蓝缘下裳，白大带绿缘，玉组佩后旁系绶，赤罗蔽膝，为六、七品官服。

9－32　《吴中名贤像》中的夏昶像。戴二梁冠，穿赤罗衣。

9－33　《越中三不朽图赞》中戴七梁冠的翰林院侍讲画像。

9－34　《明太祖功臣图》中的颍国公傅友德像。戴暖耳，笼巾，穿束甲，甲裳下垂金鱼，暖帽用黑色纻丝作高二寸许的圆箍，上装长方形貂皮垂于两耳，于寒冷时所戴。

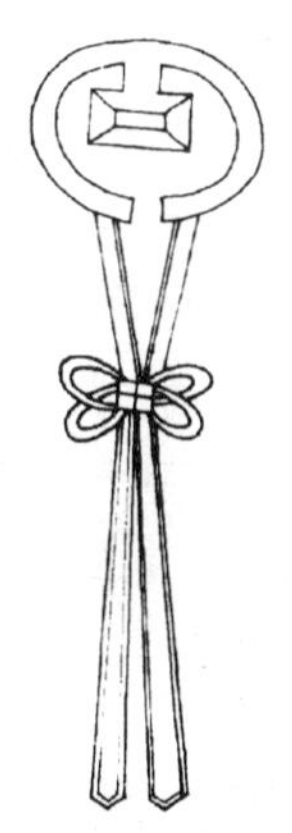

9－35　明《三才图会》中的方心曲领。

膝，三品以上方心曲领（图9－35、9－36）。冠带佩绶同朝服，四品以下去佩绶。嘉靖八年，定锦衣卫堂上官在视牲、朝日夕月、耕耤、祭历代帝王时，可穿大红蟒四爪龙衣、飞鱼（龙头鱼尾有翼）服、戴乌纱帽。祭太庙社稷时，穿大红便服。

（三）文武官公服

洪武三年，以乌纱帽、团领衫、束带为公服，其带一品玉、二品花犀、三品金银花、四品素金、五品银钑花、六七品素银、八九品乌角。

(1)

(2)

(3)

9-36 (1)明《范仲淹写真像》,戴笼巾貂蝉,颈上佩方心曲领,双手执笏;(2)明《越中三不朽图赞》中的定西伯晋侯,戴笼巾貂蝉,颈上佩方心曲领;(3)明《越中三不朽图赞》中的新建伯王阳明,戴笼巾貂蝉。

洪武二十六年定,每日早晚朝奏事及侍班、谢恩、见辞及在外武官每日公座服公服。其制为盘领右衽袍,衣料用纻丝(缎织物)或纱、罗、绢。袖宽三尺。一至四品绯袍,五至七品青袍,八九品绿袍。未入流杂职官,袍、笏、带与八品以下同。公服花样,一品大独科花(团花),径五寸。二品小独科花(小团花),径三寸。三品散答花无枝叶(散排的写生形摘枝花),径二寸。四五品小杂花纹,径一寸五分。六七品小杂花,径一寸。八品以下无纹。幞头有漆、纱两种,展角长一尺二寸;先规定杂职官幞头不用展角,只垂二带;后准用展角。腰带:一品玉带,二品犀角,三四品金荔枝,五品以下为乌角(牛角)。带鞓青色,垂铊尾于下,黑靴。公、侯、驸马、伯服色花样同一品。百官入朝碰到雨雪,许服雨衣。

(四)文武官常服

凡常朝视事穿常服。明初常服与公服都是乌纱帽、团领衫、束带。洪武六年规定一二品用杂色文绮、绫罗、綵绣,帽珠用玉;三至五品用杂色文绮、绫罗,帽顶用金,帽珠除玉外随所用。六至九品用杂色文绮、绫罗,帽顶用银,帽珠玛瑙、水晶、香木。一至六品穿四爪龙(蟒),许用金绣。洪武二十三年定制,文官衣自领至裔(yì 音义),去地一寸,袖长过手,回覆至肘。公、侯、驸马与文官同。武官去地五寸,袖长过手七寸。洪武二十四年定公、侯、驸马、伯,服绣麒麟、白泽。文官一品仙鹤,二品锦鸡,三品孔雀,四品云雁,五品白鹇(xián 音闲),六品鹭鸶,七品𪄻鶒,八品黄鹂,九品鹌鹑。杂职练鹊。风宪官獬豸。武官一二品狮子,三四品虎豹,五品熊罴,六七品彪,八品犀牛,九品海马。以上所述的常服,就是著名的品服,也是传统戏曲所采用的官服形式。这些不同的鸟纹兽纹都设计在方形框架之内,布置于团领衫的前胸和后背,下围装金饰玉的腰带,极其壮观。

明《大学衍义补遗》卷九十八说:"我朝定制,品官各有花样。公侯、驸马、伯,绣麒麟白泽,不在文武之数;文武一品至九品,皆有应服花样,文官用飞鸟,象其文采也,武官用走兽,象其猛鸷也。"接着讲明朝的常服,可由各级官员按其等级根据规定款式自制,不像宋代是由朝廷统一制作定时分赐的。常服上可兼下,下不得僭上。一般文官都能遵循制度服用,武官往往违反制度穿公侯伯及一品之服,自熊罴至海马(即五品至九品)的服装,不但穿的人极少,而制作的人也几乎断绝了(图 9－37 至 9－44)。

9－37　明代《三才图会》所绘的文官补子纹样。

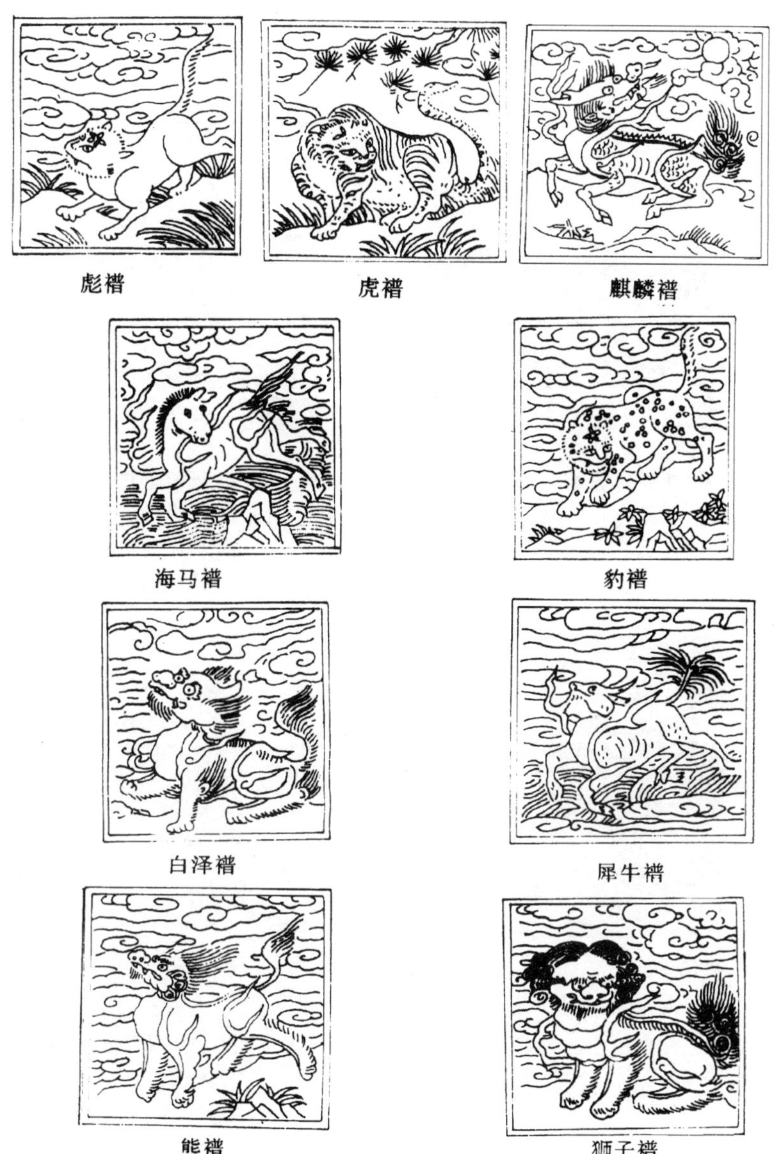

彪褙　虎褙　麒麟褙
海马褙　豹褙
白泽褙　犀牛褙
熊褙　狮子褙

9－38　明代《三才图会》所绘的武官补子纹样。

9－39　北京南苑苇子坑明墓出土的麒麟补纹样复原图。

9－40　北京南苑苇子坑明墓出土的白泽补纹样复原图。

9－41　南京太平门外板仓村明徐俌墓出土的獬豸补纹样复原图。

9－42　明《沈度写真像》。戴乌纱帽，穿盘领大红织金云鹤一品补服，腰束玉带，脚穿粉底靴。

9－43　明江舜夫公服像，戴乌纱帽，穿一品仙鹤补服，腰束玉带。

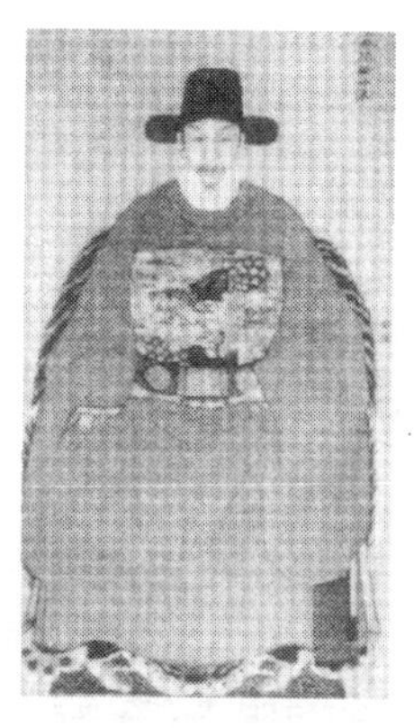

9－44　明代官员写真像。戴乌纱帽，穿孔雀补服（三品文官补服）。

（五）文武官燕服

嘉靖七年(1528年)，规定品官燕服为忠静冠。忠静冠是斟酌古时玄端服的制度而定的，鉴于当时人们对服制谨于明显而怠于幽独，服制出现混乱现象，故用忠静之名，勉励百官进思尽忠，退思补过。通过服装来强化意识形态的效果。忠静冠冠框用乌纱包裱，两山具列于后，冠顶仍方中微起，三梁各压以金线，冠边用金片包镶，四品以下用浅色丝线压边，不用金边(图4－45)。衣服款式仿古玄端服，古制玄端取端正之意，士之衣袂(衣袖)二尺二寸，衣长亦二尺二寸，正裁，色用玄，上衣与下裳分开。明代用深青色纻丝或纱、罗制作。三品以上织云纹，四品以下素，缘以蓝青，前后饰本等花样补子。深衣用玉色，素带，素履、白靴。凡在京七品以上官及八品以上翰林院、国子监、行人司、在外方面官及各府堂官、州县正堂、儒学教官及都督以上武官许穿之。

9－45　苏州枫桥明代王锡爵墓出土的忠静冠。黑质金边，冠框以乌纱冒蒙，后有二山，冠顶方平而中略高，有四梁（按记载为三梁），各以金线压之，四品以下去金线。

（六）蟒服、飞鱼服、斗牛服

这三种服装的纹饰，都与皇帝所穿的龙衮服相似，本不在品官服制度之内，而是明朝内使监宦官、宰辅蒙恩特赏的赐服。获得这类赐服被认为是极大的荣宠。

明沈德符《万历野获编·补遗》卷二说："蟒衣如象龙之服，与至尊所御袍相肖，但减一爪耳。"《元典章》卷五十八记大德元年（1297年），"不花帖木耳奏：街市卖的缎子似皇上御穿的一般，用大龙，只少一箇（同个）爪子。四个爪子的卖著（者）有奏（着）呵"，说明四爪大龙缎袍（即蟒袍）在元初就已经在街市出卖。《明史·舆服志》记内使官服，说永乐以后（1403年以后）"宦官在帝左右必蟒服，……绣蟒于左右，系以鸾带。……次则飞鱼……。单蟒面皆斜向，坐蟒则正向，尤贵。又有膝襕者，亦如曳撒（据《碎金》称作曳撒），上有蟒补，当膝处横织细云蟒，盖南郊及山陵扈从，便于乘马也。或召对燕见，君臣皆不用袍而用此。第（但）蟒有五爪四爪之分，襕有红、黄之别耳"。从这段记载可知，蟒衣有单蟒，即绣两条行蟒纹于衣襟左右的；有坐蟒，即除左右襟两行蟒外，在前胸后背加正面坐蟒纹的，这是尊贵的式样；至于曳撒则是一种袍裙式服装，于前胸后背饰蟒纹外，另在袍裙当膝处饰横条式云蟒纹装饰，称为膝襕（图 9－46 至 9－52）。

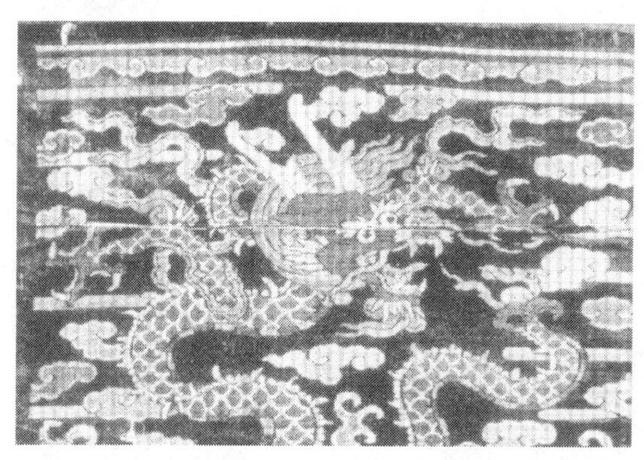

9－46　明妆花缎四爪蟒补（残）（北京故宫博物院藏）。

飞鱼据《山海经》载："其状如豚而赤文，服之不雷，可以御兵。"具有神话色彩。《林邑国记》说："飞鱼身圆，长丈余，羽重沓，翼如胡蝉。"是一种龙头、有翼、鱼尾形的神话动物（图 9－53）。

斗牛原是天上星宿，《晋书·张华传》说晋惠帝时，广武侯张华见斗牛之间常有紫气，请通晓天文的雷焕去询问，雷焕说是丰城宝剑之精，上彻于天。于是就让雷焕为丰城令。焕到任，掘狱屋基得一石函，中有双剑，刻题一曰龙泉，一曰太阿。乃一以送华，一以自佩。后张华被杀，剑忽不见。雷焕死后，其子持剑过延平津，船至江中，剑忽跃出，堕水。但见二龙蟠萦有文章，水浪警沸，于是失剑。明代斗牛服为牛角龙形（图 9－54 至 9－56）。

明朝只有皇帝和其亲属可穿五爪龙纹衣服，明后期有的重臣权贵也穿五爪龙衣，则称为"蟒龙"。嘉靖权相严嵩被参劾倒台后，在江西分宜县严嵩的老家抄没成千上万件丝绸衣料和各种华贵服装，《天水冰山录》记载着从严嵩家抄没的财产名目，其中有五爪云龙过肩妆

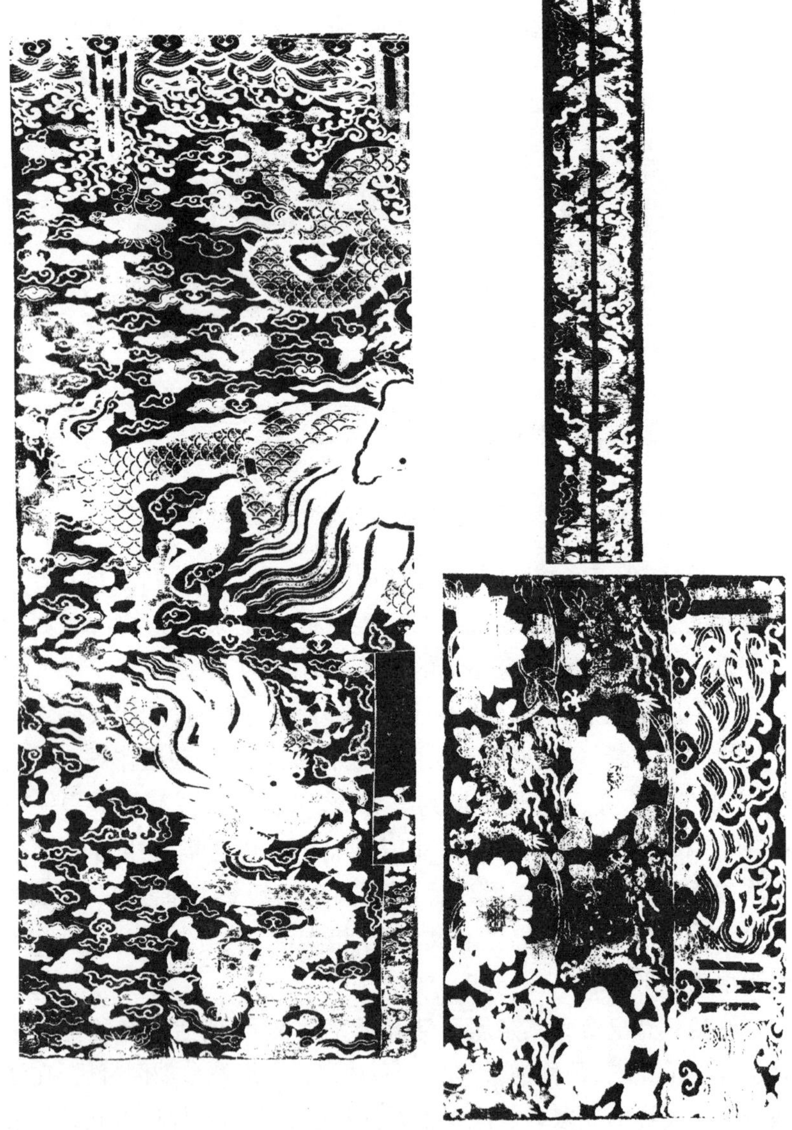

9－47 北京故宫博物院藏明代女蟒衣织成料。

9－48　《岐阳世家文物图册》中的十二世太师柱国临淮侯李弘济像。戴乌纱帽，穿过肩、通袖，膝襕蟒袍，腰围玉带，挂牙牌，牌繐，脚穿粉底靴。

9－49　明王鏊写真像，戴鹿角幞头，穿织金五彩过肩、通袖，膝襕，寿山福海蟒袍，腰围玉带，挂牙牌，脚穿粉底靴。

9－50　明李贞写真像。戴乌纱幞头，穿月白织金过肩蟒袍，腰围玉带。

9－51　山东省博物馆藏戴乌纱帽、穿大红团领蟒袍、内衬白领、青鞓玉带、腰悬牙牌垂繐、脚穿粉底靴的戚继光像。

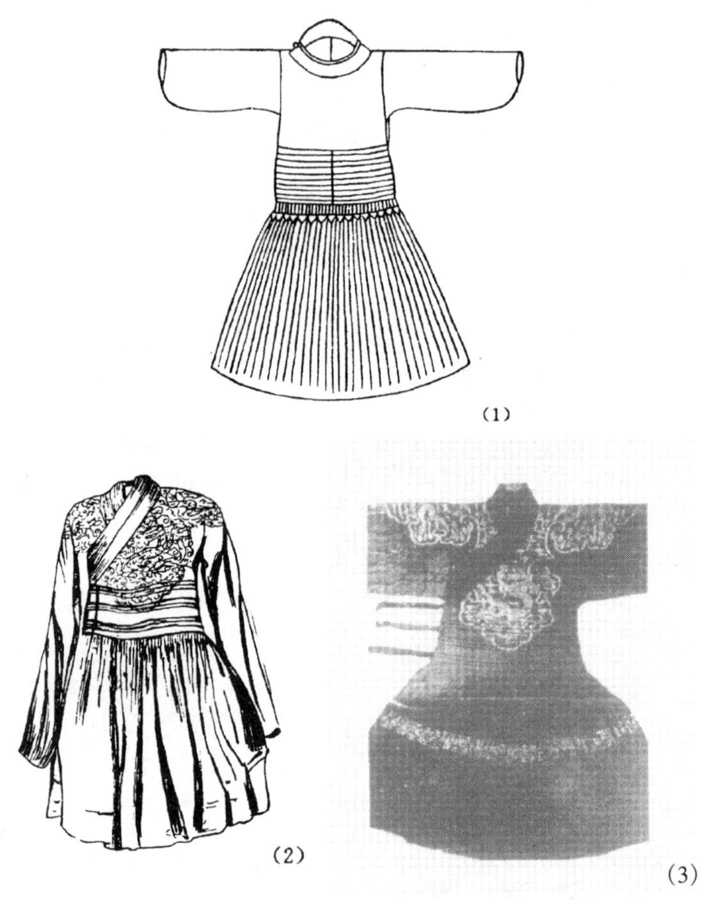

(1)　(2)　(3)

9-52 (1)明《三才图会》所绘的腰线袄；(2)(3)山东邹县明鲁王朱檀墓出土的柿蒂膝襕五爪行龙袍，亦称“腰线”或“曳撒”，《觚不觚录》：其上有横折而下复竖折之，若袖长则为曳撒。

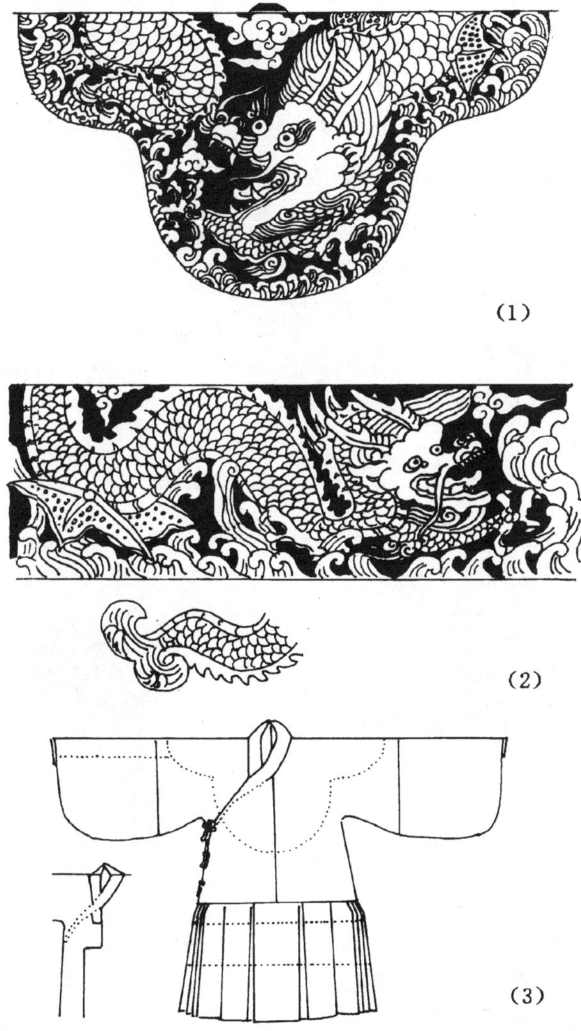

9 - 53　山西省博物馆藏明代的飞鱼服纹样及款式。(1)领围;(2)膝襕;(3)服式。

花段(缎),各种颜色质料的蟒龙纹衣料,蟒龙补、过肩蟒龙,蟒、蟒补、过肩蟒、过肩云蟒、百花蟒,斗牛、斗牛补、斗牛过肩、斗牛过肩补,飞鱼、飞鱼补、飞鱼过肩、飞鱼通袖等各式衣、圆领袍、袄、女衣、女袍、女袄、女披风等成衣和织成的衣料,即按照成衣款式的结构裁片排料而织制的服装匹料。明代蟒服、斗牛服在北京南苑苇子坑明墓、南京太平门外板仓村明墓、广州郊区明墓均有实物发现。

9-54 北京南苑苇子坑明墓出土的斗牛补纹样复原图。

9-55 《岐阳世家文物图册》中的二世袭曹国公李景隆画像。戴乌纱帽,穿斗牛补服,腰束玉带,垂牙牌和牌穗,斗牛形象为牛角龙身的形象。

9-56 《岐阳世家文物图册》中的十一世临淮侯李邦镇画像。穿斗牛补服,戴乌纱帽,腰围玉带,垂牙牌和牌穗。

四、命妇冠服

洪武元年定，命妇一品，冠花钗九树，两博鬓，九钿。穿绣有九对翟鸟的翟衣，素纱中单，黼纹领，用朱色縠镶袖口及衣襟边。蔽膝绣翟鸟两对，玉带，佩绶，青色袜舄。二品冠花钗八树、两博鬓、八钿，穿绣八对翟鸟的翟衣，犀带，余同一品。三品，冠花钗七树，两博鬓，七钿，衣绣翟鸟七对，金革带，余如二品。四品冠花钗六树，两博鬓，六钿，衣绣翟鸟六对，金革带，余如三品。以下五至七品每低一品，减花钗一树，减一钿，衣减绣翟鸟纹一对。带用乌角带。自一品至五品衣随夫色用紫，六、七品衣随夫色用绯，大带如衣色。

洪武四年，因文武官改用梁冠绛衣为朝服，不用冕，故命妇亦不用翟衣，改以松山特髻、假鬓花钿、真红大袖衣、珠翠蹙金，霞帔为朝服。以珠翠角冠，金珠花钗，阔袖杂色绿缘衣为燕居之服。一品，衣金绣文霞帔，金珠翠妆饰，玉坠；二品，衣金绣云肩大杂花霞帔，金珠翠妆饰，金坠子；三品，衣金绣大杂花霞帔，珠翠妆饰，金坠子；四品，衣绣小杂花霞帔，翠妆饰，金坠子；五品，衣销金(用金粉调胶画花)大杂花霞帔，生色画绢起花妆饰，金坠子；六品、七品，衣销金小杂花霞帔，生色画绢起花妆饰，镀金银坠子；八品、九品，衣大红素罗霞帔，生色画绢妆饰，银坠子。首饰：一品二品，金玉珠翠；三品四品，金珠翠；五品金翠；六品以下，金镀银间用珠。

洪武五年改定品官命妇冠服，一品礼服，头饰为松山特髻，翠松五株，金翟八，口衔珠结。正面珠翠翟一，珠翠花四朵，珠翠云喜花三朵，后鬓珠梭球一，珠翠飞翟一，珠翠梳四，金云头连三钗一，珠帘梳一，金簪二，珠梭环一双。衣服为真红大袖衫，深青色霞帔、褙子，质料用纻丝、绫、罗、纱。霞帔上施蹙金绣云霞翟纹，钑花金坠子。褙子上施金绣云翟纹。

一品常服：头饰用珠翠庆云冠，珠翠翟三，金翟一，口衔珠结，鬓边珠翠花二，小珠翠梳一双，金云头连三钗一，金压鬓双头钗二，金脑梳一，金簪二，金脚珠翠佛面环一双，镯钏都用金。衣服为长袄、长裙，质料各色纻丝、绫、罗、纱随用。长袄镶紫或绿边，上施蹙金绣云霞翟鸟纹，看带（丝质腰带，形式与大带、假带大体相同）用红、绿、紫，上施蹙金绣云霞翟鸟纹。长裙横竖金绣缠花纹。

二品礼服：除特髻上少一只金翟鸟口衔珠结外，与一品相同。二品常服亦与一品同。

三品礼服：特髻上金孔雀六，口衔珠结。正面珠翠孔雀一，后鬓翠孔雀二。霞帔上施蹙金云霞孔雀纹。钑花金坠子。褙子上施金绣云霞孔雀纹。余同二品。三品常服，冠上珠翠孔雀三，金孔雀二，口衔珠结。长袄，看带或紫或绿，并绣云霞孔雀纹，长裙横竖襕并绣缠枝花纹，余同二品。

四品礼服特髻上比三品少一只金孔雀，此外与三品同，四品常服与三品同。

五品礼服：特髻上银镀金鸳鸯四，四衔珠结。正面珠翠鸳鸯一，小珠铺翠云喜花三朵，后鬓翠鸳鸯二，银镀金云头连三钗一，小珠帘梳一，镀金银簪二，小珠梳环一双。霞帔上施绣云霞鸳鸯纹，镀金银钑花坠子。褙子上施云霞鸳鸯纹。余同四品。五品常服冠上小珠翠鸳鸯三，镀金银鸳鸯二，挑珠牌。鬓边小珠翠花二朵，云头连三钗一，梳一、压鬓双头钗二，镀金簪二，银脚珠翠佛面环一双。镯钏皆银镀金。衣服为镶边绣云霞鸳鸯纹长袄，横竖襕绣缠枝花纹长裙。余同五品。

六品、七品礼服：首饰特髻上翠松三株，银镀金练雀四，口衔珠结。正面银镀金练雀一，小朱翠花四朵，后鬓翠梭球一，翠练雀二，翠梳四，银云头连三钗一，珠缘翠帘梳一，银簪二。衣服绫或罗、䌷、绢大袖衫，绣云霞练雀纹霞帔，钑花银坠子，褙子上施云霞练雀纹，余同五品。六、七品常服冠上镀金银练鹊三，又镀金银练鹊二，挑小珠牌；

镯钏皆用银。衣服为有边长袄,紫或绿绣云霞练鹊文看带,横竖襕绣缠枝花纹长裙。余同五品。

八品、九品礼服:首饰为小珠庆云冠,银间镀金银练鹊三,又银间镀金银练鹊二,挑小珠牌,银间镀金云头连三钗一,银间镀金压鬓双头钗二,银间镀金脑梳一,银间镀金簪二。衣服为大袖衫,霞帔,褙子,霞帔上绣缠枝花,钑花银坠子,褙子绣摘枝团花。及襟侧镶边绣缠枝花长袄,余同七品。

洪武五年又定命妇团衫之制,用红罗制作,绣雉鸟纹分等第,一品九等(对行),二品八等,三品七等,四品六等,七品三等。其余不用绣雉。

洪武二十四年规定,大袖衫领阔三寸,两领直下一尺,间缀纽子三,末缀纽子二,纽在掩纽之下。霞帔二条,各随品级绣7个禽鸟纹,

9-57 《岐阳世家文物图像册》中的二世岐阳王李文忠元配曹国夫人毕氏像。松山特髻,上缀珠翠翟九,金翟二,口衔珠结,穿蟒龙纹大衫,凤纹霞帔。

9-58 《岐阳世家文物图像册》中的十一世临淮侯李邦镇夫人杨氏画像。松山特髻,珠翠翟七,金翟二,口衔珠结,穿斗牛补大衫,凤纹霞帔。

前四后三,坠子中钑花禽一,四面云霞纹,禽如霞帔随品级用。

洪武二十六年对命妇官服作了一些更改,主要是简化了冠饰,如一品命妇冠为珠翟五,珠牡丹开头二,珠半开三,翠云24片,翠牡丹叶18片,翠口圈一副,上带金宝钿花八,金翟二,口衔珠结二。二品至四品,用珠翟四,珠牡丹开头二,珠半开四,翠云24片,翠牡丹叶18片,翠口圈一副,上带金宝钿花八,金翟二,口衔珠结二。一、二品霞帔、褙子均云霞孔雀纹,钑花金坠子。五、六品冠用珠翟三,珠牡丹开头二,珠半开五,翠云24片,翠牡丹叶18片,翠口圈一副,上带抹金(金粉抹涂)银宝钿花八,抹金银翟二,口衔珠结子二。五品,霞帔、褙子具云霞鸳鸯纹,镀金钑花银坠子。六品,霞帔、褙子俱云霞练雀纹、钑花银坠子。七品至九品,冠用珠翟二,珠月桂开头二,珠半开六,翠云24片,翠月桂叶18片,翠口圈一副,上带抹金银宝钿花八,抹金银翟二,口衔珠结子二。七品霞帔与六品同。八品九品,霞帔用绣缠枝花,

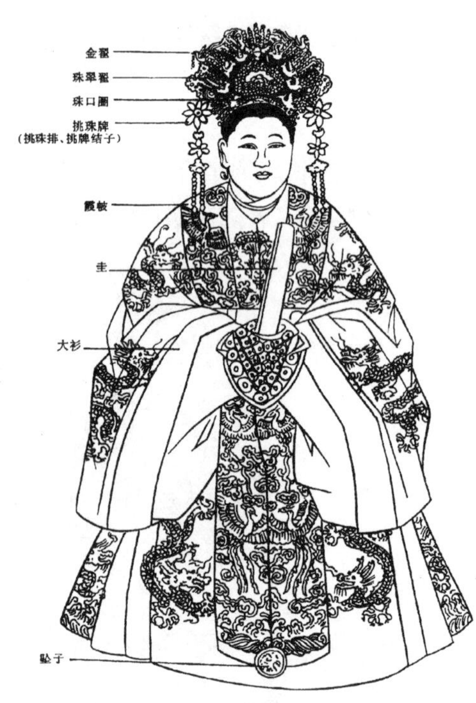

9-59 二世岐阳王李文忠元配曹国夫人毕氏礼服名称说明图(引自周锡保《中国古代服饰史》插图)。

坠子与七品同。褙子绣摘枝团花。摘枝花是带一两片叶子的花头，团花是外圈轮廓为圆形的纹样。摘枝花与折枝花不同之处，是折枝花是长枝，而摘枝花只是带几片叶子的花头(图 9－57 至 9－66)。

9－60 明七品孺人冠服像。冠用二翟，口衔挑珠牌各一，穿团领大袖衫，胸背有方补。

9－61 故宫博物院藏画。梳特髻，额间戴额帕，穿交领大衫，胸背补服的汪氏太孺人像。

9－62 明一品命妇冠，珠翟五，珠牡丹开头二，珠半开三，翠云 24 片。

9－63 明《中东宫冠服》所绘东宫妃燕服四䙆袄子。

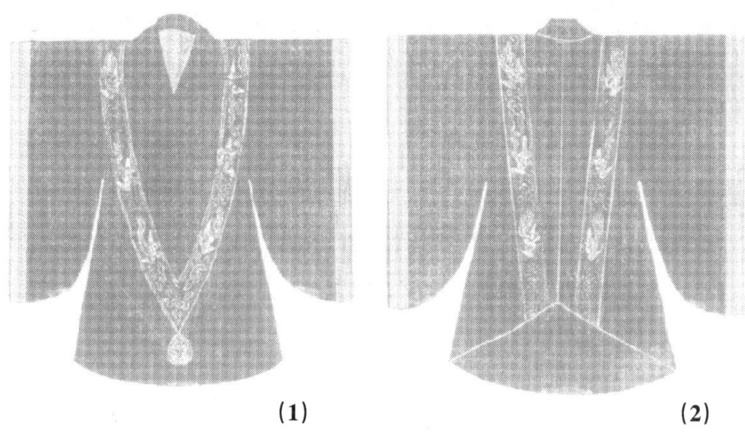
(1) (2)

9-64 (1)明《中东宫冠服》所绘大衫凤纹霞帔正面;(2)明《中东宫冠服》所绘大衫凤纹霞帔背面。

9-65 明《中东宫冠服》所绘中宫燕居服缘襈袄子。

9-66 明《中东宫冠服》所绘缘襈袄子。

五、明代冠服的禁令

明代冠服，上自皇帝皇后，中至文武百官命妇，下至庶人、乐妓、僧道、农夫、商贾，都有系统的规定。我国自宋朝以来，封建统治阶级通过种种途径，强化上层建筑思想形态的统治。服装是人类文明生活的首要支柱，随着思想统治的日益严厉，服装的章身功能也被置于更加重要的位置。明宋应星在《天工开物·乃服》中指出："贵者垂衣裳，煌煌山龙，以治天下；贱者裋褐枲裳，冬以御寒，夏以蔽体，以自别于禽兽。""人物相丽，贵贱有别。"可见服饰贵贱之别的严格。中国历代把章服定为制度，以法令的形式加以推行。宋元以后，对服饰的禁例越来越多。

在官服方面，明天顺二年（1458 年），规定官民衣服不得用蟒龙、飞鱼、斗牛、大鹏、象生狮子、四宝相花、大西番莲、大云花样，并玄、黄、紫、绿、柳黄、姜黄、明黄诸色。弘治十三年（1500 年）奏定公、侯、伯、文武大臣及镇守、守备，违例奏请蟒衣、飞鱼衣服者，科道纠劾，治以重罪。正德皇帝喜欢用贵重的服饰滥赐臣下，搞了一些新花样，例如正德十一年（1516 年），设东西两官厅，将士都穿黄色衣，衣外罩甲。都督江彬等承日红笠之上缀以靛染天鹅翎，以为贵饰。贵者飘三英，次者二英。兵部尚书王琼得赐一英，戴着走下教场，自觉是一种特殊的待遇。后来皇帝巡狩所经之处，督饷侍郎、巡抚都御史都衣上罩甲见皇帝。正德十三年，车驾回京，让近侯者用曳撒大帽、鸾带。又赐群臣大红纻丝、罗、纱各一匹，其服色，一品斗牛，二品飞鱼，三品蟒，四五品麒麟，六七品虎彪。翰林科道不限品级都赐给。一时间文臣服色也用走兽，五品官也穿公侯驸马所穿的麒麟服，就造成了服制的混乱。正德十六年（1521 年），明世宗嘉靖皇帝继位，即下诏进行整顿，诏云："近来冒滥玉带，蟒龙、飞鱼、斗牛服色，皆庶官杂流并各处将领奁缘奏乞，今俱不许。武职卑官僭用公侯服者，亦禁绝之。”嘉靖六年（1527年）复禁中外官，不许滥服五彩装花，织造违禁颜色。

嘉靖十六年（1537年）皇帝在出巡的驻跸所见到兵部尚书张瓒穿蟒服，怒问阁臣夏言：“尚书二品，何自服蟒？”夏言回奏说张瓒所穿乃钦赐的飞鱼服。嘉靖皇帝说：“飞鱼何组两角，其严禁之。”于是礼部奏定，文武官不许擅用蟒衣、飞鱼、斗牛等违禁华异服色。大红纻丝、纱、罗服，四品以上官及五品堂上官、经筵讲学官才可穿。

在民间服装方面，明洪武三年规定庶人戴四带巾（图9－67），后改为“四方平定巾”，四方平定巾的名称，寓王朝安定之意。配杂色盘领衣，但不许用黄。衣料只许用绸、绢、素纱，不许用金绣、绫罗、锦绮、纻丝等高级织物。鞋袜不许裁制花样，不许用金线装饰。士庶妻只能穿纻丝、绫罗、绸绢的浅色团衫，首饰用银镀金，耳环用金珠，钏镯用银。洪武五年，令民间妇人礼服只许用紫絁（shī 音施，粗绸），不许用金绣，袍衫只许用紫、绿、桃红及各种浅淡颜色，不许用大红、鸦青、黄色。带用蓝绢布制作。洪武六年，又令庶人巾环不许用金玉、玛瑙、珊瑚、琥珀，庶人帽不得用顶，帽珠只许用水晶、香木。明朝也实行抑商政策，据洪武十四年令，农民还可穿绸、纱、绢、布衣服。商贾是四民之末，只能穿绢、布衣服。如农民一家中有一人经商者，全家都不得穿绸、纱衣服。洪武二十六年，发现民间有人穿巧裁新样袜子嵌以金线蓝条，就禁止庶人穿袜。正德元年又禁商贩、仆役、倡优、下贱人等用貂皮裘，军民妇女不许用销印衣服、帐幔、宝石首饰、镯钏。正德十六年，发现军民穿紫花罩甲的，又下令禁止，如果有人在禁门或四外穿紫花罩甲游走的，就叫缉事人员将其捉拿。当时士大夫、庶人、伕役男子，几乎都穿罩甲（图9－68），因为罩甲为超短袖对襟或大襟、衣式较短的衣服，它较比甲稍长，较袄减短，在衣服外面再

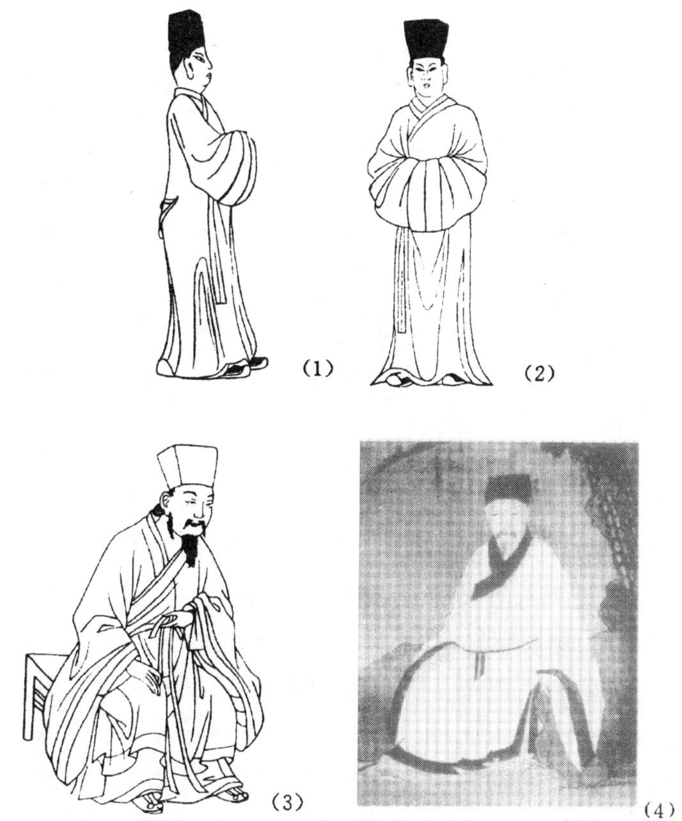

9－67　**明代戴方巾(四方平定巾)的人物。(1)山西博物馆藏明俑戴方巾者;(2)中国历史博物馆藏《明皇都积胜图》中戴方巾人物;(3)明万历刻《御世仁风》插图,戴四方平定巾的人物;(4)明代肖像画戴方巾人物。**

套罩甲,具有活动方便的功能。凡对襟式罩甲,一般军民步卒不许服用,惟骑马者所穿。非对襟式罩甲多为文士所穿。紫花罩甲则一律不许穿用。黄色罩甲只许军人穿用,正德以后,巡狩、督饷、侍郎、巡抚、都御史及内官等都穿,且有织金绣彩的罩甲。捕快穿红布罩甲于外,轿夫伞夫穿红背心。

9-68 明代穿罩甲武士。

明朝中期以后,因民间丝绸生产和贸易的迅猛发展,富商大贾人数日多,丝绸为他们带来获取暴利发财致富的机会,他们都过起豪侈的生活,穿衣服越发讲究。这在吴越地区尤为明显。明陆楫在《蒹葭堂杂著摘钞》中说:“今天下之财赋在吴越,吴俗之奢,莫盛于苏杭之民,有不耕寸土而口食高粱,不操一杼而身衣文绣者,不知其几何也,盖俗奢而逐末者(经商者)众也。”明张翰《松窗梦语》卷四《百工记》说:“四方重吴服,而吴益工于服,是吴服之侈者愈侈。”“终岁纂组,币不盈寸,而锱铢之缣,胜于寻丈。”就是说苏杭地区不耕不织的商人穿衣极为讲究。苏州服装艺术加工精细,绣工长年刺绣,一小块丝绸,花费比别处八尺丝绸还要大的工夫,四方重爱吴服,吴服就更加侈华。明朝虽则实行抑商政策,禁止商贾穿纹绣衣服,却挡不住富商大贾服饰生活方式的挑战,吴服不但在国内走俏,而且还通过海路销往日本,对东方邻邦的服饰文化留下了深远的影响。

六、明代冠服的几种基本款式

（一）交领式衣衫

按照古礼继承的传统形式，多用于祭服、朝服、燕服及中单内衣。民间的劳动者所穿短衣，也多为交领式服装。

（二）盘领衣

为继承唐宋以来的圆领袍衫发展而来，明代公服，常服大多为高圆领、缺胯，官宦所穿有的在衣裾两侧有插摆，袖多宽袖或大袖。平民所穿无插摆，袖为窄袖，但60岁以上老者可穿大袖，袖长也可适当加长至出手挽回至离肘三寸处（官服可挽回至肘）。明代衮服原为交领式，自明英宗开始，衮服也改成盘领式，饰十二团龙和十二章纹样，北京定陵曾有此种款式的缂丝衮服出土。

（三）上衣与下裳相连的束腰袍裙

其形式与元代以来的辫线袄近似，中国历史博物馆藏《明宪宗行乐图》长卷，宪宗皇帝就穿这种袍子，上衣为右衽窄袖，腰间束敛作襞积（打裥），下裳散褶。山东邹县九龙山明朝鲁王墓曾出土用织金缎织成料制作的四爪蟒袍，上衣为交领式，在两肩及胸背部位设柿蒂形装饰区，内饰行蟒四条，袖为窄袖，腰间有片金横道线纹装饰，腰身收敛，其下打竖向细裥，使下裳成为裙状。此种形式明朝称为曳撒。是君臣外出乘马时所穿的袍式（图6－69、6－70）。另外，明朝内廷宦官如司礼监掌印、秉笔随堂、乾清宫管事牌子各执事、近侍许穿红贴里、缀本等补子，有的更在膝下加襕，即横条花纹为饰。二十四衙门、山陵等处宫长随、内使小伙者，穿不缀补的青贴里，这种贴里的款式也是袍裙式样，但腰部不加横线纹装饰（图9－71）。又在南京明徐俌

9－69 明宪宗戴折檐笠子盔帽，穿辫线袄，束玉革带，圆头鞋。旁侍者穿曳撒，戴毡帽，腰束革带，挂牙牌，脚穿靴。

9－70 明《宪宗元宵行乐图》戴翻折檐有顶帽、穿过肩通袖龙襕袍。此种袍式腰中间断，以一线道横之，下为竖褶，《明宫史》称为大褶，前后作36或38褶不等，《觚不觚录》中称为“程子衣”。图中宪宗戴折檐有顶毡帽。

9-71　明《宪宗元宵行乐图》中穿贴里的内使。《明宫史》记载司礼监掌印，秉笔随堂，乾清宫管事牌子各执事，近侍许穿红贴里、缀本等补子，二十四衙门、山陵等处宫长随、内使小伙者穿青贴里，不缀补。魏忠贤专权时，有青贴里缀补子，于膝襴下加一襴，并用蟒纹，为贵近者所服，并挂牌繐，上饰明珠。图中腰后两侧斜垂的两条带子称为抹布。

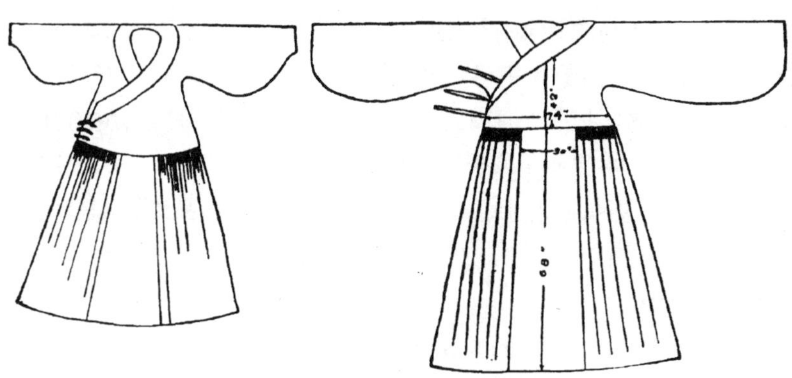

9-72　南京博物院藏明徐俌墓出土的程子衣。

墓出土的“程子衣”,也是这种式样(图 9 - 72)。程子衣据明王世贞《觚不觚录》记载:“腰中间断以一线道横之,下竖褶之,则谓之程子衣。”在明刘若愚《明宫史》则称为“大褶”。前后作 36 或 38 褶不等(即打 36 或 38 个马牙褶),明代士大夫日常生活服装也穿它。五十年代,广州东山梅花村明弘治至正德间尚书戴缙墓出土一件通长 1.32 米的白棉布袍,也是这种款式。

(四) 对襟合领或对襟直领式衣服

明代男式对襟衫长袖的不多,半长袖对襟式短袄是从宋代的貉袖(即旋袄)发展而来,先为劳动者骑马所穿,后渐及士大夫。再有比甲(马甲)是无袖无领的对襟式上衣,始于元代,至明中叶成为青年妇女穿着的半长外衣,至清代又缩短衣身,称为坎肩,背心。明代还有一种较比甲长,较披袄短的罩甲,为超短袖型,已见前述。明代还有一种合领或直领对襟,衣长与裙齐,左右腋下开衩,衣襟敞开,两边不用纽扣,或以绳带系连的褙子,为女子便服,衫袄合领对襟大袖者为贵族妇女所穿,直领对襟小袖者为平民妇女所穿。据明万历年间著名通俗小说《金瓶梅》描述当时妇女所穿服装,上穿对襟衫、袄,下着挑线裙子,各式高底鞋儿,冷天再在衫外穿比甲,或裙内套膝裤,额裹眉勒,头梳假髻,插戴钗钿簪梳和珠子箍儿(用金玉珠石作花鸟长列鬓旁叫钗、小的叫掠子),手戴钏镯、戒指,耳戴耳环、耳坠,胸前挂金玉佩饰“坠领”,裙腰佩七事(用玉作的名“禁步”)。是上流时髦装束,与宋代女式时装一脉相承。对襟衫、袄是与挑线裙、高底鞋配套的时装,用料、色彩、工艺都十分讲究,可以举《金瓶梅》中所描写的几个例子为证,例如:

> 上穿香色潞绸(山西潞安州、今长治出产)雁衔芦花样对衿袄儿,白绫竖领,妆花眉子,溜金蜂赶菊钮扣儿(明代女衫领部用金属揿扣一二个,余用带结),下著一尺宽海马潮云(纹)羊皮金

沿边(用以薄羊皮为衬的金箔切成金皮条钉绣成边饰)挑线裙子(用丝线将裙褶挑连使裙褶定型的褶裙),大红缎子(面)白绫高底鞋(在鞋底后跟部加垫一长圆形高底,北京定陵曾出土尖翘凤头高底鞋,鞋长 12 厘米,高底长 7 厘米、宽 5 厘米,高 4.5 厘米),妆花膝裤,青宝石坠子,珠子箍。

家常挽着一窝丝杭州攒,金累丝钗,翠梅花钿儿,珠子箍儿,金笼坠子。上穿白绫对衿袄儿,妆花眉子,绿遍地金掏袖,下著红裙子。

上穿沉香色水纬罗对衿衫儿,玉色绉纱眉子,下著白碾光绢挑线裙子,……头上银丝𦿐髻,金厢玉蟾宫折桂分心翠梅钿儿。

上穿柳绿杭绢对衿袄儿,浅蓝色水绸裙子,金红凤头高底鞋儿。

上穿鸦青缎子袄儿,鹅黄绸裙子,桃红素罗羊皮金滚口高底鞋儿。

上穿著银红纱白绢里对衿衫子,豆绿沿边金红心比甲,白杭绢画拖裙子,粉红花罗高底鞋儿。

上引六例,第一例是暖含灰调上衣与金彩下装,大红白底鞋子相配,色彩华贵而不入俗。第二例是白色上衣配红裙,用金绿色掏袖形成局部对比,形成活泼明快的调子。第三例上衣为暖含灰色与光亮的白裙形成温柔雅洁的色彩。第四例柳绿上衣与浅蓝裙子是素雅的同类色,以金红凤头高底鞋作小面积对比,使色彩素而不寒。第五例鸦青缎袄与鹅黄绸裙,桃红滚金边高底鞋形成相互对比,是极其大胆的配色,由于鸦青色性格稳重,故整体协调,华美大方。第六例对襟衫的银红、比甲的金红心与鞋的粉红是同类色,比甲的豆绿沿边起对比作用,对襟衫的白绢里和白绢画拖裙则提高了整体的色彩明度,这是一种以红色为基调的对比配色,爽朗而有青春感。这些色彩配套中金色搭配极为慎重,起着画龙点睛的作用(图 9－73、9－74)。

9－73 明《燕寝怡情图》中穿比甲的女子。

9－74 明《燕寝怡情图》中披云肩，穿比甲的女子。

（五）背间中缝直通到下面斜领大袖袍

如直裰（又称直掇、直身）、襕衫、道袍。这种款式的衣服衣身宽松，衣袖宽大，膝下拼一横幅为襕，故又称襕衫，四周镶大宽边，前系二带，为古代家居常服。隋唐时，朝野人士都穿，明代称作直裰，儒生都穿这种服装，凡举人、贡生、监生穿蓝色四周镶黑色宽边的直裰，故亦称蓝袍（后举人、贡生改穿黑袍，生员仍穿蓝袍）。元、明僧衣道袍与此款式相同。明初，太祖定庶民穿青布直身，也是此款。民谣有："二可怪，两只衣袖像布

9－75 明《中东宫冠服》所绘襕衫。

袋。”这是因为此类宽松式的服装，表现文儒幽雅之风或士人燕居野趣风度是很合适的，而作为平民则不能适应劳动的功能需要，民谣把它看作可怪，就不足为奇了（图 9－75）。

七、明代的巾帽

明代一般人常用的巾幅名目较多，有些是唐、宋传留下来的，有些是辽、金、元游牧民族流传到中原，保留到明代的，还有一些是明代新创的。例如儒巾、软巾、诸葛巾、东坡巾、山谷巾，都是传统的巾式。方巾是古代角巾，明郎瑛《七修类稿》说，洪武三年，明太祖朱元璋召见浙江山阴著名诗人杨维桢，杨维桢戴首方顶大巾去谒见，太祖问他戴的是什么巾，他答道叫四方平定巾，明太祖听了大喜，就让众戴之。明初有一种用黑色细绳、马尾棕丝或头发编结的网巾，网口上下用帛包边，上有两玉或金属小圈，两边各系小绳交穿于两小圈内，上面束于顶发，下面可用总绳拴紧，故又名“一统山河”或“一统天和”。网巾的用处是可以保持头发不乱。《七修类稿》说明太祖到神乐观，见有道士于灯下结网巾，问之，答是网巾。第二天明太祖就命此道士为道官，并取网巾颁告天下，使人无贵贱皆带之，明朝官服戴纱帽笼巾，下面多先戴网巾起约发作用。天启时，削去网带，止束下网，名为“懒收网”。另外有四周巾，用二尺多的幅帛裹头，余幅后垂，为燕居之饰。纯阳巾，顶部用帛叠成一寸宽的硬褶，叠好后像一排竹简垂之于后，以八仙中的吕洞宾号纯阳名之。这种巾子也可按诗人白乐天的名，称之为乐天巾。老人巾，是明初始用的巾样，明太祖用手将顶部按之使之前仰后俯，就依样改制之，惟老年人所戴，故称老人巾。将巾、结巾，都是用尺帛裹头，又缀片帛于后，其末端下垂，俗称扎巾。此外还有两仪巾，后垂飞叶两片。万字巾，上阔下狭形如万字。凿子巾，即唐巾去掉带子。凌云巾，因形状诡异被禁用（图 9－76、9－77）。

9－76　《越中三不朽图赞》等所绘的明代戴各种巾子的人物：(1)戴东坡巾的长沙太守；(2)戴云巾的隐士陈海樵公；(3)戴飘飘巾的明弘治进士，兵部给事中；(4)戴周巾的太仆寺卿；(5)戴二仪巾的文士；(6)戴万字巾的文彭；(7)戴瓦楞巾的陆包山；(8)戴包巾的唐六如。

9－77　明曾鲸绘王时敏像。戴飘飘巾。

明朝民间最流行的是瓜皮帽，当时称六合一统帽或小帽，是用6块罗帛缝拼，6瓣合缝，下有帽檐。明隆庆时南方百姓冬天都戴它，《枣林杂记》说隆庆时，嘉善丁清做句容县令，他的父亲告诫他说："你们这行戴纱帽的人说好，我不信，当差的说好，我更不信。穿青衿（蓝衫）的读书人说好，亦不信，惟瓜皮帽子说好，我就信了。"明朝瓜皮帽顶只许用水晶、香木。到清朝上上下下都戴这种帽子，材料用纱、缎、倭绒、羽绫，一般用丝绒结顶，讲究的用金银线结顶，也有用玉顶或红珊瑚顶的。遇丧帽顶用黑或白。从造型来看，与三国时曹操所创的帢帽一脉相承，曹因当时天下凶荒，资财匮乏，所以拟古皮弁式样，裁缣帛以为帢，合于简易随时之义。瓜皮帽款式则稍有改进（图9－78至9－80）。

9－78　明万历刻《御世仁风》插图，戴六合一统帽的人物。

9－79　南京中华门外出土仪仗俑，戴六合一统帽（南京博物院藏）。

9－80　明四川服正魏墓出土戴六合一统帽，穿腰线半袖袄的男俑（四川省博物馆藏）。

软帽为一块圆形布帛作帽顶，下缝布帛帽圈而成的便帽，后垂双带，广州东山梅花村明戴缙墓曾出土此种软帽，与江苏扬州明墓出土的儒巾款式基本相同。

乌纱帽是用乌纱制作的圆顶官帽，东晋宫官已戴之，隋朝帝王贵臣多穿黄色纹绫袍、乌纱帽、九环带、乌皮靴。后渐行于民间。唐代风行折上巾，乌纱帽渐废。明朝采晚唐、五代幞头形式制乌纱帽为百官公服，上海卢湾区明潘氏墓曾有乌纱帽实物出土。而北京定陵出土明万历皇帝所戴翼善冠，则是唐代乌纱折上巾的发展（图9－81、9－82）。

烟墩帽直檐而顶稍细，上缀金蟒珠玉，冬用鹤绒或纻绉纱制作，夏用马尾结成，四川阳城明墓有戴烟墩帽俑出土（图9－83）。

边鼓帽是一种长尖顶带檐的圆帽，元代遗制，为一般市井少年、平民、仆役等常戴，明嘉靖时极流行，清代亦常见（图9－84）。

9－81　明《满洲实录》插图。戴乌纱帽，穿有插摆的盘领补服的官员，袍的两侧挂全幅缯角，现今戏剧服装仍保留这种形式。

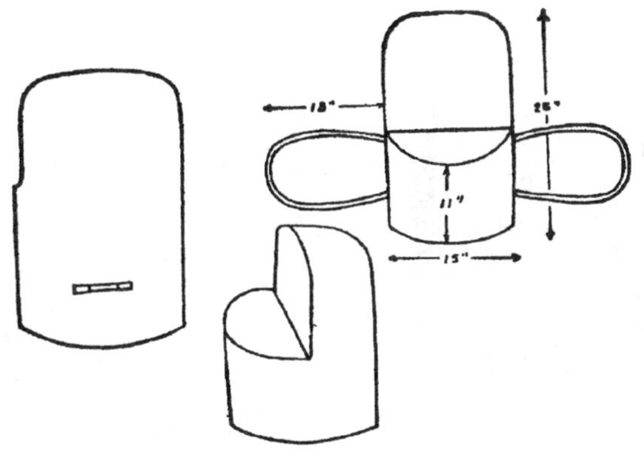

9－82　上海卢湾区明代潘氏墓出土的乌纱帽。

瓦楞帽帽顶折叠似瓦楞，故名。或用牛马尾编结。嘉靖初生员戴之，后民间富者亦戴。或即《留青日札》所说官民皆戴的形似古代兜鍪，其檐或圆、或前圆后方的帽子，也是元代帽式的流传。

奓（zhà 音乍）檐帽为圆帽顶，帽檐外奓如钹笠，为可以遮阳的帽

9－83 四川阳城明墓出土戴烟墩帽的骑马俑。

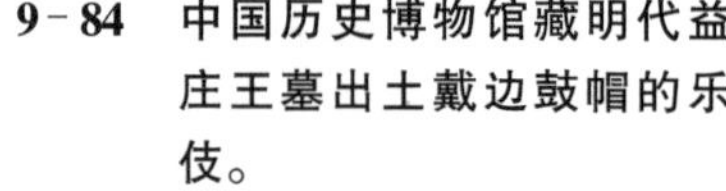

9－84 中国历史博物馆藏明代益庄王墓出土戴边鼓帽的乐伎。

9－85 明万历刻本《五杵记》中的插图。下排右为穿补服、束玉带、戴乌纱帽官员。其身后跟随者戴钹笠(爹檐帽),上面 6 名乐人,均戴毡笠(后檐帽),顶缀朱缨,穿长衫,外罩比甲。

9－86 明《三才图会》所绘的䕌笠图。

子,《事物绀珠》说圆帽,是元世祖出猎时因日光射目,以树叶置帽前,其后雍古剌拉氏用毡片置帽子前后,即爹檐帽。明代宣宗行乐图、宪宗行乐图画帝王便服,也戴这种帽子(图 9－85)。

臺(墙)笠的臺即莎草(又名夫须),用莎草皮编为笠,用以避雨,皇帝所戴(图 9－86)。

大帽,明太祖见生员在烈日中行走,就赐遮阳帽,形如烟墩帽而有帽檐(图 9－87)。

9－87　明《三才图会》所绘的大帽。

9－88　明《三才图会》所绘的毡笠。

毡笠,帽形尖圆而有帽顶,卷帽檐前高后低,为游牧民族传统帽式(图 9－88)。

鞑帽，用皮缝成瓜皮帽形，帽顶挂兽皮为饰，帽檐缘毛皮出锋，此亦游牧民族传统帽式（图 9－89)。

方顶笠子,明代农民许戴笠子,多劈细竹篾作胎,外罩马尾漆纱罗,元代笠子帽作方顶式,蒙古族中层官吏所戴,明弘治刻本《李孝美墨谱》所画制墨工人都戴此种笠子(图 9－90)。

明代巾帽种类繁多,官服冠帽,传承唐宋遗制而形制更趋繁丽,一般巾帽则常保持元代状貌,因其造型简约而适应实用(图 9－91 至 9－94)。

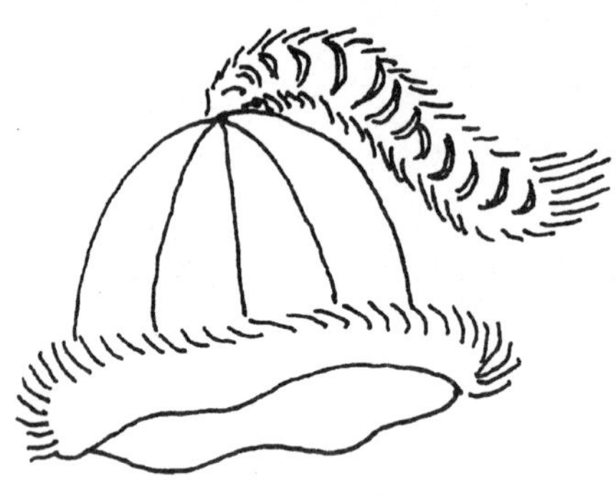

9－89　明《三才图会》所绘的鞑帽。

9－90　明重刻元本《李孝美墨谱》中戴方顶笠子(元式瓦楞帽)的制墨工人。

9－91　明《越中三不朽图赞》中戴风帽的刘念台。

9－92　明戴貂皮暖帽、里罩住乌纱帽,穿补服的官员。

9－93　中国历史博物馆藏《明宪宗元宵行乐图》中的杂伎人，头戴幞头或裹巾子，穿右衽长衫，脚上穿靴，腰束帛带，有的束腰袱，肩上披一块三角巾，两角在前胸打结，一角垂于背后，并缀有结带为饰。

9－94　明刻版画《孔子圣迹图》中裹巾子或束发，短衣，短裤挑土工人。

八、明代的履制

（一）靴

明代皇帝常服穿皮靴，冬穿镶绣口毡靴，教坊及御前供奉者、儒士生员许穿靴，校尉力士值勤时许穿靴，若出外则不许穿。庶民、商贾、技艺、步军等都不许穿靴。只能穿皮扎翰（即用皮统扎缚于小腿上，下面再穿鞋履）。北方地冷，冬天许穿生牛皮制的直缝靴。宫中可穿薄底黑皮靴（直缝靴是用两块皮缝成靴筒前后有直缝的靴，不像六缝靴那么美观）。但南方也在冬天穿毡靴，江苏扬州明墓有实物出土。

（二）舄

是按古礼在举行祭礼所穿的在鞋底装有木底的复底靴，颜色皇帝有白、黑、赤三种，赤舄为上。皇后有赤、青、元三种，以元色为上。赤是盛阳之色，表阳阴之义，元是正阴之色，表幽阴之义。故皇帝在最隆重的祭礼穿赤舄，皇后则穿元舄（图 9－95）。

（三）高底鞋

为明朝时新的女鞋，于鞋底后部装有 4 至 5 厘米高的长圆高底。北京定陵出土的尖足凤头高底鞋，制作十分讲究。

（四）福字履

用绒绵、棉布面料制作，履头正面绣金福字旁云形围边，履帮侧面镶卷叶纹缎子履口，衬宁绸为心，下配 8 层布托毛底正淌，加烫白干粉，流行至清代。

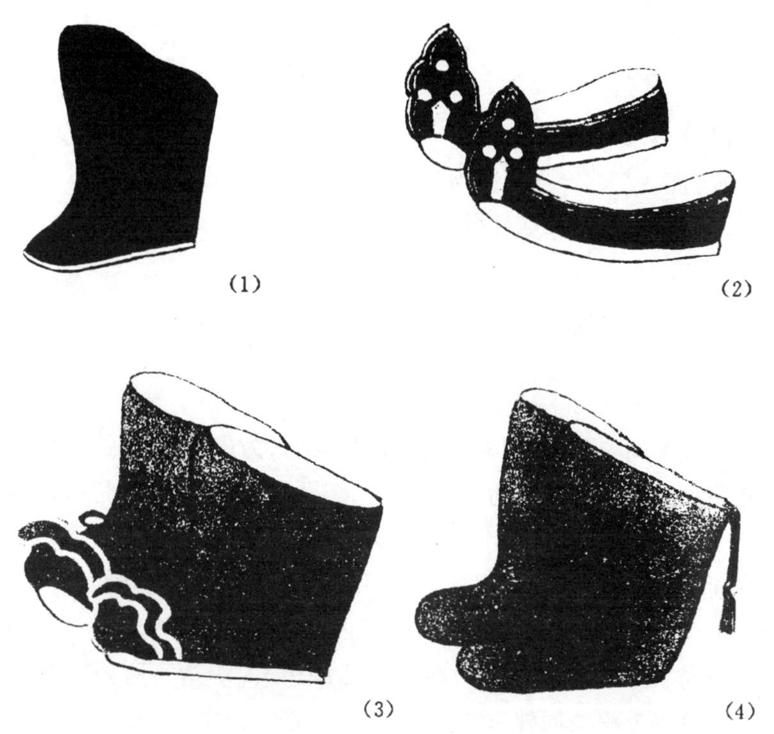

9－95　明《中东宫冠服》所绘的靴，袜，舄图。
(1)赤舄；(2)元舄；(3)皂靴；(4)青舄。

(五) 雨鞋

明初雨天所穿，百官在雨天穿钉靴上朝，声音极为嘈杂。后明太祖令作软底皮鞋套在靴外。

(六) 镶边云头履

在乡先辈有学问者所穿。

（七）蒲鞋

南方劳动者所穿。

（八）尖头弓鞋

为明代妇女所穿，江苏扬州明墓曾有出土，山东邹县四府厂村明墓出土凤头石鞋也是这种形式。

第三节 明代的丝绸衣料

明代民间衣料，冬用棉布为主，夏用纻布为主，在少数民族地区，也穿毛织品。棉布也作为士宦衬衣。江西南城明墓出土对襟白棉布衬衣，襟口用十字挑花为饰。上层社会高档次服装，均以丝绸为面料，中间也有少量丝棉交织物丝布，和毛织品琐幅等。宫廷及百官冠服，由工部所设织染所和内府监所设内、外织染局负责监制，内府监内织染局掌染造御用及宫内应用缎匹绢帛，外织造官府公用丝绸。南京除设内外织染局外，司礼监又设有织造祭祀用丝绸的神帛堂，此外在浙江杭州、绍兴、严州、金华、衢州、台州、温州、宁波、湖州、嘉兴等府，江西布政司，福建福州、泉州府，四川布政司，河南布政司，山东济南府，镇江府，苏州府，松江府，徽州府，宁国府，广德州都设有织染局。其中以苏州、杭州两府的织染局规模最大。明朝政府对各织染局规定织造常额，除常额外，又有奉旨加派织造的任务，叫作“坐派”。此外因朝廷一时急缺，命令各织染局向民间机户买办充用，叫做“召买”。坐派和召买都让民间机户生产，但发给价钱比工料成本还低。明天顺四年（1460 年）在苏、松、杭、嘉、湖五府加派彩缎 7 千匹。正德元年（1506 年）令应天、苏、杭诸府增派 1.7 万余匹。万历时（1573—1619 年）每年坐派 15 万匹。《明实录·神宗万历实录》卷四〇五记万历三十三年(1605 年)工部上报“上用袍段一万六千余套匹，又婚礼段九千六百余套匹。……昨内库新派改段一十八万余匹”。这种加派，对民间机户造成极大困扰。有些省没有设织染局，也有织造丝绸衣料的任务，如明陈汝明《甘露园短书》卷五记载：“曾见陕西抚院贾待问疏称，该省应造万历二十五年(1597 年)龙凤袍共五千四百五十匹。额设机五百三十四张，该织匠五百三十四名，挽花匠一千六百二名。新设机三百五十张，该织匠三百五十名，挽花匠七百五十名，挑花络丝打线匠四千二百余名。”凡宫廷及官府所用衣料，都是由内府监根据冠服制度，由广储司库员拟定花式稿样，颜色及应用数目，奏准后分配各内外织染局挑制花本，装于织机花楼上由能手两人，扳提织造。这种技术，在当时是保密的，所以明宋应星在《天工开物·乃服》也说：“其中节目微细，不可得而详考云。”1977 年南京云锦研究所研究复制了北京定陵出土明万历皇帝的大红妆花纱织金孔雀羽过肩龙通袖龙襕袍等几件织成匹料，都是依据龙袍衣领、大小衣襟、左右直袖、左片正身、膝片正身、膝襕等部位的裁片排料，分布花纹的，每片裁片的边缘织有暗线边，缝衣时按暗线边口裁好裁片，斗合缝缀，就可缝成一件龙袍。一匹袍料长三丈余至五丈余不等，正好是一件完整的衣料。通匹有 2.95 万根纹纬，需用 2.95 万根线挑成花本，重达数十公斤。长度比衣料要长过 10 倍，即长达 30 至 50 余丈，所以要分成几十段顺次序先后悬挂到花楼上，每织过一段，再撤下换上下一段的花本。这种龙袍料，就是织成匹料。《天工开物·乃服》“龙袍”条说：“凡上供龙袍，我朝局在苏、杭。其花楼高一丈五尺，能手两人，扳提花本，织过数寸，即换龙形，各房斗合。不出一手。”这种织成衣料，在宋元时期早已普遍生产，在山东邹县元代李裕庵墓出土的梅雀方补花绫袍，就是用这种织成匹料所制。古文献中如《北史·吐谷浑传》所说：“衣织成裙被、锦大袍。”《南史·东昏侯纪》所说：“帝著织成袴褶，具锦绣诸帽。”《晋书·石季龙传》所说：“季龙常以女骑一千为卤簿，著五文织成靴。”以及说他出猎时穿金线织成合欢裤。《南史·梁宗室正德传》所记：“董暹金帖织成战袄，直七百万。”显然都是用按照服装整体款式设计织成料制成的衣服，明朝华美富丽的龙袍和高级冠服，就是在继承古代服装料织造工艺的基础上，把技艺推向更高水平的结果。织造贵重的织成袍料，工艺繁复，一是要由挑花匠依据花样计算经纬数，编出花本，作为织造时提花的依据；二是要将丝线染色，牵经做纬，一般要准备四五种彩纬小管梭与长织梭所用的彩色绒管及片金线、捻金线、孔雀羽线纬管，随时应用；三是经丝牵轴之后，要经过穿综穿筘，与花本联结，经过试织，理清梭口然后才能开织，四是织时一人在花楼上拉花，一人坐机坑前织造，花纹繁复的匹料，一天只能织 6.7 厘米，一件五丈长的袍料要织 270 多天才能织完。所以高级的织成料只作冠服之用，有些冠服，还用缂丝、刺绣等手工技艺进行制造。一般穿用的服装，则用一般的匹料制作。

明王朝于公元 1368 年建国，在中国统治了 277 年，至公元 1644 年灭亡，至今已 350 多年。明代的丝绸和服装，在北京故宫博物院、首都博物馆、北京艺术博物馆、中国历史博物馆、西藏拉萨布达拉宫、山东曲阜孔府，都有一些传世品保藏。1958 年夏季在北京定陵地下宫殿出土明神宗万历皇帝(朱翊钧)和他的两位皇后孝端皇后、孝靖皇后的随葬衣物锦缎 200 余件；1963 年在北京南苑苇子坑明万历年间墓也出土数十件衣物。此外在山东邹县明鲁王墓，南京太平门外板仓村明徐俌墓和江西南城县明墓，湖南邵阳、江苏武进县、扬州西郊明墓也有各式衣物出土。一般的丝绸品种，还大量被用作佛经的裱封，被各著名寺庙保留下来，因明朝从正统到万历(1436 至 1619 年)间曾数次刊印《大藏经》，用内库所藏丝绸，裁剪开来做《大藏经》的封面和函匣裱封。现根据作者亲手分析过的实物资料，简单分述明代丝绸品种如下：

（一）缎类

缎的经或纬丝中，只有一种显露于织物表面，相邻的两根经丝或纬丝上的组织点均匀分布，但不相连，故外观光亮平滑，质地柔软，是最富丽的高级衣料。我国缎织物起于宋代，宋以前没有缎字，《吴县志》卷五十一《物产》说："纻丝俗名缎，因造缎字。"南宋吴自牧在《梦粱录》卷十八《物产》中说纻丝是用染色的丝所作，还有织金，闪褐、间道等类。元代民间织造日月龙凤缎匹及缠身大龙缎子，在明代，缎与纻丝的名称并存，但细看定陵万历皇帝棺内出土的 8 匹带有墨书腰封的"细龙纻丝"，为大红五枚缎组织，长方格子形金龙纹样，红色丝有深浅不匀的"色柳"，北京首都艺术博物馆藏有同样花纹的绿色细龙纻丝，丝线也有这种色柳，推测是蚕丝与苎麻混纺的缎织物。

明代缎织物已取代锦的地位成为最主要的高级衣料。明朝皇帝及重臣权贵都喜用各种缎类织物作衣服。嘉靖皇帝宠信严嵩，于嘉靖二十一年（1542 年）让严嵩当宰相，专政 20 年，严嵩晚年被御史邹应龙等弹劾革职，在江西分宜的家业被查抄没收。全部被抄的财产，登记在《天水冰山录》中，其中有各类高级丝织品 1.4311 万匹，外加当时变卖的丝织品 2.7288 万匹。没收高级服装 1304 件，外加当时变卖的衣服 1.7343 万件。这些丝织品中有 63% 是金彩提花的缎类，缎的品种包括素缎、暗花缎、织金缎、两色缎、闪缎、遍地金缎、妆花缎、织金妆花缎、妆花遍地金缎、云缎、补缎、暗花云缎、暗花补缎等。定陵出土明万历皇帝穿用的黄地云龙折枝花孔雀羽妆花缎织成袍料，是用片金线和 12 种彩丝及孔雀羽线合织而成的（图 9－96 至 9－98）。

9－96　明织金妆花云凤纹补缎。

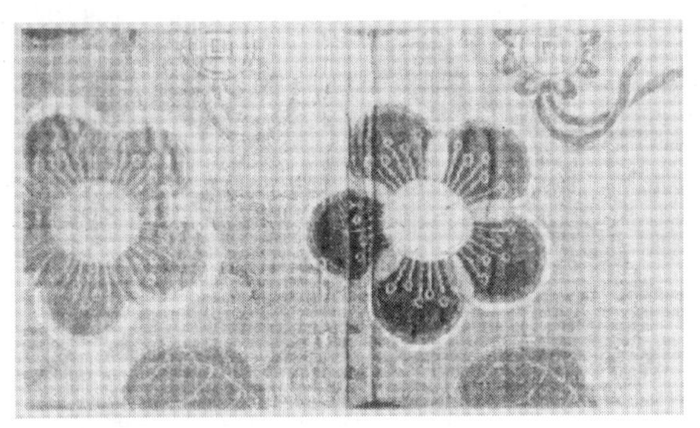

(1)

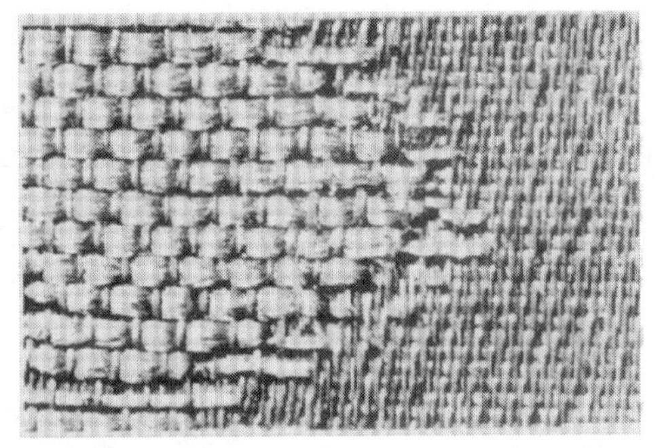

(2)

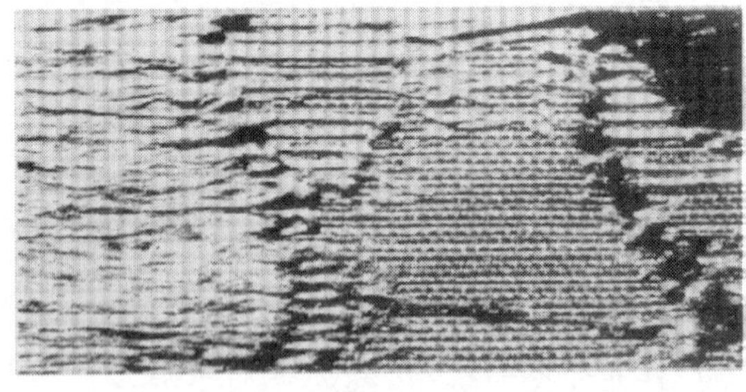

(3)

9-97　明梅花彩球纹妆花缎及组织扩大图。(1)缎面花纹;(2)正面组织扩大;(3)反面组织扩大。

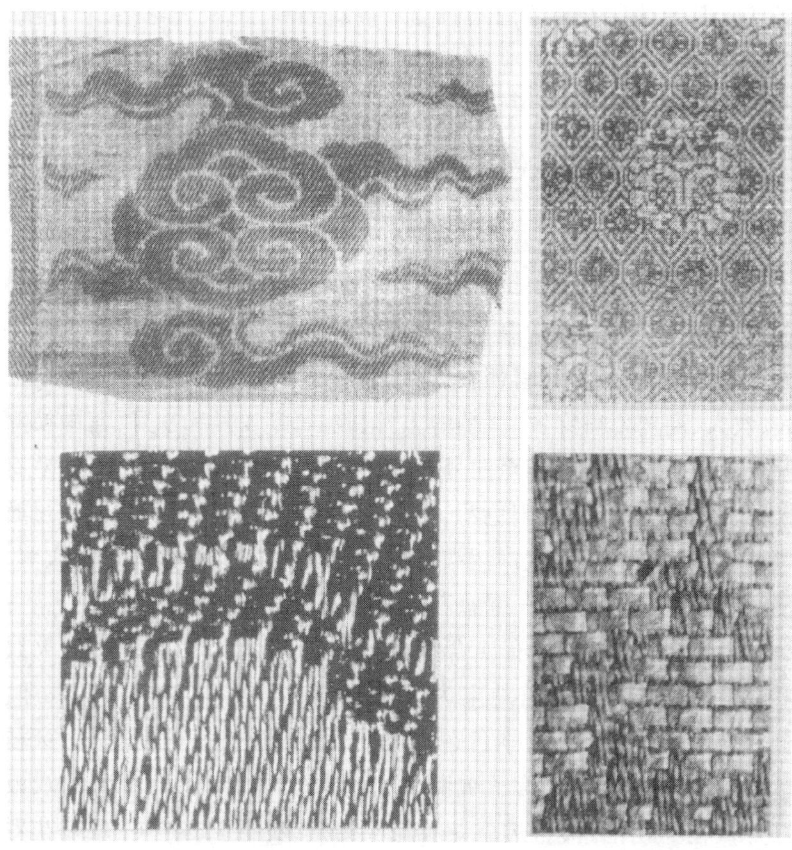

9-98　明沉香色云纹暗花缎及其组织扩大图。

9-99　北京上方山寺庙藏明代《大藏经》封面龟背地小团花织金绢及其组织扩大图。

（二）绢类

绢有素绢和提花绢，明朝制度规定素绢一般商贾也能穿。提花绢品质高贵，据《天水冰山录》记载，提花绢有云绢、云熟绢、妆花绢、织金绢、织金妆花绢、遍地金女裙绢和各种服装织成料，如补子花纹、过肩花纹、通袖花纹的织金绢、妆花绢、织金妆花绢。所记743匹提花绢中374匹是服装织成料，约占总数的50%（图9－99）。

（三）罗类

罗是利用纠经组织织出罗纹的中厚型丝织品，《明史·舆服志三》记载帝、后大带、皇后常服、郡王长子朝服、辅国中尉公服、郡王长子夫人至县主冠服、文武官朝服、祭服都常用罗制成。洪武三年规定庶人、农人、商贾不得穿罗。《酌中志》记载：每年4月和9月，宫中换穿罗衣。内臣自三月初四至四月初三穿罗衣。《天水冰山录》所记罗有素罗、云罗、遍地金罗、闪色罗、织金罗、青织金过肩蟒罗、青妆花过肩凤罗、青织金妆花飞鱼过肩罗、青织金獬豸补罗、红绿妆花凤女衣罗、绿织金妆花孔雀女衣罗、绿妆花过肩凤女衣罗等。

定陵出土的衣物，有四合如意洒线绣四团龙罗袍，绣龙、火纹罗蔽膝，织金云龙八宝（八宝为双角、珊瑚、金钱、宝珠、方胜、象牙、金锭、银锭）暗花罗裙，本色莲花牡丹罗裙，缠枝莲花暗花罗，穿枝莲罗褥等。北京南苑苇子坑明墓出土的衣物，有柿蒂过肩龙八浪八宝妆花罗朝袍，柿蒂过肩龙妆花罗裙袍（曳撒），凤穿牡丹暗花罗柿蒂过肩云龙盘领通袖直身膝襕罗女朝袍，妆花折枝牡丹、梅、莲、菊、八宝、云龙膝襕罗单裙，妆花罗过肩蟒海浪裙袍（曳撒），织金罗缠枝莲夹上衣，菱格卍字八吉祥暗花罗朝袍（八吉祥指宝轮、宝螺、宝伞、宝盖、宝花、宝罐、宝鱼、盘长等八种佛教的法器）（图9－100）。

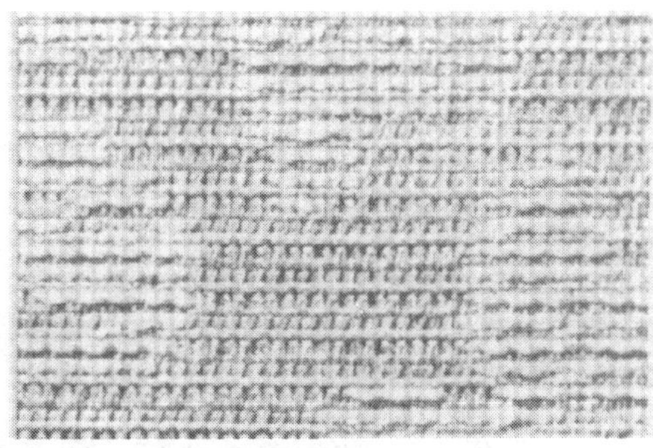

9-100　明富贵平安纹妆花罗及其组织扩大图。

（四）纱类

明代纱织物有平纹假纱组织的方孔纱和经纬纠织呈现椒形纱孔的绞纱两类。明初规定皇帝、皇太子、皇后礼服配素纱中单，百官上朝、公座所穿盘领右衽宽袖袍料也可用纱。嘉靖十六年(1537年)规定四品以上官员及五品堂上官、经筵讲学官才许穿纱、罗、纻丝(图9-101)。

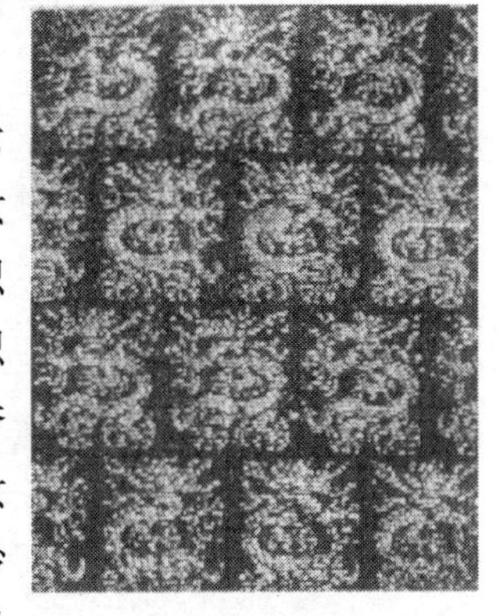

9-101　北京定陵出土的明万历细龙纻丝。

《天水冰山录》所载，纱有素纱、云纱、绉纱、闪色纱、织金纱、遍地金纱、妆花纱、织金妆花纱等。内中有不少是织成衣料，如大红织金过肩蟒纱、大红织金飞鱼补纱、绿妆花缨络女裙纱、沉香织金凤女衣纱、红织金女袄裙纱、青妆花过肩凤女袍纱、紫织金妆花女衫纱等。计1147匹纱中有52%是织成衣料(图9-102、9-103)。

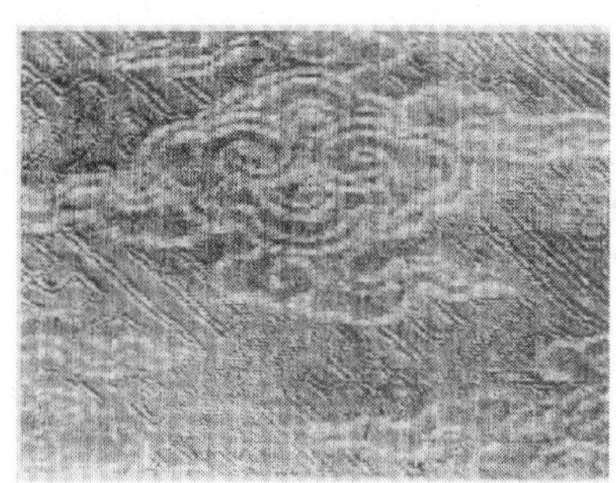
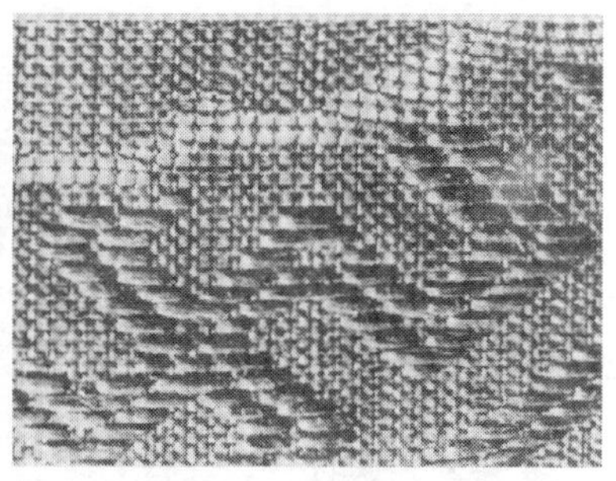

9－102 明流云曲水地暗花纱及其组织扩大图。

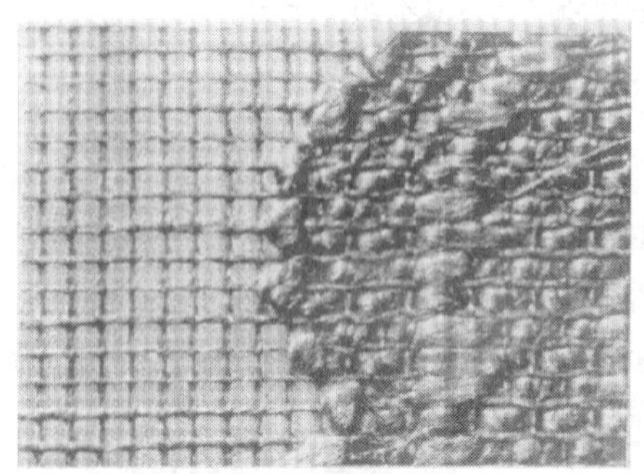

9－103 明代挖花妆花纱及其组织扩大图(背面)。

北京定陵出土的纱料和服装有 50 余件匹,有些是用织金纱或金彩纱作地,再用捻金线和彩丝线绣花,或用孔雀羽线和彩线绣花,花艳地虚,辉映成趣。定陵出土孝靖皇后洒线绣蹙金龙百子戏女夹衣,是用一绞一的直径纱作地,用三股彩丝线、绒线、捻金线、包梗线、孔雀羽线、花夹线等6 种绣线,运用了 12 种刺绣针法:(1)以绛红双股合捻线穿绣地几何纹;(2)以蹙金(编金)法在垫高的龙纹上用金线一边铺,一边用另一根金线钉住,绣出龙鳞、龙头;(3)用正戗绣龙发、山纹、江崖、寿石、百子脸部;(4)用反戗绣云纹、花头、火焰珠、寿石(与正戗合用);(5)以铺针加网绣绣儿童衣服;(6)以缠针绣叶子、花茎、小草;(7)以接针绣花蕊、花筋;(8)以盘金绣龙头;(9)以圈金绣花纹包边线;(10)用绒丝缠绕绒丝作成包梗线,以钉线法绣百子衣服勾边线;(11)以松针绣松树叶;(12)以擞和针绣小猫及小屏风。绣线色彩,红有粉红、银红、朱红、绛红、枣红,蓝有普蓝、藏蓝、孔雀蓝,绿有黄绿、青绿、艾绿、茶绿,黄有宫黄、湘黄。此外还有驼灰、牙白、月白、浅褐、肉色及赤捻金线,孔雀羽线等。这件洒线绣蹙金龙百子戏女夹衣的领肩周围,有6条五爪金龙和卍字蟠绕,两袖及前后襟绣着100个儿童作各种游戏。周围饰八宝纹和一年景花纹。形式活泼,色彩富丽。北京故宫博物院保藏的明代洒线绣云龙袍织成料和明洒线绣柿蒂百花辇龙袍织成料,也都用直径纱作地。

《酌中志》卷十九《内臣佩服纪略》记载,明天启年间(1621—1627年)魏忠贤专权,内臣王体乾等夏天穿真青,油绿色的怀素纱(产于闽广),内衬玉色素纱,走动时满身出现树皮、水波状的隐现花纹,一时争相夸耀。

(五) 䌷类

䌷(绸)有花素之分,明初规定庶人、农民可以穿䌷,自然是素䌷,商贾为四民之末,素䌷也不许穿。《天水冰山录》记载的䌷有云䌷、补䌷、潞䌷、素䌷、绵䌷、潮䌷、妆花䌷、织金䌷、织金妆花䌷等。其中有补子和通袖过肩花纹的织成衣料。

北京定陵出土明万历皇帝穿的吉祥四团龙缂丝补䌷袍,袍身是用䌷料做的,补子是用缂丝缝上去的。另有织着“百事大吉吉祥如意”文字和葫芦纹加洒线绣四团龙的䌷袍,万事如意吉祥纹䌷中单,四合如意纹䌷中单,八吉祥如意纹䌷中单。孝靖皇后穿的大回纹潞䌷女衣。还有缠枝花卉暗花䌷,长安竹纹和福寿三多纹潞䌷,折枝花宁䌷等。

北京南苑苇子坑明墓出土了斗牛补如意云八宝暗花䌷交领大袖朝袍，大柿蒂过肩云龙海水江牙妆花䌷裙袍(曳撒)，行龙海水妆花䌷补，线勾水浪纹暗花䌷里夹裙袍，柿蒂双云龙过肩勾藤八宝暗花䌷裙袍等(图 9-104、9-105)。

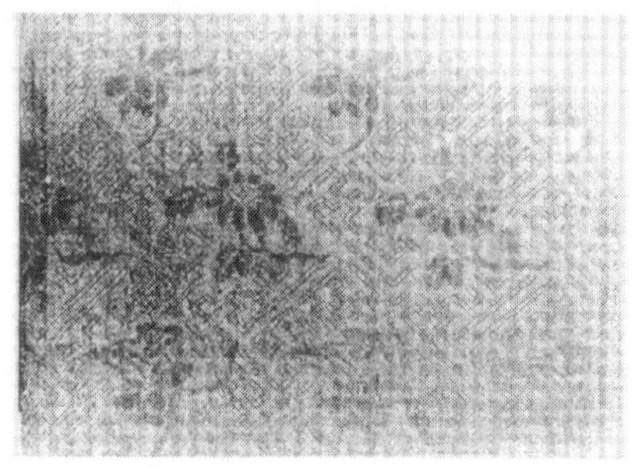

9-104 明梅花春蜂纹暗花绸，北京定陵孝靖皇后棺出土。

(六) 改机

明万历《福州府志》卷三十七《食货志·物产》记载："闽缎机故用五层，弘治间有林洪者，工杼轴，谓吴中多重锦，闽织不逮，遂改机为

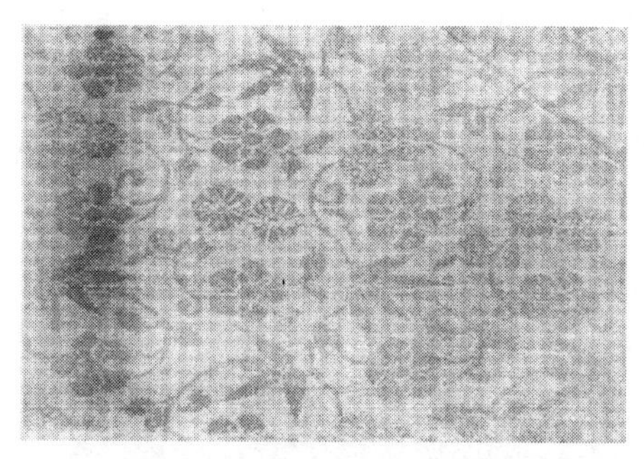

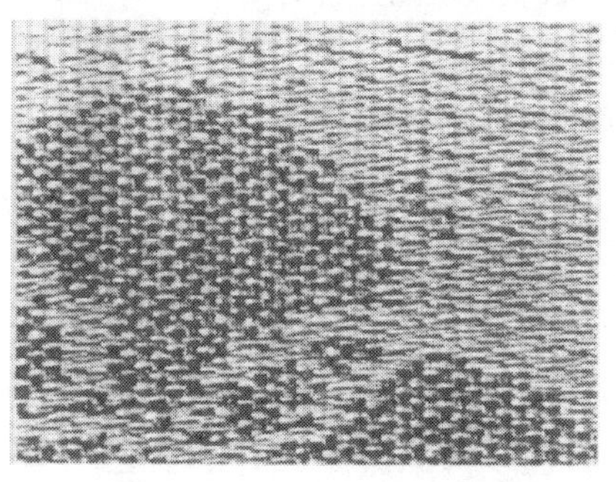

9-105　明松竹梅三友纹潞绸及其组织扩大图。

四层,名为改机。"《天水冰山录》所记改机有274匹,其中80%为织成衣料,如大红妆花过肩云蟒改机,大红妆花斗牛补改机,大红织金麒麟补改机,青织金过肩蟒改机、青织金穿花凤补改机,闪色织金麒麟云改机,闪色妆花仙鹤改机……等。1964年3月,江西省南城县一座明墓出土衣物疏上有"绿六云改机䌷衬摆一件",衬摆为袍裙式服装,可惜出土后未能保存。

(七)绒类

绒是织物表面有耸立或平排的紧密绒圈或绒毛的丝织品,织时除织入纬丝外,更按规律织入用细竹竿或铜丝做的起绒竿,当经丝跨过起绒竿时,便在织物表面形成凸起的绒圈,如将凸起的绒圈割断,就变成耸立于织物表面的绒丝,外观既含蓄厚实又光艳富丽。明代丝绒品种有:

(1) 剪绒　为绒圈地上割断一部分绒丝,成为绒花的织物。

(2) 天鹅绒　为单面满地起绒的织物。

(3) 双面天鹅绒　为双面起绒的织物,北京定陵有双面天鹅绒四合如意绣龙补女衣实物出土。

(4) 抹绒　在天鹅绒上铺透空花版,用刷子蘸白芨胶水将花部绒毛向相反方向刷抹,使之显出暗花。

(5) 织金绒　在片金或捻金地上织出单色绒花。

(6) 妆花绒　在缎地或绒地上织出彩色绒花。

(7) 织金妆花绒　在金地上织出彩色绒花。

明弘治时(1488—1505 年)各色纻丝每匹折钞 500 贯,各色绫子每匹折钞 300 贯,各色纱每匹折钞 300 贯,各色绢每匹折钞 100 贯,青绒毯子每匹折钞 600 贯。

《天水冰山录》记载绒织成衣料和匹料有 585 匹,绒衣 113 件。衣料匹料中金彩提花的占总数的 23%,绒衣中金彩提花的占总数的 65%。

(八) 绫类

绫是斜纹或变形斜纹地起斜纹花的丝织品,唐代绫织技术已发展到高峰,绫织物为重要衣料。宋以后绫的花色单纯化。明朝的吴绫,松江为上,杭州次之。一般用无捻丝织造,质地稀薄,只作内衣,刺绣底料及装裱用。《天水冰山录》记载绫只 11 匹。北京定陵出土的有几件绫内衣、道袍、女衣。还有几件刺绣香囊用绫作底料(图 9-106)。

（九）丝布

丝布是丝与棉的交织物，《天水冰山录》记载有大红妆花斗牛补丝布，大红织金妆花仙鹤丝布等官服织成料（图 9－107）。

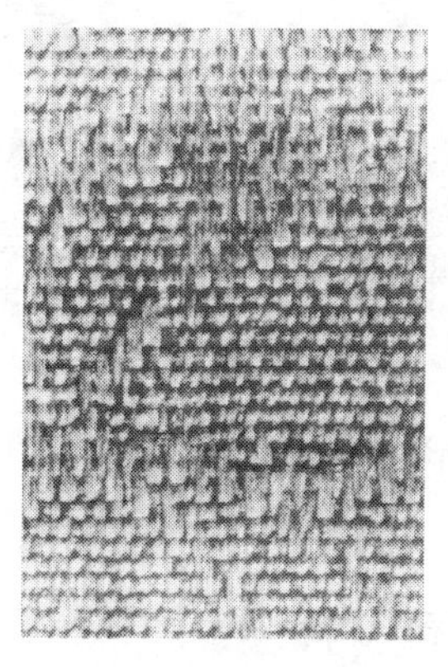

9－106 明黄绿地折枝菊莲曲水纹暗花绫组织扩大图。

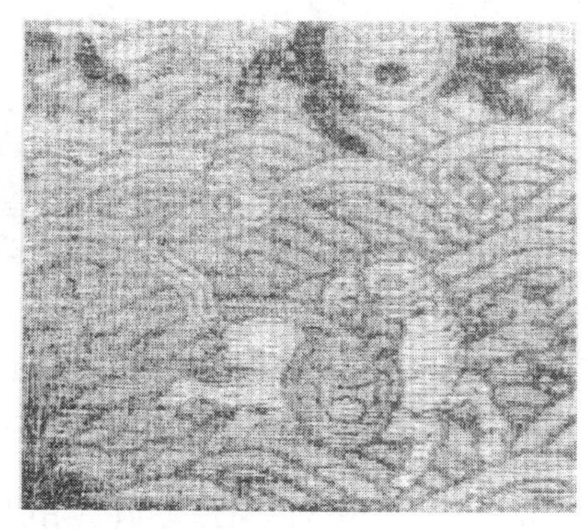

9－107 明海马八宝纹丝布。

（十）锦类

锦创始于西周，汉唐时期为主要高档衣料，明代丝绸品种结构的重大变化是缎织物的流行，取代了锦的传统地位。明王士性《广志绎·西南诸省》："蜀锦一缣五十金，厚数分，织作工致，然不可衣服，仅充裀褥之用。只王宫可，非民间所宜也。故其制虽存，止蜀府中，而闾阎不传。"《天水冰山录》所载锦类只有 214 匹，内蜀锦只 18 匹。另为青织金仙鹤、青织金穿花凤、青织金麒麟的宋锦和妆花锦。

松江府生产一种紫白锦，在北京定陵和南苑苇子坑明墓都出土过一种紫白两色或其他颜色与白色的双层平纹织物，花纹多落花流水纹，正反两面花纹相同而颜色相反，可作一般衣料（图 9－108）。

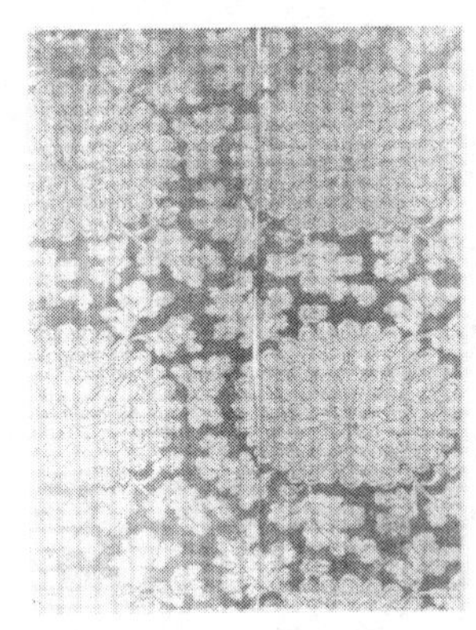
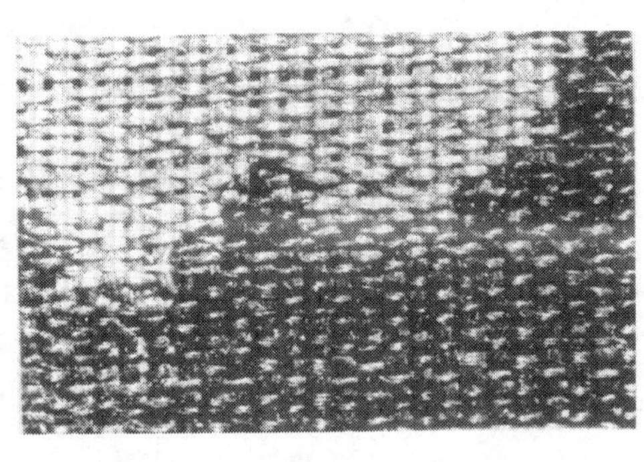

9－108 北京定陵出土明万历菊花纹双面锦及其组织扩大图。

第四节 明代的服饰纹样

明代的服饰纹样，凡官服涉及冠服制度的法服，已在前面作了一般介绍。冠服制度以外的便服花式变化有一定灵活性。

一、明代龙袍的几种款式

（一）十二团龙衮服

1958年，北京定陵万历皇帝棺内西端南侧出土一件缂丝衮服，出土时衮服上面放有绢质标签，墨书“万历四十五年……衮服”等字样。衣长135厘米，两袖通长234厘米，大襟宽135厘米，小襟宽98厘米，袖宽55厘米，袖口宽18厘米，盘领贴边宽3.2厘米，领口宽17厘米，领口直长19.6厘米。此件缂丝衮服由大襟（含左袖）、小襟（含右袖）、后片（领部至下摆底边）三部分组成。后片与其他不相连缀。里子为黄色方目纱，面与里子之间有衬层，以绢、纱、罗杂拼缝制。两腋下均钉有丝带鼻，腋下留有开口，以便与长襟上的罗带相拴结。

衮服主要纹饰为十二章，其中团龙十二，用孔雀羽线缂制，前身、后身各三（径 32 厘米），两肩各一（径 29 厘米），下摆两侧各二（径 28 厘米）。日、月、星辰、山纹分布在两肩、盘领背部下方和肩部。四只华虫（雉鸡）在肩部下侧。宗彝、藻、火、粉米、黼、黻织成四行，相对排列于大襟上（图 9－109、9－110）。

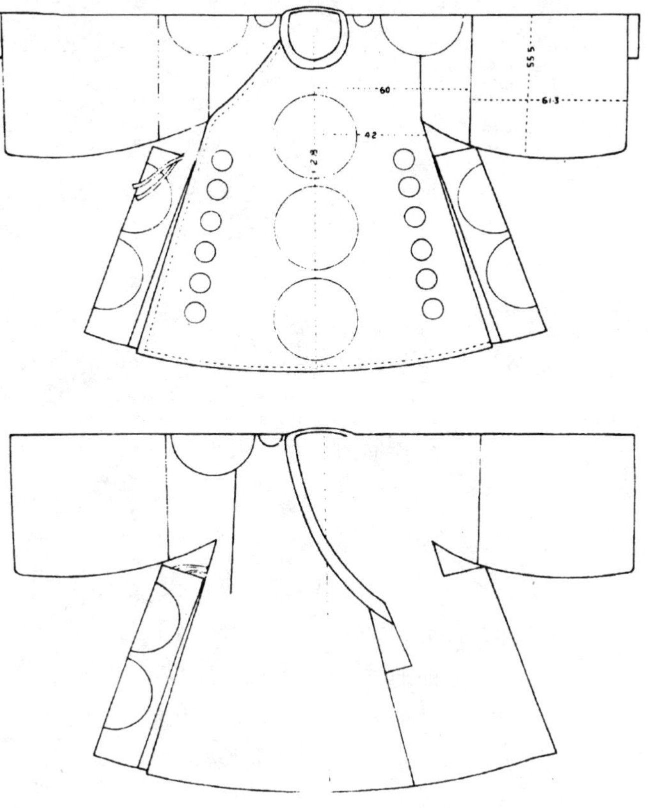

9－109　1958 年北京定陵万历皇帝棺内出土的缂丝衮服款式图。

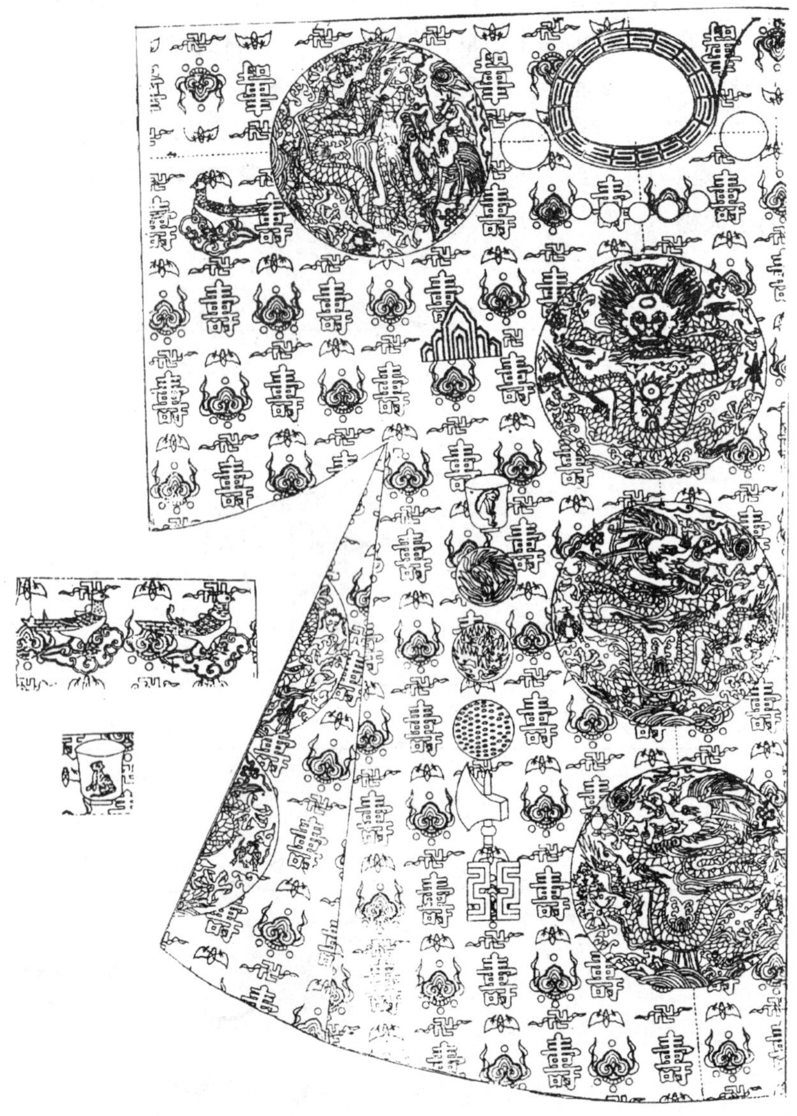

9－110　1958年北京定陵万历皇帝棺内出土的缂丝衮服纹样复原图。

（二）四团龙袍

在前胸、后背、两肩各饰团龙纹一个。胸、背为正龙，两肩为侧身行龙，方向相向。袍身织有其他暗花。

（三）柿蒂龙袍

在盘领周围的两肩和前胸后背部位划出一个柿蒂形装饰区，用金边标示之。在区内前胸后背各饰一条正龙，两肩各饰一条侧身龙，方向相向，靠近金边用海水江崖纹为饰。金边以外部位织其他暗花。或在前胸后背及两肩各饰两条行龙。

（四）柿蒂过肩龙袍

在盘领周围的柿蒂形装饰区内饰两条过肩龙，龙头一个位于前胸，一个位于后背，均为正面形，龙身各向肩部绕过。明朝称这种形式为“喜相逢”，其他部位织暗花（图 9－111 至 9－117）。

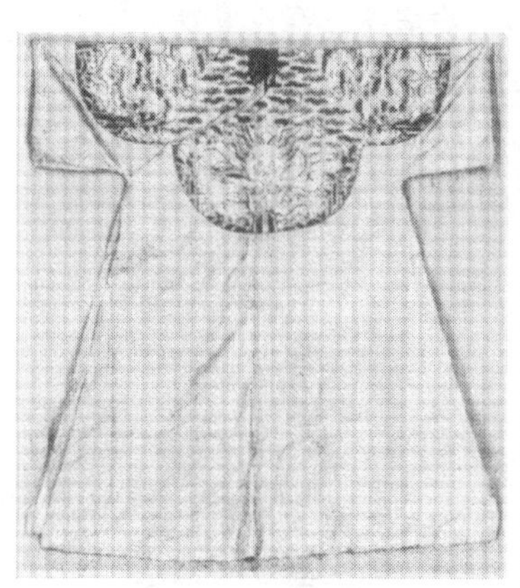

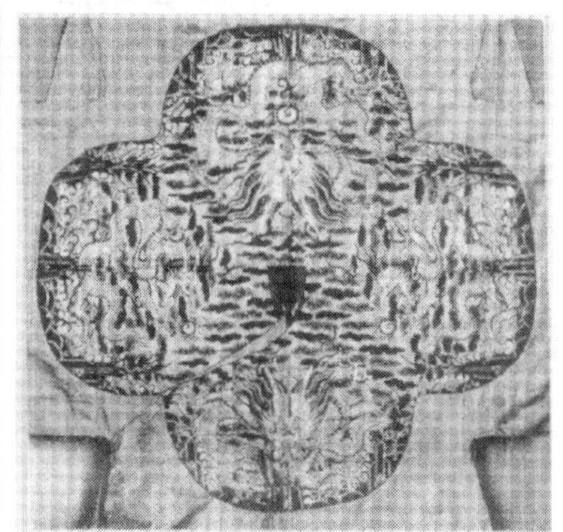

9－111　晚明黄大云缎地平金彩绣柿蒂、四龙有水五毒纹朝袍料（未接两袖）。袍长 150 厘米，花纹长 120×118 厘米，袖长 67 厘米。这是皇帝在五月端午穿用的朝袍，前后各绣坐龙戏珠，两肩各绣行龙，间以五毒纹，云纹，寿山平水纹等。

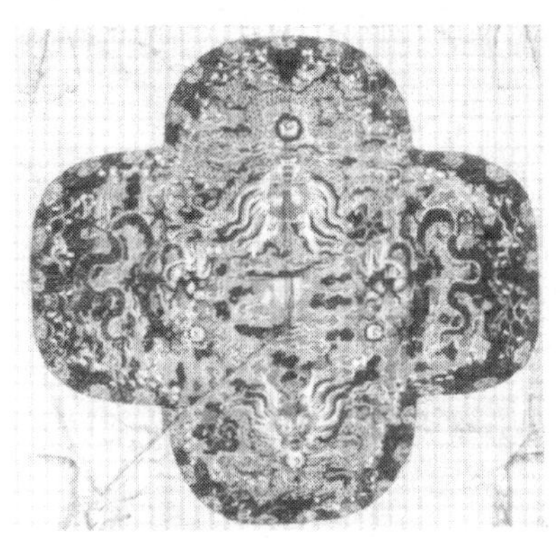

9－112 黄朵云团龙暗花缎地彩绣祥云边柿蒂四龙有水朝袍料(未接两袖)。袍长 150 厘米,花纹长 100×100 厘米,袖长 67.5 厘米,前胸绣三色红坐龙戏珠,背绣红、黄两色坐龙戏珠,左肩绣三蓝行龙戏珠,右肩绣三绿行龙戏珠,龙周围绣彩云杂宝。

9－113 北京故宫博物院藏洒线绣柿蒂龙袍料,胸、背、两肩各绣行龙两条。

9－114　北京故宫博物院藏明代晚期洒线绣柿蒂过肩龙袍料，袍长 147 厘米（未接两袖）。

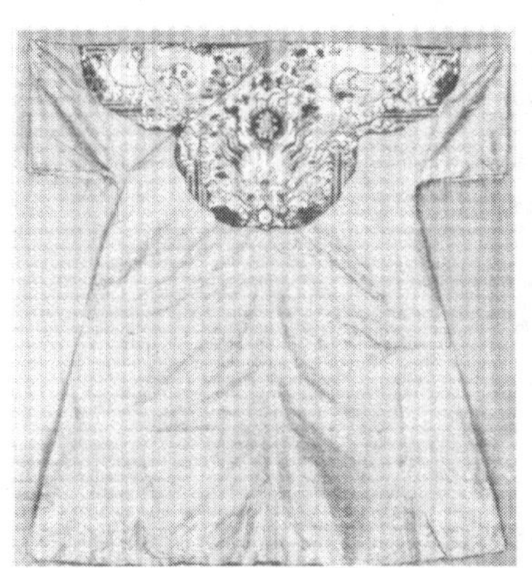
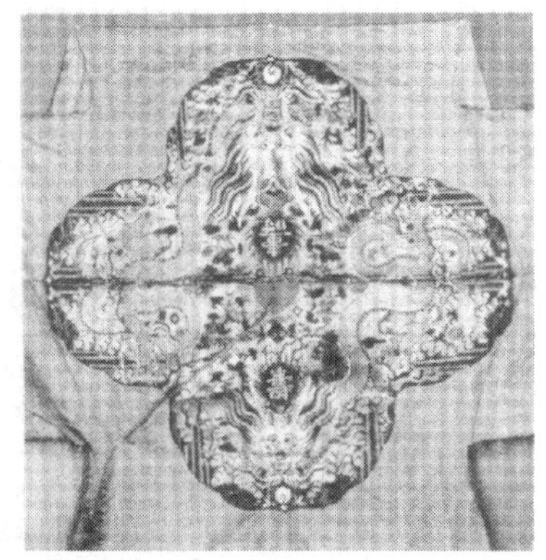

9－115　晚明黄朵云团龙暗花缎地彩绣过肩龙有水灵芝祝寿纹朝袍料（未接两袖）。袍长 145 厘米，花纹长 104×106 厘米，袖长 67 厘米。这是皇帝在宫廷祝寿时所穿的服装，除两条过肩龙外，绣有寿字、灵芝、竹、寿山石、平水等，象征灵芝祝寿的含意。

9－116　北京故宫博物院藏明代过肩通袖龙襕袍。

9－117　北京定陵出土明万历皇帝妆花纱过肩通袖织成袍料的局部。

(五) 过肩通袖龙襕袍

在柿蒂过肩龙袍形式上再在两袖各列一条立龙龙襕，另在前大襟、后襟的下摆当膝部位各饰横襕，前后襟的横襕各饰行龙四条，其他部位织暗花(图9－118、9－119)。

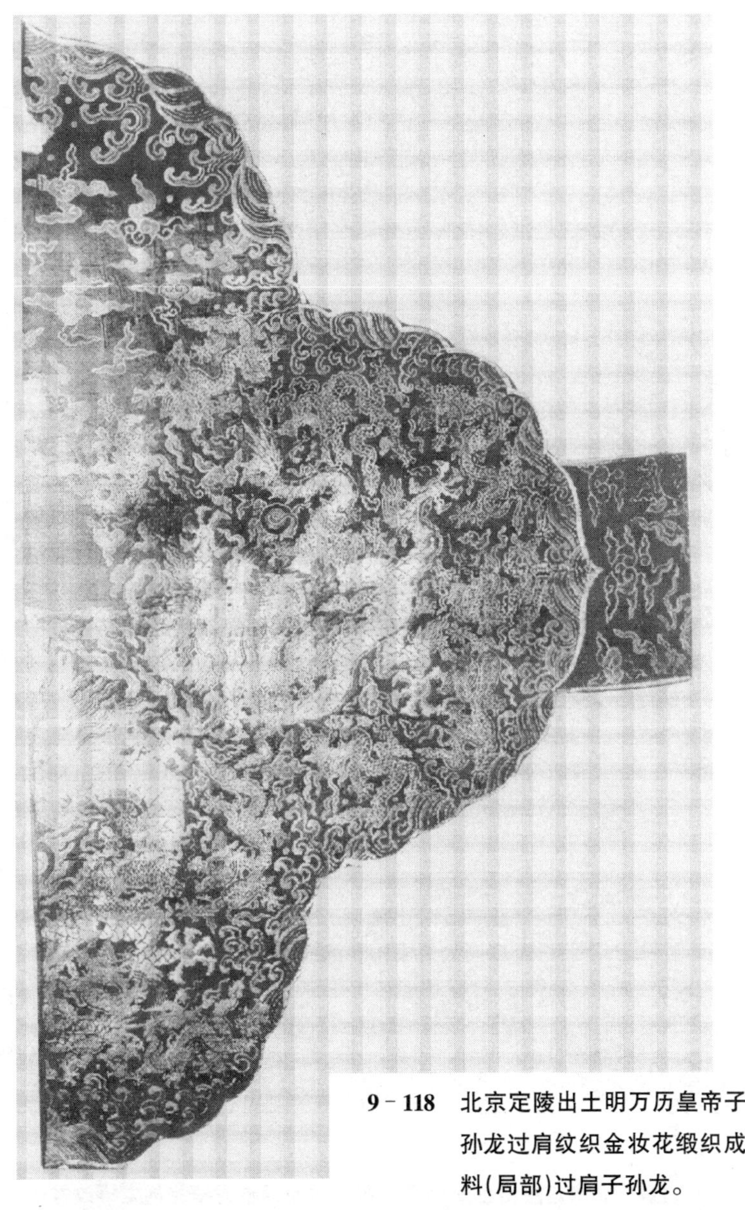

9-118　北京定陵出土明万历皇帝子孙龙过肩纹织金妆花缎织成料(局部)过肩子孙龙。

9－119　北京定陵出土的明万历皇帝过肩通袖龙襕袍的龙襕纹样。

二、明代宫中的时令服装花式

明代宫中根据时令变化，换穿不同质料的服装，并吸收民间风俗，加饰象征各个时令的应景花纹。

（一）年节

农历正月初一正旦节，从腊月二十四日祭灶之后起，宫中穿葫芦景补子及蟒衣，帽上佩大吉葫芦、万年吉庆铎针（铎针为帽前额正中的饰物）（图 9－120、9－121）。

9－120　北京定陵出土明福寿葫芦纹暗花缎，纹样单位宽 10.5 厘米，长 27.8 厘米。

9－121　北京定陵出土明“万寿百事如意大吉”葫芦纹织金缎。

（二）元宵

正月十五上元节亦称元宵节，内臣、宫眷穿灯景补子蟒衣，衣上饰灯笼纹样（图 9－122、9－123）。

9－122 明福寿灯笼纹妆花缎。

9－123 明红地灯笼纹织金缎。

9－124 明秋千仕女纹洒线绣衣料。

（三）清明

三月初四，内臣、宫眷换穿罗衣，清明节穿秋千纹衣服。至四月初四换穿纱衣（图 9－124）。

9－125 明白泽五毒纹织金妆花缎。

（四）端午

五月初一起至十三，宫眷、内臣穿五毒艾虎补子蟒衣。五毒指蝎子、蜈蚣、蛇虺、蜂、蜮（guō 音锅，意蛙）。艾虎为口衔艾叶的老虎，寓驱毒辟邪的意思（图9－125、9－126）。

9－126 明红地灰绿花艾虎五毒纹两色缎纹样。

9－128 北京定陵出土明织金妆花奔兔纱。

（五）七夕

七月初七七夕节，宫眷穿鹊桥补服，古代神话，七夕牛郎和织女在天河相会，这一天喜鹊飞上天去为他们俩搭桥（图9－127）。

（六）中秋

八月十五中秋节，宫中赏秋海棠、玉簪花，穿玉兔纹衣服。古代神话说月中有玉兔，故以玉兔代月（图9－128）。

9－127 北京定陵出土明万历皇帝七夕所穿织金妆花过肩通袖龙襕袍带有喜鹊纹的龙襕纹样。

（七）重阳

九月初九重阳节，御前进安菊花，宫眷、内臣自初四换穿罗衣，饰重阳景菊花补子(图 9－129)。

9－129 北京定陵出土明菊花纹两色缎。

9－130 明太子绵羊纹两色缎。

9－131 北京故宫博物院藏明缠枝四季花卉织金妆花缎，南京织造府织造。

（八）十月初四

宫眷、内臣换穿纻丝。每年小雪之后至立春之前，羊绒衣服随纻丝穿之。

（九）冬至

十一月冬至节，宫眷、内臣穿阳生补子蟒衣，其纹样为童子骑绵羊，肩扛梅枝，梅枝上挂鸟笼，亦称太子绵羊图(图 9－130)。

（十）一年景

明代的一年景纹样，一般系由牡

丹(春)、荷花(夏)、菊花(秋)、梅花(冬)组成(图 9-131)。

(十一) 万寿圣节

即皇帝生日,宫中穿"万万寿"、"洪福齐天"纹样的衣服(图 9-132 至 9-135)。

9-132　北京定陵出土明寿桃纹双面锦。

9-133　北京上方山寺庙藏明海棠长寿纹潞绸。

9-134　明菊花寿字纹双面锦。

9-135　北京定陵出土明灵芝祝寿纹两色缎,纹样单位宽 18 厘米,长 26 厘米。

（十二）颁历

每当皇帝改换年号颁布新历，宫中穿“宝历万年”纹样衣服，以谐音的图案八宝、荔枝、卍字、鲶鱼来寓意。

上举各种纹样，有的作为补子，有的在团花或柿蒂龙纹及膝襕龙纹中作为附属装饰，有的是在衣身的暗花中表现。现今，在明代出土的衣物及传世《大藏经》的裱封丝绸纹样中尚能见到。

三、明代服饰纹样中的吉祥图案

装饰纹样要求美与内容吉利的统一，是我国服饰艺术的特色。宋元以来，随着理学的发展，在装饰艺术领域反映意识形态的倾向性越来越强化，社会的政治伦理观念、道德观念、价值观念、宗教观念都与装饰纹样的形象结合起来，表现某种特定的含意，几乎是图必有意，意必吉祥。后来图案界就把它们叫作“吉祥图案”。吉祥图案利用象征、寓意、比拟、表号、谐音、文字等方法，以表达它的思想含意。

（一）象征

就是根据某些花草果木的生态、形状、色彩、功用等特点，表现特定的思想。例如：石榴内多子实，象征多子；牡丹花形丰满、色彩娇艳，被诗人称为“国色天香”、“花中之王”、“花中富贵”，故象征富贵；葫芦和瓜瓞（小瓜为瓞）、葡萄、藤蔓不断生长，不断开花结果，象征长盛不衰子孙繁衍；灵芝可以配药，久服有健身作用，象征长寿。明嘉靖皇帝派人访寻灵芝，陕西户县人王金贡献一座由 180 多支灵芝装成的芝山，名“仙应万年芝”，受嘉靖皇帝恩赏，后来王金封官加爵，又继续进献灵芝，最后用灵芝配龙涎香放银器中献给嘉靖皇帝，嘉靖皇帝中毒身亡，王金也被砍头。明代丝绸纹样中灵芝纹用得很多，因灵芝形状像如意，又象征长寿（图 9－136 至 9－138）。

9－136　北京定陵出土明折枝牡丹织金缎(洒线绣龙补女衣之地纹)。

9－137　上方山寺庙保存明缠枝牡丹纹双层锦。

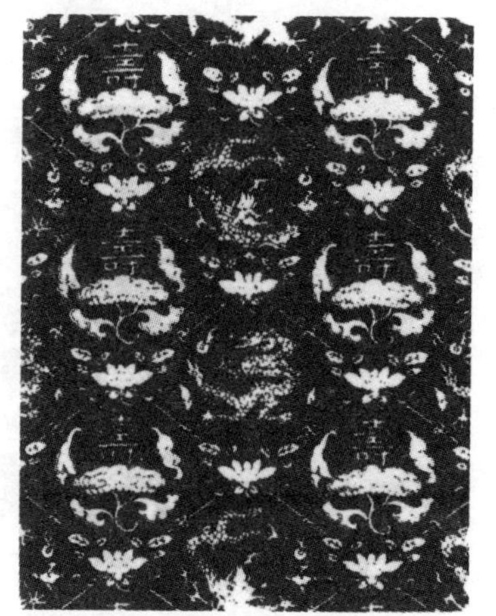

9－138　北京定陵出土明灵芝万寿升降龙纹织金妆花缎。

(二) 寓意

借某些题材寄寓某种特定的含意,寓意必须使人理会,故多与民俗或文学典故有关,如莲花在佛教中是清净纯洁的象征,王茂叔爱莲,因莲花出污泥而不染,故莲花被当作纯洁的象征。晋朝葛洪《抱朴子》说菊花长期服用能清心明目,可长寿500岁。《名山记》说道士朱孺子,在吴末入王笥山,服用菊花,后来升天。故菊花也寓意长寿。晋陶渊明种菊东篱,故喻菊花为隐逸。《汉武内传》记汉武帝时,东方朔三次偷食王母的仙桃,传说王母种桃,3000年结果,吃了可以极寿,故桃子寓意长寿。

9－139　北京定陵出土明松竹梅卍字吉祥纹妆花缎，花纹单纹长9.8厘米，宽8.5厘米。

（三）比拟

赋予某种题材以拟人化的性格。如梅花在一年中开花最早，被称为花中状元。梅花枝干孤高挺秀，不畏寒冷，故又把梅花比拟文人清高。南宋马远把梅花、松、竹与《论语·季氏》的“益者三友”，“友直、友谅、友多闻”联系起来，作松竹梅《岁寒三友图》，后“三友图”在装饰纹样中普遍流行。并蒂莲花则比拟爱情忠贞。明定陵孝靖皇后棺曾出土喜字并蒂莲织金花缎（图9－139、9－140）。

9－140　北京定陵出土明喜字并蒂莲织金妆花缎。

（四）表号

以某些事物作某种特定意义的记号，如把萱草称为宜男草、忘忧草，是母亲的表号。佛教的八种法器宝轮、宝螺、宝伞、宝盖、宝花、宝

9－141　北京定陵出土明柘黄地织金彩妆缠枝莲花托八吉祥纹纱。

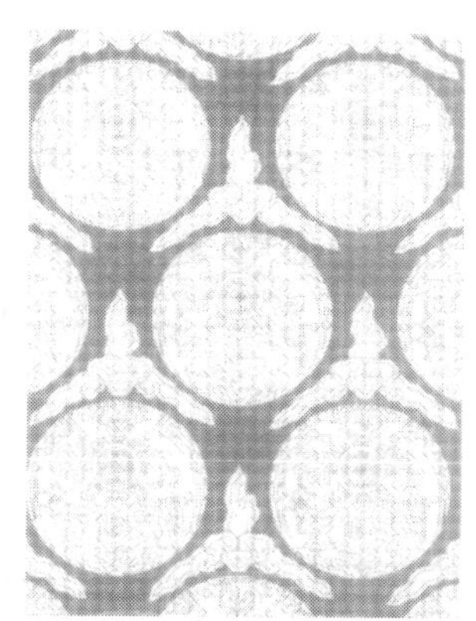

9－142　北京定陵出土明七珍图织金缎，花纹单位长 28.7 厘米，宽 20.8 厘米。

罐、宝鱼、盘长是吉祥的表号，称为“八吉祥”等(图 9－141)。

(五) 谐音

借用某些事物的名称组合成同音词表达吉祥含意。如用玉兰、海棠、牡丹谐音玉棠富贵。灵芝、水仙、菊花谐音灵仙祝寿。用 5 个葫芦与 4 只海螺谐音五湖四海等等(图 9－142)。

(六) 文字

如卍字、寿字、福字、喜字都是明代服饰纹样中常用的，还有“百事大吉祥如意”七字作循环连续排列，可读成百事大吉、吉祥如意、百事如意、百事如意大吉祥等。

四、明代服饰中的动物图案

明代服饰中常见的动物图案有现实性的动物，如兽类中的狮子、虎、鹿。现实性的飞禽仙鹤、孔雀、锦鸡、鸳鸯、鸂鶒、喜鹊。现实性的鲤鱼、鲶鱼、鳜鱼。现实性的昆虫蝴蝶、蝙蝠、蜜蜂、螳螂等等,同时还有想象性的动物龙、蟒、斗牛、飞鱼、麒麟、獬豸、凤凰等等。

狮子除用在品服补子上表示官位等级外,并大狮小狮相戏谐音太师少师,狮子滚绣球则象征喜庆。

虎口衔艾叶是端午节镇压五毒的象征。

仙鹿、仙鹤均象征长寿,孔雀、锦鸡象征地位,鸳鸯、鸂鶒象征婚姻美好,喜鹊为七夕应景花纹,与梅花相配为喜鹊登梅,象征喜到新春。

鲤鱼跳龙门寓科举得中,鲤鱼系飘带则为八吉祥纹样之一。鲶鱼、鳜鱼象征丰收。

蝙蝠谐音福字,与卐字组合为万福的象征,蜜蜂与灯笼、稻穗组合,象征五谷丰登。

五、明代服饰中的自然气象纹

以云纹最突出,云纹有四合如意朵云、四合如意连云、四合如意七窍连云、四合如意灵芝连云、四合如意八宝连云、八宝流云等。雷纹一般作为图案的衬底。水浪纹多作服装底边等处的装饰。也有作落花流水纹的(图 9－143 至 9－145)。

六、明代服饰中的器物纹样

灯笼纹是元宵节应景的纹样。樗蒲纹为散排的两头尖削中间宽大的梭形纹样。梭形内常填以双龙、龙凤、聚宝盆等花纹。八宝纹由珊瑚、金钱、金锭、银锭、方胜、双角、象牙、宝珠组成,象征富有。七珍纹由宝珠、方胜、犀角、象牙、如意、珊瑚、银锭组成,象征富有。八吉祥由佛教的 8 种法器组成,已见前述(图 9－146、9－147)。

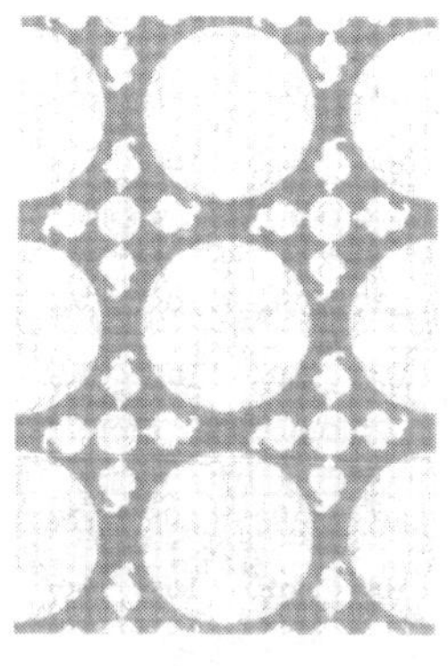

9－143　北京定陵出土明五湖四海纹捻金缎，花纹单位长 25.2 厘米，宽 17.9 厘米。

9－144　北京定陵出土明落花流水纹双面锦。

9－145　北京定陵出土明四合如意云龙纹织金缎。

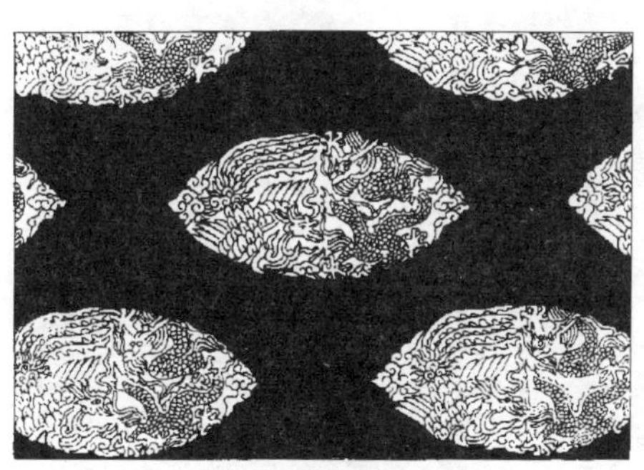

9－146　明《大藏经》裱装封面大红地樗蒲龙凤纹织金缎。

9－147　北京定陵出土明万历织金小团龙杂宝妆花纱，花纹单位长 26 厘米，宽 17 厘米。

七、明代服饰中的几何纹样

有三种类型:(1)八达晕、天花、宝照等纹样单位较大的复合几何纹,基本骨骼由圆形和米字格套合连续而成,并在骨骼内填绘花卉和细几何纹。这类花纹只少量用于服饰。(2)中型几何填花纹,如盘绦纹、双距纹、球路纹等。有一部分用于日常服装。(3)小型几何纹,如卐字,连续不断的卐字纹称作曲水或卐字不断头。龟甲纹,传说伏羲时,有龙马从黄河负九州地图而出,有神龟从洛水负洛书而出,伏羲乃据以画成八卦,故龟视为美物,又是长寿的象征,在服饰纹样中以六角

(1)

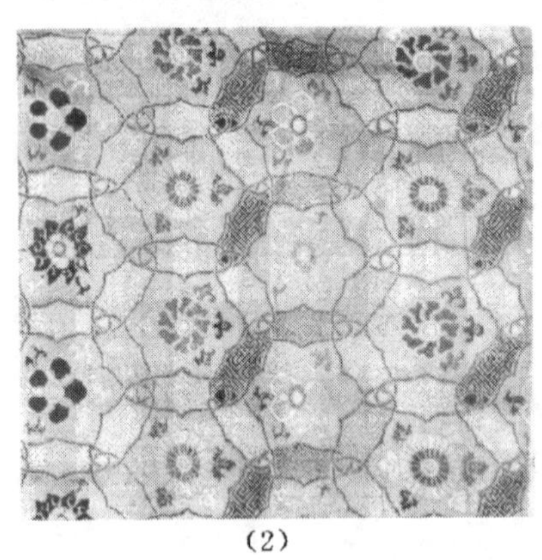

(2)

9-148　(1)明代几何纹锦;(2)明代盘绦纹锦。

9-149　明卐字四合如意纹双距地暗花缎,长 21.2 厘米,宽 17.5 厘米。

形连续称为龟甲纹。方胜纹，为菱形相叠的纹样，古时称之为长命纹。方纹的方为地的象征，方者中矩，《论语·雍也》："可谓仁之方也。"把方作为仁德的象征。四合和四出纹，为方形的变化，四合是向心的，象征团聚，四出是离心放射的，象征发展生长。柿蒂纹、枣花纹均属此类。球路（露）纹，为双重圆形交切组合，像排列整齐的彩球，圆形团结谓之球。连钱纹，为圆形相咬成铜钱形的纹样，象征富有。锁子，仿锁甲形状绘成的几何纹，有辟邪的含意（图9－148、9－149）。

八、明代服饰中的人物纹样

主要有百子图、戏婴图、秋千仕女、太子绵羊及神仙、佛像等（图9－150、9－151）。

在阶级社会，服饰纹样一般受统治阶级审美思想尺度的支配，但宫廷服饰和民间服饰是对立的民族文化的统一体，它们又互相渗透，

9－150　北京上方山寺庙藏明百花婴嬉纹两色缎。

9－151　北京定陵出土明万历婴嬉花纹两色缎。

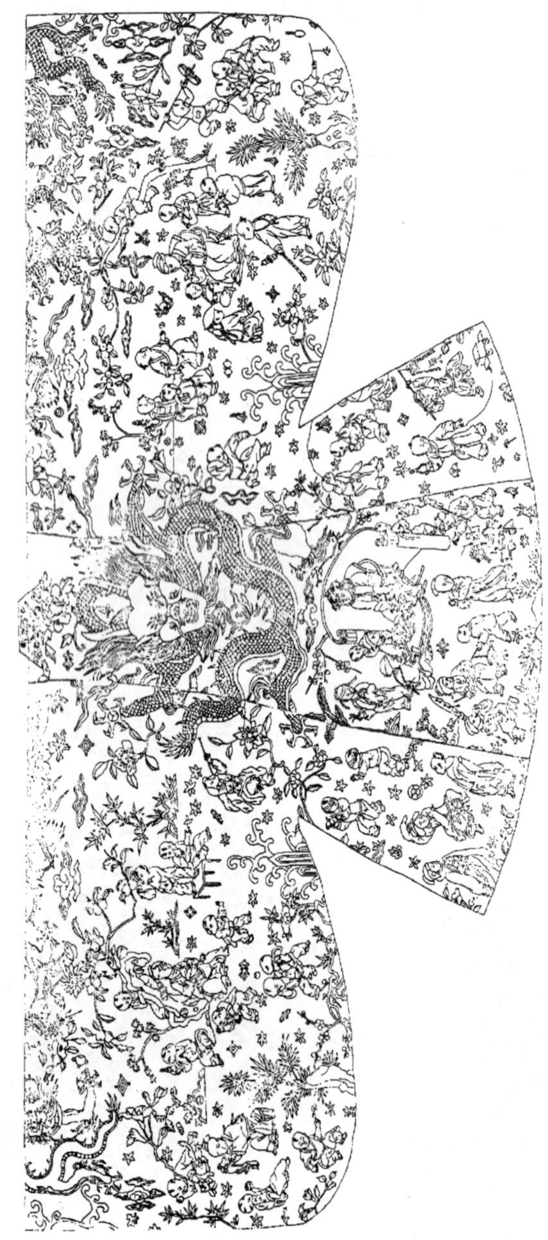

9－152　北京定陵出土明万历皇帝孝靖皇后洒线绣百子女衣背面纹样。

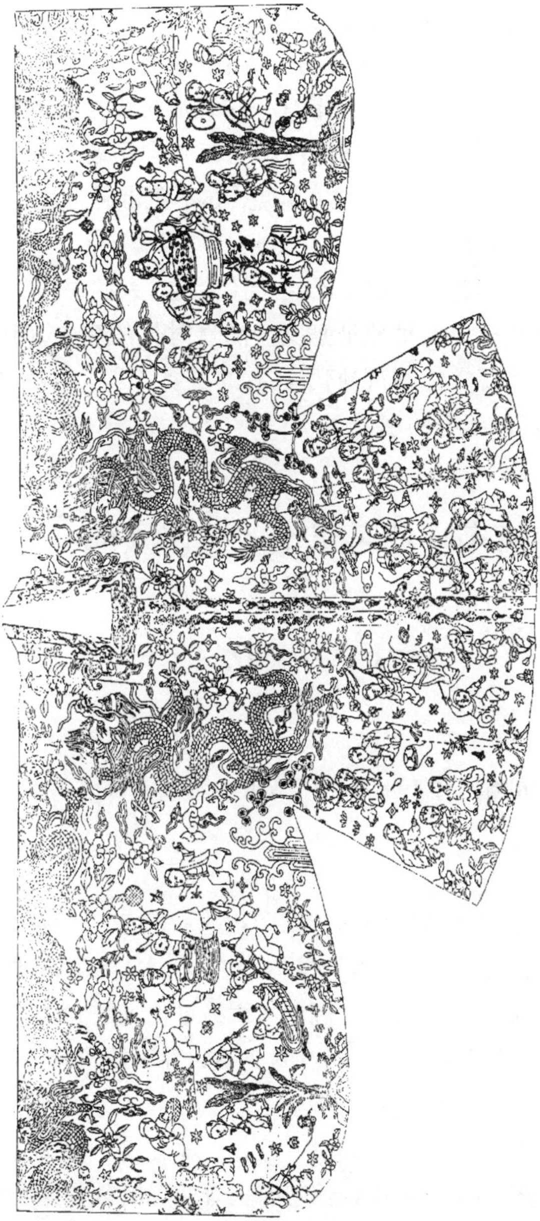

9－153　北京定陵出土明万历皇帝孝靖皇后洒线绣百子女衣正面纹样。

互相影响。民间著名的服饰工艺是宫廷和官府掠取的对象，民间能工巧匠的精心杰作，民间丰富多彩的生活情调和服饰艺术，不断向宫廷渗透。而民间服饰艺术中也会带有一些统治阶级思想的感染，例如明代松江一带的民间浇花布（蓝白印花布），图案题材中龙凤、麒麟、狮子、仙鹿、岁寒三友等所包含的思想，亦不免带有封建社会的烙印（图9－152、9－153）。

自然界的事物本身无所谓意识，在明代社会，人们根据当时的意识观念赋予服饰纹样以某种象征意义。随着时代的变化，旧的意识将渐渐失去原有的现实性，而它们所具有的材质、工艺、色泽、形式的美，则将留给后代以无穷的享受。

第五节　明墓出土的首饰佩饰

一、首　　饰

（一）发鼓

为固定头发的帽子，江苏无锡江溪明华复诚妻曹氏墓出土。

（二）金钗

四川重庆江北区大竹林明简芳墓曾出土一枚钗头为朵云形，正面雕浮雕三骑马人物，背景为楼台亭榭，虹桥树木，极为精致。背面有字小如蚁的墨书《三学士诗》："冠世文章绝等伦，瀛洲学士盛时人；玉堂金马声名旧，明月清风气象新。阆苑朝回春满袖，宫台醉后笔传神；平生自是承恩重，每赐金莲□翰宸。福如东海长流水，寿比南山不老松；长生不老年年在，松石同岁万万春。岁在戊申仲冬吉日造。"《天水冰山录》记载的金凤冠中，有名为"王母队"的，就是这类细金工雕有乐舞群仙一列列在仙山楼阁中为王母祝寿的形象。北京定陵出土的金钗，有白玉、红绿宝石镶嵌成华贵的花形的。北京西郊董四墓村和江西南城、兰州西郊上西园等地出土的明代垒丝金凤钗，凤作举首振翅翘尾姿式，极为生动。江西南城明益王朱祐槟墓彭氏棺及其子朱厚烨墓万氏棺均出土永乐二十二年（1424 年）10 月制作，形状相同的金钗，凤高 10.5 厘米，钗脚高 12.5 厘米，钗脚切面为扁形，上宽下窄，背款"银作局永乐贰拾贰年拾月内造玖成色金贰两外焊贰分"。凤的姿势一俯一仰。朱厚烨墓还有垒丝的仙人楼阁金钗 9 种，楼台层叠，飞檐升空，小桥画栏，弯曲幽径，仙人优游其中，奇花异草环绕。

（三）金玉珠宝花簪

明代金簪运用焊接、掐丝、镶嵌等工艺，将簪头扩大，兰州西郊上西园出土一件明两龙戏珠金簪，全体镂空成云形，中间镶嵌红绿宝石，顶端自云中升出一回顾之龙头，与簪身一条小龙相向戏珠，龙颈龙背均镶嵌宝石。江西南城出土金鬓花簪，正面作如意云形，中镶红、蓝宝石。云南呈贡王家营出土的金花簪作成牡丹花形，叶和花瓣均用薄金片制成，花中镶一枚红宝石作花蕊。江西南城明墓出土金簪的脚款刻有"银作局弘治六年（1493 年）十月内造"等字样。湖北圻春县圻州镇刘娘井村，明端王朱厚烇次妃途经此地时溺井而死，葬于安阳山南麓。1956 年 2 月发掘时有簪 11 件，大小不一，最长 15.8 厘米，最短 5.6 厘米，有莲蓬式、长条式、樱桃式三种，簪头嵌有各色宝石，簪脚多为铜或铁质。北京海淀区八里庄慈寿寺塔西北 1 公里处明武清侯李伟（万历皇帝生母李太后之父）夫妇墓王氏棺内出土凤簪 2 件，通高 29.2 厘米，凤高 6.5 厘米，宽 9.4 厘米，以金片合成双面浮雕，中空，凤嘴衔珠，足踏流云。大花顶簪 1 件，通长 23.8 厘米，簪顶花长 8.1 厘米，宽 4.5 厘米，高 3 厘米，顶花以白玉作花瓣，大红宝石做花蕊，旁有金蝶，蝶须嵌珍珠两颗，花四周饰红、蓝宝石。簪柄弯处托以“古钱”。人物花簪 1 件，通长 21 厘米，花长 10.6 厘米，宽 9 厘米，正面饰宝瓶、竹叶、金花，瓶两侧各立一童子，周嵌红、蓝宝石及金质玉兰花，背面为掐丝古钱底花牌及宝盆、灵芝、竹叶等图案。火焰纹花簪 1 件，通长 12.2 厘米，花长 5.4 厘米，花宽 4 厘米。正面饰火焰宝珠，周嵌红、蓝宝石，背面为三周掐金丝火焰纹。花簪 10 枝，分五式。一式：2 件，通长 16.5 厘米，花长 9.3 厘米，花宽 7 厘米，正面饰宝瓶喜字、蝴蝶、蜻蜓、竹叶等，两侧嵌红珊瑚磨制的花朵，背面为掐金丝的花枝。二式：2 件，通长 21 厘米，花长 11.4 厘米，花宽 8 厘米，正面饰金凤及玉雕番莲花，花蕊嵌红宝石，下饰瑞草及卐字，背面为掐金丝宝瓶插花枝图案。三式：2 件，通长 21.7 厘米，花长 9.7 厘米，花宽 6.8 厘米，正面中嵌碧玉寿字，两侧饰金蝶，蝶翅为玳瑁所制，周嵌红、蓝宝石，背面为掐金丝曲柄折枝花图案。四式：2 件，通长 16.2 厘米，花长 9 厘米，花宽 5.7 厘米，正面为蝶花，金蝶白玉翅，蝶须端饰珍珠。花周嵌红、蓝宝石，背面为掐金丝插盆折枝花图案。五式：2 件，通长 20 厘米，花长 9.8 厘米，花宽 6.8 厘米，正面为双番莲中嵌白玉喜字，即喜字并蒂莲，周嵌红、蓝宝石，背面为掐金丝宝瓶花枝图案。北京定陵明万历皇帝孝端孝靖两位皇后棺中出土金镶珠宝金簪式样更华贵，有的镶猫睛石，通长 4.5 厘米至 7.2 厘米，顶长 0.7 厘米至 1.2 厘米，顶径 1.1 厘米至 1.7 厘米，重 6.5 克至 13.9 克。有的为白玉嵌寿字宝石或卐寿字镶宝石，通长 9.9 厘米至 13.5 厘米，顶长 7.1 厘米至 9.3 厘米，顶径 4.6 厘米至 6 厘米，重 44.6 克至 99.5 克。有的金镶珠宝，多作蝴蝶采花形，通长 15 厘米左右，顶长 7 厘米至 7.7 厘米，顶径 2.7 厘米左右，重 28 克左右。也有镶珠宝的鎏金银簪，重量达 115.1 克至 122.9 克，通长 25 厘米至 27.5 厘米，顶长 4 厘米至 5.2 厘米，顶径 9.2 厘米至 9.8 厘米（图 9－154）。

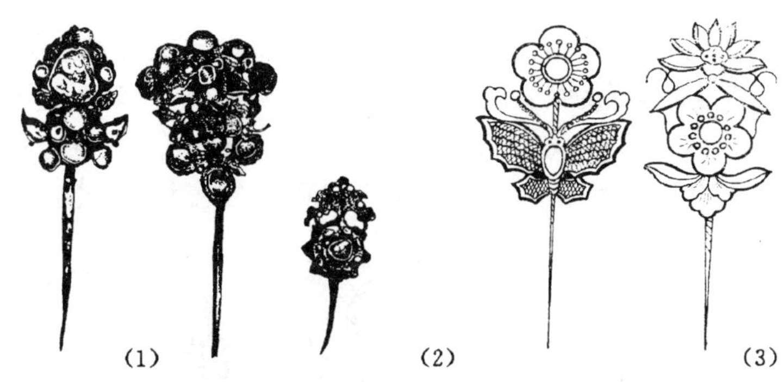

9－154　(1)北京西郊董四墓村出土的明代金簪；(2)兰州上西园出土的明代金簪；(3)北京定陵出土明代金簪。

二、耳　　饰

耳环及耳坠　明代流行一种葫芦形的耳环，以两颗大小不等的玉珠穿挂于一根粗约 0.3 厘米，弯曲成钩状的金丝上，小玉珠在上、大玉珠在下，看似葫芦形，其上有金片圆盖，其下再挂一颗金属饰珠。在广州东山梅花村戴缙墓王氏棺、辽宁鞍山倪家台崔胜夫妇墓、甘肃兰州上西园彭泽夫妇墓、江苏南京徐俌夫妇墓、四川成都市郊明墓均曾出土，《天水冰山录》所记金叠丝葫芦耳环、金折丝葫芦耳环，大概指此。至清代这种耳环也仍流行。此外，明代耳环也用金银模压成型，再在花蕊中央嵌珍珠，在花瓣花叶镶宝石的，此式耳环在上海卢湾区肇嘉浜明潘氏墓(图 9－155)、甘肃兰州明墓也有出土。江苏无锡陶店桥明墓出土的玉雕佛像耳环，高约 3 厘米，上方嵌有 4 颗珍珠，串于金丝弯钩上。

据《天水冰山录》所记耳环名称，还有“金水晶仙人耳环”、“金珠串楼台人物耳环”等名称，在佩戴时可能与仙人、楼台人物的金钗配套使用。另有“灯笼”、“寿”字耳坠，当为四时随应景服饰花纹所佩用。北京定陵孝靖皇后棺出土的玉兔捣药金耳坠，应是中秋节所用。玉兔立于宝石镶嵌的黄金彩云之上，手持玉杵捣药，形象写实生动，制作精巧(图 9－156)。定陵出土的金环宝石耳坠和鎏金银环镶宝玉耳坠，造型朴素，但以色彩和质感体现其珍贵不凡，在艺术上各具千秋。

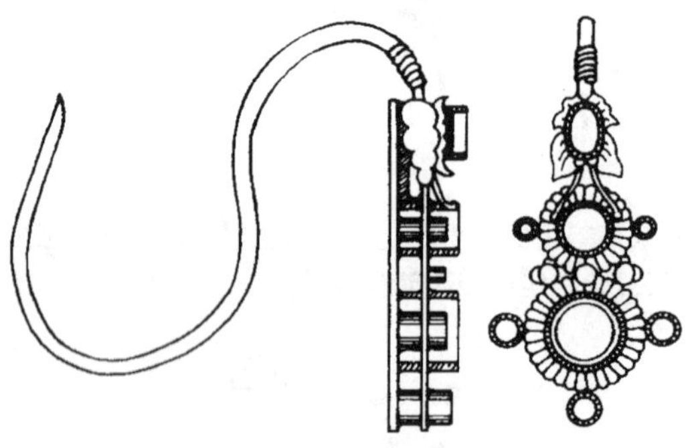

9－155　上海肇嘉浜明潘氏墓出土鎏金嵌珠花耳环。

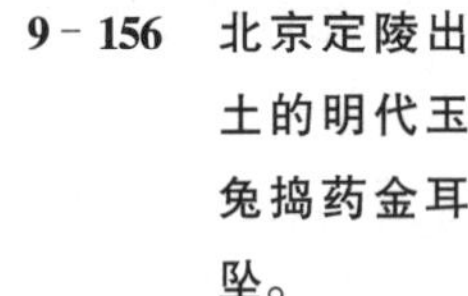

9－156　北京定陵出土的明代玉兔捣药金耳坠。

三、手　饰

（一）戒指

湖北圻春县圻州镇刘娘井村明端王朱厚烇次妃刘氏墓曾出土扁圆形嵌红、绿宝石的金戒指4枚,直径均为2.4厘米。江苏淮安季桥凤凰墩明墓也出过金镶绿翠石的戒指,制作精美。

（二）手镯

北京市郊明武清侯李伟夫妇墓出土金镯2件,用宽0.6厘米,长20厘米的金条打制,两端呈龙头形,含金量88%。

四、腰　带

中国古代官服,革带带鞓上以装玉具、犀具为贵,到宋代以为犀不离角、玉不离石,惟金百炼不变,故采用以金銙为上的制度。四品以上和不及四品但受赐紫、绯的官可以用红鞓。到明朝则以玉带为重,臣僚的带以黑色或深蓝色为多。明代皇帝的玉带除双铊尾外,装玉銙22枚。臣僚的玉带用銙18枚，连铊尾为20枚。明张自烈《正字通》戌集上“銙字”条:“明制，革带前合口处曰三台，左右排三圆桃。排方左右曰鱼尾，有辅弼二小方。后七枚，前大小十三枚。”这是臣僚所用的玉带，前身正中一大二小，名为三台，其左右名为三圆桃，再次为铊尾左右各一，后身为7块方銙。帝王玉带为24枚。腰带装上这许多装饰品之后就相当的长，官员的腰腹一般没有那么宽，故玉带不起束腰作用，而变成纯粹装饰的用具了。然而玉带与衣服相衬之下，确实起着显著的装身作用，使着衣人显得十分华贵，气度大方。这里介绍的北京定陵出土明万历皇帝的玉革带、大碌带、宝带和白玉行龙嵌红蓝宝石金带饰、嵌绿红紫宝石及珍珠的长条形金带饰、三菱形叠胜嵌宝金带饰、嵌红蓝绿黄宝石云形金带饰、嵌蓝绿红黄宝石心字形带饰等，通过这些具体形象，可以领略明代皇帝的豪华生活。

五、佩　　饰

（一）玉佩

为明代皇帝穿衮服时与大绶组合佩挂于革带两侧的玉钩上。北京定陵有此实物出土。江西南城明益王朱祐槟(明宪宗皇帝第四子)墓彭氏棺内出土两副。一副是玉片和玉珠组成,玉片上阴刻云凤纹,玉珩上有长 7.5 厘米的金钩,钩内刻“银作局弘治六年十月内造金五钱”字样。复原后通长 74.5 厘米;另一副为柳叶形玉片和菱形玉块组成。同时出土玉人、玉羊、玉鱼、玉鸳鸯等小玉饰 22 件。此类小金小镶嵌佩饰,1958 年在兰州西郊上西园明墓也出土 100 多件。另在湖北圻春县圻州镇刘娘井村明端王朱厚烇次妃刘氏墓出土金佩一组,由黄金镶嵌宝石的花朵和一些小玉件串成。

（二）金香囊

江西南城明益王朱祐槟妃彭氏墓出土,香囊呈核桃形,上镂飞凤穿花纹,以金链与金挂钩相连,可在腰间佩挂。

第十章　清代的服饰文化

第一节　清代服饰文化发展的背景

1616 年，女真贵族努尔哈赤统一女真（诸申）各部，建立后金政权。天聪九年（1635 年），皇太极改女真为满洲。1636 年，皇太极登皇帝位，改国号大清，是为清太宗。顺治元年（1644 年）清世祖入关，定都北京，逐步统一全国。到十八世纪后期，人口增至三亿左右，是当时亚洲东部最强大的封建国家。自鸦片战争以后，由于外国列强的侵入，中国一步一步地变成了一个半殖民地半封建社会。宣统三年（1911 年），资产阶级领导的辛亥革命推翻清皇朝，结束了中国两千多年来的封建君主制度。

清朝从皇太极改国号为大清起，共历 11 帝，统治 276 年。随着清朝的建立、强盛、衰微及至灭亡，直接影响着中华服饰艺术风格的重大变化。

女真族原是尚武的游牧民族，有他们自己的生活方式和服饰文化。他们打败明朝统治者之后，就想用本民族的服饰来同化汉人，用满洲贵族统治汉人的意识推行服装改革，所以入关之后，就强令汉人剃发留辫，改穿满族服装，这一举动引起汉族人民强烈的抵制。清廷乃吸收明朝冠服制度中的某些成分，纳入清朝服制，实际是出于缓和民族矛盾的心理，采纳了明朝遗臣金之俊“十不从”即“男从女不从，生从死不从，阳从阴不从，官从隶不从，老从少不从，儒从而释道不从，倡从而优伶不从，仕宦从而婚姻不从，国号从而官号不从，役税从而语言文字不从”的建议，在服饰方面，像结婚、死殓时女的都许保持明代服式。未成年儿童、官府隶役和出行时鸣锣开道的差役以及民间赛神庙会所穿，也用明代服装。优伶戏装采取明式，释道也没有更改服装样式，故有人为了逃避剃发易服而遁迹山林着僧装。清廷采取这种让步措施，使因剃发易服而起的民怨得到一些缓和，清朝的服饰制度才能在全国推行。而清朝的服饰，也得以充分继承明代服饰技艺的成就，把艺术水平提高到登峰造极的程度。

清朝中后期因统治者日趋腐朽，国力衰微，人民苦寒交迫，被迫起义，帝国主义的炮舰侵略攻破清朝封闭的国门。为了挽救清朝覆灭的政治命运，清廷乃以“中学为体、西学为用”的思想为指导，希望引进西方军事知识强化军队，镇压人民起义，先后派遣留学生到西欧留学，军队也以西式操练法改练新军，从此西式的学生操衣、操帽和西式的军装军帽，开始在中国学生和军人中出现。由于西式服装是采用立体构成方法裁剪，功能合理，故一经引进，就对近代中国服装结构的改革产生了重要的影响。

随着西方势力的入侵，西方的文艺形式也渐渐进入清宫廷，使闭关锁国的清统治者开扩了眼界，并对清皇室成员的生活衣着观念产生了一些影响。

1911年的辛亥革命，推翻了中国历史上最后一个封建王朝，中华服饰从此开始向平民化、现代化的进程展现出自己的风采。

第二节　满洲族入关以前的服装

满洲族简称满族，是女真族的后裔，女真族的祖先可追溯到三千多年前的肃慎人，他们长期居住在我国东北边疆以狩猎为生，公元前十一世纪西周初就向武王进贡。汉以后史书记载的挹娄、勿吉、靺鞨直到女真，都是肃慎人的后裔。明朝的女真人就是满洲族的前身，居住于东北长白山一带，以游猎为生。数传之后居住于赫图阿拉(今辽宁省新宾)，到太祖爱新觉罗·努尔哈赤时建为清代的兴京，其后收并哈达、辉发、叶赫、乌喇诸部，并获得内蒙古、东北各部的降服归顺，至天命元年(明万历四十四年，1616 年)定国号为金(世称后金)。

女真人长期生活于苦寒地带，没有丝织和棉织，妇女能织粗毛布和麻布，长于制裘。女子辫发盘髻，穿白色衣服。男子留颅后发，辫发垂肩，系以色丝，善骑射渔猎，冬季以长毛的兽皮为衣。明末女真人逐渐南迁，接近汉族地区，生活条件发生了一些变化，但他们强调“国语、骑射”，穿衣打扮不离旧俗。明万历二十三年(1595 年)，朝鲜人申忠一到过女真人的赫图阿拉，他在《建州图录》中说：他看见努尔哈赤“头戴貂皮帽，着貂皮护项，身穿五采龙文天盖，上长至膝，下长至足，皆裁貂皮为缘饰。诸将亦有穿龙纹衣者，只其缘饰则或以豹皮，或以水獭，或以山鼠皮”。“足登纳鹿皮兀喇鞋，或黄色或绿色”。女真人喜欢把鹿皮染成红色或绿色制作衣服或皮鞋，这种技艺到清代中后期仍在满族民间流传。并能利用大块鹿皮拼对出花纹，做成毛朝外的皮袍，或以鹿皮为面，挖云镶嵌，领袖用染成红、绿色的皮镶沿作成女袍。貂鼠、青鼠、狐貉或羔皮等贵重的毛皮是供贵族穿用的，平民只能穿鹿皮或更次的牛、马、猪、羊、狗、鱼、蛇等类皮衣。缝制也很简单。

在女真族没有入关以前的太祖(努尔哈赤)、太宗(皇太极)时期，为了积蓄力量进取中原，并解除后顾之忧和道梗之患，女真人对朝鲜和蒙古采取优抚政策，他们特别想利用蒙古族的骑兵力量配合攻击明朝，对蒙古族采取联姻政策。努尔哈赤对来归附的蒙古族王公十分优厚，天命六年（1621 年）11 月，漠南蒙古喀尔喀部内古里布什台吉、蟒古儿台吉率民 640 户以及所属牲畜归附后金，努尔哈赤设大宴招待，并分别赐给他们“貂裘三领，猞猁猻裘二领、虎裘一领，貉（hé 音河，狗獾）裘二领、狐裘一领，厢（镶）边獭裘二领、厢边青鼠裘三领、蟒衣九件、蟒缎六匹、绸缎三十五匹、布五百匹、金十两、银五百两，雕鞍一副、鲨鱼皮鞍七副，䥴（wàn 音万，马冠饰）金撒袋一副，又撒袋八幅、弓矢俱全，盔甲十副，奴仆、牛马、房田凡应用之物皆备”（《清太祖武皇帝实录》卷三）。天命八年初，漠南蒙古喀尔五卫拉巴斯希台吉、琐诺木台吉等各率所属军民、牲畜及蒙古各处共五百户来归，努尔哈赤“皆列等赐职”，并“赐貂裘、猞猁猻裘，金银布帛及房田、奴仆、牛马等物”（《清太祖武皇帝实录》卷四）。努尔哈赤死后，太宗皇太极于天聪六年（1632 年，明崇祯五年）2 月更定衣冠制度，先谕礼部“凡诸贝勒大臣等，染貂裘为袄，缘阔披领及菊花顶者，概行禁止。若不遵而服用，则罚之。衣服许出锋毛或白毡帽则可”。同年 12 月又议定官员服制，《清太宗文皇帝实录》卷十二有记载，说“八固山诸贝勒在城中行走冬夏具服朝服，出外方许便服。冬月入朝许戴元狐大帽，居家服便服”。又“冬月……居家戴尖缨貂帽及貂鼠团帽。春秋入朝，许戴尖缨貂帽。夏月许戴缀缨凉帽。素缎各随其便，不得擅服黄缎及五爪龙等服。若系上赐不在此例。平时勿著缎靴，惟夏月入朝乃许服用”。又规定八家福晋冬夏外出许穿女朝衣，冬戴尖缨貂帽，夏戴尖缨凉帽。满洲、蒙古、汉人自固山额真以下代子、章京、护军及牛录下闲散富足之人以上，冬夏在城具服披领袍。不得穿小袍。贫人穿无开襟袍。闲散侍卫、章京、护军及诸贝勒下闲散护军、章京以上，许穿缎衣，余都用布。妇女衣料各随其夫，冬间许戴缀缨团帽，夏许戴凉帽。凡可穿缎的，不拘蟒素各随其便，惟不许服黄及杏黄色并五爪龙等服。大臣不许自制黑狐大帽。以上如系上赐者例外。缎靴也只许穿缎衣者入朝与宴才许穿。在城不许戴黄狐皮大帽，尖缨帽及杂色帽概不许戴。在城也不许穿宽带及皮棉齐肩褂外套。这次定制，已把汉族传统的服饰等级观念吸收到满洲服饰制度中去，不但突出皇帝地位的尊严，而且一旦由皇帝赐予某大臣以御服黄缎袍，就会使人感到是无限的恩宠。天聪七年(1633年)4月，皇太极赐蒙古喀尔沁部落古鲁思辖布御服黄缎袍一，雕鞍马一。天聪八年6月，以阿禄部落济农之弟巴木布楚尔，来合大军，赐以御服黄蟒袍。天聪九年5月赏给察哈尔的善都布黄缎袍。都是笼络臣属的一种政治手段。至今在北京故宫博物院和沈阳故宫博物馆还保存着两件皇太极赏给硕色乌巴什的旧黄袍，因这两件旧黄袍是皇太极生前穿过的，故后来由硕色乌巴什的子孙闲散玉麟于乾隆后期缴回清廷保藏，在辽宁档案馆《光绪十九年翔凤阁存贮故宫各宫并文溯阁、夏园行宫陈设器物清册》所载，故宫翔凤阁陈设器物记有“闲散玉麟恭缴太宗文皇帝赏给硕色乌巴什旧黄袍一件(随高宗纯皇帝朱批谕旨一道)”。又北京中国第一历史档案馆清《内务府陈设档册，陈字7711》《光绪二十九年盛京翔凤阁恭贮器物清册》亦记载：“锦袱一块，上缀白貂皮四张，闲散玉麟恭缴，太宗文皇帝赏给硕色乌巴什旧黄袍一件，随高宗纯皇帝朱批谕旨一道。”上述由北京故宫博物院收藏的一件，为明黄暗花绸、缎，圆领大襟右衽马蹄袖旧棉袍，身长120厘米，通袖通长196厘米，袖口13.5厘米，下摆118厘米。裾四开，前后开衩长6.5厘米，左右开衩长8厘米。袍面为明黄色暗花八吉祥纹绸，纹饰横向排列，第一排轮、第二排长、第三排罐、第四排花、第五排鱼、第六排螺、第七排盖、第八排伞。花纹单位22×10厘米。袍的掩襟用大小不同的19块暗花八吉祥纹绸和暗花缎拼成，其中两块暗花缎，一块长28厘米，宽10厘米，另一块长30.5厘米，宽18厘米，纹样为卐字地上饰梅花、茶花、灵芝、竹。组织为五枚二飞经面地纹起五枚二飞纬面花纹。袍里用粗细不同的白色素绸拼成，面与里之间加一层薄棉。领与袖用龙形不完整的蓝色暗花连云地织金龙纹缎镶边，领缘宽7厘米，袖缘宽 13 厘米。袖口上钉有宽 5 厘米的缘条。袍上有纽袢四对。大襟纽袢上拴有三个黄纸签,一个墨笔楷书“文皇帝御用旧朝袍一件”。一个上书“四十五年玉麟进旧黄袍□□件,朱批谕旨□□……”(字有残缺),此两黄纸签是入库时典守人员所写。另有一个楷书:“太宗文皇帝赏战袍一件,□□玉麟恭缴。”为玉麟上缴时所写。此袍形制为上衣下裳式的上衣部分,袍面上有许多血痕,像是从外面间接浸到袍上去的,推断此袍是在战争时衬在铠甲里面穿的,铠甲上沾了血就间接浸到袍上去了,故玉麟上缴时称它为战袍。打仗时只穿上衣,不衣下裳(图10-1)。

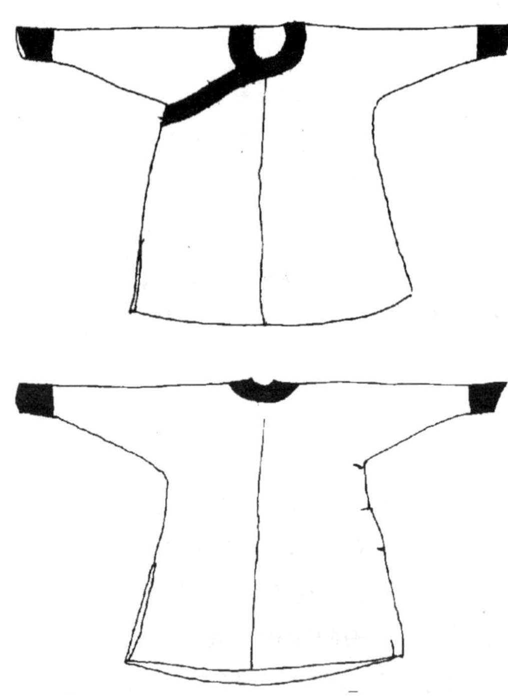

10-1　北京故宫博物院藏清太宗明黄色绸棉袍,身长 120 厘米,两袖通长 196 厘米,前后左右开衩。

沈阳故宫博物馆收藏的一件袍,款式与北京故宫博物院收藏者相同,以香黄色卐字纹地云龙纹缎为面,月白色暗花绫为里,中絮薄棉,领、袖间皆以蓝地云龙纹缎镶嵌,袖端的熨褶“赫特赫”用蓝素缎,身长 140 厘米,袖长 67 厘米,箭袖(马蹄袖)最长处 11 厘米,胸围 61.5 厘米,下摆 110.4 厘米。这两件袍都是满族早期贵族所穿的典型性的男袍。

努尔哈赤时女真

贵族冬天戴貂皮帽,穿齐膝的毛皮镶缘袄或蟒衣。到皇太极时期,贝勒大臣冬穿染貂裘袄,衣服可以出锋毛,戴尖缨貂帽或貂鼠团帽,朝服男子冬戴元狐大帽,春秋戴尖缨貂帽,夏戴缀缨凉帽,穿缎靴。女子冬戴尖缨貂帽,缀缨团帽,夏戴尖缨凉帽。一般官吏及富足之人在城可穿披领袍。缎靴只有穿缎衣的上层人物入朝与宴时才许穿。黄及杏黄色和五爪龙袍、阔披领、菊花顶是皇帝所用,禁止官民服用,但蒙恩特赐者例外。大臣不许自制黑狐大帽。在城不许戴黄狐皮大帽、尖缨帽、杂色帽,不许穿小袍,宽带及皮、棉齐肩褂外套。穷人穿无开襟袍(图10－2)。

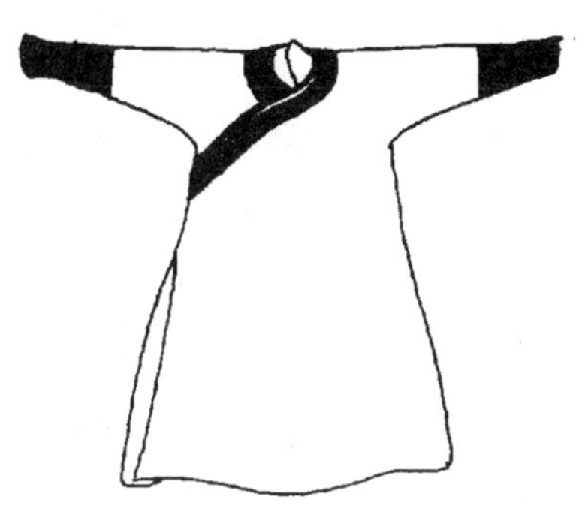

10－2　沈阳故宫博物馆藏清太宗黄色暗花缎旧男袍。袍长140厘米,袖长67厘米,胸围61.5厘米,下摆宽110.4厘米。

北京故宫博物院藏清太祖努尔哈赤像,纵276厘米,横166厘米,头戴夏朝冠,身穿黄色八团龙织金缎夏朝服,式样为阔披领,圆领右衽大襟,膝间有片金襕,襕左方有衽,下裳有襞积,袖为窄袖接深青色中接袖和绣云龙纹箭袖。衽、袖口、襟侧及底摆均镶有片金边,脚踏粉底方头靴。腰束黄朝带,饰圆形金版,正中镶大东珠,再镶四颗东珠,及四块蓝宝石,圆周饰一圈珍珠边饰。这种服式与故宫所藏清太宗皇太极像及顺治皇帝朝服像的服式完全相同。这些画像系清代帝后的标准像,前两件为死后追画的,用途是挂在景山寿皇殿,圆明园安佑宫及宫内有关处所,供礼拜瞻仰之用。

第三节 清朝入关初期强制推行的服制改革

明崇祯十四年(1641 年),崇祯皇帝派兵部尚书洪承畴总督河南、山西、陕西、四川、湖南的军务,率八总兵 13 万人与清军在松山(今锦州南部)会战大败,次年洪承畴被俘至沈阳降清,关内以李自成为首的农民起义军占领了北京。顺治元年(1644 年),清军乘农民军政权尚未巩固的时机,利用明山海关总督吴三桂的臂助大举入关,在北京建都,当时顺治帝福临只有 7 岁,由摄政王多尔衮辅弼朝政。在清兵入关以前,凡被攻占原属明朝统治的地区,都按满族习俗,令当地官民前额剃发、后脑留发梳辫垂于后背。明朝降将孔有德、耿中明、祖大寿、洪承畴等,投降后都剃发换装。清兵攻取抚顺,明游击李永芳即剃发留辫投降。清兵攻取大凌河、山海关,也都下令军民剃发留辫,在清太宗皇太极执政时,就已有儒臣谏劝,请他采用汉族服饰制度。皇太极于崇德元年(1636 年)11 月在翔凤楼集合诸王贝勒、固山额真、都察院官等重要官员,让弘文院大臣给大家宣读金世宗完颜雍的历史(金代金熙宗及金主亮废弃女真冠服,改服汉人衣冠,至金世宗始复女真旧制),训告大家说:“先时儒臣巴克什·达海·库尔德(即博士)屡劝朕改满洲衣冠,效汉人服饰制度,……朕试为此喻,如我等于此,聚集宽衣大袖,左佩矢、右挟弓,忽遇硕翁科罗巴图鲁(满语:鹫一般的勇士)劳萨(人名)挺身突入,我等能御之乎?若废骑射,宽衣大袖,待他人割肉而后食,与尚左手之人何以异耶!朕发此言……恐后世子孙忘旧制,废骑射以效汉人俗,故常切此虑耳。”可见皇太极对推行满族服装是十分坚决的。顺治帝在北京建都时,距皇太极去世才 1 年,当然不会改变推行满族服制的既定方针,但顺治元年南方尚未平定，清廷为了稳住人心，就暂在服制方面维持原状。据《研堂见闻杂录》记载："我朝初入……衣冠一承汉制，凡中朝之臣（指明朝遗臣），皆束发顶进贤冠（即明代梁冠），为长袖大服，分为满汉二班。"又《东华录》记："顺治元年，……谕兵部曰……予曾前因归顺之民，无所分别，故令其剃发，以别顺逆，今闻甚拂民意，……自兹以后，天下臣民，照旧束发，悉从其便。"

顺治二年6月，因江南平定，就命令豫亲王多铎"各处文武军民，自应尽令剃发，倘有不从，军法从事"。据《东华录》记载，同月又谕礼部："向来剃发之制，所以不即划一，听令自便，盖欲天下大定，始行此制，今者天下一家，岂容违异，自今以后，京师内外，限旬日尽令剃发。"据《研堂见闻杂录》记载，当时禁止民间穿戴汉装，也十分严厉，例如禁止戴明朝士儒的方巾，所以就没有敢戴平顶帽的，有人在私居偶戴方巾，如被人看见，惨祸就会马上降临。剃发易服之令，伤害着汉族人民的自尊心，群情愤慨！所以也有一些汉族官员，上书清廷直陈满汉歧视不当，最后清朝皇帝才在规定服饰制度时借鉴金之俊"十不从"的建议，采取了较为灵活的态度。乾隆年间，还有人劝清高宗改穿汉族服饰。有一天，清高宗乾隆皇帝穿了汉式帝皇的冕旒衮服，召见王亲大臣问是否像汉人，众人不敢对答，一位老臣说道："皇上于汉诚似矣，而于满则非也。"这话正说到乾隆帝的心坎上，于是又在翔凤楼集合诸王及属下训诫说："朕每敬读圣谟（指清太宗皇太极崇德元年11月在翔凤楼对诸王及属下关于服饰的训诫），不胜钦懔感慕……我朝满洲先正之遗风，自当永远遵循。"乾隆三十八年，他又下谕"衣冠必不可轻言改易"，"所愿奕叶子孙，深维根本之计，毋为流言所惑，永永恪遵朕训，庶几不为获罪祖宗之人"。不过在北京故宫博物院保存的乾隆帝御用朝服和吉服上面及乾隆帝的朝服像中，都发现了汉族皇帝衮服所必有的"十二章"纹样，而且十二章所摆的位置也是固定的。在乾隆帝以前如顺治、康熙、雍正帝的朝服、吉服和朝服像中，则没有发现十二章。自乾隆帝以后诸帝的朝服、吉服则依据乾隆帝的成规也都加饰十二章。可见乾隆帝尽管十分强调恪守满族遗风，但只在服装款式上坚持，在纹饰方面，却主张“润色章身，即取其文”，把汉族传统的十二章和补服纹饰，一概转用到清朝服制中去。

第四节　清代的冠服

清朝坚持以满洲族的传统服饰为基础，制定冠服制度，故对明朝的服制有较大的变革。自从清太宗皇太极于崇德元年开始初步定制，历经变动修改，直到清高宗乾隆帝之世才基本确定下来，以后虽有修订，但没有重大的变动。清军入关之后，曾于顺治九年(1652年)定《服色肩舆永例》。康熙九年(1670年)定民公以下有顶戴官员以上者禁穿五爪蟒缎。雍正三年(1725年)12月在赐太保年羹尧自裁的罪状中有：“出门官员穿补服净街、用鹅黄小刀荷包、擅穿四衩衣服、衣服具用黄包袱、伊子穿四团补服、坐落公馆墙壁具采画四爪龙、吹手穿缎蟒袍。”其狂悖之罪有：“奏折在内房启发，并不穿朝服大堂拜送，纵容家人魏之耀穿朝、补服与司道提镇同坐。”雍正四年及八年定大小官员帽顶等级。雍正十年校刊《大清会典》。乾隆五年(1740年)敕撰《大清律例》，乾隆二十六年敕撰《大清会典·会典则例》。乾隆三十一年校勘完成《皇朝礼器图式》系为清宫廷画师精心彩色描绘，并用木刻版刊印黑白图。后于嘉庆、道光年间纂修完成《会典及事例、图式》和《大清通例》。光绪年间又增补修纂《大清会典图例》。此外，清代凡由内务府发交江南江宁苏州二府、浙江杭州府及两淮织造司织造的御用冠服、妃嫔暨皇子公主朝冠朝服，均依礼部定式或皇上命题由内务府或如意馆画师绘制重彩工笔小样，交总管太监呈皇帝御览，或经内务府大臣直接审阅后连同批准件送发织造，织成匹料后再送去裁作、绣作、衣作，分别在衣料上裁剪、绣花、缝制。完成之后，凡上用者陆路运送进京，宫用者水运进京，于限期内送交内务府广储司的缎库验收，这些小样都附有白纸或黄纸墨迹题签，有些并署有画画者的真实姓名，如“臣沈振麟恭画”、“臣谢醇恭画”、“臣沈世俊恭画”、“臣沈员恭画”等，现在还有一部分完整地保存于北京故宫博物院，可以与北京故宫博物院现藏的清代服装实物相对照（图 10－3 至 10－10）。而北京故宫博物院和中国历史博物馆保藏的宫廷绘画，如清初由著名画家王翚主持，集中许多画家合作绘成的《康熙万寿图》（十二大卷）、《康熙帝南巡图》，由徐扬主持的《乾隆南巡图》（十六大卷》和徐扬的另一长卷《姑苏繁华图》，又如《雍正帝祭先农坛图》、《乾隆帝紫光阁赐宴图》、《乾隆帝大阅图》、《乾隆帝大阅铠甲骑马像》、《乾隆帝丛薄围猎图》、《乾隆帝射熊图》、《泰和殿延宴图》、乾隆帝题诗作序的《塞宴四事图》、乾隆帝生母崇庆太后《万寿点景图》、《光绪帝大婚图》、《冰嬉图》、意大利画家郎世宁《万寿园赐宴图》及

10－3　清金鱼水草纹织成漳绒马褂料。

10－4　清菊花团寿纹织成漳绒坎肩料。

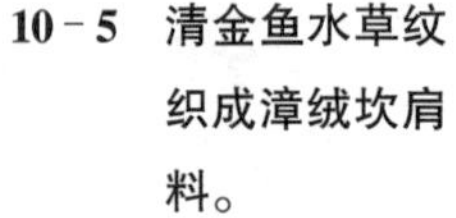

10－5 清金鱼水草纹织成漳绒坎肩料。

10－6 晚清礼部“专为织办褂襕身长，宽窄尺寸”裁制大样。

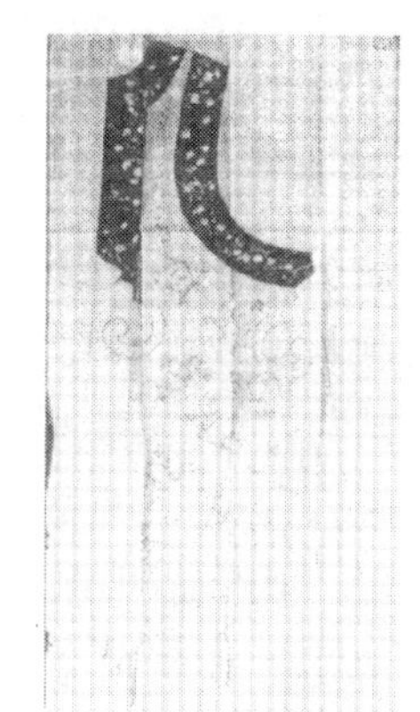

10－7 晚清礼部褂襕原大画样，上有黄签墨书：“整枝梅花绛丝水绿褂襕一件”，身长150厘米，半肩宽15.3厘米，袖笼34厘米，半下摆61.5厘米，边饰宽7厘米。

《马术图》等，则生动具体地描画出了清朝君臣在各种不同政事或礼仪活动场面穿衣的形象。另外如《康熙帝读书像》、《康熙帝写字像》、《雍正帝行乐图》、《乾隆帝岁朝行乐图》等，是描绘皇帝在燕居时穿着便服读书、写字或娱乐、休息的情形，更能帮助我们了解清代上层社会服饰文化与生活活动的概貌。十九世纪八十年代照相术传入中国之后，上自慈禧太后，下至市民、商贾、小手工艺人，都有写真照片流传至今，足以提供更加真实的形象资料。而更宝贵的是北京故宫博物院、沈阳故宫博物馆、台北故宫博物院等文博单位，分别保存了数10万件的清宫服饰实物，由于距今年代不远，这些文物保存鲜艳如新，都给清代服饰艺术的研究提供了有利条件。

10－8　晚清礼部褂襕设计小样，墨书"竹兰""臣沈员恭画"，两色金竹兰纹。

10－9　晚清礼部衬衣设计小样团竹纹。

10－10　晚清如意馆设计背心小样，牵牛花纹样。

清代冠服，制度浩繁，除箭袖、蟒服、帔肩、翎顶为王公大臣朝服所必具外，四季色彩质料、当胸补子、朝珠等级、翎子眼数、顶子材料都有严格区别，本书限于篇幅，不能一一具陈，仅择其要者，附图分述如后。

一、冠　　帽

（一）皇帝冠帽

1．皇帝冬朝冠

冠体为圆顶呈斜坡状，冠周围有一道上仰的檐边。冬用薰貂制作，十一月初一至正月十五用黑狐毛皮制作，冠体上缀朱纬，长出冠檐，顶上加金累丝镂空金云龙嵌东珠宝顶，宝顶分为三层，底层为底座，有正龙4条，间饰东珠4颗，第二、三两层各有升龙4条，各饰东珠4颗，每层间各贯东珠1颗，共饰东珠15颗。顶部再嵌大东珠1颗。梁二，在顶左右。檐下两旁垂带交于项下(图10-11)。

2. 皇帝夏朝冠

冠体作圆锥形，下檐外敞呈双层喇叭状。用玉草(玉草产于东北，满族叫德勒苏草，进关以后，视此草为发祥之物)或藤丝、竹丝作成，外裱以罗，在两层喇叭口上镶石青色织金边饰，以红纱或红织金为里，外层缀朱纬，内层安帽圈，圈上缀带。冠前缀金累丝镂空金佛，金佛周围饰东珠15颗，冠后缀金累丝镂空舍林，有东珠7颗。冠顶部再加金累丝镂空云龙嵌大东珠宝顶，宝顶形式与冬朝冠相同(图10-12)。

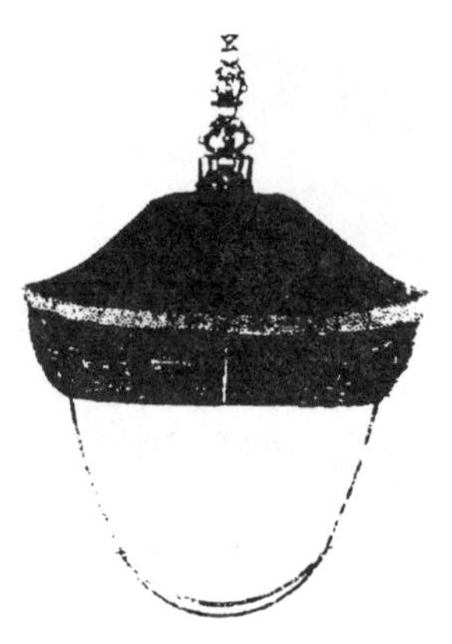

10-11 清皇帝冬朝冠。

10-12 清皇帝夏朝冠。

3. 皇帝吉服冠

冠形似朝冠，冬用海龙、薰貂、紫貂，上缀朱纬，冠顶满花金座，上衔大珍珠一颗。满花金座有的是镶嵌宝石的。夏吉服冠也用玉草或藤丝、竹丝编织，红纱绸裱里，石青织金缎或织金绸、纱缘边。上缀朱纬，顶满花金座上嵌大珍珠一颗(图10-13、10-14)。

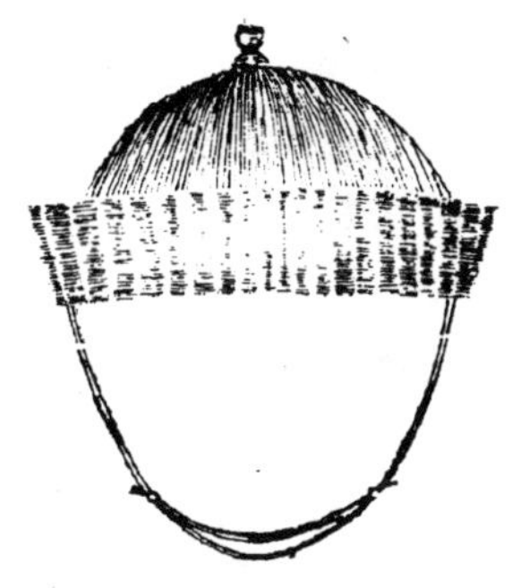

10-13　清皇帝冬吉服冠。

10-14　清皇帝夏吉服冠。

4．皇帝常服冠

冬为有折檐的圆形帽，满缀红缨，红绒结顶。用皮或青绒制作。夏常服冠形同夏朝服冠，以玉草或藤、竹丝编织，红纱、绸里、石青织金缘边。上缀朱纬，红绒结顶。

5．皇帝行服冠

冬行服冠形如冬常服冠，用黑狐、黑羔皮或青绒为之，满缀红缨，红绒结顶。夏行服冠形同夏常服冠，用藤、竹丝编织，红纱裱里并缘边，上缀朱氂。顶及梁皆黄色，前缀珍珠一颗(图10-15、10-16)。

10-15　清皇帝冬行冠。

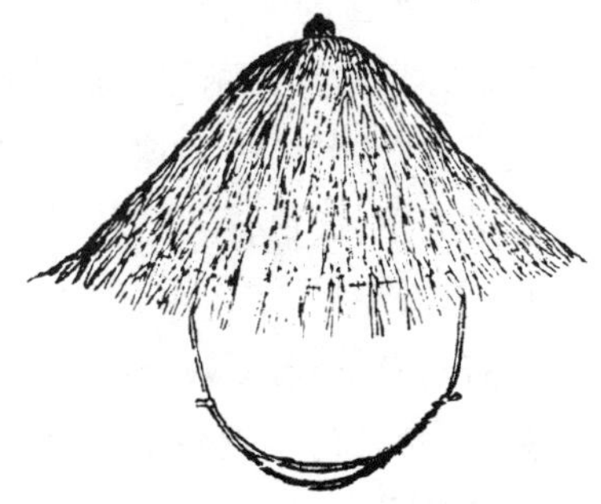

10-16　清皇帝夏行冠。

6. 皇帝雨冠

冬季冠形为高顶式,前有深檐。夏季为平顶式,前檐展敞。表按不同季节用明黄色毡、油绸或羽缎制作,月白缎里(图 10－17、10－18)。

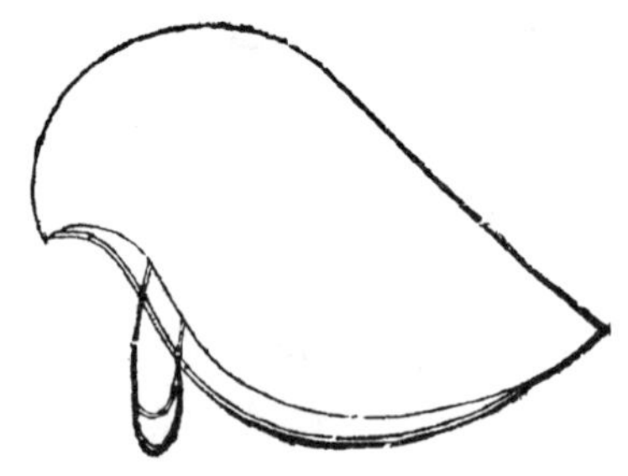

10－17　清皇帝冬雨冠。

10－18　清皇帝夏雨冠。

(二) 皇子、亲王等冠帽

1. 皇子冠帽

造型与皇帝冬、夏朝冠相同,但皇子冬朝冠冬用薰貂、十一月初一至正月十五用青狐制作,冠顶只有两层,上饰东珠 10 颗,顶衔红宝石。夏朝冠织玉草或藤、竹丝为之,前缀舍林,有东珠 5 颗,后缀金花,有东珠 4 颗,共饰东珠 9 颗,顶如冬朝冠。

皇子吉服冠,红绒结顶。行冠、常服冠与吉服冠同。

皇子雨冠,红色,按季节用毡、雨纱、油绸。

2. 亲王冠帽

朝冠与皇子同。

亲王吉服冠,冬用海龙、薰貂、紫貂。夏吉服冠只是冠顶改用红宝石。曾获赏赐红绒结顶者得用之。余冠与皇子同。

3. 亲王世子冠帽

冬朝冠顶金龙二层，饰东珠 9 颗，上衔红宝石。夏朝冠前缀舍林，饰东珠 5 颗，后缀金花，饰东珠 4 颗。其余冠与亲王同。

4．郡王冠帽

冬朝冠，顶金龙二层，饰东珠 8 颗，上衔红宝石，夏朝冠前缀舍林，饰东珠 4 颗，后缀金花，饰东珠 3 颗。吉服冠、行冠、常服冠与亲王世子同(图 10－19)。

5．贝勒冠帽

冬朝冠，顶金龙二层，饰东珠 7 颗，上衔红宝石。夏朝冠前缀舍林，有东珠 3 颗，后缀金花，有东珠 2 颗。其余冠制与郡王同。

6．贝子冠帽

冬朝冠，顶金龙二层，饰东珠 6 颗，上衔红宝石。夏朝冠前缀舍林，有东珠 2 颗，后缀金花，有东珠 1 颗(图 10－20)。

吉服冠，顶用红宝石，戴三眼孔雀翎。

10－19　清郡王冬朝冠。

10－20　清贝子夏朝冠。

7．镇国公冠帽

冬朝冠，顶金龙二层，饰东珠 5 颗，上衔红宝石。夏朝冠前缀舍林，饰东珠 1 颗。后缀金花，饰绿松石 1 颗。

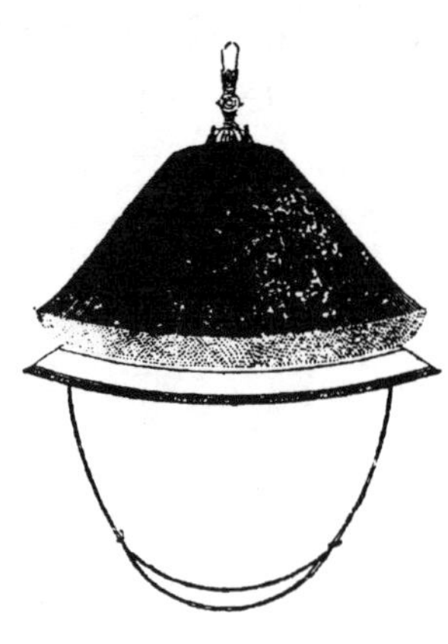

10－21 清镇国公冬吉服冠。

吉服冠，入八分公，顶用红宝石。未入八分公，顶用珊瑚，皆戴双眼孔雀翎(图 10－21)。

8. 辅国公朝冠

顶金龙二层，饰东珠 4 颗，上衔红宝石，余同镇国公。

9. 镇国将军朝冠

顶镂花金座，中饰东珠 1 颗，上衔红宝石。吉服冠顶用珊瑚。

10. 辅国将军朝冠

顶镂花金座，中饰小红宝石一，上衔镂花珊瑚。吉服冠顶亦用镂花珊瑚。

11. 奉国将军朝冠

顶镂花金座，中饰小红宝石一，上衔蓝宝石。吉服冠顶亦用蓝宝石。

12. 奉恩将军朝冠

顶镂花金座，中饰小蓝宝石一，上衔青金石。

13. 固伦额驸吉服冠

顶用珊瑚，戴双眼孔雀翎。

(三) 百官冠帽

1. 民公朝冠

冬用薰貂，十一月初一至一月十五用青狐。顶镂花金座，中饰东珠 4 颗，上衔红宝石，夏朝冠顶与此相同。吉服冠用珊瑚顶(图 10－22)。

10－22 清民公夏朝冠。

2．侯、伯、子、男朝冠

顶镂花金座，中饰东珠侯三、伯二、子一，上衔红宝石。男饰小红宝石，上衔镂花珊瑚。

3．文一品、武一品与郡主额驸冬朝冠

用薰貂，十一月初一至一月十五用青狐，顶镂花金座，中饰东珠一，上衔红宝石。吉服冠用珊瑚顶。

4．文二品、武二品与县主额驸冬朝冠

用薰貂，十一月初一至一月十五用貂尾，顶镂花金座，中饰小红宝石一，上衔镂花珊瑚。吉服冠顶上衔镂花珊瑚。

5．文三品、武三品、郡君额驸朝冠

除冠顶衔蓝宝石外，均与二品官相同。一等侍卫戴孔雀翎，余同三品。

6．文四品、武四品、县君额驸朝冠

顶镂花金座，中饰蓝宝石一，上衔青金石。吉服冠顶上衔青金石。二等侍卫戴孔雀翎，余同四品。

7．文五品、武五品、乡君额驸朝冠

顶镂花金座，中饰小蓝宝石一，上衔水晶石。吉服冠顶亦用水晶。三等侍卫戴孔雀翎。

8．文六品、武六品、蓝翎侍卫朝冠

顶镂花金座，中饰小蓝宝石，上衔砗磲。吉服冠顶亦用砗磲。

9．文七品、武七品朝冠

顶镂金花座，中饰小水晶一，上衔素金。吉服冠亦用素金。

10．文八品、武八品朝冠

镂花阴文，金顶无饰。

11．文九品、武九品、未入流朝冠

镂花阳文，金顶。吉服冠同。

12. 雨冠

民公、侯、伯、子、男，一、二、三品文武官，御前侍卫，乾清门侍卫，上书房、南书房翰林，批本处行走人员，皆红色。四、五、六品文武官，中间红色，边缘青色。七、八、九品文武官，中间青色镶红色缘。

13. 翎子

翎子分花翎、蓝翎、染蓝翎，花翎为贵。花翎即孔雀翎，又有单眼、双眼、三眼之分，三眼最贵。花翎原有例戴、赐戴之分。例戴如宗室贝子戴三眼花翎，镇国公、辅国公、和硕额附戴双眼花翎。镇国将军、辅国将军戴单眼花翎。品官例戴花翎的有御前大臣、领侍卫内大臣、直省将军内大臣、各城参赞办事领队大臣、散秩大臣、武备院卿、上驷院卿，头、二、三、四等侍卫及前锋营、火器营、护军营、銮仪卫等满足五品以上、统领、参领、前锋侍卫、诸王府长史、散骑郎、二等护卫均戴单眼花翎，翎根缀蓝翎，插入用翠玉、白玉、碧玉、碧玺、珐琅、瓷等质材制成的翎管内，缀于冠后。双眼和三眼翎就是拿两个和三个孔雀尾羽后梢的彩色翎斑重叠垂直连接而成。蓝翎是用鹖羽制成，蓝色无翎斑，故名蓝翎。染蓝翎是用靛蓝染天鹅毛而成。在明代都督江彬等就已在白红笠上植染蓝翎为饰，贵者三英、次者二英、最次者一英，已于前述。清代花翎以三翎为贵，但康熙时，因某皇子想戴花翎，康熙帝曾特赐五眼花翎，后福文襄公立大功，曾获四眼花翎，属于特例。皇室子弟年十二能射箭者，也给花翎，但无冠顶，名“空花翎”。清末汉人中李鸿章曾获戴三眼花翎，赐方龙补服。曾国藩、曾国荃、左宗棠获赏戴双眼花翎。当时汉人获封爵赐戴花翎及文臣兼提督巡抚衔者都得赏赐，这在清前期是很少有的。即宗室亲郡王为大臣者，也必奉旨恩赏才能戴花翎，如未奉旨擅自戴用者，要交宗人府议处。清代武官冠顶还插雕羽及蜜鼠尾、薰獭尾、豹尾、獭尾、猞猁狲尾等为饰，卤簿校尉、和声署乐生等则在帽顶正中插明黄翎为饰。

鸦片战争以后，清廷衰微，财政枯竭，当时有广东洋商伍崇曜、潘仕成捐输十数万金，无可嘉奖，始蒙戴花翎，传为恩荣。此后捐翎之风盛行，咸丰九年规定，捐翎改为实银，不准折扣，花翎价7千两银。花翎从此由荣誉象征几乎变成商品交换了。

（四）皇后、太皇太后、皇太后、皇贵妃、妃、嫔冠帽

1．皇后、太皇太后、皇太后朝冠

冬用薰貂，夏以青绒为之，冠体为圆顶呈斜坡状，周围有一道上仰外侈的冠檐。冠体上缀朱纬，冠顶呈宝塔形，分三层，每层贯东珠各1颗，皆承以金凤，饰东珠各3颗，珍珠各17颗，上衔大东珠1颗。朱纬上周缀金累丝凤凰7，每只凤身上饰东珠9颗、猫睛石各1颗，每只凤的凤尾饰珍珠21颗。冠后金累丝翟（雉鸟）1，翟背饰猫睛石1颗，翟尾饰珍珠16颗。从翟鸟下垂珠结，由五行每行64颗珍珠串连，平排垂挂，在每行垂珠的半中间即第32颗处，接衔一个圆形青石结，系用金累丝圆形饰片嵌青金石1颗、东珠6颗、珍珠6颗制成。然后再从石结下面接垂五行后半串珍珠。共珍珠320颗，这就称为“五行

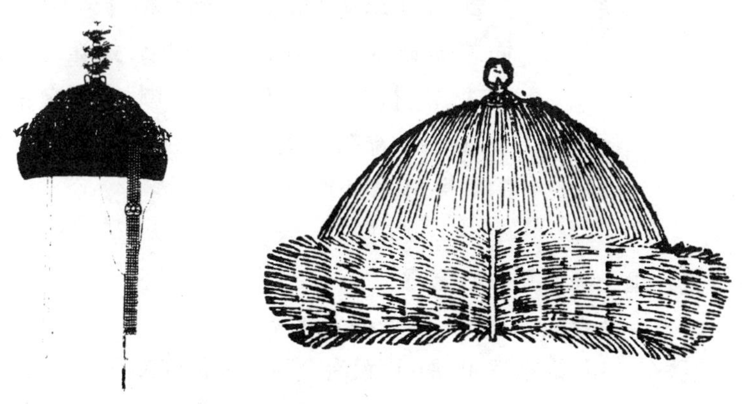

10－23　清皇后夏朝冠。　　10－24　清皇后、皇贵妃、贵妃吉服冠。

二就”。每行大珍珠一,末缀珊瑚。冠后从冠檐里边下垂倒葫芦形护领,护领下端垂明黄色丝绦两条,末缀宝石。冠左右缀青色缎带(图 10－23)。

吉服冠冠形基本相同，以薰貂为之，上缀朱纬，顶用东珠(图 10－24)。

2. 皇贵妃朝冠

皇贵妃朝冠形制与皇后朝冠相同,其差别只是 7 只金凤上没有猫睛石,翟鸟下所垂珠结不是五行二就,而是“三行二就”,三行共用珍珠 192 颗。

3. 妃、嫔朝冠

妃、嫔朝冠顶都是二层而不是三层,每层承以金凤,每凤饰东珠 9 颗,珍珠 17 颗,妃冠顶上衔猫睛石,嫔上衔砗子。朱纬上周缀金凤 5,每凤饰东珠 7 颗,珍珠 21 颗。后金翟 1,妃翟上饰猫睛石 1 颗,珍珠 16 颗,嫔翟上只有 16 颗珍珠,没有猫睛石。从翟鸟下垂的珠结三行二就,妃用珍珠 188 颗,中间金衔青金石结一,饰东珠、珍珠各 4 颗,末缀珊瑚。嫔翟鸟下垂的珠结三行二就,只珍珠 172 颗,中间金衔青金石结一,饰东珠、珍珠各 3 颗,末缀珊瑚。余同皇贵妃(图 10－25)。

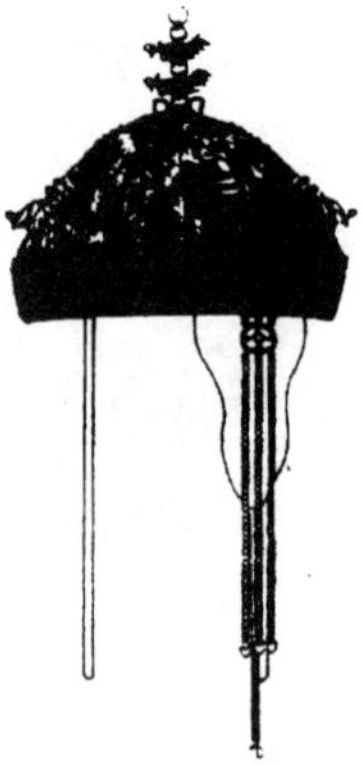

10－25　清妃夏朝冠。

(五) 皇子福晋及命妇冠帽

1. 皇子福晋、亲王福晋、固伦公主朝冠

顶镂金三层,饰东珠 10 颗(而没有金凤),上衔红宝石、朱纬。上周缀金孔雀 5,饰东珠 7 颗，小珍珠 39 颗,后金孔雀 1,垂珠三行二就,中间金衔青金石结一,饰东珠各 3 颗,末缀珊瑚,冠后护领垂金黄缀二,末缀赤珊瑚,青缎为带。吉服冠顶用红宝石(图 10－26)。

世子福晋、郡王福晋、贝勒夫人、和硕公主、郡主、县主朝冠大同小异,均为顶镂金二层,饰东珠(其数世子福晋、和硕公主九;郡王福晋、郡主八;贝勒夫人、县主七),上衔红宝石,朱纬。上周缀金孔雀5,饰东珠(其数世子福晋各6颗、郡王福晋各5颗、贝勒夫人各3颗)。后金孔雀1,垂珠三行二就,中间金衔青金石结一,末缀珊瑚。冠后护领垂黄金绦二(贝勒夫人为石青绦二),亦末缀珊瑚,青缎为带。吉服冠顶均用红宝石。

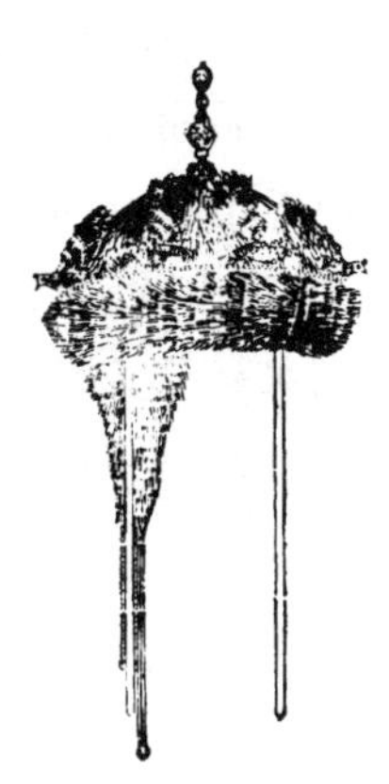

10－26　清公主、福晋冬朝冠。

2. 贝子夫人、镇国公夫人、辅国公夫人、郡君、县君、乡君朝冠

顶均镂金二层,贝子夫人、郡君顶饰东珠六,镇国公夫人、县君五,辅国公夫人、乡君四。

3. 民公夫人,侯、伯、子、男夫人朝冠

冬用薰貂,夏以青绒为之,顶镂花金座,中饰东珠:民公夫人4颗、侯夫人3颗、伯夫人2颗、子夫人1颗,男夫人中饰红宝石1颗,上衔红宝石(男夫人上衔镂花红珊瑚),前缀金簪3,饰以珠宝。冠后护领绦用石青色,吉服冠,薰貂为之,顶用珊瑚(图 10－27)。

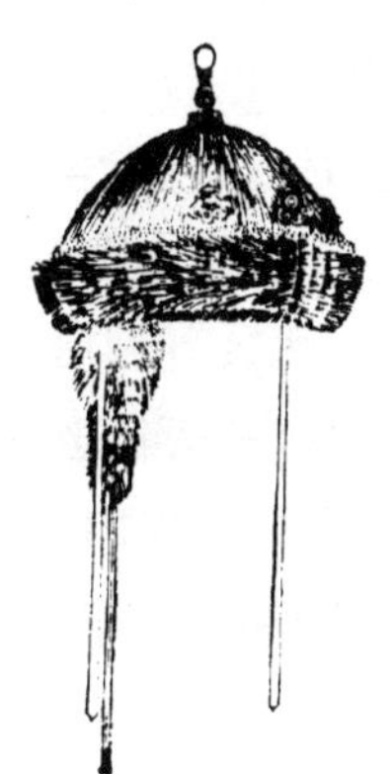

10－27　清民公夫人至七品命妇冬朝冠。

4. 一品命妇、镇国将军夫人朝冠

顶镂花金座,上衔红宝石。吉服冠薰貂为之,顶用珊瑚。二品命妇、辅国将军夫人朝冠,顶镂花金座,中饰红宝石1颗,上衔镂花珊瑚。吉服冠顶亦用镂花珊瑚。三品命妇、奉国将军

淑人朝冠,顶镂花金座,中饰红宝石,上衔蓝宝石。吉服冠亦用蓝宝石。四品命妇、奉恩将军恭人朝冠,顶镂花金座,中饰小蓝宝石1颗,上衔青金石,吉服冠顶亦用青金石。五品、六品命妇朝冠,顶镂花金座,中饰小蓝宝石1颗,五品上衔水晶,六品上衔砗磲。吉服冠五品命妇水晶顶,六品命妇砗磲顶。七品命妇朝冠,顶镂花金座,中饰小水晶1颗,上衔素金。

二、清代男服

(一) 端罩

是清代皇帝、皇族及近臣、侍卫所穿,形式为圆领、对襟、平袖,袖长至腕,衣长至膝下,对襟有纽扣五个,毛朝外穿的宽松式裘皮服。清传抄拙老《闲处光阴》说:“国朝章服之极珍贵者,为元狐褡褸(hù意为褡护),汉文曰端罩。虽亲王亦非赐赉不能服。若既薨没,郎当呈缴,奉旨赏还,方敢藏于家。”皇帝端罩,紫貂为之,十一月初一至正月十五用黑狐。明黄缎里。左右垂带各二,下广而锐,色与里同。皇子端罩,紫貂为之,金黄缎里。亲王端罩青狐为之,月白缎里,若曾获赐金黄缎里,亦可用之。亲王世子、郡王、贝勒、贝子端罩均青狐皮,月白缎里。镇国公、辅国公端罩均紫貂,月白缎里。民公、侯、伯、子、男,下至文三品、武二品端罩,均以貂皮为之,蓝缎里。一等侍卫端罩用猞猁狲皮,间以豹皮,月白缎里。二等侍卫端罩用红豹皮,素红缎里。三等侍卫、蓝翎侍卫端罩用黄豹皮,月白缎里(图10-28、10-29)。

(二) 衮服

清代只有皇帝在祭圜丘、祈谷、祈雨等场合穿衮服,形式为圆领、对襟,长与坐齐(至晚清衣长至膝以下),平袖,袖与肘齐,石青色面,

10－28　清代《钦定大清会典图》中所绘的端罩图。

10－29　清《中兴功臣图像》中文华殿大学士，一等果威伯官文恭公名文像，于吉服袍外穿端罩，头戴吉服冠，脚穿皂靴。

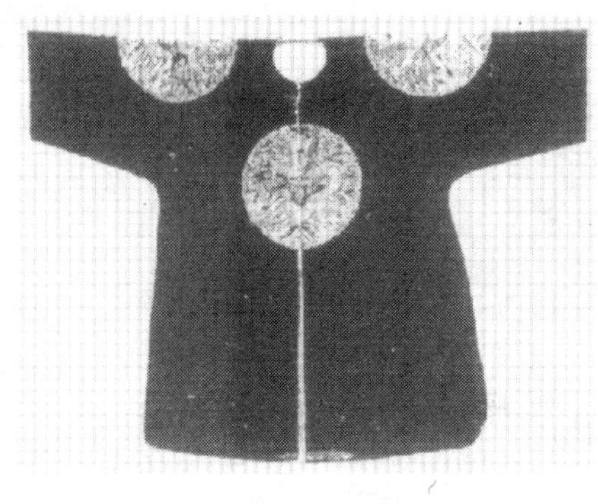

10－30　清康熙圣祖御用石青缎地平金绣四团龙衮服。

石青色扣鼻，钻金圆纽子五。织、绣或缂丝五爪正面金龙四团为纹，前胸、后背、两肩各一，左肩日、右肩月，团龙间以五色云，下海水江牙。春秋为棉或夹，冬用裘，夏用纱。皇子所穿者减去日月纹，其余完全相同，但不叫衮服而叫“龙褂”（图10－30）。

（三）补服

是清代的礼服。皇帝穿衮服、皇子穿龙褂时，王公大臣和百官穿补服相衬配，但补服穿用的场合和时间更多，所以又是清代文武大臣和百官的重要官服。补服的形式为圆领、对襟、平袖，袖与肘齐，衣长至膝下（比袍短一尺许），门襟有五颗纽子的石青色宽松式外衣，故有“外褂”或“外套”之称。补服主要的特点，是用装饰于前胸和后背的“补子”的不同纹饰来区别官位高低。亲王、郡王、贝勒、贝子等皇室成员用圆形补子。固伦额驸、镇国公、辅国公、和硕额驸、民公、侯、伯、子、男以至各级品官均用方形补子。清代补子从形式到内容都是在直接承袭明朝官补的基础上修改而来，但尺寸比明代略有缩小（图10－31至10－36）。

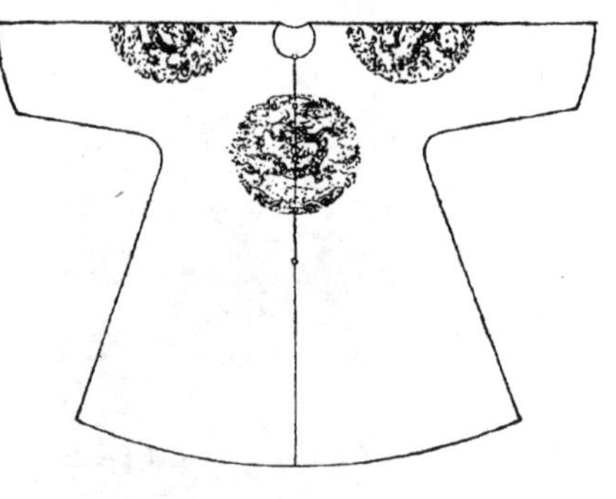

10－31　清《钦定大清会典》所绘的四团龙补服。

10－32　清监国摄政王，溥仪之父载沣 1908 年拍摄的穿四团龙补服像。

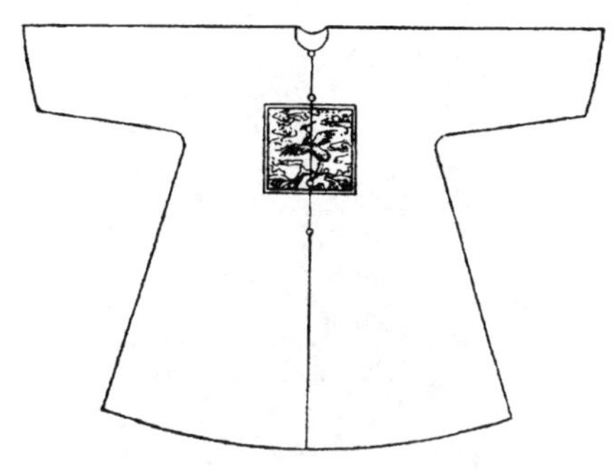

10－33　清《钦定大清会典》中的一品补服图。

10－34　头戴冬朝冠，内穿四爪蟒朝袍，外套仙鹤补服，加披领，挂朝珠，脚穿粉底靴的岐阳世家十四世中宪大夫台州府同知李德耀画像。

10－35　戴夏朝冠，内穿四爪蟒朝袍，外套狮子方补服，加披领，挂朝珠，脚穿粉底靴的岐阳世家第十三世清封资政大夫李祖璿画像。

10－36　晚清刘兴桥(养心殿御前太监,穿七品补服)、王凤池(养心殿东夹道二带班,穿六品补服),二人均内穿蟒袍。

清代补子的纹样如下:

亲王	五爪金龙四团	前后正龙、两肩行龙
亲王世子	五爪金龙四团	前后正龙、两肩行龙
郡王	五爪行龙四团	前后两肩各一
贝勒	四爪正蟒二团	前后各一
贝子	四爪行蟒二团	前后各一
固伦额驸	四爪行蟒二团	前后各一
镇国公	四爪正蟒方补	前后各一
辅国公	四爪正蟒方补	前后各一
和硕额驸	四爪正蟒方补	前后各一
民公、侯、伯	四爪正蟒方补	前后各一
文一品	仙鹤方补	前后各一
文二品	锦鸡方补	前后各一
文三品	孔雀方补	前后各一
文四品	雁方补	前后各一
文五品	白鹇方补	前后各一
文六品	鹭鸶方补	前后各一

文七品	鸂鶒方补	前后各一
文八品	鹌鹑方补	前后各一
文九品	练雀方补	前后各一
未入流	练雀方补	前后各一
都御史	獬豸方补	前后各一
副都御史	獬豸方补	前后各一
给事中	獬豸方补	前后各一
御史	獬豸方补	前后各一
按察司各道	獬豸方补	前后各一
武一品	麒麟方补	前后各一
镇国将军	麒麟方补	前后各一
郡主额驸	麒麟方补	前后各一
子	麒麟方补	前后各一
武二品	狮子方补	前后各一
辅国将军	狮子方补	前后各一
县主额驸	狮子方补	前后各一
男	狮子方补	前后各一
武三品	豹方补	前后各一
奉国将军	豹方补	前后各一
郡君额驸	豹方补	前后各一
一等侍卫	豹方补	前后各一
武四品	虎方补	前后各一
奉恩将军	虎方补	前后各一
县君额驸	虎方补	前后各一
二等侍卫	虎方补	前后各一
武五品	熊方补	前后各一
乡君额驸	熊方补	前后各一

三等侍卫	熊方补	前后各一
武六品	彪方补	前后各一
蓝翎侍卫	彪方补	前后各一
武七品、八品	犀牛方补	前后各一
武九品	海马方补	前后各一
从耕农官	彩云捧日方补	前后各一

由于清代补褂为对襟式，故方补前胸部位的一块分成两半，分缀于对襟两面，后背部位的补是完整的。清代文武官受封命妇，各从其夫或子之官品以分等级，在霞帔上缀本等补子，但皆用鸟而不用兽，意谓巾帼不必尚武。在三伏大热季节，品官可以不加补褂，谓之免褂期。

（四）朝服

1. 皇帝冬朝服

清朝皇帝朝服，是皇帝在登基、大婚、万寿圣节、元旦、冬至、祭天、祭地等重大典礼和祭祀活动时所穿的礼服。其基本款式由披领和上衣下裳相连的袍裙相配而成。上衣衣袖分袖身、熨褶素接袖、马蹄袖端三个部分，腰间有腰帷。下裳与上衣相接处有襞积，其右侧有正方形的衽。朝服分冬朝服和夏朝服，冬朝服又有两种形式，现分述于下：

（1）皇帝冬朝服一　明黄色。两肩和前胸、后背各绣正龙一条，上衣前后列十二章，间以五色云，下平水江牙。下裳襞积绣行龙六条间以五色云，下平水江牙。下裳其余部位和披领全表以紫貂，马蹄袖端表以薰貂。这是自十一月初一至正月十五所穿。质地多用织成妆花缎或以缎、绸绣制（图 10－37、10－38）。

（2）皇帝冬朝服二　明黄色。上衣两肩及前胸后背饰正龙各一，腰帷行龙五，衽正龙一，襞积前后身团龙各九，裳正龙二，行龙四，

10－37　清《钦定大清会典》所绘的皇帝冬朝服之一。

披领行龙二，袖端正龙各一。列十二章，即日、月、星辰、山、龙、华虫、黼、黻在衣，宗彝、藻、火、粉米在裳，间以五色云，下幅为八宝平水，披领，袖端、下裳侧摆和下摆用石青色织金缎或织金䌷镶边，再加镶海龙裘皮边。质地用织成妆花缎或以缎、绸刺绣及缂丝。以上所述花纹是根据《大清会典》等文献记载的情形。根据北京故宫博物院所藏朝袍实物来看，文献所记只是露在衣服外表的花纹。而实物上的花纹，还考虑到人穿在身上活动时，袍子下襟也常常会暴露出来，所以在衣服里面掩襟的襞积部位，也加绣四个团龙，并在掩襟的裳部加绣一条行龙，全袍总共应实用龙纹 43 条(图 10－39)。

十二章纹样的位置：上衣领前列三星，作正三角形排列，领后为山纹，右肩有兔，代表月，左肩有鸡，代表日；胸前正龙右下方为黼纹(斧形)，左下方为黻纹(弫形)，后背正龙右下方为龙纹，左下方为华虫纹(雉鸟)，上衣合起来共八章，与一式冬朝服十二章全在上衣上不同。下幅前身右为火纹，左为粉米；后身右为藻纹，左为宗彝纹。下幅合起来一共四章。这种排列方法和以往历朝是不同的。

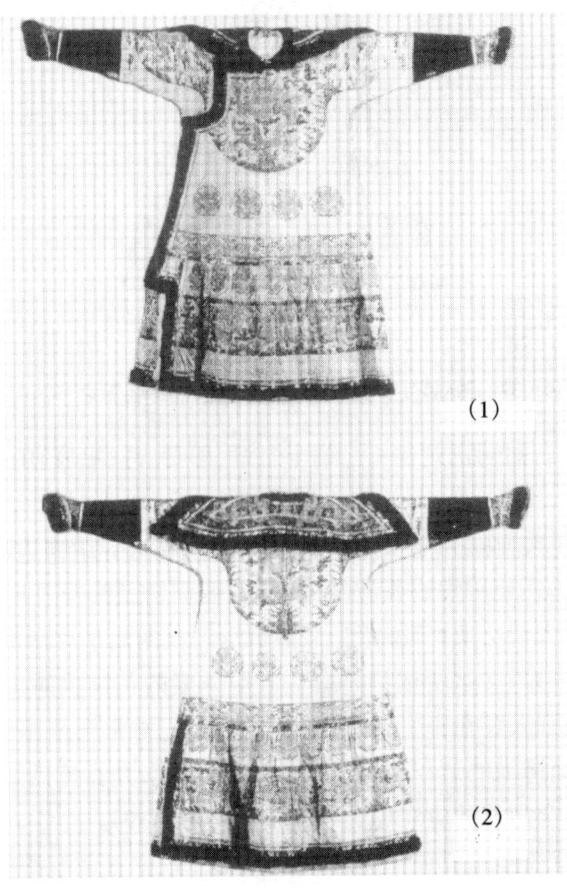

10-38 清康熙明黄色云龙妆花缎，海龙缘冬朝服之二。(1)正面；(2)背面(清初皇帝朝服不列十二章)。

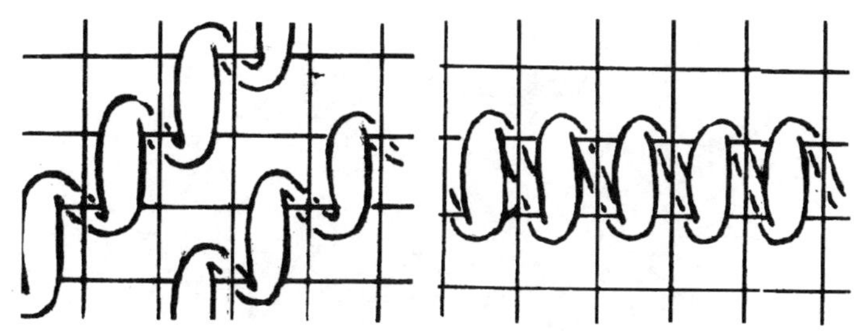

10 - 39　戳纱绣"二丝串"绣的针法示意图。

2. 皇帝夏朝服

明黄色,惟南郊祈谷、常雩(yú 意求雨)用蓝,朝日用红,夕月用月色(月白、即浅蓝色)。夏朝服的形式和纹饰与冬朝服二式完全相同,只是在披领、袖端、下裳侧摆、下摆等处单镶织金缎或织金䌷的镶边,不再镶海龙裘皮边,即所谓"片金绞边"。质地一般为穿纱地绒绣、纳纱绣及妆花纱、缂丝等。春秋两季的棉、夹朝袍,形式与此相同,质地为缎、绸地绣花,妆花缎,缂丝等(图 10 - 40、10 - 41)。

10 - 40　清乾隆缂丝黄地云龙十二章夏朝袍。

10－41　清乾隆帝御用明黄地五彩戳纱绣金龙十二章夏朝袍(背面)。袍长 140 厘米,两袖通长 188 厘米,胸围 128 厘米,下摆 312 厘米,袖口 15.5 厘米,这件朝袍的龙纹和团寿字用平金绣法,其他花纹用“二丝串”。

图 10－41,是北京故宫博物院所藏乾隆帝夏天御用的戳纱绣单朝服,衣长 140 厘米,两袖通长 188 厘米,胸围 128 厘米,下摆 312 厘米,袖口 15.5 厘米。系用一绞一的直径纱绣制,纱地经粗直径 0.14 毫米,纬粗直径 0.3 毫米,每厘米经纬密度为 80∶20 根,有均匀的芝麻形纱眼。花纹绣法,是按纱眼用色丝戳纳而成,针法有短串、长串、打点三类。“串”就是指用绣线在纱底的纬线上按一定规律缠绕成花纹的方法。短串针法是每隔一至两根经纬线戳纳缠绕一针绣花线;长串是按花纹及色彩块面,有规律地拉长绣花线的针脚;也有将两种针法结合使用的长短串。另外还有一种“打点”绣,它是在纱底的经纬线交织点用彩绒作缠绕斜绣,每一交织点绣一针,聚集成花纹。乾隆帝这件御用戳纱绣单朝服,除龙纹和团寿字用平金绣法外,其他花

纹均采用短串法中的“二丝串”绣成。二丝串是在纱底上按每隔两根经纬线的位置，顺垂直方向缠绕戳纳一针绣花线，使绣花线与纬线呈垂直状态错绕成花纹，绣花线采用直径 0.46 毫米的色绒丝，色有红、粉红、蓝、浅蓝、月白、绿、浅绿、湖色、雪青、葡灰、烟灰、香黄、明黄、白等。彩色绒丝较纱底的经纬线粗，能够盖住纱底的经纬线，针路匀整，花纹突出。而用赤圆金、紫赤圆金、淡圆金钉绣的龙纹、团寿字和柿蒂的里边饰，则闪烁于其他花纹之间，形成最醒目的主花。在披领、柿蒂、裳等重要装饰部位，金色龙纹周围以五彩云纹和蝙蝠纹穿插，每装饰部位的周边有平列状水浪纹围绕，习称“平水”。寓“四海清平”之意。再加寿山石纹，寓意江山万代。云纹和蝙蝠则寓意洪福齐天。云纹和水纹用三晕色和四晕色两种调配方法，三晕色的色组有红—粉红—水粉，烟色—香黄—明黄，蓝—浅蓝—月白，绿—浅绿—湖色，雪青—雪灰(葡灰)—白等色组。四晕色是在三晕色的色组上加配一个白色，这些色组用在一起，缤纷艳丽而谐调。

根据清宫档案资料，制作这样一件戳纱绣朝袍，地子合用二尺八寸宽的加重明黄直径纱二丈四尺，披肩、袖头、综袖(中接袖)地子合用二尺一寸宽的加重石青直径纱六尺。绣花所用各色绒丝二十六两二钱四分，金线十六两四钱。用绣工四百九十二工，绣金工四百一十工，画样过粉十六工，合计九百一十八工，如由一个人来刺绣，要用两年零五个月才能把花纹绣完(清同治八年八月二十三日奉大婚礼仪处行文传旨派办)。

如果制作缂丝冬朝袍，工料还要再费一些。现举一例：留海龙缘本身地，随披肩、腰襕、印绶、袖头、综袖各一份，身长四尺四寸，共合缂丝五十一方八寸。各色线八十二两八钱八分，每两银五钱六分，该银四十六两四钱一分三厘。圆金线四百六十六纽，每纽银四分，该银一十八两六钱四分。缂丝匠一千零三十六工，每工银二钱五分，该银二百五十九两。画匠二十五工，每工银二钱四分五厘，该银六两三钱四分五厘。以上缂丝冬朝袍一件,随披肩、腰襕、印绶、袖头、综袖,并留本身边全份,共工料银三百三拾两三钱九分八厘。一件冬朝服的缂丝面料,就相当于一个缂丝工人4年的工资(清同治八年二月三日奉大婚礼仪处行文传旨派办)。

3. 皇子亲王等朝服

(1) 皇子朝服　皇子朝服有两种形式,均金黄色。一种在披领和裳部具表紫貂,马蹄袖端薰貂,绣纹两肩及前胸后背正龙各一条,襞积行龙六条,间以五色云纹。这是十一月初一至正月十五所穿。另一种披领和袖均石青色,织金缎镶边,冬天再镶一层海龙皮边;绣纹两肩,前胸后背正龙各一,腰帷行龙四,裳行龙八;披领行龙二,马蹄袖端正龙各一,下幅八宝平水。

(2) 亲王、亲王世子、郡王朝服　亲王、亲王世子、郡王朝服蓝色或石青色随便用,若赐金黄色亦可用之。其余与皇子相同(图10-42)。

(3) 贝勒、贝子、镇国公、辅国公朝服　贝勒、贝子、镇国公、辅国公朝服不许用金黄色,其余颜色随便用。纹样通绣四爪蟒纹。

(4) 民公、侯、伯朝服　民公、侯、伯朝服一种是蓝或石青色。披领及袖均石青色,织金缎镶边,冬天再加镶海龙裘皮边。两肩、前胸、后背饰正蟒各一条,腰帷行蟒四条,中有襞积,裳行蟒八。另一种是十一月初一至正月十五所穿,披领及裳均表以紫貂,马蹄袖端薰貂,两肩及前胸后背饰四爪正蟒各一条,襞积四爪行蟒四条。曾获赐五爪蟒缎者亦得用之。伯以下至文三品、武四品官有职掌大臣、县主额驸、男、一等侍卫等同。

(五) 吉服袍

1. 龙袍

清代只有皇帝穿十二章龙袍、为圆领右衽大襟、窄袖加综袖、马

10-42　清亲王、郡王、亲王世子夏朝袍。(1)正面；(2)背面。

蹄袖端、四开裾式长袍，明黄色及蓝色、红色，用缂丝或妆花，刺绣作金龙九条，列十二章，间以五色云蝠纹，下幅饰八宝立水。领前后饰正龙各一，左右及交襟处饰行龙各一，马蹄袖端饰正龙各一，领、袖均用石青色镶织金缎、绸镶边。棉、纱、夹、裘随季节变换(图10-43)。

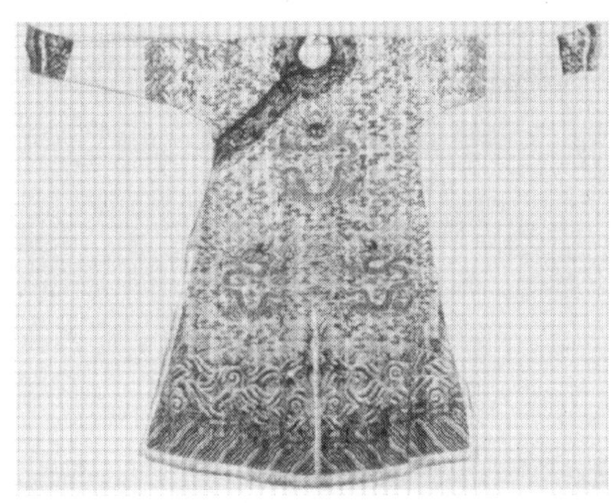

10－43　清乾隆御用缂丝明黄地云龙吉服袍。

2．蟒袍

又称花衣，皇太子蟒袍杏黄色。皇子金黄色，领袖石青色织金缎镶边，绣九条蟒，前后左右开裾。亲王、亲王世子、郡王与皇子同制。贝勒、贝子、镇国公、辅国公通饰四爪蟒九条，不得用金黄色，余色随所用。民公、侯、伯蟒袍用蓝或石青色，通饰四爪蟒九条，曾获赐五爪蟒缎者亦得用之。以下至文、武三品，郡君额驸、奉国将军以上及一等侍卫等同。在皇帝生日的前三天到后四天，百官都穿蟒袍，谓之“花衣期”(图 10－44)。

(六) 常服

1．常服褂

常服褂即对襟平袖，长至膝下的外褂，皇帝及百官均石青色，花纹不限，不缀补子。

2．常服袍

为圆领右衽大襟，窄袖有马蹄袖端，四开裾式长袍，颜色花纹不

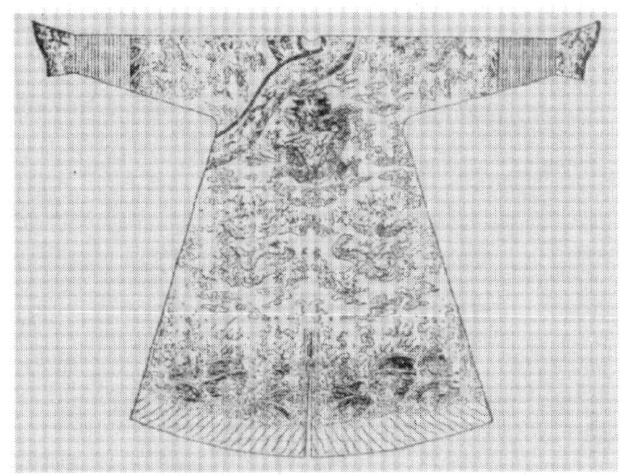

10－44　清《钦定大清会典》所绘的四爪蟒袍。

限。是平常所穿(图 10－45)。

(七) 行服

1. 行褂

为圆领对襟,平袖,袖长及肘,长与坐齐,门襟有五个纽扣的短外褂。从皇帝、王公大臣、官庶至扈行者都可以穿。豹尾班侍卫所穿行褂无袖,左右及胸前以两根带子系结,不用纽扣,色用明黄。但有袖的行褂,色彩有严格规定。皇帝行褂石青色,根据季节换穿棉、夹、纱、裘。亲王、郡王、文武品官也用石青色。领侍卫内大臣、御前大臣、

10－45　清康熙皇帝常服袍画像。

10－46 光绪帝的生父醇亲王奕譞，光绪十二年(1886年)在天津城南海光寺行辕摄影，穿行褂行袍。

侍卫班领、护军统领、健锐营翼长用明黄色(诸臣因军功获赐黄马褂者才能用明黄色)。八旗之正四旗副都统，正黄旗用金黄色，正白旗白色，正红旗红色，正蓝旗蓝色，镶黄旗金黄色镶红边，镶白旗白色红边，镶蓝旗蓝色红边，镶红旗红色白边。前锋参领明黄色蓝边，护军参领、火器营官兵蓝色白边，健锐营兵蓝色明黄边。虎枪营总统领明黄色，领左右端青色边直下至前裾。枪长红色，领左右青色边直下至前裾，营兵白色，领左右青色边直下至前裾(图10－46至10－51)。

乾隆间始流行用玄狐、紫貂、海龙、猞猁狲干尖、草上霜、紫羔等高贵裘皮做成的翻毛马褂，到嘉庆时更为盛行。遇丧则用银鼠及麦穗子(即俗称“萝卜丝”的羊皮)来做。

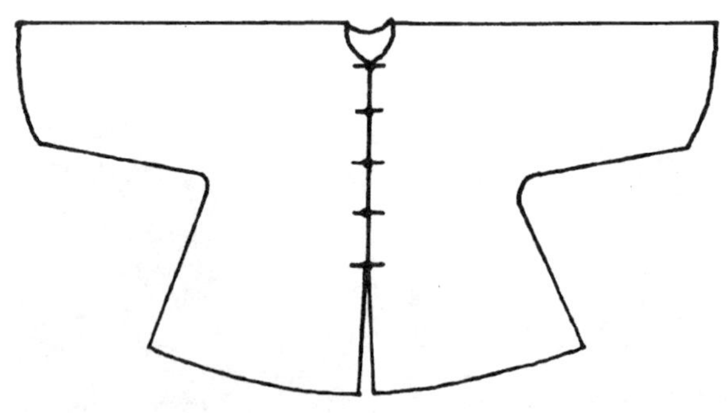

10－47 皇帝行褂，色石青，长与坐齐，袖长及肘。

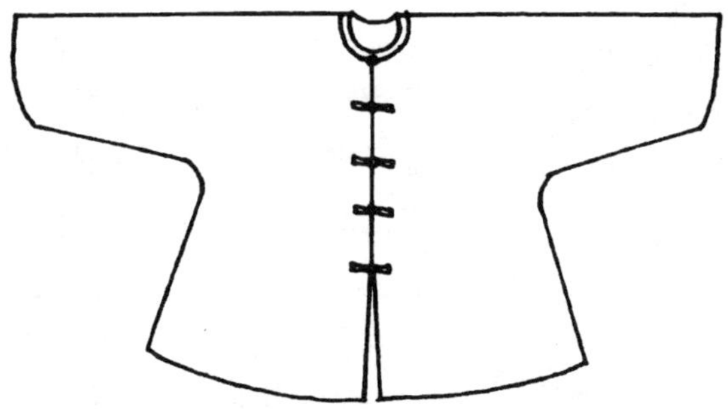

10－48　王公百官及四正旗副都统用行褂。

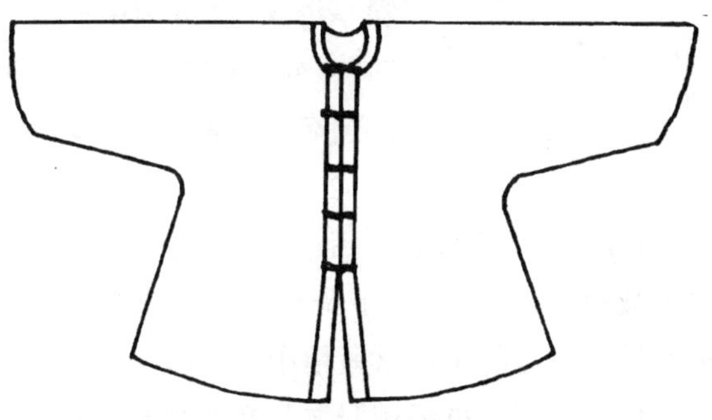

10－49　虎枪营官兵用行褂。

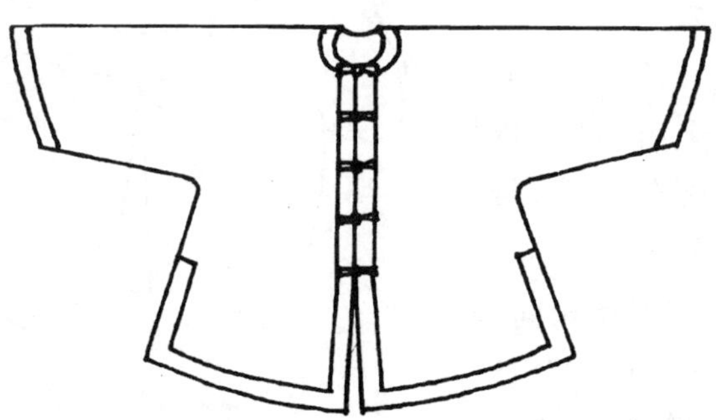

10－50　四镶旗副都统及前锋护军火器营建统管官兵用的行褂。

10-51　豹尾班侍卫用行褂，明黄色，无袖，前施双带以结之。

清代的黄马褂，非特赐不能穿，凡穿黄马褂有三种人，一是上面提到的随皇帝“巡幸”的侍卫，为“任职褂子”；二是行围校射时，中靶或获猎多的人获穿，称“行围褂子”；三是因治国或战事中建功获赏的人，称“武功褂子”。前两种用黑色纽袢，后一种用黄色纽袢。

又清代傅恒，征金川得胜，身穿马褂回京，称“得胜褂”，后男女便服都穿。《啸亭继录》说乾隆中期流行玫瑰紫色，乾隆末年，福文襄王喜穿深绛色，人争效之，名为“福色”。

2. 行袍

行袍为右衽大襟，窄袖有马蹄袖端，四开裾，右面的衣裾下短1尺，比常服袍减短十分之一，便于骑马的袍子，故又称“缺襟袍”。不骑马时，把右裾下所短的1尺以另幅用三个纽扣扣拴，就同常服袍一样。凡臣工扈行、行围人员都例服之。文武官员出差时穿行袍谒客，外套对襟大袖马褂即可。

3. 行裳

为左、右各一片内直外弧形的裳，上用石青色横幅布缝连，横幅布两端有带可以围系于腰际。皇帝、王公、百官行裳形状相同，皇帝行裳根据不同季节以毡、夹、鹿皮、黑狐为表（图10-52）。

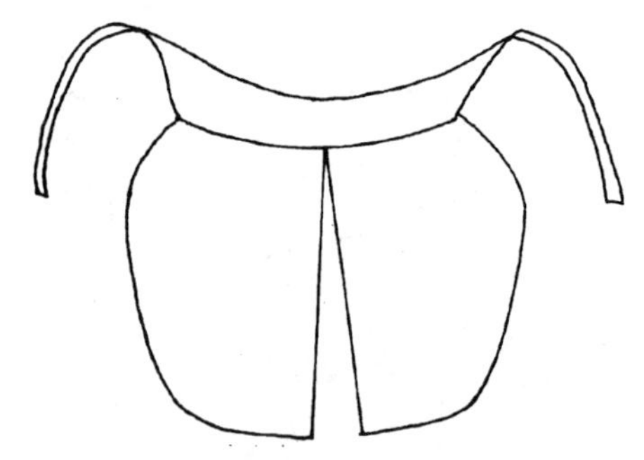

10-52　清皇帝行裳，王公百官行裳形式相同，但质料不同。

(八) 雨衣

1. 皇帝雨衣

皇帝穿的雨衣有六种形式,都是明黄色。

一式雨衣用油绸制作,不加衬里,形式由里外两层组合而成,里层如常服褂无袖而加青色立领,自衽以下加放成宽松式大摆,长与袍相称。门襟有5个青色纽约,并有掩裆。外层自立领处用斜幅打褶裥连接成前面缺口的披风状(图10-53)。

二式皇帝雨衣也是双层的,用油绸制作不加衬里,里层为无袖加立领的褂状,外层自立领处打褶裥斜接成“一口钟”状。有纽约6个,纽约处衬有掩裆(图10-54)。

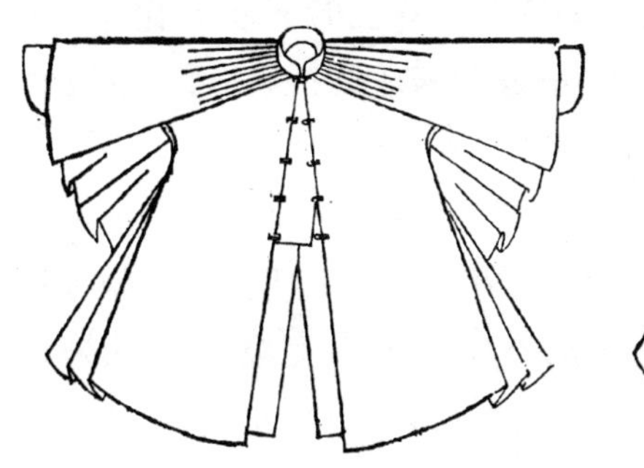

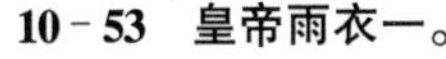

10-53　皇帝雨衣一。

10-54　皇帝雨衣二。

三式皇帝雨衣形状如常服袍,明黄色。大襟,前后开裾,前裾上端有掩裆,袖端平,有3个青色纽约可与外加的袍袖扣接。衣用油绸,领用羽缎(图10-55)。

四式皇帝雨衣形如常服褂,加立领。平袖端,对襟,有纽约5个,纽约处衬有掩裆。领、纽约、衣身均明黄色。毡或羽缎为面,月白缎为里。长与袍相称(图10-56)。

五式皇帝雨衣明黄色,上衣如常服褂,立领、对襟,平袖端,长与坐齐,有明黄色纽约5个。用毡或羽缎制作,月白缎里。下裳油绸制

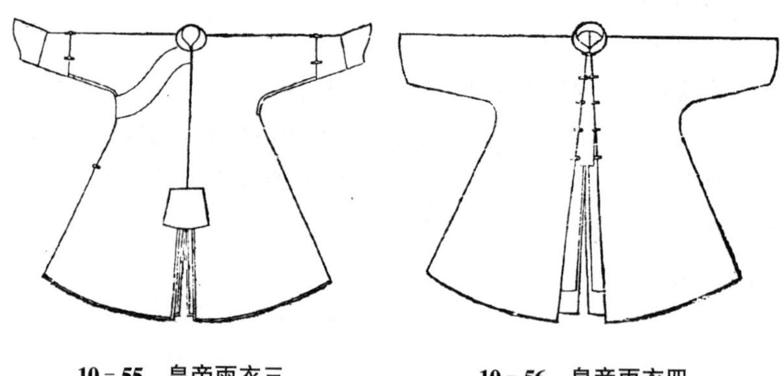

10－55　皇帝雨衣三。　　10－56　皇帝雨衣四。

作，不加里，左右两幅互相交压都缝在石青色的横腰布幅上，横腰两端收窄作为系带之用，整件下裳平展开来成倒折扇形，上窄下宽，腰前上方加褶裥形的浅帷(图 10－57)。

六式皇帝雨衣明黄色，上如大襟短上衣，立领、右衽、平袖端，前襟下摆中间加掩裆，长与坐齐，以油绸制作，不加里，领用青羽缎，纽亦青色。下裳用明黄色油绸制作，不加里，前为完幅，不加浅帷，余制如五式(图 10－58 至 10－60)。

2. 亲王贝勒至文武一品等雨衣

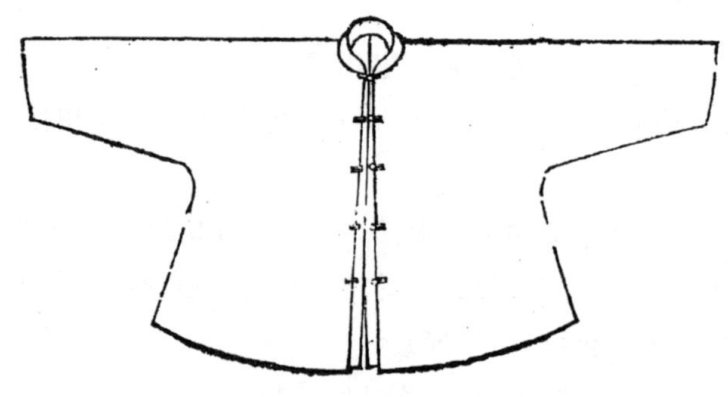

10－57　皇帝雨衣五。

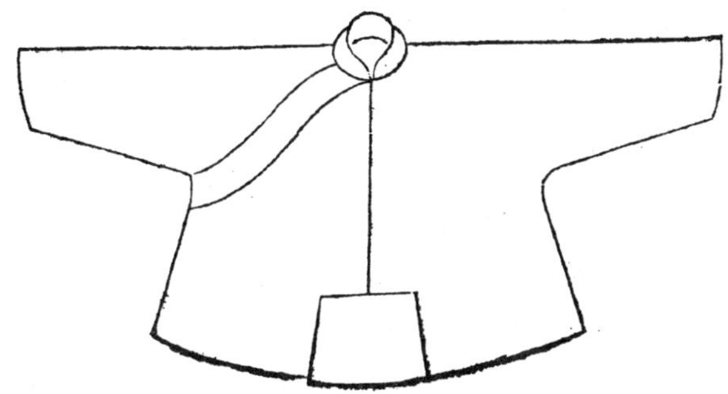

10－58　皇帝雨衣六。

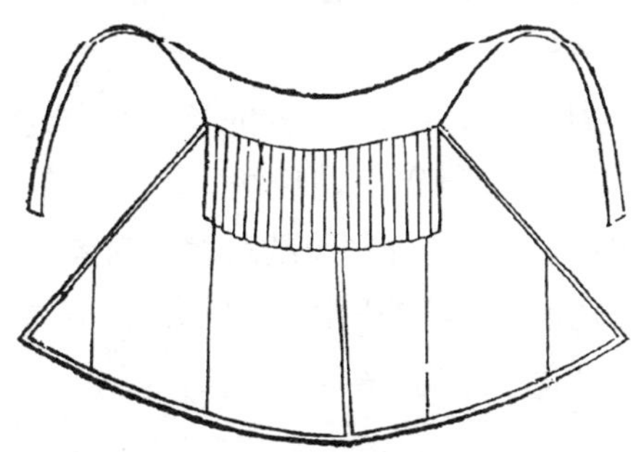

10－59　皇帝雨裳一。

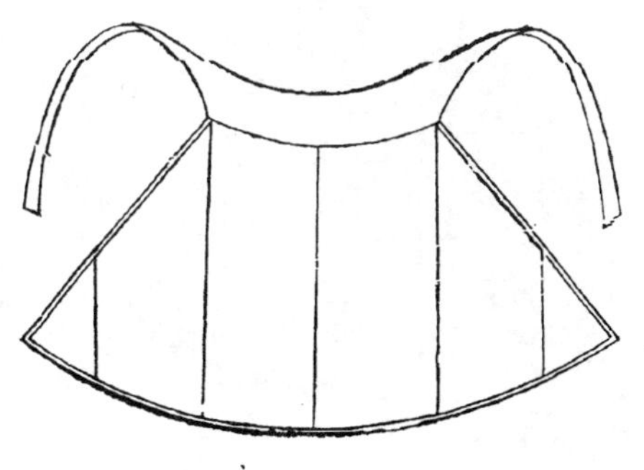

10－60　皇帝雨裳二。

亲王、贝勒至文武一品、御前侍卫、各省巡抚用的雨衣,有两种形式:

一式为立领,右衽,有5个纽约,平袖,四开裾,衣长与袍相称,前开裾上有掩裆的红色雨衣,用毡及羽纱或油绸制作。二品以下文武官至军民均可穿此种款式的青色雨衣。

二式是上衣与下裳分开的，上衣为立领，对襟，有 4 个纽，平袖，长与坐齐，前有掩裆，红色。根据季节用毡、羽纱、油绸制作，形如常服褂。下裳为红色倒扇形的整幅与石青布横腰缝接，横腰两端收窄成系带。二品以下文武官至军民皆青色。

三、清代妇女冠服

（一）朝褂

1. 皇后、太皇太后、皇太后、皇贵妃朝褂有四种款式，均石青色、织金缎或绸镶边。

一式为圆领，对襟，有后开裾，缺袖的长背心，自胸围线以下作襞积（褶裥），其纹饰，在胸围线以上前后绣立龙各二条，胸围线以下又横分为四层，第一层与第三层分别织绣行龙前后各二条，下面平水江牙和寿山石。第二层与第四层分别绣“万福”、“万寿”（团寿字与蝙蝠），各层均以彩云相间（图 10－61）。

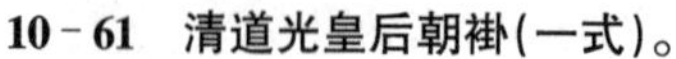

10－61　清道光皇后朝褂（一式）。

10－62　清皇后朝褂（三式）。

二式为圆领,对襟,缺袖,后开裾,腰下部有襞积的长背心。其纹饰前胸后背各织、绣正龙一条,腰帷织绣行龙四条(前后各二条),下幅织绣行龙八条(前后各四条)。三个装饰部位下面均有寿山纹,平水江牙。

三式为圆领,对襟,缺袖,无襞积,左右开裾至腋下的长背心,前后身各织绣大立龙各二条相向戏珠。下幅为八宝寿山江牙立水,立龙之间彩云相间。如果说前两式朝褂的装饰风格是横分割,精美秀丽,则这第三种款式为竖分割,豪放富丽(图 10－62)。

四式为圆领、对襟、后开裾,上钉五个纽扣,其纹饰在胸围线以上前后绣立龙各二,胸围线以下通襞积,第一层,前绣小立龙 10,后绣小立龙 11,下绣海水江崖。第二层,前后各绣小立龙 12,下为海水。第三层,前后各绣小立龙 16,下为海水。通身及各层间镶圆金及片金边各一道(图 10－63)。

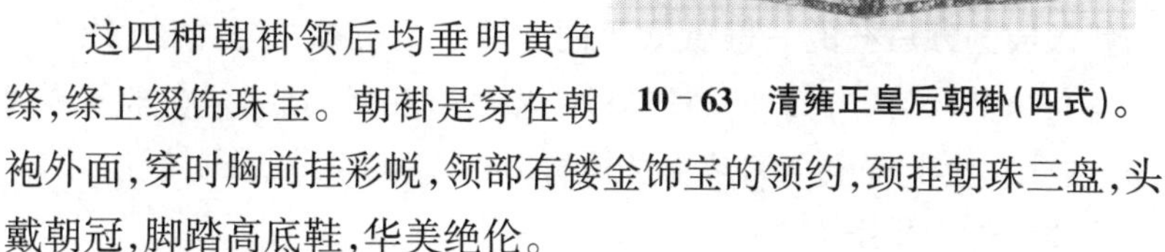

10－63　清雍正皇后朝褂(四式)。

这四种朝褂领后均垂明黄色绦,绦上缀饰珠宝。朝褂是穿在朝袍外面,穿时胸前挂彩帨,领部有镂金饰宝的领约,颈挂朝珠三盘,头戴朝冠,脚踏高底鞋,华美绝伦。

2．贵妃、妃、嫔朝褂

贵妃、妃、嫔朝褂与皇贵妃同,但领后的绦用金黄色。

3．皇子福晋、亲王福晋、世子福晋朝褂

皇子福晋、亲王福晋、世子福晋朝褂用石青色,织金缎、绸边,饰纹前行龙四,后行龙三。领后垂金黄绦,上缀杂饰。

4．贝勒夫人、贝子夫人、镇国公夫人、辅国公夫人朝褂

贝勒夫人、贝子夫人、镇国公夫人、辅国公夫人朝褂,石青色,织绣四爪蟒,领后垂石青绦。

5. 民公夫人以下朝褂

民公夫人以下朝褂石青色,织金缎、绸边,饰纹前行蟒二,后行蟒一,领后垂石青绦。

北京故宫博物院保藏的一件妃、嫔所穿的石青缎绣五彩云金龙立水女朝褂,衣长145厘米,腋下宽66厘米,下摆宽,前122厘米,后112厘米,开衩87厘米,圆领,对襟有5个纽约,缺袖,左右开衩。饰纹前后通身升龙各二条,下幅寿山海水江牙,其下为立水纹,前摆海水上方有金锭、方胜、犀角、宝珠、珊瑚、如意头,后摆海水上方有宝珠、如意头、珊瑚、银锭、古钱、金锭等“八宝”。用宽2.3厘米的织金缎镶边。

(二) 朝袍

1. 皇太后、皇后朝袍

分冬夏两类,均为明黄色,其基本款式均由披领、护肩与袍身组合。开领和袖子另有特点,开领是从领口右缘向右方折斜成⌐形,故与斜领或圆领右衽的一般款式不同。袖子是由袖身与接袖(约2厘米宽)、综袖(又称中接袖)、袖端(即马蹄袖)相接而成,并在腋下至肩部,加缝一段上宽下窄的装饰性护肩,领后垂明黄绦,绦上缀以珠宝。朝袍穿时与朝褂配套。

冬朝袍又有三种形式:

一式左右开裾高至腰线以上,袍身无襞积。饰纹金龙九条,间以五色云,下幅寿山江牙、八宝平水。衣身明黄色,披领行龙二,袖端正龙各一,袖相接处行龙各二。披领及袖俱石青,片金(织金缎、绸)加貂皮边,肩上下袭朝褂处(护肩不与袍身缝死的一面)亦加边。皇贵妃冬朝袍相同,贵妃、妃冬朝袍用金黄色,嫔冬朝袍用秋香色(图

10－64)。

10－64 清雍正皇后明黄缎绣绢米珠九龙有水冬朝袍(一式)。

二式袍身腰下部位有襞积(即打成褶裥),饰纹前胸后背正龙各一,两肩行龙各一,腰行龙四(前、后各二),下幅行龙八(前后摆各四)。各装饰区下均有寿山平水,间五色云。以片金加海龙缘边,余如一式(图10－65)。

三式除袍后身加后开裾外,余同一式(图10－66)。

夏朝袍有两种形式:

一式以缎或纱作面料,单、夹随季节而定,其余如冬朝袍二式。

二式以缎或纱作面料,单夹随季节,其余如冬朝袍三式。

10－65 清《钦定大清会典》所绘的皇后冬朝袍(二式)。

2. 皇子福晋朝袍

皇子福晋朝袍用香色,披领及袖石青色,片金缘,冬加海龙缘,肩上下相袭处亦加缘,饰文前胸后背正龙各一,两肩行龙各一,襟行龙四,披领行龙二,袖端正龙各一,袖相接处行龙各二,裾后开。领后垂金黄绦。亲王福晋、亲王世子福晋、郡王福晋、固伦公主、和硕公主朝袍与此相同。

10－66 清雍正明黄缎绣云九龙朝袍(三式)。

3. 贝勒夫人朝袍

贝勒夫人朝袍蓝及石青色随所用,领、袖片金缘,冬加海龙缘,织绣四爪蟒,前胸后背正蟒各一,两肩行蟒各一,襟行蟒四,披领行蟒二,袖端正蟒各一,袖相接处行蟒二,裾后开。领后垂石青绦。贝子夫人、镇国公夫人、辅国公夫人、郡主、民公夫人、县主、郡君、县君以至三品命妇均同。

4. 四品至七品命妇朝袍

四品至七品命妇朝袍蓝或石青,片金缘,饰纹前后行蟒各二,中无襞积,后垂石青绦。

(三) 龙褂

龙褂为圆领,对襟,左右开衩,平袖端,长与袍相应的服装。龙褂只限于皇后,皇太后、皇贵妃、贵妃、妃、嫔服用。皇子福晋、亲王福晋、郡王福晋、固伦公主等所穿就叫吉服褂而不叫龙褂。皇后龙褂纹饰据文献记载有两种类型,据故宫所藏实物有三种类型,皆石青色,一种是饰五爪金龙八团,两肩、前胸后背各一团为正龙。前后襟行龙各二团。下幅八宝、寿山水浪江牙及立水纹。袖端行龙各二及水浪纹。另一种只饰五爪金龙八团,下幅及袖端不施纹彩。第三种是五爪八团金龙,在下摆加水浪江牙、寿山、立水纹。太皇太后、皇太后、皇贵妃、贵妃、妃与此相同。嫔所穿龙褂饰纹两肩前后正龙各一，襟夔龙四，余同妃，花纹相同(图10－67至10－69)。

10－67　清乾隆缂丝石青地五彩金龙八团有水龙褂(一式)。

(四) 吉服褂

吉服褂形式与龙褂相同。皇子福晋吉服褂石青色，饰五爪正龙团四，两肩、前胸、后背各一。亲王福晋、世子福晋，织绣五爪金龙四团，前胸后背正龙各一团，两肩行龙各一团。固伦公主、和硕公主吉服褂与此相同。郡王福晋五爪行龙四团，前后两肩各一团，贝勒夫人吉服褂，前后织绣

10－68　清乾隆石青地五彩金龙八团有水妆花缎龙褂(二式)。

正蟒各一。贝子夫人吉服褂前胸后背饰四爪行蟒各一。镇国公夫人、民公夫人、辅国公夫人、郡主至三品夫人吉服褂均饰花卉八团,石青色(图 10-70、10-71)。

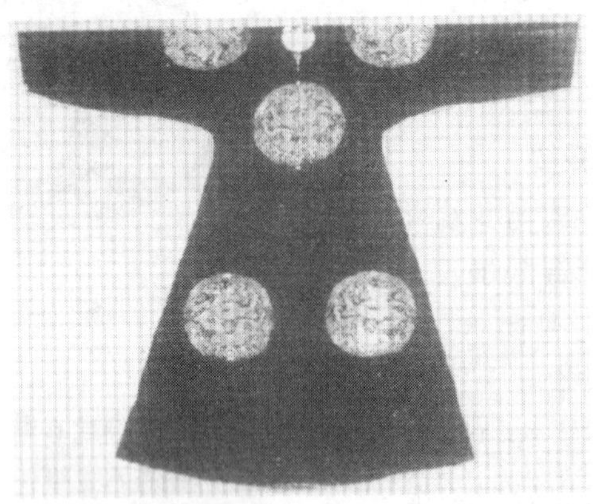

10-69 清中期石青缎地五彩绣金龙八团龙褂(三式)。

10-70 清石青地龙凤八团有水妆花缎吉服褂。

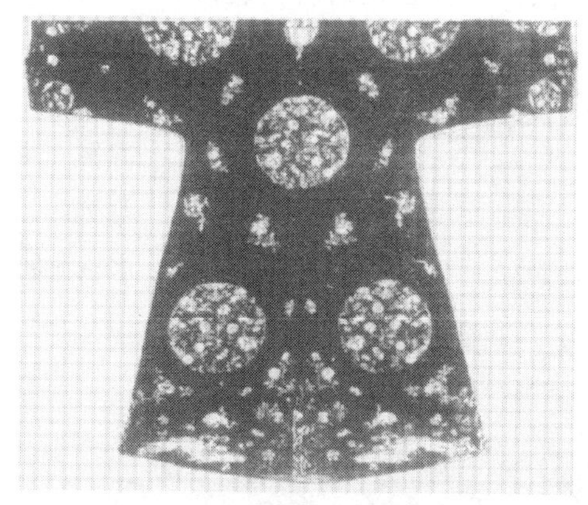

10－71　清乾隆石青地五彩绣花卉八团吉服褂。

（五）龙袍

1．皇后、皇太后龙袍

皇后、皇太后龙袍为圆领，右衽大襟，左右开裾，袖有袖身、接袖、综袖、马蹄袖端的长袍。明黄色，领与接袖、中接袖、袖端石青色。纹饰有三种类型。

10－72　清雍正明黄缎绣五彩云蝠金龙龙袍一型（吉服）。

一型：饰金龙九条，间以五色云蝠、寿纹，下幅饰八宝立水，领（领座也称领托）前后饰正龙各一，左右及交襟处饰行龙各一，袖端饰正龙各一，袖相接处饰行龙各二。绵、夹、裘根据季节而定（图 10－72）。

10－73 清初明黄地云龙有水八团妆花缎龙袍二型（吉服袍）。

二型：织绣五爪金龙八团，两肩、前胸、后背饰正龙各一。襟饰行龙四。下幅饰八宝立水，余如一型龙袍（图 10－73）。

三型：下幅无纹饰，余如二型龙袍（图 10－74）。

2. 皇贵妃、贵妃、嫔龙袍

皇贵妃龙袍与一型相同，贵妃龙袍金黄色，嫔龙袍秋香色。

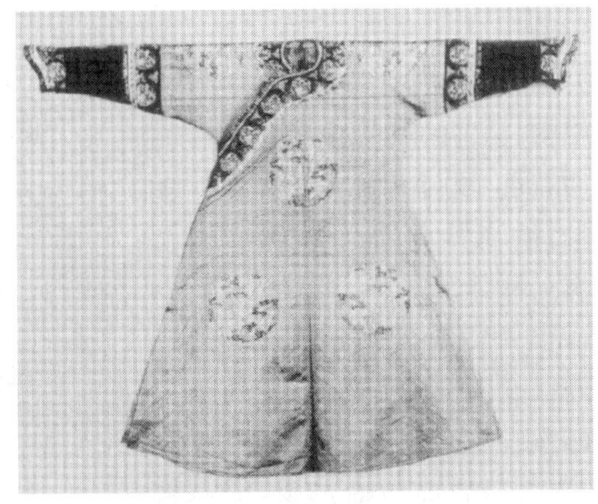

10－74 清中明黄缎绣云龙无水八团龙袍三型（吉服袍）。

（六）蟒袍

皇子福晋蟒袍，款式与龙袍同，通饰九蟒，色用秋香。亲王福晋、亲王世子福晋、郡王福晋、固伦公主、和硕公主、贝勒夫人、镇国公夫人、辅国公夫人及至乡君蟒袍与此相同。

民公夫人，侯、伯、子、男夫人至三品命妇

蟒袍，蓝及石青色随所用，通绣四爪九蟒。

四、五、六品命妇蟒袍通饰四爪八蟒。

七品命妇蟒袍通饰五蟒。

（七）常服袍

款式与龙袍相同，花纹色彩随所用。

（八）朝裙

皇后、皇太后、皇贵妃朝裙，款式为右衽背心与大摆斜褶裙相连的连衣裙，在腰线有襞积，后腰缀有系带两根可以系扎腰部。冬用片金加海龙缘，上用红织金寿字缎面料，膝以下用石青行龙妆花缎面料，均以正幅裁制。夏用纱为之。贵妃、妃、嫔、皇子福晋朝裙均相同。

民公夫人、一品命妇朝裙冬以片金加海龙缘，上用红缎面料，下用石青行蟒妆花缎面料。夏缎或纱随用。下至三品命妇均同（图10－75）。

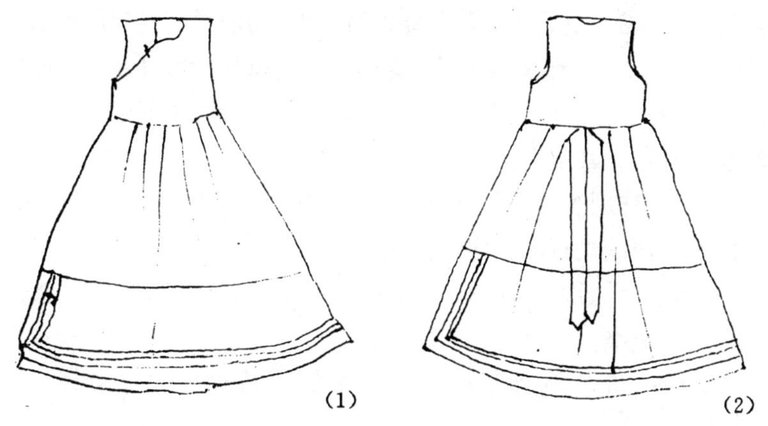

10－75　清顺治云龙妆花缎下摆冬朝裙。(1)正面；(2)背面。

四、清代冠服配饰

（一）朝珠

朝珠原是佛教数珠的发展，清代皇帝祖先信奉佛教，梵文称满洲为“曼殊”的转音，佛教徒对清朝皇帝有“曼殊师利”大皇帝之称，“曼殊师利”就是文殊菩萨。因此，清代冠服配饰中的朝珠也和佛教数珠有渊源。按清代冠服制度，君臣、命妇凡穿朝服或吉服必于胸前挂朝珠。朝珠由 108 粒珠贯串而成，每隔 27 粒串入一粒材质不同的大珠，称为“佛头”，与垂于胸前正中一粒佛头相对的一粒大珠为“佛头塔”，由佛头塔缀黄绦，中穿背云，末端坠一葫芦形佛嘴。背云和佛嘴垂于背后。在佛头塔两侧缀有三串小珠，每串有小珠 10 粒，名为纪念(或称之为“三台”，当时称尚书为中台、御史为宪台、谒者即言官为外台。又一说天子有三台，即观天象的灵台、观四时施化的时台、观鸟兽鱼龟的囿台。寓意圣明高贵)。一侧缀两串，另一侧缀一串，两串者男在左、女在右。朝珠的质料以产于松花江的东珠为最贵重，只有皇帝、皇太后、皇后才能戴。此外有翡翠、玛瑙、红蓝宝石、水晶、白玉、绿玉、青金石、珊瑚、绿松石、蜜珀、菩提、黄碧玡玹、伽南香、白檀、催生石、金刚子、崇珠克石等。贯朝珠的线，皇帝用明黄色，而下为金黄色、石青色。其制为：

皇帝朝珠用东珠，祀天以青金石为饰，祀地用蜜珀珠，朝日用珊瑚珠，夕月用绿松石珠。均明黄绦。

皇后、皇太后朝服朝珠三盘，东珠一，珊瑚二；吉服朝珠一盘，东珠一，均明黄绦。

皇贵妃、贵妃、妃朝服朝珠三盘，蜜珀一，珊瑚二；吉服朝珠一盘，均明黄绦。

嫔朝服朝珠三盘，珊瑚一，蜜珀二；吉服朝珠一盘，均明黄绦。

皇子亲王、亲王世子、郡王朝珠不得用东珠，余随所用，金黄绦。

贝勒、镇国公、辅国公、贝子朝珠不得用东珠，余随所用，石青绦。

民公、侯、伯、子、男朝珠、珊瑚、青金石、绿松石、蜜珀随所用，石青绦。

皇子福晋朝服朝珠三盘，珊瑚一，蜜珀二；吉服朝珠一盘，均金黄绦。亲王福晋、世子福晋、郡王福晋、贝勒夫人、贝子夫人、镇国公夫人、辅国公夫人均同。

民公、侯、伯夫人朝服朝珠三盘；吉服朝珠一盘，珊瑚、青金石、蜜珀、绿松石随所用，均石青绦。

品官文五品、武四品以上，命妇五品以上及京堂翰、詹、科、道、侍卫均可用朝珠，以杂宝及诸香为之。礼部主事，太常寺博士、典簿、读祝官、赞礼郎，鸿胪寺鸣赞，光禄寺署正、署丞、典簿，国子监监丞、博士、助教、学正、学录在庙坛执事及殿廷侍仪时准用，平时及在公署则不许用。内廷行走人员不分品级均可用。这种制度到后期逐渐放松，晚清时连捐纳为科中书（从七品）者也挂朝珠。

朝珠除由皇帝赏赐之外，也可由自己到珠宝店购买，较高贵的一盘朝珠价值千金，珍贵者价值连城（图 10－76）。

10－76　清《钦定大清会典图》所绘朝珠。

清代的僧尼和佛门信徒所用的念珠（数珠），也有 108 粒的，称为“百八牟尼珠”。当时佛寺每天朝暮都要撞钟 108 响，称为“醒百八烦恼”。京城内的钟楼及紫禁城神武门楼上的钟，每日早晚也击钟 108 下，是按 12 个月，二十四气，七十二候为一周年的说法，总数为 108 而定的。这与朝珠每盘为 108 粒，也有文化内涵的联系。不过念珠多用香木或玛瑙、玉石制作。也有 18 粒、27 粒、54 粒数种，是念佛计算诵读次数的工具,后因材质、色泽、雕工等的精美而成为一般人把玩珍藏之物。由 18 粒珠串成的,称为“手串”或“十八子”。台北故宫博物院藏品中,有椰子嵌银丝梵文数珠、嘎巴拉嵌金银珠宝数珠、金箔数珠、翠玉数珠、砗磲珊瑚数珠、雕橄榄核镂空八仙手串、伽楠木手串、伽楠木嵌金珠团寿手串、黄碧玺手串、珊瑚间翠玉手串、红宝石手串、青金石手串、粉碧玺手串等珍贵的文物,是清代手串的代表性作品。

(二) 朝带、吉服带、常服带、行带

1. 朝带

清代的朝带是君臣穿朝服时所用,其版饰有严格规定。皇帝朝带有两种,皆明黄色,但祀天用纯青色。以丝绦制成。一头从带端开始,装龙纹金版四具,其第二、第四两具龙纹金版下面有挂环,可以挂佩帉、佩囊、燧(suì 音遂,古代取火器)、觿(xī 音希,古代解结的工具)、刀、削等物。带另一头是穗子。

(1) 皇帝在大典礼时所用朝带,龙纹金版是圆形的,金版中间以红、蓝宝石或绿松石及五粒东珠镶嵌成十字花形,周边用 20 粒珍珠围绕。第二、第四两具金版下面各挂一块浅蓝色、一块白色,下广而锐的佩帉,佩帉上端有一个镂金镶珠宝的中约圆结约住,圆结上也镶红、蓝宝石或绿松石,衔东珠四粒,围珠 30 粒。佩囊都是刺绣、缂丝的(图 10-77、10-78)。

(2) 皇帝在祭祀时所用朝带,龙纹金版是方形的。祀天用青金石,祀地用黄玉,朝日用珊瑚,夕月用白玉,每具衔东珠 5 粒,周围珍珠 20 粒。佩帉及绦祀天用纯青,其余同圆版朝带之制。中约圆结如版饰,衔东珠四粒,佩囊纯石青色,左觿、右削,颜色都跟版色一致。

(3) 皇子朝带金黄色,金衔玉方版四,每具饰东珠四,中衔猫睛石一,左右佩绦均金黄色。亲王朝带与此同。亲王世子朝带金衔玉

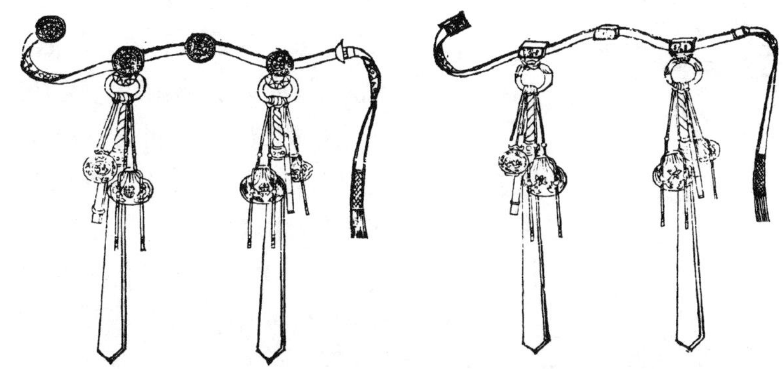

10－77　清《钦定大清会典图》所绘皇帝龙纹金圆版四朝带。　**10－78　清《钦定大清会典图》所绘皇帝龙纹金方版四朝带。**

方版四，每具饰东珠三。贝勒朝带金黄色，金衔玉方版四，每具饰东珠二。贝子朝带金黄色，金衔玉方版四，每具饰东珠一。镇国公、辅国公朝带，金衔玉方版四，每具饰猫睛石一。以下郡主额驸朝带用镶金圆版四，每具饰绿松石一。

(4) 民公朝带用石青或蓝色，镂金玉圆版四，每具饰猫睛石一。侯朝带同此。伯朝带镂金衔玉圆版四，每具饰红宝石一。

(5) 命官一品朝带镂金衔玉方版四，每具饰红宝石一，带用石青或蓝色。二品、三品朝带镂金衔玉圆版四，每具饰红宝石一。四品朝带银衔镂花金圆版四。五品朝带银衔素金圆版四。六品朝带银衔玳瑁圆版四。七品朝带素圆版四。八品朝带银衔明羊角圆版四。九品朝带银衔乌角圆版四。以上带均石青或蓝色。

2. 吉服带

清代吉服带是君臣穿龙袍、蟒袍等吉服时所用。吉服带的形式与朝服带大致相同，二者的差异仅在佩的形状，在朝服带上的是下广而锐，在吉服带上的是纯白色的，下直而齐。四具镂金版形状方圆及衔珠玉杂宝都可以听便，中约金结如版饰。余如朝带制。皇帝吉服

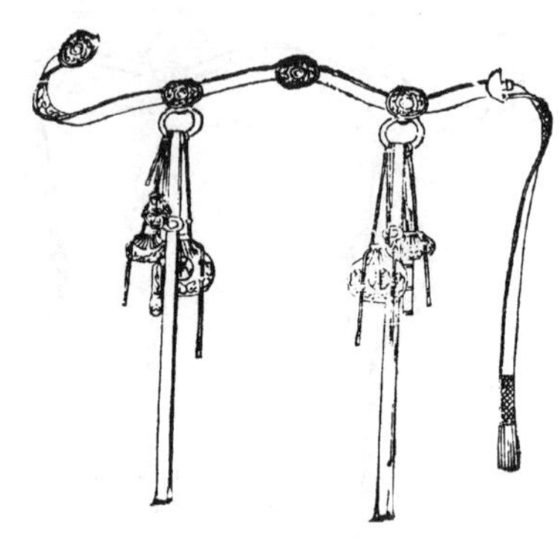

10－79 清《钦定大清会典图》所绘皇帝镂金版四吉服带。

带明黄色。皇子、亲王、亲王世子、郡王吉服带金黄色，佩绦金黄色。贝勒、贝子、镇国公、辅国公、固伦额驸、郡主额驸吉服带金黄色，佩绦石青色（图 10－79）。

3．常服带

清代常服带为君臣穿常服时所用，与吉服带同制。

4．行带

行带是穿行袍时所用，皇帝用行带明黄色，有线纽带、线鞓带、里边带子、黄线软带等多种。左右佩系用红香牛皮所制，饰金花银环各三，佩帉用高丽布，比常服佩帉稍宽而短，佩帉上的中约亦用香牛皮束来做，缀有银质花纹佩囊。明黄绦，饰珊瑚。挂环上系挂刀、荷包、罗盘、牙签筒、火镰袋之类（图 10－80）。

（三）金约

金约是妇女朝冠的配件，在戴朝冠时需先戴金约，再戴朝冠，起着约发的作用。金约由十来片弧形长条的金托连接成一个圆圈，外面饰金云、青金石和东珠，里面以织金缎衬表。每片金托上下两缘饰累丝云

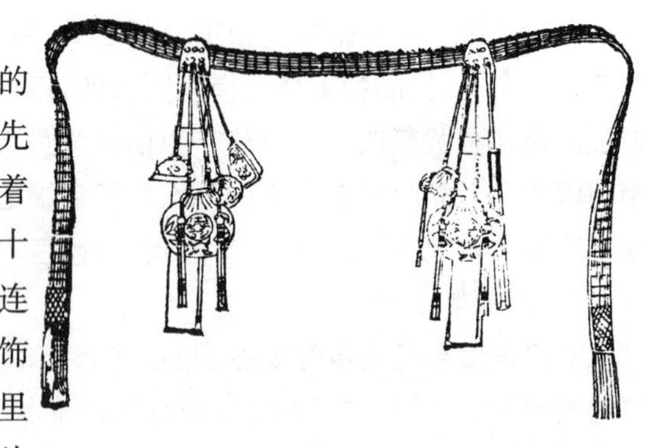

10－80 清《钦定大清会典图》所绘牛皮行带。

纹，中嵌青金石，二片之间间以金云和东珠。金托片数和金云、东珠的多少反映地位高低。在金约后面系金衔绿松石结和串珠数行，珠的行数和粒数也反映地位的高低。

皇后、皇太后金约镂金云十三，饰东珠十三，红织金缎里，后系金衔绿松石结，贯珍珠五行（五串）三就（每行都分三段），共珍珠 324 粒，每行大珍珠一。在五行珍珠的中间（即每行分为三段，每段的相接处）缀接金衔青金石结二，金衔青金石结是一种累丝云边的椭圆形小金版，正中嵌青金石，云边上嵌东珠、珍珠各 8 粒。在每行珍珠末端各缀胆形珊瑚坠子 1 个（图 10－81）。

皇贵妃金约镂金云十二，饰东珠十二，后系金衔绿松石结，贯珠三行三就共 204 粒，金衔青金石结每结饰东珠、珍珠各 6 粒，余同皇后（图 10－82）。

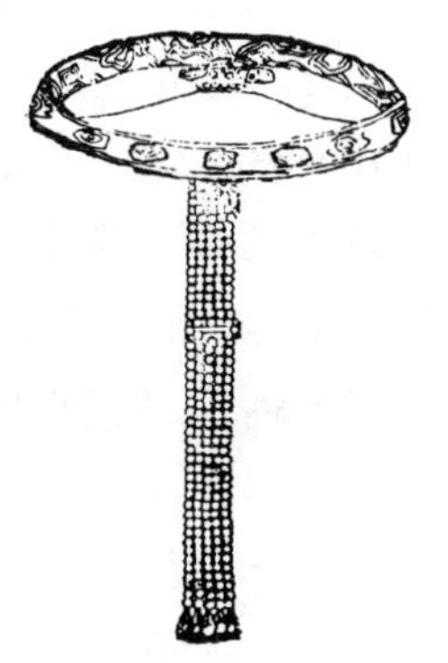

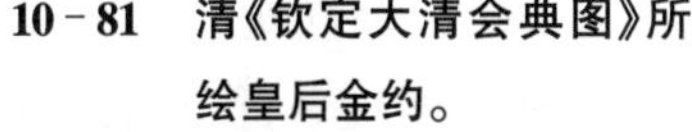

10－81　清《钦定大清会典图》所绘皇后金约。

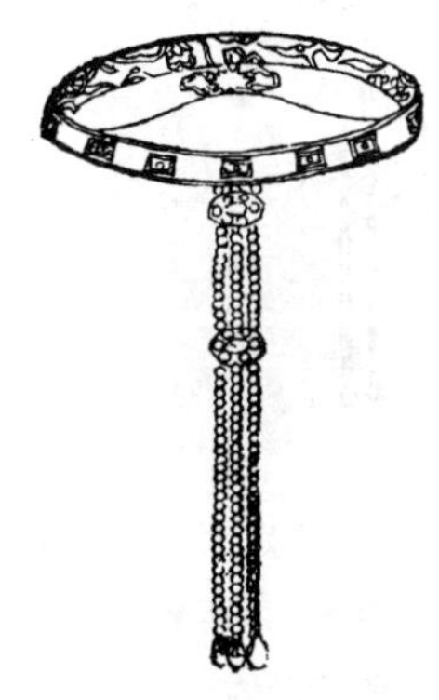

10－82　清《钦定大清会典图》所绘皇贵妃金约。

妃金约镂金云十一，饰东珠十一，后系金衔青金石结二，每结饰东珠、珍珠各 6 粒。贯珠三行三就共珍珠 197 粒。余同贵妃。

嫔金约镂金云八，饰东珠八粒，后系金衔青金石结二，每结饰东珠珍珠各四粒，贯珠三行三就共珍珠 177 粒。余同妃。

民公夫人及品官命妇金约以青缎为之,红织金缎里,中缀镂金火焰,饰珍珠一,左右金龙凤各一,后垂青缎带二,亦红织金缎里。

(四) 领约

领约是清朝妇女穿朝服时佩戴于项间压于朝珠和披领之上的饰物,以所嵌珠宝的质料和数目及垂于背后的绦色区分品秩,其形状等于圆形项圈。用金累丝作托,上面分段嵌珊瑚,间以点翠金片,每片上嵌东珠一粒;两端饰金瓜形,末二段有金轴于悬戴时可向外打开。每端垂丝绦二,中间有珊瑚结将二绦相联为一,末饰坠角。

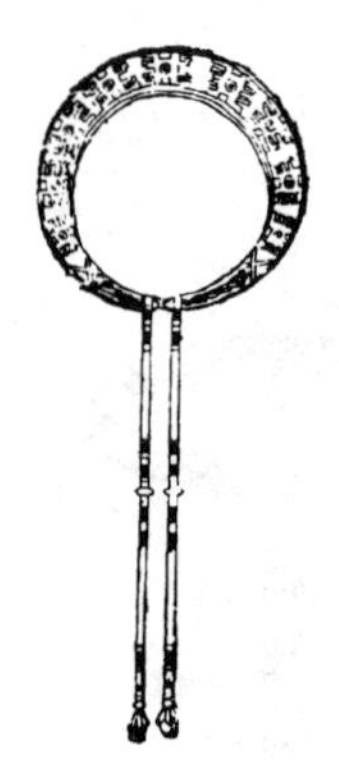

10－83 清《钦定大清会典图》所绘皇后领约。

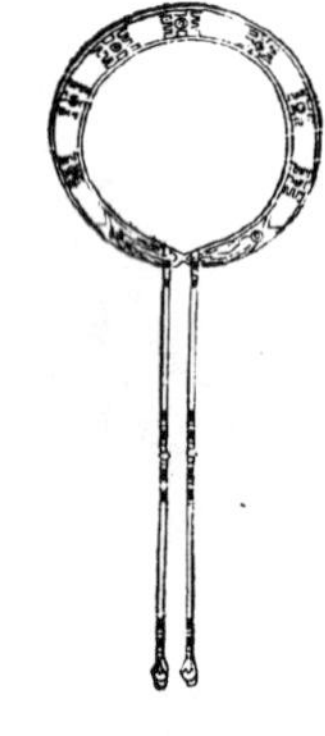

10－84 清《钦定大清会典图》所绘皇贵妃领约。

皇后、皇太后领约镂金,饰东珠十一粒,间以珊瑚两端垂明黄绦二,中各贯珊瑚,末缀绿松石坠角各二(图10－83)。皇贵妃、妃、嫔领约饰东珠七,明黄绦末缀珊瑚各二(图10－84)。余同皇后。皇子福晋、亲王福晋、亲王世子福晋、贝勒夫人、贝子夫人领约两端垂金黄绦,余同妃。

民公夫人领约镂金为之,饰红蓝小宝石五。两端垂石青绦二,中贯珊瑚,末缀珊瑚坠角各二。

(五) 耳饰

清朝满族妇女传统风俗,一耳戴三件耳饰,他们称环形穿耳洞式的耳环为“钳”。故后妃们穿朝服时一耳戴三钳。乾隆十四年选秀女，发现有的满族女子仿效汉俗一耳戴一坠子，乾隆帝曾明谕立行禁止。

清代耳饰也分两大类，有流苏的为耳坠，无流苏的为耳环。皇后、皇太后耳饰，左右各三具，每具金龙（饰金累丝龙头）衔一等东珠各二。皇贵妃耳饰用二等东珠，余同皇后。妃耳饰用三等东珠。嫔耳饰用四等东珠。皇子福晋耳饰不用金龙衔东珠，而用金云衔珠每具各二。亲王福晋、世子福晋、郡王福晋、贝勒夫人、贝子夫人、民公夫人等均与皇子福晋耳饰相同。东珠的等级按大小及光润度而分。清阿桂等《满洲源流考·物产·东珠》说：“东珠出混同江及乌拉宁古塔诸河中，匀圆莹白，大可半寸，小者亦如菽颗（大豆）。王公等冠顶饰之，以多少分等秩，昭宝贵焉。”

故宫博物院保藏的清代耳饰，不仅质料高贵，色彩华美，而且形式千变万化，有的以体现珠玉材质本身的自然美为主旨，有的以显现珠翠宝石的色泽为准则，有的以繁缛工巧的工技为特色，有的将珠翠珊瑚组合成万寿字、方胜、福在眼前等吉祥如意的图样。

（六）彩帨

彩帨是清朝妇女穿朝服时挂在朝褂的第二个纽扣上垂于胸前的饰物，以色彩及有无纹绣来区分品秩。彩帨长约1米上下，是上窄下宽，下端呈尖角形的长条，上端有挂钩和东珠或玉环，挂钩可将彩帨挂在朝褂上，环的下面有丝绦数根，可以挂箴（针）管、縏、帙，即小袋子之属。按《礼记·内则》：“妇事舅姑，……右佩箴（针）管、线、纩，施縏帙。”故宫旧藏彩帨，黄色丝绦上一般挂牙签盒、火镰盒、觿、削刀、荷包、香囊等物。再下面为一圆形金银累丝或画珐琅或镂金嵌宝的结，彩帨通过此结下垂。有的双面施绣喜字、蝙蝠、稻禾、灯笼或琴棋书画、凤鸟花卉等纹样，有的不加纹饰。皇后、皇太后、皇贵妃彩帨绿

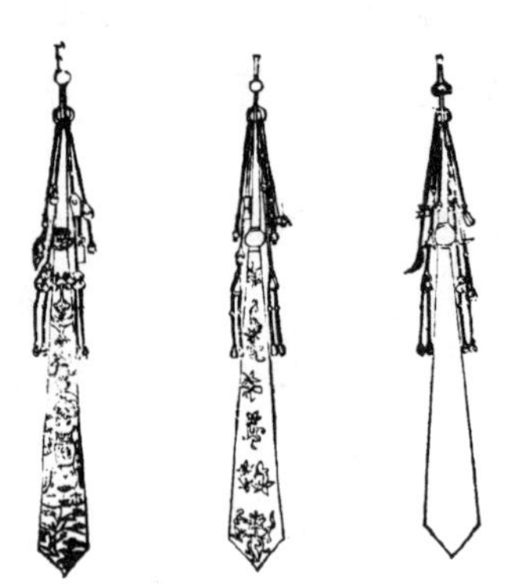

10-85 清《钦定大清会典图》所绘彩帨。(左)皇后彩帨;(中)皇贵妃彩帨;(右)嫔彩帨。

色,绣"五谷丰登"(即稻禾、蜜蜂、灯笼),绦明黄色。妃彩帨绿色,绣云芝瑞草纹,绦金黄色。嫔彩帨,绿色不绣纹,绦金黄色。皇子福晋、亲王福晋彩帨月白色不绣纹,绦金黄色。民公夫人彩帨月白色不绣纹,绦石青色(图10-85)。

(七) 钿子

清八旗贵族妇女平日梳旗头,穿朝服时戴朝冠,穿吉服时戴吉服冠,还有一种类似冠的头饰,是在穿彩服的日子里戴的,叫作"钿子"。钿子实际等于是一种珠翠为饰的彩冠。前如凤冠,后加覆箕形,上穹下广,以铁丝或藤作胎骨,网以皂纱或以黑绒及缎条罩之,戴在头上时,顶往后倾斜。前后均以点翠珠石为饰。

钿有凤钿、满钿、半钿三种。凤钿装饰珠翠玉石的钿花9块、满钿8块、半钿5块,每块钿花又由5至10件配件配合而成。材质有金、玉、红蓝宝石、珍珠、珊瑚、琥珀、玛瑙、绿松石、翠羽等。钿花当时又称为面簪,形式有双龙戏珠。葵花、菊花、花卉蝴蝶、花卉蝙蝠、翔凤、如意云头等等,常以点翠为底。有些钿子还用珍珠流苏作成垂饰,前后衔一排或数排流苏,前面的流苏可垂至眼前,后面的可垂至背部,这种带流苏的钿子就是"凤钿"。其他的均为彩服钿子,满饰或半饰均可。

(八) 遮眉勒

清代妇女在天气稍冷的季节,平时在额间常系遮眉勒,即为美的装饰，又具御寒功能。八旗贵族妇女所用遮眉勒，往往在银镀金座上通体点翠嵌珠宝或绀红、白米珠，作成花卉及“吉祥如意”、“福”、“寿”、“喜”等吉祥文字作装饰，下垫红绒，极其侈华。

平民百姓妇女所戴，在北方叫“勒子”或“脑箍”，南方叫作“兜”，以黑绒制作为多，也有加缀一些珠翠或绣一点花纹的。套在额上掩及于耳，系两带于髻下结之。它们就是明代妇女所用的额帕（又名头箍）演变而来（图10－86）。

10－86　晚清戴遮眉勒女子写真像。

（九）簪、钗、步摇、耳挖簪、扁方

簪、钗、步摇、耳挖簪都有簪首和挺两部分，在簪首以珠翠、宝石、点翠、累丝等工艺制成华美的花饰。清代的簪花追求精工写实，所作珠、玉花卉，或以红珊瑚巧制成仿真形石榴花瓣，以金丝尖端缀米珠为花蕊，以银片剪刻加点翠成花叶；或以绿松石巧作菊花花叶，以金丝作枝干并加东珠为花蕊；或以金翠珠玉巧作成草虫，蝙蝠、蜻蜓、蝴蝶；或以肉桂木、象骨、珊瑚雕刻成事事如意（柿子、如意头）、佛手灵芝、双龙戏珠、灵仙祝寿（灵芝、水仙、竹、寿桃）、松竹花鸟等等花式；或以银累丝嵌珠宝作成金龙戏珠；尤其复杂的是镀金点翠镶嵌珠宝翠玉工艺的花簪，内容有九子玩花、蝴蝶闹春、松鼠偷葡萄、双龙闹珠、五福捧寿、珠玉升官（笙、冠帽）、海屋添等；还有麻姑献寿步摇、珠宝春幡步摇、珠宝花篮步摇等等。清代的耳挖簪一般在簪挺的中段施加纹饰，有珊瑚珠嵌成万寿平安如意文字、金点翠嵌东珠寿喜盘长、银镀金点翠嵌彩色米珠万寿无疆、白玉镂雕福寿有余、翠玉镂雕

双喜和福寿字、银镀金点翠珊瑚仙人乘凤、雕沉香木嵌珍珠镂空行龙赶珠、伽楠香嵌金丝镂空花卉蝙蝠等等，各种写生入俗的花式。扁方一般为长方条形，横长约30至35厘米。也有以白玉制作在两端嵌珠翠碧玺作成极秀丽写实的折枝海棠牡丹，或铜镀金点翠通体平排镂空双喜字，沉香木嵌珠翠碧玺花鸟，玳瑁嵌金、珠花凤等繁缛精工的花式。也有平素光洁，以呈现玉质为主的翠玉扁方，碧翠欲滴，更显得晶莹高贵。

（十）手镯

清代宫廷所用手镯不仅讲究工技精巧、纹饰华丽，而且巧用各种材料。款式多为一端有开口，或有一节是带活纽可以开闭的。故宫旧藏手镯，有金累丝花卉龙纹及水生动物纹，是用数种不同粗细的金丝累成，层次丰富。台北故宫博物院藏清同治元年二月十四日收沈魁交金累丝点翠响镯（2件），外径7.28厘米，内径5.97厘米，面宽1.87厘米，镯面累丝花卉，龙纹相间，上下边缘饰绳纹，镯可开闭，内镌“粤东”、“昌兴”、“足金”字样，镯身中空，内装有小珠，摇晃时能发出清脆的响声。又金填伽楠木粉三多镯，长外径8厘米，短外径7.1厘米，厚2.2厘米，略呈半圆形，纹作镂空花篮内盛佛手、寿桃、石榴，灵芝、兰花、牡丹、水仙等，镯中空，填充伽楠木粉，嵌小金片，镌“合西盛”、“足金”字样，戴时能挥发香味。另一副金填伽楠木粉仙人镯，纹作镂空仙人与蟾蜍、四脚蛇相斗状。同为合西盛所出。牛角洋金镯，厚0.25厘米，面宽2.9厘米，为黑牛角卷镯，面嵌洋金片，细弦纹锦地，饰小乳钉及转枝纹两圈，其大小可以伸缩自如，它如叶纹金嵌珠镯、双联金镶珠翠镯、双联金嵌珠花镯、金双龙戏珠镯、灰玉镂空卷草纹联珠镯、象牙贴金四季花卉镯等，造型新颖，华贵大方。

（十一）指甲套（护指）

贵族女子留长指甲，以凤仙花或指甲花染指甲的风习由来已久，在内蒙古准格尔旗战国墓、吉林榆树大坡老河深汉墓、陕西西安安玉祥门外隋墓曾出土用金片或由银铸成的护指。清代用金银作成的指甲套，纹饰极为华丽，江苏扬州博物馆收藏一件清代金指甲套，口径大处1.5厘米，长5.5厘米，上面镂刻古钱纹，正面为四个连叠，左右两个单列。清代驻法公使裕庚之女德龄回国后在颐和园陪侍慈禧太后，为慈禧拍下许多照片，就能看到慈禧两手都戴指甲套的形象。她在《清宫禁二年记》中，说慈禧太后“右手罩以金护指，长约三寸。左手两指，罩以玉护指。长短与右手同。”曾为慈禧画像的美国画家卡尔也说，慈禧在画像时“手戴玉钏及玉护指，光辉夺目，精彩照人”（图10－87）。

10－87　晚清戴护指慈禧太后写真像。

故宫旧藏护指，有铜镀金累丝点翠满饰竹叶纹并带竹叶形流苏的，有铜镀金镂空万寿无疆纹的，有银镀金卐寿蝙蝠纹的，有银镀金镂空嵌珠宝梅花加珐琅彩竹叶纹的，有金镂空连环纹、菊花纹、兰花纹。有铜镀金镂空嵌米珠团寿纹，……纹饰不一，长自4厘米至14厘米不等。

（十二）佩饰

清代佩饰或悬于腰带，或挂于胸前，形状小巧，材质多样，有翠玉、青金石、碧玺、金嵌绿松石、檀香木、沉香木，伽楠香木、金珀、金星石、珐琅、珊瑚玻璃等等不同材料，以色质取胜。

（十三）搬指与戒指

搬指原是由古代射箭钩弦的韘演变而来，源于新石器时代。清代贵族男子多戴于右手拇指上为饰，也有左右拇指都戴的，多以翡翠、碧玺、玛瑙、珊瑚、水晶、金、银、铜、铁、瓷等制作。有的刻有御题诗词，有的巧制纹饰，或朴素无纹。

戒指又名彄环、指环、约指、手记。清代戒指，有翠玉、紫晶、水晶、苔晶、碧玺、红玛瑙、珊瑚、檀香木、金银嵌珠宝等等不同的高贵材质，精工巧作。有金龙赶珠、金凤戏珠、镂空嵌珠梅花、镂空花卉草虫、平安如意等精美绝伦的纹饰。西洋进贡的戒指表等，也成为新奇的珍玩之物。

（十四）荷包香囊

按满洲族的祖先女真人传统生活习俗，外出行猎时都在腰间系挂“法都”，法都就是用皮做成的皮囊，里面可装食物，囊口用皮条子将口抽紧，便于在远途中充饥。后来女真人强大了，女真贵族与汉族频繁交往，仿效汉人用绫罗绸缎等丝织品制作荷包、香囊、褡裢、火镰袋、扇套等既实用又有装饰美化意义的小挂件，佩挂在腰带两侧，成为 定制。而女子则把荷包、香囊等挂在大襟嘴上或旗袍领襟间的第二个纽扣上，年纪大的妇女也有在腋下与巾子挂在一起的。年轻的男女还配上小怀镜、香牌之类，故后来又有镜套、牌套、表套等织绣小件。这类小挂饰件，有一些是由清廷内务府和外省织造府工匠制作的，《总管内务府现行则例》规定每年有制作定数，供皇帝皇后在年节、万寿圣节及四时八节作例行赏赐之用。每年岁末，皇帝要赏赐王公大臣“岁岁平安”荷包。皇帝选皇后看中了谁，就把自己身上的荷包挂在她的衣襟上，叫做“放小定”，而后举行聘礼，叫作“放大定”。宫女和民间少女们，也亲自绣制荷包，作为赠送情人的礼物。因此，这类小件织绣品都十分工巧精致。

（十五）披领

又名搧肩或披肩，徐珂《清稗类钞·服饰类》："披肩为文武大小品官衣大礼服时所用，加于项，覆于肩，形如菱，上绣蟒。"其实帝、后、王公大臣、八旗命妇穿朝服时用披领，是清代的定制。有冬夏两种，冬天用紫貂或用石青色加海龙缘边。夏天用石青加片金缘边。故宫博物院藏附有墨书"金龙朝袍上天青缂丝搧肩样一块，照样织做"的披领画样，除画出具体纹样外，并在领托和披领外缘注明"此位分织做素地、京内城（承）做片金"字样。在龙纹与领托及披领外缘之间的两道金边部位注明"此位由杭榻做扁金绦"字样。

（十六）硬领

清代礼服例无领，另于袍上加以硬领，其料春夏两季用湖色的缎，夏天用纱，冬季用皮毛或绒。有丧者用黑布（图 10－88）。

（十七）领衣

是连结于硬领之下的前后两长片，讲究的用缎或绣花，也称"牛舌头"。领衣之外则加外褂，或穿于行服袍的里面（图 10－89）。

10－88　晚清奕谡穿龙褂写真像，颈部饰以硬领。

（十八）霞帔

霞帔是宋以来妇女的命服，随品级高低而不同，《格致镜原》引《名义考》："令命妇衣外以织文一幅，前后如其衣长，中分而前两开之，在肩背之间，谓之霞帔。"明代霞帔就是这种形式，每条阔三寸二分，长五尺七寸。清代霞帔演变为阔如背心，中间缀

10－89　颈下前后穿有领衣，领衣又称“牛舌头”。

以补子，下施彩色流苏，是诰命夫人专用的服饰，但武官母妻霞帔上的补子用鸟纹而不用兽纹，如武一品男补子织绣麒麟，而武一品母妻补子则织绣仙鹤，意思是女性娴淑，不宜尚武（图 10－90）。

10－90　晚清穿霞帔的命妇写真像。

（十九）鞋、靴、袜子

清代满族人承继祖先骑射生活的习惯，男人一般都穿靴。东北地寒，在肥大的皮靴靿筒内装入兀剌草以保暖，所以说“关东三件宝，人参、貂皮、兀剌草”。清太祖努尔哈赤也穿鹿皮兀剌鞋，色黄或绿，已如前述。清太宗天聪六年（1632 年），曾规定官员平时勿穿缎靴，得知当时靴的形式已有改进。清代的靴平时穿的是尖头式的，北京人称为“武备院式样”。入朝时穿方头靴，是吸收明朝旧制。夏用素缎，冬用青建绒，服丧者用布制作。嘉庆时，军机大臣穿绿牙缝靴，为薄底短筒小尖靴，又名“爬山虎”。武弁差官穿的厚底鞋，行走笨重，都用通草作底，叫作篆底。后也改成薄底，名“军机跑”。皇帝所穿皂鞋，冬青缎毡鞻（帮）羊皮里或青缎毡里；夏青缎凉里，鞋面及靴口用青缎，有的加穿珠绣，靴鞠用明黄色暗花缎（图 10－91、10－92、10－93）。

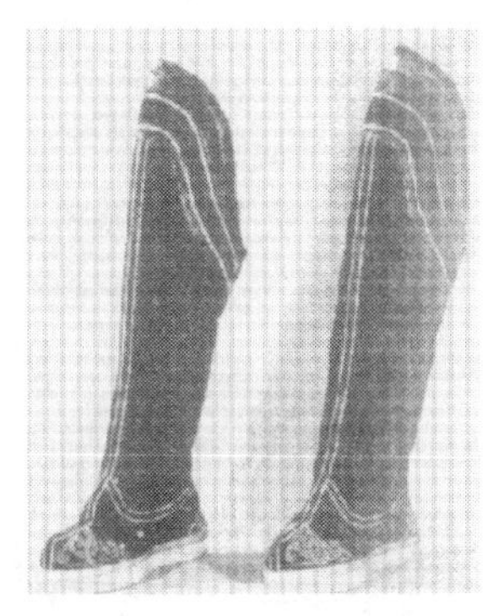

10－91　清初平底尖头靴。

妇女受女真人削木为履的风习影响，穿木底鞋，称为“旗鞋”。其特点在鞋底中间脚心部分有一个高出 10 厘米许的高底，高底的形状有的像花盆，称为“盆底鞋”，有的像马蹄，称为“马蹄底鞋”。鞋跟都用白细布裱蒙，靴面用刺绣、穿珠绣等工艺施加纹饰，慈禧太后穿的高底鞋，把鞋头作成一个凤头形，嘴衔珠穗，称为凤头鞋。她接待外宾时，穿着一身都有凤头衔珠串的衣服，走动时珠串随着摇晃摆动。这种凤头鞋大概是照清初的厚底凤头鞋发展而

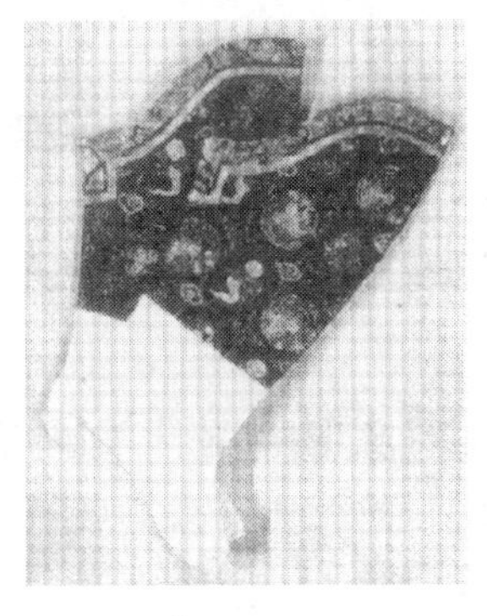

10－92　清中云凤妆花缎男袜。

10－93　清缎绣蝴蝶女袜。

来。《扬州画舫录》谓:"女鞋以香樟木为底。在外为外高底,有杏叶,莲子,荷花诸式,在里为里高底,谓道士冠。平底谓之底儿香。"慈禧穿的珠履,四周都用大珍珠镶嵌,耗银70万两,辛亥革命后被太监小德张拿出宫去售卖,索价银洋50万元。

在广东,因高温多雨,妇女常穿绣花高底拖鞋,这和"旗鞋"是另一种传统。上海地方除绣花鞋外,还流行画屐,青楼女妓特制一种香底鞋,将鞋底镂空作小抽屉形以放香料,或放进一个小金铃,走时发声,则又别出心裁。

清代袜子一般用布制作,贵族用绸缎等制作,北京故宫所藏清代皇帝的袜子,一般以织金缎缘口边,有的通绣纹彩,有的将袜统上段施加彩绣,下段以素色丝绸缝接。

第五节　清代一般服饰

一、清代男子一般服饰

(一)马褂

长袍或长衫配马褂、马甲,腰束湖色、白色或浅色长腰带,后系手巾,是清代男子一般通穿的服装。马褂长仅及脐,左右及后开衩,袖口平直(无马蹄袖端),形式有袖长过手,或袖短至腕,对襟、大襟、琵琶襟诸式。

对襟马褂,初尚天青色,至乾隆中期流行玫瑰紫,乾隆晚期流行福文襄公福康安所穿的深绛色,称为福色。《扬州画舫录》则说:"扬郡著衣尚为新样,十数年前(乾隆初),缎用八团,后变为大洋莲,拱璧兰,颜色在前尚三蓝、朱墨、库灰、泥金黄,近尚高粱红、樱桃红,谓之福色。"(《啸亭杂录》说福色出自福康安)嘉庆时,流行香色、浅灰色,

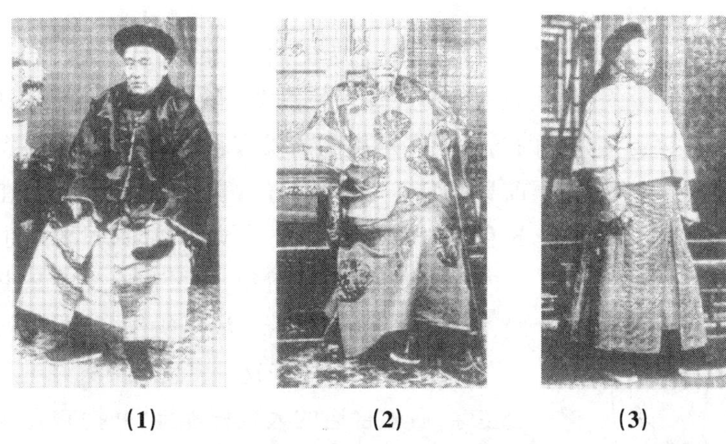

10－94　清代穿马褂人物写真像。(1)对襟马褂;(2)大襟马褂;(3)琵琶襟马褂。

夏天则流行棕色纱制的马褂。深青色大袖对襟马褂则可作为一般场合的礼节性服装。康熙时有一种长袖衣身较长的马褂,保暖性好,有“阿娘袋”、“卧龙袋”之称,民间年老者多穿之。琵琶襟马褂的右襟短缺一块,与缺襟袍相配。右衽大襟马褂及两袖用异色拼制的背心式马褂,均为便服。嘉庆间,马褂有如意头镶边的,至咸丰同治间,流行蓝、驼、酱、油绿、米色等,用大沿镶边,至清末光绪宣统时,用宝蓝、天青、库灰色铁线纱、呢、缎等做短到脐部以上的马褂,在南方尤为风行,甚至做大红色的。面料一般用二、四、六则团花,折枝大花,整枝大花,大团寿,喜字等纹样的暗花缎,暗花宁绸,漳绒,漳缎等。冬天则流行翻毛裘皮马褂(图 10－94、10－95)。

10－95　清代穿长袍外套马甲戴瓜皮帽的人物写真像。

（二）马甲

即背心、坎肩，也叫“紧身”。马甲为无袖的紧身式短上衣。有一字襟、琵琶襟、对襟、大襟和多纽式等几种款式。除多纽式无领外，其余均有立领。多纽式的马甲除在对襟的门襟有直排的纽扣外，并在前身腰部有一排横列的纽扣，这种马甲穿在袍套之内，如果乘马行走觉得热时，只要探手于内解掉横、直两排纽扣，便可在衣内将其曳脱，避免解脱外衣之劳。满语叫作“巴图鲁坎肩”（图10－96）。原来这种多纽马甲只许王及公主穿，后来普通的人也都能穿，并把它直接穿在衣服外面，“巴图鲁”是好汉、勇士之意，俗谓十三太保。单、夹、棉、纱都有。马甲四周和襟领处都镶异色边缘，用料和颜色与马褂差不多，苏州地区先前流行黑色，后来也用其他诸色。奴仆所穿马甲以红白鹿皮、麂皮制作，以其牢固。

10－96　清“巴图鲁坎肩”。

（三）袍

清初款式尚长，顺治末减短至膝，不久又加长至脚踝。袍衫在清中后期流行宽松式，有袖大尺余的。甲午、庚子战争之后，受适身式西方服式的影响，中式袍、衫的款式也变得越来越紧瘦，长盖脚面，袖仅容臂，形不掩臀，穿了这种袍衫连蹲一蹲身子都会把衣服撑破。《京华竹枝词》说：“新式衣裳夸有根，极长极窄太难论；洋人着服图灵便，几见缠躬不可蹲。”反映了清末服装款式变化的趋向。这时袍衫面料的使用也打破常规，出现了逆反现象，例如陕西产的姑绒被用来作单衫，而细薄的轻纱反被用来作棉袍、夹袍。谚语有“有里者无里，无里者有里”之说，正反映当时服装变异之风尚，已经突破常规，预示着中华服饰文化，即将进入一个变迁的新阶段。

（四）衬衫

衬衫穿于袍衫之内，衬衫的形状与长衫相似，也有上面不用二袖，上半截用棉布，下半截用丝绸，在腰部相缝接而成的，称为“两截衫”。颜色初尚白，后一度流行玉色、蛋青色、油绿色，或白色镶倭缎、漳绒边。

（五）短衫短袄

有立领右衽大襟与立领对襟两式，与裤子相配，外束一条腰裙，是一般劳动人民的服装式样。南方农民夏穿牛头短裤，即传统的犊鼻裈发展而来。长裤于裤脚镶一段黑边。北方人穿长裤，用带子将裤脚在踝骨处扎紧，冬夏都如此。冬天的套裤，上口尖而下口平，不能遮住腿后上部及臀部，北方男女都穿。

10－97　清李鸿章穿长袍马褂戴瓜皮帽脚穿尖底靴写真像。

（六）瓜皮帽

即沿袭明代的六合一统帽而来，又名小帽，便帽，秋帽。帽作瓜棱形圆顶，下承帽檐，红绒结顶。帽胎有软硬两种，硬胎用马尾、藤竹丝编成。帽檐用锦沿或红、青锦线缘以卧云纹，顶后有的垂有红缨尺余。清中期还在帽上用捻金线施绣，加缀珠玉。到咸丰时，帽顶变尖，叫做“盔衬”。有的用毛皮做帽沿，叫做“团秋”。中浅而缺者叫做“兔窝”。胎软而折叠收于怀中的名“军机六折”。到清末,帽顶结子收小如豆大,结色用蓝,戴时将帽向前额倾斜。帽檐作多层重叠,有的重叠至七八层之多。一般内衬红布,服丧者帽用黑或蓝,帽顶结子用白,为皇帝及士大夫燕居时所戴(图10－97)。

(七) 毡帽

为农民、商贩、劳动者所戴,有多种形式:(1)半圆形,顶部较平。(2)大半圆形。(3)四角有檐反折向上。(4)帽檐反折向上作两耳式,折下时可掩耳朵。(5)帽后檐向上,前檐作遮阳式。(6)帽顶有锥状带。

士大夫所戴者,用捻金线绣蟠龙,四合如意加金线缘边,有的加衬毛里,为北方及内蒙古一带所戴。

(八) 风帽

又名风兜,观音兜。多老年人所用,或夹或棉或皮,以黑紫、深青、深蓝色居多,清末上海等地用红色绸缎或呢料作风帽,有的再加锦缎为缘。风帽戴于小帽之上,老太太、老和尚、尼姑亦戴黑色风帽。

(九) 拉虎帽

即皮帽,脑后分开而以两带系之。另一种脑后不分开的,名安髡帽。又帽身用毡,左右两旁用毛,下翻可以掩耳,前用鼠皮,也叫耳朵帽,原为皇帝、王公所戴。

(十) 孩童帽

帽顶左右两旁开孔装两只毛皮的狗耳朵或兔耳朵,以鲜艳的丝绸制作,镶嵌金钿、假玉、八仙人、佛爷等,帽筒用花边缘围,称狗头帽、兔耳帽。有的前额绣上一个虎头形,两旁与帽筒相连,帽顶留空,称虎头帽。

二、清代女子一般服饰

清代初统治者严禁满族及蒙古族妇女仿效汉族妇女服饰，已见前述，至嘉庆十一年又下谕："倘各旗满洲、蒙古秀女内有衣袖宽大，一经查出，即将其父兄指名参奏治罪。"又嘉庆二十二年谕："至大臣官员之女，则衣袖宽广踰度，竟与汉人妇女衣袖相似，此风渐不可长。"故满族妇女的一般服装，亦与汉族妇女保持一定距离。

（一）旗髻

指两把头、大拉翅等满族头髻而言。据《阅世编》记载："顺治初，见满装妇女辫发于额前，中分向后，缠头如汉装包头之制，而加饰其上，京师效之，外省则未也。"《旧京琐记》："旗下妇装，梳发为平髻，曰一字头，又曰两把头。"平髻，就是将头发自头顶中分为两绺，于头顶左右梳二平髻，二平髻之间横插一大扁方，余发与头绳合成一绺，在扁方下面绕住发根以固定之。外观头顶像一字，也像一柄如意横置于头顶上，因此，有两把头、一字头、如意头种种称呼。在道光以前，在两平髻中还插有支发的架子，得硕亭《草珠一串诗》："头名架子太荒唐，脑后双垂一尺长。"诗下自注："近时妇女以双架插发际，挽发如双角形，曰架子头。"台湾《历史女袍服考实》记载说：两把头梳法，先将长发向后梳，分为两股，下垂到脖子的后部，再将两股头发分别向上折，折叠时一边加粘液，一边复压使之扁平，微向上翻，余发上折合为一股，反覆至前顶，随用头绳（红丝线或棉线绳）绕发根一圈扎结固定，其上插扁方，余发绕扁方上，使扁方与发根之柱状合成"T"字形。前戴大花卉及珠结，侧面垂流苏。梳髻所用粘液是用一种"蚊子树"的木刨花所泡的水，民间妇女也都使用这种木刨花泡水作梳发之用。清咸丰以

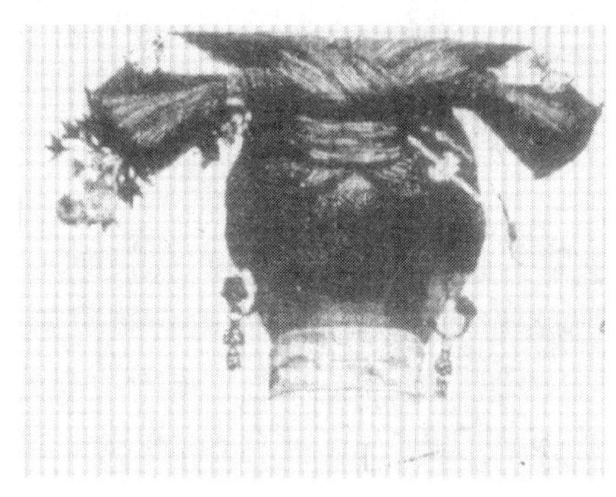

10－98 清“一字头”旗髻写真像。

后，旗髻逐渐增高，两边角也不断扩大，上面套戴一顶形似“扇形”的冠，一般用青素缎、青绒、青直径纱做成，是为“旗头”或“宫装”，俗谓“大拉翅”，就是指这种戴扇形冠的头饰。在旗头上面，还要再加插一些绢制的花朵，一旁垂丝穗（图 10－98 至 10－100）。

10－99 清“如意头”旗髻写真像。

10－100 清“大拉翅”旗髻写真像。

（二）马褂

款式有挽袖（袖比手臂长的）、舒袖（袖不及手臂长的）两类。衣身长短肥瘦的流行变化与男式马褂差不多。但女式马褂全身施纹彩，并用花边镶饰。后妃所用者也是由宫廷画师先按主子的意向画样，由内务府发交各地制作。有的画样是按原大尺寸画的，有的是按比例缩小画成小样，再附原大的纸样（即裁剪图）的。北京故宫博物院还保存着一批清宫的马褂设计图样，内有一份光绪年间的“整枝金银海棠石青缂丝马褂”（黄箴墨书原名）的图样，实大尺寸为身长 70.5 厘米，半袖通长 91.3 厘米，袖口宽 35.5 厘米，下摆 42.5 厘米，中云头高 32 厘米，侧云头高 25 厘米，外边侧 6 厘米，外边下 5.3 厘米，内边 1.8 厘米，腋下宽 37 厘米，腋上宽 36 厘米，领托边 6 厘米，领托云头高 27.5 厘米。花纹实际是满地散排的折枝海棠花。只画出马褂前身右半侧原大的结构款式，将领托及领托右侧的一部分加染色彩，其余部分为单线勾描。此外还有“桂花兰花马褂”，“金银墩蓝马褂（宝蓝地）”、“瓜瓞绵绵马褂（石青地）”、“金万字地藕荷色喜字百蝶马褂”、“灵仙祝寿马褂”、“桃红碎朵兰花马褂”、“玉色整枝海棠马褂”等画样（图 10－101 至 10－103）。

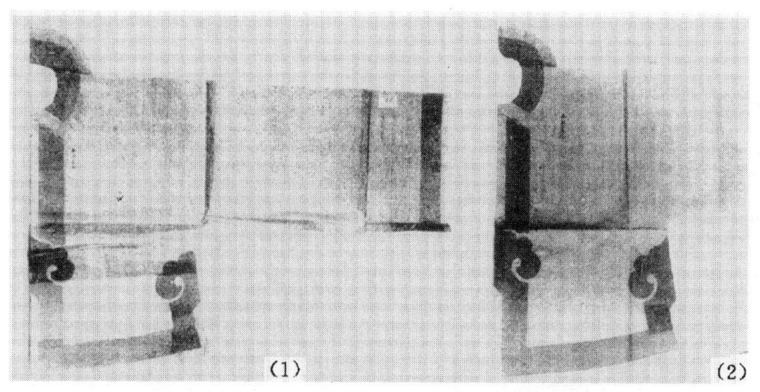

10－101　晚清礼部“专为织办马褂身长、袖长、宽窄、尺寸”裁制大样。（1）挽袖马褂纸样：身长 70 厘米，半袖通长 102.5 厘米，袖口 35 厘米，半下摆 42.3 厘米；（2）舒袖马褂纸样：身长 70.2 厘米，半袖通长 57 厘米，袖口 32 厘米，半下摆 42.5 厘米。

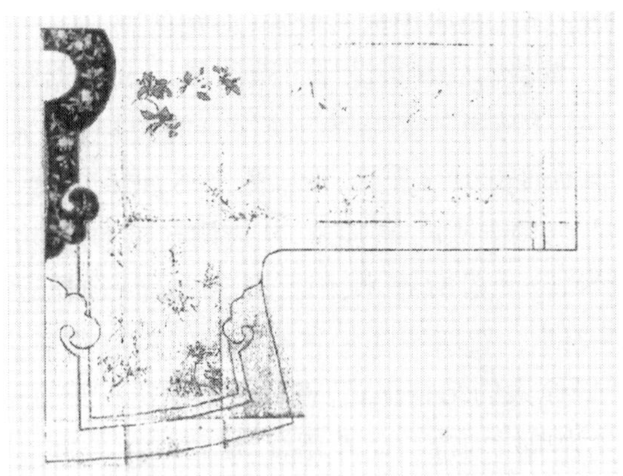

10－102 晚清礼部挽袖马褂原大画样，黄箴墨书“整枝金银海棠石青缂丝马褂一件”，身长 70.5 厘米，半袖通长 91.3 厘米，袖口宽 35.5 厘米，半下摆 42.5 厘米，如意边宽 6 厘米。

10－103 晚清礼部马褂花纹设计小样。(1)墨书题“瓜瓞绵绵”；(2)墨书题“灵仙祝寿”。

各地织造官员照画样织制完工之后，一面将衣服呈解进京，一面将所花费的工料银两开支情况造具黄册呈报皇帝。例如同治九年正月初九，皇帝大婚礼处传管理苏州织造兼理浒墅关税务臣德寿派办御用缂丝、纱、江绸朝袍、龙袍、龙褂等30件。皇后妆奁应用缂丝、江绸朝袍、朝褂、朝裙、龙袍、八团袍褂等66件。内廷主位应用红江绸蟒袍15件。备赏应用各色缂丝、江绸蟒袍、龙袍、褂144件。皇后妆奁应用各色缂丝、绣、绸、纱、缎氅衣、衬衣24件，舒袖衬衣12件，半宽袖衬衣12件，褂襕8件，马褂8件，紧身8件，逐项办齐呈解后，造具黄册呈报核支银两，其中一件藕荷透缂钩金三兰百蝶马褂1件，身长二尺三寸，共合缂丝二十三方。用缂丝匠四百一十四工，每工银二钱五分，该银一百三十两五钱，元青透缂钩金边三兰百蝶马褂边一分，白透缂钩金三兰百蝶马褂袖一副，共合缂丝十一方五寸，用缂丝匠二百七十工，该银五十一两七钱五分。以上缂丝马褂面随边、袖一件共工料银一百九十三两七钱三分五厘。

又石青江绸细绣钩金五彩大蝴蝶马褂1件，身长二尺三寸，地子合用二尺八寸宽加重石青江绸一丈，净绣十九方二寸，绣匠四百二十二工，四分工，每工银二钱六分，该银一百零九两八钱二分四厘。边里地子用元青江绸四尺五寸，雪白江绸三尺，共织七尺五寸，净绣九方六寸。绣匠二百一十工，该银五十四两九钱一分二厘。以上绣江绸马褂面随边绣一件，共工料钱二百二十七两三钱一分四厘。

（三）坎肩

又名紧身、搭护、背心、马甲，为无袖的上衣，式样有一字襟、琵琶襟、对襟、大捻襟、人字襟等数种，多穿在氅衣、衬衣、袍服的外面（图10－104）。《清稗类钞·服饰》："半臂，汉时名绣裾（音掘，衣短），即今日之坎肩也，又名背心。"吴语称为"马甲"。工艺有织花、缂丝、刺绣

(1)　(2)　(3)　(4)

10－104　清代穿坎肩女子写真像。(1)穿一字襟坎肩;(2)穿琵琶襟坎肩;(3)穿对襟坎肩;(4)穿大襟坎肩。

等。花纹有满身洒花、折枝花、整枝花、独棵花、皮球花、百蝶、仙鹤、凤凰、寿字、喜字等等,内容都寓有吉祥含意。清中后期,在坎肩上施加如意头、多层滚边,除刺绣花边之外,加多层绦子花边,捻金绸缎镶边。有的更在下摆加流苏串珠等为饰。北京故宫博物院藏有光绪年间设计的慈禧紧身画样六件,附有白鹿皮条,上墨书“慈禧衣服样六件”。黄箴墨书“光绪三十年二月三十日喜寿交老佛爷锦身衣裳样六件,系如意馆画、着浮收听要随湖内,特记。”六件花样为:品月地雪灰竹子、雪青地湖色竹子、酱色地绿竹子、茶色地月白竹子、白地寿山竹子、普蓝地整枝金竹子。图案布局匀当,形象写实生动,色调雅致(图10－105)。样子尺寸为:身长73厘米,肩宽40.5厘米,袖笼深36厘米,边宽7至7.5厘米。

(四)褂襴

为妇女们在春秋天凉时穿于袍衫之外的圆领,对襟,直身,无袖,左右及后身开衩,两侧开衩至腋下,前胸及开衩的上端各饰一个如意

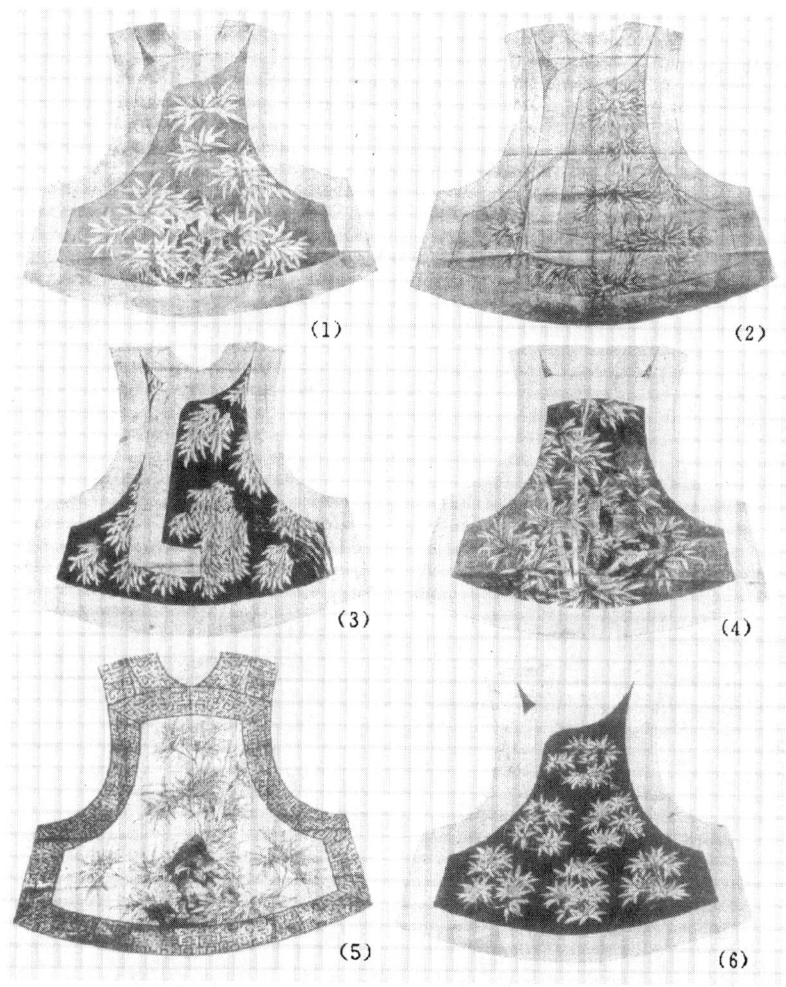

10－105　清“慈禧衣服样六件”:(1)品月地雪灰竹子;(2)雪青地湖色竹子;(3)酱色地绿竹子;(4)茶色地月白竹子;(5)白地寿山竹子;(6)普蓝地整枝金竹子。

头;周身加边饰;两腋下各缀有两根长带,身长至膝下的长坎肩。北京故宫博物院藏清代皇后褂襕黄册记载有石青缎细绣金银墩兰花五彩百蝶褂襕1件,身长四尺四寸,地子合用二尺二寸宽加重石青缎一丈八尺四寸,净绣十九方五寸,绣匠三百五十一工,每工银二钱六分,该银九十一两二钱六分。边地子用元青缎六尺八寸,净绣七方八寸,用绣匠一百四十工,四分工,每工银二钱六分,该银三十六两五钱四厘,以上绣缎褂襕面随边1件,共工料银二百一十两九分六厘(图10－106)。

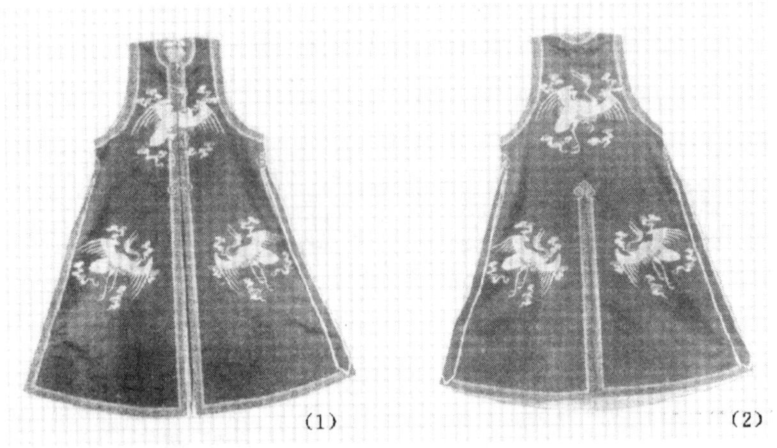

10－106 清光绪青缎绣云鹤纹褂襕。(1)前;(2)背。

(五) 衬衣

清代女式衬衣为圆领,右衽,捻襟,直身,平袖,无开衩,有五个纽扣的长衣,袖子形式有长袖、舒袖(袖长至腕)、半宽袖(短宽袖口加接二层袖头)三类,袖口内另加饰袖头,是妇女的一般日常便服。以绒绣、纳纱、平金、织花的为多。周身加边饰,晚清时边饰越来越多常在衬衣外加穿坎肩。秋冬加皮、棉(图10－107、10－108)。

（六）氅衣

10－107　清嘉庆五彩绣折枝百花衬衣。

氅衣与衬衣款式大同小异，小异是指衬衣无开衩，氅衣则左右开衩高至腋下，开衩的顶端必饰云头；且氅衣的纹饰也更加华丽，边饰的镶滚更为讲究，在领托、袖口、衣领至腋下相交处及侧摆、下摆都镶滚不同色彩、不同工艺、不同质料的花边、花绦、狗牙儿等等，尤以江南地区，俗以多镶为美。据江苏巡抚对苏州地区的风俗衣饰之《训俗条约》中有："至于妇女衣裙，则有琵琶、对襟、大襟、百裥、满花、洋印花、一块玉等式样。而镶滚之费更甚，有所谓白旗边、金白鬼子栏杆、牡丹带、盘金间绣等名色，一衫一裙，本身细价有定，镶滚之外，不啻加倍，且衣身居十之六，镶条居十之四，一衣仅有六分绫绸。新时固觉离奇，变色则难拆改。"大约咸丰、同治期间，京城贵族妇女衣饰镶滚花边的道数越来越多，有"十八镶"之称。这种以镶滚花边为服装主要装饰的风尚，一直到民国期间仍继续流行。在氅衣的袖口内，也都缀接纹

10－108　清光绪绿纱地彩绣折枝梅金寿字半宽袖衬衣。

饰华丽的袖头，加接的袖头上面也以花边、花绦子、狗牙儿加以镶滚，袖口内加接了袖头之后，袖子就显得长了，而且看上去像是穿了好几件讲究的衣服。加接的袖头破旧了又可以更换新的。北京故宫博物院藏有大量清代的氅衣成件面料，氅衣实物、氅衣画样，花式繁多，纹样内容设计均含有吉祥的含意，如折枝桂花、兰花，题为“贵子兰孙”。葫芦蔓藤题为“子孙万代”。双喜字百蝶题为“双喜相逢”。喜字蝙蝠、磬、梅花，题为“喜庆福来”。水仙、团寿字，题为“群仙祝寿”。双喜字、莲花，题为“连连双喜”。福字、桃子、天竹，题为“福寿天齐”。团寿字、灵芝、飞鹤、竹子，题为“群仙祝寿”。团寿字、海棠、蝙蝠，题为“寿山福海”。卐字地上整枝杏花，题为“红杏万年”。寿字、香椽、扇子配四季花，题为“福禄善庆”。凤纹、竹、兰、菊、梅，题为“凤鸣春晓”。松、竹、梅，题为“岁寒三友”。瓜和蝴蝶，题为“瓜瓞绵绵”。五只蝙蝠围着圆寿字加水仙，题为“五福寿仙”等等。慈禧太后在一般场合，都喜欢梳大拉翅，穿宽裾大袖的氅衣。她常常亲自指点如意馆画师修改服装小样，她最喜欢的氅衣花纹是竹子、藤萝、墩兰、牡丹、芍药、栀子花、海棠蝴蝶、百蝶散花、圆寿字等。同治九年正月初九，慈禧太后为筹办光绪帝大婚礼，着大婚礼仪处传旨苏州织造府派办的一批皇后妆奁应用服饰中，就有明黄透缂整枝藤萝花氅衣，身长四尺四寸，共缂丝三十八方四寸，用缂工六百九十一工，每工银二钱五分，该银一百七十二两八钱。元青透缂整枝藤萝花氅衣边一份，白透缂整枝藤萝花氅衣袖一副，共合缂丝十三方四寸。以上共用工料银二百九十两一分七厘。又明黄缎细绣钩洋金兰花桂花氅衣一件，身长四尺四寸，地子合用二尺八寸宽加重明黄缎二丈三尺。随边袖一件，共工料银三百七十六两四分七厘。又实地纱细绣金梗整枝桃花氅衣一件，身长四尺四寸，地子合用料二丈三尺，边袖地子合用料六尺五寸，共工料银三百九十七两五钱五分九厘（图 10 - 109、10 - 110）。

10－109　清同治缂丝月白喜相逢百蝶长袖夹氅衣。

10－110　晚清穿舒袖氅衣女子写真像。

（七）围巾

在穿衬衣和氅衣时，在脖颈上系一条宽约 2 寸，长约 3 尺的丝带（围巾），丝带从脖子后面向前围绕，右面的一端搭在前胸，左面的一端掩入衣服捻襟之内，围巾一般都绣有花纹，花纹与衣服上的花纹配套。讲究的还镶有金线及珍珠（图 10－111）。

10－111　瑾妃、德龄、容龄、容龄之母、慈禧太后穿衬衣，系各色花样围巾的写真照。

（八）裙子

主要是汉族妇女所穿，满族命妇除朝裙外，

一般不穿裙子。至晚清时期则汉满服装互相交流,汉满妇女都穿。清代裙子有百褶裙、马面裙、襕干裙、鱼鳞裙、凤尾裙、红喜裙、玉裙、月华裙、墨花裙、粗蓝葛布裙等等。

1. 百褶裙

前后有20厘米左右宽的平幅裙门,裙门的下半部为主要的装饰区,上绣各种华丽的纹饰,以花鸟虫蝶最为流行,边加缘饰。两侧各打细褶,有的各打50褶,合为百褶。也有各打80褶,合为160褶的。每个细褶上也绣有精细的花纹,上加褶腰和系带。底摆加镶边。

2. 马面裙

前面有平幅裙门,后腰有平幅裙背,两侧有褶。裙门、裙背加纹饰。上有裙腰和系带。

3. 襕干裙

形式与百褶裙相同,两侧打大褶,每褶间镶襕干边。裙门及裙下摆镶大边,色与襕干边相同(图10-112)。

4. 鱼鳞裙

形式与百褶裙相同,因百褶裙的细褶日久容易散乱,后来以细丝线将百褶交叉串连,若将其轻轻掰开,则褶幅展开如鱼鳞状,故名。

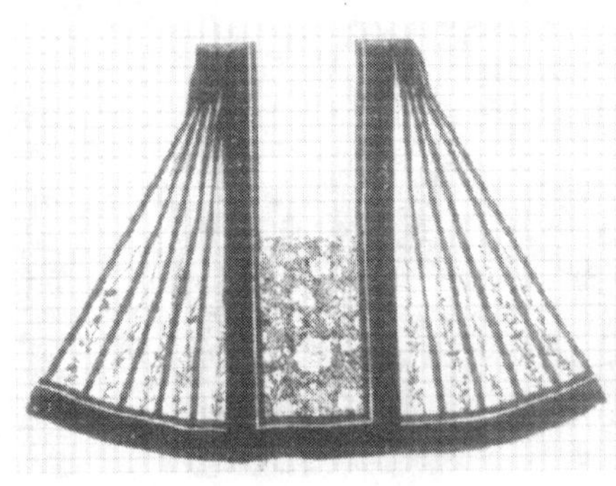

10-112　晚清水红暗花绸刺绣蝴蝶牡丹纹襕干裙。

5. 凤尾裙

李斗《扬州画舫录》卷九,说扬州乾隆初年民间时装,“裙式以缎裁剪作条,每条绣花,两畔镶以金线,碎逗成裙,谓之凤尾。”凤尾裙有三种类型,第一种是在裙腰间下缀绣花条凤尾;第二种是在裙子外面加饰绣花条凤尾,每条凤尾下端垂小铃铛;第三种是上衣与下裙相连,肩附云肩,下身为裙子,裙子外面加饰绣花条凤尾,每条凤尾下端垂小铃铛。这第三种凤尾裙,在戏曲服装中称为“舞衣”,在生活服装中也作为新娘的婚礼服用。

6. 红喜裙

为新娘的婚礼服,式样有单片长裙及襕干式长裙,以大红色地绣花,与大红色或石青色地绣花女褂配套。红喜裙在民国时期仍为民间普遍使用的女婚礼服。

7. 玉裙

为乾隆时民间流行的一种裙式,《扬州画舫录》卷九:“近则以整缎褶以细裥道,谓之百褶。其二十四褶者为玉裙,恒服也。”

8. 月华裙、墨花裙

每一裥中五色俱备,似皎月晕耀光华。可能为喷染而成。后来苏州生产一种用同类色的经丝牵排成由深到浅的晕色经丝织成花缎,名“月华缎”,是二十世纪三十年代的流行面料。清代用喷染法“弹墨”制作的“墨花裙”,别致淡雅。

9. 粗蓝葛布裙

为满族下层劳动者所穿的裙子,据《故宫周刊·汉译满文老档拾零》,努尔哈赤于天命八年(1623 年)6 月发布的一次命令中,曾提到“无职之护卫随侍及良民,于夏则冠菊花顶之新式帽,衣粗蓝葛布裙,春秋则衣粗布蓝裙”。此种穿蓝粗布裙的习俗,在我国汉族劳动人民中及众多少数民族中也有,汉族民间不仅用粗蓝布作裙子,而且用蓝印花布制作裙子,裙式有蔽膝裙、中短裙、长裙等。

我国西北、西藏、蒙古、西南、海南、浙闽的广大地区,聚居着众多的少数民族,他们的裙装工艺、质料、样式更为丰富,是我中华服饰艺术库府中的重要财富,对于发展民族服饰艺术文化具有极其重要的意义。

10－113 清披珍珠云肩的慈禧太后写真像。

（九）云肩

为妇女披在肩上的装饰物，五代时已有之，元代仪卫及舞女也穿，《元史·舆服志》一："云肩，制如四垂云。"即四合如意形，明代妇女作为礼服上的装饰。清代妇女在婚礼服上也用，清末江南妇女梳低垂的发髻，恐衣服肩部被发髻油腻沾污，故多在肩部戴云肩。贵族妇女所用云肩制作精美，有剪彩作莲花形，或结线为缨络，周垂排须。慈禧所用的云肩，有的是用又大又圆的珍珠穿织的，一件云肩用3500颗珍珠穿织而成（图10－113）。

（十）一口钟

又名"斗篷"。为无袖、不开衩的长外衣，满语叫"呼呼巴"，也叫大衣。有长短两式，领有抽口领、高领和低领三种，男女都穿，官员可穿于补服之外，但蟒服则不许用。行礼时须脱去一口钟，否则视为非礼。妇女所穿一口钟，用鲜艳的绸缎作面料，上绣纹彩。里子讲究的以裘皮为衬。民国时期，女用称一口钟，男用一般称斗篷（图10－114）。

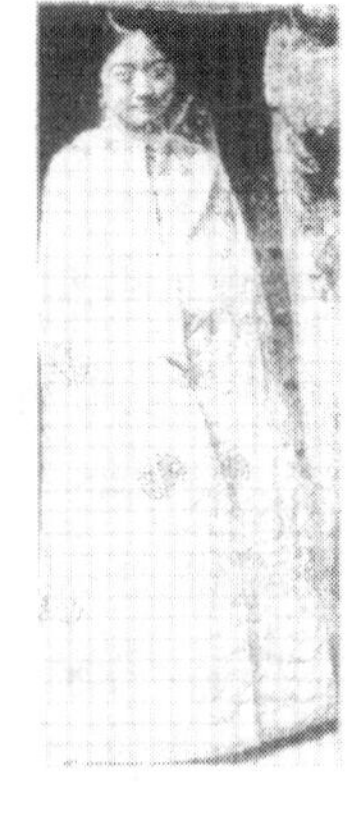

10－114 清穿"一口钟"的毓崇妹和婉容写真像。

第六节　清 代 铠 甲

崇尚武功，是清朝初期的传统，当时确立了大阅、行围制度，作为倡导骑射之风的措施，皇太极始定大阅制度，顺治时确定每3年举行一次大检阅典礼，由皇帝全面检阅王朝的军事装备和军队的武功技艺，八旗军队各按旗分，披铠戴甲，依次在皇帝面前表演火炮、鸟枪、骑射、布阵、云梯等各种技艺。自康熙二十一年（1682年）起，康熙皇帝每年都用田猎组织几次大规模的军事演习，以训练军队的实战本领。并把围猎、大阅的礼仪、形式、地点、服装等都列入典章制度中去。清朝皇帝和宗室大臣凡参加这种活动的，也都要穿盔甲。

清代一般的盔帽，不论是用铁或用皮革制成，都在表面髹漆。盔帽前后左右各有一梁，额前正中突出一块遮眉，遮眉上有舞擎及覆碗，碗上有形似酒盅的灰盘，盔盘中间竖有一根插缨枪、雕翎或獭尾用的铜或铁管。后垂石青等色的丝绸护领、护颈及护耳，上绣纹饰，并缀以铜或铁泡钉。

铠甲分甲衣和围裳。甲衣肩上装有护肩，护肩下有护腋，另在胸前和背后各佩一块金属的护心镜，镜下前襟的接缝处另佩一块梯形护腹，名叫“前挡”。腰间左侧佩“左挡”，右侧不佩挡，留作佩弓箭囊等用。围裳分成左、右两幅，穿时以带系于腰间。在两幅围裳之间正中接缝处，覆有质料相同的虎头蔽膝。以上这些配件除护肩用带子联结外，其余均用纽扣相连。穿时从下而上，先穿围裳，再穿甲衣，待佩上各种配件后，再戴盔帽。

北京故宫博物院保藏的清代盔甲，以大阅甲制作最为精美，是乾隆皇帝的大阅铠甲胄，与战场所穿甲胄不同，特点是不用金属，而用金线在黄缎上绣出金版纹，代替甲上的金属叶。胄（盔帽）用牛皮制，髹以漆，嵌以东珠，并饰有金梵文。清代在南苑新衙门行宫内，原挂有一幅纵 322.5 厘米，横 232 厘米的绢本设色乾隆帝《大阅铠甲骑马像》，此画是乾隆四年，乾隆帝在南苑第一次大阅后，命宫廷画家意大利人郎世宁所画，极为写实逼真，画中大阅甲的质地、式样、作法、颜色、花纹都与上述北京故宫保藏的乾隆帝大阅甲完全相同，并与《皇朝礼器图》所载大阅甲相符。此甲衣的护领、护肩、护腋、前胸后背、前挡、袖端上都绣有串珠绣的龙纹和彩云、寿山福海纹。下为两幅围裳，无蔽膝。围裳内幅横分为四段，各饰行龙戏珠，以金版纹间隔，行裳侧边及底边饰升龙和行龙。护心镜亦以云龙纹板围护。富丽威严，精美无比。北京故宫博物院还保藏着一套乾隆二十六年制成的金银珠云龙纹甲胄，这套甲胄通身闪烁着金龙，有正龙、升龙、行龙 16 条。甲分上衣下裳，衣长 73 厘米，裳长 61 厘米。衣包括领、袖、护肩、护腋、挡；裳分左右，总共为 12 个部件。衣前胸有正龙一条，升龙二条，后背有正龙一条，左右袖各有正龙一条，袖口行龙一条，左右护肩，左右护腋，前挡（衣前遮缝）、左挡（左遮缝）各有正龙一条。左右裳亦各有正龙一条，并有云朵、海水江牙。衣领上嵌有“大清乾隆御用”金色铭文。胄以皮胎髹黑漆，镶有金、珠装饰，周围饰龙纹，并以梵文与缨络相间。胄顶以金累丝为座，嵌红宝石及大珍珠 70 余颗。胄的护颈、护耳、护项各饰龙纹一条。

清钢片甲用小钢片连缀而成的套甲，表面只露金、银、铜、黑四色圆珠组成的云龙图案，重 15.4 公斤。它是乾清宫养心殿造办处铜镀作制造。自乾隆二十六年开工，至乾隆二十九年完成。用材有芜湖钢、金叶、银叶、红铜叶、黑漆。制作过程，先将芜湖钢打成厚约 1 毫米、长 4 毫米的小钢片，将小钢片的一端凿成半圆珠形，并分别包上金叶、银叶、铜叶或涂上黑漆，另一端钻一个供穿线连结的小孔，然后将它们组成云龙，一排排地用线穿钉在底衬上。底子银色，龙身金色，龙发龙须龙尾铜色，勾边线黑色，全套甲共用 60 万块小钢片串连而成，甲里铺丝绵和绸里。在制作时，先试做成一块钢布，乾隆帝见到钢的颜色不够华贵，指示要改为金、银、铜、黑四色，次年又做了试样，验明四种颜色不变，乃于乾隆二十六年正式制作。以上情况，在清宫造办处活计档有详细记载。这件珍贵的甲胄，既非皇帝戎装，也非大阅礼时穿戴，不过是提供皇帝赏玩的珍品。其工技之精巧，可谓稀世珍品。

故宫博物院藏清代八旗兵的甲胄，胄用皮革制成，加漆黑漆，显得坚实厚重。甲衣正黄旗通身黄色，镶黄旗黄地红边，正白旗通身白色，镶白旗白地红边，正红旗通身红色，镶红旗红地白边，正蓝旗通身蓝色，镶蓝旗蓝地红边，全身一律镶有铜质泡钉。甲以棉布为里，以绸为面，中实丝绵。乾隆间两次由杭州织造局织造，达数万套，供大阅时穿用，平时则贮藏于西华门城楼内。清代除满洲八旗外，在蒙古设蒙古八旗、在汉人设汉八旗，参加大阅的实为满蒙汉二十四旗，人员多达数万人。皇帝亲辖镶黄旗、正黄旗、正白旗，称为上三旗，其余称为下五旗。

第十一章　十九世纪后期至二十世纪前半叶的服饰文化

通过前面十章的介绍，我们已经涉猎了中华民族的服饰文明从数万年前的孕育、发生，乃至成熟和发展演变的简略过程。服饰是人类赖以生存的物质支柱，又是人类精神文化的重要表现。服饰艺术的美感，不仅受客观形式规律的制约，而且反映人们对于物质材料的认识能力、创造能力和支配能力，蕴涵着人们的智慧和审美理想。随着阶级分化，服饰艺术愈来愈深地渗透进了统治阶级的财富占有观念、权力观念和阶级等级观念。正像阶级压迫是人的本性的异化一样，在奴隶社会和封建社会，服饰艺术的形式和内容，也从一个侧面表现了统治阶级人性的异化。

服饰文化是劳动大众的智慧创造，阶级垄断的现象不但破坏了人类生存方式和生活方式的平衡，也破坏了服装本身实用功能和美化功能的平衡。清朝皇帝做一件袍服要费几年的时间绣花，慈禧太后一双珍珠鞋花几十万两银子，每一种花纹和颜色，质地和款式，都要用法令去加以控制，凡此种种，现在说来似乎骇人听闻，却全是千真万确的历史事实。它们是反常的，又是正常的，它们是矛盾的，又是按照历史的规律发展的。

第一节　太平天国的服饰

1840 年鸦片战争失败以后，中国社会开始沦为半殖民地半封建的社会，清政府为了支付赔款，加紧对人民搜刮，迫使人民不断奋起反抗，从 1840 年至 1850 年的 10 年左右时间里，全国发生过大小 100 多次农民起义。1851 年 1 月由洪秀全在广西桂平金田村发动的太平军起义，震动了全中国。太平军定都南京以后，颁布了《天朝田亩制度》，规定不论男女，按年龄都可分到一份田地，目的是想要建立“有田同耕、有饭同食、有衣同穿、有钱同使，无处不均匀，无人不饱暖”的理想社会，同时废除买卖婚姻，禁止妇女缠足，妇女可以参加作战和考试，可以做官。但在太平军定都天京以后，洪秀全等人未能摆脱中国传统封建意识的束缚，领导集团内部发生激烈的权力斗争，他们大兴土木，严格等级秩序。

在衣冠服制方面，虽然否定了清王朝的服装形式，但却承袭了封建的服制观念。太平天国运动最终在中外反动势力紧密配合攻击下失败。

太平天国的服饰资料，在《中国近代史资料丛刊·太平天国》集有号帽、军中号衣、各衙号衣、角帽、帽额、风帽、凉帽、龙袍、团龙马褂、马褂衔等式样(图 11－1)。湖北省博物馆收藏一件太平天国东王杨秀清生前穿过的三色金平金绣龙袍，为右衽、大襟、平袖、左右开裾，袍正身绣金龙八条，周围为云纹，下幅绣寿山福海纹，底襟绣龙纹两条，空出缎地。花纹分布与清代的吉服袍相近，可谓是一种衣冠复旧。

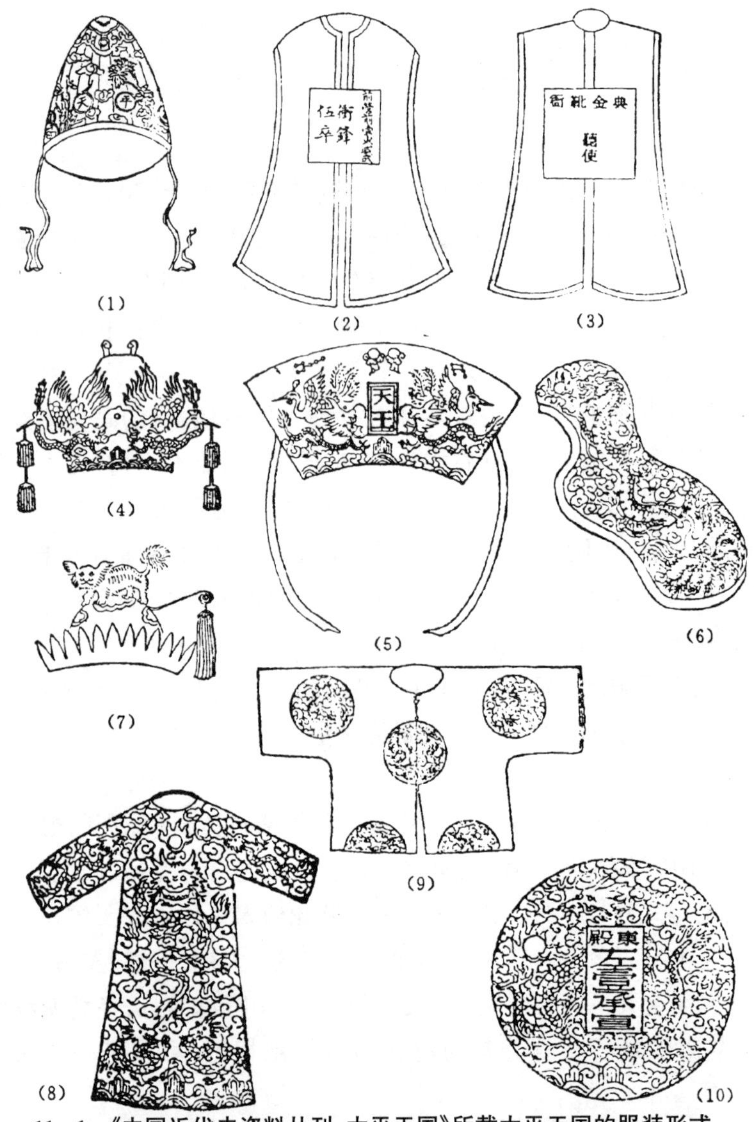

11－1　《中国近代史资料丛刊·太平天国》所载太平天国的服装形式。(1)号帽；(2)军中号衣；(3)各衙号衣；(4)角帽；(5)帽额；(6)风帽；(7)凉帽；(8)龙袍；(9)团龙马褂；(10)马褂衔。

第二节 孙中山倡导的中山服

1911年10月10日辛亥革命在武昌取得胜利，改国号为中华民国。11月，袁世凯被帝国主义者扶植出任清政府内阁总理大臣。1912年孙中山在南京就任中华民国临时大总统，接着颁布参议院制订的《中华民国临时约法》，规定“中华民国主权属于全体国民”。孙中山为了争取袁世凯为共和政体服务，于同年2月13日辞去临时大总统职务，让袁世凯做了临时大总统。袁世凯在帝国主义者的支持下，积极策划复辟帝制。1915年12月12日，袁世凯竟然当了“中华帝国”的“皇帝”，下令定1916年为“洪宪元年”。袁世凯在政治上搞复辟，在服饰上也搞复旧，他在登“洪宪皇帝”位的那天，穿的也是十二章的衮服，不过款式是沿袭明代的龙袍式样，为高圆领、右衽、大襟、大袖式长袍。1916年3月下旬，袁世凯在南方各省护国军讨伐下被迫取消帝制，6月在绝望中死去。

自清末洋务运动的兴起，留学生的出国及军队西式操衣的引进，都对服装的变革产生了影响，孙中山是中国近代史上反帝反封建的资产阶级民主革命的杰出领袖，他领导的辛亥革命，推翻了在中国存在了两千多年的君主制度，使民主共和的观念深入人心。在服装改革方面，孙中山也以身作则，使中国服装与封建王朝的冠服制度彻底决裂。孙中山亲自倡导的中山服，就是在尊重我国广大劳动人民穿短衣长裤的习惯的基础上，指示洋服商人黄隆生吸收西服结构造型的经验而设计的。中山装的造型美观大方，突出表现在它的立领是关闭式的，与欧美及亚洲各国的西服领有明显区别，从而具有独特的中国特色。中山装的前门襟有6个纽扣直线均匀排列，上下口袋为暗袋，背有背缝，后背中腰处有腰带，加上腰节的省缝，穿起来收腰挺胸、舒适自然。裤子则把中国传统的抿裆裤改变为前后各两片组成，两侧缝上端均有直袋，前片腰口有平行与丁字形的褶裥各两个，右腰口装表袋一只，以前裆裤缝为开门；后片双侧均有双省，做有后袋；腰头有上腰头和连腰头，腰上装 5 至 7 个串带，脚口带卷脚的西裤式样。中山服夏用白色，其他季节用黑色。结构合理，功能性强，既可用高档衣料制作，也能使用一般布料制作，外观轮廓端正，线条分明，有严肃、庄重、朴实的美感，既能作日常便服，又可作上班服或出客服装，既能适应不同地区气候条件的需要，又能适应青、中、老年的穿着，不受社会阶层、地位、等级的限制。孙中山亲自带头穿这种服装。孙中山的夫人宋庆龄女士在促进服装大众化、现代化方面以身作则，和孙中山一起作出了榜样，受到广大群众热烈欢迎。直到现在，中山服仍然作为代表中华民族气魄的一种服装，继续在人民生活中流行。经半个多世纪时间的变迁，中山服的外形和制作工艺、色彩等方面也都有所改进，如今的中山服后背无背缝，后背中腰无腰带。前门襟有纽扣 5 个而不是 6 个，左右上下有 4 个大小明袋均衡对称，领为立领与反领相结合的关闭式八字形领口。色彩则或蓝，或灰、米黄、咖啡等色都各随所好。但基本造型结构，仍然保持原来特色。

第三节　民国时期的服饰

辛亥革命成功之后，清代冠服一律随之捐弃，被送进了历史的博物馆，满族的剃发梳辫习俗和汉族妇女的缠足陋习，也被逐渐革除。民国元年 7 月，参议院曾公布男女礼服样式。男礼服一种为西式，一种为中式，分大礼服与常礼服，大礼服分昼晚两种，昼礼服长与膝齐，袖与手腕齐，前对襟，后下端开衩，黑色，穿黑色过踝的靴；晚礼服类于西式燕尾服，穿短靴，前缀黑领结。穿大礼服戴高而平顶的有檐帽子。

常礼服西式者与大礼服大同小异，惟戴较低的有檐圆顶帽。

中式礼服为长袍马褂。此外，又先后公布过地方行政官公服，外交官、警察、律师、推事、检察官、陆军、海军、矿业警察、航空等项服制及学生操衣等样式。

女子礼服按公布的服制为上用长与膝齐，有领、对襟式、左右及后下端开衩，周身得加锦绣；下着裙子，前后中幅（即裙门，也称马面）平，左右打裥，上缘两端用带，基本上为清代汉族女装的发展。

总之，自辛亥革命之后，中华服饰从整体上摆脱古典服制的束缚。在二十年代，男装长袍马褂或长袍坎肩、西服、中山装、学生装都是城市及乡间上层人士流行的服装。而中式衫袄和中式抿裆裤则是劳动人民的主要服饰。这种情形，是由不同的经济条件和生活方式决定的。

女装在这一时期以上衣下裙最流行，上衣有衫、袄、背心，式样有对襟、琵琶襟、一字襟、大襟、直襟、斜襟等变化，领、袖、襟、摆多镶滚花边，或加刺绣纹饰，衣摆有方有圆、宽瘦长短的变化也较多。姜水居士《上海风俗大观》记二十年代初期的上海的妇女服饰“至于衣服，则来自舶来，一箱甫启，经人知道，遂争相购制，未及三日，俨然衣之出矣。……衣则短不遮臂，袖大盈尺，腰细如竿，且无领，致头长如鹤，裤亦短不及膝，裤管之大，如下田农夫，胫上御长管丝袜，肤色隐隐。……今则衣服之制又为一变，裤管较前更巨，长已没足，衣短及腰”。上海是我国的通都大邑，自海运开放，西方服式对上海影响很大，而当时清代的服装旧俗，遗风未尽。上海的青楼小妓，文化素质又低，服装追新求异，正是她们的特点。姜水居士所讲“衣短不遮臂，袖大盈尺，裤短不及膝，裤管之大，如下田农夫，胫上御长管丝袜”等奇装异服的现象，大致指青楼女辈的服饰。而大家闺秀所穿，则保持端庄大方的风貌,当时高领窄袖式长袄,配长裙,是她们一般的服饰。女学生的上衣下裙,大都以朴素雅淡的上衣和绕膝裙为主。上衣下裙的女式服装后来一直流行,但裙式不断简化,至三十年代,前后有中幅的马面裙(特别是绣花的马面裙)逐渐在生活中自然淘汰。斜裙、绕膝裙、喇叭裙、百褶裙、节裙等逐渐流行(图 11-2 至 11-10)。

11-2 民国初年的上海时装。

11-3 民国初年的两种不同款式的女袄。

11-4 民国初年的上海时装。

11-5 民国初年的上海时装。

11－6　民国初年卖唱的艺人。

11－7　民国初年纺纱并线的手艺人。

11－8　民国初年穿轮花衣的伕役。

11－9　民国初年北京戒台寺的方丈。

11－10　民国初年行乞的老道。

二十年代中晚期，旗袍逐渐在城市妇女中流行，至三十年代，旗袍的裁剪工艺吸收了西式服装的裁剪方法，如袖子由平袖改为挖袖窿上袖，前后身加胸省、背省、腰省等，使旗袍由平面造型转化成立体造型，于是旗袍广为普及。二十年代中期旗袍腰身较宽松，袖口宽大，长度至脚面，并作滚边镶边。三十年代初腰身、袖口相应缩小，而长度缩短近膝，至三十年代中期，长度加长，为了便于行走，两边开高衩，而腰身紧绷贴体，充分显示女性体型的曲线美，并能增添人体修长的美感，把人衬托得亭亭玉立。当然这种款式只能适应青年女性及体型较瘦的中年女性，对肥胖体型的中老年妇女并不合适，故旗袍的造型并非单一化。四十年代由于日军发动侵略，人们从便于活动的实用功能考虑，旗袍长度缩短，炎夏季节，袖长短至肩下 3 至 6 厘米，甚至把袖子取消。

旗袍源自清代的衬衣和氅衣，经二三十年代改革之后，造型更与人体紧密结合，穿着舒适方便，适合我国女性的体态特征，它不用口袋、带袢等附件，造型简洁，用料节省，做工简便，而且能与背心、中式女褂、女袄、女西服上衣、女西式外套、女西式大衣、毛线背心、毛线衣、翻毛绒外套、翻毛绒大衣、翻毛裘皮大衣等各式服装配套。而且旗袍本身也可以用纱、绉、绸、缎、毛呢、棉布等面料制作成单、夹、棉、

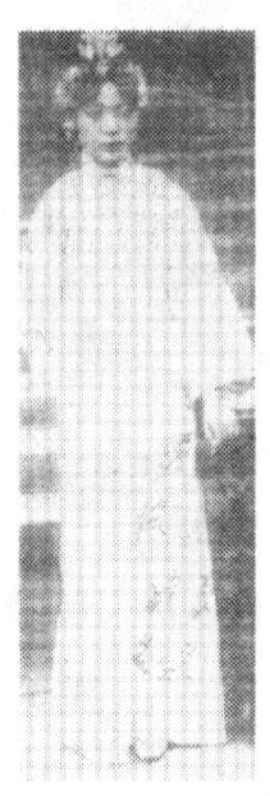

11－11　在服装平民化、现代化潮流冲击下，末代皇后婉容穿起了旗袍。

11－12　在服装平民化、现代化潮流冲击下，末代皇后婉容穿起了大袖锯齿边旗袍。

裘。形式可变化成高领、低领、西式翻领、一字形平口领、方口领、圆领、U字领、V字领。袖子宽可盈尺，窄可束臂，长可过手，短可无袖，甚至作成背心式，背带式。下摆可方，可圆，还可加褶裥边饰。纹饰可加彩绣，上缀串珠亮片，镶滚锦绣花边。加戴胸花、围巾，也可朴素无纹，能够雅俗共赏。因此，旗袍从二十年代中期至五十年代初，是我国城市及乡村知识层女性最普遍的服装，无论是日常服装或社交礼服，几乎都穿旗袍。但旗袍不能适应快步及大幅度的运动，故不宜农村劳动穿着(图11－11至11－13)。

11－13　在服装平民化、现代化潮流冲击下，末代皇后婉容穿起了时装。

与旗袍同时流行的，还有西装及西式连衣裙。连衣裙从二十年代就有一部分留学生及文艺界、知识界人士穿着，至三十年代穿者渐多，当时年轻姑娘只在夏天服用，至天凉就不穿了。其特点是上衣和下裙相连，在腰间缩紧，或于腰间加带袢，可束腰带，能够显示腰身的纤细，但至天凉，因需加夹衣棉衣，就失去这种显示细腰的特点。连衣裙多为直开襟，有开在前面的，也有开在背后的。袖子长袖和中长袖者有袖头，短袖者为平袖，也有作泡泡袖、喇叭袖的。领有长方领、方领、尖领、圆角领、水兵领、飘带领、蝴蝶结领、铜盆领、无领座的圆领、一字领、U字领、方口领、V字领等，下裙有作宽波式如斜裙、喇叭裙的，有作褶裥的，有作节裙的，其中以社会上层女士及电影明星最为入时。一般市民则较朴素，女学生穿一种上衣无领无袖，颈下前后作方形大缺口，形如搭背的连衣绕膝裙，开始是教会学校规定的制服，以后在社会流行，而劳动人民却仍然穿着粗布衫、抿裆裤。

11－14 穿斗篷的杨虎城先生在西安事变之前。

在三十年代流行的斗篷，为社会上层老年人冬季所披，但有些影星也以之作风衣(图11－14)。

新娘婚嫁，多穿大红绣裙，上配石青绣花袄或大红绣花袄，头戴凤冠，并披以兜纱。西式“文明结婚”者，穿白色灯笼袖连衣拖地长裙，限于大城市上层流行之。

抗日战争时期，城市知识青年大多穿士林蓝、安安蓝、蓝灰等色制服及列宁装、棉大衣等，女青年也穿之。春秋天也有穿工人服、两用衫、夹克衫的。

第四节　新中国建立以来的服饰

新中国建立之初，全国人民热烈拥护社会主义，自动穿起蓝色、蓝灰色的干部服、列宁装、棉大衣。长衫马褂至此已基本上没有人去穿。在五十年代中期，我国国民经济基础还非常薄弱，当时有一些地方，不合时宜地提出了“人人穿花衣裳”的口号，有些男子汉也穿五颜六色的花布衣服，因为这种做法没群众基础，口号像一阵风吹过去了。“文革”十年浩劫当中极左思潮压抑着人民群众的爱美情绪，对衣着消费长期禁锢封闭，成年男女都只敢穿蓝色或灰色的中山服、学生装、军便服，青年学生穿草绿色军便服，连童装也都是军便服式样。服装生产则造成了一种压抑型的“老三件”（即中山服、军便服、学生装）为样板的封闭型生产模式。“四人帮”出于政治欺骗，曾一度炮制出一种“国服”，把宋朝对襟领式女衫的领型与连衣裙款式拼凑在一起，袖子是半长袖，企图在全国强令推广。他们命令京、津、沪等大城市以半卖半送的价格和用单位摊派等方式进行兜售，然而无人肯穿。可见服饰文化不能脱离群众自觉审美的需要，依靠权力操纵摆布的时代已经一去不复返了。

自八十年代起，中国采取了改革开放、搞活经济的方针政策，在较短的时间内就收到了显著的成效。八亿农民大都摆脱了贫困，改变了“新三年，旧三年，缝缝补补又三年”的穿衣情况。中国的棉布生产大幅度增长，已经成为世界上最大的棉布生产国。中国高分子纤维技术突飞猛进，使我国成为高科技纺织产品的大国。中国人民的生活水平也逐渐从温饱型向小康型转化，中国衣着消费模式已开始从半自给性向成衣化转化。在中国共产党的“七五”计划建议中，服装工业被列入消费品工业的三大重点，服装工业的内外销生产，第一次纳入国家五年计划。纺织工业首次提出把服装行业作为带动整个纺织工业发展的“龙头”。1987 年以来，服装被列为国家的重点发展产业之一，担负着大力发展成衣商品生产，满足国内人民不断增长的衣着需要和积极参与国际经济大循环，带动纺织工业和整个“大服装”工业体系向工业化、现代化发展。我国人口众多，当人均国民收入超过 300—400 美元后，消费结构就将由生存型向享受型过渡，穿好、求美的精神需求将加速对成衣优质化、时装化、多样化、个性化的需求。随着我国大批非农业人口的转移，城乡差别的缩小，农村需求城市化，这对我国服装消费的成衣化、商品化、社会化、现代化，都起着催化作用。

从近年国内衣着消费的结构来看，我们已经明显地看到服装市场已经出现从生理性需求占主要地位的阶段向追求个性与时尚的阶段的超前过渡，服装生产与服装消费之间出现的“时代差”，造成了服装市场的滞销。服装优质化不容忽视。

实现服装优质化、时装化、多样化、个性化，从根本上提高服装的文化层次，既是科技生产问题，又是民族文化建设问题，需要具有远见的战略目标，又需建立合理的工业体系、管理体制、布局结构。例如建立纺织、印染、成衣、辅料、首饰、配饰一条龙，供产销一体化的生产模式，科研、生产、流通一条龙的综合开发基地，建立培养各种新型人才的教育体系网络和各种形式的信息、设计、生产、销售协作体，建立高智能、中高技能，以至劳动密集型技术结构等等。这些都是必要的准备。

我国劳动资源丰富，劳动力工资成本目前低于泰国、印尼、印度等东南亚国家，且国内市场回旋余地大，纺织品资源品种齐全，发展服装工业有很多优越条件。但因服装是生活必需品，是一种文化形态，加上结构性的就业需要，作为高消费的发达国家，不可能放弃服装生产。在八十年代，发达国家服装工业重点向高质化、高技术发展，企业结构向高级化转移，纷纷采取优势战略，力图重振服装工业，如法国政府将纺织、服装工业加速设备自动化的研制，日本自动化缝制系统已进入实验阶段，服装业微电子技术的应用，将在二十年后抵消低工资国家保持低成本的优势，从发展的眼光看劳力廉价的优势，只是个时间的概念，不能永远依靠廉价劳力与先进国家相抗衡。

第五节　少数民族服饰

我国是一个多民族的国家，中华服饰文化从原始社会就遍布各地，多源并存，相互交融。商周时期，就形成以华夏民族为主体的光辉灿烂的中华服饰艺术传统。现今我国除汉族外,尚有55个少数民族,各族人民在各自的生活中创造了各具特色的服饰艺术,其渊源之深厚,服饰之丰富多彩,是举世无与伦比的,这是发展我国新的民族服饰文化的长远优势。我国各民族的服饰艺术如朝鲜族男子服装以斜襟短衣、坎肩与肥腿裤配套;女装以斜襟短上衣与高胸统裙或缠裙配套,颇有大唐遗风。赫哲族男穿前后开衩、镶云头宽边长袍,长裤;女穿无立领大襟鱼皮或鹿皮长袍,上饰鹿皮剪成的图案,下摆缀海贝、铜钱。男穿狍皮、鹿皮靴,女穿厚底绣花鞋。达斡尔族、鄂温克族、鄂伦春族男女均穿立领右衽大襟长袍。西北回族男女均穿短衣长裤。东乡族男女穿短上衣、长裤,外套坎肩。土族男子春夏秋穿自制羊毛白褐衫或蓝布高领长袍,外套坎肩,围绣花围肚,系绣花腰带,双檩绣花云纹布鞋,冬穿织锦镶边白板羊皮袄、皮帽、长布靴;女穿小领斜襟、两袖用五色布拼接的斜襟长衫,外套黑或紫红坎肩,腰系长而宽的绣花彩带。撒拉族青年男子春夏穿宽松对襟白短衫,套无领黑坎肩,束布腰带,右腰围绣花布兜,戴平顶圆帽或六牙布帽,冬穿对襟棉袄,少女穿红或水红大襟长袍,外套花坎肩。保安族男子节日穿翻领斜襟皮袄,下摆镶色布加边,束长腰带,高统马靴;女穿苹果绿、粉红、玫红花长袍,双檩绣花鞋。裕固族服饰因地区而有变化,甘南裕固自治县,男穿矮领、白镶边、下摆开小衩长袍,外套马蹄袖马褂,左耳戴大耳环,腰挂腰刀、火镰、火石、小佛像、鼻烟壶等;女穿衣领高至耳根的右襟长袍,上镶绣花边,袍外套鲜艳的高领坎肩,系红、绿、紫色腰带,左侧系几条彩色手帕,穿长统布靴。维吾尔族、哈萨克族、柯尔克孜族、塔吉克族、乌孜别克族、俄罗斯族、塔塔尔族服装各有特色,但也有共同点,男装套头白衬衫,齐膝长衣,女穿连衣裙,外套绣花坎肩,脚穿高统皮靴是他们的相通之处,他们的帽子、服饰花纹和色彩、坎肩及连衣裙的用料和款式均有不同的变化,佩戴的首饰也丰盛多样,具有中亚服饰艺术的特色。锡伯族男穿大襟左右开衩长衣或对襟短衣，冬袍夏衫，腰系绸带或皮带；女穿右大襟长袍，外套背后开衩的高领对襟短坎肩。男女均穿扎裤脚的长裤。藏族、门巴族、珞巴族、蒙古族男子均穿长袍，女子服装有不同变化，但也常穿袍，所戴首饰佩饰浑厚古朴，服饰艺术有粗犷豪放的风味。羌族男女都穿右衽大襟长衫，外罩羊皮坎肩，包头，束腰带；女系绣花围腰，穿尖钩鞋，则属另一种类型的古典风味。彝族男子披形似斗篷的“擦尔瓦”或披毡，头缠青蓝布帕，并在右前方扎一根长约25厘米的锥形“英雄结”，女戴鲜艳的头帕或缀有银泡的鸡形冠，是一种独特的艺术风格。白族男穿白或浅蓝多袢扣对襟衣，套坎肩，女穿无领或小立领前短后长的大襟衣、坎肩，坎肩右襟系“三须”、“五须”银饰，姑娘编辫盘头，戴鱼尾帽、银泡“鼓钉帽”，男女均穿宽裆长裤。傣族男子穿无领对襟或大襟短衫、长裤。西双版纳傣族女子穿浅色紧身背心，外穿腰紧摆宽、衣角翘起的对襟或大襟短衫，下着长筒裙，腰束银腰带，具有袅娜多姿的美感。云南哈尼族、傈僳族、佤族、景颇族、布朗族、阿昌族、德昂族、独龙族、基诺族的服装大体上也具有比较相近的艺术特色，男子一般穿短上衣长裤，女子穿短上衣和短褶裙或筒裙，配以丰盛而古朴的首饰佩饰，有的还戴着头箍、耳环、手镯、项圈、臂箍、腰箍、腿箍等，裙子也常由女子自己织绣，服装多紧身合体。云南丽江纳西族妇女穿过膝大褂、大坎肩、长裤，披羊皮帔肩，上缀刺绣七星，肩两旁缀日月，象征“披星戴月”。普米族男穿宽松式短麻布上衣和裤子，披羊皮坎肩，或穿藏式毛料长袍，女穿白大襟上衣，绣花坎肩，长裤，系围腰。有的地区穿百褶长裙，束彩带，扎黑布大包头，编发纍，扎牦牛尾毛和丝线盘于顶，以粗大为美。怒族女子穿右衽浅色条纹上衣，套青红色大襟坎肩，穿青色长裙。苗族、布依族、侗族、水族、仡佬族、壮族、瑶族、仫佬族服装男子以短上衣长裤为主，女子以短上衣百褶裙或筒裙为主，衣裙多为自织自染自绣的布料制作，花式繁缛，精美朴质而具有乡土气息。丰盛的银质首饰佩饰，尤为华美壮观。毛南族、京族、畲族、土家族妇女多穿上衣长裤。黎族服饰虽因不同地区和支系而有区别，其女装基本款式为短衣、统裙。服饰纹样以织花、绣花、扎染为主，花纹精美，装饰部位合理。裙分长、中、短三种类型，以超短裙较普遍。现在已出现仿民族传统纹样的印花布统裙。民间自织的裙料，花纹也在简化，只在裙尾部分织出 15 厘米的花纹。高山族男子服装上身以对襟长袖衣和对襟坎肩为主，短者及腹，长者及膝，下缠腰裙或前裙，也有穿套臂和套裤的。妇女穿对襟长袖上衣，下穿腰裙、单裙、长裙，或穿大襟右衽、左右开衩很高的窄袖长衣，下身穿裤，因地而有不同。节日衣裙裤带五彩斑驳，衣上及腿上配戴贝珠、料珠、银饰、骨饰、羽毛饰品，更有穿珠裙、贝衣的。大陆的高山族，女穿无领对襟上衣，内有胸衬，下穿统裙，头戴软布花环。

我国各兄弟民族的服饰艺术，是传统服饰艺术中最生动活泼的宝贵财富，对于发扬民族传统，为开拓发展中华现代服饰艺术具有很高的研究和借鉴价值。服饰艺术是随时代的流动和社会的变迁而发展演变的，目前我国政治、经济都处在空前的变革洪流之中，兄弟民族的传统服饰也处在变化之中，抓紧时机系统地发掘、整理、研究、保护这部分丰富的民族服饰艺术遗产，是十分重要的课题。

发扬中华服饰文化的优秀传统，继往开来，推陈出新，把新中国的服饰文化推向新的高度，沿着民族艺术的发展道路，促使民族服饰艺术现代化、科学化，为祖国人民和世界人民造福，为美化人寰作出更大的贡献，是我们炎黄子孙、龙的传人的共同心愿。

图书在版编目(CIP)数据

中国服饰史/黄能馥,陈娟娟著. —2 版. —上海:
上海人民出版社,2014
(中国专题史系列丛书)
ISBN 978 - 7 - 208 - 12181 - 2

Ⅰ. ①中… Ⅱ. ①黄…②陈… Ⅲ. ①服饰-历史-
中国 Ⅳ. ①TS941.742

中国版本图书馆 CIP 数据核字(2014)第 057949 号

责任编辑 马瑞瑞
封面设计 陈 楠

中国专题史系列丛书
中国服饰史
黄能馥 陈娟娟 著

出 版 上海人民出版社
(200001 上海福建中路 193 号)
发 行 上海人民出版社发行中心
印 刷 常熟市新骅印刷有限公司
开 本 890×1240 1/32
印 张 19.75
插 页 3
字 数 489,000
版 次 2014 年 5 月第 2 版
印 次 2020 年 9 月第 4 次印刷
ISBN 978 - 7 - 208 - 12181 - 2/K·2188
定 价 80.00 元